"2050 탄소중립을 위한 금융의 정의로운 전환 전략"

지속가능한 금융의 미래

ESG와 임팩트투자 이야기

THE FUTURE OF
SUSTAINABLE
FINANCE
ESG & IMPACT INVEST

집필대표 이태영

김수현 | 민세욱 | 민주영 | 박두순 | 박재린
박준성 | 서한나 | 심수정 | 안재석 | 윤수연
이범준 | 이서윤 | 이현정 | 임영석 공저

法 文 社

"ESG로 향하는 길은 미래의 생존에 대한 문제다."

2005년, ESG라는 용어가 등장하고 2006년에 ESG의 실행 수단으로 UN 책임투자원칙이라는 UN PRI ^{Principles of Responsible Investment}가 선언된 이후 불과 20년이 채 되지 않은 사이에 ESG는 경제계 전체를 주도하는 거대한 물결이 되었다. 글로벌 경제 체계는 자본주의, 수정 자본주의, 신자본주의 등의 변화를 거쳐 오면서, 주주 자본주의 ^{Shareholder Capitalism} 이념에서 이해관계자 자본주의 ^{Stakeholder Capitalism}로 진화하고 있다. 주주 일변도의 주주 자본주의보다는 임직원, 협력업체, 지역사회 등까지 포함하는 이해관계자 자본주의를 지향하는 것이 사회적 가치 총합을 더 키울 수 있기 때문이다.

이러한 진화 과정에서 금융은 큰 역할을 하고 있다. 과거의 금융이 수익 창출 중심이었다면, 오늘날 금융은 단순한 이윤 추구를 넘어서, 환경적 지속가능성, 사회적 책임, 그리고 투명하고 책임 있는 거버넌스를 모두 아우르는 새로운 패러다임으로 확장되고 있다. 금융은 이제 세상을 변화시키는 중요한 도구로 자리 잡았으며, 이러한 변화의 중심에는 ESG와 지속가능금융이 있다.

ESG, 그중에서도 특히 기후변화에 대응하기 위한 일련의 흐름은 자본과 결합되어 더욱 빠르게 진행되고 있다. 국경이 없는 글로벌 투자자본들은 금융사들을 압박하고 있으며, 금융사들은 다시 기업들의 비즈니스 전환을 요구하고 있다. 젊은 층을 중심으로 한 소비자들 역시 단순한 소비보다는 사회적으로 가치 있고 의미 있는 소비를 중요하게 생각하고 있으며, 이는 다시 자본과 금융과 기업을 움직이도록 하고 있다. 또한, 각 국가들은 지속가능성과 관련된 법과 제도 마련에 나서고 있으며, 나아가 개별 국가 차원을 넘어 국가간의 통상무역 정책에도 융합되고 있다.

즉, ESG의 진행 속도는 시기에 따라 달라질 수도 있겠지만, 조류의 흐름 자체는 되돌릴 수 없는 불가역적인 상황에 놓여 있다. 이러한 상황에서, ESG는 단순한 경영 전략을 넘어 기업의 생존과 금융회사의 기후리스크 대응에 필수적인 가치로 부각되고 있다.

그러나 개별 금융회사들이 ESG와 지속가능금융을 체계적으로 실천하는 과정은 생각보다 쉽지 않다. 특히 국내에서는 금융에 특화된 ESG 자료나 참고할 지침서가 부족해 초기에는 많은 시행착오를 겪기도 했다. 그러한 점에서 이 책은 금융회사들이 ESG 경영을 실천하며 겪은 어려움과 해결책을 제시하며, ESG 경영과 지속가능금융을 이해하고 실행하는 데 중요한 역할을 할 것으로 기대된다.

이 책은 ESG 관련 최근의 흐름을 명쾌히 정리하였으며, 금융회사가 기후리스크에 대비하는 미래 전략을 구체적으로 다루고 있다. 이는 금융기관들이 환경 및 기후 리스크를 관리하고 장기적인 가치를 창출하는 데 중요한 참고 자료가 될 것이다.

또한, 이 책은 ESG가 금융산업에 미치는 영향과 그 중요성도 깊이 있게 분석하고 있으며, ESG 경영 실천 과정에서 마주할 도전과 기회를 명확히 정리하고 있어 금융 업계와 기업들에게 큰 도움이 될 것이다.

많은 기업들과 금융회사들이 이 책을 통해 우리 사회의 미래를 밝히는 지속가능한 성장과 사회적 가치를 창출해 나가며, 더 나은 세상을 만들어 나갈 수 있기를 기대한다.

KB 금융그룹 前 회장 윤종규

추천사

1987년 세계환경개발위원회 WCED 는 "우리 공동의 미래" Our Common Future 라는 보고서에서 '지속가능발전'이란 개념을 제시하면서 '미래 세대가 그들의 필요를 충족시킬 능력을 저해하지 않으면서 현재 세대의 필요를 충족시키는 발전' development that meets the needs of the present without compromising the ability of generations to meet their own needs 이라고 정의하였다.

지속가능금융은 단순히 이윤을 추구하는 금융의 패러다임에서 벗어나, 지속가능발전이란 개념에 기초하여 환경, 사회, 거버넌스 ESG 를 통합적으로 고려하고 단기적인 이익이 아니라 장기적인 가치 창출을 목표로 하는 새로운 금융 접근법이다. 이러한 변화는 기후변화, 사회적 불평등, 윤리적 경영 등 현대 사회가 직면한 다양한 문제들에 대한 인식이 확산되면서 본격적으로 부상하게 되었다. 오늘날 지속가능금융은 글로벌 경제의 필수적인 요소로 자리잡았으며, 각국의 정책 및 기업 전략에도 중대한 영향을 미치고 있다.

이 책은 지속가능금융의 탄생 배경부터 시작하여, 주요 외국 국가들이 채택하고 있는 제도적 접근과 이를 어떻게 실현하고 있는지를 폭넓게 분석한다. 특히 유럽, 미국 등 지속가능금융의 선진국들이 어떻게 이러한 제도를 발전시켜왔는지, 그리고 그 성공과 실패 사례들을 통해 한국의 지속가능금융 제도를 어떻게 발전시킬 수 있을지에 대한 중요한 시사점을 제공한다.

한국의 지속가능금융 주요 제도에 대한 부분에서는 정부와 기업들이 어떻게 ESG 기준을 도입하고 관리하며 이를 바탕으로 투자자들과의 신뢰를 구축해 나가는지를 상세히 설명한다.

또한 ESG 투자와 함께 주목받고 있는 임팩트 투자 사례를 통해 사회적 가치와 금융적 수익을 동시에 추구하는 방법에 대해 실질적인 지침을 제시한다.

지속가능금융이 기후변화 대응의 중요한 도구로 자리잡고 있지만 미래 세대에게 보다 나은 환경, 경제, 사회를 물려주기 위해서는 여전히 법적 도전과 과제가 남아 있다. 그러하기에 이 책의 마지막 장에서는 우리 모두의 책임으로서의 목표를 달성하기 위한 지속가능금융의 미래를 조망하며, 기술 혁신, 글로벌 규제 변화, 투자자들의 인식 전환 등 다양한 요인이 어떻게 지속가능금융의 발전을 이끌어갈지를 탐구한다. 더불어, 금융의 장기적 생존과 번영을 위해 지속가능성이라는 가치가 어떻게 더욱 중요한 역할을 하게 될지를 심도 있게 다룬다.

이 책은 금융 전문가, 정책 입안자, 투자자뿐만 아니라 지속가능한 미래를 고민하는 모든 독자들에게 귀중한 통찰을 제공할 것이다. 지속가능금융의 이론적 토대부터 실제 사례, 그리고 미래의 가능성까지 다각도로 조명하는 이 책은 현대 금융의 새로운 방향을 이해하고자 하는 이들에게 필수적인 읽을거리다.

연세대학교 법학전문대학원 교수 심영

추천사

이 책은 지속가능금융을 이야기한다.

지속가능금융은 사회와 환경, 경제의 지속가능성을 추구하는 금융이다. 이를 통해 금융도 지속가능할 수 있겠지만, 금융 자체의 지속가능성을 목표로 하지 않는다. 그런데 지속가능과 금융은 서로 어울리지 않아 보인다. 법을 찾아보면 금융업의 정의에는 '이익을 얻을 목적으로'라는 단어가 꼭 들어간다. 금융의 목적은 이익이다. 냉정하게 수익을 좇는 금융이 세상을 따뜻하게 만들 수 있을까? 금융이 사회문제를 해결하고 지구를 바꾸는 역할을 할 수 있을까? '세상을 바꾸는 금융'은 가능한 것일까?

지속가능 분야가 새로운 기회가 되고, 이 분야에 투자해서 이익이 창출된다면 어떨까? 예를 들어 전기자동차는 대기오염을 줄이는 좋은 해결방법이지만 내연기관차보다 훨씬 비싸다. 단순한 경제 논리로는 이를 구매하거나 이 분야의 사업을 벌이는 것은 어리석은 일이다. 그런데 미친 도전이라고 여겼던 전기자동차 회사는 승승장구하고 있다. 테슬라는 한때 포드, 지엠 등을 합친 것보다 주가총액이 컸다. 급기야 내연기관 자동차 회사들도 너나 할 것 없이 전기자동차를 만들고 있다. 환경문제를 해결하는 비즈니스가 새로운 기회가 된 것이다.

환경문제를 해결하는 비즈니스가 주목받으며 자연스럽게 그에 투자되는 녹색금융도 부상했다. 돈이 환경 분야에 몰리기 시작했다. 사회문제를 해결하는 것도 같은 맥락이다. 더욱이 사회문제는 기업의 지속가능성과도 연결된다. 사회문제를 외면하는 기업은 지속가능하지 않다. 위험하기도 하다. 이런 이유로 지속가능금융은 다양하게 확대되고 있다.

지속가능금융은 왜 중요할까?

'지속가능성'이 중요한 화두인 시대이다. 우리 사회는 지속가능한가? 아이들이 어른이 되는 미래에도 지구와 사회는 온전할 수 있는가? 기후위기, 생태계 파괴, 자원의 고갈, 사회의 양극화, 인종갈등, 사회적 소수자의 소외와 차별 등 쉽게 해결되지 않는 환경문제와 사회문제를 우리는 극복할 수 있을까? 이런 질문과 함께 우리가 새삼 '금융'에 주목하는 이유는 무엇일까?

금융은 지속가능한 사회의 열쇠이기 때문이다. 유럽연합은 이 사실을 깊이 알고 실행하고 있다. 유럽연합EU은 지속가능한 사회를 만들기 위한 발전전략으로 2018년 '지속가능금융 행동계획'을 발표했다. 환경·사회 문제를 해결하기 위해서는 이를 위한 경제활동이 활성화되고 해당 분야에 자본이 유입돼야 한다는 판단에서였다.

교육·보건의료·주거·고용·안전 등 사회 영역에는 대규모 투자가 필요하다. 정부 지출만으로는 부족하다. 민간투자의 역할이 필요하며 중대하다. EU의 경우 2030 지속가능발전 의제의 목표를 달성하기 위해 매년 3조3,000억~4조5,000억 달러가 필요하다고 한다. 개발도상국은 지속가능 발전목표 관련 산업에서 평균 2조5,000억 달러의 자금 부족을 겪고 있다. 기후위기 대응을 위해 필수적인 에너지 전환 과정에서는 일자리를 잃거나 특정 산업이 소멸하는 등 많은 문제가 일어난다. 따라서 '정의로운 전환'이 요구되는데 여기에도 투자가 필요하다. 이처럼 지속가능한 사회를 위해서는 무엇보다 돈이 필요하다.

지속가능금융의 현재와 미래를 보여주는 책

이 책의 저자들은 금융업 등 현장에서 일하는 전문가들이라 한다. 이 책을 읽으면 지속가능금융의 다양한 이슈를 쉽게 이해할 수 있다. 현장의 관점과 경험에서 정리한 살아있는 이야기를 볼 수 있다.이 책은 지속가능금융의 역사와 제도, 사례를 풍성하게 소개한다. 지속가능금융이 등장한 배경은 무엇인지, 파리협정은 지속가능금융에 어떤 계기로 작동하는지, 지속가능성이 금융과 은행의 대출과 행동을 어떻게 변화시켰는지 적도원칙과 책임은행원칙의 예로 알려준다.

지속가능금융은 시장의 변화를 통해 이루어야 하지만, 제도화 또한 중요하다. 제도가 시장을 추동하고 질서를 잡아주기 때문이다. 지속가능성 공시제도, 택소노미 제도는 대표적인 예이다. 지속가능성 실사제도도 점점 관련성이 커지고 있다. 더디지만 한국에서도 관련 제도가 들어오고 있다. 이 책은 이런 다양한 주제를 설명한다.

이 책을 보면 현업에서 일하는 사람들의 풍부한 문제의식과 생생한 이야기를 들을 수 있다. 지속가능한금융의 미래를 이야기하지만, 정확히는 현재의 이야기다. 무엇보다 다양한 사례를 재미있게 설명하고 있다. 이 책이 널리 읽혀 지속가능금융이 한국에서도 확산되기를 기대하며 저자들의 노고에 감사를 전한다.

법무법인(유) 지평 임성택 대표 변호사

프롤로그

ESG가 법이 되고, 기후위기가 돈이 되는 시대

"처음에는 헌법소원이 헌법을 바꿔 달라고 비는 소원을 줄인 말인 줄 알았습니다. 저희는 미래 세대라고 불리기도 하지만 이미 존재하고 살아가고 있습니다. 우리는 자연스럽게 이 세상의 일원으로 태어났고 당연히 기후 위기에서도 안전하고 행복하게 살아갈 권리가 있습니다."[1]

열 살 때부터 기후소송에 참여한 한제아의 소원은 지구의 건강이었다. 학교를 졸업하고 어른이 되어도, 결혼해 낳은 아이가 열 살이 되어도, 유일한 고향인 푸른 별이 여전히 안전한 집으로 남아 있길 바라는 '소원'을 담아, 2022년 헌법재판소에 헌법소원을 제기했다.[2] 헌법재판소가 응답했다. 2024년 8월 29일, 헌법재판소는 「기후위기 대응을 위한 탄소중립·녹색성장 기본법」의 일부 조항이 헌법에 위배된다고 판결했다. 헌법재판소는 기후위기가 미래 세대의 권리를 위협하는 중요한 과제이며, 미래 세대를 위한 온실가스 감축목표를 정하지 않은 것은 국민의 기본권을 침해하는 행위라고 판단했다.[3] 한제아 학생의 말처럼, 기후위기는 더 이상 추상적인 미래의 문제가 아니라 현재를 살아가는 모두가 직면한 현실이다.

　프랑스의 보험금융그룹 AXA가 발표한 '2024 미래 위험 보고서'에 따르면, '기후위기'를 다양한 글로벌 리스크 중에서 최우선적으로 고려해야 할 위험 요소로 꼽았다. 최근 한국은행이 발간한 보고서 역시 기후변화에 제대로 대응하지 않을 경우 실물 경제와 금융 시스템이 심각한 위기에 처할 수 있다고 경고하고 있다. 이처럼 기후위기는 단순히 환경 문제가 아니라 경제와 금융의 지속가능성에 중대한 영향을 미치는 변수로 자리 잡고 있다.

　최근까지 ESG Environmental, Social, Governance는 기업의 자발적인 경영 트렌드로 여겨졌다. 하지만 이제 ESG는 규제와 법제화를 통해 전 세계적으로 의무화되고 있다. 유럽연합이 제정한 공급망실사법 CSDDD과 탄소국경세 CBAM는 본격적인 시행을 앞두고 있다. 미국 증권거래위원회 SEC는 2024년 4월 기후공시를 의무화 했다. 녹색분류체계 EU Taxonomy, 지속가능금융 공시제도 SFDR, 기업 지속가능성 보고지침 CSRD 등은 ESG를 단순한 도덕적 선택이 아닌 법적 의무로 자리 잡게 만들었다. 나아가 기후위기는 금융 시스템의 안정성을 위협하므로 각국의 금융감독기관들은 기후 리스크를 금융회사의 리스크 관리 스시템에 반영하도록 요구하고 있다.

　한국 역시 2050 탄소중립 선언과 함께 「탄소중립 녹색성장 기본법」이 제정되고, 「환경기술 및 환경산업 지원법」이 개정되어 2022년 1월부

지속가능한 금융의 미래

터 최근 사업연도 말 자산 총액 2조 원 이상 되는 주권상장법인은 온실가스, 오염물질 배출량, 환경관련 투자규모 등 환경정보를 공개해야 한다. 기관투자자의 수탁자 책임도 강화되었다. 지속가능성 공시 기준^{KSSB}의 초안이 공개되었고, ESG 정보공개 가이드라인도 제시되었다. K-택소노미^{한국형 녹색분류체계}와 공급망 대응을 위한 K-ESG 가이드라인 마련 등을 통해 글로벌 법제화 흐름에 대응하고 있다. 금융감독원은 기후리스크 관리 지침을 제정하여 금융회사들이 기후위기 대응을 위해 준수해야 할 기준을 제시하고 있다.

그럼에도 ESG 법제화에 대한 국내 기업의 대응 수준은 여전히 부족한 것으로 보인다. 지난 3월 대한상공회의소가 205개 국내 수출기업을 대상으로 조사한 결과, EU의 CSRD, CSDDD 등 주요 ESG 규제에 대한 인식 수준은 100점 만점에 42점, 대응 수준은 34점에 불과한 것으로 나타났다.[4] 국내 기업의 ESG 규제 대응은 여전히 미흡한 수준이므로, ESG 법제화 및 글로벌 통상 규제에 대한 국내 기업의 대응능력을 강화해야 한다. 정부와 산업계의 전방위적인 지원도 필요하다.

기후위기에 대응하기 위해 자본시장도 스마트하게 진화하고 있다. 파리기후협약과 지속가능개발목표^{SDGs} 달성을 위해 전 세계 각국은 막대한 재원을 조성하고 있으며, 금융시장에서 ESG와 임팩트 투자가 빠르게 확대되고 있기 때문이다. 특히 EU가 2019년 발표한 "유럽 그린딜^{European Green Deal}"은 기후위기 대응을 위한 '지속가능금융'을 유럽의 새로운 성장 전략으로 제시하며 글로벌 자본시장에 강력한 영향을 미치고 있다.

유럽연합은 2030년까지 약 1조 유로를 기후위기 대응과 녹색 전환을 위해 투입하겠다고 발표했고, EU Taxonomy와 같은 구체적 지침을 통해 친환경 투자 기준을 정립하고 있다. 미국은 인플레이션 감축법을 통해 약 3,690억 달러를 청정에너지와 재생 가능 기술 개발에 투자하며, 탄소 감축 목표 달성을 위한 정책적 기반을 다지고 있다. 한국 역시 2050년 탄소중립을 목표로 89조 원 규모의 녹색금융 추진 계획을 발표하며, 금융기관을 중심으로 한 녹색 전환을 가속화하고 있다.

금융시장에서는 녹색채권^{Green Bond}과 기후펀드가 활발히 발행되고 있으며, 전 세계 녹색채권 발행 규모는 2022년 기준 5,000억 달러를 초과해 2030년에는 연간 1조 달러 이상으로 성장할 전망이다. 또한, 블랙록^{BlackRock}과 같은 글로벌 자산운용사는 ESG 투자 자산 규모를 확대하며 지속가능금융 생태계를 구축하는 데 주도적인 역할을 하고 있다. 기후테크와 탄소배출권 시장도 빠르게 성장하고 있다.

이와 같이 파리기후협약과 지속가능개발목표를 달성하기 위한 글로벌 흐름에 적극적으로 대응하는 기업이나 금융회사에게 '기후위기'는 엄청난 기회의 시장이 된다.

ESG와 임팩트 투자, 지속가능금융의 법제화는 단순히 기업의 사회적 책임을 넘어 투자와 금융의 새로운 표준으로 자리 잡고 있다. 특히, 각국의 정책적 노력과 법적 규제, 그리고 금융기관의 역할은 기후위기와 같은 글로벌 문제를 해결하는 데 중요한 역할을 한다. 금융기관들은 이와 같은 변화를 단순히 새로운 규제로 받아들이는 것을 넘어, 미래 세대를 위한 지속가능금융의 핵심 주체로 자리 잡아야 한다. ESG를 기반으로 한 투자와 경영 전략은 기후위기 대응의 필요성을 충족시키는 동시에 장기적인 수익성과 경쟁력을 확보하는 길이다.

이러한 변화의 맥락에서 지속가능금융의 현재와 미래를 조망하며, 금융기관과 기업들이 직면한 도전과 기회를 이해하고 전략적 방향을 검토하는 것은 매우 중요한 의미를 가진다. 금융이 어떻게 세상을 이롭게 만들 수 있는지, 그리고 그 과정에서 금융기관과 기업, 투자자들이 어떤 역할을 할 수 있는지를 함께 고민할 필요가 있다. 이는 미래 세대에게 안정적이고 지속가능한 경제 환경을 물려주기 위한 필수적 과제이기도 하다.

이 책은 연세대 법무대학원 겸임교수로 재직하고 있는 저자가 사회·경제 문제를 해결하는 금융의 정의로운 역할이 무엇인지에 대해 고민하면서 시작되었다. 법무대학원에서는 최초로 '지속가능금융과 임팩트투자'를 주제로 강좌를 개설했다. 수강생들은 대부분 금융당국, 은행, 보험회사, 자산운용사, 핀테크 등 금융관련 직종에 재직 중이었다. 이에 본 강의를 계기로 실무가의 관점에서 지속가능금융과 임팩트 투자 등에 대해 체계적으로 연구하고 분석함으로써 전 세계적으로 화두가 되고 있는 ESG와 지속가능금융에 대한 일반의 이해를 제고하고, 글로벌 ESG 규제 흐름에 대응하기 위한 기본 지침서가 필요하다고 판단되어 수강생들과 뜻을 모으게 되었다.

이 책은 지속가능한 금융의 이론과 실제, 그리고 국내외 지속가능금융의 법제와 구체적인 사례를 포괄적으로 다루어 금융 기관과 기업들이 직면하고 있는 도전과제를 이해하고, 이에 대한 전략을 제시하는 것을 목표로 하고 있다. 아울러, ESG와 지속가능한 금융이 미래의 경제적 안정성 및 지속가능성을 어떻게 형성할 수 있는지에 대한 통찰을 제공하고, 각국의 정책적 접근과 법적 규제의 진화를 반영함으로써 독자들에게 지속가능한 금융의 현재와 미래를 조망할 수 있는 기회를 제공하고자 한다. 이를 통해 빠르게 진화하고 있는 금융 시장의 변화를 이해하고, 기후위기와 지속가능성의 중요성을 인식하는 데 기여하기를 바란다.

연세대 대학원에서 논의되고 연구되었던 성과물을 모아서 한 권의 책으로 출간하기까지 많은 분들의 헌신적인 노고가 있었다. 먼저, 현장에서 금융 실무를 하면서 성실하게 수업에 참여하고, 본인의 소중한 연구 성과에 최근 연구 결과까지 추가하여 저서의 완성도를 높이고자 노력한 공저자들에게 깊은 감사를 드린다. 훌륭한 연구 성과를 남기고도 개인 또는 기관의 사정으로 집필에 참여하지 못한 수강생들에게도 아쉬움과 감사의 말씀을 드린다.

출판계의 어려움 속에서도 출판을 맡아 준 법문사 배효선 대표님께도 감사의 말씀을 드리며, 기획과 편집에 애써주신 권혁기 차장님과 노윤정 차장님의 노고에도 감사드린다. 아울러 기획단계에서부터 이 책의 집필을 지지하고 격려해 준 신협중앙회 김윤식 회장님, 윤성근 기획이사님과 우욱현 관리이사님, 강형민 기획조정본부장님께도 감사의 말씀을 올린다. 교정작업과 편집에 도움을 준 신협중앙회 안승용 팀장님, 최지혜 변호사님과 장종환 과장님, 과학기술정보통신부 정보람 변호사님께도 감사드린다.

이 책이 기후위기 문제를 해결하고 지속가능한 금융의 정착을 위해 노력하는 정책 입안자, 정부기관 및 금융당국 담당자들의 정책 마련과 금융기관들의 지속가능금융 정책의 실행에 도움이 된다면 공저자들로서는 더 없는 영광이라고 생각한다.

공저자를 대표하여

이태영 변호사

집필자

이태영, 연세대학교 법무대학원 겸임교수/변호사/법학박사

김수현, 미토이뮨테라퓨틱스

민세욱, 신용보증기금 리스크준법실

민주영, 한국수출입은행/회계사

박두순, 연세대 법무대학원 석사과정/세무사

박재린, 키움투자자산운용

박준성, 신용협동조합중앙회

서한나, 젠스타메이트

심수정, DBS은행 서울지점

안재석, SC 제일은행

윤수연, MUFG 은행 서울지점 준법감시부

이범준, 카카오페이 준법지원팀 & 자금세탁방지팀 팀장(겸임)

이서윤, 연세대학교 법무대학원 석사과정/KAIST 경영학 석사

이현정, 한국농수산식품유통공사

임영석, 한국수출입은행

* 공저자 가나다 순 2024. 12. 1. 기준

차례

추천사   KB 금융그룹 前 회장 윤종규
연세대학교 법학전문대학원 심영 교수
법무법인(유) 지평 임성택 대표 변호사
프롤로그   연세대학교 법무대학원 겸임교수 이태영 변호사

제1부

세상을 바꾸는 금융, ESG에서 임팩트 투자까지

이태영

지속가능한 금융이란?	4
기업과 투자자 모두에게 중요해지는 지속가능한 금융	6
ESG 고려하는 금융·투자활동, 지속가능금융	9
ESG는 어떻게 부상하게 되었는가?	11
전 세계적인 ESG 열풍! ESG는 위기인가, 기회인가	16
트럼프 2.0 시대, 기후 정책은 어떻게 달라질까?	19
지속가능한 미래를 위한 혁신 금융, 임팩트 투자	22
ESG 투자와 임팩트 투자는 어떻게 다른가?	24
사회·환경 문제 해결하는 임팩트 투자, 얼마나 성장했나	26
임팩트 투자, 그거 돈이 됩니까?	28
임팩트 투자의 시대	30
탄소 다배출 기업의 저탄소 전환 지원, 전환금융에 주목하라!	32

제2부

지속가능금융의 등장 배경

제1장   지속가능발전을 위한 인류 공동의 목표, UN 지속가능발전목표_임영석   38

국제사회 최초의 공동 개발목표, 새천년 개발목표(MDGs)   40

인류 공동의 목표, 지속가능발전목표(SDGs)의 확립   45

우리나라의 지속가능발전목표 설정 및 이행 현황   51

지속가능발전목표 달성을 위해 주목받는 금융의 역할   54

지속가능한 사회를 위한 우리 모두의 과제   58

제2장   新기후체제의 등장, 파리기후협약_이현정   60

UN 기후변화협약의 최고의사결정기구, UN 당사국총회   62

UN 기후변화협약의 구체적 이행 방안, 교토의정서의 채택   64

기후변화 대응의 전환점, 파리기후협약   68

파리기후협약의 이행 현황   75

지속가능발전목표와 파리협정의 공통점은?   79

제3장   금융회사들의 자발적 행동협약, 적도원칙_이현정   86

자발적인 환경·사회적 금융지원 리스트 관리 원칙   88

기후변화 대응과 인권 보호를 위한 10대 원칙   92

적도원칙의 국내외 이행 현황 및 주요 사례   99

적도원칙에 대한 평가와 우려   104

금융회사들의 자발적 혁신이 확대되려면   108

제4장   은행이 만드는 지속가능한 미래, UN 책임은행원칙_임영석   112

UNFP FI의 설립과 책임은행원칙의 도입   114

UN 책임은행원칙(PRB)의 6가지 원칙   116

원칙 이행에 대한 모니터링 체계   122

금융회사들의 책임은행원칙 이행 현황   123

은행의 사회적 책임을 넘어   128

제3부
외국의 지속가능금융 주요 제도

제1장 EU 지속가능금융 실행계획 및 전략_이태영   134
    지속가능금융 추진 배경 및 추진 방향   138
    유럽의 지속가능한 금융을 위한 로드맵, EU 지속가능금융 액션플랜   141
    지속가능한 경제로의 전환을 위한 EU 지속가능금융 추진 전략   147
    한국판 지속가능금융 행동 계획이 수립된다   150

제2장 기업의 지속가능한 공급망 실사지침, EU 공급망 실사법_이태영   154
    인권과 환경에 대한 기업의 실사 및 정보공개 책임이 의무화된다   157
    우여곡절 끝에 EU 의회를 통과한 공급망 실사법   158
    EU 공급망 실사법, 이것만은 반드시 알아야 한다   160
    EU 공급망 실사 이행 매커니즘   162
    우리 기업은 어떻게 대응할 것인가?   166

제3장 기후공시의 핵심, 기후관련 재무정보공개 권고안(TCFD)_심수정   170
    기후변화 관련 위험·기회 및 재무적 영향을 알리는 방법, TCFD   174
    ESG를 관통하는 언어, TCFD 권고안의 구조 및 주요 내용   175
    금융당국과 금융회사의 TCFD 지지 선언과 기후리스크 대응   178
    ESG 공시 국제표준, ISSB 기준으로 통합   183

제4장 지속가능금융의 판별 기준, EU 택소노미_안재석   188
    놓쳐서는 안될 친환경 정책, EU 택소노미(녹색분류체계)   190
    EU 택소노미, 왜 필요할까?   191
    지속가능금융 액션플랜의 핵심, EU 택소노미   193
    원자력과 천연가스는 친환경인가?   195
    기업 생존 걸린 ESG, EU 택소노미에 주목하는 이유   197
    EU 택소노미 사용법   202
    EU 기업의 택소노미 관련 투자금 '371조'   204

제4부
한국의 지속가능금융 주요 제도

제1장 기후위기 대응을 위한 탄소중립·녹색성장 기본법_윤수연   210

    녹색성장법 제정을 통한 국가 전략의 제도화   213

    탄소중립 비전과 온실가스 감축 의지가 법제화되다   216

    2050 탄소중립 국가목표 달성을 위한 절차와 정책이 법에 담기다   223

    다른 나라는 탄소중립에 어떻게 대응하고 있을까?   224

    기후 재난을 멈추기 위해 남은 시간, '4년 287일 11시간'   230

제2장 ESG 정보공개의 기준, 한국거래소 ESG 정보공개 가이던스_김수현   232

    ESG 정보공개 단계별 의무화에 따른 기업의 필수 지침!   235

    효과적인 ESG 정보 공개를 위한 기본 원칙   238

    회사의 ESG 정보, 무엇을 어떻게 공개할 것인가?   241

    지속가능경영보고서 담당자가 알아야 할 보고서 작성 및 공개 절차   243

    ESG Value-Chain 구축을 위한 가이드라인 활용법   247

제3장 녹색금융 추진계획을 통해 본 한국의 ESG 주요 정책_이태영   250

    2050 탄소중립 추진 전략 및 녹색금융 활성화 방안   252

    녹색금융 추진계획과 12대 실천 과제   255

    민간금융 활성화를 위한 한국형 녹색분류체계(K-택소노미)   258

    금융권 녹색금융 실무 지침서 마련   259

    녹색채권 가이드라인 시범사업 실시   260

    금융회사 '기후리스크 관리·감독 계획' 수립   262

    기업의 환경정보 공시·공개 단계적 의무화   264

    기관투자자 수탁자 책임 강화를 위한 스튜어드십 코드 개정   265

    기업의 환경 성과 측정 도구, 환경성 표준평가체계   267

    K-택소노미의 여신 적용을 위한 '녹색여신 관리지침' 제정   268

    녹색금융 추진계획과 금융의 역할   268

제4장 한국형 녹색금융 판단 기준, K-택소노미_서한나   272

정의로운 전환을 위한 녹색투자 확대, K-택소노미가 필요한 이유   274

환경적으로 지속가능한 경제활동의 판별 기준, K-택소노미의 핵심   277

택소노미에 적합한 녹색경제활동의 판단 프로세스   284

같은 듯 다른 K-택소노미와 EU 택소노미   286

K-택소노미의 고도화를 통한 지속가능금융의 확대   290

제5장 탄소중립 실현을 위한 기후금융 현주소, 탄소배출권 거래제_안재석   294

쉽게 이해하는 탄소배출권 거래제   297

탄소배출권 거래 가격은 어떻게 결정될까?   298

글로벌 탄소배출권 시장 연평균 47% 성장세, 대한민국의 현주소는?   301

금융권 블루오션, 탄소배출권 시장의 활성화를 위한 과제   307

제5부

ESG와 임팩트 투자 주요 사례

제1장 국내 최대 기관투자자, 국민연금의 ESG 투자_서한나   314

ESG에 진심? 국민연금 책임투자 3배 늘었다   317

국민연금이 함께하는 ESG의 새로운 길, ESG 투자 전략   322

공공기관 ESG 1위 '국민연금'의 ESG 투자 성과 및 한계   330

국민연금이 ESG를 선도하려면   334

제2장 임팩트 투자사 소풍벤처스_박준성   336

High Impact, High Return 큰 문제는 큰 시장으로 연결된다   338

Impact Investing for a Better World, '소풍'의 임팩트 투자 전략   341

소풍은 어떤 문제에 집중하는가? '소풍'의 임팩트 투자 포트폴리오   344

성장하는 임팩트 투자 시장, 임팩트 생태계의 미래는?   348

제3장 크라우드펀딩을 통한 임팩트 투자, 비플러스와 와디즈 사례_박두순   350

임팩트 투자의 새 흐름, 크라우드펀딩   352

크라우드펀딩을 활용한 임팩트 투자 플랫폼의 등장   354

'비플러스'의 임팩트 플랫폼   355

국내 최대 크라우드펀딩 그룹, '와디즈'의 임팩트 투자 사례   357

크라우드펀딩을 통한 임팩트 투자가 더욱 활성화 되려면   367

제4장 협동조합으로 실현하는 포용금융,
캐나다 밴시티 신협과 한국 신협_박준성   370

착한 금융의 시작, 캐나다 밴시티 신협   373

지속가능금융 비율 전 세계 1위, 밴시티 신협의 임팩트 투자   375

고령화·저출산 등 해결 위한 한국 신협의 8대 포용금융 프로젝트   380

금융을 통한 사회적 가치 창출, 사회적 금융을 선도하는 한국 신협   384

"협동조합"과 "금융"의 두 바퀴 조직, 지속가능금융을 이끌다   386

제5장 SIB 발행을 통한 임팩트 투자, 사회성과보상사업_민주영   388

사회성과보상사업(SIB)이란?   390

세계 최초의 SIB, 영국 피터버러시 재범률 감소 프로젝트   395

사회문제 해결의 새로운 방법, 팬임팩트코리아에서 첫 발을 떼다   401

아시아 최초의 SIB 사례, 서울시 아동청소년 그룹홈 SIB 사업   403

청년실업 문제 해소를 위한 SIB 사업   405

탈수급을 통한 사회적 비용 절감, 경기도 해봄 SIB 프로젝트   406

문제 해결에 집중하는 혁신 금융, SIB 활성화를 위한 과제   408

제6장 한국형 BSC(임팩트 투자 도매기금), 한국사회가치연대기금_민세욱   416

대한민국 최초의 사회적금융 도매기관, 한국사회가치연대기금   419

지속가능한 사회적금융 생태계 조성을 위한 쉼 없는 노력   424

UN SDGs에 기반한 사회가치연대기금의 임팩트 투자   426

한국형 BSC의 성장과 도약을 위한 과제   430

제7장 로펌이 ESG 하는 법, 법무법인(유) 지평과 사단법인 두루 사례_이태영   434

인권 옹호와 사회 정의 실현에 앞장서는 지평의 ESG 경영   437

기업과 금융기관의 ESG 법률 파트너, 지평   442

세상을 두루 살피고 사람을 널리 이롭게, 두루 공익변호사들의 헌신   446
소송이 세상을 바꿀 수 있을까? 임팩트 소송 이야기   448
사회 문제의 법·제도적 솔루션을 제공한다   451
지역사회의 이해관계자와 '함께' 사회적 약자의 권리를 변호하다   455
사회적 가치 실현을 위해 법률가가 ESG 하는 법   459

제6부
지속가능한 금융의 미래

제1장   탄소국경조정제도(CBAM) 시행이 금융기관에 미칠 영향_박재린   464
탄소누출 방지와 공정한 무역환경 조성을 위한 CBAM의 도입   466
2026년부터 본격적으로 시행되는 CBAM의 제정 이야기   469
CBAM 적용 품목을 EU로 수입하려면 '인증서'를 구매해야 한다   472
연간 10억 6,100만 달러(약 1조 2,200억 원)의 탄소국경세가 발생한다   477
탄소국경조정제도 시행이 금융에 미칠 영향은?   480
탄소중립 시대의 경제 대전환, CBAM에 대비하라   485

제2장   ISSB 기준을 통해 본 ESG 공시제도의 미래_이범준   490
기후변화 영향 공시를 위한 최초의 '공통언어', ISSB 지속가능성 공시 기준   493
공급망을 포함한 일반 지속가능성 관련 리스크와 기회 공시 요구   494
TCFD 기반의 기후 관련 리스크 정보 공시의 요구   496
한국의 지속가능성 공시기준(KSSB)이 마련된다   499
국내 ESG공시 기준안, ISSB 기준과의 차이점은?   501
ISSB 기준을 통해 본 공시제도의 미래   506
지속가능한 성장을 위한 필수조건, 금융회사의 ESG 대응 전략   510

제3장   지속가능금융의 새 방향, 기후리스크 확대와 금융감독의 변화_이태영   518
기후리스크가 금융부문에 미치는 영향   521
2050 탄소중립 추진전략과 기후리스크 관리   525

기후리스크와 금융감독 제도 526
바젤은행감독위원회 기후 관련 관리감독 원칙 527
녹색금융협의체(NGFS)의 기후리스크 관리 감독 방안 529
한국의 기후리스크 관리·감독은 어떻게 이뤄질까 530
우리나라 최초의 기후리스크 관리 지침이 마련되다 532
기후리스크 감독 강화에 따른 금융기관의 대응 전략 533
기후리스크 관리는 기후지표의 설정과 측정에서 시작된다 537

제4장 그린워싱에 대한 제재 강화와 금융기관의 대응 방안_이서윤 540
'그린' + '워싱'의 유래와 정의 544
친환경의 아이러니 그린워싱의 유혹 545
전략적으로 정교해지는 그린워싱, 유형과 사례 548
그린워싱에 대한 단죄의 시작 553
그린워싱, 금융기관은 어떻게 대응할 것인가? 558

제5장 소셜 택소노미의 부상과 한국의 과제_이태영 564
지속가능한 사회경제적 활동은 무엇인가? 소셜 택소노미의 등장 567
이해관계자들이 소셜 택소노미를 활용하는 방법 569
EU 소셜 택소노미는 어떻게 작동하는가 571
EU 소셜 택소노미의 판단 기준 573
한국형 소셜 택소노미에 주목해야 하는 이유 579

에필로그 금융의 정의로운 전환을 위한 제언_이태영 583
정의로운 전환이란? 584
금융의 정의로운 전환이 필요한 이유 586
금융의 정의로운 전환을 위한 제언 588

참고문헌 593

The Future of Sustainable Finance

제**1**부

세상을 바꾸는 금융,
ESG에서 임팩트 투자까지

ESG & Impact Invest

"우리는 그 일이 일어날 거라는 사실을 모르기 때문이 아니라,
그런 일이 일어나지 않을 거라는 막연한 믿음 때문에 위험에 처하게 된다."

마크 트웨인(1835~1910)

최근 전 세계적으로 폭염, 가뭄, 산불, 홍수 등 기상이변이 빈번하게 발생하며 기후위기의 심각성이 더욱 부각되고 있다. 세계기상기구[WMO]는 2024년 1월, 2023년이 관측 이래 가장 더운 해였다고 발표했으며, 2023년의 지구 평균기온은 산업화 이전(1850~1900년) 대비 약 1.45℃ 상승했다고 밝혔다.[1] 이러한 기온 상승 추세는 파리기후협약에서 합의한 평균기온 상승 제한 목표인 1.5℃를 넘어설 가능성을 시사하며 이에 따른 기후재앙의 우려마저 제기되고 있다. 실제로 2024년 7월은 지구의 온도가 175년 관측 역사상 가장 뜨거웠던 7월로 나타났다.[2]

　기후변화는 인류가 직면한 가장 큰 도전 중 하나로, 이는 특히 취약계층에 큰 영향을 미친다. 셀레스트 사울로 WMO 사무총장과 안토니우 구테흐스 유엔[UN] 사무총장은 기후 위기의 심각성을 경고하며 온실가스 배출을 줄이고 재생에너지로의 전환을 가속화 할 필요성을 강조했다.[3] 이와 같은 상황에서 자본시장과 금융부문의 움직임이 빨라지고 있다. 기후변화는 글로벌 경제의 불확실성을 높이며, 거시경제 및 금융 리스크를 확대하여 리스크 대비 수익 잠재력에 중대한 영향을 미치기 때문이다.

　맥킨지의 보고서 "The Net-Zero Transition"에 따르면, 전 세계가

2050년까지 'Net-Zero(넷제로, 탄소중립)'를 달성하기 위해서는 총 275 조 달러가 필요하며, 이를 비용이 아닌 투자로 간주해야 한다고 강조한 다.[4] 이와 같이 탄소중립을 위해 금융 지원은 필수적이며, 금융부문은 저 탄소 경제로의 전환을 지원하는 데 중요한 역할을 할 수 있다. 이는 전환 에 필요한 자금을 지원하고, 기후위기에 대한 리스크를 예측하여 대응 책을 마련하는 것을 포함한다. 이로써 금융은 기업과 경제의 저탄소 전 환을 지원하는 '매개자 Coordinator' 역할을 수행할 수 있다.

지속가능한 금융이란?

지속가능금융은 이러한 맥락에서 출현한 개념으로, 지속가능한 발전 을 위해 금융 지원이 필요하다는 관점에서 출발하였다. G20은 지속가 능금융을 UN의 지속가능발전목표 Sustainable Development Goals, SDGs 에 직·간접적으로 기여할 수 있는 제도적 및 시장적 준비, 금융 서비스, 상품, 프로세스를 포함하는 개념으로 정의하고 있다.[5] 지속가능금융의 중심 에는 환경 Environment, 사회 Social, 지배구조 Governance 등 ESG 원칙을 고 려한 투자 및 금융활동이 자리잡고 있다. 유럽연합 집행위원회 European Commission 는 지속가능금융을 경제활동에 대한 투자 의사결정 시 ESG 원 칙을 고려하는 과정으로 정의하며, 넷제로와 금융 안정성을 목표로 하 고 있다.[6]

유엔환경계획 금융이니셔티브 United Nations Environment Programme Finance

Initiative, UNEP FI는 지속가능금융을 ESG 이슈를 고려한 투자 및 금융활동으로 정의하며, 그중 환경 관련 금융을 녹색금융으로, 녹색금융 중에서도 기후변화 관련 금융을 기후금융으로 구분하고 있다.[7] UNEP FI는 2021년 '책임은행원칙'을 통해 금융기관이 지속가능한 발전을 위해 금융활동을 강화할 수 있도록 지침을 제공하고 있다.[8] IMF 또한 지속가능금융에 대하여 ESG 원칙을 사업 의사결정, 경제개발 및 투자 전략에 적용하는 모든 금융활동으로 정의하고 있다.[9] IMF는 '기후변화와 금융안정성 Climate Change and Financial Stability' 보고서를 통해 기후변화가 금융시스템에 미치는 영향을 분석하고, 이에 대응하기 위한 금융정책의 중요성을 강조하였다.[10]

한국의 주요 금융지주사들도 지속가능금융을 ESG와 관련된 모든 투자 및 금융활동으로 정의하고, ESG 채권(녹색채권, 사회적 채권, 지속가능채권)을 발행하여 자금을 조달하고 이를 ESG 관련 대출, 프로젝트 투자 등에 사용하고 있다. 예를 들어, 신한금융그룹은 3년 연속 한국형 녹색채권을 발행하여 한국표준협회의 녹색분류체계 적합성 검토를 받은 '리튬 이온 배터리' 생산설비 구축·운영 프로젝트에 지원하였다.[11]

이와 같이 지속가능금융은 기후변화 대응과 탄소중립 목표 달성을 위한 필수적인 금융활동으로 자리잡고 있으며, 이를 통해 전 세계적으로 지속가능한 발전을 촉진하는 역할을 하고 있다. 금융부문은 기후위기 대응에서 중추적인 역할을 수행하며, 저탄소 경제로의 전환을 추동하고 다양한 이해관계자들과 협력하여 지속가능한 발전을 도모하는 중요한 기점이 되고 있다.

기업과 투자자 모두에게 중요해지는 지속가능한 금융

1992년 유엔환경계획 금융이니셔티브UNEP FI 출범, 1997년 교토의정서 채택, 2003년 적도원칙Equator Principles, EP 출범, 2013년 유엔기후변화협약United Nations Framework Convention on Climate Change, UNFCCC의 녹색기후기금 조성 등 금융부문에서 기후 및 환경 리스크 관리를 위한 국제적 노력은 계속되어 왔다. 결정적으로, 2015년 12월 파리기후협약에서 전 세계 190여 개국은 기후변화의 위협에 대응하기 위해 지구 평균기온 상승을 산업화 이전 대비 2°C 이하로 제한하고, 1.5°C까지 억제하려는 노력을 강조하는 협약에 합의했다. 이 협약 이후, 금융의 역할은 기후변화에 대응하기 위한 중요한 제도적 및 정책적 수단으로 자리 잡았다.

파리기후협약 합의를 전후로 기후위기 대응을 위한 금융의 역할이 더욱 주목받게 되었다. 2015년에는 금융당국과 금융회사들로 이루어진 기후변화 관련 재무정보 공개 태스크포스Task Force on Climate-related Financial Disclosures, TCFD가 설립되었고, 2017년에는 세계 각국의 중앙은행과 금융당국으로 구성된 녹색금융협의체The Network for Greening Financial System, NGFS가 출범하였다.[12] 2018년에는 유럽연합EU이 '지속가능금융 액션플랜'을 발표하면서 구체적인 정책과 제도적 수단을 제시했다. 이러한 움직임들은 기후·환경 리스크에 대해 본격적으로 국제적 논의가 시작된 증거라 할 수 있으며, 전 세계적으로 금융부문이 기후변화 대응과 지속가능한 발전에 기여할 역할에 대해 진지하게 고민하도록 만든 계기가 되었다.

국제사회에서의 중요한 환경보호 이니셔티브 중 하나인 UNEP FI

지속가능한 금융의 미래

EU의 지속가능금융 기반

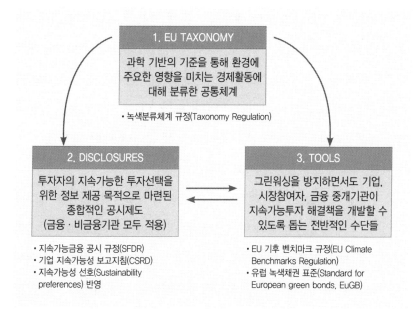

출처: EBA, THE EBA ROADMAP ON SUSTAINABLE FINANCE (2022. 10.), Global
Compact Network Korea, "지속가능금융 동향 및 회원사 사례", (2023.12.), 16면.

는 지속가능한 성장을 위해 민간 금융의 역할을 강조하며 선도적인 역
할을 수행해 왔다.[13] UNEP FI는 지난 1992년 리우정상회담에서 지속
가능발전 Sustainable Development 에 대한 전 세계적 합의를 계기로 도이체
방크, UBS와 같은 선진 금융기관들의 제안으로 설립되었다.[14] 현재 전
세계 350개 이상의 금융기관과 100여 개의 관련 기관이 참여하고 있
다. UNEP FI는 은행업권에 적용되는 책임은행원칙 Principles for Responsible
Banking, PRB, 보험업권에 적용되는 지속가능한 보험원칙 Principles for
Sustainable Insurance, PSI, 책임투자원칙 Principles for Responsible Investment, PRI을
발표하여 지속가능한 금융시장의 관행을 확립하고, ESG 관련 문제를 각

금융당국에 전파하는 역할을 수행하고 있다.

최근에는 TCFD의 2017년 재무정보 공개 권고안, NGFS의 2019년 6대 권고안과 2020년 금융감독기관을 위한 가이드라인, 2020년 7월 개정된 적도원칙 등은 기후 리스크가 금융부문에 미치는 영향을 분석하고 평가하는 국제적 표준으로 자리잡고 있다. 또한, EU는 지속가능한 활동을 위한 녹색분류체계 Taxonomy를 구축하여 녹색 분야에 대한 투자 및 지원을 위한 국제적 표준을 마련하고 있다.

국제 금융기구들도 기후 리스크의 분석 및 대응을 위한 활동을 강화하고 있다. 국제결제은행 BIS과 바젤은행감독위원회 BCBS는 2020년 발간한 '그린스완 보고서'를 통해 기후변화가 금융시스템의 불안정성으로 이어질 가능성을 제기했다.[15] 바젤 은행감독위원회는 기후리스크 실무그룹 Task Force on Climate-Related Financial Risks, TFCR을 설치해 기후 리스크 대응 업무를 추진하였으며, 2021년에는 기후 리스크의 측정 및 평가 방법론을 제시하였다. 보험 업계 역시 국제보험감독자협의회 IAIS를 통해 기후 리스크 평가방법을 마련하고 있으며, 기후 리스크를 보험핵심준칙 Insurance Core Principles, ICP에 반영할 방안을 검토 중이다.

한국은 2020년 10월, '2050 탄소중립 선언'을 계기로 "2050 탄소중립 추진전략"을 수립하고, '2050 탄소중립 시나리오'를 발표하는 등 국제적 동향에 발맞추어 기후변화에 대응하고 있다.[16] 이를 기반으로 「기후대응을 위한 탄소중립·녹색성장 기본법」을 제정하여 2022년부터 시행하고 있으며, 금융부문 역시 '녹색금융 TF'를 출범하여 기후변화 대응을 위한 노력을 기울이고 있다.

금융위원회는 기후변화로 인한 금융 리스크를 관리·감독하고 녹색산업에 대한 투자를 확대하여 녹색경제로의 전환을 선도하기 위한 계획을 발표했다.[17] 2021년 녹색금융 추진계획에서는 녹색분야 자금지원 확충, 녹색분류체계 마련, 기후 리스크 관리·감독 계획 수립 및 기업 환경정보 공시 등을 주요 내용으로 제시하였다. 같은 해 금융당국과 정책금융기관들이 TCFD와 그 권고안에 대한 지지를 선언하였고, 녹색금융협의회를 출범시켜 녹색분야에 대한 정책금융 지원을 강화했다.[18]

앞서 살펴본 바와 같이 전 세계적으로 ESG 논의가 활발해짐에 따라, 한국 역시 국제적 논의 흐름을 반영해 녹색금융에서 지속가능금융, ESG에서 SDGs까지 논의 범위를 확대해 나갈 필요가 있다. 지속가능금융의 국제적 동향은 기후 리스크를 금융부문의 주요 의제로 삼고 있으며, 금융업계는 이러한 변화를 적극적으로 수용하고 대응책을 마련해 나가야 한다.

ESG 고려하는 금융·투자활동, 지속가능금융

지속가능금융은 금융시스템이 ESG 요소, 즉 환경적, 사회적, 지배구조적 요소를 고려하여 자금을 조달하고 운용하는 과정을 의미하며, 금융기관의 사회적 책임과 재무적 성과 간의 균형을 추구한다.[19] 이와 같은 접근은 금융이 지속가능한 경제 및 사회 발전을 위한 중요한 도구로 인식되고 있다는 점을 시사한다. 특히, 지속가능금융과 ESG는 금융시스템

의 안정성과 지속가능성을 높이는 데 핵심적인 역할을 한다. 이를 구체적으로 살펴보면 다음과 같다.[20]

첫째, 환경적 요소는 기후변화 대응, 자연자원 보호, 에너지 효율성 증진 등을 포함하며, 금융기관은 이러한 요소들을 고려하여 투자 및 자금 조달 결정을 내린다. 예를 들어, 녹색채권 발행은 기후변화 대응을 지원하고, 신재생에너지 및 친환경 기술에 대한 투자를 촉진하는 중요한 수단이다. 이러한 활동은 기후 리스크를 줄이고, 지속가능한 발전을 촉진하는 데 기여한다.

둘째, 사회적 요소는 인권 보호, 사회적 포용성, 노동권 보장 등을 포함하며, 금융기관은 사회적 책임을 다하기 위해 이러한 요소들을 투자 결정에 반영한다. 사회적 채권 발행이나 사회적 투자 등은 지역사회와 취약 계층에 대한 지원을 확대하는 수단으로 활용된다. 이를 통해 금융기관은 사회적 가치 창출을 도모하며, 사회적 평등과 포용성을 증진하는 역할을 수행한다.

셋째, 지배구조적 요소는 기업의 투명성, 윤리성, 주주권리 보호 등을 중심으로 한다. 금융기관은 이러한 지배구조 원칙을 준수하여 경영 및 운영의 투명성을 제고하고, 책임있는 투자 문화를 조성한다. 이는 투자자들에게 신뢰를 제공하고, 장기적인 재무적 안정성을 도모하는 데 기여한다.

지속가능금융과 ESG의 상호작용은 금융시스템이 지속가능한 경제 및 사회발전에 기여하는 데 필수적이다.[21] 이를 위해 규제기관 및 정부는 ESG 원칙을 반영한 금융 제도 및 정책을 개발하고 있으며, 금융기관

지속가능한 금융의 미래

은 ESG 관련 정보를 투명하게 보고함으로써 이러한 원칙을 실천하고 있다.[22] 이는 전 지구적인 환경 문제와 사회적 문제에 대한 대응력을 향상시키며, 지속가능한 발전을 위한 기반을 마련하는 데 중요한 역할을 한다.[23]

이와 같이, 지속가능금융과 ESG는 금융기관의 재무적 성과뿐만 아니라 사회적 책임을 균형 있게 고려하는 프레임워크를 제공한다.[24] 이들 간의 상호작용은 금융시스템의 안정성과 지속가능성을 높이는 데 필수적이며, 이를 통해 우리는 더 나은 미래를 위한 지속가능한 경제 및 사회 구조를 구축할 수 있을 것으로 전망된다.

ESG는 어떻게 부상하게 되었는가?

ESG는 최근 많은 관심을 받는 개념이지만, 그 기원은 오랜 역사를 가지고 있다. ESG는 UN의 '지속가능한 발전'이라는 원칙에서 파생되었으며, 미래 세대의 이익을 고려하면서 현재 사회의 요구를 충족시키자는 취지에서 출발한다.[25] 기업의 지속적인 성장과 생존을 위해 환경, 사회, 지배구조 등 핵심 가치를 강조하는 개념이 바로 ESG이다.

ESG라는 용어는 2004년 유엔 글로벌 콤팩트 UN Global Compact, UNGC 가 발표한 "Who Cares Wins" 배려하는 자가 승리한다 보고서에서 처음 공식적으로 사용되었다.[26] 이 보고서는 투자자가 장기적인 재무성과를 추구하면서도 환경적, 사회적, 지배구조적 요소를 고려해야 한다고 제안한다. 이후 2006년 유엔책임투자원칙 PRI이 발표되어, ESG 요소를 강조하는 투자원칙을 제시하면서, 현대적인 ESG 프레임워크의 기초가 다져졌다.[27] 이러한 흐름은 자본주의 4.0과 이해관계자 자본주의의 부상과 함께 심화되었고, 코로나19 팬데믹 이후 기후변화, 공중보건, 환경보호 등 ESG 이슈에 대한 관심이 폭발적으로 증가하였다.

지속가능경영 Sustainable Management은 ESG의 근본적인 개념으로, 오늘날 통용되는 ESG는 기업의 사회적 책임이 진화하여 규범화되고 제도화된 형태로 이해할 수 있다. 지속가능경영은 기업의 활동이 사회와 환경에 미치는 영향을 고려하면서 경제적 가치뿐만 아니라 사회적, 환경적 가치를 창출하는 것을 목표로 한다. 이러한 맥락에서 ESG는 기업의 지속가능성을 평가하고 관리하는 중요한 기준으로 확고하게 자리잡고 있다.

ESG에서 주로 사용되는 '지속가능성'이라는 용어는 1713년에 처음 등장했으며, 현대적인 의미의 지속가능성 개념은 1987년 브룬트란트 보고서 "우리 공동의 미래"에서 확립되었다.[28] 이 보고서는 지속가능한 발전을 정의하며, 사회적 형평성과 환경적 지속가능성을 강조하였다. 이어 기업의 사회적 책임 Corporate Social Responsibility, CSR과 공유가치 창출 Creating Shared Value, CSV이 제시되면서, ESG라는 개념이 보다 포괄적이고 체계적인 기업운영 원칙으로 자리매김하게 됐다. 기업의 사회적 책임 CSR과 공유가치 창출CSV, ESG의 개념과 목적, 특징 등을 비교하면 다음 표와 같다.

CSR, CSV, ESG의 비교

구분	CSR	CSV	ESG
개념	기업의 사회적 책임	공유가치 창출	환경, 사회, 지배구조
목적	기업의 책임이 주주뿐만 아니라 이해관계자에도 있으며, 이에 부합하는 자발적 기업활동 촉구	기업의 가치사슬 내에 사회적 가치를 창출할 수 있는 사업 아이템을 발굴하고 이를 기업의 경영 전략에 반영	장기적 관점에서 기업의 지속가능성을 위한 환경, 사회, 지배구조의 비재무적 요소를 관리하는 기업의 투자 전략
관점	기업의 이해관계자	기업, 지역	투자자
특징	보고양식은 GRI에 기반하며, ISO 2600을 실행 지침으로 함	기업의 신규사업 아이템 발굴 등 전략 수립 모델로 활용	ESG 지표를 수립, 평가, 데이터를 제공하는 글로벌 평가기관이 존재하여, 지속가능경영 차원에서 논의

출처: 이은선·최유경, "ESG 관련 개념의 정리와 이해", 이슈페이퍼 21-19-④, 20-21면.

    ESG는 단순히 환경적, 사회적, 지배구조적 요소를 평가하는 것을 넘어, 기업과 사회 간의 관계, 그리고 기업의 책임에 대한 새로운 기대를 반영하는 패러다임이다. ESG의 개념은 기업이 지속가능한 발전을 달성하기 위해 다각적인 노력을 기울여야 한다는 메시지를 전달하며, 이는 기업 경영의 핵심 가치로 자리잡고 있다. 이를 통해 ESG는 현대 사회에서 기업의 역할과 책임에 대한 이해를 확장시키고, 지속가능한 우리 공동의 미래를 위해 기업의 기여를 촉진하는 중요한 도구로 기능한다.

    그렇다면 ESG는 우리 사회에 어떻게 주요한 가치로 부상하게 되었을까? ESG가 최근 몇 년간 주목받게 된 배경에는 여러 요인이 복합적으로 작용하였다고 볼 수 있다. 특히, 자본시장에서 ESG가 반향을 일으킨 주요 계기 중 하나는 2018년 세계적인 자산운용사 블랙록BlackRock의 설립자이자 CEO인 래리 핑크Larry Fink가 연례 서한에서 ESG의 중요성을 강조한 것에서 비롯되었다고 볼 수 있다.[29] 래리 핑크는 연례 서한에서 기업이 재무성과를 넘어 사회에 긍정적 기여를 해야 한다고 강조하며, 회사의 목적을 재고할 것을 제안하였다. 2021년 연례서한에서는 ESG 수준이 높은 기업들이 만들어낸 성과를 강조하면서, 기업들이 온실가스 순배출량을 영[0]으로 줄이는 넷제로 경제에 부합하는 사업모델을 제시할 것을 요구하기도 하였다.[30]

뱅가드Vanguard와 스테이트 스트리트State Street와 같은 주요 자산운용사들도 ESG 투자에 동참하고 관련 펀드를 출시하였다. 뱅가드는 세계에서 두 번째로 큰 투자기관으로, 1,500여 개의 ESG 상장지수펀드ETF를 보유하고 있으며, UN PRI, FTSEFinancial Times Stock Exchange 글로벌 투자원칙 등에 따라 ESG를 고려한 상장지수펀드를 지속적으로 발행하고 있다.[31] 최근에는 선진국과 신흥국가 기업들의 지속가능성 성과를 추적하는 'All Cap Equity Index 펀드'를 출시했다.[32] 이와 같이 세계적인 기관투자자들이 움직이자, 자산운용사들이 주요 주주로 있는 수많은 기업들도 이러한 요구에 대응하여 ESG 기준을 강화하게 되는 계기가 되었다.

기업들 스스로도 장기적이고 지속가능한 기업가치 제고를 위한 자발적인 움직임이 나타나기 시작했다. 2019년, 미국 주요 기업 181명의 CEO들이 참여한 '비즈니스 라운드 테이블'은 「회사의 목적에 대한 새로운 성명서」를 발표하였다.[33] 이 성명서는 고객, 근로자, 공급자, 지역사회 등 다양한 이해관계자들에게 기여하고, 주주들에게 장기적 가치를 제공할 것을 약속하며 경영의 원칙을 재정립하였다. 이와 같은 기업들

지속가능한 금융의 미래

의 성명은 기업의 목적이 주주 우선주의에서 이해관계자 중심주의로 전환되는 것을 의미하며, ESG가 기업 경영의 기본 원칙으로 자리잡는데 결정적인 영향을 미쳤다. 이러한 변화는 기업들이 환경, 사회, 지배구조와 관련된 문제에 더 큰 책임을 지고 대응할 것을 요구하고 있다.[34]

실제로, 2008년 글로벌 금융위기와 최근의 코로나19 팬데믹을 겪으며 기업이 주주 이익뿐만 아니라 이해관계자의 이익도 고려해야 한다는 사회적, 정치적 압박이 증가하였다. 나아가 기후변화, 인권보호, 양성평등 등 환경 및 사회 문제에 대한 사회적 관심이 높아지면서, 기업들이 이러한 문제에 대응할 것을 요구받고 있다. 연기금과 기관투자자의 대형화, 디지털 기술의 발전은 기업에 대한 주주와 소비자의 영향력을 더 강하게 만들었다.

이와 같이 ESG가 기업과 금융기관에 미치는 영향은 앞으로도 계속될 것으로 전망된다.[35] 이는 ESG가 단순한 트렌드가 아니라, 지속가능한 경제 발전과 관련된 필수 요소로 자리잡았기 때문이다. 특히, EU의 '지속가능금융 공시규제 SFDR', 공급망실사법 Corporate Sustainability Due Diligence Directive, CSDDD[36]과 같은 법제화 흐름은 ESG가 점차 규제로 전환될 가능성이 높아지는 것을 의미한다. 이제 기업들은 ESG를 더이상 무시하거나 소홀히 할 수 없음을 시사하며, ESG를 고려한 경영 전략이 더욱 중요한 시대가 도래할 것을 의미하기도 한다.

전 세계적인 ESG 열풍! ESG는 위기인가, 기회인가

2006년 UN PRI의 수립은 기업 경영에서 재무적 측면 외에도 환경, 사회, 지배구조와 같은 비재무적 측면을 중요하게 고려해야 한다는 인식을 확산시키는 계기가 되었다. 이후 2017년, 225개 대형 기관투자자가 참여한 "기후행동 100+ 이니셔티브"가 발족되면서 ESG 투자는 본격적으로 활성화되었다.[37] 이러한 흐름 속에서 ESG는 현대 사회에서 거부할 수 없는 시대적 과제로 자리잡았으며, 각국은 ESG 활동 성과에 대한 공시 및 평가 기준을 마련하는 데 속도를 내고 있다. 더 나아가 금융기관들은 지속가능한 사회로의 전환을 촉진하는 중추적 역할을 인식하며 이러한 흐름에 발맞춰 나가고 있다.

EU는 ESG 분야에서 가장 적극적인 행보를 보이고 있으며, 2021년 3월부터 '지속가능금융 공시규제 Sustainable Finance Disclosure Regulation, SFDR'를 시행하며 ESG 공시 제도를 법제화하였다.[38] 2024년 3월, 미국 증권거래위원회 SEC도 ESG 펀드 및 투자자문사에게 일관성 있고 비교 가능한 정보를 제공하기 위한 「기후공시 의무화 규정 최종안」(SEC 기후공시규정)을 통과시켰다. 한국은 다소 늦은 편이지만, 2021년 12월 "K-ESG 가이드라인"을 발표하였고[39], 2030년부터는 모든 코스피 상장사의 ESG 정보공시를 의무화하는 등 ESG 생태계 구축을 위해 노력하고 있다.[40]

한국의 ESG 투자규모는 어느 정도일까? 2021년 12월 말 기준으로 국내 금융기관의 ESG 금융 규모는 약 787조 원으로, 전년 대비 약 29% 성장했다.[41] 유형별로는 대출이 340조 원, 투자가 272조 원, 금융상품이 77

지속가능한 금융의 미래

조 원, 채권발행이 98조 원을 기록했다. 모든 ESG 금융 유형이 2020년 대비 최소 15% 이상 성장했으며, 특히 투자가 38%, 채권발행이 38%로 가장 큰 폭의 성장을 보였다. 공적금융은 총 411조 원으로 민간금융보다 규모가 컸지만, 민간금융의 증가 속도는 더 높았다. 공적금융의 주요 구성원은 한국주택금융공사와 국민연금이 차지하며, 민간금융에서는 은행 부문이 주도하고 있다.

ESG 대출은 2017년 대비 104% 성장하여 최근 5년간 연평균 성장률 20%를 기록했다. 기업대출은 전체 ESG 기업대출의 69%를 차지하며, 주로 사회적 영역에 대한 지원에 중점을 두고 있다. ESG 투자는 2017년 대비 847% 성장하여 2020년을 기점으로 급격한 성장을 보였다. 투자자산 중에서는 채권이 146조 원으로 가장 큰 비중을 차지하며, 국민연금과 은행 부문의 채권 투자가 크게 증가했다. ESG 금융상품은 2017년 대비 293% 성장하였으며, 예·적금, 보험, 펀드, 카드 등 다양한 유형으로 전개되었고, 특히 ESG 펀드의 성장률이 318%로 가장 높았다. ESG 채권발행은 사회적 채권, 녹색채권, 지속가능채권으로 구성되며, 특히 녹색채권의 성장률이 885%로 가장 큰 성장을 기록했다. 비금융기관도 녹색채권 발행 규모와 건수를 지속적으로 늘리고 있다.

2023년 말 기준 국내 연·기금(국민연금, 사학연금, 공무원연금)의 운용 규모는 총 589조 원으로 확인된다.[42] 국민연금이 587조 2,000억 원, 사학연금이 4,299억 원, 공무원 연금이 1조 6,505억 원이다. 2023년의 전체 ESG 채권 거래량은 2,409억 원이며, 총 거래대금은 2,395억 원을 기록하였다. 이 중에서 녹색채권이 1,336억 원으로 전체 채권의 55%를 차지하였고, 사회적채권이 479억 원, 지속가능채권이 594억 원으로 집계되었다.

이러한 ESG 금융의 발전은 단순한 투자 트렌드 이상의 의미를 지닌다. 이는 ESG가 금융시스템의 역할을 환경적, 사회적 책임을 포함한 전반적인 지속가능성으로 확장하고, 지속가능한 사회 구축에 중요한 기여를 하고 있음을 시사한다.

한편, ESG 또는 지속가능 투자 규모는 자본시장의 경색국면과 맞물리며 2022년 2분기부터 위축되기 시작하며, ESG의 바람이 잦아드는 모습을 보였다. ESG를 선도했던 미국시장의 지속가능투자 펀드는 2023년 3분기에만 27억 달러의 자금유출을 기록했다. 에너지 가격의 상승, 금리인상, ESG의 정치적 쟁점 부상, 그린워싱 우려 등의 요소가 복합적으로 작용했다.

ESG는 여러 도전을 받으며 위기를 맞기도 했지만 최근에는 오히려 회복세를 보이고 있는 것으로 나타났다. 특히 유럽에서의 자금 유입은 2024년 1분기 84억 달러, 2분기 118억 달러가 유입되어 ESG 펀드 시장의 회복을 주도했다. 미국의 일본의 ESG 자금유출 규모도 빠르게 감소했다. 2023년 ESG 펀드 수익률은 12.6%로, 전통적인 펀드 수익률인 8.6%를 크게 상회했다.

이와 같이 ESG는 단기적으로 주춤하는 모습을 보이기도 하였으나, 기후리스크가 현실적인 문제로 부각되면서, ESG 시장은 빠른 회복세를 보이고 있으며, 앞으로도 기업과 금융기관의 지속가능 경영은 그 중요성이 더욱 커질 것으로 전망된다. 기후위기 시대의 ESG 전환은 피할 수 없는 시대적 과제로 자리잡고 있는 것이다.

지속가능한 금융의 미래

트럼프 2.0 시대, 기후 정책은 어떻게 달라질까?

미국 바이든 대통령은 재임기간 동안 미국 내 기후위기 대응을 주요 목표로 삼아 다양한 정책을 추진해왔다. 그중 2022년에 서명한 '인플레이션 감축법 IRA'은 청정에너지와 재생에너지 산업에 수천억 달러 규모의 세제 혜택과 보조금을 제공함으로써 약 30만 개의 일자리를 창출하며, 탈탄소 전환을 가속화하는 데 중요한 역할을 했다. 또한, 모든 화력발전소의 탄소 배출에 대해 2040년까지 '넷제로 Net-Zero'를 달성하고, 2035년 이후 내연기관 차량 판매를 금지할 것을 목표로 설정했다. 더 나아가 전력의 55%를 2025년까지, 75%를 2030년까지, 그리고 100%를 2035년까지 재생에너지로 공급하겠다는 계획을 세워 기후위기 대응에 적극적으로 나섰다. 트럼프 대통령 재임 시절 탈퇴한 파리기후협약을 재가입하면서 글로벌 기후 정책을 주도하기 위한 노력도 계속해 왔다.

그러나 지난 2024년 11월, 미국 대선에서 트럼프가 제46대 대통령으로 다시 당선되면서, 미국의 기후 정책은 앞으로 크게 변화할 가능성이 커졌다. 트럼프는 대선 공약으로 파리기후협약 재탈퇴를 내세웠으며, 전기차 보조금 중단, 재생에너지 지원 축소, 화석연료와 원자력 발전 확대 등을 약속한 바 있다.

그렇다면, 트럼프 2.0.시대, 미국의 기후 정책은 어떻게 달라질까? 과거 트럼프는 기후 변화를 '사실이 아닌 이야기' 또는 '비용이 많이 드는 사기'로 언급하며 기후위기 문제를 부정적인 시각에서 바라봤다. 이러한 인식에 따라 그는 온실가스 감축을 목표로 하는 파리기후협약에서 탈퇴를 선언했으며, 이를 실행에 옮기기도 했다.

이에 따라 앞으로 미국이 국제사회에서 온실가스 감축 목표를 주도적으로 이끌어갈 역할이 줄어들 수 있으며, 중국 등 다른 대규모 산업국가들이 배출량 감소 목표를 완화하는 결과가 초래될 수 있다. 기후변화 정책 전문가들은 트럼프 행정부 하에서 미국이 국제 협력에서 발을 빼게 되면, 개발도상국의 기후 대응 압력도 줄어들 수 있다고 경고한다.

트럼프 대통령의 에너지 정책은 자국 내 석유, 천연가스, 석탄 산업을 중심으로 한 에너지 자립을 목표로 하며, 연방 토지에서의 시추 확대와 같은 규제 완화가 추진될 전망이다. 이는 에너지 비용 절감을 통한 경제 활성화를 강조하는 정책으로 이어질 것이며, 미국 내 재생에너지 사업의 성장이 위축될 가능성도 있다. 특히 해상 풍력 발전소 건설을 제한하고 여러 재생에너지 프로젝트를 중단시킬 가능성도 존재하여, 풍력과 태양광 산업 전반에 경제적 타격이 예상된다.

그러나 미국 내 친환경 에너지로의 전환 정책이 쉽게 후퇴하지 않을 것이라는 의견도 많다. 세계적으로 재생에너지 산업에 대한 투자 규모와 성장 속도가 빠르게 확대되고 있기 때문이다. 국제에너지기구[IEA]에 따르면 2023년 전 세계 풍력, 태양광, 배터리와 같은 친환경 산업에 약 2조 달러가 투자될 것으로 예상되며, 이는 화석연료 관련 투자보다 두 배가량 큰 규모이다. 또한, 「인플레이션 감축법」에 따라 재생에너지 관련 지출의 85%가 공화당 지지 지역에 집중되어 있어, 많은 공화당 의원들이 이 법안을 지지하고 있다는 점을 고려하면, 트럼프 행정부가 재생에너지 산업에 대한 지원을 전면 철회하는 것은 지역 경제와 정치적 측면에서 어려움이 따를 수 있을 것으로 예상된다.

트럼프 대통령의 재집권은 미국의 기후 정책과 글로벌 기후 대응 기조에 상당한 영향을 미칠 것으로 예상되지만, 국제적으로 확산된 ESG 경영과 기후위기 대응을 위한 투자 흐름을 되돌리기는 쉽지 않을 것으로 보인다. 미국 내 주요 기업들은 이미 기후위기 대응과 지속가능한 경영을 장기적 전략으로 삼아, 환경적 요구에 부응하고 있다. 아울러, 기후테크 시장은 지속적으로 성장하고 있고, EU, 중국 등 주요 국가들은 전기차, 재생에너지, 배터리 등 청정 기술 분야에 대한 투자를 늘려가고 있다. 주주와 소비자들도 기업들의 적극적인 기후위기 대응을 요구하고 있다.

전 세계적으로 기후위기 대응 기조가 일관되게 추진하고 있다는 점도 주목할 필요가 있다. EU를 비롯한 주요 국가들은 탄소중립 및 재생에너지 확산 목표를 이행하고 있으며, 탄소국경세, 공급망실사법 등 글로벌 차원의 기후 규제는 더욱 강화되는 추세다. 미국 기업들 또한 글로벌 시장에서 경쟁력을 유지하기 위해 이러한 국제적 규제를 준수해야 하는 압박을 받고 있다. 이러한 점에서 볼 때, 트럼프 대통령의 재집권에 따라 미국의 기후 정책 추진속도가 조금은 늦춰질 것으로 예상되지만, 국제사회와 시장에서 요구하는 기후위기 대응과 지속가능한 발전의 흐름에 부합하는 방향으로 진전될 가능성이 더 높다고 판단된다.

지속가능한 미래를 위한 혁신 금융, 임팩트 투자

임팩트 투자Impact Investing는 재무적 수익뿐만 아니라 사회적, 환경적 측면에서 긍정적인 변화를 창출하는 것을 목표로 하는 투자 방식이다. 이는 단순히 경제적 이익을 추구하는 것을 넘어, 투자 활동을 통해 긍정적인 사회적 변화를 촉진하고 부정적인 영향을 최소화하는 것을 의도적

임팩트 투자의 범주

출처: Bridge impact, The Impact Management Project (2019). 삼일PwC EPB Platform, 패밀리 오피스를 위한 임팩트 투자 가이드 (2022. 6.)

지속가능한 금융의 미래

으로 추구한다. 이러한 투자 방식은 사회적 문제를 해결하고 지속가능한 발전을 도모하기 위한 수단으로 점차 주목받고 있다.

2009년, 록펠러 재단과 JP모건의 지원을 받아 설립된 글로벌 임팩트 투자 네트워크 Global Impact Investing Network, GIIN 는 임팩트 투자를 "재무적 수익과 함께 긍정적이고 측정 가능한 사회적, 환경적 영향을 창출하고자 하는 투자"로 정의한다.[43] 이는 투자자들이 수익을 추구하면서도 사회적 및 환경적 문제를 해결하려는 명확한 의도를 갖고 있음을 의미한다. 임팩트 투자자들은 구체적인 문제 해결을 목표로 특정 솔루션이나 기회에 투자하며, 시장수익률 범위 내에서(혹은 그 이상으로) 재무적 성과를 동시에 추구하는 특징이 있다.[44] 또한, 이들은 투자 활동이 사회적, 환경적 성과를 얼마나 달성했는지 측정하고 보고하는 것에도 높은 관심을 기울인다.[45]

임팩트 투자는 지속가능투자, ESG 투자, 윤리적 투자 등과 밀접한 연관이 있다. 지속가능투자는 재무적 수익과 더불어 환경, 사회, 지배구조 등 비재무적 요소를 함께 고려하는 투자로, 임팩트 투자의 일부로 간주될 수 있다. 윤리적 투자와 사회책임투자는 주로 부정적인 영향을 최소화하는 데 초점을 맞추며, ESG 투자는 비재무적 리스크를 관리하여 더 나은 투자 성과를 달성하는 것을 목표로 한다. 이러한 투자 접근 방식들은 기업과 사회 전반의 지속가능성을 향상시키는 긍정적인 방향으로 이해될 수 있으며, 각기 다른 초점과 방법론을 가지고 있더라도 모두 사회적 책임과 지속가능한 발전을 중요시한다는 공통점을 지닌다.

임팩트 투자는 이러한 배경 속에서 경제적 수익성과 사회적 가치를 동시에 추구하며, ESG와 지속가능한 금융의 중요한 패러다임으로 자리 잡고 있다. 이를 통해 투자자들은 긍정적인 사회적 변화를 촉진하며, 동시에 지속가능한 경제적 성과도 달성할 수 있다.

ESG 투자와 임팩트 투자는 어떻게 다른가?

ESG와 임팩트 투자는 현대 기업의 사회적 책임과 경영 전략의 진화와 궤를 같이 한다.[46] 두 개념은 각각 CSR과 CSV와 같은 경영 전략의 변화 흐름 속에서 등장했다. ESG는 주로 기관투자자들 사이에서 주목받으며, 기업이 환경, 사회, 그리고 지배구조와 관련된 비재무적 요소를 평가하여 투자 결정을 내리는 데 초점을 맞춘다. ESG는 지속가능성과 관련된 최소한의 기준으로 고려하며, 모든 기업을 대상으로 한다는 점에서 폭넓은 투자 접근 방식을 의미한다.

반면, 임팩트 투자는 특정한 사회적 가치 창출을 명확히 목표로 하는 기업, 특히 소셜벤처, 기후테크와 같은 기업을 중심으로 투자하는 방식을 말한다. 임팩트 투자의 주요 목적은 측정 가능한 긍정적, 사회적 또는 환경적 영향을 창출하는 것이며, 보다 "적극적인 형태의 ESG 투자" 전략으로도 불린다. ESG 투자가 폭넓은 기업을 대상으로 하는 반면, 임팩트 투자는 특정 사회적 목표를 추구하는 기업에 집중함으로써 차별화된다.[47]

글로벌 지속가능 투자연합Global Sustainable Investment Alliance, GSIA에 의하면 임팩트 투자는 ESG 투자의 한 범주로 분류한다.[48] GSIA는 ESG 투자

방법론을 ① 네거티브 스크리닝, ② 포지티브 스크리닝, ③ 규범기반 스크리닝, ④ ESG 통합투자, ⑤ 지속가능 테마투자, ⑥ 임팩트 투자, ⑦ 경영참여 및 주주행동이라는 7가지의 유형으로 구분하고 있다. 과거에는 술, 담배, 무기 등과 같은 산업을 포트폴리오에서 배제하는 '네거티브 스크리닝' 방식을 주로 사용하였으나, 1990년대 이후로는 우수한 ESG 성과를 보이는 기업을 선별해 투자하는 '포지티브 스크리닝' 방식이 선호되기도 하였다. 최근에는 투자목적 설계, 포트폴리오 비중 선정 등 투자의사결정 전반에 ESG 요소를 적용하는 'ESG 통합Integration' 방식이 주목을 받고 있다.

이에 반해 임팩트 투자자들은 기업의 실제 ESG 성과를 개선하는 데

ESG 방법론에 따른 지속가능투자

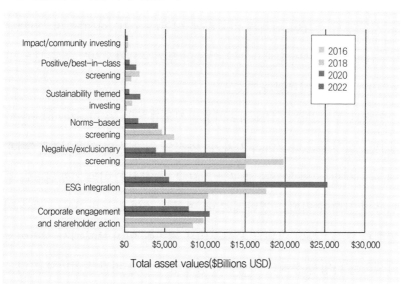

출처: GSIA, "GLOBAL SUSTAINABLE INVESTMENT REVIEW 2022", (2023. 11.) p.13.

얼마나 효과적인지에 대해 중요한 가치를 부여하므로 명확한 사회적 영향을 목표로 하는 임팩트 투자 자체에 대해 더 많은 관심을 가진다. 즉, 임팩트 투자는 구체적인 사회 문제를 해결하려는 적극적인 접근 방식이라고 볼 수 있다. 이와 같이 ESG와 임팩트 투자는 서로 다른 목표와 접근 방식을 가지고 있지만, 궁극적으로는 사회적 가치 창출을 목표로 한다는 점에서 공통점을 가진다. 결국, ESG와 임팩트 투자는 우리 사회의 지속가능한 발전을 촉진하는 중요한 요소라고 평가할 수 있다.

사회·환경 문제 해결하는 임팩트 투자, 얼마나 성장했나

임팩트 투자 시장은 최근 몇 년간 급격한 성장을 보이며, 글로벌 금융 시장에서 중요한 위치를 차지하게 되었다. GIIN에 따르면, 2022년 말 기준으로 글로벌 임팩트 투자자들의 투자운용자산AUM 총 규모는 약 3,710억 달러에 이르렀다.[49]

임팩트 투자자들은 UN 지속가능발전목표SDGs 중 적어도 하나를 타겟으로 설정하고 다수의 투자자가 "양질의 일자리 및 경제성장", "기후행동", "성평등"의 목표를 추구한 것으로 나타났다. 이는 기후위기와 불평등의 심화가 임팩트 전략 수립에 영향을 주었음을 반영하며, 76%의 임팩트 투자자들이 임팩트 우선순위를 정함에 있어 투자대상 시장에서 발생하는 다양한 문제의 영향력과 중요성에 대한 평가를 기반으로 하고 있다는 점을 알 수 있다.

임팩트 투자자들은 임팩트와 재무적 수익률을 동시에 추구하는데, 그 수준은 투자자가 추구하는 임팩트 목적과 재무적 목적에 따라 달라진다. 투자자들은 재무적 수익률과 위험, 임팩트 수익률과 위험, 유동성, 자원조달 역량 등 다양한 요소를 고려한다. 다수의 임팩트 투자자들은 위험조정 시장수익률을 목표로 설정하고 있다.

글로벌 임팩트 투자 시장 규모에 비해, 국내 시장은 아직 초기 단계에 머물러 있다고 평가된다. 그러나 국내에서도 임팩트 투자에 대한 관심이 증가하고 있다. 다양한 정부 지원정책을 바탕으로 사회적 기업 생태계가 확장되고 있으며, 이를 뒷받침하기 위한 임팩트 투자 활동이 활발히 이루어지고 있다.[50] 2021년 7월 기준으로 한국성장금융이 운용하는 11개 사회투자펀드의 투자 자금은 약 2,000억 원으로 집계되었으며, 2020년 기준 국내 ESG 채권의 상장 잔액은 총 82.6조 원에 달했다.[51] 이러한 수치는 국내 임팩트 투자와 ESG 투자가 빠르게 확산되고 있음을 보여준다.

특히, 국내 임팩트 투자는 소셜벤처 생태계의 성장을 배경으로 많은 주목을 받고 있다. 우리 사회의 다양하고 복잡한 문제를 비즈니스의 방식으로 풀어나가려는 사람들이 사회적기업과 협동조합, 소셜벤처 등의 조직을 설립하기 시작하였다. 정부도 '사회적기업육성법' 제정, '소셜벤처 활성화를 위한 일자리 창출 방안' 발표, '벤처기업육성에 관한 특별조치법' 개정 등을 통해 소셜벤처기업의 법적 근거를 마련하며 다양한 지원체계를 구축하고 있다. 이와 같은 정책적 지원과 생태계의 성장을 바탕으로 2023년 말 기준 약 2,448여 개의 소셜벤처가 등장했다.[52] 에누마

Enuma, 테스트웍스Testworks, 트리플래닛 Triple Planet 등 임팩트 투자를 통해 성장한 소셜벤처의 성공 사례도 등장하고 있다.

이와 함께 기업의 ESG 경영 패러다임의 도래로, 사회문제 해결과 지속가능한 비즈니스를 위한 다양한 노력이 강조되고 있다. 이러한 경향은 임팩트 투자에 대한 관심을 더욱 높이고, 임팩트 투자 시장의 지속적이고 안정적인 성장을 기인하는 요인으로 작용하고 있다.

임팩트 투자, 그거 돈이 됩니까?

임팩트 투자는 사회적 및 환경적 문제를 해결하기 위한 투자 방안으로, 최근 이에 대한 관심과 수요가 급격히 증가하고 있다.[53] 특히, ESG 요소에 대한 관심은 지속적으로 확산되고 있으며, 기업들은 이러한 요소를 단순한 규제 준수를 넘어서 비즈니스 전략의 중요한 요소로 채택하고 있다. 그렇다면, 임팩트 투자는 정말 돈이 될까? 임팩트를 추구하면서 시장의 일반 투자자와 유사한 수준의 수익률을 올릴 수 있는지 살펴보자.

결론부터 말하면 임팩트 투자는 돈이 된다. 즉, 임팩트 투자도 시장 수익률 이상의 수익을 내고 있다. GIIN에 따르면, 2022년 글로벌 임팩트 투자 시장의 순자산총액AUM은 3,710억 달러(한화 약 410조 원, 305개 기관 기준)에 달하며, 2017년부터 연평균 18%의 성장률을 기록하고 있는 것으로 확인되었다. 임팩트 투자의 수익률이 일반 투자 시장 수익률과 비슷하거나 오히려 더 높다는 것이 여러 연구 결과를 통해 입증되면서 임팩트 투자와 수익률의 대한 주류 자본시장의 오해도 해소되고 있다. GIIN이 임팩트 투자자 대상으로 실시한 조사에서, 응답자의 79%는 임팩트 투자를 통해 재무적 성과를 달성했다고 응답했다. 3년간 실현 수익률의 중간값과 목표 수익률을 비교 분석한 결과 역시 대체로 목표 수익률을 상회한 것으로 확인되었다.[54] 특히, 시장수익률을 추구하는 임팩트 투자자 중 사모주식 투자자들은 지난 3년 동안 가장 높은 합계 수익률을 달성하였으며, 평균 25%, 중간값 15%를 기록하였다. 사모주식투자의 평균 실현 수익률이 평균 목표 수익률보다 4% 가량 높은 것이다.

시장수익률 추구 투자자의 목표 수익률과 실현 수익률(3년간)

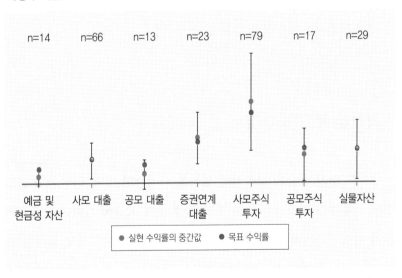

출처: GIIN, "2023 GIINSIGHT, Impact investing allocations, activity & performance" (2024. 1.), p.20.

임팩트 투자 시장의 수익률이 일반 자본시장 수익률보다 낮을 것이라는 오해 또는 이미지는 임팩트 투자가 시장 수익률을 고려하지 않는 '착한 투자'로 인식되면서 비롯된 것으로 보인다. 실제 임팩트 투자는 시장 수익률 이상을 추구할 수 있는 분야지만, 공공 및 비영리의 목적을 위해 '의도적으로' 또는 '전략적으로' 시장 수익률 이하의 성과를 감내하는 투자자도 있기 때문에 발생한 결과로도 이해할 수 있다. 그러나 실제 임팩트 투자합계 수익률은 시장 수익률 보다 높은 결과를 보이고 있고, 임팩트 투자 규모와 시장이 확대되고 있는 점을 고려하면, 이러한 세간의 인식 또는 오해는 자연스럽게 해소될 것으로 예상된다. 이처럼 임팩트 투자는 사회적 성과뿐만 아니라 시장수익률을 상회하는 재무적 성과도 충분히 달성할 수 있다는 인식이 높아지면서 자본주의의 새로운 대안으로 주류 자본시장의 주목을 받고 있다.

임팩트 투자의 시대

임팩트 투자 시장은 지속적인 성장을 이어가고 있다. 이러한 성장은 임팩트 투자가 지속가능한 사회 및 환경 문제 해결에 기여하는 중요한 투자 방식이라는 인식이 확산되고 있기 때문이다. 기업들도 규제를 넘어 비즈니스 분야로 ESG를 적극적으로 활용하기 시작하였다. 전 세계 대형 연기금들도 임팩트 투자를 통해 사회문제 해결에 나서고 있다.

대표적으로 단일 기관 자산 규모 기준 세계 1위(1조 4,486억 4,300만 달러)의 대형 기금인 일본의 일본공적연금^{GPIF}은 2023년 인터콘티넨털 익스체인지^{ICE}를 임팩트 투자 평가 기관으로 선정하며 임팩트 투자에 나섰다. ICE는 GPIF가 수행한 임팩트 투자 펀드의 탄소 배출량과 재생에너지 발전량, 일자리 창출 등 다양한 사회적 임팩트 성과를 관리하고 얼마나 사회적 가치를 얼마나 창출했는지 평가한다. ICE의 분석 결과에 따르면, GPIF가 2022년 임팩트 투자로 감축한 탄소 배출량은 약 4억 CO_2 환산톤^{tCO2eq}에 달하는 것으로 나타났다.[55]

네덜란드의 최대 공적 연기금인 ABP는 신흥국의 지속가능한 발전에 집중한 프로젝트에 적극적으로 참여하고 있다. 2022년 ABP는 건설업 연금 BpfBOUW와 함께 신흥국 SDG 프로젝트에 민간 신용 자금인 ILX 펀드를 통해 약 7억 5,000만 달러를 투자했다.[56] 또한 영국의 지방 정부 연금 제도^{LPGS}는 86개 지역의 연기금을 관리하며, 이 자금 약 621조 원을 지역 문제 해결을 위한 프로젝트에 투입하고 있다.

트리플라잇의 보고서에 따르면, 임팩트·로컬·그린 섹터 투자 펀드 164개를 분석한 결과, 총 132개 기관이 사회적 및 환경적 문제 해결을 위한 자본을 운용 중이다. 이 중 임팩트 투자 섹터에는 디쓰리쥬빌리파트너스, 소풍벤처스, 아크임팩트자산운용 등 주요 투자사들이 포함되어 있으며, 이들 기관은 평균 2.8개의 펀드를 운용하며 섹터 내 투자 활성화를 주도하고 있다.[57]

우리 사회가 직면하고 있는 다양한 사회적 및 환경적 문제가 더욱 두드러지면서, 임팩트 투자 시장의 성장 가능성은 매우 크다고 볼 수 있다. 특히 기후변화, 빈곤, 불평등 등의 문제는 전 세계적으로 심화되고 있으며, 이에 따라 이러한 문제들을 해결하기 위한 자본의 필요성이 증가하고 있다. 임팩트 투자는 재무적 수익뿐만 아니라 사회적·환경적 성과를 동시에 추구하는 투자 방식이므로, 앞으로 더욱 많은 투자자들이 이러한 철학에 공감하게 될 것이다.

특히, 지속가능한 에너지, 빈곤 완화, 교육 기회 확대, 공정 노동 등의 분야에 대한 투자는 이슈 해결에 실질적인 기여를 할 수 있으며, 이를 통해 사회적·환경적 가치를 창출하는 기업들이 더욱 주목받고 있다. 이러한 흐름은 결국 더 많은 기업과 투자자들이 임팩트 투자에 참여하게 만드는 촉매 역할을 할 것이다.

또한 정부 및 규제 기관 역시 지속가능성 목표와 연계된 정책들을 강화하고 있으며, ESG 원칙을 기반으로 한 투자 활동이 더욱 널리 확산될 것으로 예상된다. 이런 요소들이 결합되면, 임팩트 투자 시장은 향후 더 빠르게 성장할 것이며, 이를 통해 우리 사회가 직면한 주요 이슈들을 해결하는 데 중요한 역할을 할 수 있을 것으로 기대된다.

탄소 다배출 기업의 저탄소 전환 지원, 전환금융에 주목하라!

고탄소 기업의 저탄소 전환을 지원하는 '전환금융 Transition Finance'에 대한 관심이 높아지고 있다. '전환금융'은 기존의 녹색금융 Green Finance 보다 더 포괄적인 개념으로, 탄소중립 실현을 위해 중요한 역할을 담당하

지속가능한 금융의 미래

는 금융 수단이다. 전환금융은 기존 녹색금융의 한계를 넘어 탄소 집약적 산업도 포괄적으로 지원한다. 철강, 석유화학, 시멘트 등 탄소 배출량이 높은 산업이 저탄소 공정으로 전환할 수 있도록 자금을 제공하며, 탄소 감축이 필요한 다양한 산업군을 대상으로 한다. 이는 기존 녹색금융의 지원 대상이 제한적이어서, 탄소 배출량이 높거나 친환경 경제활동을 하지 않는 기업들이 자금 조달 시장에서 소외되는 문제를 보완하기 위한 것이다.

전환금융이 주목받는 배경에는 전 세계적인 탄소중립 Net Zero 목표가 있다. 환경 컨설팅 업체 비비드이코노믹스에 따르면, 2050년까지 탄소 중립을 달성하려면 연간 약 125조 달러(약 17경 원)의 자금이 필요하며, 이는 철강, 화학, 에너지 등 주요 탄소배출 산업의 전환 비용으로 추산된다. 일본과 유럽연합EU 등 주요국은 이미 전환금융을 적극 추진하고 있다. 일본은 2021년 '기후전환금융 가이드라인'을 발표한 데 이어, 2024년 2월에는 세계 최초로 약 1조 6,000억 엔 규모의 전환국채를 발행하며 국제적 주목을 받았다. EU는 녹색분류체계Taxonomy에 '전환' 부문을 추가하는 방안을 제안하며, 제도적 기반을 강화하고 있다.

반면 한국은 제조업, 철강, 석유화학 등 탄소집약적 산업의 경제 비중이 높음에도 불구하고, 전환금융을 뒷받침할 정책과 제도적 기반은 아직 초기 단계에 머물러 있다. 국내총생산GDP에서 제조업이 차지하는 비중은 28.0%로 경제협력개발기구OECD 평균인 14.7%를 크게 상회하며, 탄소중립을 달성하기 위해 제조업 등 고탄소 산업의 전환이 필수적이다. 맥킨지는 한국의 전환금융 수요가 2030년까지 약 100조 원에 이를 것으로 전망했다. 고탄소배출 산업에 대한 투자를 수반하는 전환금융의 특성상 그린워싱 Greenwashing 위험이 커 체계적인 정책 마련이 시급하다. 이를 위해서는 한국형 녹색분류체계에 전환 부문을 단계적으로 확장하고, 기후전환채권 및 전환대출 활성화를 위한 가이드라인 마련이 요구된다.

전환금융은 단순한 금융상품이 아니라 탄소중립 실현을 위한 필수적인 전략적 도구다. 국내 금융기관들도 전환금융이 가져올 투자 기회와 사회적 책임을 고려해 적극적인 대응에 나설 필요가 있다. 정부와 민간의 협력을 통해 기업의 저탄소 전환을 실질적으로 지원하고, 금융기관이 탄소중립 시대의 핵심적인 역할을 담당할 수 있도록 제도적 기반도 강화해야 한다. 금융기관이 전환금융을 선제적으로 활용한다면, 지속가능한 경제 전환의 핵심 동력으로 자리 잡을 것이다.

The Future of Sustainable Finance

제**2**부

지속가능금융의 등장 배경

ESG & Impact Invest

1장

지속가능발전을 위한 인류 공동의 목표, UN 지속가능발전목표(SDGs)

인류가 공동으로 해결해야 할 "문제"를 정의한다.

2015년 UN 총회에서 채택된 지속가능발전목표(Sustainable Development Goals, SDGs)는 수십 년간 치열하게 전개된 '지속가능성'에 대한 국제사회 논의의 결과물로, 지속가능금융이 궁극적으로 달성하고자 하는 목표이자 지향점이다. 따라서, 지속가능성에 대한 국제사회의 논의 경과, SDGs의 세부 내용, SDGs의 이행 현황에 대한 이해는 금융산업의 지속가능성을 제고하기 위한 필수적인 요소가 되어가고 있다.

임영석

최근 세계 최대 은행 중 하나인 JP모건과 프랑스의 금융회사 나틱시스Natixis CIB 등 다수의 금융기관은 유엔UN 지속가능발전목표Sustainable Development Goals, SDGs 달성에 초점을 맞춘 "임팩트 공개 협의체Impact Disclosure Task Force, IDT"를 구성해 출범시키기로 하였다.[1] IDT는 SDGs 달성에 기여하는 금융 생태계 구축을 목적으로 지속가능발전 임팩트 공개 가이드라인을 제공하고, 참여기관을 위한 부가서비스를 제공하는 한편, 임팩트 공개 플랫폼 구축을 추진한다고 밝혔다. IDT에 참여하는 기관은 도이체방크와 시티은행 등 시중은행과 아문디Amundi, 픽텟Pictet 등의 자산운용사, 모닝스타Morning Star와 서스테이널리틱스Sustainalytics 같은 ESG 리서치 및 평가기관 등을 망라한다. 국제지속가능성기준위원회ISSB와 국제자본시장협회ICMA도 옵서버Observer로 참여한다. IDT의 활동은 UN 지속가능발전목표를 달성하기 위한 금융기관들의 자발적인 움직임이 확산되고 있다는 점을 시사한다.

　UN 지속가능발전목표SDGs는 2015년 뉴욕에서 개최된 제70회 UN 개발정상회의에서 UN에 가입한 193개국의 만장일치로 채택되었다. SDGs 채택 이전에는 경제발전의 지속가능성에 대한 국제사회의 오랜 논의 결과, 2000년 새천년개발목표Millennium Development Goals, MDGs가 도입되었다. 그리고 15년에 걸친 MDGs 이행 과정에서 축적된 경험, 평가와 지속가능한 발전의 필요성에 대한 인식 확산에 힘입어 MDGs 이행 종료를 앞둔 2015년 MDGs를 계승하는 SDGs가 채택된 것이다.

국내에서도 SDGs 달성을 위한 노력이 나타나고 있다. 2000년 '새천년 국가환경비전'이 발표되고 대통령 자문 지속가능발전위원회가 출범하였으며, 2018년에는 UN의 SDGs를 반영하여 한국형 지속가능발전목표인 국가지속가능목표Korean Sustainable Development Goals, K-SDGs가 수립되었다. 2008년 시행된 「지속가능발전 기본법」[2]은 우리나라에서 지속가능발전 보장을 위해 마련된 최초의 법적 장치로, 지속가능발전 국가위원회 설치(대통령 소속), 지속가능발전 국가기본전략 수립(계획기간 20년, 5년마다 정비), 지속가능발전보고서 작성(매 2년) 등을 의무화하였다.

이러한 국제사회의 변화에 따라 민간 부문에서도 ESG(환경, 사회, 지배구조)가 산업 전반에 걸친 화두로 자리매김하고 있으며, 글로벌 금융 산업도 이러한 시대 흐름에 부응하기 위하여 다양한 노력을 전개하고 있다.

국제사회 최초의 공동 개발목표, 새천년 개발목표 (MDGs)

산업혁명 이후 산업화와 경제성장이 꾸준히 진행되는 과정에서 환경 오염이 심화된 결과, 삶의 질이 악화되는 현상이 지구 곳곳에서 나타남에 따라 환경보호를 고려한 경제성장의 필요성에 대한 인식이 확산되었다. 1962년 레이철 카슨이 출간한 '침묵의 봄'은 환경문제에 대한 전 세계인의 인식을 높여주었고, 1972년 로마클럽이 '성장의 한계' 보고서를 통해 인구 급증에 따른 환경파괴가 지속되면 자원 고갈로 100년 안에 인류의 성장이 한계에 도달할 것이라고 경고하면서 전 세계적으로 환경보호와 경제성장의 양립 필요성에 대한 관심이 더욱 높아졌다. 같은 해에 개최된 UN 인간환경회의United Nations Conference on the Human Environment[3]에서 UN 인간환경선언The United Nations Declaration on the Human Environment이 채택되고 그 후속 조치로 환경문제를 전담하는 UN 환경계획UN Environmental Program, UNEP'이 출범하면서 경제성장, 발전의 지속가능성에 대한 국제사회의 논의가 본격화되었다.

1983년 12월 UN 총회의 결의로 지속가능한 개발을 달성하기 위한 장기적인 환경 전략 제안 및 국제사회의 협력 강화 등을 위해 UNEP 산하에 세계환경개발위원회World Commission on Environment and Development, WCED가 설립되었다. 이 위원회는 1987년 10월 '우리 공동의 미래Our Common Future' 보고서[4]를 발간하였는데, 이 보고서는 "미래 후손들이 그들의 필요를 충족시킬 수 있는 능력을 저해하지 않는 범위 내에서 현 세대의 필요를 충족시키는 발전"[5]을 지속가능발전Sustainable Development이라고 정의하면서 최초로 국제 사회에 지속가능발전의 정의를 제시하였다.

이러한 논의는 1992년 6월 리우데자네이루에서 개최된 UN 환경개발회의United Nations Conference on Environment and Development, UNCED, 일명 Earth Summit로 이어졌다. UN 인간환경회의(1972년) 개최 20주년을 기념하여

개최된 이 회의에서는 지구의 환경문제와 지속가능한 발전을 위한 리우선언 및 세부적 행동강령을 담은 의제 21 Agenda 21이 채택되어 지속가능발전을 위해 각국 정부와 다국적 기업이 따를 수 있는 청사진이 마련되었으며 UN 지속가능발전위원회 UN Commission on Sustainable Development, UNCSD 창설에 대한 합의도 마련되었다.

이러한 논의를 바탕으로 2000년 9월 뉴욕에서 개최된 새천년정상회의 일명 'Millennium Summit'에서 자유 Freedom, 평등 Equality, 연대 Solidarity, 관용 Tolerance, 자연에 대한 존중 Respect for nature, 공동의 책임 Shared responsibility 등 5대 가치가 21세기 회원국의 공동 가치이며, 이를 달성하기 위한 주요 목표로 평화·안보·군축, 개발·빈곤 감축, 환경보호, 인권·민주주의·양질의 거버넌스 등을 제시하는 새천년선언 Millenium Declaration이 채택[6]되었고, 2001년 이 선언을 바탕으로 MDGs가 합의[7]되었다.

2001년 제출된 UN 사무총장의 보고서에서 MDGs는 2015년까지 달성하고자 하는 8개 개발목표 Goals와 이들 목표를 보다 구체화한 18개의 세부목표 Targets로 구성되어 있으며, 모니터링을 위한 지표로는 48개가 제시되었다. 이후 MDGs 이행 모니터링 프레임워크를 마련하는 과정에서 세부목표와 모니터링 지표가 추가되고 보완됨에 따라 최종적으로는 8개 개발목표와 21개의 세부목표, 60개의 모니터링 지표가 구성되었다. MDGs의 개발목표는 빈곤감축, 교육, 양성평등, 보건의료, 환경보호, 개발 협력 등 사회적 분야에 중점을 두는 특징을 보인다.

국제사회 최초의 공동 개발목표인 MDGs를 이행하기 위한 15년 간의 노력의 결과, 8개 개발목표 전반에 걸쳐 다양한 성과가 확인되었다.[8]

지속가능한 금융의 미래

MDGs 목표별 주요 내용

목 표	세부목표 (개수)	모니터링 지표 (개수)
1 절대 빈곤 및 기아 퇴치(Eradicate extreme poverty and hunger)	3개	9개
2 보편적 초등교육 달성(Achieve universal primary education)	1개	3개
3 양성평등 및 여성능력 고양(Promote gender equality and empower women)	1개	3개
4 유아 사망률 감소(Reduce child mortality)	1개	3개
5 산모건강 증진(Improve maternal health)	2개	6개
6 HIV/AIDS, 말라리아 및 기타 질병 퇴치 (Combat HIV/AIDS, malaria and other diseases)	3개	10개
7 환경의 지속가능성 보장(Ensure environmental sustainability)	4개	10개
8 개발을 위한 글로벌 파트너쉽 구축(Develop a global partnership for development)	6개	16개

출처: ADB, Key Indicators for Asia and the Pacific 2008, 2008. 8, 55-56면 내용을 바탕으로 저자 재구성

절대빈곤인구 비율 및 개도국 내 영양결핍인구 비중이 대폭 감소하였고 Goal 1, 개도국 내 초등교육 등록률이 상승하였으며 Goal 2, 초등교육에서의 양성평등이 달성되고, 여성의 의회 진출도 확대되었다 Goal 3. 유아사망률과 모성사망률 모두 감소하였고 Goal 4·5 HIV/AIDS 신규 감염률, 말라리아 발병률, 말라리아 및 결핵으로 인한 사망률 등이 감소하였으며 Goal 6, 깨끗한 식수에 대한 접근성이 높아졌다 Goal 7. 선진국의 공적개발원조 Official Development Assistance, ODA 규모가 확대되었으며, 인터넷 및 휴대전화 등 IT 접근성도 크게 확대되었다 Goal 8.

MDGs 이행에 따라 위와 같은 성과가 일부 나타나기도 하였으나, 모든 목표가 충분하게 달성되었다고 평가하기는 어렵다. 특히, UN은 이러한 성과와 발전이 지역간·계층간·국가간에 균등하게 나타나지 못했다는 한계를 지적하고 있다. 15년 간의 MDGs 이행에도 불구하고 직업, 의사결정참여 등에 있어 여성에 대한 차별이 남아있고, 빈부격차나 도농간 격차가 크며, 온실가스 배출 증가 등으로 인하여 기후변화가 더욱 심화되고 있는 상황으로 평가하였다. 나아가 국가 간 갈등으로 인해 난민이 지속적으로 발생하고 있으며, 절대빈곤층은 MDGs 이행을 통해 상당히 감소하였음에도 여전히 8억 명에 달하고 있음을 지적하면서 가장 취약한 계층에 대한 국제사회의 집중적인 노력이 필요함을 호소하였다.

지속가능한 금융의 미래

인류 공동의 목표, 지속가능발전목표(SDGs)의 확립

MDGs 이행 기한인 2015년이 다가옴에 따라 국제사회 공동의 새로운 개발목표 수립에 대한 논의도 시작되었다.[9] 이러한 논의가 본격화된 것은 2012년 브라질 리우데자네이루에서 개최된 UN 지속가능발전회의 United Nations Conference on Sustainable Development, UNCSD 다. 1992년 UN 환경개발회의 20주년을 기념하여 개최되어 '리우+20 정상회의'라고도 잘 알려진 이 회의에서 참가국들은 "우리가 원하는 미래 The Future We Want"라는 선언을 채택하였다. 이 선언을 통해 국제사회는 지속가능발전에 대한 의지를 재확인하였고, 경제위기, 사회적 불안정, 기후변화, 빈곤퇴치 등 범지구적 문제 해결의 책임을 다시 강조하고 각국의 행동을 촉구하였다. 이와 함께, 지속가능한 발전을 위한 중요한 도구로 녹색경제 Green Economy 의제를 채택하였으며, 공개 실무그룹 구성 등 MDGs를 대체하는 지속가능발전목표를 설정하기 위한 절차에도 합의하였다. 이에 따라 2013년 공개 실무그룹 Open Working Group 이 구성되었으며, 개발목표 달성을 위해 다양한 이해관계자의 참여가 중요하다는 인식에 따라 시민사회 이해관계자들의 폭넓은 참여 하에서 공개 실무그룹의 지속가능발전목표 제안(안)이 마련되었다. 2015년 9월 뉴욕에서 개최된 UN 지속가능발전 정상회의에서 2030 지속가능발전 의제를 채택하고 2015년 만료 예정인 MDGs의 뒤를 잇는 지속가능발전목표 SDGs를 수립하였으며, 이를 2016년부터 2030년까지 이행하기로 결의하였다[10]. SDGs는 '단 한 사람도 소외되지 않는 것 Leave No One Behind'이라는 슬로건과 함께 인간 People,

SDGs 목표별 주요 내용

목 표		세부목표 (개수)	모니터링 지표 (개수)
	빈곤퇴치(End poverty in all its forms everywhere.)	7개	13개
	기아종식(End hunger, achieve food security and improved nutrition and promote sustainable agriculture.)	8개	14개
	건강과 웰빙(Ensure healthy lives and promote well-being for all at all ages.)	13개	28개
	양질의 교육(Ensure inclusive and equitable quality education and promote lifelong learning opportunities for all)	10개	12개
	양성평등(Achieve gender equality and empower all women and girls.)	9개	14개
	물과 위생(Ensure availability and sustainable management of water and sanitation for all.)	8개	11개
	깨끗한 에너지(Ensure access to affordable, reliable, sustainable and modern energy for all.)	5개	6개
	양질의 일자리와 경제성장(Promote sustained, inclusive and sustainable economic growth, full and productive employment and decent work for all.)	12개	16개
	산업, 혁신과 사회기반시설(Build resilient infrastructure, promote inclusive and sustainable industrialization and foster innovation.)	8개	12개

지속가능한 금융의 미래

10 REDUCED INEQUALITIES	불평등 완화(Reduce inequality within and among countries.)	10개	14개
11 SUSTAINABLE CITIES AND COMMUNITIES	지속가능한 도시와 공동체(Make cities and human settlements inclusive, safe, resilient and sustainable.)	10개	15개
12 RESPONSIBLE CONSUMPTION AND PRODUCTION	책임감 있는 소비와 생산(Ensure sustainable consumption and production patterns.)	11개	13개
13 CLIMATE ACTION	기후변화 대응(Take urgent action to combat climate change and its impact.)	5개	8개
14 LIFE BELOW WATER	해양 생태계(Conserve and sustainably use the oceans, seas and marine resources for sustainable development.)	10개	10개
15 LIFE ON LAND	육상 생태계(Protect, restore and promote sustainable use of terrestrial ecosystems, sustainably manage forests, combat desertification, and halt and reverse land degradation and halt biodiversity loss.)	12개	14개
16 PEACE, JUSTICE AND STRONG INSTITUTIONS	평화, 정의와 제도(Promote peaceful and inclusive societies for sustainable development, provide access to justice for all and build effective, accountable and inclusive institutions at all levels.)	12개	24개
17 PARTNERSHIPS FOR THE GOALS	SDGs를 위한 파트너십(Strengthen the means of implementation and revitalized the Global Partnership for Sustainable Development.)	19개	24개

출처: UN, Global indicator framework for the Sustainable Development Goals and targets of the 2030 Agenda for Sustainable Development (A/RES/71/313) 내용을 바탕으로 저자 재구성

지구^{Planet}, 번영^{Prosperity}, 평화^{Peace}, 파트너십^{Partnership}이라는 5개 영역에서 인류가 나아가야 할 방향성을 17개 목표와 169개 세부목표로 제시하고 있다.[11]

평가지표를 포함한 이행 프레임워크는 2007년 7월 UN 총회에서 결정[12]되었으나 이후 수차례의 조정 작업을 거쳐 현재는 SDGs의 이행평가에 총 248개의 모니터링 지표가 사용되고 있다. 다만, 이 중 13개 지표는 2개 또는 3개 목표의 이행 평가에 동시에 사용되기 때문에 실질적으로 231개 지표가 활용되고 있다[13].

SDGs는 MDGs를 계승하는 국제사회 공동의 개발목표지만, MDGs와는 구별되는 특징도 다수 확인된다. 우선 목표 작성 및 결정 과정에 있어 UN 등 공공부문 중심으로 목표가 설정되었고 목표 결정을 위한 별도의 공식 채택 과정이 결여된 MDGs와는 달리, SDGs는 목표 달성을 위해서는 다양한 민간 이해관계자의 참여가 필요하다는 공감대가 이루어져 민간부문이 계획 수립 과정에 참여할 수 있도록 허용되었으며 결정된 목표는 총회 결의라는 공식 절차를 통해 확정되었다. 또한, MDGs는 절대빈곤 해소에 방점을 두고 있어 절대빈곤을 겪고 있는 개발도상국의 사회발전 중심으로 목표가 구성되었고 선진국은 ODA 확대 등 제한적인 역할을 부여받았지만, SDGs의 경우에는 경제, 사회, 환경의 3대 측면에서 균형적이고 종합적인 방법으로 지속가능발전을 달성해야 한다는 측면에서 모든 형태의 빈곤과 불평등을 감축하기 위한 목표가 수립되어 선진국도 목표 달성의 대상에 편입되었다. 목표 달성을 위한 재원조달 측면에서도 MDGs에서는 선진국의 개발도상국에 대한 ODA 활용이 주로 검토

지속가능한 금융의 미래

MDGs와 SDGs 비교

구 분	MDGs	SDGs
작성 참여자	유엔 등 공공부문 중심	공공부문과 함께 시민사회, 기업, 연구소 등 민간부문도 계획 수립에 참여
결정방식	공식 채택절차 부재	UN 총회 결의
범 위	사회발전 중심	경제, 사회, 환경을 포괄하는 지속가능발전 달성 추진
달성 목표	절대 빈곤 해소 중심	모든 형태의 빈곤과 불평등 감소
주요 대상국	개발도상국	개발도상국과 선진국 공동
재 원	ODA 중심	국내 공공재원(세금), ODA, 민간재원(무역, 투자) 등
국가별 이행 모니터링 여부	자발적 이행	각국의 보고 권고

출처: 서주환 외, "글로벌 사회문제 해결을 위한 한국의 대응: 지속가능발전목표(SDGs), 한국은 어디까지 왔나?", 『KISTI Issue Brief』 제47호(2022), 2면

되었으나 SDGs에서는 민간재원까지도 활용하여 목표를 달성하고자 한다. 마지막으로, SDGs에서는 회원국이 각국의 특성을 반영하여 SDGs와 부합하는 목표를 설정하고, 각국의 목표 이행 결과를 보고할 것을 장려 Encourage 하고 있다.

SDGs 이행 현황 점검을 위해 UN은 매년 SDG Report를 발간하고 있으며, 2016년 회원국의 결정에 따라 4년마다 UN 사무총장이 임명한 독립 과학자 그룹이 작성하는 '글로벌 지속가능발전 보고서 GSDR'를 발행하고 있다. 또한, 4년마다 UN 총회가 주관하는 고위급 정치 포럼인 SDG 정상회의를 개최하여 목표 이행 현황과 향후 과제를 논의하는 장을 마련하고 있다. 이에 따라 2023년에는 'The Sustainable Development

Goals Report 2023: Special Edition'과 'The 2023 Global Sustainable Development Report'이 발간되었으며, 2023년 9월 뉴욕에서 SDG 정상 회의가 개최되었다.

주목할 만한 점은 이 두 보고서 모두 현재 SDGs 이행 상황이 상당히 부진하며 현재와 같은 추세라면 2030년까지 목표 달성이 어려울 것이라는 인식을 공유하고 있다는 점이다. 그 원인으로는 기후위기, 우크라이나 전쟁과 같은 국가 간 갈등, 경기 침체 전망, 코로나19 여파 등이 지목되었다. 세부목표별로 살펴보면, 169개 세부목표 중 모니터링 지표를

SDGs 이행 현황 분석

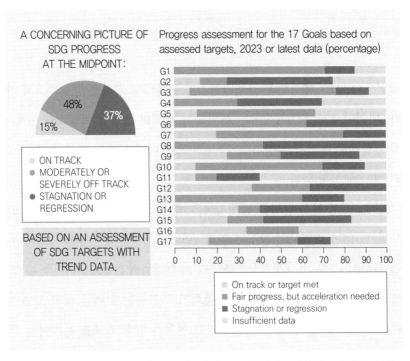

출처: UN, The Sustainable Development Goals Report 2023: Special Edition(2023), 11면

지속가능한 금융의 미래

통한 측정과 평가가 어려운 31개 지표를 제외한 138개 세부목표 중에서 15%만이 개선되는 양상을 보이고 있으며, 48%는 이행 속도가 더디고, 37%는 정체되거나 오히려 2015년보다 퇴보하는 모습을 보이는 것으로 나타났다. 이러한 분석 결과를 바탕으로 UN은 SDGs 달성을 위한 국제사회의 집중적인 노력이 필요하다고 호소하고 있다.

이러한 분석 결과를 보고받은 SDG 정상회의는 2023년 정치 선언문 Political Declaration을 채택하여, SDGs 달성을 위한 국제사회의 연대와 행동의 중요성을 촉구하고, SDGs 달성을 위한 국제사회의 이행 과제를 제시하였으며 ODA, 다자개발은행 Multilateral Development Bank, MDB 등 개발 재원 마련의 필요성을 강조하였고 UN을 통한 다자주의의 중요성을 재확인하였다.[14]

우리나라의 지속가능발전목표 설정 및 이행 현황

2022년 「지속가능발전 기본법」(이하 '기본법'이라 한다)[15]의 제정은 우리나라의 지속가능발전 추진에 있어 중요한 제도적 기반을 마련한 것으로 평가된다. 기본법은 지속가능발전 관련 용어를 정의(제2조)하고, 지속가능발전 추진의 7대 기본원칙[16]을 제시(제3조)하며, 국가와 지방자치단체, 국민과 사업자의 책무를 규정(제4-5조)하는 등 지속가능발전에 관한 법적 체계를 제공하고 있다. 기본법에 따르면, 중앙정부 및 지방정부는 지속가능발전을 위한 국가/지방기본전략(단위 20년, 재검토 주기 매 5

년)과 기본전략의 추진계획(매 5년)을 수립하고 추진계획의 이행상황에 대한 점검을 실시(매 2년)해야 하며(제7조-11조), 국가/지방 차원의 지속가능발전지표를 개발, 보급하고 지표에 따라 지속가능성을 평가(매 2년)해야 한다(제15조). 그리고 추진계획의 이행상황 점검 결과와 지속가능성 평가 결과를 종합하여 지속가능발전 국가/지방보고서를 작성·공표(매 2년)하여야 한다(제16조).

국제사회의 SDGs 도입으로 우리나라도 자체적인 지속가능발전목표 수립 필요성이 대두됨에 따라 제3차 지속가능발전 기본계획이 적용 중이던 2018년, 정부는 민간 전문가 작업반의 주도 하에 관계부처 의견 수렴 등의 절차를 거쳐 제3차 지속가능발전 기본계획을 보완하는 "국가지속가능발전목표[K-SDGs]"를 수립하였다. 2018년 당시에는 SDGs와 동일하게 17개 목표를 설정하고 이를 구체화한 122개 세부목표와 214개의 지표로 구성되었으나, 제4차 지속가능발전 기본계획(2021-2040) 수립 과정에서 여건 변화를 반영하여 17개 목표, 119개 세부목표, 236개 지표로 조정되었다. 또한, 제4차 지속가능발전 기본계획은 17개 목표별로 K-SDGs 달성에 필요한 정책과제를 제시하고, 향후 5년간 중점 추진 또는 관리가 필요한 정책목표와 지표를 선정하였다.

'2022 국가지속가능성 보고서'에 따르면, 총 236개 K-SDGs 지표 중 정량평가가 가능한 155개 지표를 대상으로 평가를 실시한 결과, 20개 지표는 정체, 25개 지표는 퇴행적인 것으로 평가되었다. 코로나19 발생에 따른 정부 지원 확대로 사회분야의 개발지표는 대체로 개선되었으나, 경제분야를 중심으로 코로나19의 부정적 영향을 받은 것으로 나타났

지속가능한 금융의 미래

K-SDGs 체계도

비전	전략	개발목표
포용과 혁신을 통한 지속가능 국가 실현	[사람] 사람이 사람답게 살 수 있는 포용사회	
	[번영] 혁신적 성장을 통한 국민의 삶의 질 향상	
	[환경] 미래 세대가 함께 누리는 깨끗한 환경	
	[평화·협력] 지구촌 평화와 협력 강화	

출처: 대한민국 정부(관계부처 합동), 제4차 지속가능발전 기본계획, 2021. 2, 21면 내용을 바탕으로 저자 재구성

다.[17]

한편, K-SDGs 이행에 대한 점검과 별도로, 통계청은 SDG 데이터 국가책임기관으로서 매년 한국의 SDG 이행보고서를 발간하고 있다. '한국의 SDG 이행보고서 2023'에 따르면, 코로나19로 위축되었던 경제가 회복 양상을 보이고 있으나 학교 폐쇄로 인한 교육 공백의 영향으로 학업성취도, 평생교육 참여율 등이 떨어진 것으로 나타났으며, 영양섭취 부족자 비율도 증가세를 보인다. 소득과 자산 불평등이 심화되고 성별 간 차별도 여전히 관찰되고 있다. 생물다양성 감소, 자연재난 발생 등으로 위협요인은 증가하고 있으나 기후변화 대응을 위한 온실가스 감축 등의 노력은 지지부진한 상황으로 평가되었다.[18]

지속가능발전목표 달성을 위해 주목받는 금융의 역할

지속가능발전목표 달성의 주요 재원이 국가 간 ODA였던 MDGs와 달리 SDGs는 목표 달성을 위해 세금, ODA 등 공공부문 재원 외에도 다양한 민간자금을 활용하는 전략을 추진하고 있다. 이에 따라 SDGs 목표 달성에 있어 가용재원이 상대적으로 풍부한 민간 금융산업의 역할에 대한 관심 역시 높은 상황이다. '지속가능발전'에 대비하는 '지속가능금융'이라는 개념이 등장하고 그 정의에 대한 다수의 논의도 지속되고 있다. 나아가 지속가능금융에 대한 사회적 요구에 부응하기 위해 많은 글로벌 금융회사들의 노력[19]이 확대되고 있는바, 이는 SDGs 이행에 있어 금융산업의 역할에 대한 국제사회의 높아진 인식 수준을 반영한 것으로 볼 수 있다.

일례로, UN Global Compact와 KPMG가 발간한 'SDG Industry Matrix – Financial Services'는 SDGs 달성을 위한 금융산업의 역할로 ① 개인·중소기업·정부의 금융 접근성 확대, ② 재생에너지 및 인프라 프로젝트에 대한 지원 확대, ③ 금융소비자의 행동방식 변화를 유도할 수 있는 혁신적 Pricing 모델 개발 등 리스크관리, ④ 금융산업의 각종 원칙·정책·가이드라인 마련 등을 통한 기업의 ESG 활동 촉진을 제시하고 있다.[20] UN Global Impact와 UN 무역개발기구 United Nations Conference on Trade and Development, UNCTAD, UNEP-FI Financial Initiative, UN PRI Principles for Responsible Investment가 공저한 'Private Sector Investment and Sustainable Development'[21]는, 기관투자자의 역할로 투자 결정 과정에서의 ESG/

SDG 이슈 검토, ESG/SDG 관련 투자기업의 의사결정에 영향력 행사, 임팩트 투자 등 환경·사회적 가치 친화적 투자 시행을 제시하고 있으며, 은행·보험사의 경우에는 섹터별 특성을 반영한 가이드라인 마련, 중소기업의 금융접근성 제고, ESG 요소를 반영한 금리·보험요율 결정 등을 언급하고 있다.

이러한 국제사회의 요구에 부응하기 위하여 금융산업 참여기관은 기관 차원의 노력과 병행하여 공동의 원칙 또는 가이드라인을 마련하고 이를 준수함으로써 지속가능발전목표 달성을 지원하기 위해 노력하고 있다. 예를 들어, 자금조달 부문에서는 녹색채권원칙 Green Bond Principles, 사회적 채권원칙 Social Bond Principles 이 제시되었으며, 은행권의 경우에는 책임은행원칙 PRB, 적도원칙 Equator Principle 이 적용되고 있다. 보험업계에서는 지속가능보험원칙 PSI, 투자업계에서는 책임투자원칙 Principles for Responsible Investment, PRI 이 제정되었으며, 투명성 강화를 위해 공시 관련 글로벌 보고 이니셔티브 Global Reporting Initiative, GRI 도 마련되었다. 아래 그림에서 확인할 수 있듯이 이러한 움직임은 2000년 SDGs가 마련된 이후 더욱 활성화되는 양상을 보이고 있으며, SDGs 달성에 초점을 맞춘 임팩트 공개 협의체 Impact Disclosure Task Force 출범 계획이 보도되거나 기존 원칙이나 이니셔티브를 보다 제도화하는 등 최근까지도 이와 관련된 금융업계 공동의 노력도 이어지고 있다.

다양한 이니셔티브 중 UNEP-FI 참여하에 마련된 업종별 이니셔티브를 간략하게 살펴보면, 2006년 제정된 책임투자원칙은 연기금, 자산운용사 등의 투자 의사결정 과정에서 ESG 요소를 고려할 것을 요구하고

ESG 금융 관련 협회, 기준, 원칙 등의 도입 경과

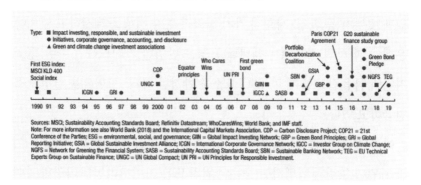

출처: IMF, Global Financial Stability Report, 2019. 10., 82면

있으며 최근에는 이러한 투자 철학을 이행하지 못하는 기관의 배제 요건을 강화하였다. 2012년 제정된 '지속가능보험원칙'은 보험산업 가치사슬 전반에 ESG 요소가 반영되도록 4대 원칙을 제시하였다. 2019년 제정된 '책임은행원칙'은 은행의 사업전략, 상품, 서비스를 통해 사회환경 측면에서 긍정적 영향을 확산하는 것을 목적으로 하고 있으며, 2020년부터 배제 요건 기준을 보다 강화한 바 있다.

UN SDGs는 임팩트 투자자들이 글로벌 지속가능성 우선순위에 투자하도록 널리 채택된 프레임워크로 사용되고 있다. 임팩트 투자란 재무적 수익과 함께 긍정적이고 측정 가능한 사회, 환경, 지배구조 결과를 창출하려는 투자 접근방식으로, 재무적 수익 창출에만 초점을 맞춘 기존 투자와 달리 긍정적인 사회 및 환경 영향 창출에 우선순위를 둔다. 국내 임팩트 투자기관들도 피투자회사가 달성하고자 하는 사회적 가치가 UN SDGs 목표에 부합하는지 여부를 고려하거나, UN SDGs를 기반으

지속가능한 금융의 미래

금융 업종별 주요 이니셔티브 내용

구 분	제정연도	주요 내용
책임투자원칙 (PRI)	2006	[6대 원칙] ① 투자분석과 의사결정과정 내 ESG 반영, ② 투자철학과 운용원칙에 ESG 이슈를 통합하는 적극적인 투자자로 역할, ③ 투자 대상기업에 ESG 이슈 정보 공개 요구, ④ 금융산업의 PRI 준수와 이행을 위한 노력, ⑤ PRI 이행 효과 증진을 위한 상호 협력, ⑥ PRI 이행 관련 세부 활동과 진행 상황을 외부에 보고
지속가능 보험원칙 (PSI)	2012	[4대 원칙] ① 보험사 사업 관련 의사결정 과정에 ESG 고려, ② 사업파트너, 거래처 등과 ESG 리스크 관리와 문제 해결을 위해 협력, ③ ESG 관련 이해당사자와의 협력, ④ PSI 이행 과정을 투명하고 정기적으로 공시
책임은행원칙 (PRB)	2019	[6대 원칙] ① 사업전략을 UN SDGs와 파리기후협정 등과 연계, ② 금융상품·서비스의 부정적 영향 축소 및 긍정적 영향 확대, ③ 고객의 지속가능한 관행 장려, ④ 사회목표 달성을 위한 이해관계자와의 파트너쉽, ⑤ 효과적 지배구조 체계와 책임은행 문화, ⑥ 원칙이행 정기 평가 및 투명성 확보

출처: 삼정KPMG 경제연구원, 금융과 ESG의 공존: 지속가능한 금융회사의 경영 전략", 삼정 인사이트 Vol 77-2021(2021), 12면.

로 자체 개발한 임팩트 평가 체계를 활용하고 있다.[22] 정부 모태펀드를 통한 임팩트 펀드의 경우에도 UN SDGs에 부합하는 비즈니스 모델을 갖춘 기업을 소셜벤처로 인정해 주고 있다. 또한, 기업의 주요 사업 목적이 UN SDGs에 부합하거나, 기업의 주요 제품이나 서비스가 UN SDGs에서 정하고 있는 인류 보편적 문제 해결 및 지속가능발전과 부합하는 투자를 임팩트 투자로 인정하고 있다.

지속가능한 사회를 위한 우리 모두의 과제

　기후변화로 인한 삶의 질 하락에 대한 대응에서 시작된 지속가능한 발전에 대한 논의는 빈곤 감축에 중점을 두었던 MDGs를 거쳐 포괄적, 종합적인 지속가능발전을 추구하고 있는 SDGs로 이어졌다. 이러한 국제사회의 지속가능한 개발에 대한 논의, 그리고 개발목표를 달성하기 위한 노력으로 인류의 삶의 질은 다소 개선되었지만, SDGs 이행 시한이 종료되는 2030년까지 목표를 달성하는 것은 상당히 어려운 것으로 평가되는 현실이다. 2023년 9월 SDG 정상회의는 코로나19 확산 대응 등으로 목표 달성이 다소 지지부진한 SDGs 이행 현황을 재확인하고 국제사회의 집중적인 노력의 필요성을 다시 강조하면서 국제사회의 주의를 환기하였다.

　SDGs 이행 수준이 당초 기대보다 부진함에도 불구하고, SDGs 달성을 위한 국제사회의 노력이 단순한 정치적 담론 수준에 머물 가능성은 낮을 것으로 보인다. 이미 지속가능발전에 대한 국제사회의 꾸준한 논의 과정에서 SDGs에 대한 인식이 높은 수준에 달하였고 이상기후 등 기후변화 현상이 보다 가시화됨에 따라 SDGs, ESG의 이행에 대한 대중의 요구가 높아졌기 때문이다. 따라서 SDGs 이행에 대한 금융산업의 적극적인 참여 요구도 높아질 것으로 보인다. 특히, 코로나19로 인한 글로벌 경기침체, 코로나19 대응에 따른 공공부문 재정 소진 등으로 SDGs 달성을 위한 재원 부족 Financing Gap이 심화되고 있어 SDGs 달성을 위한 민간 금융의 참여를 촉진하기 위한 국제사회, 시민사회 등의 다차원적인 노력은 더욱 강화될 가능성이 높아 보인다.

SDGs와 ESG라는 시대적 요구에 부응하기 위한 우리나라 금융기관의 노력도 가시화되고 있다. ESG위원회 등 조직 설치, 지속가능보고서 발간, 탄소중립 달성을 위한 경영전략 추진, 글로벌 이니셔티브 참여 등은 이러한 노력의 일환으로 볼 수 있다. 자금조달 및 공급 측면에서도 지속가능금융 실적이 증가하고 있다.[23] 다만, 우리나라에서는 ESG 금융에 있어 한국주택금융공사와 국민연금 등 공적 금융기관의 비중이 높아 민간 금융기관의 보다 적극적인 참여가 요구된다. 이미 국내외의 많은 투자자와 금융소비자가 SDGs 참여에 대한 높은 관심을 보이고 있는 상황임을 감안하면, 내부 거버넌스 조정, 자금조달-지원대상 선정-자금지원-사후관리 등 가치사슬 단계별 SDGs 반영 노력이 필요하다. 더불어, SDGs 이행을 위한 해외 민간 금융기관들의 사례를 벤치마크하고 한국의 영업환경에서 시행 가능한 방안을 개발·적용하는 노력은 경쟁력 있는 조건의 자금조달, 금융상품 판매 증진에도 긍정적으로 작용할 것으로 보인다.

정부도 지속가능금융 활성화를 위해 공공금융기관의 SDGs 이행 지원 촉진, 금융시장 참여자의 SDGs 관련 정보제공 기준 마련, 민간 금융부문의 SDGs 이행 참여 유도 등을 검토할 필요가 있다. 공공금융기관의 성과평가에 SDGs 이행과 관련된 지표를 반영하거나 규제샌드박스 등을 활용하여 SDGs 이행에 기여하는 금융 스타트업 발굴을 지원할 수 있을 것이다. 또한, 금융기관, 소비자 등 시장참여자가 보다 명확한 정보를 기반으로 의사결정 할 수 있는 환경을 조성하기 위해 상장기업이나 펀드의 SDGs, ESG 관련 공시 사항을 보다 명확히 하는 것도 바람직할 것이다.

2장

新기후체제의 등장, 파리기후협약

기후변화 대응의 전 지구적 의제 설정 계기, "파리기후협약"

유엔기후변화협약은 전 세계적 차원의 기후변화 대응에 동기를 부여했고, 이를 이행하기 위해 마련된 교토의정서는 기후변화에 대한 관심이 전 지구적으로 확산되는 계기가 되었다. 그러나 모든 국가가 자발적으로 참여하는 '보편적 기후변화 대응체제'는 파리기후협약을 통해 비로소 가능해졌다.

이현정

1969년 1월, 미국 캘리포니아주 산타바바라에서 원유 시추 작업 중 잘못 사용한 폭발물 때문에 원유 10만 배럴이 인근 바다로 유출된 사고가 발생하였다. 이 사고는 미국에서 환경문제에 대한 범국민적 관심을 불러일으켜 매년 4월 22일이 '지구의 날'[1]로 지정되는 데 영향을 미쳤다. 또한, 미국에서 대기정화법 Clean Air Act, 수질정화법 Clean Water Act 등 환경 관련 법이 본격적으로 마련되는 계기가 되기도 했다.[2] 이후 세계적으로 환경에 대한 중요성이 본격적으로 화두가 되면서 1972년 전 세계 113개국 대표들이 스웨덴 스톡홀름에 모여 환경보전활동에 대한 공조를 다짐하는 '인간환경선언'[3]을 채택하였다.

　지구온난화와 기후변화가 공론화된 것은 1972년 민간 연구기관인 로마클럽의 『성장의 한계』 보고서의 경고가 그 시작이다.[4] 1985년에는 유엔 UN과 세계기상기구 WMO가 '이산화탄소'를 온난화의 주범으로 지목했다.[5] 이러한 흐름 속에서 지구온난화에 따른 이상기후 현상을 예방하기 위해 1992년 6월, 브라질의 리우데자네이루에서 '유엔기후변화협약 United Nations Framework Convention on Climate Change, UNFCCC이 채택되며 기후변화에 대한 전 세계적인 대응이 본격화되기 시작했다. 유엔기후변화협약은 이후 1997년 교토의정서를 거쳐 2015년 파리기후변화협약으로 이어

지면서 대부분의 당사국들이 2050년까지 탄소중립 실현을 목표로 제시하기에 이르렀다.[6]

　파리기후협약은 전 세계 총 195개국이 참여하여 합의를 이룬 것으로 일부 선진국들만 의무를 부담하는 교토의정서가 지녔던 한계를 극복하였다는 평가를 받고 있다. 파리기후협약을 통해 기후위기 대응이 전 지구적인 문제라는 점에 대한 공감대를 이루며 新기후체제가 등장하였다는 점에서도 의의가 있다.

UN 기후변화협약의 최고의사결정기구, UN 당사국총회(COP)

　1992년 6월, 브라질 리우데자네이루 유엔환경개발회의United Nations Conference on Environment & Development, UNCED에서 채택된 유엔기후변화협약UNFCCC은 기후변화 대응을 위해 마련된 첫 국제법으로 194개 당사국들이 참여하였다.[7] 협약을 통해 선진국과 개도국이 '공동의 그러나 차별화된 책임Common But Differentiated Responsibilities'에 따라 각자의 능력에 맞춰 온실가스를 감축할 것을 약속했다. 유엔기후변화협약의 체결은 기후변화 문제의 심각성에 대해 전 세계가 인식을 같이 하고 이를 해결하기 위해 인류 공동의 노력을 기울이기 시작한 출발선이라는 데 그 의의가 있다.

　유엔기후변화협약은 체결 이후 1994년에 발효되었는데, 협약의 궁극적 목적은 대기 중의 온실가스 농도를 안정화Stabilization of Greenhouse Gas Concentrations in the Atmosphere하는 것이다.[8] 유엔기후변화협약을 통해 시작된 기후변화체제의 주요 특징은 산업화를 추진하며 기후변화를 일으키는 온실가스를 배출해 온 선진국들에게 역사적 책임을 부과하는 차원에서 온실가스 배출 감축목표를 부여하고, 동시에 개발도상국들이 온실가스를 적게 배출할 수 있도록 지원하는 의무를 부여한 점이다.[9] 이때 두 개의 부속서가 마련되었는데, 차별화된 책임 원칙에 따라 협약 부속서 Ⅰ에 포함된 42개국Annex I은 2000년까지 온실가스 배출 규모를 1990년 수준으로 안정화 시킬 것이 권고되었다. 반면, 우리나라를 비롯한 非부속서 Ⅰ 개도국non-Annex I은 감축 의무를 부담하지 않고 온실가스 감축과 기후변화 적응에 관한 보고, 계획 수립, 이행과 같은 일반적인 의무만 부여받았다. 협약 부속서 Ⅱ Annex II에 포함된 24개 선진국은 개도국의 기후변화 적응과 온실가스 감축을 위해 재정과 기술을 지원하게 되었다.

유엔기후변화협약에서 최고의사결정기구는 당사국총회Conference of

유엔기후변화협약 부속서별 포함 국가 현황(협약 채택 당시 기준)

부속서 I **(Annex I)**	OECD, 동유럽(시장경제전환국가) 및 유럽경제공동체(EEC) 국가
	벨라루스, 불가리아, 체코, 에스토니아, 헝가리, 라트비아, 리투아니아, 모나코, 폴란드, 루마니아, 러시아, 슬로바키아, 슬로베니아, 우크라이나, 크로아티아, 리히텐슈타인, 몰타 + 부속서 II 국가(OECD) + EEC
부속서 II **(Annex II)**	OECD 및 유럽경제공동체(EEC) 국가
	호주, 오스트리아, 벨기에, 캐나다, 덴마크, 핀란드, 프랑스, 독일, 그리스, 아이슬란드, 아일랜드, 이탈리아, 일본, 룩셈부르크, 네덜란드, 뉴질랜드, 노르웨이, 포르투갈, 스페인, 스웨덴, 스위스, 터키, 영국, 미국 + EEC

출처: 외교부 홈페이지(https://www.mofa.go.kr/) 자료 재구성

유엔기후변화협약 변천과정

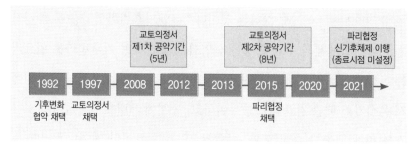

출처: 환경부, 『파리협정 함께 보기』(2022) 자료 재구성

the Parties, COP이고, 협약의 이행 및 과학·기술적 측면을 검토하기 위해 이행부속기구SBI와 과학기술자문부속기구SBSTA를 두고 있다.[10] UN 당사국총회는 협약 및 당사국총회가 채택하는 법적 문서의 이행 상황을 정기적으로 검토하고, 권한 내에서 협약의 효과적인 이행을 촉진하는 데 필요한 사항을 결정하는 역할을 한다.[11] 2015년 제21차 당사국총회 COP21에서 파리기후변화협약이 채택되기 전까지 총 20회의 당사국총회가 개최되었고, 회차를 거듭하면서 유엔기후변화협약의 내용과 협약을 둘러싼 여건들이 지속적으로 변모하였다.

UN 기후변화협약의 구체적 이행 방안, 교토의정서의 채택

당사국총회 중 1997년 제3차 당사국총회COP3의 의미가 크다. 유엔기후변화협약의 구체적인 이행 방안을 담은 '교토의정서 Kyoto Protocol'가 채

지속가능한 금융의 미래

택되었기 때문이다. 유엔기후변화협약 제17조에 따르면 당사국총회는 협약에 대한 의정서를 채택할 수 있다.[12] 교토의정서는 유엔기후변화협약의 시행령인 셈이다. 교토의정서는 선진국(Annex I 국가)에 제1차 공약기간(2008년~2012년) 동안 온실가스 평균 배출량을 1990년 수준 대비 평균 5% 감축하게 하는 구체적인 의무를 부과하였다. 개도국(non-Annex I 국가)은 유엔기후변화협약에서와 마찬가지로, 온실가스 감축과 기후변화 적응에 관한 보고, 계획 수립, 이행 등 일반적인 조치만 이행하도록 하였다. 더 나아가, 교토의정서는 온실가스를 비용 효과적으로 감축하고 개도국(non-Annex I 국가)의 지속가능한 발전을 지원하는 계기를 마련하기 위해 청정개발체제 Clean Development Mechanism, CDM[13], 배출권거래제 Emission Trading Scheme, ETS[14] 및 공동이행제도 Joint Implementation, JI[15]로 구성된 '유연성 메커니즘 Flexibility Mechanism'을 도입하였다.[16] 기후변화의 주범인 여섯 가지 온실가스(이산화탄소, 메탄, 이산화질소, 수소불화탄소, 과불화탄소, 육불화황)를 정의한 것도 특징이다. 교토의정서는 2005년 2월 발효되었고, 총 192개국이 비준하였다.[17]

한편, 교토의정서의 제1차 공약 기간이 2012년에 만료됨에 따라 2007년 12월 인도네시아 발리에서 개최된 제13차 당사국총회 COP13에서는 제1차 공약기간 만료 후 기후변화체제 협상의 기본방향과 일정에 대한 규칙을 정한 '발리로드맵 Bali Road Map'을 채택하였다.[18] 교토의정서에 불참한 선진국과 개도국까지 참여하는 Post-2012 체제는 2009년 제15차 당사국총회(COP15, 코펜하겐)에서 출범시키기로 합의하였다.[19] 그러나 코펜하겐 당사국총회에서는 선진국과 개도국이 감축목표나 개도국에 대한 재정 지원 등 핵심 쟁점을 두고 입장 차를 좁히지 못해 Post-2012 체제가 출범하지 못했다. 2010년 멕시코 칸쿤에서 열린 제16차 당사국총회COP16에서는 비록 과도기적 성격이긴 하지만 선진국과 개도국들이 2020년까지 자발적으로 온실가스 감축 약속을 이행하기로 하는 '칸쿤합의Cancun Agreement'를 도출했다. 2012년 카타르 도하에서 개최된 제18차 당사국총회COP18에서는 교토의정서의 제2차 공약기간을 2013년부터 2020년으로 설정하는 내용의 '도하 개정문Doha Amendment'을 채택하였고, 2020년 147개국이 비준하여 발효됨으로써 교토의정서 체제가 8년 더 연장되었다.[20]

1992년 체결된 유엔기후변화협약은 기후변화 대응을 위한 첫 번째 국제법으로, 이를 통해 전 세계적 차원에서 기후변화에 대한 대응에 동기를 부여했다는 점에서 의미가 크다. 다만, 협약은 구체적으로 개별적인 온실가스 감축목표를 제시하지는 않았다. 구체적이고 개별적인 감축목표는 협약의 시행령 성격인 교토의정서에 명시되었다. 교토의정서는 역사상 최초로 국제사회에서 개별국의 온실가스 감축의무 목표를 규정하고 이를 이행하지 못했을 경우 제재할 수 있는 근거를 마련했다는 점에서 의의가 있다. 교토의정서에서 온실가스 감축을 효과적으로 이행하기 위해 온실가스 배출권 거래 제도가 제안되었는데 이를 통해 탄소배출권 거래시장이 성장하게 된 점도 유엔기후변화협약 및 교토의정서의 순기능으로 평가된다.[21] 교토의정서에 의해 유엔기후협약이 대중에 알려져 기후변화에 대한 관심이 전 지구적으로 확산되었다는 점도 손꼽힌다.

그러나 교토의정서는 그 자체의 한계로 인해 공감대를 얻지 못하고 선

지속가능한 금융의 미래

유엔기후변화협약 및 하부 조약 주요 내용

1992년	유엔기후변화협약(UNFCCC) 채택
	• 1992년 5월 미국 뉴욕 UN 본부에서 채택 • (목표) 대기 중 온실가스 농도의 안정화 • 형평성·공통의 그러나 차별화된 책임·개별국가의 능력 고려, 부속서 Ⅰ 국가(주로 선진국)와 非부속서 Ⅰ 국가(주로 개도국)에 차별화된 기후변화 대응 의무 부과 * 2022년 2월말 기준 197개 당사국(196+EU), 우리나라는 1993년 가입
1997년	교토의정서(Kyoto Protocol) 채택
	• 협약의 구체적 이행방안 규정 • (부속서A) 감축대상 온실가스(6대 온실가스) 및 부문/배출원 범주 등 명시 • (부속서B) 감축의무 국가 및 배출허용총량(감축목표) 명시 • (제1차 공약기간) 2008~2012년 5년간 평균 5.2% 감축 의무(의무대상 국가 39개국) * 2022년 2월말 기준 192개 당사국(191+EU), 우리나라는 2002년 비준
2012년	도하 개정문(Doha Amendment) 채택
	• (공약기간 연장) 교토의정서 제2차 공약기간 2013~2020년(8년) 설정 • (부속서A 개정) 감축대상 온실가스 추가(삼불화황NF$_3$, 7대 온실가스) • (부속서B 개정) 온실가스 평균 18% 감축(의무대상국가 38개국※)

출처 : 환경부, 『파리협정 함께 보기』(2022) 자료 재구성
※ 호주, 오스트리아, 벨라루스, 벨기에, 불가리아, 크로아티아, 키프로스, 체코, 덴마크, 에스토니아, 유럽연합, 핀란드, 프랑스, 독일, 그리스, 헝가리, 아이슬란드, 아일랜드, 이탈리아, 카자흐스탄, 라트비아, 리히텐슈타인, 리투아니아, 룩셈부르크, 몰타, 모나코, 네덜란드, 노르웨이, 폴란드, 포르투갈, 루마니아, 슬로바키아, 슬로베니아, 스페인, 스웨덴, 스위스, 우크라이나, 영국

진국과 개도국 간의 입장 차를 좁히지 못한 채 마무리되었다는 평가도 받는다. 선진국에만 온실가스 감축목표가 부여되고 이행에 대한 구속력이 없다는 점이 대표적인 한계이다. 예를 들어, 온실가스 배출량이 많은 중국이 개도국으로 분류되어 감축 의무가 부여되지 않은 점이 문제점으로 지적되었다. 이처럼 논란 속에서 1997년 채택된 교토의정서는 2005년이 되어서야 전 세계적으로 발효될 수 있었다.

대륙(국가)별 온실가스 배출 현황(1994년 기준)

(단위: 천 톤 CO_2eq.)

구 분	아시아	북미	남미	유럽	아프리카	오세아니아	합 계
탄소 배출량	8,262,276	7,881,063	1,092,271	8,196,493	379,837	510,470	26,322,409
비 중	31.4%	29.9%	4.1%	31.1%	1.4%	1.9%	100.0%
비 고	한국 1.5%, 중국 15.4%, 인도 4.6%, 일본 5.1%, 미국 25.6%							

출처: OECD(https://stats.oecd.org), 2023.08.
※ 기후변화협약 비준 시기의 통계인 1994년 데이터 확인 / LULUCF(토지 이용, 토지 이용 변화 및 임업) 제외한 온실가스 총 배출량

그러나 온실가스 배출량이 많은 미국이 선진국에 대한 강제적 감축 의무 및 제재 부여에 따른 경제적 부담 때문에 비준을 거부하였고, 일본, 러시아, 캐나다, 뉴질랜드 등이 제2차 공약기간에 불참을 선언하면서, 참여국 전체의 배출량이 전 세계 배출량의 15%에 불과하게 되었다. 결국 교토의정서는 점차 추진력을 잃고 2012년까지로 정했던 이행기간(공약기간)을 2020년까지 8년을 연장했음에도 소기의 목적을 달성하지 못한 채 종료되었다.

기후변화 대응의 전환점, 파리기후협약

제16차 당사국총회^{COP16}에서 과도기적으로 칸쿤 합의를 도출했지만, 2012년 교토의정서의 제1차 이행기간(공약기간) 만료가 도래함에 따라 교토의정서를 대체할 새로운 기후변화체제^{POST-2020}에 대한 요구가 지

속적으로 제기되었다. 특히 한국, 멕시코, 중국, 인도 등 대규모 개발도
상국들의 경제성장으로 온실가스 배출량이 급증하면서 기후변화 대응
이 실효성을 갖기 위해서는 온실가스 배출량 감축 노력에 개도국들도 참
여해야 한다는 목소리가 높아졌다.

2011년 12월 남아프리카공화국 더반에서 개최된 제17차 당사국총회
COP17에서 '더반 플랫폼Durban Platform' 협상을 출범시키기로 합의한 이유
다. 더반 플랫폼은 2020년 이후 모든 당사국이 참여하는 새로운 단일 기
후변화체제를 수립하기 위한 일종의 밑그림이었다. 이에 따라 2015년
타결을 목표로 2012년 초부터 POST-2020 체제를 마련하기 위한 노력이
시작되었다.

2013년 바르샤바의 제19차 당사국총회COP19에서 당사국들은 지구 기
온 상승을 산업화 이전 대비 2℃ 이내로 억제하기 위해 필요한 '2020년
이후 국가별 기여방안국가결정기여, Nationally Determined Contributions, NDC'을 자
체적으로 정하여, 2015년 제21차 당사국총회COP21, 파리 이전에 제출하기
로 하였다. 협상 타결 1년 전인 2014년 페루 리마에서 개최된 제20차 당
사국총회COP20에서는 NDC 제출 절차 및 일정, NDC에 반드시 포함해
야 할 내용 등을 규정한 '리마선언Lima Call for Climate Action'이 채택되었고,
파리협정Paris Agreement의 주요 요소가 제시되었다. 이렇게 2015년 제21
차 당사국총회에서 新기후협상을 타결하기 위한 단계가 차근차근 진행
되었다.

이 밖에도 제21차 당사국총회가 개최되기 전까지 반기문 당시 유엔
사무총장을 비롯한 전 세계 지도자들이 新기후체제 협상을 타결하기 위

한 정치적 의지 결집 노력을 기울인 것으로 확인된다. 그 결과, 2015년 프랑스에서 열린 COP21에서 유럽연합[EU] 및 195개국이 모두 참여하며 '파리기후변화협약(이하, 파리협정)'이 채택되었다. 파리협정의 채택으로 선진국에만 온실가스 감축 의무를 부과하던 기존의 교토의정서 체제를 넘어 모든 국가가 자국의 상황을 반영하여 참여하는 보편적 기후 대응 체제가 마련되었다. 개도국과 선진국 모두가 국가결정기여 방안을 제출하여 자발적으로 온실가스 감축목표를 설정하고 정기적으로 이행점검을 받는 형태의 국제법적 기반이 갖춰진 것이다.[22]

파리협정의 가장 큰 특징은 모든 당사국에 협정 조문의 이행 의무를 부과하여 선진국과 개도국을 나눈 종전의 이분적 체계를 벗어나 모든 국가가 "서로 다른 국가 여건에 맞춰 형평성과 공통적이지만 그 정도에 차이가 나는 책임과 각자의 역량 원칙"을 반영하여 협정을 이행하게 되는 것이다. 모든 당사국은 파리협정의 목적을 달성하기 위해 스스로 결정한 약속을 국가결정기여에 반영하여 5년마다 기후변화협약 사무국에 통보하여야 한다.

여기서 파리협정의 목적은 크게 3가지로 제시되어 있다. ① 지구 평균 기온 상승을 산업화 이전 대비 2℃ 훨씬 미만 유지 및 1.5℃ 상승 제한, ② 기후변화의 부정적 영향에 대한 적응 및 회복력 증진, 그리고 ③ 금융의 흐름을 저탄소 기후 탄력적 발전 방향으로 유도하는 것이 그것이다.

파리협정의 두드러진 특징은 교토의정서와 달리 협정문 제2조를 통해 '온도목표'를 제시하고 있는 점이다. 기후변화의 위협에 대한 세계적 대응 강화를 기본 목표로 하면서, 산업화 이전 대비 지구의 기온 상승을

지속가능한 금융의 미래

2℃보다 훨씬 아래로 제한하고 상승 폭을 1.5℃ 이하로 제한하기 위해 노력하는 것을 장기 목표로 설정하였다. 이러한 목표를 형평과 공통의 원칙으로 달성하되 협정문 제3조를 통해 개별 국가의 여건에 따라 차이를 둔 책임의 원칙을 내세운 것은 개도국들의 입장도 고려한 결과로 평가된다.

즉, 교토의정서 체제는 '차별화된 책임' 중심의 이행체제였지만, 파리협정 체제는 '공통적이면서도 차별화된 책임' 중심의 이행체제라고 할

교토의정서-파리협정의 차이점 비교

교토의정서	구 분	파리협정
온실가스 배출량 감축 (1차: 평균 5.2%, 2차: 18%)	목표	산업화 이전 대비 지구평균온도 2℃보다 현저히 낮은 수준 유지 ·1.5℃ 상승 억제 노력
주로 온실가스 감축에 초점	범위	온실가스 감축 + 적응·재원 ·기술이전·역량배양·투명성 등 포괄
주로 선진국	감축 의무국가	모든 당사국
하향식	목표 설정방식	상향식
기준연도 배출량 및 국가별 여건 고려	목표 설정기준	진전원칙(후퇴불가원칙) (다음 NDC는 현재 NDC보다 높은 수준으로 설정)
징벌적 (미달성량의 1.3배를 다음 공 약기간 할당량에서 차감)	목표 불이행시 징벌 여부	비징벌적
공약기간에 종료 시점이 있어 지속가능 여부 의문	지속가능성	종료 시점을 규정하지 않아 지속가능한 대응 가능
국가 중심	행위자	다양한 행위자의 참여 독려

출처: 환경부, 『파리협정 함께 보기』(2022) 자료.

수 있다. 국가별 목표 설정 및 이행을 위해 교토의정서는 하향식 top down 접근 방식을 취한 반면, 파리협정은 당사국 스스로가 결정할 수 있는 상향식 bottom up 접근방식을 채택한 것도 차이점이다.

모든 국가가 스스로 결정한 온실가스 감축목표인 국가결정기여 NDC 는 파리협정의 핵심요소라고 할 수 있다. 모든 국가는 NDC를 스스로 결정하여 5년마다 제출하고 국가 내부적으로 이행하여야 한다. 협정문 제14조는 각국의 감축 노력을 평가하기 위해 2023년부터 5년마다 전 지구적 이행점검을 실시하여야 하는 점을 규정하고 있다.[23] 이행점검 결과는 새로운 NDC를 제출할 때 반영하여야 하며, 새로운 NDC에는 이전 수준보다 진전된 목표를 설정하고 최고 의욕수준을 반영해야 하는 '진전 원칙(후퇴불가 원칙)'이 적용된다. NDC 자체에는 법적 구속력이 없지만 파리협정은 당사국에게 NDC의 달성을 위한 국내 감축 조치를 이행할 의무를 부여하고 있어 당사국의 국내 조치 자체에 NDC의 구속력이 수반되는 것으로 판단된다.[24]

파리협정은 기후행동 및 지원에 대한 투명성 체제를 강화하면서도 각국의 능력을 감안하여 유연성을 인정하고 있다. 당사국들은 상호신뢰 구축 및 파리협정의 효과적인 이행을 위해 투명성의 확보가 중요하다는 점에 동의하며 기후행동 및 지원을 위한 강화된 투명성 프레임워크를 도입하는 데 합의했다. 파리협정은 기후위기에 대응하기 위한 행동으로 온실가스 감축뿐 아니라 기후가 변화된 현실에 적응하기 위한 역량과 회복력 증진을 제시하고 있는 것도 특징이다. 이에 따라 기후위기에 취약한 개도국들은 국가결정기여 이행을 위해 선진국들로부터 재원, 기술,

지속가능한 금융의 미래

파리협정이 NDC의 원활한 이행을 위해 제시한 개발도상국 지원책

재정 지원 (Finance)	개도국들의 기후변화 대응(감축 및 적응)에 대규모 투자가 필요하므로 기후금융 조성 및 지원 장려
기술 개발 및 이전 (Technology)	온실가스 감축 및 기후변화 복원력 강화를 위한 기술 개발 및 이전에 관한 국가들 간 협력 강화
역량 배양 (Capacity-Building)	기후변화 대응 능력을 강화하기 위해 개도국의 기후 관련 역량 증진에 대한 협력 장려

출처: 유엔기후변화협약 홈페이지(https://unfccc.int/process-and-meetings/the-paris-agreement)

역량배양 등을 지원받을 수 있게 되었다. 특히 선진국이 앞장선 공적기금 조성의 중요성이 강조되어 당사국들은 2025년까지 연간 최소 1천억 달러 규모의 기금 조성에 합의하였다.

2015년 12월 파리에서 채택된 파리협정은 2016년 10월 5일 발효 요건이 충족되어 30일 후인 11월 4일 공식 발효되었다. 채택 후 공식 효력을 얻기까지 불과 1년이 채 걸리지 않은 것이다. 우리나라도 2016년 11월 3일 비준서를 기탁하여 파리협정이 2016년 12월 3일부로 국내에서 발효되었다. 1997년 12월에 채택된 교토의정서가 2005년 2월 발효까지 7년 이상이 걸린 점과 비교하면 파리협정이 선진국과 개도국들의 폭넓은 지지를 얻었음을 추론해 볼 수 있다. 그만큼 파리협정으로 시작된 新기후체제는 일부 선진국들만 의무를 부담하는 교토의정서가 지녔던 한계를 극복하는 전기를 마련했다는 점에서 의미가 크다. 게다가 선진국과 개도국이 모두 포함된 총 195개국이 참여해, 참여국들의 온실가스 배출량이 전 세계 배출량의 90%에 이른다는 점에서 파리협정은 진일보한 체제라는 평가를 받는다.

그러나 파리협정은 교토의정서와 달리 구체적인 효력을 지니지 못한 본질적 한계를 지녀 우려의 목소리도 나온다. 당사국들이 국가결정기여 NDC를 이행하지 못했을 때 이를 강제하는 장치가 마련되어 있지 않은 점이 대표적이다. 당사국들이 NDC를 성실히 이행하고 협정상의 여러 의무들을 준수할 것을 독려하기 위해 협정문 제15조를 통해 '이행준수 메커니즘'을 구성하였지만, 구속력이 없는 상호신뢰에 기반한 체제인 만큼 목표달성 가능성이 불투명하다. 파리협정이 설정한 장기 온도목표의 기준인 '산업화 이전'[25]에 대한 개념이 명시되지 않은 점도 추상성을 보여주는 한 단면이라고 할 수 있다. 그럼에도 파리협정은 아직 시작 단계이고, 당사국 모두가 전 지구적 문제점을 함께 해결해 나갈 수 있는 새로운 출발점이라는 점에서 긍정적인 평가가 대부분인 것으로 판단된다.

2015년 파리협정 채택 당시에는 골격만 갖춘 채 구체성이 부족하였으나, 이후 개최된 당사국총회에서 세부이행규칙이 마련되었다. 2018년 폴란드 카토비체에서 개최된 제24차 당사국총회 COP24에서는 파리협정

파리협정의 이행준수 위원회(이행준수 메커니즘의 운영주체) 관련 규정

개시 요건	발동 가능 조치
• NDC 미제출 또는 미유지 시 • 투명성 체계 지침에 규정된 의무 보고사항 미제출 시 • 투명성 체계하 촉진적 다자검토 미참여 시 • 기후재원에 대한 사전정보 의무 보고사항 미제출 시 • 당사국의 제출 자료가 투명성 체계 지침과 심각하고 지속적으로 불일치 시(단, 당사국 동의 필요)	• 관련 당사국과의 협의 • 적절한 지원기관과의 접촉 지원 • 당면문제 및 해결방안 권고 • 행동계획 개발 권고 및 요청시 개발 지원 • NDC 제출 등 의무사항 이행 및 준수 문제에 대한 사실관계 결정 등

출처: 환경부, 『파리협정 함께 보기』(2022) 자료.

지속가능한 금융의 미래

제6조(국제탄소시장)를 제외한 감축, 적응, 투명성, 재원, 기술이전 등 8개 분야 16개 지침을 채택하였다. 2021년 영국 글래스고에서 개최된 제26차 당사국총회^{COP26}에서는 국제탄소시장에 대한 지침을 마련하여 파리협정의 세부이행규칙이 완성될 수 있었다. 이때, 2030년 온실가스 배출량 목표를 재검토하여 강화하고, 석탄발전의 단계적 축소 등 화석연료 사용의 감축 가속화 노력에도 동의하는 결과도 얻었다.

파리기후협약의 이행 현황

기후변화에 관한 유엔 산하 정부 간 협의체^{Intergovernmental Panel on Climate Change, IPCC}는 2018년 10월 우리나라 인천 송도에서 개최된 제48차 IPCC 총회에서 『지구온난화 1.5℃ 특별보고서』를 승인하고 파리협정의 장기목표인 1.5℃ 목표의 과학적인 근거를 마련하였다. IPCC의 보고서에 따르면 지구 평균온도 상승 폭을 2100년까지 1.5℃ 이내로 제한하기 위해서는 전 지구적으로 2030년까지 이산화탄소 배출량을 2010년 대비 최소 45% 이상 감축하여야 하고, 2050년경에는 탄소중립^{Net-Zero}을 달성해야 한다.[26]

당초 파리협정의 장기목표인 '지구온도 상승폭을 1.5℃ 이하로 억제'하기 위해 당사국들은 2020년까지 '장기 온실가스 저배출 발전전략^{Long-term Low Greenhouse Gas Emission Development Strategies, LEDS}'을 수립하여 제출하기로 했다. 그런데 『지구온난화 1.5℃ 특별보고서』가 등장하며

LEDS는 사실상 2050년까지 탄소중립을 달성하기 위한 전략을 의미하게 되었다. 그리고 2019년 기후변화 대응을 위한 행동의 중요성이 강조되는 분위기가 조성됨에 따라 유엔 기후행동 정상회의 이후 2050 탄소중립 의제가 국제사회에 빠르게 확산되었다.[27] 이에 따라 현재 온실가스 배출량의 88%에 달하는 140여 개 국가가 탄소중립에 동참하게 되었다.[28]

그 선두를 달린 유럽연합은 2050 탄소중립 목표를 달성하기 위한 새로운 성장 전략으로 '유럽 그린 딜European Green Deal, EGD'을 제시하였다. 2021년에는 2030년 온실가스 감축 목표를 1990년 대비 기존 40%에서 최소 55% 이상으로 상향하는 내용의 「유럽 기후법European Climate Law」을 제정하였다. 이 밖에도 재생에너지 보급 및 에너지 효율성 목표 상향, 2023년 탄소국경조정제도Carbon Border Adjustment Mechanism, CBAM 시행 등 탄소중립 달성을 위한 전방위적인 노력을 기울여 국제사회의 주목을 받았다. 트럼프 행정부에서 파리협정을 탈퇴했던 미국도 2021년 1월 바이든 대통령 취임 후 파리협정에 재가입하고 2050 탄소중립 및 2005년 대비 50~52% 감축하는 2030 NDC 목표를 제시하였다.

아시아에서는 중국이 선두 주자로 나서 2020년 9월 유엔총회에서 2060 탄소중립 목표를 선언하고, 2021년 7월 자국의 발전소를 대상으로 한 탄소배출권 거래시장을 개장하였다.[29] 일본도 2020년 10월 탄소배출 감축을 새로운 성장동력으로 하는 사고의 전환을 기반으로 2050 탄소중립 목표를 선언하였다. 우리나라도 2017년 탄소중립 추진전략을 발표한 후, 2020년 10월에는 2050 탄소중립 목표를 선언하고 그 구체적 이행

지속가능한 금융의 미래

방안을 수립하기 위한 '2050 탄소중립녹색성장위원회'를 설립하였다. 2021년 출범한 탄소중립녹색성장위원회는 그 해 10월 '2050 탄소중립 시나리오'를 발표하는 등 우리나라의 탄소중립 달성을 위한 발걸음에 박차를 가했다. 이와 함께 우리나라는 실질적인 탄소배출량 감축을 위해 온실가스 배출권거래제 시행, 노후 석탄발전 폐지, 신재생에너지 비중 확대 및 LNG 전환 등의 정책을 시행해 왔다.[30]

2050 탄소중립을 달성하기 위해 필요한 절차 및 정책수단을 법적으로 체계화하기 위해 우리나라 국회는 2021년 9월, 2050 탄소중립과 2030 NDC 목표를 2018년 대비 35% 이상 감축하는 것으로 명문화하는 내용의「기후위기 대응을 위한 탄소중립·녹색성장 기본법」, 이른바 탄소중립기본법을 제정하였다. 그동안 국회에서는 그린 뉴딜과 탄소중립이라는 정책 목표를 이행하기 위한 법률안이 활발히 발의되었다.[31] 총 8건의 법률안[32]이 발의되었고, 법안을 통합하여 2021년 탄소중립기본법이 탄생하게 되었다.[33] 탄소중립기본법은 2022년 9월부터 시행되었는데, 이에 따라 우리나라는 전 세계에서 2050 탄소중립 비전을 법제화한 14번째 국가가 되었다.[34]

탄소중립기본법은 국가 비전과 전략, 중장기 온실가스 감축 목표, 기본계획 수립, 이행점검 등 2050년 탄소중립을 달성하기 위한 이행체계를 구체화하고 있다. 탄소중립을 위해 필요한 4대 시책으로 ① 온실가스 감축, ② 기후위기 적응, ③ 정의로운 전환, ④ 녹색성장을 제시하고, 이를 달성할 수 있는 기반을 갖추기 위해 기후대응기금의 설치 근거 등을 마련하였다. 탄소중립 사회로의 이행과 녹색성장의 추진을 주도하기 위한 대통령 직속 기관인 2050 탄소중립녹색성장위원회의 설치 및 운영에 관한 사항도 담았다. 이렇게 탄소중립기본법이 시행됨에 따라 2010년 기후변화 대응을 위해 제정한 「저탄소 녹색성장 기본법」은 폐지되었다.

파리협정의 성격을 가장 잘 보여주는 요소인 국가결정기여^{NDC}는 파리협정의 장기 온도목표를 달성하기 위해 각 국가가 개별적인 국가 여건에 맞춰 스스로 결정하여 제출하게 되어 있다. 선진국은 주로 기존의 교토의정서 체제에서처럼 온실가스 감축에 초점을 맞춘 NDC를 제출하는 반면 개도국은 파리협정의 6대 핵심조항(감축·적응·기후재원·기술개발 및 이전·역량배양·투명성)을 포괄하는 NDC를 제출하는 경향성을 보이는 것으로 확인된다.

NDC는 2050 탄소중립의 중간 목표라고 할 수 있는데, 세계 주요국들은 탄소중립을 선언한 이후 전반적으로 기준년도 대비 탄소중립 시점까지 균등 감축 수준으로 NDC를 상향하는 경향을 나타냈다. 우리나라는 2015년 6월, 2030년 온실가스 배출전망치 대비 37% 감축을 NDC 목표로 발표하였다. 2050 탄소중립을 선언한 이후에는 2021년 10월 영국 글래스고에서 개최된 제26차 당사국총회^{COP26}에서 2030년까지 온실가스를 2018년 배출량(727.6백만톤) 대비 40% 감축하는 2030 NDC 상향안을 발표하고, 2021년 12월 유엔에 제출하였다.

2024년 초, NDC 이행을 위해 설립된 2050 탄소중립녹색성장위원회가 '2022년도 탄소중립·녹색성장 이행점검 결과'를 심의한 결과, 저탄소 전환에 따른 개선 및 산업부문 생산·수요 감소 등으로 2022년 국가 온실가스 총배출량이 전년 대비 3.5% 감소한 것으로 나타났다.[35] 다만,

주요국 2030 NDC 상향 및 감축경로 비교

국 가	2030 NDC 상향(탄소중립 선언 후)	균등감축 시 2030년 감축 수준
EU	1990년 대비 최소 55% 감축	66.7% 감축
영국	1990년 대비 68% 감축	66.7% 감축
미국	2005년 대비 50~52% 감축	55.6% 감축
캐나다	2005년 대비 40~45% 감축	55.6% 감축
일본	2013년 대비 46% 감축	45.9% 감축

출처: 환경부 등 관계부처 합동 보도자료(2021.10.18.)

저탄소 전환 노력보다는 산업부문의 생산·수요 감소가 온실가스 배출량 감축에 미친 영향이 커 NDC 달성을 위해서는 전 분야에 걸친 온실가스 감축 노력이 긴요하다는 점을 재확인한 상황이다.

지속가능발전목표와 파리협정의 공통점은?

파리협정과 지속가능발전목표SDGs는 기후변화와 지속가능한 발전을 위한 국제적 합의이며, 이 두 가지 목표는 세계가 직면한 환경적, 사회적 도전에 대응하기 위해 채택되었다. 파리협정은 지구 평균 기온 상승을 1.5도 이하로 억제하는 것을 목표로 삼고 있으며, 이를 위해 각국이 자발적으로 배출량 감축 목표NDCs를 설정하고 이를 이행할 의무를 갖는다. 지속가능발전목표 역시 같은 해인 2015년 UN에서 채택된 17개의 목표로 구성된 글로벌 의제로서, 이 목표들은 빈곤 퇴치, 양질의 교육, 성 평등, 기후변화 대응 등 경제적·사회적·환경적 지속가능성을 포괄하며,

모든 국가와 이해관계자가 협력해야 할 다각적인 문제들을 다룬다. 특히 SDG 13(기후행동)은 기후변화의 영향에 신속히 대응하는 것을 목표로 설정하여, 파리협정과 직접적으로 연결된다.

무엇보다 두 협약 모두 세계적으로 중요한 환경적 도전에 맞서고 있으며, 기후 변화의 영향 완화와 적응을 위해 긴밀히 협력하는 것을 요구한다. 그러나 이러한 목표들을 달성하기 위해서는 단순한 정책적 이행을 넘어서, 대규모 자본과 금융의 지원이 필수적이다. 기후 변화에 대응하기 위해서는 재생에너지, 저탄소 인프라, 친환경 기술 등에 대한 막대한 투자가 필요하며, 파리협정과 SDGs 모두 그 목표를 달성하기 위해 금융 시장과 자본의 역할을 중요한 요소로 삼고 있다.

기후변화협약 체결 시점부터 기후변화 대응을 위한 금융의 중요성이 강조되어 왔다. 여건이 열악하지만 기후변화 대응 의지가 있는 개도국에 선진국이 기금을 조성해 재정 지원을 하는 의무가 부여되었다. 그러나 선진국이 기후 재원 조성에 적극적이지 않은 점이 계속 문제시 되었고, 파리협정은 기후 재원에 관한 사항을 협정문 제9조를 통해 명문화하였다. 경제 전체가 탄소중립을 실현하기 위해서는 금융의 역할이 중요하기 때문에 파리협정에서도 기후위기에 대한 대응능력을 강화하기 위해서는 기후금융의 활성화가 중요하다는 점이 강조되었다. 금융은 경제 시스템에서 각 부문에 대한 금융자원의 배분을 담당하여 필요한 곳에 적정하게 금융자원이 닿을 수 있도록 하는 역할을 수행하기 때문이다.

특히, 정책금융의 역할이 중요하다. 탄소중립을 이루기 위해서는 저탄소 산업 및 친환경 에너지로의 전환을 통한 산업구조 재편 및 신산업

지속가능한 금융의 미래

육성이 수반되어야 한다. 그 과정에서 기후대응 기술 개발이 필요하고 대규모 자금이 투입될 수밖에 없다. 그러나 이는 투자 대비 리스크가 크므로 민간에만 맡겨두면 시장실패로 이어질 가능성이 크다. 따라서 정책금융이 초기에 마중물 역할을 하며 기후금융을 안착시켜 나갈 필요가 있는 것이다. 해외에서는 실제로 유럽연합의 유럽투자은행, 독일의 KfW 등 정책금융기관이 탄소중립 및 녹색금융 관련 금융지원을 주도하고 있는 것으로 확인된다.

중소기업의 탄소중립 노력에 대해 충분한 금융지원 기반을 갖추는 것도 반드시 필요하다. 파리협정에서 개도국에 대한 재정 지원의 필요성이 강조되었듯 국가 경제에서도 중소기업은 탄소중립 대응에 있어 취약계층일 수밖에 없기 때문이다. 금융기관들이 기후금융 또는 녹색금융상품과 그에 적합한 담보를 개발하는 노력 또한 필요하다. 다만, 금융부문에서도 ESG 경영이 강조되며 최근 그린워싱 논란이 지속되고 있는 만큼 이를 피하기 위한 대응책도 함께 마련할 필요가 있다.

우리나라의 경우 수출 주도 경제이고, 2022년 기준 GDP에서 28%를 차지할 만큼 탄소배출 및 전력 사용량이 많은 제조업의 비중이 높다.[36] 그만큼 탄소중립을 달성하기 위해서는 산업구조 재편이나 신산업 육성 등 적극적인 대응의 필요성이 더 크고, 금융의 역할 역시 긴요하다고 할 수 있다. 최근 그 중요성을 기반으로 한 움직임이 일어나고 있는 가운데, 금융위원회는 2024년 3월, '기후위기 대응을 위한 금융지원 확대방안'을 발표하였다.[37] 이는 2030년까지 ▲총 420조 원의 녹색 정책금융 공급, ▲신재생에너지 투자를 위한 모험자본 54조 원 공급, ▲기후기술 육성을 위한 민관합동 투자 확대 등을 골자로 하고 있다. 그린워싱 논란 없이 적절한 금융지원을 위해 한국형 녹색분류체제^{K-Taxonomy}의 여신 적용방안을 마련하고 금융부문의 기후리스크 관리를 강화하는 등 민간의 기후금융 지원 확대를 위한 제도를 정비하려는 노력도 제시되었다. 은행연합회는 2023년 11월, 금융회사의 기후리스크 관리 체계를 구축·강화하기 위해 『금융회사를 위한 기후리스크 관리 안내서』를 발간하기도 하였다.[38]

기후위기 대응을 위한 금융지원 확대방안 주요 내용

1	저탄소 공정전환 등 위한 정책금융기관 역할 강화	• 2030년까지 총 420조 원 정책금융 공급	
2	청정에너지 수요에 대응, 재생에너지 투자 확대	• 신재생에너지 투자를 위한 모험자본(54조 원) 공급 – (정책금융) 민간금융기관 후순위대출 유도 – (시중은행) 미래에너지펀드 9조 원 출자·조성	2050 탄소중립 달성
3	기후기술 육성 통한 미래 먹거리 개발	• 민관합동, 기후기술 9조 원 투자 – 기후기술펀드, 혁신성장펀드, 성장사다리펀드 등	
4	민간의 기후금융 지원 위한 제도정비	• 한국형 녹색분류체계 여신 적용방안 마련 • 금융권 기후리스크 관리 강화	

출처: 금융위원회 보도자료(2024.03.19.)

우리나라는 교토의정서상 개도국으로 분류되었으나 세계 10위권 수준의 많은 탄소배출로 인해 감축의무 부담에 대한 국제적인 압력을 지속적으로 받아왔다. 파리협정을 채택한 이후에는 적극적으로 2050 탄소중립 및 2030 국가결정기여^{NDC} 목표를 수립하고 녹색기후기금^{GCF} 사무

지속가능한 금융의 미래

국을 유치하는 등 기후재원 분야에서도 활발한 움직임을 보이고 있다. 이제 막 출발선을 넘은 상황이므로 新기후체제에서 우리나라의 기후변화 대응 활동의 지속가능성을 높여 나가는 것이 무엇보다도 중요한 상황이다.

특히, NDC의 목표는 전진 원칙만 적용되어 후퇴는 불가능한데 현재 온실가스 감축목표는 급진적으로 설정되었다는 평가가 있다. 지속적으로 이행결과를 점검하며 실현가능성을 높여나가는 노력이 필요한 이유이다. 新기후체제가 우리나라의 수출 의존형 경제에 미칠 수 있는 영향에 대해서도 대응책을 마련해야 한다. 온실가스를 많이 배출하는 제품은 수출시장에서 소외받는 등 新기후체제가 새로운 무역장벽으로 작용할 가능성이 크다는 우려가 있기 때문이다. 실제로 유럽연합은 자국보다 이산화탄소 배출이 많은 국가에서 생산·수입되는 제품에 대해 관세를 부과하는 탄소국경조정제도Carbon Border Adjustment Mechanism, CBAM를 도입하였다. 이에 대응하기 위해서는 저탄소 제품을 생산·유통할 수 있는 기술을 적극적으로 개발해야 한다.

앞서 언급하였듯이 금융위원회가 기후변화 대응을 위한 금융지원 강화를 주도하기로 한 만큼 재원 마련에 대한 고민도 필요하다. 우리나라 경제는 온실가스 배출량 및 에너지 소비가 많아 기후변화 대응을 위한 산업구조 재편에 대규모 자금이 필요하기 때문이다. 따라서 민간투입자금의 확대와 더불어 재정건전성 확보를 위해 영국과 노르웨이처럼 기후세 또는 탄소세를 도입하는 방안도 검토가 필요하다.[39]

최근 세계 곳곳에서 제기되는 기후위기 관련 소송은 정부의 부실한 기후위기 대응이 미래세대의 기본권 또는 인권을 침해한다는 점을 지적하고 있다.[40] 우리나라에서도 최근 헌법재판소에서 우리나라 첫 기후소송에 대한 공개 변론이 열렸고, 2024년 8월 29일 정부의 부실한 기후위기 대응이 국민의 기본권을 침해한다는 주장을 받아들였다.[41] 그만큼 기후위기에 대한 대응은 인권 등 기본권의 보장 및 지속가능한 발전을 위해 중요한 시대적 과제가 되었다. 이와 같이, 기후변화의 심각성 및 탄소중립의 필요성에 대한 국민적 공감대를 기반으로 산업 및 에너지 부문의 탈탄소화 전환 및 기후변화 대응체계 점검 등 전방위적인 전환이 필요한 시점이다.

지속가능한 금융의 미래

3장

금융회사들의 자발적 행동협약, 적도원칙

금융이 'ESG'하는 최초의 방법, 적도원칙

적도원칙은 금융기관이 대형 개발사업에 환경·사회적 리스크가 잠재되어 있을 경우 금융지원을 하지 않겠다는 자발적인 약속을 기반으로 한다. 이 약속의 효력은 협약에 참여한 금융기관뿐만 아니라 개발대상 지역과 그 개발사업을 수행하는 기업 등에도 영향을 미친다. 즉, 적도원칙은 지속가능한 발전을 전방위적으로 확산시키는데 금융이 중추적 역할을 할 수 있다는 가능성을 보여준다.

이현정

2015년 12월 파리에서 채택된 「파리기후협약(파리협정)」은 단순히 기후변화에 대한 대응을 넘어 환경·사회 이슈에 대한 국제사회의 대응 노력을 결집한 역사적 모멘텀으로 손꼽힌다. 파리협정 이전부터 환경·사회 이슈에 대한 국제적 관심과 논의가 조금씩 이어져 왔지만 파리협정 채택 이후 본격화된 것으로 분석되기 때문이다.[1] 특히 파리협정 이행 원년을 맞은 2021년, 우리나라에서도 친환경·탄소중립 확대 노력이 더욱 주목받으며 여러 분야에서 다양한 움직임이 나타났다.

우리 사회의 변화를 현실화하는데 필요한 자금을 지원하는 금융 분야에서도 새로운 이정표가 마련되었다. KB국민은행, 우리은행, NH농협은행과 하나은행은 2021년 ESG경영으로의 전환 노력 중 하나로 '적도원칙'을 연달아 채택하였다. 이로써 우리나라 5대 시중은행 모두 적도원칙 협약에 가입하게 되었다. 2017년 국책은행인 KDB산업은행이 우리나라 최초로 적도원칙을 채택하고 2020년 신한은행이 우리나라 시중은행 중 최초로 적도원칙을 채택한 이후 급격한 변화가 이루어진 것이다.

적도원칙은 일정 규모 이상의 금융지원에 대해 해당 금융지원의 대상이 환경·사회에 미칠 수 있는 영향 등을 검토·평가하고 이를 기준으로 금융지원 여부를 결정하는 절차를 규율하는 국제기준이다. 환경·사회 이슈에 대한 국제적 관심과 논의가 본격화된 이후 환경·사회 이슈에 대한 국제기준 역시 다양하게 등장해왔다. 그 가운데 금융의 역할과 변화가 지속가능한 발전으로의 전환에 중요한 지표로 부각되었다. 적도원칙은 그 일환으로 등장한 국제기준이라고 할 수 있다.

「적도원칙The Equator Principles, EP」은 프로젝트 금융[2]에 대한 원칙으로, 금액 기준 1,000만 달러 이상의 대형 개발사업에 환경파괴 또는 인권침해 등의 환경·사회적 문제가 있을 경우 금융지원을 하지 않겠다는 금융기관들의 자발적인 협약이다. 개발사업의 건설 및 운영 과정에서 예상되는 환경파괴 및 사회적 갈등을 최소화하기 위하여 전 세계 적도원칙 회원 금융기관들은 환경·사회 위험관리 기준으로서 적도원칙을 공동으로 채택하고 있다. 적도원칙을 채택한 금융기관들은 대형 프로젝트에 금융을 지원할 때 IFC국제금융공사, International Finance Corporation에서 수립한 환경·사회 이행표준IFC Performance Standards [3] 등을 준수하게 된다.

자발적인 환경·사회적 금융지원 리스트 관리 원칙

'적도원칙'이라는 명칭은 흔히 대형 개발사업이 주로 적도 부근의 개발도상국에서 진행된 점에서 유래했다고 알려져 있다.[4] 그러나 적도원칙의 도입 취지를 고려하면, 적도원칙 출범 논의 과정에서 이 원칙이 북반구와 남반구를 통틀어 전 세계적으로 널리 활용되는 것을 목표로 하여 선진국이 집중된 북반구Global North와 개발도상국이 많은 남반구Global

South 사이의 공통되고 균형있는 기준을 채택한다는 의미에서 '적도원칙'으로 명명했다는 설명[5]이 더욱 설득력을 갖는 것으로 판단된다.

적도원칙은 프로젝트 금융에서 책임있고 건전한 환경·사회 원칙들을 장려하고 지역사회와 NGO 등의 비판에 대응하기 위해 2003년 전 세계 금융기관들이 자발적인 원칙을 수립함으로써 등장하였다. 네덜란드의 금융기관 ABN암로 ABN AMRO의 인도네시아 최대 금광회사인 PT Freeport 주관 금광 개발 프로젝트에 대한 금융지원 사례는 적도원칙의 출범에 결정적인 역할을 한 것으로 손꼽힌다. 이 금광 개발 프로젝트는 환경 및 사회적 이슈를 고려하지 않은 채 진행되어 환경단체의 거센 반발과 원주민 강제 이주에 따른 주거지 마련·문화 보존·손해배상 등 각종 문제에 직면하였다.[6] 이 밖에도 당시에는 금융기관들이 금융지원 시 환경·사회 이슈를 중요하게 고려하지 않았기 때문에 개발도상국에서의 프로젝트 금융 Project Finance, PF에서 분쟁이 빈번하게 발생하였다. IFC가 중심이 되어 이에 대한 문제 해결 및 예방 논의를 진행하게 된 이유이다.

게다가 2003년에는 적도원칙의 선도자 격으로 여겨지는 「금융기관과 지속가능성에 대한 콜레베키오 선언 The Colleveccio Declaration on Financial Institutions and Sustainability[7]」이 있었다.[8] 이 선언 이후 금융기관들의 사회·환경적 관리를 비판하는 캠페인이 시작되었고, 금융기관들은 진행하는 사업에 콜레베키오 선언의 여섯 가지 원칙을 반영해야 할 필요성이 커졌다. 그 가운데 2002년 NGO의 비판과 변화 요구에 직면해 온 대형 금융기관들은 프로젝트 금융에 대한 환경·사회적 리스크 관리 원칙의 초안을 작성하기 위해 모였다. 그리고 2003년 6월, 미국 워싱턴 D.C에서

적도원칙 출범에 참여한 전 세계 10개 금융기관

No		금융기관명	국가
1		ABN AMRO	네덜란드
2		Barclays	영국
3		Citigroup	미국
4		WestLB	독일
5		Crédit Lyonnais(Calyon)	프랑스
6		Crédit Suisse	스위스
7		HypoVereinsbank(Unicredit)	독일
8		Rabobank	네덜란드
9		Royal Bank of Scotland	영국
10		Westpac	호주

출처: UNEP, 『Inquiry: Design of a Sustainable Financial System』(2016.02.) 토대 재구성

ABN암로, 바클레이즈, 씨티 등 전 세계 대형 금융기관 10곳이 모여 자 발적으로 「적도원칙 1」을 제정하였다.[9]

2003년 「적도원칙 1」이 제정된 이후 적도원칙은 총 3번의 개정을 거 쳐 현재는 「적도원칙 4」가 시행되고 있다. 「적도원칙 1」은 현재와 달리, 프로젝트 총액 500만 달러 이상인 프로젝트 금융에 적용되었다. 2006년 개정·시행된 「적도원칙 2」에서는 적도원칙 적용 대상 프로젝트의 규모 가 프로젝트 총액 1,000만 달러 이상으로 상향되고, 금융지원 외에 프로 젝트 금융 자문서비스도 적도원칙 적용 대상에 포함되었다. 또한, 보다 강화된 IFC 환경·사회 이행표준을 준수하게 되었고, 적도원칙을 채택 한 금융기관의 적도원칙 이행 보고가 연례화되어 현재까지 이어지게 된

것도 특징이다.[10]

2013년 시행된 「적도원칙 3」은 프로젝트 금융지원을 위한 환경심사에 IFC 환경·사회 이행표준뿐 아니라 프로젝트가 시행되는 현지의 법규와 그 밖의 국제기준을 다양하게 적용하게 하였다.[11] 다만, OECD 가입국 및 선진국에서 시행되는 프로젝트에는 국제기준보다 현지 법규가 더 체계적이기 때문에 국제기준 적용을 의무화하지는 않았다. 2020년부터 현재 시행 중인 「적도원칙 4」는 기존보다 더욱 엄격한 기준을 제시하고 있다. 우선 지속가능발전목표[SDGs], 파리협정 및 TCFD 권고안 등 최근의 환경·사회기준을 내재화하여 적도원칙의 이행을 통해 기후변화, 인권 향상, 생물다양성 보호 등 보다 넓은 범위의 환경·사회 부문에 기여

적도원칙의 변천 과정

EP I (2003년)	• 프로젝트 총액이 500만 달러 이상인 프로젝트 금융에 적용
EP II (2006년)	• 적용범위 개정: 프로젝트 총액 1,000만 달러로 상향, 프로젝트 금융 자문서비스도 포함 • 보다 강화된 IFC 환경·사회기준 적용, 가입 금융기관의 적도원칙 이행 보고 연례화
EP III (2013년)	• 현지 법규 및 IFC 환경·사회기준 등 국제기준을 환경심사 시 적용 • OECD 가입국 및 선진국에서 시행되는 프로젝트에는 국제기준 적용 非의무화(현지법규 적용)
EP IV (2020년)	• 지속가능목표(SDGs), 파리협약 및 TCFD 권고안 등 최근의 환경·사회 국제기준 내재화 • 선진국에서의 프로젝트에도 현지법규와 함께, 국제기준 적용 의무화 (개발도상국과의 형평성 유지)

출처: 적도원칙협회(The Equator Principles Association)의 자료 재구성

하고자 하는 목표를 담았다.[12] 또한, 「적도원칙 3」과 달리, 선진국에서의 프로젝트와 개발도상국에서의 프로젝트 사이의 형평성을 유지하기 위해 선진국에서 진행되는 프로젝트에도 현지 법규뿐 아니라 국제기준을 적용하는 것을 의무화하였다.

기후변화 대응과 인권 보호를 위한 10대 원칙

현행 「적도원칙 4」의 세부내용을 살펴보면, 우선 적도원칙은 전 세계적으로 모든 산업분야에 대해 신규 프로젝트 사업을 지원하는 금융상품에 적용할 수 있다. 적도원칙을 적용할 수 있는 금융상품은 다섯 종류로, ① 프로젝트 금융, ② 프로젝트 관련 기업대출, ③ 브릿지론,[13] ④ 프로젝트 관련 리파이낸스[14] 및 인수금융,[15] ⑤ 프로젝트 금융 자문 서비스이다. 각 금융상품별로 적도원칙이 제시하고 있는 기준을 모두 충족할 경우 적도원칙을 적용할 수 있다. 적도원칙은 소급 적용되지는 않는데, 그럼에도 기존 프로젝트의 확장 또는 개선에 금융을 지원하는 경우에는 적도원칙을 적용해야 한다. 적도원칙 채택 금융기관은 지원대상 고객이 적도원칙을 준수하지 않거나 준수할 수 없다고 판단되는 사업에 대해서는 금융지원을 제한할 수 있고, 적도원칙이 정하는 환경·사회 리스크 평가항목 등을 고려하여 '환경적으로 부정적인 영향이 중대한 영역'을 자율적으로 정할 수 있다.

적도원칙은 적용대상 사업의 추진과정에서 준수해야 할 '10대 원칙'

적도원칙 적용 금융상품의 유형(5종류)

No	금융상품 유형	적용 기준
1	프로젝트 금융(PF)	사업총액 US 1,000만$ 이상의 신규 프로젝트
2	프로젝트 관련 기업대출	다음 3개의 조건 모두 충족시 • 총 대출금액의 과반이 고객이 직/간접적으로 실질적 지배권을 갖는 하나의 프로젝트와 관련 • 총 대출금액 및 해당 금융기관의 개별 약정금액(신디케이션 또는 매각 이전)이 각각 US 5,000만$ 이상 • 대출기간이 2년 이상
3	브릿지론	상기 조건(No. 1, 2)을 충족할 것으로 예상되는 프로젝트 금융 또는 프로젝트 관련 기업대출로 대환이 의도된 대출기간 2년 미만의 브릿지론
4	프로젝트 관련 리파이낸스 및 인수금융	다음 3개의 조건 모두 충족시 • 기존 사업이 과거 적도원칙의 적용을 받아 금융지원을 제공받은 경우 • 사업 규모 또는 범위에 중대한 변화가 발생하지 않은 경우 • 금융계약서 서명 시점에 사업이 완료되지 않은 경우(미준공)
5	프로젝트 금융 자문서비스	사업총액 US 1,000만$ 이상의 신규 프로젝트

출처: 「적도원칙 4(Equator Principles Ⅳ)」

으로 구성되어 있다. 이 10대 원칙은 사업 추진과정에서 부정적인 환경·사회적 영향을 최소화하기 위하여 금융기관과 금융지원 대상자(고객)가 충족시켜야 할 요건을 제시한다. 이에 따라 금융기관은 사회 및 환경에 영향을 미칠 수 있는 프로젝트에 대해 금융지원 요청이 있는 경우 금융지원 승인 전에 사업 기초자료에 대해 검토하여 별도로 정해진 위험등급을 부여해야 한다. 그리고 해당 프로젝트가 고위험 사업인 경우에는 보다 심도있고 포괄적인 환경·사회 영향평가를 실시하고 저감대책 등을 수립하는 등 위험수준에 상응하는 리스크 관리 요건을 충족시킬 수 있는 리스크 관리체계를 구축해야 한다.

적도원칙의 10대 원칙

	원 칙	내 용	수행주체
1	검토 및 위험등급 분류	프로젝트의 환경·사회 위험등급(A·B·C) 분류	금융기관
2	환경·사회 평가	사업에 대한 환경·사회 영향평가 실시	지원대상자
3	환경·사회 기준 적용	환경·사회 영향평가 시 소재국 법규 및 국제기준 준수	지원대상자
4	환경·사회 관리 시스템 및 적도원칙 액션플랜	환경·사회 관리시스템 구축 및 관리계획 수립	지원대상자
5	이해관계자 참여	사업 관련 정보제공 프로세스 수립 및 이해관계자 참여·협의 실시	지원대상자
6	고충처리 메커니즘	고충처리 메커니즘(민원 접수 창구, 대응체계) 구축	지원대상자
7	독립 검토	독립 컨설턴트를 통한 적도원칙 준수 가능성 검토	지원대상자
8	서약	금융계약서에 환경·사회 관련 서약조항 반영	금융기관 /지원대상자
9	독립 모니터링 및 보고	독립 컨설턴트를 통한 적도원칙 준수 여부 정기 모니터링 실시	지원대상자
10	정보공개 및 투명성	(금융기관) 적도원칙협회 이행보고 (지원대상자) 환경·사회 영향평가서 등 공시	금융기관 /지원대상자

출처: 「적도원칙 4(Equator Principles Ⅳ)」

이를 위해 우선 프로젝트에 대한 금융지원이 요청되었을 때 금융회사는 원칙 1(검토 및 위험등급 분류)에 따라 프로젝트의 잠재적 환경·사회

지속가능한 금융의 미래

리스크와 영향의 규모에 근거해 환경·사회 위험등급을 A, B, C로 분류하여 부여해야 한다. C등급이 가장 경미한 수준이고 A등급으로 갈수록 환경·사회적 영향력이 큰 프로젝트이다. 이때 적용되는 등급의 근거는 국제금융공사IFC의 환경·사회 등급 분류 프로세스이다. 등급 분류 후 금융기관은 원칙 2(환경·사회 평가)에 따라 금융지원 대상자가 프로젝트와 관련된 환경·사회 평가 프로세스를 이행하도록 요구해야 한다. 환경·사회 평가 프로세스는 원칙 3(환경·사회 기준 적용)에 따라 프로젝트 소재국의 환경·사회 이슈 관련 법률, 규정 및 인허가 사항의 준수 여부를 우선적으로 반영해야 한다.

금융기관은 원칙 4(환경·사회 관리시스템 및 적도원칙 액션플랜)에 따라 금융지원 대상자에게 환경·사회 관리시스템을 구축하고 유지하도록 요구해야 한다. 또한, 원칙 5(이해관계자 참여)에 따라 금융기관은 금융지원

적도원칙 상 환경·사회 위험등급 분류체계 (근거: IFC 환경·사회 기준)

위험 등급	분류 기준
A 등급	부정적인 잠재적 환경·사회 위험 및/또는 영향을 중대하게 미치는 프로젝트로서, 해당 위험 및/또는 영향이 다양하거나, 회복불능이거나 또는 전례가 없는 경우
B 등급	부정적인 잠재적 환경·사회 위험 및/또는 영향을 제한적으로 미치는 프로젝트로서, 해당 위험 및/또는 영향의 건수가 적고, 범위가 대체로 현장에 국한되며, 대부분 회복가능하고, 경감방안을 통해 용이하게 대처 가능한 경우
C 등급	부정적인 잠재적 환경·사회 위험 및/또는 영향이 경미하거나 없는 프로젝트

위험도

출처:「적도원칙 4(Equator Principles IV)」

대상자가 지역사회 등 이해관계자의 효과적인 참여를 기반으로 한 협의를 시행하도록 요구해야 한다. 원칙 4와 원칙 5의 경우 리스크 관리에 중요한 사항인 만큼 리스크 등급이 높은 A등급과 B등급 프로젝트에 대해서는 무조건 이행하도록 규정되어 있다.

원칙 5와 비슷한 맥락에서, 금융기관은 금융지원 대상자가 원칙 6(고충처리 메커니즘)에 따라 불만사항 등 의견을 수렴하고 문제를 해결하는 창구로서 이해관계자 등의 고충처리 메커니즘을 구축하도록 요구해야 한다. 또한, 적도원칙 준수 여부에 대한 객관적 판단을 위해 원칙 7(독립 검토)이 규정되어 있고, 원칙 8(서약)에 의해 금융지원 대상자는 금융계약서를 통해 환경·사회와 관련된 소재국의 모든 법률, 규정 및 인허가 사항을 준수하겠다는 점을 서약하도록 되어 있다. 만일 이 서약이 제대로 준수되지 않으면 금융기관은 국내 「민법」상의 '기한의 이익 상실'과 비슷하게 채무불이행 선언 등 구제책을 행사할 수 있는 권리를 갖는다.

금융 종결 이후 및 대출기간 동안에도 프로젝트의 적도원칙 준수 여부를 평가하기 위해 금융기관은 원칙 9(독립 모니터링 및 보고)에 따라 금융지원 대상자가 독립 모니터링과 보고를 하도록 해야 한다. 지속적인 사후관리를 위한 것이다. 마지막으로 원칙 10(정보공개 및 투명성)에 따라 금융기관은 연 1회 이상 적도원칙 이행보고서를, 금융지원 대상자는 환경·사회 영향 평가서 등을 공시해야 한다.

「적도원칙 4」만의 특징 중 하나는 원칙 2에 따른 환경·사회 평가에 '부정적인 잠재적 인권 영향 및 기후변화 리스크'에 대한 평가를 포함시켜야 하는 점을 명시한 것이다. 이때 인권 위험과 영향에 대한 평가는 '유엔 기업과 인권 이행 원칙' United Nations Guiding Principles on Business and Human Rights, UNGP를 참고하고, 기후리스크에 대한 평가는 '기후변화와 관련된 재무정보 공개를 위한 태스크포스' Task Force on Climate-Related Financial Disclosures, TCFD의 권고안에 따라 실행하여야 한다. 기후리스크에 대한 이행요건의 경우 적도원칙의 필수 구성요소로서 「적도원칙 4」의 부속서에 세부적으로 명시하였다.

금융지원을 받는 대상이 석유 및 가스, 화력 발전, 시멘트 및 석회 제조 등 탄소배출 집약도가 높은 산업과 관련한 프로젝트를 추진하는 경우에는 평가항목이 추가된다. 예를 들어, 당초 추진하고자 하는 사업과 유사하면서도 에너지 효율이나 온실가스 배출이 적은 산업과 관련한 프로젝트를 대안으로 선택하여 추진하지 않은 정당한 사유가 기후리스크의 평가항목에 포함되어야 한다. 연간 온실가스 배출량이 일정 규모를 초과하는 프로젝트에 대해서는, 금융지원을 받는 대상이 해당 국가에서 적용되는 환경규제 또는 탄소정보 공개 프로젝트 Carbon Disclosure Project, CDP 등에 따라 관련 정보를 공개하는 것을 권고하고 있다.

또한, 적도원칙은 환경·사회 리스크 평가서에서 다루어야 할 잠재적 환경·사회 이슈에 대한 평가항목도 구체화하여 별지 II를 통해 25개의 예시목록을 제시하고 있다. 그리고 리스크 평가 과정에서는 IFC의 이행표준과 세계은행그룹의 EHS 가이드라인 The General Environmental, Health and Safety Guidelines[16]을 따르게 하고 있다.

적도원칙의 환경·사회 리스크 평가항목에 대한 25개 예시 목록

No	평가 예시목록
1	환경·사회 기초 현황 평가
2	실행 가능하고 환경·사회적으로 바람직한 대안 검토
3	소재국 법률 및 규정, 그리고 적용 가능한 국제조약 및 협정(2015 파리협정 포함)에 따른 요건
4	생물 다양성(교란된 서식지, 자연 및 중요 서식지의 멸종위기종과 민감한 생태계 포함)의 보호와 보전 및 법정보호지역의 식별
5	재생가능한 자연자원의 지속가능한 관리와 사용(적절한 독립 인증시스템을 통한 지속가능한 자원 관리 포함)
6	위험물질의 사용 및 관리
7	주요 유해성 평가 및 관리
8	효율적 생산(결과 조정 요인당 총 에너지 소비량), 에너지의 운송 및 사용
9	오염 방지 및 폐기물 최소화, 오염통제(유출수 및 대기 배출) 및 폐기물 관리
10	온실가스 배출 수준 및 배출 집약도
11	물 사용, 물 이용 집약도 및 수자원
12	토지 피복, 토지 이용 실행
13	물리적 기후 리스크 및 적용 기회에 대한 고려, 변화하는 기상패턴 및 기후조건 하에서 프로젝트 운영의 성공 가능성
14	기존 프로젝트, 지원 대상 프로젝트, 그리고 향후 계획된 프로젝트로 인한 누적 영향
15	부정적인 실제 또는 잠재적 인권 영향에 대한 고려. 만약 이와 같은 영향이 식별되지 않았다면 인권 위험이 없음을 결정한 방법에 대한 설명(조사과정에서 어떠한 이해관계자 집단과 취약한 인구가 고려되었는지에 대한 내용 포함)
16	노동 관련 이슈(4개의 핵심 노동기준 포함) 및 직업 보건과 안전
17	프로젝트 설계, 검토 및 이행 과정에서 영향을 받는 집단의 협의 및 참여
18	사회경제적 영향
19	영향을 받는 지역사회, 그리고 소외 또는 취약 계층에 대한 영향
20	성별 영향과 불균형적인 성별 영향

21	토지 취득 및 비자발적 이주
22	원주민과 그들의 고유한 문화적 제도 및 가치에 미치는 영향(원주민의 전통적 소유 또는 관습적 사용 대상에 해당되는 토지와 자연자원에 대한 영향 포함)
23	문화재 및 문화유산 보호
24	지역사회의 보건 안전 및 보안에 대한 보호(프로젝트의 보안요원 활용에 따른 위험, 영향 및 관리 포함)
25	화재 예방 및 생명 안전

출처: 「적도원칙 4(Equator Principles Ⅳ)」

적도원칙의 국내외 이행 현황 및 주요 사례

적도원칙은 '적도원칙협회' The Equator Principles Association 가 창구 역할을 하고 있다. 적도원칙협회는 적도원칙의 관리 및 발전을 위해 적도원칙을 채택한 금융기관들 Equator Principles Financial Institutions, EPFIs 로 구성된 비법인단체 권리능력 없는 사단, Unincorporated Association 형태로, 2010년 7월 1일 설립되었다.[17]

2024년 1월 1일 적도원칙협회는 유한책임회사 형태의 법인 the Equator Principles Limited 으로 전환되었다. 법인이 협회를 대표하게 되었지만, 협회의 운영은 여전히 최고기구였던 '적도원칙 운영위원회' EP Association Steering Committee 가 관장하고 있다. 한 가지 특이점은 우리나라의 KDB산업은행이 2021년 적도원칙협회 운영위원회의 아시아-태평양 대표로 선임되어 임기를 마친 것이다. KDB산업은행은 운영위원회의 지역 대표로 선출되기 전 워킹그룹장(長)으로서, 적도원칙의 실무수행기구였던 기술

위원회를 총괄하여 「적도원칙 4」의 개정·시행에도 적극적인 역할을 한 것으로 알려져 있다.

2024년 3월 말 기준, 전 세계 127개 금융기관이 적도원칙을 채택하고 있다. 적도원칙을 채택한 금융기관이 신흥국 프로젝트 금융 대출시장의 80% 이상을 점유하고 있는 것으로 확인된다. 지역별로는 북아메리카 9개 금융기관, 라틴아메리카 12개 금융기관, 중동-아프리카 14개 금융기관, 유럽 39개 금융기관, 아시아-태평양 53개 금융기관이 적도원칙을 채택하고 있다.

즉, 적도원칙의 출범은 미국, 영국, 네덜란드 등 북아메리카 및 유럽 선진국이 주도했지만, 적도원칙이 라틴아메리카, 중동-아프리카, 아시아-태평양 지역 등 전 지구적으로 확산되어 온 것으로 분석된다. 출범 당시 이 원칙이 북반구와 남반구를 통틀어 전 세계적으로 널리 활용되는 것을 목표로 하여 '적도원칙'이라고 명명한 이유가 실현된 셈이라고 볼 수 있다.

우리나라의 경우, 적도원칙을 채택한 금융기관은 총 8개(2024년 3월 말 기준)이다. 2017년 1월, 국책은행인 KDB산업은행이 국내 최초로 적도원칙을 채택한 이후, 2020년 9월, 신한은행이 국내 시중은행 최초로 적도원칙을 채택하였다. 이후 KB국민은행, 우리은행, NH농협은행, KEB하나은행이 연달아 적도원칙을 채택하여 국내 5대 시중은행이 모두 적도원칙에 합류하게 되었다. 또한, 2022년에는 국책은행인 IBK기업은행이 적도원칙 채택 대열에 합류하였다. 우리나라 금융기관뿐 아니라 국내에서 영업활동을 하고 있는 외국계 금융기관을 포함할 경우, SC제

우리나라 금융기관의 적도원칙 채택 현황(외국계 은행 포함)

구 분	금융기관명	적도원칙 채택일	지역 (본점 기준)
국내	KDB산업은행	2017.01.02.	아시아-태평양
	신한은행	2020.09.09.	
	KB국민은행	2021.02.04.	
	우리은행	2021.08.18.	
	NH농협은행	2021.08.19.	
	KEB하나은행	2021.08.23.	
	IBK기업은행	2022.09.05.	
	삼성생명	2022.12.06.	
외국계	SC제일은행(Standard Chartered PLC)	2003.10.08.	유럽

출처: SIGNATORIES & EPFI REPORTING, 적도원칙협회(The Equator Principles Association) 홈페이지(https://equator-principles.com/) 자료 재구성

일은행의 모기업인 스탠다드차타드도 적도원칙의 초기 시점부터 적도
원칙을 채택하고 있어 우리나라의 금융기관 대부분이 적도원칙에 가입
한 상황이다. 이 밖에도 생명보험업을 영위하는 금융회사인 삼성생명이
2022년 적도원칙에 가입하였다.

우리나라의 적도원칙 채택 금융기관 중 KDB산업은행의 활동이 특히
두드러진다. KDB산업은행은 2017년 우리나라 최초로 적도원칙을 채
택하고, 2019년에는 적도원칙협회의 워킹그룹장으로 선임되어 협회의
실무기구인 기술위원회를 통솔하였다. 당시 산업은행은 「적도원칙 3」
을 「적도원칙 4」로 개정·시행하는 과정에서 결정적인 역할을 하였다.
2021년에는 적도원칙협회의 최고기구인 운영위원회의 아시아-태평양

지역 공동대표로 선출되어 2년의 임기를 마쳤다. 이 밖에도 업무매뉴얼인 『적도원칙 이행지침』을 공동 저술하는 등 적극적인 행보를 보였다.[18] 한편, KDB 산업은행은 우리나라에 적도원칙이 보급되는데 기여한 것으로도 평가되는데 「적도원칙 4」의 한국어판을 제작한 것이 대표적인 예이다.[19] 이에 더하여 국내 시중은행의 적도원칙 채택이 확산될 수 있도록 적도원칙 관련 노하우를 공유하고 신한은행 등 국내 금융기관의 적도원칙 채택 준비과정을 지원한 것으로도 알려져 있다.[20]

이처럼 적도원칙 관련 활동을 주도하고 있는 KDB산업은행의 『적도원칙 이행 보고서』를 통해 산업은행의 적도원칙에 따른 금융지원 현황을 살펴보면, 산업은행은 2017년 준비과정을 거쳐 적도원칙 관련 내부 시스템을 구축한 후, 2018년 30건, 2019년 34건, 2020년 26건, 2021년 51건, 2022년 49건의 금융지원을 하였다. 연도별로 특정 추세를 보이지는 않지만 주로 프로젝트 금융 부문에서 적도원칙을 통한 금융지원이 이루어진 것으로 확인된다.

시중은행 중에서는 신한은행의 행보가 두드러진다. 신한은행은 2020

KDB산업은행의 적도원칙에 따른 금융지원 현황

구 분	2017	2018	2019	2020	2021	2022
프로젝트 금융 자문	최초연도로 실적 없음	12	5	6	6	7
프로젝트 금융		16	20	17	36	30
프로젝트 관련 기업대출		2	9	3	9	12
합 계	–	30	34	26	51	49

출처: 산업은행, 『적도원칙 이행보고서』/ 산업은행 홈페이지(https://www.kdb.co.kr/)

지속가능한 금융의 미래

년 9월 국내 5대 시중은행 중 최초로 적도원칙을 채택하여 '적도원칙 스크리닝 프로세스'를 구축하고,[21] 2021년 적도원칙 연간 이행보고서 역시 국내 시중은행 최초로 발간하였다. 가입 1년 이내의 금융기관은 적도원칙 이행 보고 의무에 유예기간이 적용되어 당시 이행보고서를 제출할 필요가 없었지만, ESG 경영을 실천하기 위해 적도원칙의 적극적인 이행의지를 보여준 것으로 평가된다.[22] 신한은행은 적도원칙 채택 후 1년 동안 적도원칙을 적용하여 총 33건의 금융지원을 한 것으로 공시하고 있다.[23]

KB국민은행은 적도원칙 채택 이후 IFC 이행표준의 8가지 환경·사회적 요소를 반영하여 8개 항목의 자체 환경·사회 체크리스트를 마련하고, 적도원칙 운영지침을 제정한 것으로 확인된다.[24] 우리은행은 국내에서 상대적으로 늦게 적도원칙을 채택하였음에도 적도원칙과 관련해 비교적 적극적인 움직임을 보여왔다. 특히 자체 수립한 ESG금융원칙의 운용원칙 중 프로젝트 금융 항목에 적도원칙을 반영한 점이 두드러진다.[25] NH농협은행은 홈페이지에 ESG 글로벌 이니셔티브 중 하나로 적도원칙에 가입하고 있다는 사실을 공시하고 있다.[26] KEB하나은행은 2021년까지 적도원칙 가입을 ESG 추진목표 중 하나로 설정한 후, 실제로 2021년 적도원칙에 가입하였다.[27] 삼성생명은 2022년 12월 은행 외 금융회사 중에서는 우리나라 최초로 적도원칙에 가입하였다.[28]

적도원칙을 채택한 금융기관의 대출절차는 일반적으로 적도원칙 적용대상인 프로젝트에 대해 ① 적용대상 금융상품 여부에 대한 판단, ② 환경·사회 리스크 등급 분류(원칙 1), ③ 환경·사회 심사(원칙 7), ④ 환경·사회 서약조건을 반영한 금융계약서 작성(원칙 8), ⑤ 적도원칙 준수 관련 사후관리(원칙 9, 10) 순으로 진행하는 것으로 확인된다.[29]

우리나라 금융기관의 적도원칙 이행보고를 통해 적도원칙 이행 사례를 세부적으로 살펴보면 국내외 태양광·육상풍력 등 신재생에너지발전사업, 연료전지발전사업, 천연가스 화력발전사업 및 산업단지조성사업 등에 적도원칙을 적용하여 금융지원을 진행한 것으로 파악된다.[30] 대출심사 시 환경·사회 리스크 평가를 실시하는 점이 적도원칙 적용 금융지원 방식의 핵심이다. 리스크 등급이 높은 경우 저감 노력을 기울인 점과 민관협력, 지역사회에 미칠 영향 등에 대한 사항도 일부 반영되어 있다.

적도원칙에 대한 평가와 우려

2003년 전 세계 10개 금융기관이 출범시킨 적도원칙은 약 20년이 지난 2023년 12월말 기준, 전 세계 127개 금융기관이 채택하고 있다. 북반구와 남반구를 불문하고, 전 지구적으로 적도원칙이 확산되어 온 것이다. 적도원칙이 확산되는 원인은 무엇보다도 '위험관리' 때문인 것으로 분석된다.[31] 적도원칙을 채택할 경우 자연스럽게 투자위험을 지속 감시·관리할 수 있는 기반을 마련할 수 있어 프로젝트와 대출의 안전성이 제고될 수 있기 때문이다. 대규모 프로젝트는 여러 금융기관이 참여하여 자금을 지원하는 구조로 진행되는데 국제 관행상 참여 금융기관들은 유사한 수준의 기준을 준수하도록 요구되는 여건 역시 적도원칙이 확산

지속가능한 금융의 미래

되는 이유 중 하나이다.

환경·사회적 지속가능성에 대해 국제사회의 관심이 커지고 다양한 국제기준이 마련되고 있어 국제 무대에서 특정 사업을 추진하기 위해서는 일정 수준의 엄격한 기준을 이행하는 것이 필수 요건이 되고 있는 상황도 영향을 미치고 있는 것으로 분석된다. 프로젝트 금융 부문에서 규준 역할을 하는 국제기준이 적도원칙이기 때문에 프로젝트 금융을 주요 사업으로 하는 금융기관 입장에서는 적도원칙을 채택하는 것이 필수불가결한 요소가 되고 있는 것이다. 실제로 적도원칙을 채택한 금융기관이 프로젝트 금융 시장의 80% 이상을 차지하는 점은 이를 방증한다.[32]

게다가 적도원칙을 채택함으로써 국제 네트워크 확장의 발판이 마련되는 만큼 프로젝트 금융시장에 대한 접근이 보다 용이해지는 점도 금융기관 입장에서 간과하기 어렵다. 적도원칙을 채택한 금융기관은 대외적 신인도가 상대적으로 높아질 가능성이 크므로 발행 상품에 대해 프리미엄 가격을 책정할 수 있고 고급 인력의 유인 여력이 높아질 수 있는 점도 금융기관들이 사업 확장성을 높이는 데 배제하기 어려운 부분이다.[33] 그만큼 적도원칙 채택은 긍정적 평판을 구축하는 데에도 도움이 될 수 있다.

이와 함께 금융권에서 최근 ESG경영이 핵심 경영전략으로 부상하고 있어 환경·사회 기준을 기반으로 금융지원 여부를 결정하는 적도원칙의 채택에 대한 관심도가 더욱 증대되고 있는 것으로 분석된다. 적도원칙에 가입하기 위해 내부 리스크 관리 체계를 재정립하고 유관 부서의 역할을 재조정하는 등의 준비과정이 필요한데 이를 통해 친환경 금융뿐

아니라 ESG경영 인프라도 자연스럽게 구축할 수 있다는 점도 장점으로 손꼽힌다.[34]

그러나 한편으로는 적도원칙에 대한 실효성 논란도 지속적으로 제기되어 왔다. 아제르바이잔이 천연가스·석유 수출국으로 변모하는 과정에서 2004년 아제르바이잔의 '바쿠-트빌리시-세이한[BTC] 파이프라인 사업'은 의미가 크다. 그런데 이 아제르바이잔의 카리브해를 횡단하는 해양 석유 파이프라인 설치 사업은 환경파괴, 인권침해 등 환경·사회적 이슈가 발생하여 환경단체 등의 강한 비판을 받았다. 게다가 이 사업에 대한 금융지원에 참여한 15개 금융기관 중 9개 기관이 적도원칙에 가입한 곳으로 확인되어 적도원칙의 실효성 논란으로 이어진 바 있다.[35]

우리나라에서도 적도원칙을 채택한 금융기관이 적도원칙이 추구하는 방향과 다른 행보를 보이고 있다는 비판 기사가 보도되기도 했다.[36] 게다가 해당 언론사가 취재과정에서 직접 적도원칙협회에 비판 대상 금융기관의 적도원칙 준수 여부에 대해 서면질의한 결과 적도원칙협회 측에서 "적도원칙 거버넌스 규칙에 따라 특정 국가나 프로젝트의 규정 준수에 대해 대응할 권한이나 능력이 없다"고 회신한 것으로 확인된다. 이 회신의 내용은 적도원칙이 가진 맹점을 단적으로 보여주는 예로 해석될 수 있다.

실제로 적도원칙에는 '면책' 조항이 존재한다. 따라서 강제성이 없고 사실상 '적도원칙이 요구하는 사항에 대한 준수'를 권고하는 수준이라고 할 수 있다. 적도원칙의 면책 조항에 따르면 적도원칙은 어떠한 개인이나 공공 또는 민간기관에 일체의 권리나 의무를 발생시키지 않고 금융기관의 자발적인 이행을 유도한다. 적도원칙과 프로젝트 소재국의 법률과 규정이 충돌할 경우에도 소재국의 법률과 규정이 우선하게 되어 있다. 상황이 이렇다 보니 일각에서는 적도원칙의 실효성에 대한 의문이 지속적으로 제기되어 왔다.

적용 범위가 주로 프로젝트 금융 분야에 한정되어 있어 제한적인 데다[37] 더욱 강도 높은 OECD 환경기준 등 국제기준이 존재하고, 다른 국제기준과 중복되는 부분이 많다는 점도 적도원칙의 한계점으로 지적된다. 일부 환경단체 등에서는 금융기관들이 적도원칙을 '그린워싱 Green Washing'[38] 또는 '임팩트워싱 Impact Washing'[39]의 수단으로 악용하고 있다는 비판을 제기하기도 한다. 금융기관들이 실제로는 환경 개선을 위한 노력을 기울이지 않으면서도 강제성 없는 적도원칙을 채택하여 Green, ESG와 같은 긍정적인 이미지로 포장하려는 저의를 갖고 있다는 것이다.

얼마 전에도 '호주 바로사 Barossa 가스전 개발사업'에 대한 금융지원과 관련해 적도원칙 위반 논란이 제기되었다. 이 사업은 지속적으로 환경·시민단체의 비판에 직면하였는데, 호주연방법원이 1심과 항소심에서 호주 환경기준 미부합, 원주민 의견수렴 미비 등을 이유로 사업의 인허가를 무효화하는 결정을 내려 사실상 사업이 전면 중단되었다. 적도원칙의 원칙 5에 따르면 원주민 등 이해관계자의 참여 절차를 이행해야 한다. 그런데 호주 바로사 가스전 사업의 경우 이에 대한 준수 여부가 논란이 되어 해당 사업에 금융을 지원한 금융기관들에 대해 적도원칙의 위반 가능성이 언급되었다. 그 가운데 우리나라의 KDB산업은행 등도 지원기관에 포함되어 그린워싱 및 공적자금 투입의 부적절성 논란이 일어난 바

있다.[40]

최근에는 미국의 주요 은행 4곳이 적도원칙에서 탈퇴하는 등 적도원칙이 다소 위축되는 양상도 나타났다. 적도원칙 창립 멤버인 씨티를 비롯해 JP모건, 뱅크오브아메리카와 웰스파고가 그 주인공이다. 미국 대선 등을 앞두고 미국 공화당 정치인들이 주도하는 반(反)ESG의 목소리가 커진 데다 그린워싱에 대한 비판이 늘어나 기업들이 ESG 강화에 부담을 느끼고 있는 상황이 가시화된 결과로 해석되고 있다.[41]

금융회사들의 자발적 혁신이 확대되려면

적도원칙은 환경·사회적 리스크관리를 통한 '금융의 지속가능성'을 금융기관이 '자발적'으로 고민하여 탄생시킨 국제기준이라는 점에서 큰 의미를 갖는다. 적도원칙이 출범하기 전, 상업은행들은 대출과 관련해 환경·사회 리스크를 염두에 두지 않았고 오직 재무적인 수익과 신용리스크에만 집중하였다. 이에 따른 해악은 사회·환경 제반 법규가 부족한 신흥국에서 더 큰 영향을 미친 것으로 확인된다. 이를 타개하기 위해 전 세계 10개 금융기관이 2003년 미국 워싱턴 D.C에서 시작한 자발적인 노력의 산물인 '적도원칙'은 약 20년이 지난 지금, 국제사회에서 하나의 중요한 표준이 되어 오늘날 세계 127개 금융기관이 채택하고 있다.

물론, 출범 이후 적도원칙이 새로운 국제규범과 개선책을 반영하여 개정을 거듭해 왔음에도 여전히 실효성과 한계에 대한 논란이 이어지고 있다. 일종의 협약으로 강제성이 없고 자발적인 이행이 원칙이다 보니 적도원칙의 채택을 통해 그 이점을 누리면서도 적도원칙의 기본 취지에 부합하지 않는 결정을 하는 사례가 존재하고 있기 때문이다. 금융기관들이 ESG경영을 핵심 경영전략으로 삼는 최근 추세 속에서 적도원칙의 임팩트워싱·그린워싱 수단화 가능성을 우려하는 목소리도 나오고 있다.

그러나 적도원칙의 출발이 '자발적'이었던 만큼 적도원칙의 이행에 대한 기본 방향성도 '자발적 이행'을 원칙으로 유지하는 것이 적절하다고 판단된다. 국제적인 협약은 다양한 이해관계가 얽혀 있으므로 강제성을 갖기 쉽지 않기 때문이다. 게다가 자발적 이행이어도 이를 보완하여 점차 강제성에 가까운 효과를 가질 가능성이 크다. 적도원칙이 출범한 2000년대 초반과 달리 현재는 분야를 불문하고 환경·사회 리스크를 예방하고 관리하여 지속가능한 발전을 이어가기 위한 다양한 국제기준과 노력이 존재하고 있기 때문이다. 그만큼 국제사회에서 각 국가·기관·개인 등에게 요구되는 환경·사회적 기준도 높아졌다. 즉, 적도원칙에 강제적 요소를 넣지 않더라도 적도원칙과 결을 같이 하는 다양한 국제적 합의와 규범이 서로 중복적으로, 일정한 사항의 준수를 요구하고 촘촘하게 연동되면서 자연스럽게 적도원칙의 이행에 대해서도 일종의 강제성이 성립될 가능성이 커진 것이다.

또한, 변화를 통해 새로운 기반을 만드는 과정에는 일정한 명암이 존재하기 때문에 적도원칙의 임팩트워싱·그린워싱 수단화 가능성은 결과적으로 적도원칙이 지금까지 만들어 온 변화의 방향으로 흘러가며 문제점이 상쇄되어 갈 것으로 예측된다. 적도원칙 채택이 확산됨으로써 적도원칙이 추구하는 가치가 금융기관뿐 아니라 금융지원을 받는 자 등 다양한 이해관계자들에게 내재화되면 결국 적도원칙은 취지에 부합하게 이행되는 방향으로 나아갈 가능성이 크다고 보기 때문이다. 최근 우리나라에서 적도원칙 채택 금융기관의 행보와 관련해 우려의 목소리가 나오고 있는 상황도 우리나라의 금융기관들이 적도원칙을 채택한 지 얼마 되지 않았기에 정착 과정에서의 진통으로 볼 수 있다.

다만, 적도원칙이 큰 틀에서 파리협정에 따른 기후리스크 관리, 생물다양성 보호 등 국제적으로 중요한 원칙들을 내재화하고 있듯이 그 취지를 확산시키기 위해 외연의 확장이 필요하다고 판단된다. 적도원칙의 적용 범위는 산업분야를 불문하는 것으로 규정되어 있긴 하지만 실제 적용은 건설과 관련된 프로젝트 금융 분야에 국한되어 있다. 따라서 적도원칙의 적용 범위를 전 세계적으로 해당 지역의 사회·환경에 영향을 미칠 수 있고 금융기관의 금융지원이 필요한, 새로운 형태의 대형 투자·개발사업을 아우르는 개념으로 구체화하여 확장할 필요가 있다. 이를 통해 적도원칙을 직접 채택하여 이행하는 기관의 범위를 확대할 수 있다면 적도원칙의 한계를 넘어설 수 있을 것으로 판단된다.

IFC의 CEO였던 필립 르 우에루Philippe Le Houérou는 적도원칙 출범 15주년을 맞이해 등재한 언론 기고문[42]에서 "적도원칙의 출범은 잠재적으로 혁신적인 영향을 미쳤다"고 평가하였다. 그러면서 적도원칙이 노동기준과 환경적 이행에 대한 표준을 강화시키고 특히 법규가 취약한 신흥시장 등에서 사각지대를 보완하는 역할을 했다는 점을 강조한 바 있다.

지속가능한 금융의 미래

또한 적도원칙이 IFC의 환경·사회 이행표준 등을 근거로 한 다양한 국제기준과 시도가 등장하는 데 일종의 기폭제 역할을 했다는 평가도 있다. 즉, 적도원칙은 지속가능한 발전을 위한 임팩트 투자 분야뿐 아니라 잠재적으로 여러 부문에서 혁신적인 영향을 미쳐온 것으로 볼 수 있는 것이다. 따라서 앞으로도 적도원칙은 이 같은 관점을 견지하여, 새롭게 논의되는 주요 국제기준의 효과성을 높이기 위해 지속적인 내실화를 꾀하면서도 지금까지의 역할을 강화하기 위해 더욱 외연적·내연적 확장을 꾀하며 발전시켜 나갈 필요가 있다.

4장

은행이 만드는 지속가능한 미래
UN 책임은행원칙

지속가능금융을 위한 은행권 공동의 노력, "책임은행원칙"

지속가능금융 달성을 위한 UNEP FI와 금융기관들의 노력 결과, 2006년 책임투자원칙(PRI), 2012년 지속가능보험원칙(PSI)에 이어 2019년 책임은행원칙(Principles for Responsible Banking)이 마련되었다. 책임은행원칙은 참여하는 은행들이 사업 영역 전반에서 실천해야 할 원칙을 제시하여 은행산업의 지속가능금융 실천에 관한 대표적인 이니셔티브로 자리매김하고 있다.

임영석

ESG에 대한 세계적 관심이 높아짐에 따라, 국내외 채권투자자들도 투자 대상기업이 ESG 기조에 얼마나 부응하고 있는지를 투자의 주요기준으로 삼고 있다. 이에 소매금융을 통한 예금 유치와 채권발행이 자금조달의 양대 축인 '은행'에게도 ESG 기조에 부응하는 것이 자금 조달원을 유지, 나아가 다변화하여 조달 비용을 절감한다는 측면에서도 매우 중요한 과제로 대두하게 되었다.

국내 은행들의 행보도 빨라지고 있다. 주요 은행들은 매년 ESG 보고서를 발간하고 있으며, 적도원칙이나 글로벌 콤팩트 Global Compact 등 지속가능금융 관련 각종 글로벌 이니셔티브 또는 협의체에 가입하여 글로벌 흐름에 동참하고 있다.[1] 은행들은 녹색채권과 지속가능채권을 발행하고 기후리스크에도 적극 대응하고 있다. 또한, 은행 스스로 ESG를 전사적 과제로 설정하고 대외적으로 선포하는 자사의 비전에 포함시키고, 구체적인 ESG 이행계획을 알리기 위해 노력하고 있다.[2]

이러한 흐름에서 은행들이 주목할 만한 국제 이니셔티브 중의 하나가 '책임은행원칙'이다. 2019년 공식 도입된 UNEP FI United Nations Environment Programme Finance Initiative 의 책임은행원칙 Principles for Responsible Banking, PRB 은 은행이 사업 운영에 있어 실천해야 할 원칙을 제시하고, 이를 준수함으로써 지속가능금융을 실천할 수 있도록 설계된 것으로, 은행의 모든 사업 영역에 걸쳐 전략, 포트폴리오 및 거래 차원을 포괄하는 종합적인 프레임워크를 제공한다.[3]

신한금융지주와 하나금융지주는 책임은행원칙 제정에 직접 참여하여 주목을 받았다. 신한, 하나, 국민, DGB 금융지주가 책임은행원칙 출범 당시부터 가입하였으며, 현재 12개 국내 은행 또는 금융지주가 가입되어 있다. 그리고 이들 은행은 관련 보고서를 통해 책임은행원칙의 이행을 위한 자사의 노력을 적극적으로 홍보하고 있다.

UNFP FI의 설립과 책임은행원칙의 도입

전 세계적으로 경제성장과 환경문제 간의 균형적 발전에 대한 인식이 높아지던 1972년 개최된 UN 인간환경회의 United Nations Conference on the Human Environment[4]에서 'UN 인간환경선언 The United Nations Declaration on the Human Environment'이 채택되고 환경문제를 전담하는 국제기구인 UN 환경계획 UN Environmental Program, UNEP 이 출범하였다.

국제기구인 UNEP는 환경 문제 대응을 위해 주로 각국 정부와 논의해 왔으나, 1990년대 초부터는 금융분야를 포함한 민간 기관과도 환경문제 대응을 위해 협업하였다. 유엔환경개발회의 United Nations Conference on Environment and Development, UNCED, 일명 'Earth Summit' 개최를 1개월 앞둔 1992년 5월 Deutsche Bank, HSBC, Natwest, Royal Bank of Canada와

Westpac 등 일부 은행들이 환경과 지속가능성에 관한 UNEP 선언을 마련하고, Banking Initiative를 출범시켰다. 이 이니셔티브에는 상업은행, 투자은행, 자산운용사, 벤처캐피탈, 다자개발은행 Multi-lateral Development Banks, MDBs 등 다양한 분야의 금융기관들이 참여하였다[5]. 이와 별도로, 1995년에는 General Accident, Gerling Global Re, National Provident 등 보험사와 재보험사 등은 보험업 분야에서 환경적 공약 Commitment 에 대한 UNEP 선언을 마련하였다. 이러한 은행과 보험, 두 분야에서의 참여기관 간 협의가 1999년부터 개시되었고, 2003년 은행업과 보험업을 통합한 하나의 이니셔티브인 UNEP FI로 확대 개편되었다.

UNEP FI를 통한 논의에 힘입어 보험업과 은행업에 적용되는 환경, 사회, 지배구조 관련 위험 및 기회에 관한 글로벌 프레임워크가 마련되기 시작하였다. 2012년 200여 개의 보험사가 지속가능보험원칙 Principles for Sustainable Insurance, PSI 을 채택한 데 이어, 2019년 130개 은행들도 '책임은행원칙 Principles for Responsible Banking, PRB' 을 마련하는데 성공하였다. 그리고 이러한 논의는 특히 탄소중립에 보다 중점을 둔 이니셔티브 마련으로 이어져 2019년에는 투자 및 자산운용과 관련된 Net-Zero Asset Owner Alliance, 2021년에는 은행업과 관련된 Net-Zero Banking Alliance NZBA 와 보험업과 관련된 Net-Zero Insurance Alliance 출범으로 이어졌다.

UNEP FI에 가입한 은행들을 대표하여 30개 은행들[6]이 책임은행원칙의 초안을 마련하였다. 이 초안에 대한 6개월간의 의견청취가 진행되었는데, 12개 시민사회단체, 250개 이상의 은행 등 다양한 이해당사자들이 이 과정에 참여하였다. 이러한 논의를 통해 2019년 9월 UN 총회를 계기로 6개 원칙으로 구성된 책임은행원칙이 공식 제정되었는데, 당시 총 130개 은행들이 책임은행원칙에 가입하였다.[7]

UN 책임은행원칙(PRB)의 6가지 원칙

책임은행원칙은 연계 Alignment, 영향과 목표 설정 Impact and Target Setting, 클라이언트와 고객 Clients and Customers, 이해관계자 Stakeholders, 지배구조와 문화 Governance and Culture, 투명성과 책임성 Transparency and Accountability 등 총 6개의 원칙으로 구성되어 있다.[8]

① 제1원칙: 연계(Alignment)

먼저, 은행의 사업전략을 지속가능발전목표 Sustainable Development Goals, SDGs, 파리기후협약 및 은행이 사업을 영위하는 곳에 적용되는 기타 국가적, 지역적, 국제적 프레임워크에 부합하고 이에 기여하는 방향으로 조정해야 한다.[9] 이러한 목표, 협약 및 프레임워크는 더욱 지속가능한 미래를 마련하기 위하여 국제적으로 합의된 목표와 도전을 담고 있으므로, 은행이 자신의 전략을 이와 연계시킬 경우 영업활동이 은행의 수익성 제고뿐만 아니라 지속가능한 미래를 지원할 수 있다는 인식에 근거하고 있다. 비록 지속가능발전목표, 파리기후협약 등은 주로 정부가 이행의 주체가 되지만, 은행은 각국 경제에서 자금중개자로서 중요한 역할

지속가능한 금융의 미래

을 수행하고 있기 때문에 은행의 참여는 이러한 목표 달성에 크게 기여할 수 있을 것으로 보고 있다.

제1원칙 이행과 관련하여, 책임은행원칙에 가입한 은행은 사업전략을 지속가능발전목표, 파리기후협약 등과 어떻게 연계하고 있는지 설명해야 한다. 또한, 이러한 사업전략은 하나 이상의 전략 문서에 명시되어야 하며, 해당 은행이 지속가능발전목표, 파리기후협약 등의 달성을 위해 어떻게 기여하고자 하는지가 명확하게 드러나야 한다.

제1원칙의 구체적인 이행방안으로는 경영진, 이사회, 사업전략 담당 부서/위원회의 지속가능발전목표, 파리기후협약 등에 대한 이해도 제고, 은행과 가장 관련성이 높은 환경·사회 문제 발견 및 집중, 지속가능발전목표 및 환경목표에 근거한 은행의 사업 모델과 전략에 대한 평가, 사업전략 또는 핵심 업무 프로세스(대출, 투자, 리스크 관리 등) 및 상품 개발 등에 대한 의사결정에 있어 명시적으로 지속가능발전목표나 파리기후협약 등을 반영, 정기적인 이해관계자와의 의사소통을 통한 사회적 목표 이해도 제고 등을 들 수 있다.

② 제2원칙: 영향과 목표 설정(Impact and Target Setting)

은행은 영업활동이나 제품, 서비스에 따라 사람과 환경에 미치는 긍정적인 영향을 지속적으로 증가시키고 부정적인 영향을 줄이면서 위험을 관리하며, 가장 큰 영향을 미칠 수 있는 목표를 설정하고 공표하여야 한다. 이에 따라, 은행들은 환경, 사회, 경제 등 지속가능성의 3개 측면에서 스스로가 사회에 미치는 영향을 평가하고, 그 평가결과를 의사결정 과정에 반영하여야 한다. 또한, 사회적 목표 달성에 대한 은행의 기여도 제고를 위해 목표를 설정하여야 한다.

책임은행원칙에 가입한 은행들은 스스로가 사회, 환경 및 경제에 미치는 영향을 분석하여 영향력이 가장 큰 영역을 확인하고, 이 중 최소 2개 영역과 관련하여 최소 2개의 목표를 설정하여야 한다. 이때 영향은 범위(핵심 사업 범위, 주요 지역별로 제공되는 상품/서비스), 노출규모(산업, 기술, 지리적 측면), 맥락 및 관련성(영업하고 있는 국가/지역 내에서 지속가능발전과의 관련성, 우선순위가 가장 높은 과제), 사회·경제·환경적 영향의 강도 및 규모 등을 기준으로 분석하여야 하며, 분석 과정에서 시민사회를 포함한 이해당사자들과 소통해야 한다. 또한, 목표는 지속가능발전목표, 파리기후협약 등과 연계되어야 하고, SMART 원칙[10]에 따라 수립되어야 하며 사전에 설정된 단계 및 핵심성과지표Key Performance Indicators, KPI를 통해 목표달성에 대한 모니터링이 실시되어야 한다.

③ 제3원칙: 클라이언트와 고객(Clients and Customers)

책임은행원칙에 가입한 은행은 고객들과의 책임있는 협업[11]을 통해 지속가능한 관행Practice을 장려하고 현재와 미래 세대 모두의 번영을 이끌 수 있는 지속가능한 경제활동을 가능하게 하여야 한다. 은행은 경제활동에서 자금의 중개자로, 경제, 사회, 환경에 대한 영향이 간접적이기 때문에, 은행은 고객들의 지속가능한 관행을 장려하고 지속가능한 사업모델, 기술로의 전환을 지원하여 사회적인 목표달성에 있어 시너지 효과를 창출할 필요성이 있다. 지속가능한 경제활동으로의 전환을 추진하는 고객은 규제 환경이나 시장의 변화에 잘 대응하고 있으므로 은행의 장기적인 수익성이나 리스크 관리 측면에서도 도움이 될 수 있어 시너지 효과가 창출될 여지가 있기 때문이다.

제3원칙 이행을 위해 은행은 그들의 정책이나 관행이 지속가능한 관행과 지속가능한 경제활동을 어떻게 촉진하는지 경영진에게 보고할 의무를 진다. 구체적인 실행 방안으로는 고객이 미치는 영향에 대한 분석을 통한 지원 가능한 분야 식별, 제3자와의 파트너십을 활용한 지속가능한 생산 및 소비를 위한 솔루션 제공, 지속가능금융을 취급할 수 있는 내부 가이드라인·절차 마련, 고객의 전환 노력을 유도할 수 있는 우대금리 등 인센티브 제도 마련, 지속가능연계대출 제공, 소매금융 취급 시 마이크로파이낸스 또는 녹색대출 Green Loan 제공, 사회적기업 지원을 위한 금융서비스 제공 등이 제시되고 있다.

④ 제4원칙: 이해관계자(Stakeholders)

은행은 사회적 목표 달성을 위해 이해관계자와 적극적이고 책임있는 자세로 협의 Consult 하고 참여 Engage 하며 협력해야 한다. 책임은행원칙의 궁극적 목표인 지속가능발전목표, 파리기후협약 달성을 위해서는 개별 기관 차원의 행동이 아니라 집단적 행동과 협력이 요구되기 때문에, 타 금융기관이나 고객, 규제당국, 임직원, 정책결정자, 업계, 과학자, 학계, 시민사회 등 이해관계자와의 협업이 필요하다. 은행들은 적극적인 협의와 협력을 통해 그들이 가진 지식과 전문성을 사회적 목표를 올바르고 정당하게 정의하는데 활용하고, 긍정적·부정적 효과를 올바르게 식별하며, 이해관계에 대한 선제적 고려, 검토를 통해 향후 목표 이행 과정에서 어려움을 겪을 가능성을 낮출 수 있다.

제4원칙의 이행과 관련하여, 은행은 주요 이해관계자를 식별하고, 해당 이해관계자의 역할과 능력, 수요를 파악해야 한다. 또한, 이들 이해당사자에게 책임은행원칙 이행을 위한 주요 이슈들과 그 이슈에 대한 은행의 대응방안을 설명해야 한다. 보다 구체적인 이행방안으로는, 주요 외부 이해당사자(규제당국, 투자자, 정부, 소비자, 시민단체, 비영리단체 등) 식별, 협력이 필요한 이슈 또는 영역 확인, 이해당사자와의 협업 채널 마련, 이해당사자의 전문성 활용, 지속가능금융에 부합하는 정책 마련을 위한 규제당국 및 정부와의 협업, 다른 금융기관과의 협업, 이해당사자와의 협업 정책에 대한 정기적인 점검 등이 있다.

⑤ 제5원칙: 지배구조와 문화(Governance and Culture)

은행은 책임은행원칙 이행을 위해 효과적인 지배구조와 책임문화를 마련해야 한다. 이는 이사회, 대표이사, 고위급 및 중간급 경영진의 리더십과 적극적인 지원이 없을 경우, 전 세계적인 도전에 대하여 속도감 있고 충분하게 대응할 수 없기 때문이다. 또한, 은행은 모든 직원들이 은행의 전략을 실행함에 있어 각자의 역할을 이해하고 지속가능성을 그들의 업무와 의사결정에 반영할 수 있도록 일상적 문화와 관행을 마련해야 한다. 그리고 원칙 이행을 위한 효과적인 지배구조를 마련하고, 은행 내 책임문화 강화를 위해 시행하고 있는 조치들을 공개하여야 한다.

보다 구체적인 이행방안을 살펴보면, 이사회 등 모든 지배구조에 대

지속가능한 금융의 미래

한 명확한 역할과 책임 부여, ESG 이슈에 대한 내부 전문성 강화, 책임은행원칙 이행 및 지속가능금융 활성화를 위해 지속가능성 전문가로 구성된 전문조직 구성, 리스크 관리, 내부통제 등을 포함한 효과적인 관리 시스템 구축, 이사회 구성 시 지속가능성 관련 기준 공식 적용, 보상 체계와 지속가능성 목표 간 연계, 지속적인 대내외 소통 등이 있다.

⑥ 제6원칙: 투명성과 책임성(Transparency & Accountability)

마지막으로 은행은 이들 원칙들의 개별적, 집단적 이행 과정을 주기적으로 점검하고, 사회적 목표에 대한 긍정적/부정적인 영향과 해당 기관의 기여에 대하여 투명하고 책임있는 자세를 가져야 한다. 정보공개는, 내·외부 이해당사자들이 공개된 정보를 바탕으로 해당 기관의 사회에 대한 기여도와 진행 상황을 평가함에 따라, 직원들을 동기부여하고 혁신을 유도하며 시장에서의 평판을 강화함으로써 궁극적으로는 해당 기관이 그 약속을 성공적으로 이행할 가능성을 높여준다는 측면에서 중요하다.

이 원칙에 따라, 은행은 책임은행원칙에 가입한 후 18개월 이내에, 그리고 그 이후에는 매년 기존 공개하고 있는 보고서에 책임은행원칙의 이행에 대한 정보를 포함시켜 공개해야 한다. 또한, 은행들은 UNEP FI가 제공하는 양식에 따라 보고 및 자체평가를 수행해야 하는데, 이 때 적용되는 기준은 ① 영향 분석, ② 목표 설정, ③ 목표 달성 및 모니터링 방안, ④ 목표 이행 현황, ⑤ 책임은행원칙 이행을 위한 지배구조, ⑥ 책임은행원칙 이행 현황 등 6개이다. 또한, 늦어도 책임은행원칙 가입 후 4

년 내로 보고 내용에 대한 검증^{Assurance} 절차가 마련되어야 한다. 나아가 은행은 기존 또는 새로운 국제적, 지역적 모범사례를 고려하였고 이를 어떻게 그들의 기존 관행에 접목하였는지를 보여주어야 한다.

구체적인 이행방안으로는 은행의 긍정적, 부정적 영향과 위험 요인, 책임은행원칙 이행 경과에 대한 투명하고 균형잡힌 연례 보고서 발간, 가능한 범위 내에서 관련 정보[12]에 대한 계량화, 고객 및 다른 이해관계자와의 협력 현황 공개, 영향 분석 및 목표 설정이나 전략적 위험요소 및 기회요인 등에 대한 정보공개 등이 있다.

원칙 이행에 대한 모니터링 체계

UNEP FI의 사무국 및 은행 위원회^{Banking Board}[13]는 1차적으로 책임은행원칙에 가입한 은행들의 원칙 이행 현황에 대한 모니터링을 담당하고 있다. 이들 기구는 동 원칙에 가입한 은행들의 원활한 의무 이행을 지원하기 위해 각종 지침서^{Guidance}나 영향분석 방법론^{Tool}을 제작하고 있으며, 만약 특정 은행이 동 원칙 요구사항을 준수하지 못하는 경우 해당 은행에 대하여 양자 간 지원 및 지침을 제공하고 있다. 또한, 매 2년마다 UNEP FI는 동 원칙에 가입한 은행이 작성한 보고 내용을 바탕으로 전반적 이행 현황에 대한 보고서를 발간[14]하고 있으며, 필요시 원칙 또는 관련 문서의 개정에 대한 논의도 실시할 수 있다.

이와 별도로, 책임은행원칙의 이행 모니터링과 관련하여, 지역, 분야

지속가능한 금융의 미래

등에서의 다양성을 고려하여 선정된 12개의 시민사회기구로 구성된 시민사회조언기구^{Civil Society Advisory Body, CSAB}가 운영되고 있다. 제4원칙인 이해당사자의 집합적인 이행 차원에서 2021년 3월 출범한 CSAB는 시민사회와 책임은행원칙 가입 은행 간 집단적인 협업의 장으로 활용되고 있다. 책임은행원칙의 이행과 관련해서는, 매 2년마다 UNEP FI가 작성하는 보고서를 통해 확인되는 책임은행원칙의 이행 현황에 대한 독립적인 평가를 제공하며, 책임은행원칙 또는 관련 문서의 개정에 대한 의견을 제기할 수도 있다.[15]

금융회사들의 책임은행원칙 이행 현황

2019년 9월 제정 당시 책임은행원칙에 가입한 은행은 총 130개 였으나, 출범 1년 뒤인 2020년 9월 가입은행 수가 189개까지 증가하면서, 참여은행의 자산규모는 약 47조 달러에서 53조 달러로, 참여은행의 고객 수도 14.6억명에서 16.6억명으로 증가하였다[16]. 이러한 증가추세가 꾸준히 이어지면서 2023년 6월 기준 가입은행 수는 80개국 소재 325개 은행으로 증가하였다. 책임은행원칙 가입은행의 지역적인 분포는 아래 그림과 같으며, 가입은행 중 63%는 본점이 선진국에, 나머지 37%는 본점이 개발도상국에 위치하고 있다. UNEP FI 홈페이지(2024.7.4. 기준)에 따르면, 총 347개 은행이 책임은행원칙에 가입해 있으며, 이들 은행의 자산총액은 전 세계 은행 자산의 약 54% 수준인 99조 달러에 달한다.[17]

책임은행원칙 가입은행의 지역 분포 현황(2023.6월 기준)

North America
USD 5.3 trillion
11 member banks

Europe
USD 43.2 trillion
172 member banks

Latin America &
Caribbean
USD 1.9 trillion
50 member banks

Africa & Middle East
USD 1.3 trillion
30 member banks

Asia Pacific
USD 37.9 trillion
62 member banks

출처: UNEP FI, Responsible Banking: Towards Real-world Impact, 2023.9, 3면

우리나라 금융기관의 가입현황을 살펴보면, 2019년 책임은행원칙 도입 당시 우리나라 금융기관 중 4개 금융지주사, 즉, 하나금융그룹, 신한금융그룹, DGB금융그룹 및 KB금융그룹이 동 원칙에 가입하였다. 그 후 2020년 1월 우리금융그룹이 뒤이어 가입하였고, 2021년에는 기업은행(3월), 농협금융지주(5월), 하나증권(6월), JB금융그룹(8월) 등 4개사, 2022년에는 BNK금융그룹(2월), 수협은행(9월) 등 2개사, 2023년에는 SK증권(5월)이 가입하여 2024년 6월말 현재 총 12개 금융기관이 책임은행원칙에 가입하였다.[18]

가입은행의 94%가 제1원칙에 따라 지속가능발전목표, 파리기후협약 등과 연계한 전략을 공개하였다.[19] 이 중 69%는 지속가능성 이슈를 전행(全行)적인 전략에 포함시키는 형태로 전략을 작성하였고, 나머지 25%는 지속가능성에 관한 별도의 전략을 수립한 것으로 나타났다.

지속가능한 금융의 미래

제2원칙 중 영향 분석과 관련해 가입은행의 83%는 각 은행의 포트폴리오가 미치는 영향을 분석하였는데, 이들 은행 중 96%는 그들의 영업지역 내에서 사회적, 환경적으로 가장 큰 영향력을 미칠 수 있는 최소 1개 이상의 영역을 확인한 것으로 나타났다. 대부분의 은행들은 기후변화 대응Climate Change Mitigation을 가장 큰 영향력을 미칠 수 있는 영역으로 선정하였으며, 재정적 건전성과 포용Financial Health and Inclusion, 포용적이고 건강한 사회Inclusive and Health Society, 다양성과 성 평등Diversity and Gender Equality이 그 뒤를 잇고 있다. 지역적으로 나누어 살펴보면, 북미(100%), 유럽(95%), 아시아·태평양(91%) 지역 은행들은 기후변화 대응을 그들

책임은행원칙 가입은행의 가장 큰 영향을 주는 영역 선정 현황

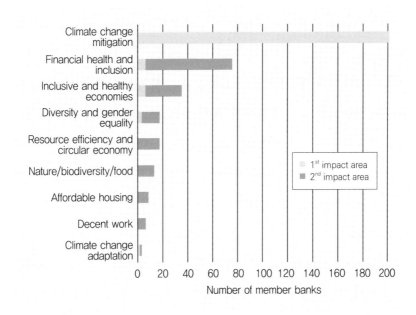

출처: UNEP FI, Responsible Banking: Towards Real-world Impact, 2023.9, 9면.

의 영향이 가장 크게 미치는 영역으로 분류하였다. 반면, 중남미, 중동 및 아프리카에서는 기후변화 대응을 선정한 비율이 각각 64%와 60%로 북미, 유럽, 아시아 지역보다 상대적으로 낮았고, 재정적 건전성과 포용 등 다른 사회적 가치의 비중이 더 높았다.

가입은행의 38%는 책임은행원칙에서 요구하는 바와 같이 2개의 목표를 설정하였으나, 39%는 아직 1개의 목표만을 설정하였으며 23%는 목표 설정을 아직 마치지 못하였다. 2019년에 책임은행원칙에 가입한 130개 은행 중 2개 목표를 설정한 비중은 38%에 불과하며, 43%는 1개 목표를 설정하였고, 19%는 아직 목표를 설정하지 못했다. 많은 은행들은 기후변화 대응을 영향을 줄 수 있는 영역으로 분류하고, 탄소배출 감축 등 기후변화 관련 목표를 설정한 것으로 나타났으며, 재정적 건전성과 포용이나 자원의 효율적 이용과 연계된 목표를 설정한 은행들도 확인되었다.

대부분(94%)의 가입은행들이 친환경 또는 사회적 금융 등 지속가능금융 관련 상품을 제공하고 있는데, 특히 자산규모가 1,000억 달러를 넘는 대형 은행이나 아시아·태평양 지역과 중동·아프리카 지역 은행들은 모두 지속가능금융 관련 상품을 제공하고 있는 것으로 나타났다. 또한, 가입은행의 59%는 이러한 지속가능금융 관련 상품에 대한 재무적인 목표를 설정하고 있다.

가입은행의 98%가 지속가능성에 대한 감독체계를 내재화한 것으로 보고하였는데, 이 중 91%는 이사회 또는 대표이사가 지속가능성에 대한 감독에 참여하는 것으로 나타났다. 특히, 총 자산규모가 1조 달러 이상인 대형 은행의 96%, 그리고 2019년 책임은행원칙 출범 당시 가입은행의 77%는 이사회 수준에서 이러한 감독을 할 수 있는 지배구조를 구축한 것으로 보고되었으며, 중남미 일부 은행의 경우, 이사회와 대표이사, 고위 관리자가 중첩적으로 참여하는 감독체계를 도입한 사례도 확인되었다. 다만, 책임은행원칙에 따라 수립한 목표와 보상과의 연계는 아직까지 미흡하여 38%의 은행만이 이러한 연계 제도를 도입한 것으로 나타났다.

마지막으로, 2023년 6월말 기준으로 보고서 제출 의무가 있는 267개 은행은 모두 공개된 보고서를 UNEP FI 사무국에 제출하여 의무를 이행한 것으로 나타났다. 다만, UNEP FI는, 이해관계자 원칙 이행을 위한 가입은행의 활동이 충분하지 않다고 지적하면서, 특히, 각종 환경·사회 문제의 해결에 있어 중요한 이해관계자인 정부 및 감독당국과의 협의, 협력 부분을 보고하는 은행이 거의 없는 점을 언급하고 있다.

UNEP FI는, 책임은행원칙 도입 이후 오랜 시간이 지나지 않은 점을 감안할 때, 가입은행들이 감독체계 마련 및 강화, 지속가능발전목표 및 파리기후협약 등과 연계한 전략 수립, 영향 분석 및 목표설정 분야를 중심으로 진전이 있다고 평가하고 있다. 하지만, 포트폴리오 구성의 변화, 목표달성을 위한 고객과의 협업, 목표 달성에 영향을 줄 수 있는 정부 및 규제당국과의 소통, 그리고 책임원칙이행을 촉진할 수 있는 내부 정책과 절차 마련을 가입은행의 향후 과제로 지목하면서 이러한 과제에 대한 가입은행들의 관심과 노력을 촉구하고 있다.

CSAB는 은행들의 노력을 인정하면서도 상당한 아쉬움을 표현하고 있다. 은행들의 좀 더 신속하고 기민한 활동이 필요함에도 불구하고, 여전히 많은 은행들이 2개의 목표 설정을 요구하는 책임은행원칙을 충분히 이행하지 못하고 있음을 지적하면서, 은행들이 보다 야심찬 목표를 세우고, 영향력을 강화하기 위한 공동의 노력을 기울일 필요가 있다고 촉구하고 있다. 특정 이니셔티브에 대한 참여를 통해 사회적 문제에 대한 관심을 표명하는 것에 그치는 것이 아니라, 충분히 높은 수준의 목표를 설정하고 그 목표를 달성하기 위해 노력할 것을 요청하고 있다. 요컨대, 이제는 영향을 분석하고 목표를 설정하는 단계를 넘어서 그 목표를 달성하기 위한 구체적인 노력을 전개해야 할 시점임을 지적하고 있는 것이다.

은행의 사회적 책임을 넘어

2019년 도입된 책임은행원칙은 지속가능발전목표, 파리기후협약 등의 이행을 위해 은행업에서 추진해야 하는 6대 원칙을 제시하면서 전략, 영향력 평가, 목표설정, 이행 노력의 보고 등에 4년의 이행 기간을 설정하고 있다. 2019년 출범 당시 가입한 기관들의 경우에도 2023년에야 이행기간 4년이 경과하였다는 점을 감안하면, 책임은행원칙 가입기관들의 이행수준을 현 시점에서 평가하기는 쉽지 않아 보인다. 다만, 이러한 이행 상황을 각 은행들이 2024년에 보고서를 통해 공개하고, 그 결과를 바탕으로 UNEP FI가 작성한 보고서가 발간될 2025년에는 책임은행원칙 이행 현황과 효과성에 대한 구체적인 정보가 제공됨에 따라 이해당사자의 평가가 가능할 것으로 보인다.

책임은행원칙은 가입은행들이 자발적으로 책임은행원칙을 이행하되, 그 이행 과정에서 활용할 수 있는 평가방법론을 제시하고, 보고서 공시를 통해 제3자에 의한 평가를 가능하게 하며, 이행수준이 낮은 것으로 평가될 경우 UNFP FI가 해당 기관과 직접 협의하여 개선방안을 모색하는 접근법을 보이고 있는데, 이러한 방식이 지속가능발전목표 등 연계하고자 하는 목표를 달성함에 있어 구체성이나 구속력이 부족하다고 지적할 수 있는 여지는 있어 보인다. 하지만, 전 세계 은행들의 조직규모나 관련 인력의 확보 여건이 상이하며 영업하고 있는 지역별로도 소득수준이나 지속가능발전목표에 대한 인식 수준에도 큰 차이가 있는 점도 고려할 필요가 있다. 영업환경이나 조직내부 역량의 이질성이 큰 현실을 감안하면, 책임은행원칙은 전 세계 은행들이 지속가능발전원칙, 파리기후협약 등의 이행을 위해 노력할 수 있는 제도적 장치를 마련하였다는 것만으로도 의미가 있어 보인다. 구체성이나 구속력이 부족한 부분은, NZBA와 같이 특정 분야에 대한 별도의 이니셔티브 추진을 통해서도 보완이 가능할 것으로 보이며, 2025년 이후 UNEP FI 차원의 자체 평가나 CSAB의 평가를 통해 원칙의 개정도 고려될 수 있을 것으로 생각된다.

우리나라에서도 다수 은행들이 책임은행원칙에 가입하고, 이를 이행하기 위하여 노력하고 있는데, 이러한 노력은 각 가입은행들이 발간하는 ESG 보고서 등을 통해 확인할 수 있다. 지배구조 측면에서는 이사회 내에 ESG 위원회를 구성하여 ESG 이슈에 대한 통제를 실시하거나,

ESG 이슈를 전담하는 부서를 창설하는 사례가 다수 확인된다. 녹색금융 등 기후변화나 사회적 가치 관련된 금융상품 제공, 석탄화력발전소 등 화석연료를 사용하는 프로젝트에 대한 지원 중단, 책임은행원칙 외에도 UN Global Compact나 NZBA, 적도원칙 등 다른 국제적 이니셔티브 가입 등도 이러한 노력의 일환으로 볼 수 있다. ESG 이슈에 대한 국내외 투자자들이나 일반 대중의 관심이 증가됨에 따라 국내 금융기관들의 노력도 계속될 것으로 보이나, 이러한 노력이 단순한 시도에 그치지 않고 실질적인 효과로 이어질 수 있도록 보다 정밀한 이행 전략을 통해 고객들의 변화를 유도할 수 있는 실질적인 노력을 기울여야 할 것이다.

The Future of Sustainable Finance

제**3**부

외국의 지속가능금융
주요 제도

ESG & Impact Invest

1장

EU 지속가능금융 실행계획 및 전략

EU를 중심으로 지속가능금융의 글로벌 표준이 확립된다.

EU는 UN 지속가능개발목표 달성을 위한 필수적인 기반이자 녹색경제 활동으로 자금의 흐름을 유도할 주요한 수단으로서 "지속가능금융" 프레임을 구축하고, 이를 통해 유럽 및 전 세계의 정의로운 전환을 독려하는데 핵심적인 역할을 수행하고 있다. EU의 지속가능금융에 대한 규제 정비가 가속화됨에 따라 향후 글로벌 금융 환경에도 상당한 변화가 예상된다.

이태영

유럽연합^{EU}은 지속가능성과 ESG(환경, 사회, 지배구조) 측면에서 전 세계적으로 선도적인 역할을 하고 있다. EU의 역할은 구체적인 정책과 제도로 가시화되고 있다. 2018년 EU 집행위원회는 "지속가능금융 실행 계획"을 발표하면서, 세 가지 주요 목표와 열 가지 실행 과제를 구체적으로 제시한 바 있다.[1] 이 계획의 궁극적인 목적은 민간의 자본을 지속가능한 경제분야로 자연스럽게 유도하고, 2050년까지 탄소중립 경제로 전환하기 위한 금융체계를 구축하는 것이다.

　2019년, EU는 파리기후협약의 이행을 위해 기후변화에 신속하게 대응하고 탄소중립을 목표로 하는 지속가능한 경제성장전략의 일환으로 '유럽 그린딜'을 발표하였다.[2] 이를 통해 2050년까지 유럽을 기후 중립 대륙으로 전환한다는 목표를 설정하고, 공공 및 민간부문의 투자를 촉진하고 있다. 2021년에는 유럽 그린딜을 법제화하기 위해 「유럽 기후법」이 제정되었으며,[3] 같은 해에는 2030년까지 온실가스 순 배출량을 1990년 대비 55% 이상 감축하는 것을 목표로 하는 'Fit-for-55 법안 패키지'를 발표하기도 하였다.[4] 이 패키지에는 탄소배출권 거래제에 대한 규제 강화, 감축 목표 설정, 사회적 기후 기금 신설 등 12개의 법안이 포함되어 있다. 이를 통해 탄소배출권 거래를 활성화하고, 탄소국경조정

제도Carbon Border Adjustment Mechanism, CBAM를 도입하며, 2025-2032년 동안 약 722억 유로의 예산을 사회기후기금에 투입할 계획이다.

2021년 7월, EU는 '지속가능한 금융전략'을 통해 실물경제의 지속가능한 성장을 지원하는 전환금융, 보다 포용적인 금융 프레임워크 조

EU의 기후행동과 지속가능금융 로드맵

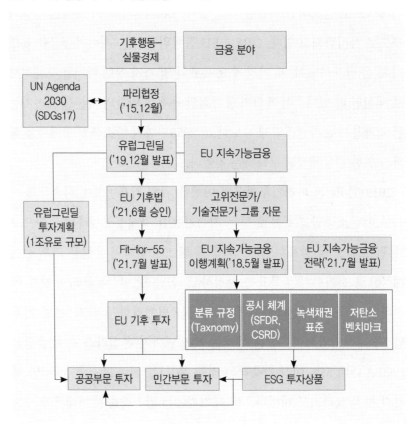

출처: Intereconomics, "Green Finance in Europe - Strategy, Regulation and Instruments"
(2021.11); 장명화, EU의 지속가능금융 정책 추진동향 및 시사점, KDB 산은조사월보, KDB
산업은행 (2022. 5.)

성, 금융시스템의 탄력성 강화 등 네 가지 주요 목표를 제시하였다.[5] 이어 2022년에는 유럽 증권 시장 감독청 European Securities and Markets Authority, ESMA이 "지속가능금융 로드맵"을 발표하였는데,[6] 이 로드맵은 현재의 금융시장이 직면한 리스크를 식별하고 우선 과제를 도출하며 이에 따른 실행계획을 제시하고 있다.

지속가능금융을 위한 EBA 로드맵의 핵심 목표

1	투명성과 공시	정보 접근성 개선 및 시장 규율 촉진
2	리스크 관리와 감독	ESG 요인 및 리스크를 리스크 감지 강화를 위한 방법 모색
3	신중한 익스포저 관리	환경 및 사회 리스크 감지 강화를 위한 방법 모색
4	스트레스 테스트	ESG 리스크를 스트레스 테스트 프레임워크에 반영하여 은행의 취약성 식별 지원
5	표준과 라벨	지속가능한 은행 상품에 대한 정의 및 방법론 지원
6	그린워싱	그린워싱의 주요 특징, 요인, 리스크를 구체화하고 감독 프레임워크와의 연계성 평가
6	감독 보고	ESG 리스크 정보를 감독 보고에 통합
7	ESG 리스크 및 지속가능금융 모니터링	중대한 ESG리스크 및 지속가능금융의 발전을 모니터링

출처: EBA, THE EBA ROADMAP ON SUSTAINABLE FINANCE (2022. 10.), Global Compact Network Korea, "지속가능금융 동향 및 회원사 사례" (2023. 12.), 16면.

유럽은행당국European Banking Authority, EBA도 2022년 EU 집행위원회의 요구에 따라 3개년의 지속가능금융을 위한 로드맵을 발표하였다.[7] 이 로드맵은 투명성과 공시, 리스크 관리와 감독, 신중한 익스포저 관리, 스트레스 테스트, 표준과 라벨, 그린워싱 방지, 감독 보고, ESG 리스크 및 지속가능금융 모니터링 등 여덟가지 목표를 제시하고 있다.[8]

이처럼 EU는 지속가능한 금융 실행계획과 전략을 통해 전 세계적으로 지속가능성과 ESG 측면에서 선도적인 역할을 수행하고 있으며, 기후 중립 경제로의 전환을 위한 다양한 정책과 법안을 추진하고 있다.[9]

지속가능금융 추진 배경 및 추진 방향

EU는 "지속가능성"을 핵심 가치로 삼아 경제 · 사회 · 환경 측면에서 지속가능한 발전을 추구하고 있다. 이를 위해 EU는 역내시장을 설립하고, 개도국의 지속가능한 경제 · 사회 · 환경 발전을 촉진하며 빈곤의 근절을 목표로 하고 있다.[10] 2014년, 장 클로드 융커 당시 EU 집행위원장은 기후변화 대응 정책과 강력한 에너지 연맹 구축을 주요 목표로 제시했다.[11] 이어 2015-2020년 동안 EU 집행위원회는 일자리 창출, 경제성장과 투자확대, 디지털 단일 시장 구축, 에너지 및 기후변화 대응, 역내 시장 강화, 공정하고 안정적인 경제 및 통화 연합 구축, 세계화에 대응하는 균형적이고 적극적인 무역정책, 기본권 개선, 이민 문제 해결, 유럽의 국제적 역할 강화, 투명성과 책임성 증진 등을 목표로 설정했다.

지속가능한 금융의 미래

특히, EU는 재생에너지 확대와 에너지효율 개선을 통해 파리기후협약과 지속가능발전목표^{SDGs}에 적극 기여하고자 했다. 이러한 목표는 EU의 에너지정책 개선과 긴밀히 연결되어 있으며, 2016년 EU 집행위원회가 발표한 '지속가능한 유럽의 미래: 지속가능성 추구를 위한 활동'이라는 정책문서에서도 이를 강조한 바 있다.[12] 여기에서 에너지와 기후변화 대응, 역내시장 강화 등 주요 활동이 지속가능한 발전 목표와 긴밀히 연계되어 있다는 점을 명확히 하였으며, 지속가능한 금융을 통한 SDGs 추진의 중요성도 강조하고 있다.

EU 집행위원회는 "지속가능한 금융"을 환경, 사회, 기업 지배구조를 고려하는 금융 및 투자활동으로 정의하고 있다. 이러한 접근은 금융이 지속가능개발목표^{SDGs}와 밀접한 관련이 있으며, 이에 따라 EU 차원의 지속가능한 금융 전략을 수립하기 위해 '지속가능금융 고위 전문가 그룹' High-Level Expert Group on Sustainable Finance을 조직하였다. EU의 이러한 노력은 국제사회에서 지속가능한 발전을 달성하고, 이에 따르는 도전 과제에 대응하려는 강력한 의지가 반영된 것으로 볼 수 있다.

지속가능한 금융체계 구축을 통해 EU는 지속가능한 경제성장과 사회적 포용성을 강화하며, 기후변화에 효과적으로 대응하는 것을 목표로 하고 있다. 이러한 EU의 선도적 노력은 글로벌 차원에서 지속가능금융의 중요성을 인식시키고, 다른 국가들과의 협력을 통해 지속가능한 미래를 위한 글로벌 행동을 촉진하는 데 기여하고 있다고 평가할 수 있다.

EU는 지속가능한 금융 확대를 위한 전략적 노력도 강화하고 있다. 2018년 1월, '지속가능금융 고위 전문가 그룹'은 최종 보고서를 발표하여, EU의 지속가능한 금융 전략의 청사진과 금융시장 참여자에 대한 권고사항을 제시하였다.[13] 이 보고서는 지속가능한 금융이 경제, 사회, 환경 목표 달성에 중요한 도구임을 강조하며, 단기적인 성과보다는 장기적인 성과를 추구함으로써 금융시장의 안정성을 강화할 수 있음을 밝혔다. 또한, 장기적인 수요 분야에 대한 자금 지원을 확대하여 지속가능한 성장을 도모하고, 투자 의사결정 과정에서 비재무적 ESG 요소를 고려함으로써 금융 안정성을 보장할 수 있음을 강조하였다.

보고서에 따르면 지속가능한 금융의 환경적 요소로는 온실가스 감축, 기후변화 적응, 환경관련 위험관리 등이 포함되며, 사회적 요소로는 평등, 포용성, 노동, 인적자본 개발 등이 제시되었다. 또한, 기업의 지배구조 역시 사회적·환경적 요소를 고려하는 데 중요한 역할을 수행한다고 강조하고 있다. 이에 따라 2018년 3월, EU 집행위원회는 위 보고서를 기반으로 「지속가능한 성장을 위한 재원마련: 지속가능금융 실행계획」이라는 정책문서를 발표하였다.[14] 이 문서에는 지속가능한 활동의 개념 정의 및 표준설정, 지속가능성 벤치마크 지표 개발, 지속가능한 활동에 참여하는 기업에 대한 인센티브 제공을 위한 기초 마련, ESG 정보공시 확대를 위한 EU 차원의 제도설립계획 등이 포함되어 있다. 「지속가능금융 실행계획」은 구체적인 실행 주체와 목표 이행 시기를 명확히 정하고 있다는 특징이 있으며, 이를 통해 지속가능한 금융 정책이 입안될 수 있도록 촉진하고 있다.

EU는 지속가능한 금융을 경제, 사회, 환경의 장기적인 목표 달성을 위한 필수적인 도구로 인식하고 있다. 이를 통해 EU는 지속가능한 경제

성장과 사회적 포용성을 증진하며, 기후변화에 효과적으로 대응할 수 있는 기반을 구축하고자 한다. 이와 같이 EU는 지속가능금융 고위 전문가 그룹과 협력하여 지속가능한 금융 추진전략을 수립하고, 이를 통해 글로벌 지속가능성 목표와 비전을 제시하며 지속가능한 발전을 선도하고 있다.

유럽의 지속가능한 금융을 위한 로드맵, EU 지속가능금융 액션플랜

EU는 2018년에 수립한 "지속가능금융 실행계획"을 통해 지속가능한 금융체계를 확립하고자 다양한 조치를 시행하고 있다. 이 계획의 주요 요소는 EU 녹색분류체계Taxonomy의 수립, 지속가능성 공시 규정의 강화, 그리고 녹색채권 등 금융상품의 지속가능성을 개선하는 것이다.

먼저, EU 녹색분류체계는 환경에 중요한 영향을 미치는 경제활동을 과학적 기준에 따라 분류하는 공통 체계로, 2020년에 초안을 발표하여 2022년에 최종 확정되었다.[15] 이를 통해 기업들은 자신들의 산업활동이 친환경적인지 여부를 명확히 파악할 수 있게 되었으며, 이를 기반으로 지속가능한 금융제도를 활용해 자금을 조달할 수 있다. 이와 같이 EU 녹색분류체계는 환경친화적인 경제활동을 명확히 정의함으로써, 지속가능한 투자를 촉진하는 데 중요한 역할을 하고 있다.

또한, EU는 투자자들이 지속가능한 투자 결정을 보다 명확하게 내릴 수 있도록 지원하기 위해 공시규정을 강화하였다.[16] 2021년부터는 금융기관을 대상으로 지속가능금융 공시규정 SFDR을 시행하였고, 비금융기관을 대상으로는 2014년에 도입된 비재무정보 보고지침 Non-Financial Reporting Directive, NFRD을 대체할 기업 지속가능성 보고지침 CSRD을 제정하여 2024 회계연도부터 적용할 예정이다. 이 규정들은 기업들이 환경, 사회, 지배구조 ESG 요소를 투명하게 보고하도록 요구함으로써 투자자들이 보다 신뢰성있는 정보를 바탕으로 지속가능한 투자결정을 내릴 수 있도록 지원한다.

2022년 8월부터는 금융기관이 고객에게 투자 조언을 제공하거나 자산을 운용할 때, 고객의 지속가능성 선호 정보를 필수적으로 수집하고 이를 반영하도록 규정하였다. 이를 통해 투자자와 고객 간의 지속가능성 관련 대화를 촉진하고, 고객의 가치에 부합하는 투자 선택을 가능하게 한다. 또한, EU는 2019년 기후 벤치마크 규정 개정과 2022년 EU 녹색채권 표준 제정을 통해 그린워싱을 방지하면서도, 기업, 시장 참여자, 금융중개 기관이 지속가능한 투자 해결책을 개발할 수 있도록 지원하고 있다. 이러한 조치는 지속가능한 금융시장의 신뢰성을 높이고, 실제적인 환경적·사회적 영향력을 가진 투자를 촉진하는 데 중점을 두고 있다.

EU의 지속가능금융 실행계획은 다양한 규제와 지침을 통해 지속가능한 금융 생태계를 구축하고, 기후변화에 대응하면서도 장기적인 경제 성장을 촉진하려는 목표를 담고 있다. 이를 통해 EU는 글로벌 지속가능성 목표를 선도하며, 지속가능한 미래를 위한 금융시스템의 강화에 기여하고 있다.

① EU 녹색분류체계

EU는 2020년 7월에 환경 관점에서 지속가능한 경제활동을 분류하고 판별하기 위한 세계 최초의 녹색분류체계 규정 Taxonomy Regulation을 발효했다.[17] 이는 2018년 3월 발표된 지속가능금융 Sustainable Finance 실행계획의 일환으로, 지속가능성에 대한 명확하고 구체적인 정의와 분류의 필요성을 강조하였다. 녹색분류체계는 친환경 목적을 달성하기 위한 정책수립, 환경친화적 투자, 기업의 지속가능한 경영을 위한 기반을 마련하기 위해 도입되었다.

이 규정은 지속가능금융 기술 전문가 그룹 Technical Expert Group on Sustainable Finance, TEG 의 보고서를 바탕으로 작성되었으며, 환경 관점에서 6개의 목표와 4개의 판단 기준을 제시하고 있다.[18] EU의 친환경 목표는 기후변화 완화온실가스 감축, 기후변화 적응, 수자원 및 해양자원의 지속가능한 이용과 보호, 순환경제로의 전환, 오염방지와 관리, 생물다양성과 생태계의 보호와 회복이다. 이러한 목표를 달성하기 위한 판단 기준으로는 ① 6개의 환경목표 중 하나 이상에 상당한 기여할 것, ② 기여한 환경목표 외 다른 목표에 중대한 피해를 주지 않을 것, ③ 최소한의 사회적 안전기준을 준수할 것, ④ 기술심사 기준에 부합할 것 등이 있다.[19]

녹색분류체계는 위임법률 Delegated Act을 통해 각 환경 목표별로 상세한 기술심사 기준을 마련하고 있다. 2021년 4월에는 기후변화 완화와 기후변화 적응에 대한 환경목표에 관한 위임법률 초안이 발표되었다. 이를 통해 기업들은 산업활동의 친환경 여부를 쉽게 파악하고, 지속가능한 금융제도를 통해 자금을 조달할 수 있게 되었다. 또한, 투자자들에게 지속가능한 투자 선택을 돕고, 전체 금융시스템의 투명성과 책임성을 높이는 데 기여한다. 이러한 노력을 통해 EU는 기후변화에 대응하고 장기적인 경제 성장을 촉진하는 데 기여하고 있다.

② 지속가능금융 공시 규정

유럽 연합EU은 지속가능금융 실행계획의 일환으로 2021년 3월 10일, 지속가능금융 공시규제 Sustainable Finance Disclosure Regulation, SFDR 의 1단계를 발표했다.[20] SFDR은 EU 내 금융기관이 투자하거나 금융상품을 판매할 때 지속가능성을 어떻게 고려하는지에 대한 정보를 공개하도록 의무화한 규정이다. SFDR은 금융회사가 투자결정 시 고려하는 지속가능성 관련 위험을 식별하고 평가하도록 요구하며, ESG를 표방하는 개별 금융상품에 대해서도 관련 정보를 공개하도록 한다.

2021년 4월 21일에 발표된 '기업 지속가능성 공시지침 Corporate Sustainability Reporting Directive, CSRD' 개정안은 EU 소재 대기업과 상장 중소기업뿐만 아니라 비상장 대기업 및 비EU 기업의 EU 자회사에도 적용된다.[21] CSRD는 공시 내용을 확장하여 기업이 사회에 미치는 영향도 포함하는 이중 중요성 Double Materiality 의 개념을 강조한다. 또한, CSRD는 지속가능성 정보와 공시의 준수 여부를 강제할 계획이며, 이를 위한 후속 입법도 준비 중이다.

지속가능한 금융의 미래

③ 녹색채권 표준

EU는 녹색채권 발행에 필요한 요건과 감독 기준을 제시하는 '유럽 녹색채권 표준European Green Bond Standard, EU GBS' 제정을 추진하였다.[22] 이는 ESG 채권시장의 급성장과 ESG 투자에 대한 관심이 증가함에 따라 녹색채권의 적격성과 ESG 기준 및 등급평가, 사후적인 평가와 공시 필요성이 대두되었기 때문이다. 녹색채권의 연간 발행액이 지속적으로 증가하고 있으며, 국제 기후채권기구CBI는 2023년 기준 8,716억 달러의 거래량을 기록하였고, 2022년보다 3% 증가하였다고 밝혔다(아래 그림 참고).

ESG 채권 발행 현황 (단위: 달러)

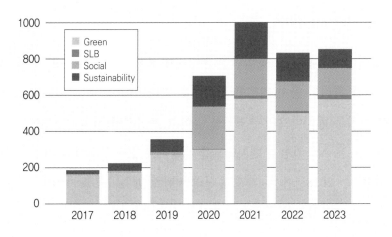

출처: Climate Bonds Initiative, SUSTAINABLE DEBT GLOBAL STATE OF THE MARKET 2023 (2024. 5.), p.3.

EU는 녹색채권 시장에서 세계적인 주도권을 유지하며, EU GBS를 통해 녹색채권이 저탄소 전환 금융자산으로서의 역할을 보다 투명하고 일관된 기준에 따라 수행하도록 하고 있다. EU GBS에는 녹색채권으로 조달된 자금이 EU 분류체계에 부합하는 프로젝트에 투자되어야 하는 규칙과 자금 사용내역을 상세하게 보고할 의무가 제시되어 있고, 외부 감독기관의 감독 이행 의무 등도 포함되어 있다.[23] 이는 투자자들에게 신뢰할 수 있는 지속가능성 정보를 제공하고, 그린워싱을 방지하는 데 기여할 것으로 기대된다. EU 이사회는 2022년 4월에 '유럽 녹색채권 표준' 제정을 승인하였으며, 2023년 10월 유럽 이사회에서 채택되어, 2024년 말 시행될 예정이다.[24]

④ 저탄소 벤치마크

EU는 기후관련 투자 판단을 용이하게 하기 위해 새로운 벤치마크의 개발과 관련된 공시 의무를 강화하고 있다. 지속가능금융 실행계획에 따라 기존 벤치마크의 투명성을 높이고, 탄소감축 및 탄소영향을 반영한 새로운 지속가능성 벤치마크를 개발하고 있다.[25] 이에 따라 EU 집행위원회는 2018년에 두 가지 유형의 저탄소 벤치마크를 개발하고, 벤치마크의 ESG 정보를 공개하는 규정을 제안했다.

첫째, EU 기후전환 벤치마크 EU Climate Transition Benchmark 는 기업들의 탄소배출 수준을 측정하고 과학적으로 감소시키는 기업을 식별하는 지표다. 둘째, EU 파리기후협약-연계 벤치마크 EU Paris-Aligned Benchmark 는 파리기후협약의 목표를 달성하는 데 기여하는 기업을 선택하는 지표다.

지속가능한 금융의 미래

2019년에는 EU 벤치마크 규정이 개정되어 이러한 벤치마크에 대한 관리기관의 탄소배출감소와 환경 기여, 파리기후협약 준수에 대한 정보공개의무가 도입되었다.[26] 이러한 규정들은 EU가 지속가능한 금융시장에서 선도적 위치를 유지하고, 기후변화에 대응하며, 장기적인 경제성장을 촉진하는 데 중요한 역할을 하고 있다.

지속가능한 경제로의 전환을 위한 EU 지속가능금융 추진 전략

EU는 지속가능금융의 발전을 통해 유럽 그린딜의 실현 및 글로벌 지속가능발전 협력 증가에 발맞춰 2021년 7월 "지속가능금융 추진전략"을 발표하였다.[27] 이 전략은 기후변화와 환경문제에 대한 대응을 강화하고 관련 투자를 촉진하기 위한 목적으로 수립되었다. EU는 이를 위해 TEG Technical Expert Group 의 자문을 기반으로 전환금융, 포용성, 복원력 및 금융시스템 기여, 분류체계의 국제화 등 네 가지 주요 목표를 설정하고 이를 달성하기 위한 구체적인 전략을 제시하였다. 이를 표로 정리하면 아래와 같다.

EU의 지속가능금융 추진 전략

목표	주요활동
실물 경제의 지속가능 성장을 위한 전환금융	- 온실가스 배출 감소에 기여하는 경제활동에 자금 지원 - 전환노력 인정을 위한 EU 분류체계 프레임워크의 확장 - EU 분류체계에 지속가능한 활동영역 추가 - 지속가능한 재정 표준 및 레이블을 확장하여 전환 노력에 자금을 지원
보다 포용적인 지속가능금융 프레임워크 조성	- 소매 투자자와 중소기업에 대한 지속가능금융에 접근 기회 지원 - 지속가능금융을 위해 디지털 기술을 활용하는 방안 모색 - 보험적용 범위를 확대해 기후 및 환경 위험으로부터 보호 - 사회적 분류체계에 대한 보고서 게시 - 녹색예산 책정 및 위험공유 매커니즘 조성
금융시스템의 탄력성 및 지속가능성에 기여	- 지속가능성 위험을 적절히 반영하고 자연자본 계정을 장려하는 재무 보고 기준 도입 - 신용등급 및 등급 전망에 ESG 위험을 투명하고 체계적으로 표현 - 은행의 위험관리 시스템과 보험회사의 건전성 프레임워크에서 지속가능성 위험을 고려 - 지속가능성 문제에서 비롯되는 잠재적 시스템 위험을 모니터링 및 해결 - 금융부문 규정에 대한 과학 기반 목표 설정, 공시 및 모니터링 강화 - 투자자의 수탁자 의무 및 관리 규칙 명확화 - ESG 시장 조사 및 평가의 가용성, 무결성 및 투명성 개선 - 그린워싱 해결을 위한 감독 권한 평가 - EU 금융시스템의 진척 측정을 위한 강력한 모니터링 프레임워크 개발 - EU 금융시스템의 그린딜 목표 부합여부를 모니터링하기 위해 당국 간 협력 개선
글로벌 협력 촉진	- 국제 포럼 내 협력을 촉진하고 국제적 지속가능금융 이니셔티브 및 표준 개발 - 지속가능금융 국제 플랫폼의 업무영역을 확장하고 지배구조를 강화 - 저소득 및 중간 소득 국가의 전환 노력 지원

출처: European Commission, Sustainable Finance Strategy(2021. 7.)

지속가능한 금융의 미래

먼저, EU는 지속가능한 경제로의 전환을 촉진Financing the Transition of the Real Economy Towards Sustainability하기 위해 기후 변화 완화, 자연자본 재건, 사회적 자본 강화 등 다양한 목표를 설정하였다. 코로나19 이후의 지속가능한 회복을 위해 환경적으로 지속가능한 경제활동과 이를 지원하는 투자계획을 장려하고 있으며, EU 택소노미에는 농업 및 특정 에너지 부문을 포함하도록 확장할 예정이다. 여기에는 천연가스와 원자력 활동도 포함되며, 물, 순환경제, 오염 방지 및 생물다양성에 대한 기술 기준도 도입될 예정이다. 이를 통해 투명하고 신뢰할 수 있는 투자 프레임워크를 제공하고, ESG 벤치마크 및 금융상품에 대한 최소한의 지속가능성 기준을 설정하여 실물경제의 지속가능한 성장을 지원한다.

둘째, EU는 소매투자자와 중소기업Small and Medium-sized Enterprises, SME이 지속가능한 금융에 보다 쉽게 접근할 수 있도록 포괄적인 금융 프레임워크를 강화하고 있다. 자본시장연합Capital Markets Union과 지속가능한 금융 프레임워크를 통해 중소기업의 자금조달 기회를 확대하고, 소매투자자의 자본시장 참여를 촉진한다. 이를 위해 녹색대출 및 모기지 등 지속가능한 금융상품을 통해 가계와 중소기업이 에너지효율 개선 및 저탄소 차량 전환을 지원할 계획이다. 또한, 금융자문가의 지속가능성 전문성을 강화하고, 시민의 금융이해력을 증진하기 위한 교육 프로그램을 제공하여 지속가능한 금융에 대한 접근성을 높일 계획이다.

셋째, EU는 금융부문의 회복력과 지속가능성을 높이기 위해 다양한 조치를 시행하고 있다. 기후변화와 생물다양성 손실 등으로 인한 금융위험을 통합하여 금융 안정성을 강화하고, 국제회계기준IFRS에 이러한 위험을 반영한다. 은행과 보험사의 리스크관리 시스템에는 ESG 요소를 포함시켜 금융안정성을 높이며, 그린워싱 문제를 해결하기 위해 기업과 투자자의 투명성을 강화하고 있다. 또한, 금융시스템의 장기적 안정성을 확보하기 위해 스트레스 테스트와 같은 다양한 평가 방법을 도입하고, 금융시스템 전반에 걸쳐 이중 중요성 관점을 통합하여 금융시스템의 탄력성을 평가하고자 한다.

마지막으로, EU는 지속가능한 금융의 글로벌 잠재력을 최대한 활용하기 위해 국제협력을 강화하고 있다. 국제 포럼과 네트워크는 지속가능한 금융 이니셔티브를 조정하는 중요한 역할을 하며, EU는 이를 통해 지속가능한 금융 분야에서 선두주자로서의 위치를 확고히 하고 있다. EU는 글로벌 기후 및 환경목표 달성을 위해 금융시스템의 기여를 포괄적으로 모니터링하고, 국제적으로 통일된 규칙과 표준을 확립하고자 노력하고 있다. 이를 통해 전 세계 금융 시스템의 회복력과 지속가능성을 높이고, 지속가능한 금융의 글로벌 리더로서의 역할을 강화하고자 한다.

한국판 지속가능금융 행동 계획이 수립된다

EU의 지속가능금융 추진 전략은 2018년 지속가능금융 실행계획에 기반한 전례없는 조치로, 지속가능한 금융의 기반을 확립하고자 하는 EU의 의지를 보여준다. 이 전략은 막대한 전환금융 투자를 통해 경제의 정의로운 전환을 보장하고, 글로벌 금융환경의 변화에 유연하게 적응할 수 있도록 설계되었다. EU는 중앙은행, 감독기관, 회원국, 시민, 지방 당국, 금융 및 비금융 기업 등 모든 이해관계자에게 각자의 역할에서 적절한 조치를 취하고, 지속가능금융 전략의 영향력을 최대화할 것을 촉구하고 있다.

이 전략은 '유럽 그린딜'의 목표를 금융시스템 전반에 반영하여 경제의 모든 부문에서 자금조달이 가능하도록 하는 것을 목표로 한다. 유럽 그린딜에 명시된 기후 및 환경 정책의 중요한 변화를 보완하며, EU는 지속가능성 목표 달성을 위해 외부 민간 및 공공 이니셔티브와의 협력을 강화하고 있다. 위원회는 지속적으로 이 전략의 이행 상황을 보고하고, 회원국의 노력을 적극적으로 지원할 예정이다.

향후 국제 금융환경에서 상당한 변화가 예상됨에 따라, 이러한 변화에 대한 사전적인 대비가 필요하다. EU의 환경 및 사회 관련 규제가 입법화되면서, 국내 기업은 일정한 경우 이러한 규정을 준수해야 할 뿐만 아니라, EU 기업의 가치사슬에 포함될 경우 지속가능성 실사 등의 영향을 받을 가능성이 크다. 또한, EU 시장이나 금융기관으로부터 자금을 조달하려는 국내 기업은 투자자들이 요구하는 수준의 지속가능성 정보를 제공해야 할 것으로 예상된다.

EU는 ESG 투자와 규제 및 기준 정립을 통해 국제 사회에서 주도권을 강화하고 있으며, EU의 ESG 규정이 글로벌 스탠다드로 자리잡을 가능성이 높다. 이러한 추세에 발맞추어 국내 기업들과 금융기관들도 선제적인 대응이 필요하다. 지속가능한 발전을 위한 정책은 중장기적인 산업구조 전환을 요구하기 때문에, EU의 지속가능금융 추진 상황과 ESG 정책 동향 등을 지속적으로 모니터링하고, 이를 국내기업의 전략에 신속히 반영할 필요가 있다. 이를 통해 글로벌 표준이 확립되는 과정에 적극적으로 참여하고, 국내기업의 경쟁력을 높이는 데 기여할 수 있을 것으로 기대된다.

지난 2024년 3월, 한국사회책임투자포럼에서는 각 정당의 ESG 정책 질의 답변 분석 결과를 발표했다.[28] 질의에 응답한 모든 정당이 '한국판 지속가능금융 행동 계획 및 로드맵 수립'에 찬성했다. 우리나라도 EU와 같이 '지속가능금융 행동 계획'이 수립될 가능성이 매우 높아졌다는 분석이다. 제21대 국회에서는 기후위기특별위원회(기후특위)가 운영됐다. 지난 2021년 1월, 문재인 정부에서 '녹색금융 활성화 전략'이 발표되었고, 2024년 3월 윤석열 정부도 '기후위기 대응을 위한 금융지원 확대 방안'을 내놓았다. 기후 위기 대응을 위해 '금융'이 필수적인 역할을 수행하므로 정부와 국회를 중심으로 한국판 지속가능금융 액션 플랜에 대한 논의가 본격화될 것으로 전망된다.

지속가능금융 주요 마일스톤

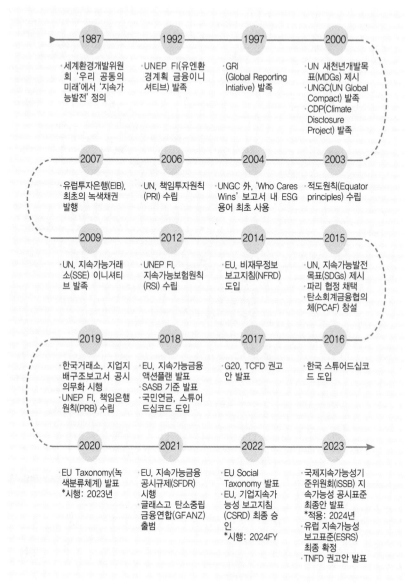

1987
세계환경개발위원회 '우리 공동의 미래'에서 '지속가능발전' 정의

1992
UNEP FI(유엔환경계획 금융이니셔티브) 발족

1997
GRI (Global Reporting Intiative) 발족

2000
· UN 새천년개발목표(MDGs) 제시
· UNGC(UN Global Compact) 발족
· CDP(Climate Disclosure Project) 발족

2007
유럽투자은행(EIB), 최초의 녹색채권 발행

2006
UN, 책임투자원칙(PRI) 수립

2004
UNGC 外, 'Who Cares Wins' 보고서 내 ESG 용어 최초 사용

2003
적도원칙(Equator principles) 수립

2009
UN, 지속가능거래소(SSE) 이니셔티브 발족

2012
UNEP FI, 지속가능보험원칙(RSI) 수립

2014
EU, 비재무정보 보고지침(NFRD) 도입

2015
· UN, 지속가능발전목표(SDGs) 제시
· 파리 협정 채택
· 탄소회계금융협의체(PCAF) 창설

2019
· 한국거래소, 지업지배구조보고서 공시 의무화 시행
· UNEP FI, 책임은행원칙(PRB) 수립

2018
· EU, 지속가능금융 액션플랜 발표
· SASB 기준 발표
· 국민연금, 스튜어드십코드 도입

2017
G20, TCFD 권고안 발표

2016
한국 스튜어드십코드 도입

2020
EU Taxonomy(녹색분류체계) 발표
*시행: 2023년

2021
· EU, 지속가능금융 공시규제(SFDR) 시행
· 글래스고 탄소중립 금융연합(GFANZ) 출범

2022
· EU Social Taxonomy 발표
· EU, 기업지속가능성 보고지침(CSRD) 최종 승인
*시행: 2024FY

2023
· 국제지속가능성기준위원회(ISSB) 지속가능성 공시표준 최종안 발표
*적용: 2024년
· 유럽 지속가능성 보고표준(ESRS) 최종 확정
· TNFD 권고안 발표

출처: UNGC 한국협회, Global Compact Network Korea, "지속가능금융 동향 및 회원사 사례" (2023. 12.), 9면.

2장

기업의 지속가능한 공급망 실사지침, EU 공급망 실사법

공급망 실사법 대응은 더 이상 미룰 수 없는 과제가 되었다.

공급망 실사법은 기업 공급망에서 발생할 수 있는 환경과 인권 문제를 예방하는 것을 목표로 한다. 공급망 실사법은 "사람을 위해 일하는 경제"를 육성하려는 EU 정책의 일부로서 '유럽 그린 딜' 목표와 관련이 있다. 2024년 7월 발효된 공급망 실사법은 지속가능성을 훼손하지 않는 비즈니스로의 이행을 지원하며, 기업이 가치사슬에서 인간과 환경에 미치는 부정적인 영향을 평가하고 해결하도록 유도한다.

이태영

2024년 4월 24일, 기업의 인권 및 환경 보호 의무를 강화하는 '기업의 지속가능한 실사지침^{CSDDD}'이 우여곡절 끝에 유럽의회를 통과하였다.[1] CSDDD는 이른바 「공급망 실사법」으로 불리는데, 기업이 공급망 전반에 걸쳐 인권과 환경에 대한 부정적 영향을 최소화하기 위해 실사 계획을 수립하고 이행하도록 요구하는 법적 지침이다.[2] CSDDD는 모기업뿐만 아니라 그 관계사와 공급망 내의 중소기업까지도 실사 의무를 부담하며, 인권 및 환경과 관련된 잠재적 부정적 영향 요인을 평가하고 예방, 완화, 제거 조치를 취하도록 규정하고 있다.

 CSDDD 법안은 2020년 4월 EU 집행위원회의 발표 이후 전향적으로 추진되었으나, 독일, 이탈리아 등 몇몇 회원국의 반대로 인해 채택 과정에서 난항을 겪었으며 최종 승인도 지연되었다. 독일 자유민주당^{FDP}이 기업 활동 위축 우려를 제기하며 제동을 걸었고, 이탈리아와 프랑스 등의 주요국도 동조하면서 승인 투표가 두 차례 연기되었다.[3] 승인에 필요한 정족수를 충족하지 못하면서 법안 폐기 가능성이 거론되기도 하였다. 결국, EU의장국 벨기에가 결국 중재에 나서며, 법안의 적용 대상 기업을 축소하는 등의 수정안이 채택되어 가까스로 최종안이 통과될 수 있었다.[4]

CSDDD는 전 세계 매출액이 4억 5,000만 유로를 초과하는 EU 역내외 기업에 적용된다. 최종안이 확정됨에 따라 공급망 실사법의 적용대상 기업이 초안에 비해 상당히 줄어들기는 하였으나, 직접 적용대상 기업뿐만 아니라 그 적용대상 기업과 거래하는 기업 또한 실사대상이 되어 실제 공급망 실사의무 이행에 대한 준비가 필요한 대상 기업은 상당히 많을 것으로 예상된다.

한편, 법안의 제정 과정에서 CSDDD의 금융기관 적용 여부가 중요한 쟁점이 되기도 하였다.[5] 금융기관이 이 법의 적용 대상에 포함될 경우, 투자 기업의 인권 침해나 환경 오염에 대해 책임을 질 가능성이 있었기 때문이다. 그러나 적용대상 기업의 기준이 전체적으로 완화되면서 금융기관의 핵심사업인 투자 및 대출활동은 CSDDD의 적용범위에서 제외되었고, 업스트림 공급망에 대한 실사의무만을 부담하게 되었다. 다만, CSDDD 발효 후 2년 내 확대 여부를 재검토하기로 한 조항이 포함되어 향후 금융업 적용 여부에 대한 논의가 이루어질 예정이다.[6]

이 법의 시행으로 인해 EU로 수출하는 국내 기업들은 간접적인 영향을 받을 가능성이 높아졌다. 특히 EU 회원국별로 실사의무 위반에 따른 제재 및 손해배상책임이 다를 수 있어, 각국의 입법 동향을 면밀히 살펴볼 필요가 있다.

지속가능한 금융의 미래

인권과 환경에 대한 기업의 실사 및 정보공개 책임이 의무화된다

　EU는 지속가능한 경영과 기업의 사회적 책임을 강화하기 위해 ESG (환경, 사회, 지배구조) 요소를 바탕으로 한 법제화를 추진하였다. 이는 유럽 그린 딜 전략[7]과 밀접한 관련이 있으며, 공급망 실사법도 이러한 배경하에 추진되어 왔다. 이를 통해 기업들은 기후 중립성, 친환경 경제 전환, UN 지속가능발전목표 Sustainable Development Goals, SDGs 달성에 적극적으로 기여할 것으로 기대된다.

　공급망 실사법의 공식 명칭은 "지속가능한 기업 실사 지침 Directive on Corporate Sustainability Due Diligence"으로, 일반적으로 '공급망 실사법'으로 통용된다.[8] 이 지침은 기업이 공급망 내에서 인권 및 환경에 대한 부정적 영향을 식별하고 이를 완화하기 위한 규범적 틀을 제공한다. EU의 입법은 규정 Regulation, 지침 Directive, 결정 Decision, 권고 및 의견 Recommendation, Opinion 등으로 나뉘는데, 공급망 실사법은 그 중 '지침'에 속한다.[9] 지침은 전반적인 목표와 국내법 제정 시한만을 규정하며, 각 회원국이 이를 토대로 자체적인 법을 제정하게 된다. 이 때문에 회원국마다 법의 내용이 다를 수 있고, EU 지침보다 높은 수준의 규제를 도입할 수도 있다. 특히 공급망 실사법 최종안에 따르면 민사상 손해배상 및 위반 시 제재와 같은 부분은 각국의 재량에 맡겨져 있어 규정보다 유연한 적용이 가능하다.[10]

　기업들이 가치사슬 전반에서 인권과 환경에 미치는 부정적 영향을 식별하고 대응하는 것은 매우 복잡한 과제가 될 수 밖에 없다. 이를 해결하기 위해서는 실사 데이터를 수집하고 이를 활용하는 체계적인 접근이 필요하다. 특히, 실사 데이터는 지속가능한 경영을 강화하고 관련 규제의 실효성을 높이는 데 중요한 역할을 한다. EU는 이러한 목적을 달성하기 위해 각국에 최소 기준을 제시하여 기업의 법적 책임을 명확히 하고 있는 것이다.

이미 프랑스, 네덜란드, 독일 등 일부 EU 회원국은 유사한 법안을 채택하였으며, 이러한 규범이 다른 국가로 확산될 가능성도 높다.[11] CSDDD 입안을 통한 통일된 규제는 EU와 관련국가의 기업들에게 공정한 경쟁 환경을 조성하며, 지속가능한 경영을 촉진하는 데 중요한 기여를 할 것이다. 또한, EU는 사회적 가치 창출과 기업의 책임 강화에 선도적인 역할을 할 것으로 예상된다.

우여곡절 끝에 EU 의회를 통과한 공급망 실사법

2020년 4월 EU 집행위원회는 기업의 공급망 실사를 의무화하는 내용의 법안을 준비한다는 계획을 발표하였다. 이어 2021년 3월, 유럽의회는 공급망 실사법 결의안을 채택하고 집행위에 법안 제출을 촉구하였다. 그러나 2021년 6월, 규제검토위원회 RSB는 집행위의 법안이 부적절하다고 판단하여, 법안 초안 발표가 2021년 10월로 연기되었다. 이후 2021년 10월, 다시 발표가 연기되어 2021년 12월로 예정되었으나, 최종적으로 2022년 2월 23일에 이르러서야 집행위는 법안 초안을 공개하였다.[12] 이후 유럽의회와 이사회의 표결 과정을 거쳐 2024년 법 시행을 목표로 입안 절차가 진행되었다.

2024년 3월 15일, 유럽연합 이사회는 최종적으로 '기업 지속가능성 실사 지침'을 승인하였다.[13] 이 과정에서 EU의 상반기 의장국인 벨기에는 소셜미디어를 통해 수정안의 통과 소식을 발표하였으며, 27개 회원국 중 17개국이 이를 지지하였다.[14] CSDDD는 그간 수차례에 걸쳐 발표 지연과 무산 위기를 겪었으나, 벨기에의 중재로 극적인 합의에 이르렀다. 최종안에서는 적용 대상 기업의 연매출 기준이 상당히 상향 조정되었고, 일부 중소기업은 적용 대상에서 제외되었다.[15]

집행위 초안과 이사회 통과 최종안을 비교했을 때, 주요 개정 사항은 다음과 같다. 첫째, 적용 대상 기업 기준의 변화이다. 초안에서는 직원 수 500명 이상, 연 매출액 1억 5,000만 유로 이상으로 규정되었으나, 최종안에서는 직원 수 1,000명 이상, 연 매출액 4억 5,000만 유로 이상으로 상향 조정되었다. 이에 따라 CSDDD 적용 대상 기업이 축소되었다. 둘째, 고위험 산업의 일부 기업이 제외되었다. 초기 초안에서는 섬유, 의류, 식품, 원자재 등의 고위험 산업에 대한 적용을 계획하였으나, 최종안에서는 이러한 부문에 속하는 중소기업이 제외되었다. 셋째, 적용 시점이 기업 규모에 따라 세분화되었다. 초안에서는 법 시행 후 4년이 지난 시점부터 적용하도록 하였으나 최종안에서는 기업 규모에 따라 시행 시점을 3년에서 5년으로 나누어 적용하였다. 이는 CSDDD의 적용 범위와 기업의 부담을 조정하여 기업들이 지속가능성 관리에 충분한 준비 기간을 가질 수 있도록 마련된 조치라고 볼 수 있다.

EU 공급망 실사법, 이것만은 반드시 알아야 한다

EU 경제사회위원회 EESC에 의하면, 약 5,400개 기업이 법안의 적용 대상이 될 것으로 예상된다. 이는 기존의 잠정 합의안에 포함된 16,400개 기업에서 약 67% 감소한 수치다.[16] 공급망 실사법은 대기업과 수출 중심의 중견·중소기업에도 상당한 영향을 미칠 것으로 예상되는만큼, 이에 대한 충분한 대비가 중요해지고 있다.

먼저, EU 공급망 실사법의 적용 대상은 기본적으로 중소기업 Small and Medium-sized Enterprises, SME을 제외한 대기업 Large Companies 으로 한정된다. 또한, 대기업은 그 규모에 따라 두 그룹 Group 1, Group 2 으로 세분화된다.[17] 적용 대상은 EU 역내·외 소재 기업으로 분류되며, 일정 규모 이상의 대기업과 로열티 수익 기업, 최종 모기업을 대상으로 한다. 다만, 고위험 산업에 속하는 기업은 제외되었다.

구체적으로, 공급망 실사법에서 대기업의 기준은 연 매출 4억 5,000만 유로를 초과하는 것으로, 이는 이사회 합의 과정에서 초안에서 제시된 기준인 1억 5,000만 유로보다 완화된 것이다. 다만 대상 기업이 해당 기준을 충족하지 않더라도 모기업이 기준을 충족하면, 최종 모기업 Ultimate Parent Company에 대한 적용이 이루어진다. 법 시행은 기업의 규모에 따라 단계적으로 이루어지며, 3년에서 5년의 유예 기간이 주어진다. 구체적인 공급망실사법 적용대상기업 및 시행시기를 정리하면 다음 표와 같다.

공급망 실사법은 '가치사슬 Value Chain'을 제품의 생산 혹은 서비스 제

지속가능한 금융의 미래

공급망실사법 적용대상기업 및 시행시기

적용대상 기업(제2조)		시행시기(제30조) (본 지침 발효일로부터)
역내		
평균 임직원 수가 1,000명 초과, 전 세계 순 매출이 4억 5,000만 유로를 초과하는 회사 또는 그룹의 최종모회사 평균 임직원 수	5,000명 초과, 전 세계 순 매출 15억 유로 초과	3년 (공시 의무는 2028년 1월 1일 이후 시행)
	평균 임직원 수 3,000명 초과, 전 세계 순 매출 9억 유로 초과	4년 (공시 의무는 2029년 1월 1일 이후 시행)
역외		
EU 내 순매출이 4억 5,000만 유로를 초과하는 회사 또는 그룹의 최종모회사	EU 내 순매출이 15억 유로 초과	3년 (공시 의무는 2028년 1월 1일 이후 시행)
	EU 내 순매출이 9억 유로 초과	4년 (공시 의무는 2029년 1월 1일 이후 시행)
기타 모든 회사		
5년 (공시 의무는 2029년 1월 1일 이후 시행)		

출처: The Council on Corporate Sustainability Due Diligence and amending Directive (EU) 2019/1937

공과 관련된 행위로 정의하며, 여기에는 개발, 사용 등을 포함한다. 법안은 기업과 확립된 비즈니스 관계Business Relationship에 있는 업스트림Upstream 및 다운스트림Downstream 활동도 포괄한다. 여기에서 업스트림은 제품·서비스의 생산, 추출, 설계, 소싱, 원자재 공급 등을 의미하고, 다운스트림은 유통, 운송, 보관 등을 포함한다.

EU 공급망 실사법은 '환경에의 부정적 영향'을 "Annex I(주요 인권·

환경 관련 국제조약들로 구성), Part II에 명시된 금지사항 또는 의무 위반으로 인한 환경에 미치는 영향"으로 정의하고 있다. 또한, "인권에의 부정적 영향"은 ① "Annex I, Part I, Section 1에 열거된 인권 중 하나를 침해하여 Annex I, Part I, Section 2에 명시된 국제 조약을 위반하는 경우" 또는 ② "그 외의 인권 침해로 Annex I, Part I, Section 2에 명시된 국제 조약을 위반하여 (i) 국가나 정부 당국이 아닌 기업 또는 법인이 인권을 남용할 수 있는 경우, (ii) 이러한 남용이 국제 조약에 의해 보호되는 법적 이익을 직접적으로 침해하는 경우, (iii) 기업의 사업 운영 및 활동사슬의 성격과 범위, 사업 부문의 특성, 지리적 및 운영적 상황 등을 고려하여 합리적으로 인식 가능한 경우"로 정의된다. 따라서 EU 공급망 실사법의 Annex I에는 실제적 혹은 잠재적으로 인권과 환경에 부정적인 영향을 초래할 수 있는 구체적인 권리와 금지 사항이 열거되어 있다.

EU 공급망 실사 이행 매커니즘

공급망 실사의 이행 절차는 기업이 공급망 전반에 걸쳐 발생할 수 있는 부정적 영향을 식별하고, 이를 예방·완화·제거하는 적절한 조치를 시행하는 것을 중심으로 한다. 기업은 매년 실사 준수 내용을 공시하며, 관련 증빙 자료는 최소 5년 이상 보관해야 한다.[18] 또한 EU 역외 기업은 관할 당국과 접촉할 수 있는 EU 내 대리인을 지정해야 한다.[19]

실사 이행 절차는 크게 네 가지로 요약될 수 있다. 실사 이행은 ① 기업

지속가능한 금융의 미래

정책 전반에 공급망 실사 내재화, ② 인권·환경에 대한 부정적 영향 식별 및 평가, 완화·제거를 위한 적절한 조치 시행, ③ 고충 처리 시스템 구축 및 이해관계자들과 협의, ④ 실사 이행 여부 모니터링 및 이행 결과 공시(연간)의 절차로 이루어진다. 공급망 실사 이행절차 관련 조항은 아래 표와 같다.

공급망 실사 이행 절차 관련 조항

조문 번호	표제
제5조	실사 (Due diligence)
제6조	그룹 레벨에서의 실사 (Due diligence support at a group level)
제7조	기업 정책 및 리스크 관리 체계에 실사 의무 통합(Integrating due diligence into company's policies and risk management systems)
제6조	실제적, 잠재적 부정적 영향 파악(Identifying actual and potential adverse impacts)
제8조	파악된 실제적, 잠재적 부정적 영향들 사이의 우선순위 설정(Prioritisation of identified actual and potential adverse impacts)
제9조	잠재적 부정적 영향의 예방 (Preventing potential adverse impacts)
제10조	실제적 부정적 영향의 해소 (Bringing actual adverse impacts to an end)
제14조	통지 메커니즘 및 고충처리 절차 (Notification mechanism and complaints procedure)
제15조	모니터링 (Monitoring)
제16조	실사 의무 이행 관련 보고 (Communicating)
제22조	기후변화 대응 (Combating climate change)
제23조	공식 대표자 지정 (Authorised representative)

기업은 운영 전반에 걸쳐 EU 공급망 실사법에서 규정하는 인권과 환경 요건을 준수해야 한다. 이를 위해 기업은 실사 정책 Due Diligence Policy을 마련하여야 한다.[20] 실사 정책에는 ① (중략), ③ 실사 수행 프로세스가 포함되어야 한다. 정책의 중요 변경 사항 발생 시 지체 없이 업데이트가 필요하며,[21] 최소 24개월마다 주기적으로 업데이트해야 한다.[22]

기업은 공급망을 매핑 Mapping하여 인권과 환경에 대한 부정적 영향을 평가하고, 이를 예방·완화하기 위한 조치를 마련해야 한다.[23] 회원국들은 기업이 자사 및 자회사, 비즈니스 파트너의 사업 활동에서 발생할 수 있는 실제적, 잠재적 부정적 영향을 파악하도록 요구한다. 기업은 이를 위해 모든 운영 영역을 매핑하고, 부정적 영향의 가능성이 높은 영역에 대해 심층 평가를 진행한다.[24]

기업은 부정적 영향의 심각성과 발생 가능성에 따라 우선순위를 설정하고, 합리적인 기간 내에 중대한 영향을 우선 처리해야 한다.[25] 조치의 심각성은 영향을 받는 사람의 수, 환경에 미치는 영향의 정도, 복구 용이성 등을 기준으로 평가된다. 구체적인 조치로는 피해 복구, 인권·환경 피해 방지, 협력사의 실사 참여 촉진을 위한 재정 및 행정 지원, 실사 준수 보증 계약 체결 등이 포함된다.

구체적으로 EU 공급망 실사법 제9조는 잠재적 부정적 영향의 예방에 대하여 규정하고 있다. 기업들은 제9조에 따라 파악한 잠재적 부정적 영향을 예방하거나 완화하기 위하여 필요한 적절한 조치를 취하여야 한다. 이때, '적절한 조치'는 잠재적 부정적 영향을 발생시킨 주체, 행위, 그로 인한 영향력에 따라 수립되어야 한다.

　　　　　　　　　　　　　　지속가능한 금융의 미래

기업은 노동조합, 단체, 일반 시민들이 불만을 제기할 수 있는 고충 처리 시스템을 구축해야 하며, 이는 기밀 유지와 보복 방지 조치를 포함해야 한다.[26] 고충사항이 정당한 이유가 있는 경우, 기업은 적절한 후속 조치를 통해 이를 처리해야 하며, 고충 제기자는 적절한 직급의 기업 대표자와 면담할 권리를 가진다. 고충 처리 절차는 기업 자체적으로 운영하거나, 다른 기업들과 공동으로 마련한 절차를 활용할 수 있다.

기업은 협의 체계 등을 구축해, 실사 이행 전반에 걸쳐 이해관계자들에게 관련 정보를 제공하고 논의하여야 한다.[27] 구체적으로 기업들은 실제적, 잠재적 부정적 영향에 대한 정보를 수집하기 위하여 근로자 및 기타 관련 이해관계자를 포함하여 잠재적인 영향을 받는 집단과 협의 Consultations 하여야 한다.[28]

최소 연 단위로 실사 이행을 모니터링하고, 주요 변동 사항에 따라 부정적 영향이 발생하는 경우 추가로 모니터링 하여야 한다.[29] 이러한 평가는 정성적 및 정량적 지표를 기반으로 해야 하며, 모니터링 결과 상당한 변화가 발생한 경우에는 지체 없이 수행하고, 적어도 12개월 또는 부정적 영향의 발생에 대한 새로운 위험이 발생할 수 있다고 믿을 만한 근거가 있을 때마다 수행해야 한다.[30] 또한 평가는 질적·양적 지표에 근거하여야 하고, 중요 변경사항이 있는 경우 또는 새로운 위험이 발생할 것이라는 합리적인 근거가 있는 경우에는 추가로 실시되어야 한다.

EU 집행위는 2027년 3월 31일까지 공시 관련 세부 내용이 담긴 위임법을 마련할 예정이다.[31] 기업은 매년 전년도 실사 의무 이행에 대한 연간 보고서를 웹사이트에 공시함으로써 실사 의무 이행 내용을 보고해야

한다.[32]

기업은 파리기후협약의 이행과 2050 탄소중립 목표를 달성하기 위해 '기후 전환 계획 Transition Plan'을 수립해야 하며, 이를 연 단위로 갱신해야 한다.[33] 이 계획에는 2030년부터 2050년까지 5년 단위로 설정된 조치 계획이 포함되어야 하며, 가능한 경우 Scope 1, 2, 3에 해당하는 온실가스 배출 감축 목표도 명시해야 한다. 또한, 목표 달성을 위한 탈탄소화 조치와 투자 계획 등의 구체적인 내용이 기술되어야 한다.

한편, EU 공급망 실사법을 위반하는 기업에 대해서는 각 회원국이 지정한 감독관청이 정보를 요청하거나 조사를 수행할 수 있으며, 위반 행위의 중단 명령이나 금전적 제재, 임시조치 등의 조치를 취할 수 있다.[34] 만약 실사 의무 미준수로 인해 피해가 발생한 경우 민사책임이 부과될 수 있으며, 이때 발생한 손해가 협력사로부터 기인한 경우 기업은 책임을 면제받을 수 있다. 위반 기업에게는 전 세계 매출액의 최대 5%에 해당하는 벌금이 부과될 수 있으며, 이러한 위반 행위는 공개된다.

우리 기업은 어떻게 대응할 것인가?

공급망 실사법은 기업의 사회적 책임을 강화하고 지속가능한 경영을 촉진하는 중요한 정책적 도약으로 평가할 수 있다. CSDDD는 기업들이 자신의 가치사슬에서 인권 및 환경에 미치는 부정적 영향을 식별하고 완화할 수 있도록 돕기 위해 도입되었다. 이를 통해 기업들은 탄소 중립,

친환경 경제로의 전환, 그리고 UN SDGs 달성에 기여할 수 있을 것으로 기대된다. 또한, EU 내외의 기업들에게 동일한 규제 기준을 제공함으로써 공정한 경쟁 환경을 조성하는 역할을 수행할 것이다.

프랑스는 2017년 '실사의무화법 Duty of Vigilance Law'을 제정하여 일정 규모 이상의 기업에 인권 및 환경 관련 공급망 실사를 의무화한 바 있다.[35] 이 법에 따르면, 직원 수 5,000명 이상의 프랑스 소재 기업이나 직원 수 10,000명 이상의 해외 소재 기업은 이러한 의무를 준수해야 한다. 이로 인해 글로벌 에너지기업 토탈과 세계 최대 상수도기업 수에즈 등 여러 기업이 환경 오염, 생물 다양성 훼손, 노동자 인권 침해 등의 이유로 법적 대응에 직면하게 되었다.[36] 이러한 사례는 기업이 공급망 실사 의무를 사전에 이행하지 않을 경우 소송 리스크가 발생할 수 있다는 것을 보여준다.

CSDDD는 EU의 여러 환경 규제 중에서도 특히 한국 기업에 큰 영향을 미칠 것으로 예상된다. 한국무역협회 산하 국제무역통상연구원은 2023년 EU 주요 환경 규제 보고서에서 CSDDD가 국내 기업에 가장 큰 부담이 될 규제로 예상하였다.[37] 그럼에도 대한상공회의소의 설문조사에 따르면, 원청기업의 48.2%와 협력업체의 47.0%가 공급망 실사에 대해 별다른 대응 조치를 취하지 않고 있는 것으로 나타났다.[38] 이는 아직 국내 기업들의 대응이 충분하지 않다는 것을 보여주며, 중소기업에 미칠 영향을 고려하면 이에 대한 신속한 대비가 필요할 것으로 보인다.

금융기관도 이러한 법안에 대한 선제적인 대응이 필요하다. 최종 법안에서 금융기관에 대한 다운스트림 적용 규정이 제외되었으나,

CSDDD 발효 후 2년 내 금융기관 적용 확대가 논의될 예정이므로, 추후 금융기관 역시 공급망 실사법을 적용받게 될 가능성은 여전하다.[39] 금융기관은 자본시장의 자금 공급자로서 기업의 경영 활동과 밀접하게 연관되기 때문이다. 따라서 금융기관들은 자금 제공 과정에서 인권 및 환경 위험을 평가하고, 관련 위험을 완화하기 위한 내부 지침과 프로세스를 선제적으로 마련하는 방안을 적극적으로 검토할 필요가 있다.[40]

이처럼 기업활동과 관련된 공급망 실사 의무는 점차 강화될 전망이다. 이에 대비하여 한국 기업과 금융기관들은 사전 준비를 통해 EU 시장 진입 기회를 최대한 활용해야 한다. 기업들은 공급망 관리 점검, 관련 정보 수집, 그리고 EU 기준의 선제적 적용을 통해 법적 규제에 대비하여야 한다. EU의 새로운 법적 요구 사항에 대응하고, 글로벌 시장에서의 경쟁력을 유지하기 위해서는 EU 공급망 실사법에 대한 충분한 이해와 대비가 요구되고 있기 때문이다.

공급망 실사법의 발효로 인해 발등에 불이 떨어진 기업들을 지원하기 위한 정부의 적극적인 역할도 필요하다. 공급망실사법은 일부 상위기업에게만 적용되는 것이 아니라, 제품이 생산되는 가치 사슬에 다수 기업들이 해당될 수 있으므로 기업의 부담을 완화하는 정부의 정책이 수반되어야 할 것이다. 특히, 정부는 기업이 사회적 책임을 다하도록 인권과 환경 실사를 감독하고 지원하는 역할을 수행해야 한다. 참고로 일본은 2019년부터 환경연구 실사위원회를 발족하고, 2023년에는 「환경 실사 이행 가이드북」을 발간하여 기업들을 지원하고 있다.

우리나라도 2022년 12월 공급망 실사 가이드라인을 발표하고, 2023

년 5월 공급망 실사 대응을 위한 기업 지원 방안을 발표한바 있다. 그렇지만 우리 기업들의 준비상황과 대응능력을 고려할 때 정부의 더욱 중추적인 역할이 필요하다. 따라서, 정부는 기업부담 요인을 최소화하기 위한 구체적인 실행전략을 마련하고, 기업들이 실질적으로 인권, 환경 등 관련 위험을 예방할 수 있도록 지원해야 할 것이다.

3장

기후 공시의 핵심
기후관련 재무정보공개 권고안(TCFD)

기후 공시의 마일스톤 – 기후관련 재무정보공개 권고안(TCFD)

지구온난화로 인한 기후변화는 기업에게 새로운 기회와 위험을 야기한다. 그렇다면 기후변화가 기업에 미치는 영향을 어떻게 명확하고 일관성 있게 분석할 수 있을까? 이를 위해 비교 가능하고 신뢰할 수 있는 틀이 필요하지 않을까? 이에 대한 G20의 해답이 바로 TCFD다. TCFD는 기후변화가 기업에 미치는 영향에 대한 체계적 분석을 위하여 전 세계 기후 공시의 기본 틀을 제시하였다.

심수정

TCFD는 Task Force on Climate-related Financial Disclosures의 약자로 기후변화 관련 재무 공시 국제 표준안을 제시하기 위해 설립된 금융안정위원회Financial Stability Board, FSB 주도의 이니셔티브다.[1] 우리나라를 포함한 EU, 미국, 일본 등 주요국의 ESG 공시기준(안)은 TCFD를 근간으로 하거나 TCFD와의 상호 운영성을 반영하고 있다. 따라서, TCFD는 기후변화 관련 리스크 및 기회에 대한 금융시장의 투명성을 높이고, 기후변화 관련 공시뿐만 아니라 전세계 ESG 공시를 위한 초석을 다지는 데 일조하였다고 평가되고 있다.

우리나라는 2021년도 5월 금융위원회를 포함한 14개 금융 유관기관의 TCFD 지지선언 이후 금융회사 및 대기업 등 국내기관의 TCFD 지지선언이 이어지면서 민관 모두 기후 리스크에 적극적으로 대응하기 시작하였다. 아울러 2024년 5월 현재 한국회계기준원 산하 지속가능성기준위원회Korea Sustainability Standards Board, KSSB는 TCFD 기준 등을 참고하여 ISSB 공시기준을 기반으로 한 지속가능성 공시기준 공개 초안을 발표하며 국내 ESG 공시기준 도입에 박차를 가하고 있다.

TCFD 설립 배경은 크게 두 가지로 나누어 볼 수 있다.[2] 우선 첫 번째는 기후 관련 정보에 대한 수요 증가이다. 기후변화가 새로운 위험 및 기회를 야기하며 기업과 금융산업에 점차 중대한 영향을 끼치기 시작하였고, 이에 따라 시장 참가자들은 금융 관련 의사결정에 참고할 수 있는 명확하고 일관된, 비교 가능하며, 신뢰할 수 있는 정보가 필요하게 되었다. 이에 발맞춰 몇몇 기후 관련 공시 표준안이 개발되었으나, 이는 기업의 온실가스 배출량 등의 기후 관련 정보공개에 국한되어 있어, 실제 투자·여신·보험인수와 같은 중장기 금융거래에서 기후 관련 위험 및 기회를 종합적으로 고려하기 어려웠다. 특히 기후변화 관련 정보이용자들은 ① 기후변화가 기업에 미치는 재무적 영향에 대한 정보 누락, ② 정보공개 관행 불일치, ③ 기후 관련 정보에 대한 맥락 부족, ④ 상용구 사용 등을 문제로 꼽았다.

두 번째로 TCFD는 환경보전보다 기후변화로 인한 금융위기를 예방하기 위해 설립되었다고 할 수 있다. 기후변화는 단순히 환경, 개인 혹은 개별 기업에 영향을 끼치는 것에 그치지 않는다. 기업이 기후변화 대처에 실패할 경우, 그로 인한 손실은 금융기관의 재무건전성 악화로 연결되어 금융위기로 번질 수 있다.[3] 즉, 기후변화가 일으키는 새로운 위험 및 기회에 관한 정보가 충분히 시장에 반영되지 않는다면 이는 자산가격의 왜곡 및 비효율적 자본할당으로 이어지고, 갑작스러운 시정이 이루어지는 경우 금융시장의 안정성을 저해할 수 있다.

이에 따라 G20 재무장관 및 중앙은행 총재의 요청으로 금융안정위원회 FSB는 2015년 12월 금융부문에 유용한 기후 관련 정보를 제공하기 위하여 기후 관련 재무정보공개 태스크포스 Task Force on Climate-related Financial

Disclosure, TCFD를 설립하였다. 마이클 블룸버그를 위원장으로 하여 전 세계 은행, 보험사, 자산운용사, 연기금, 신용평가기관 등 다양한 조직의 32인의 전문가가 참여한 TCFD는 2017년 6월 기후변화 관련 주요 위험 및 기회를 이해하고 평가하기 위한 일관된 재무정보 공개 프레임워크를 담은 권고안을 발표하였다. 권고안 발표 당시 모건스탠리, HSBC, S&P, KPMG 등 전 세계 100개 이상의 금융기관, 신용평가사, 기업 등이 TCFD의 권고안 도입 지지 서명에 참여하였으며, 2021년에는 G7 및 G20가 TCFD 권고안의 공시 요건을 반영한 국내 규제 체계 이행을 촉진하기로 서약하였다. 권고안 발표 이후 2023년 10월 해산까지 TCFD

TCFD 연혁

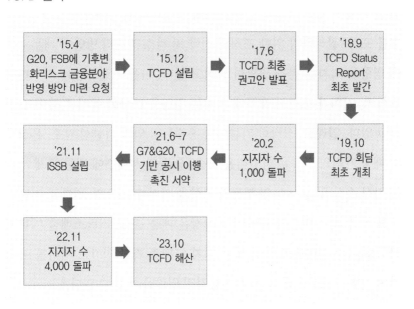

출처: TCFD 공식 홈페이지, https://www.fsb-tcfd.org/about/

는 회담 개최, 연간 현황 보고서 및 상세 가이던스 발간 등의 활동을 영위하며 기업들이 권고안을 채택하도록 권고하고 그 현황을 모니터링하였다.[4]

기후변화 관련 위험·기회 및 재무적 영향을 알리는 방법, TCFD

TCFD는 기후변화 관련 재무정보 공개에 관한 표준화된 틀로, 태스크포스의 주요 목표는 기후변화 관련 위험 및 기회가 조직에 미치는 재무적 영향에 대한 공시를 개선하는 것이다. 따라서, 권고안은 기후변화 위험 및 기회에 대한 정의와 범주를 명확히 정비하고, 기후변화 위험 및 기회를 포착·관리하기 위한 조직의 전략 및 리스크 관리 방안이 재무구조에 영향을 미치는 점을 명확히 밝히고 있다. 아울러 권고안은 기후변화 위험 및 기회가 조직의 재무에 미치는 영향을 다양한 예시를 들어 설명하고 있다. 일례로, 심각한 가뭄이나 홍수는 수익과 생산성 감소, 온실가스 배출 가격의 상승은 영업비용 상승, 상품 및 서비스에 대한 규제 부과는 자산 손상 및 상각 등의 부정적 영향을 끼칠 수 있으며, 반대로 저탄소 배출 상품 및 서비스의 개발이나 확장은 매출 증대, 저탄소배출 에너지 사용 확대는 석탄원료 가격 및 온실가스 배출 가격 민감도 저하를 야기하여 기업의 재무상태 및 구조에 긍정적 영향을 끼칠 수 있다.[5]

지속가능한 금융의 미래

기후변화 관련 위험, 기회 및 재무적 영향

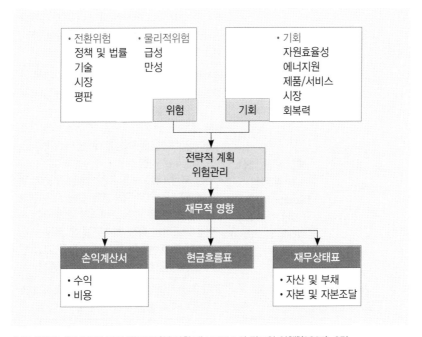

출처: TCFD, "기후변화 관련 재무공시에 관한 태스크포스의 권고안 이행"(2021), 9면.

ESG를 관통하는 언어,
TCFD 권고안의 구조 및 주요 내용

TCFD 권고안은 ① 권고안, ② 권고안에 따른 구체적인 공시 권장 내용을 담은 전 부문 및 특정 부문[6] 권고 이행 지침, 그리고 ③ 추가 보충 자료(시나리오 분석에 대한 가이던스 등)로 구성되어 있다.

TCFD 권고안 및 지침 구조

권고안(Recommendations)		조직 운영에 있어 핵심이 되는 네 가지 주제를 권고안으로 채택: 지배구조, 전략, 위험 관리, 지표 및 목표
권장 공시내용 (Recommended Disclosures)	전 부문 대상 지침 (Guidance for All Sectors)	의사결정에 유용한 정보를 제공하기 위해 조직이 재무 공시자료에 포함해야 하는 구체적인 권장 공시내용
	특정 부문 대상 보충 지침 (Supplemental Guidance for Certain Sectors)	• 전 부문 대상 지침: 모든 조직을 대상으로 권장 공시내용의 이행을 위한 맥락과 제안을 제공하는 지침 • 특정 부문 대상 보충 지침: 특정 부문이 부문별 또는 산업별 기후변화 관련 재무 정보를 제공하는 데 있어 고려해야 할 중요한 사항을 강조하는 지침. 보충 지침은 금융 부문, 그리고 기후변화의 잠재적 영향을 가장 많이 받는 비금융 부문을 대상으로 제공됨.
추가 보충 자료(Additional Supporting Materials)		공시 작성기업이 TCFD 권고안의 핵심 요소를 이행하도록 돕는 추가 정보 및 지침

출처: TCFD, 앞의 글, 6면.

　　TCFD 권고안은 ① 지배구조, ② 전략, ③ 위험관리, ④ 지표 및 목표의 4개 영역 내 11개 권장 공시내용으로 구성되어 있으며, 당 권장 공시내용을 통해 투자자 및 기타 공시 정보이용자들은 공시 주체 기업이 어떻게 기후변화 관련 이슈를 평가하고 그에 대응하는지 이해할 수 있다.

　　특히 권고안은 파리협정 2°C 목표 기반의 시나리오를 세우고 이에 대응하는 기업의 전략을 공개하도록 하고 있다. 즉, 모든 국가는 자국의 상황을 감안하여 마련한 국가별 기여 방안에 따라 온실가스 감축 목표를 이행하고, 해당국의 기업은 감축 목표 이행에 따른 정책, 기술, 소비자 인식 변화 관련 시나리오를 설정하여 그에 관한 기업의 기후변화 대응전

략, 목표수립 및 활동내역 등의 정보를 설명해야 한다.[7]

   TCFD는 권고안을 채택하는 기업 및 조직에게 연간 재무보고서(사업보고서 또는 연차보고서)를 통한 공시를 권고하였으며, 관련 정보의 완전한·구체적인·명확한·균형잡힌·이해가능한·일관성 있는·비교가능한·신뢰가능한·검증가능한·객관적인·적시 보고 원칙을 제시하였다.[8]

TCFD 권고안 및 권장 공시 내용

권고안			
지배구조	전략	위험 관리	지표 및 목표
기후변화 위험 및 기회관련 조직의 지배구조 공시	기후변화 위험 및 기회가 조직의 사업, 전략 및 재무 계획에 미치는 실제/잠재적 영향이 중대한 경우, 이 영향을 공시	조직이 기후변화 관련 위험을 식별, 평가 및 관리하는 방법을 공시	기후변화 위험 및 기회의 평가와 관리에 사용하는 지표 및 목표 정보가 중요한 경우, 이 정보를 공시
권장 공시내용			
a. 기후변화 위험 및 기회에 관한 이사회의 감시 현황 설명	a. 조직이 단·중장기에 걸쳐 파악한 기후변화 위험 및 기회 설명	a. 조직의 기후변화 관련 위험의 식별 및 평가 프로세스 설명	a. 조직의 전략 및 위험관리 프로세스에 따라 기후변화 관련 위험 및 기회를 평가하기 위해 조직이 사용하는 지표 설명
b. 기후변화 위험 및 기회에 관한 평가·관리 시 경영진의 역할 설명	b. 기후변화 위험 및 기회가 조직의 사업, 전략, 재무계획에 미치는 영향 설명	b. 조직의 기후변화 관련 위험 관리 프로세스 설명	b. 스코프 1 및 스코프 2, 그리고 적절한 경우, 스코프 3 온실가스 배출량 및 관련 위험 공시

c. 2℃ 이하 시나리오를 포함한 다양한 기후변화 관련 시나리오에 대한, 조직 전략의 회복탄력성 설명	c. 조직의 전반적인 위험 관리에 기후변화 관련 위험을 식별·평가·관리하는 프로세스가 어떻게 반영되어 있는지 설명	c. 조직이 기후변화 위험 및 기회를 관리하기 위해 사용하는 목표, 그리고 목표 대비 성과 설명

출처: TCFD, 앞의 글, 15면

금융당국과 금융회사의 TCFD 지지 선언과 기후리스크 대응

TCFD 공식 홈페이지 자료에 따르면, 2023년 10월 4일 기준 전 세계 104개 지역의 4,800개 이상의 기업 및 조직이, 국내에서는 192개의 기

전 세계 TCFD 지지 추이

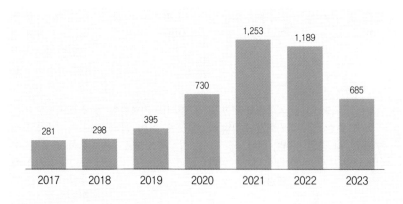

* 2023년 10월 4일 기준, 전 세계 TCFD 지지자 수: 4,831개
출처: TCFD 공식 홈페이지, https://www.fsb-tcfd.org/about/

지속가능한 금융의 미래

업이 TCFD 권고안을 지지하고 있는 것으로 나타났다.[9] 이들은 대기업, 금융기관, 정부기관, 협회, NGO, 컨설팅업체 등으로 다양한 섹터에서 TCFD 권고안을 지지하고 있는 것으로 조사 되었으며, 태스크포스는 특히 채권 및 주식을 발행하는 기업 및 조직 그리고 재무공시를 작성하고 활용하는 자산 관리자 및 소유자에게 TCFD 권고안을 지지하고 시행하길 권고하였다.

연도별 국내 주요 기관 TCFD 지지 내역 (2023년 10월 4일 기준 총 192개사)

지지연도	기관명
2018	신한금융지주, KB금융그룹, DGB금융그룹, 한국사회책임투자포럼(4개사)
2019	한국은행, 안다자산운용, 에코앤파트너스(3개사)
2020	환경부, 한국거래소, 한국투자공사, 기업은행, 신한자산운용, 한화자산운용, SK이노베이션, 기아자동차, 포스코, KT&G 등(12개사)
2021	금융위, 금감원, 예보, 산은, 수은, 예탁원, 금결원, 주금공, 캠코, 증금, 신보, 기보, 무보, 성장금융, 삼성증권, 미래에셋증권, 우리금융그룹, 하나금융그룹, NH농협금융지주, 한화생명, 삼성생명, 삼성화재, 삼성카드, 현대자동차, 네이버, DL E&C, 삼성SDS, E1, KT, LG화학, 롯데칠성음료 등(70개사)
2022	CJ제일제당, 효성첨단소재, HD현대중공업, 카카오, 한국석유공사, 교보생명, LG디스플레이, 롯데케미칼, NH투자증권, 포스코이앤씨, SK텔레콤, SK가스 등(64개사)
2023	국토안전관리원, 셀트리온, CJ CGV, 현대건설, 대우건설, 한국투자금융지주, LG에너지솔루션, 롯데쇼핑, 메리츠금융그룹 등(39개사)

출처: TCFD 공식 홈페이지, https://www.fsb-tcfd.org/about/

2021년 5월, 금융위원회는 13개 금융 유관기관(금융감독원, 예금보험공사, KDB산업은행, 한국수출입은행, 한국예탁결제원, 금융결제원, 한국주택금융공사, 한국자산관리공사, 한국증권금융, 신용보증기금, 기술보증기금, 한국무역보험공사, 한국성장금융투자운용)과 함께 TCFD 지지를 선언하였다.[10] 지지선언문에서 금융위원회는 "TCFD 권고안에 따른 기후변화 관련 재무정보 공개를 통해 우리 사회가 지속가능한 저탄소 경제로 전환하는 데 도움이 되고, 보다 안정적인 금융시스템을 구축할 수 있기를 기대한다"고 밝히며, 다음 네 가지 실천 사항을 준수하기로 하였다.

- 실 천 사 항 -

하나, 우리는 기후변화 관련 위험과 기회에 대한 이사회의 관리 · 감독 내용 및 경영진의 역할을 적극 공개하기로 노력한다.

하나, 우리는 단기 · 중기 · 장기적인 기후변화 관련 위험과 기회 및 기후변화 관련 위험과 기회가 사업, 전략, 재무계획에 미치는 영향, 그리고 지구 평균기온 2℃ 이내 상승 시나리오를 포함한 다양한 기후변화 시나리오에 대해 적극 공개하기로 노력한다.

하나, 우리는 기후변화 관련 위험의 식별, 평가, 관리절차 및 이를 위험관리 체계에 통합하는 방법에 대해 적극 공개하기로 노력한다.

하나, 우리는 기후변화 관련 위험과 기회를 평가하기 위해 사용되는 지표, 온실가스 배출정보 및 관련 위험 그리고 기후변화 관련 위험과 기회를 관리하기 위해 사용하는 목표와 목표 대비 성과에 대해 적극 공개하기로 노력한다.

출처: 금융위원회, 「기후변화 관련 재무정보 공개 협의체(TCFD)」에 대한 지지선언과 정책금융기관 간 「그린금융 협의회」 출범으로 녹색금융 추진에 더욱 박차를 가하겠습니다.", 2021. 5. 24., 6면.

상기 실천사항은 앞서 살펴본 TCFD의 4가지 권고안 내용으로, 국내 금융당국은 해당 지지선언을 계기로 TCFD 권고안에 기반한 기후변화 관련 대응 활동을 본격적으로 강화하기 시작하였다. 정부는 한국형 녹

색분류체계^{K-Taxonomy}·금융권 녹색금융 핸드북·기후리스크 관리 지침서 마련, ESG 통합플랫폼 구축 등 녹색금융 활성화를 위한 제도적 장치 마련에 박차를 가하였으며, 다수의 국내기업은 금융당국의 녹색금융 확대 의지를 확인하고 TCFD 지지선언에 연달아 참여하였다.

민간에서도 공동 대응을 위하여 2022년 6월 기후 관련 공시 대응을 위한 연합체인 한국 TCFD 얼라이언스를 출범하였다. 얼라이언스는 국내 TCFD 기반 법제도 구축 및 금융기관과 기업의 TCFD 대응 역량 강화를 목표로 설립되었으며, 2023년 11월 기준 국내 68개 금융기관 및 기업이 회원사로 참여 중이다. 현재 한국 TCFD 얼라이언스는 워킹그룹을 3개(기후금융시스템 고도화·TCFD대응 역량강화·시나리오 분석 역량강화)로 나누어 세미나 및 간담회를 운영하고 있으며, 기후공시체계 도입 및 안착, 금융감독시스템 전반에 기후리스크 반영, 해외 TCFD 보고 사례 및 멤버기관 간의 노하우 공유, TCFD 전략 수립 시 필요한 기후변화 시나리오분석 역량 제고 등 다양한 활동을 수행하고 있다.[11][12][13]

지평 기업경영연구소는 국내기업의 TCFD 이행 현황을 전반적으로 진단하고 미흡한 부분을 파악하기 위하여 2022년부터 한국 TCFD Status Report를 발간하고 있다.[14] 2023년 3월 발표된 '한국 TCFD Status Report 2022' 보고서(2022년 7월 말 기준)는 총 123개 국내기업의 TCFD 권고안 연계 보고 현황을 담고 있으며, 보고서에 따르면 국내기업들은 ① 지속가능성 보고서 내 TCFD 권고안 관련 내용이 담긴 페이지를 인덱스 형태로 공시(52개 기업), ② 지속가능성 보고서 내 별도의 TCFD 챕터를 만들어 공시(60개 기업), 혹은 ③ 지속가능성 보고서와 별도로 TCFD

보고서를 발간하여 공시(8개 기업)하는 방법 등을 취하고 있는 것으로 나타났다.

연구소는 TCFD 권고안 4개 영역 내 11개 권장 공시 내용에 관하여 총 49개(지배구조 12항목, 전략 17항목, 위험관리 6항목, 지표 및 목표 14항목)의 구체적 분석 항목을 정하고, 평가 대상기업의 공시내용을 점수로 평가한 후 개별 항목을 백분율로 환산하여 공시율을 측정하였다. 그 결과 평가 대상 국내기업의 평균 공시율은 28%에 그치는 것으로 나타났으며, 특히 TCFD 11개 권고 공개항목 중 "경영진 역할" 항목과 "온실가스 배출량" 항목의 공시율이 상대적으로 높고, 그 외 항목은 모두 공시율이 낮은 것으로 조사되었다.

특히 "위험식별·평가프로세스"에서 가장 낮은 공시율을 기록하였고, 그 외 "이사회감독", "단·중·장기 기후관련 위험 및 기회 파악", "기후관련 위험 및 기회의 영향" 항목의 공시율도 낮은 것으로 파악되었다. 연구소는 조사 결과 국내기업의 TCFD 연계 공시 수준이 매우 낮으며, TCFD 권고안에 대한 기업의 이해도를 높이고 관련 역량을 제고해야 한다는 결론을 제시하였다.

2021년 발간 보고서와 비교해 보면, 분석 대상 기업의 평균 공시율은 2021년 23%에서 2022년 28%로 전년도 대비 22% 상승하고, 권고안 4개 영역 모두에서 2021년 조사 대비 TCFD 권고안 적용 수준이 높아진 것으로 나타나 한국 기업들의 TCFD 권고안에 대한 이해와 공시내용이 점차 개선되고 있는 것으로 파악되었다.

지속가능한 금융의 미래

TCFD 11개 권장 공시내용별 공시율   (단위: %)

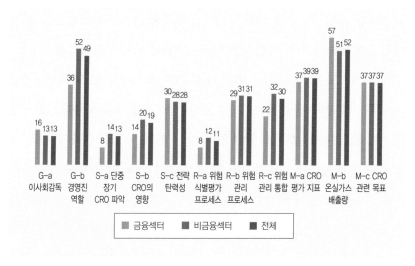

출처: 법무법인(유) 지평 기업경영연구소, "한국 TCFD Status Report_2022"(2023), 20면.

ESG 공시 국제표준, ISSB 기준으로 통합

국제회계기준재단IFRS Foundation은 2021년 11월 국제지속가능성기준
위원회International Sustainability Standards Board, ISSB를 설립한 후 TCFD 기반
국제 공시기준 개발에 착수하여, 2023년 6월 국제 지속가능성 공시기준
최종안을 발표하였다. 최종안은 ① 일반적 지속가능성 관련 재무정보 공
시 요구안IFRS S1 및 ② 기후 관련 재무정보 공시 요구안IFRS S2으로 구성
되어 있으며, TCFD의 권고안을 완전히 통합하고 세부 내용을 보강하였
다. ISSB 기준은 2024년도 회계연도부터 효력이 발생하며, 국가별 시행

여부는 개별 국가별로 정해진다.[15][16] FSB는 ISSB 기준 발표 후 TCFD가 담당하던 기후공시 진행 상황 모니터링 업무를 2024년부터 ISSB로 이관하기로 발표하였으며, 이로써 TCFD는 2023년 10월 해산되었다.[17]

TCFD는 최종 리포트인 "2023 Status Report"에서 ① TCFD 권고안에 따른 기후변화 관련 정보를 공시하는 상장기업 비율이 증가하였으나 개선이 필요한 점, ② 기후 관련 위험 또는 기회, 이사회 감독 및 기후 관련 목표를 공시하는 기업의 비율이 크게 증가한 점, ③ 재무공시에 기후 관련 재무정보 공개가 제한적으로 이루어지고 있는 점, ④ 기후변화 관련 공시를 최종적으로 의무화하거나 의무화할 예정인 대부분의 국가에서 해당 공시를 재무제표 혹은 사업보고서 제출 시 함께 보고하도록 한 점, ⑤ 최대규모 자산관리자의 80% 이상과 최대규모 자산소유자의 50% 이상이 11가지 권장 공시내용 중 최소 한 가지 이상의 권장 공시내용을 보고한 점, ⑥ 자산관리자 및 자산소유자가 투자대상회사의 정보 부족을 기후 공시의 가장 큰 난관으로 지적한 점을 주요 시사점 및 조사 결과로 발표하였다. 이에 더해 TCFD는 추후 과제로 ① ISSB 기준과 개별국가 공시 프레임워크의 상호운용성 보장, ② 기후변화 관련 물리적 위험 평가 및 적응 방안, 산업 혹은 분야별 기후변화 관련 시나리오 분석 및 Scope 3 온실가스 배출 측정 등에 대한 상세한 실행 지침 제공, ③ 다양한 기후 관련 시나리오에 따른 기업 전략 회복탄력성의 지속적인 공개, ④ 기후변화 외 생물다양성, 사회문제 등 기타 지속가능성 주제에 관한 기업 전략 공시의 지속적 확대, ⑤ 일관된 기후 관련 재무 공시 프레임워크의 개발을 들었다.[18]

지속가능한 금융의 미래

본문에서 살펴본 바와 같이 TCFD 권고안 지지를 선언한 우리나라 기업들의 기후변화 관련 공시는 아직 충분히 이루어지지 않고 있다. 그러나 TCFD 권고안 지지는 개별 조직이 맞닥뜨린 기후변화 관련 리스크 및 기회를 살피고 그에 따른 조직의 경영전략 및 리스크 관리 설정 수준과 방향을 전반적으로 파악할 수 있는 계기가 되었다. 아울러 금융기관들이 TCFD 권고안을 지지하면서 기후변화 관련 위험, 기회 및 재무적 영향이 금융기관의 주요 투자 결정 요인으로 자리 잡고 있다. 즉, TCFD는 기후변화 관련 정보가 실제 금융 및 재무 영역에 통합되도록 하여 기후정보 주류화에 가장 핵심적인 역할을 수행하였다.[19]

파리협정 이후 EU는 2014년 비재무정보 보고지침Non-Financial Reporting Directive, NFRD 제정 및 2019년 지속가능금융 공시규정Sustainable Finance Disclosure Regulation, SFDR 채택을 거쳐, 2023년 NFRD를 수정한 기업 지속가능성 보고지침Corporate Sustainability Reporting Directive, CSRD을 발효하며 ESG 공시제도를 선두적으로 안착시키고 있다. 아울러 미국 증권거래위원회Securities and Exchange Commission, SEC는 2024년 3월 기후공시규정 최종안을 통과시켰으며, 그 외 일본, 영국, 호주, 캐나다, 싱가포르 등 주요국 또한 ISSB 기준을 기반으로 국가별 ESG 기준 도입을 준비 중이다.[20] 우리나라는 2024년 5월 현재 한국회계기준원 산하 KSSB가 지속가능성 공시기준 공개 초안을 발표하며 ISSB 공시기준을 기반으로 한 국내 공시기준 도입에 박차를 가하고 있다.[21] 따라서 수출 중심의 우리나라 기업들은 국제 ESG 규제 동향을 지속적으로 모니터링하며 빠르게 대응 전략을 마련해야 할 것이다.

기업의 TCFD 지지선언 및 관련 공시 이행 실천의 의의는 지속가능한 미래 구축 참여에 국한되지 않는다. 투명한 정보공개 및 사회적 책임경영은 기업의 가치 및 평판을 제고하고 궁극적으로 주주 및 이해관계자의 이익으로 이어질 것이다. ESG 공시는 피할 수 없는 시대적 과제이다. ESG 경영 및 이를 위한 거버넌스를 갖추고 관련 공시를 충실히 이행해 나가는 것이 앞으로 기업의 글로벌 경쟁력을 좌우할 것이다.

지속가능한 금융의 미래

4장

지속가능금융의 판별기준, EU 택소노미

EU 택소노미로 친환경 투자를 확대하고 그린워싱을 방지한다.

EU 택소노미는 기후환경과 관련한 지속가능 경제활동에 대한 공시 메커니즘과 기준을 나타내는 '녹색분류체계'이다. 앞으로 기업의 지속가능성 공시가 기업의 경쟁력으로 평가받는 시대가 도래하고 있다. 국내기업과 금융기관들은 이러한 시대 흐름에 맞춰 EU 택소노미에 대한 인식 제고는 물론이고 위험관리에 대한 역량 개발을 힘써 나가야 할 것이다.

안재석

오늘날 세계 주요국들은 '2050 Net Zero'를 위한 로드맵을 마련하고, 위 목표 달성을 위한 이행계획을 실천해 나가고 있다. 특히 탄소중립Net-Zero[1] 달성을 위한 중간 목표인 2030년 기후 및 에너지 목표를 달성하려면 지속가능한 친환경 프로젝트 및 활동에 대한 투자를 유도하는 것이 중요하다. 여기에서 지속가능한 경제활동을 위한 친환경 프로젝트에 자금이 자연스럽게 흘러갈 수 있도록 작용하는 것이 바로 녹색분류체계, 즉 그린 택소노미Green Taxonomy다. 'Taxonomy'는 과학적 논리nomos, "법률" 또는 "과학"에 기반하여 분류taxis, "순서"를 실제 수행하는 의사결정 결과라고 정의된다.[2] 즉, 어원적으로 보면 과학적, 체계적으로 분류한다는 의미에서 Taxonomy(분류학)의 단어가 탄생한 것이고 Green이란 단어와 함께 친환경, 녹색경제활동을 판별하기 위한 기준으로써 Green Taxonomy란 이름으로 사용되고 있다.

　그동안 어떤 것이 친환경적이며 지속가능한 발전을 유도하는지에 대한 공통되고 명확한 기준이 부재하였다. 이에 따라 탄소중립을 실질적으로 달성하기 위한 평가에 어려움을 겪어 왔다. 이러한 문제를 해결하기 위한 중요한 작업 중의 하나가 그린 택소노미를 마련하는 것이다. 그린 택소노미를 통해 어떤 경제활동이 녹색금융의 대상인지에 대한 명확한 기준을 제시함으로써 금융회사와 민간 기업, 투자자와 정부 등 시장 참여자들의 신뢰를 증진하고, 일관성 있는 평가가 가능하게 할 수 있다. 이러한 점에서 그린 택소노미는 녹색금융의 첫 단추이자 핵심적인 인프라라 할 수 있을 것이다.

놓쳐서는 안될 친환경 정책, EU 택소노미(녹색분류체계)

EU의 택소노미는 화석연료의 사용을 줄이고, 지속가능한 경제성장을 이루기 위한 EU 최초의 구속력 있는 규범이다. 기후변화, 위기에 대응하기 위해 강제성이 부여된 규칙이며, 유럽에서 활동하고 있는 기업들은 위 규정을 준수하여야 한다. 택소노미의 조항들은 기업의 친환경적인 활동의 적용 대상과 범위를 정하여 투자자들에게 투명한 기업정보를 의무적으로 공개해야 하는 특징을 가지고 있다.

환경적 측면의 정보공개 내용들은 ESG(환경·사회·지배구조)와 유사한 개념이다. 결국, 이 규범의 특징은 친환경적 기업의 모든 활동이 투명하게 공개가 되어야 하며, 그 정보로 인해 지속가능한 투자가 이루어질 수 있도록 공시한다는 점이다. 큰 틀에서 바라보면 투자자들이 친환경적 활동을 하는 기업에 투자하도록 유도함으로써 자연스럽게 경제성장과 기후변화에 대응한다는데 의의가 있다. 기업의 친환경 기술 혁신 및 기업들이 앞으로 나아가야 할 방향을 EU가 유도함으로써, 이에 순응하지 못하는 기업들은 투자자들에게 외면받고 도태되도록 하겠다는 것이다.

지속가능한 금융의 미래

EU의 기후변화 대응은 자본시장 방향을 제어하고자 하는 첫 사례이며, 인류가 나아가야 할 방향으로 채택되었다는 점에서 높이 평가할 수 있다. 2019년 EU는 탄소중립과 저탄소 경제체계 마련을 위해 그린딜 Green Deal[3] 정책을 입안하였다. 이 법안이 택소노미의 시초라고 볼 수 있다. EU는 '2050년까지 유럽 대륙의 탄소중립 달성'을 선언하였고, 여러 회원국은 2050 탄소중립의 법제화 및 유럽 기후법 EU Climate Law[4]의 제정 등을 통해 2050 탄소중립이 정치적 의제가 아닌, '법적 의제'로 확립하는 과정을 거쳤다.

이 중에서 EU 택소노미 규정 Taxonomy Regulation, TR 은 금융의 지속가능한 성장 전략의 일환으로, "환경 측면으로 지속가능한 경제활동"의 정의와 분류 기준을 제시하고 기준에 따라 체계적으로 목록화하는 것을 핵심 내용으로 한다.

EU 택소노미, 왜 필요할까?

유럽 그린 딜에서는 지속가능한 성장을 위한 프로젝트와 방안을 제시하고, 지속가능한 경제활동에 대한 일반적인 분류체계를 만들어서 활용하기 위해 EU 택소노미를 도입하였다. 택소노미의 구체적인 도입 배경을 살펴보면 다음과 같다.

첫째, EU 택소노미는 EU의 지속가능금융 행동계획 Action Plan on Sustainable Finance 의 일환으로 유럽연합EU 의회와 이사회가 채택한 EU 택소노미 규정을 근거로 한다.[5] 이를 통해 EU는 공동의 지속가능한 발전과 금융시스템의 연계 방안을 제도화하였다. 그렇다면 ESG 금융의 판단기준은 무엇일까? ESG 금융을 추진하기 위해서는 특정 경제활동이 소위 ESG에서 추구하는 지속가능성 여부를 충족하는지를 판단할 수 있는 기준이 필요하다. 무엇이 친환경적이고 녹색경제활동이며, 지속가능성을 지닌 ESG 금융 활동의 대상인지, 판단기준을 제시한 것이 바로 EU 택소노미이다.

둘째, 2018년 3월에 EU 집행위원회가 제시한 지속가능한 투자로 자본 유입 방향을 재조정하겠다는 목표를 들 수 있다. EU는 이를 위해 EU 택소노미를 도입하여 지속가능한 경제활동, 즉 녹색경제활동을 분류하였다. 금융기관이 투자 의사 결정에 ESG를 고려토록 하는 이러한 규제화의 움직임은 금융시장에 즉각적인 반응을 불러왔다. 2020년 1월, 세계 최대 규모의 자산운용사인 블랙록Blackrock의 래리 핑크 회장은 기업에 보내는 연례 서한에서 기후변화에 적극적으로 대응하지 않는 기업에 대한 투자를 철회하겠다는 의사를 표명하였다.[6] 이에 따라 BNP Paribas, ING Group 등 글로벌 대형 투자기관들도 화석연료와 관련된 사업에 대한 투자 중단 선언을 하는 등 금융시장도 빠르게 재편되고 있다.

셋째, EU가 지속가능한 발전과 기후변화 대응을 위한 지속가능금융을 본격적으로 추진하기 위해 발표한 2018년 3월 '지속가능금융 10대 행동계획'을 수립한 것이다. EU는 '지속가능 활동에 대한 명확하고 세밀한 분류체계를 정립'하기로 하였고, 이것이 EU 택소노미의 제도적 기초라고 볼 수 있다. 즉 EU 회원국, 기업, 금융기관에 환경적으로 지속가능한 경제활동에 대한 명확한 정의와 판단기준을 제공할 목적으로 기업의 저탄소 전환계획을 촉진하고, 투자자를 그린워싱 Green Washing, 녹색위장행위 으로부터 보호함으로써 민간금융을 EU의 환경 목표에 부합하도록 유도하는 것이었다.

지속가능금융 액션플랜의 핵심, EU 택소노미

EU는 지속가능한 금융전문가 그룹^{TEG 7}을 통해 EU 택소노미 개발을 위한 보고서와 심사 기준을 포함한 부속서를 발표했다. 이 보고서는 2018년 12월 EU 의회와 이사회가 채택한 EU 택소노미 규정을 근거로 한다. EU 택소노미 규정은 6가지 환경 목표를 설정하고, 판정 기준 4가지를 모두 충족하는 경우에만 환경적으로 지속가능한 경제활동으로 인정한다.

환경 목표 6가지는 EU가 추구하는 기후변화 대응 이외에 추가적인 환경 목표까지 포함하고 있다. 구체적으로는 ① 기후변화 완화 Climate Change Mitigation, ② 기후변화 적응 Climate Change Adoption, ③ 해양자원 보존 Sustainable and Protection, ④ 순환 경제로의 전환 Transition to a Circular Economy, ⑤ 오염방지 Pollution Prevention and Control, ⑥ 생태계 보호 Protection and Restoration of Ecosystem 등 6가지이다.

또한, EU는 특정 경제활동이 다음과 같은 4가지 복수 기준을 모두 충족할 경우 지속가능한 경제활동으로 인정한다. ① 하나 이상의 환경 목

What is the EU Taxonomy?

출처: European Commission, Taxonomy: Final report of the Technical Expert Group on Sustainable Finance, 2022. 3, p.2.

표 달성에 상당히 기여할 것 Substantial Contribution, SC , ② 다른 목표들에 중대한 피해를 주지 않을 것 Do Not Significant Harm, DNSH , ③ 최소한의 사회적 · 지배 구조적 안전장치를 준수할 것 Comply with Minimum Social and Governance Safeguard, MSG , ④ 경제활동별 기술 선별 기준에 부합하는 친환경 활동 식별 및 개발에 해당할 것이다.

EU 택소노미에 따르면 기업활동은 기후변화 완화, 기후변화 적응, 수자원의 지속가능한 이용과 보호, 순환 경제로의 전환, 오염방지 및 관리, 생물다양성과 생태계의 보호 및 복원 등 6개의 환경 목표를 달성하는데 기여해야 한다. 또한 기업의 경영활동이 네 단계에 걸쳐 지속가능한 경제활동인지를 선별하는 판단기준을 제시하고 있다.

1단계에서는 기업이 벌이는 사업이 기술적 기준에 적합한지를 판단한다. 예를 들면 자동차 생산의 경우 '2025년까지 이산화탄소 CO_2 배출을 50g CO2/km 이하로 한다'라는 기준치가 설정돼 있어, 이를 충족시키지 못하면 지속가능한 사업이 아니라고 판단한다.

지속가능한 금융의 미래

2단계에서는 1단계에서 적합하더라도 다른 환경 목표에 중대한 해를 끼치는 활동이라면 그것은 지속가능하지 않다고 판정하는 DNSH 기준이 있다.

3단계는 기업이 최소한의 사회적 안전장치를 충족한다는 것을 입증해야 하는데, 경제협력개발기구^{OECD}의 '다국적 기업 행동 지침'이나 UN의 '기업과 인권에 관한 이행 원칙' 등을 준수하는 것을 뜻한다. 바로 이 점에서 EU 택소노미는 환경 분야뿐만 아니라 사회 분야도 포함하는 ESG 투자의 지침으로 영역을 넓히게 됐다.

마지막 단계는 환경적으로 지속가능한 경제활동으로 인정된 사업의 경우, 재무상태표상 기후변화 완화 노력, 녹색자산비율^{GAR}[8] 등 성과지표가 ESG 정보 공시에 포함되어야 한다. 금융기관은 기업이 발표한 ESG 관련 공시를 참고해 대출 및 투자를 결정할 것이기에 기업에는 상당한 부담이 될 전망이다.

원자력과 천연가스는 친환경인가?

EU 택소노미에 어떤 경제활동이 포함되느냐는 여전히 뜨거운 감자이다. 대표적인 예로 원자력 발전(이하 "원전")과 천연가스의 택소노미 포함 여부를 들 수 있다. 원전과 천연가스는 2020년 6월 처음 초안이 발표됐을 때는 EU 택소노미에 포함되지 않았다. 하지만 탄소배출이 많은 석유, 석탄에서 태양광, 풍력 같은 신재생에너지로 곧바로 전환하기는 어렵다는 지적이 제기되었고, 신재생에너지 비중을 급격히 높이고 화석연료 비중을 줄인 스페인, 영국 등은 전기료 급등과 같은 부작용을 겪기도 하였다.

이에 EU 의회는 많은 논란을 딛고 2022년 7월 6일 원자력 발전과 천연가스를 EU 택소노미에 포함하는 것으로 최종 의결하였다. 이는 EU를 중심으로 세계적으로 다시 원전의 활용도를 높이는 방향으로 정책이 바뀌고 있음을 시사하며, 2050 탄소중립 달성을 위한 수단으로 원자력의 필요성을 인정하는 분위기로도 보인다. 더불어 EU 차원에서는 우크라이나-러시아 전쟁과 같은 지정학적 리스크에 대한 대비를 위해 외부 에너지원에 대한 의존도를 낮추고, 에너지 자립도를 높이기 위해 원전의 필요성을 인정한 것으로도 생각된다.

그러자 친환경적이지 않은 원전 등을 친환경 에너지로 위장하는 '그린워싱'이라는 비판이 제기됐다. 원전은 발전 시에는 친환경적이지만 고준위 방사성 폐기물인 폐연료봉 처리 문제가 심각하다. 또한 천연가스는 이산화탄소보다 80배 강력한 온실효과를 내는 메탄을 배출한다.[9] 이를 의식한 듯 EU는 택소노미 포함 조건을 까다롭게 달았다. 원전과 천연가스에 투자하려면 반감기가 수십만 년인 고준위 방사성 폐기물 처리장 마련 및 안전한 처분, 기존 원전 시설 개선 및 수명 연장, 사고 확률이 낮은 사고 저항성 핵연료[ATF] 사용 등을 지켜야 한다.

천연가스, LNG 발전의 경우, 최초안의 부록에 "만약 일반적으로 많은 탄소를 배출하는 자원보다 kW당 최소 50% 이상 탄소를 적게 배출한다면 가스 및 기타 액체 화석연료를 발전에 사용하는 것을 허용한다"는 문

　　　　　　　　　　지속가능한 금융의 미래

구를 추가하여 녹색경제활동에 포함 여지를 두었다. 이후 개정안에서는 온실가스 배출량이 270g $CO_2eq./kWh$ 이내이고, 기존 석탄 발전소를 대체하는 프로젝트이며, 2030년까지 건설 허가를 받고 2035년까지 저탄소 가스로 전환계획을 제출하였을 경우 녹색경제활동으로 인정한다는 기준을 마련하였다. 이로써 EU 택소노미에는 원자력 발전과 LNG 발전이 최종 포함되었다.

위에서 언급한 원자력과 천연가스 포함 여부는 EU 택소노미 논란의 핵심이다. 당초 친환경과 안전성에 대한 과학적 평가가 미흡하다는 이유에서 EU 택소노미에는 포함되지 않았다. 그러나 아이러니하게도 EU 회원국의 원자력과 천연가스 의존도는 굉장히 높다. 탄소배출은 없지만 방사성 폐기물을 발생시키는 원자력, 석탄의 60% 수준의 이산화탄소를 배출하는 천연가스를 완전한 친환경 에너지로 볼 수는 없지만 탈석탄화 과정의 과도기적 에너지로 봐야 한다는 주장에 힘을 받아 포함된 것으로 판단된다.

기업 생존 걸린 ESG, EU 택소노미에 주목하는 이유

파리협정 이후 미국, 중국 등 주요국을 비롯한 많은 나라들이 기후재앙의 마지노선으로 불리는 산업화 이전 대비 지구 평균 온도 1.5℃ 상승을 막기 위해 2050년까지 탄소중립 달성을 선언한 상황이다. 이들 가운데 기후 위기 대응에 앞장서 온 EU에서 탄소중립 목표 달성을 위한 중요한 수단 중 하나가 EU 택소노미이다.

EU는 기업과 투자자 그리고 정책입안자 등이 투자활동에 택소노미 지표를 참고함으로써 친환경 프로젝트의 투자에 자금이 집중되도록 유도해 탄소중립 달성을 촉진하는 것이다. 기업들이 EU 택소노미에 주목해야 하는 이유는 다음과 같다.

첫째, 택소노미는 녹색금융의 판별하는 강력한 기준이 되기 때문이다. 현재 전 세계적으로 녹색금융과 녹색투자로 많은 자본이 몰려들고 있다. 아래 표는 주요 선진국에서 실제 활용하고 있는 택소노미 사례를 열거한 것이다.

주요 선진국 택소노미 사례

EU 택소노미	기후채권 이니셔티브(CBI) 기후채권 택소노미	국제표준기구 (ISO) 녹색 융자 택소노미	중국인민은행 녹색 채권 프로젝트 목록	일본 전환금융 지침
2020년	2013년 (정기적 개정)	초안에 관한 투표 마감 (2020년 9월)	2015년 수립. 2020년 개정	2020년
EU의 지속가능 금융 행동계획 중 하나	녹색 채권 시장의 성장에 따라 녹색 채권으로 인정할 수 있는 사업의 분류와 정의 필요	프로젝트·자산·활동이 녹색인지 평가하여 녹색 금융상품으로 적격 판단 및 표준화	중국공산당 및 국무원이 발표한 생태성과 증진통합 개선계획 일환으로 개발	지속가능한 시스템으로 전환을 위하여 탄소 집약적인 사업과 기업들의 청정전환을 지원하는 금융지원 시 의사 결정 기준 필요

출처: 임성택, "그린·소셜 택소노미 개념과 동향", 대한상공회의소 ESGTV, 2021. 11. 18

지속가능한 금융의 미래

이 중 가장 대표적이고 오래된 녹색분류체계를 구축한 국가는 중국이다. 중국은 2012년 녹색여신 가이드라인, 2013년 녹색 금융통계, 2014년 녹색금융과 관련된 주요 활동 지표 가이드라인 등 지속가능금융에 높은 관심을 표했으며, 다양한 정책을 시행하고 있다. 이에 따라 중국 내 은행은 녹색여신 현황을 6개월마다 보고해야 하며, 이러한 금융자금이 에너지 절약, 배출량 감축, 물 절약 등에 미친 영향을 보고해야 한다. 중국인민은행이 2015년에 발행한 녹색채권 승인프로젝트 카탈로그 Green Bond Endorsed Project Catalogue, 이하 "녹색채권 카탈로그"는 녹색분류체계와 유사한 모습을 띠고 있다. 녹색채권 카탈로그는 녹색채권의 정의와 해당 시장의 활성화를 목적으로 한다.[10]

그렇다면 어떤 투자가 친환경적이며 기후변화에 대응하는 것일까? 투자자가 친환경적 투자라고 주장해도 아무도 인정해 주지 않는다면 소용이 없을 것이다. 이러한 맥락에서 거대 자본이 투자의 기준이나 결정할 수 있는 근거가 되는 것이 택소노미이다. '2050년 탄소중립 달성'이 목표인 EU의 기후변화 목표에 적합한 투자 가이드라인인 셈이다. 여기에 포함되어야 친환경 관련 투자를 받을 수 있다. 즉 어떤 산업 분야가 친환경 산업에 속하는지 분류하는 체계로 녹색투자를 받을 수 있는지를 판별하는 기준으로 활용된다.

둘째, 그린워싱을 방지하기 위한 것이다. 수많은 기업이 녹색활동을 홍보하고 있지만 실제 들여다보면 무늬만 녹색활동이지 그렇지 않은 경우가 많다. 이것은 친환경 코스프레라고 할 수 있다. EU 택소노미를 통해 기업의 그린워싱 금융상품 개발 남발을 방지해 투자 위험을 줄이고,

진정한 지속가능 산업에 자금을 조달하는 환경을 조성하는 매개체가 바로 택소노미라고 판단된다.

세 번째로 EU에서는 종업원 500명 이상의 대기업에 환경 관련 비재무적 성과Non-Financial Reporting Directive, NFRD에 대한 정보를 제공하도록 의무화하고 있다. 유럽 내에서 약 6,000개의 기업과 은행, 보험사, 자산운용사, 투자 펀드, 연기금 등이 이에 해당한다. 결국 EU 택소노미 상 위에서 언급한 선별 기준을 통해 기업 또는 금융기관은 환경 측면으로 지속가능한 경제활동을 이행해야 한다. EU 택소노미는 아래 그림과 같이 EU의 기업 지속가능성 보고 지침Corporate Sustainability Reporting Directive, CSRD과 지속가능금융 공시 규정Sustainable Finance Disclosure Regulation, SFDR[11]과 연동하여 활용된다.

먼저 기업의 경우 매출액(혹은 자본비용, 운영비용)이 녹색분류체계와 어느 정도 연관성이 있는지를 밝혀야 한다. 기업의 활동 중 NACE[12] 분류체계에 따른 활동별 매출액을 확인하고, 이 활동이 녹색분류체계와 부합하며, 상당한 기여 조건을 만족하고, 배제 기준을 침해하지 않으며, 최소한의 사회적 장치를 준수하는지 점검한다. 이러한 모든 단계를 통과하는 매출액 비중을 녹색분류체계 연관 활동 비중으로 공개해야 한다. 이러한 기업 공시를 바탕으로 EU 내 금융상품을 판매하는 금융기관은 해당 상품의 녹색분류체계 연관 정도를 사전 공시해야 한다. 기업의 녹색분류체계 연관 정도에 기업별 투자가중치를 곱하여 금융상품 포트폴리오의 녹색분류체계 연관 비율을 산정하는 방식으로 비중을 측정할 수 있다.

지속가능한 금융의 미래

금융기관은 기업평가와 관련해서 개별 기업이 영위하는 경제활동별로 EU 분류체계 판단 조건을 심사하여 지속가능한 경제활동 비중을 계산하는데 EU 택소노미를 활용한다. 기업의 ESG 공시자료가 없는 경우에는 금융기관은 기업의 매출액 등을 NACE 기준 산업 섹터별로 구분하고, EU 분류체계상 기술선별기준TSC[13]이 제시된 섹터만을 대상으로 선별 심사를 진행한다.

　또한 TSC의 상세 기술기준에 의거 SC(①요건)·DNSH(②요건)를 심사

EU 지속가능금융 체계도

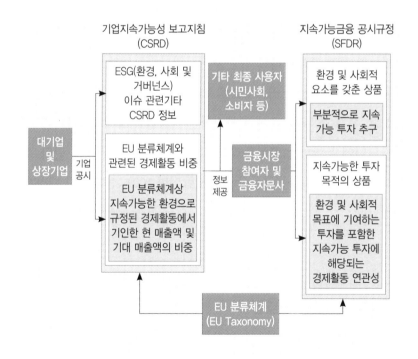

출처: 오태현, "EU 지속가능금융 입법안의 주요 내용과 전망", 대외경제정책연구원, 2021. 5.

하고, MSG(③요건) 실사를 진행하여 최종적으로 EU 택소노미에 부합하는 경제활동 비중을 도출한다. SC(①요건) 심사 시 TSC에 제시된 기준치를 충족하여야 하며, 기준치가 없는 섹터는 자동 통과한다. 이렇듯 EU 택소노미 활용 측면에서 공시는 매우 중요한 사항이다. 택소노미 공시가 의무화되면 활용도는 증가하게 되고, 주요 공시 대상인 상장기업들은 수행 중인 모든 경제활동에 대해 분류체계 적합 여부를 확인해야 한다. 이에 따라 기업 내 많은 경제활동에 대한 녹색분류체계 적합성 확인으로 시간 및 비용 부담이 초래되지만, 반대로 기업의 녹색경제활동 파악 및 기업들의 그린워싱 방지 역할을 하게 된다. 포트폴리오 평가의 EU 택소노미의 활용과 관련해서 금융기관은 투자 대상기업의 지속가능 경제활동 비중, 포트폴리오에 지속가능금융상품 포함 여부를 고려하여 지속가능한 투자 포트폴리오 비중을 계산한다. 즉 투자 대상기업의 경제활동별로 선별 심사를 거쳐 EU 택소노미에 적합한 경제활동 비중을 도출하고, 투자 포트폴리오에서 차지하는 비중을 가중치로 적용하여, EU 택소노미에 부합하는 포트폴리오 비중을 계산하는 것이다. 만약 투자 포트폴리오에 지속가능금융상품이 포함되면 100% 선별 심사 대상으로 인정한다.

EU 택소노미 사용법

녹색분류체계의 활용 방안은 참여자에 따라 다르다. 금융 규제당국의

지속가능한 금융의 미래

경우 녹색분류체계의 녹색경제활동을 기반으로 금융의 전반적인 녹색화를 꾀할 수 있다. 녹색기업의 투자를 유도하고, 지속가능 목표에 부합하는 금융 흐름을 직접적으로 측정할 수 있기에 금융시장의 운용 방향성 수립에 활용할 수 있다. 녹색금융의 투자자는 투자처를 식별하는 과정에서 녹색분류체계를 활용할 수 있다. 또한 EU와 같이 투자 포트폴리오의 녹색투자 비중 공시가 의무화되면 녹색분류체계에 근거하여 투자 비중 및 노출 정도에 대한 산정이 가능하다. 녹색채권 발행자인 기업의 경우 녹색금융을 통해 안정적으로 자금을 조달할 수 있으며, 이를 이용하여 녹색경제활동에 대한 투자가 가능하다. 마지막으로 정책당국은 녹색분류체계에 기반한 데이터를 바탕으로 녹색투자가 미흡한 활동을 식별하고, 국가 차원의 지속가능 목표 우선순위에 기반하여 투자를 유도할 수 있다.

EU 택소노미는 투자자가 무늬만 녹색인 경제활동, 즉 그린워싱에 현혹되지 않도록, 책임 있는 기관이 명확히 녹색경제활동의 경계를 그어주는 것이라고 할 수 있다. 앞으로 대규모 공공재원과 민간자금이 재생에너지, 에너지 효율 증대, 디지털화의 진전 등 녹색경제활동 분야에 집중될 전망이다. 이러한 상황에서 기업의 전략적 의도에 기반한 그린워싱으로 불리는 과잉, 허위 정보로 인하여 다양한 피해와 비효율이 발생할 수 있다. 이를 일관성 있고, 효과적으로 억제하고, 효율적인 녹색성장과 탄소중립 정책을 시행하기 위해서는 정의에 부합하고 실제로 환경친화적인 녹색경제활동에 대하여 분명하고, 엄밀한 기준과 원칙을 설정하여 적용해야 한다. 이러한 기준을 설정하는 중요한 요소가 바로 EU 택소노미가 될 것이다.

또한 2050년 탄소중립 목표 달성을 위해 각 국가들은 녹색분류체계를 투자의 지속가능성 제고를 위한 기준으로 활용하는 것을 검토하고 있다. 택소노미가 제도화되면 녹색금융 성과에 대한 정확한 측정과 검증이 가능해져 녹색금융 경쟁 심화 등의 변화가 예상되고, 녹색금융 성과에 대한 공시가 법제화되면 그린워싱 소송 등 법률·평판 위험 확대, 자산 포트폴리오 조정 가속화 등의 변화가 예상된다.

EU 기업의 택소노미 관련 투자금 '371조'

자본시장 참여자들이 EU 택소노미를 점점 더 많이 활용하고 있다. EU 집행위원회의 'EU 택소노미의 실제 활용The EU Taxonomy's uptake on the ground'이라는 분석 보고서에 따르면, 기업 및 공공 기관, 금융기관들이 비즈니스 전략, 전환 계획, 투자 및 대출 등에 택소노미를 점점 더 많이 사용하고 있는 것으로 나타났다.[14] 특히, 기업이 택소노미를 선도적으로 활용하는 경우에 높은 기업 가치를 보이고 있다는 분석 결과도 눈에 띈다. 유럽의 기업들은 투자자의 요구에 따라 점점 더 많은 자본을 택소노미를 활용하여 투자하고 있으며, EU 기업이 투자하는 총자금의 20%가 택소노미와 연계되어 있다는 점도 주목할 만하다.

이와 같이 EU 택소노미는 지속가능성의 관점에서 금융산업과 고객을 이해하는 기준을 제공할 뿐만 아니라 금융산업의 수익 창출, 환경사회

지속가능한 금융의 미래

위기관리 강화의 기회가 될 것이다. 따라서 금융기관은 지속가능금융에 대한 명확한 가이드라인을 고객에게 제공함으로써 고객의 이해도를 높이고, 정보의 비대칭을 완화해야 한다. EU 택소노미의 금융산업 적용과 시사점에 대해 구체적으로 살펴보면 다음과 같다.

첫째, 금융서비스와 관련된 녹색분류체계의 개정과 보완이 필요하다.[15] EU의 경우 지속가능금융의 기본 플랫폼인 최소한의 안전장치 보고서가 분류체계에서 제시하는 활동과 관련된 금융서비스의 녹색경제 활동 인정 여부에 대한 기본 지침으로 적용된다.[16] 동 보고서 주요 내용에 따르면, 기본적으로 녹색금융이 지속할 수 있고 윤리적으로 적절하게 적용되고 활용되기 위한 기본 세이프가드로 녹색금융의 적용에 있어서 인권Human Rights, Including Workers Rights, 부패Bribery/Corruption, 조세Taxation, 공정경쟁Fair Competition 등에 저촉되지 않아야 한다고 규정한다. 이러한 기준은 프로젝트 파이낸싱PF, 중소기업SME 파이낸스, 녹색채권 등의 발행과 금융서비스에서도 기본적인 세이프가드 적용과 준수가 필요하다는 견해다. 우리나라의 K-택소노미도 EU 택소노미와 마찬가지로 기업과 금융기관이 보유한 자산이나 투자한 프로젝트, 기업활동 등의 친환경성을 평가하는데 활용할 수 있으며 적합성 여부를 판단해 결과를 대외에 공개할 수도 있다. 기업과 금융기관이 관련 정보를 공개함으로써 기업의 투자와 금융기관의 활동이 녹색경제활동으로 확장되고 그린워싱을 예방하는 한편 탄소중립과 지속가능발전목표 달성에 효과적으로 기여할 것을 기대한다.

둘째, 2021년부터 EU의 금융시장 참여자와 대기업은 EU 택소노미에 근거한 지속가능금융상품 및 경제활동을 의무적으로 공시하도록 하고 있다. 따라서 은행의 녹색분류체계의 도입은 지속가능금융 관련 수익 창출, 환경사회 위기관리 강화의 기회로서, 해외은행 사례를 참고한 실무적 적용 방안을 모색하는 것이 필요하다. 금융 부문이 지속가능한 발전에 중요한 임무를 수행하는 것은 점차 세계적 흐름이 되어가고 있는 것으로 보이는바, EU 등 선진국의 관련 동향을 계속 관찰하면서 감독·검사 등에 반영할 필요가 있다고 판단된다.[17]

셋째, 정부는 녹색금융 활성화 정책을 수립 중으로 이에 대한 국내 은행의 노력도 절실히 요구되는 시점이다. 환경부는 한국형 녹색분류체계를 수립하고, 금융위는 금융권 공통의 녹색금융 모범규준을 확정하고 있다. 이러한 흐름에 따라 금융기관도 택소노미에 기반하여 자산 성장 전략을 선제적으로 조정해 나갈 필요가 있다. 기존 금융시스템에 택소노미 체계를 내재화하고 영업 현장의 이해도 향상을 위한 다양한 교육 콘텐츠 및 적용 도구Tool 개발을 통해 택소노미 체계에 대한 이해도를 강화해 나가야 한다. 따라서 국내 금융권도 ESG 전략 및 녹색금융 분류체계의 수립과 더불어 전문가 육성에 주력하는 등 국제적 수준의 역량 확보를 위한 노력이 필요하다.[18]

EU는 2030년 온실가스를 1990년 대비 40% 이상 줄이겠다는 방침이었으나, 2018년 25.2%를 줄이는데 그쳤다는 반성에서 택소노미를 도입하게 됐다. EU 택소노미가 대세이긴 하지만 수많은 과정을 거쳐야 하므로 장기적인 접근이 필요한 것이다. 특히 환경 목표에 기여한 것과 침해한 것에 대한 기술선별기준이 만들어지지 않은 상태여서 EU 집행위원회는 위임 법률을 채택해 법제화하도록 하고 있다.

또한 이해관계자의 의견 수렴이 중요하다고 판단된다. EU 택소노미는 대단히 복잡한 구성과 체계를 가지고 있다. 따라서 정책의 실효성을 높이기 위해서는 이해관계자들의 의견 수렴을 위한 긴 합의 과정이 필요하고 이에 탄소중립이라는 하나의 목표에 도달하기 위해서는 정보 공유도 절대적으로 필요하다. 지금은 EU 역내 기업이나 금융기관을 대상으로 하고 있지만 우리 기업도 EU 기업과 사업을 하거나 수출할 때 EU 기업에 준하는 정보공개가 요구될 것으로 예상된다. 이런 관점에서 EU 이외의 지역에서도 EU를 따르는 형태로 기준이 만들어질 가능성도 있음을 고려해서 K-택소노미는 실효성 있게 만들어 가야 할 것이다.

The Future of Sustainable Finance

제4부

한국의 지속가능금융
주요 제도

1장

기후위기 대응을 위한
탄소중립·녹색성장 기본법

대한민국의 기후위기 대응 기본법

전 지구적 기후변화로 인한 극단적인 기후 현상이 심상치 않다. 보다 적극적으로 온실가스를 감축하지 않는다면 인류는 커다란 재앙을 맞이하게 될지 모른다. 이러한 기후위기에 대처하기 위해 법제화된 기본법이 바로 '탄소중립·녹색성장 기본법'이다. 기후위기 대응을 위한 국가의 실효적인 노력은 국민의 기본권과 밀접하게 연관되므로 기본법 제정에 부합하는 국가의 적극적인 대응이 요구되고 있다.

윤수연

2018년 10월, 기후변화에 관한 정부 간 협의체Intergovernmental Panel on Climate Change, IPCC[1]는 '지구온난화 1.5℃에 관한 특별보고서Global Warming of 1.5°C: An IPCC Special Report'를 발표하였다.[2] IPCC는 이 보고서를 통하여 인간의 활동이 지구의 기온을 산업화 이전보다 약 1℃ 정도0.8℃~1.2℃ 상승시켰다는 것을 확인하면서, 이와 같은 추세라면 2030년에서 2052년 사이에는 지구의 기온이 1.5℃(기후변화의 임계점) 이상 상승할 것으로 예측하였고 이 임계점을 지나면 인간이 지구 기후를 통제하기가 불가능해질 것이라고 주장하였다. 미국 예일대학교 석좌교수이자 경제학자 윌리엄 노드하우스는 "우리는 기후 카지노의 중심에 서서 지구온난화 주사위를 굴리고 있다"고 우려하며 인간은 현재 기후변화를 놓고 아슬아슬한 도박을 하고 있다고 말하기도 하였다.[3]

전 지구적으로 이런 기후변화의 위험성에 대응하기 위해 유엔 당사국총회[4]를 거쳐 전 세계는 2015년 파리기후협약(이하 "파리협정")에 합의하였고, 자발적으로 온실가스 감축목표를 수립하고 이를 이행할 의무를 지니게 되었다. 이를 위해 세계 각국은 2050년까지 온실가스 순배출량을 영0으로 하는 탄소중립Net-Zero을 선언하고 이를 이행하기 위한 새로운 경제, 사회, 법 체제 구축 등을 적극적으로 모색하고 있으며, 우리 정부도 기후위기의 심각성에 대한 인식을 바탕으로 2020년 7월 그린뉴딜 정책을 발표하고, 같은 해 10월 2050년 탄소중립 목표를 선언하였다.

과거 이명박 정부는 글로벌 금융위기가 본격화 되는 시기에 출범하여 '녹색성장'을 새로운 국가 발전 전략으로 채택하였다. 이에 따라 2009년 녹색성장 국가전략을 수립하였다. 아울러, 녹색성장 정책의 원활하게 추진하게 위하여 2010년 「저탄소 녹색성장 기본법」(이하 "녹색성장법")을 제정하였다.[5] 녹색성장법의 제정을 계기로 국가 온실가스 감축목표를 설정하고, 온실가스 배출권 거래 제도의 기반을 다지는 등 법·제도 차원에서 기후위기 대응 체계를 갖추고 우리나라의 기후 변화 대응 정책을 이끌어 왔다. 지난 2019년 최초로 우리나라의 국가 온실가스 배출량을 감소세로 돌아서도록 하는 데 기여하기도 하였다.

그러나 탄소중립 사회로의 이행을 위한 온실가스 감축과 기후위기에 대한 적응, 이행 과정에서의 일자리 감소나 지역경제·취약계층 피해 최소화와 함께, 경제와 환경이 조화를 이루는 녹색성장 추진까지를 아우르는 통합적인 고려가 불충분하고 법률적 기반에 한계가 있다는 지적이 이어졌다. 이에 새로운 법의 제정을 통하여 중장기 온실가스 감축목표 설정과 이를 달성하기 위한 국가 기본계획의 수립·시행, 이행현황의 점검 등을 포함하는 기후위기 대응 체계를 정비할 필요성이 대두되었다.

또한, 기후변화 영향평가 및 탄소흡수원의 확충 등 온실가스 감축시책과 국가·지자체·공공기관의 기후위기 적응대책 수립·시행, 정의로운 전환 특별지구의 지정 등 정의로운 전환 시책, 녹색기술·녹색산업 육성·지원 등 녹색성장 시책을 포괄하는 정책 수단과 이를 뒷받침할 기후

대응기금 신설을 규정함으로써 탄소중립 사회로의 이행과 녹색성장의 추진을 위한 제도와 기반을 마련하기 위하여「기후위기 대응을 위한 탄소중립·녹색성장 기본법」(이하 "탄소중립기본법")이 제정되기에 이르렀다.[6]

탄소중립 목표 및 이행을 법제화한 탄소중립기본법은 2020년부터 많은 법률안이 발의되었으며(2020년 8월 4일 심상정 의원 등 10인의 '탈탄소 사회로의 정의로운 전환을 위한 그린뉴딜 정책 특별법' 발의를 시작으로, 2020년 11월 11일 이소영 의원 등 46인의 '기후위기 대응을 위한 탈탄소사회 이행 기본법' 발의 등), 국회 환경노동위원회는 위 법률안들을 통합하여,「탄소중립·녹색성장 기본법안」이라는 대안으로 정리하였고, 이 대안이 2021년 8월 31일 국회 본회의를 통과하여, 2022년 9월 24일 제정·공포되었다.

녹색성장법 제정을 통한 국가 전략의 제도화

탄소중립기본법의 제정 및 시행에 따라 폐지된 '녹색성장법'[7]은 탄소중립기본법의 구법으로서의 의의가 있으므로 그 내용을 먼저 살펴보고자 한다. 녹색성장법은 우리나라가 기후변화문제에 대한 국제적인 노력에 동참하여 탄소 등 온실가스 배출을 규제하고 그로 인한 기후변화 등의 문제를 해결하기 위해 녹색기술과 녹색산업 등을 신성장 동력으로 활용하여 녹색성장을 이룩해야 한다는 필요에서 녹색성장을 국가비전으로 선포하면서 만들어진 법이다.

녹색성장법은 다수 부처에서 개별법을 통해 실시되고 있던 기후변화와 지구온난화에 대한 대응 방안 마련, 신·재생 에너지 및 지속가능발전 대책 등을 통합적으로 연계하여 추진하기 위한 것이다. 경제화 환경의 조화 속에서 녹색기술과 녹색산업의 창출, 녹색 건축물 및 녹색생활의 정착 등 저탄소 성장을 효율적이고 체계적으로 추진하기 위하여 녹색성장위원회를 설립하여 녹색성장국가전략을 수립하고 심의하도록 하였다. 결국 녹색성장법은 녹색성장 국가 전략을 통합적이고 체계적으로 추진하여 저탄소 녹생성장을 뒷받침 하기 위한 제도적 장치를 마련하기 위하여 제정된 것으로 요약될 수 있다.

녹색성장법은 기후변화, 에너지, 환경문제는 물론 녹색기술, 녹색산업구조로의 전환과 발전, 녹색국토, 도시, 건물, 교통 등 저탄소 녹색성장에 관한 내용을 포괄적으로 규정하였다. 주요 내용은 다음과 같다.

첫째, 정부는 저탄소 녹색성장을 위한 정책목표·추진전략·중점추진과제 등을 포함한 녹색성장국가전략을 대통령 소속으로 설치되는 녹색성장위원회 등의 심의를 거쳐 수립·시행하여야 한다(법 제9조). 둘째, 정부는 녹색경제·녹색산업의 창출, 녹색경제·녹색산업으로의 단계적 전환 촉진 등을 위하여 녹색경제·녹색산업의 육성·지원 시책을 마련하여야 한다(법 제22조 및 제23조). 셋째, 녹색산업과 관련된 기술개발 및 사업을 활성화하기 위하여 녹색산업 등에 자산을 투자하여 그 수익을 투자자에게 배분하는 것을 목적으로 하는 녹색산업투자회사 설립의 근거를 마련하였다(법 제29조). 넷째, 정부는 온실가스를 획기적으로 감축하기 위하여 온실가스 배출 중장기 감축목표 설정 및 부문별·단계별 대책, 에너

지속가능한 금융의 미래

지 수요관리 및 안정적 확보대책 등을 포함한 '기후변화대응 기본계획'과 '에너지기본계획'을 수립·시행하여야 한다(법 제40조 및 제41조). 다섯째, 정부는 온실가스 감축, 에너지 절약과 에너지 이용 효율 향상 및 신·재생에너지 보급 확대를 위하여 중장기 및 단계별 목표를 설정하고, 일정 수준 이상의 온실가스 다배출 업체 및 에너지 다소비 업체로 하여금 매년 온실가스 배출량 및 에너지 사용량을 정부에 보고하도록 하며, 정부는 온실가스 종합정보관리체계를 구축·운영하여야 한다(법 제42조, 제44조 및 제45조). 여섯째, 정부는 시장기능을 활용하여 효율적으로 국가의 온실가스 감축목표를 달성하기 위하여 온실가스 배출권을 거래하는 제도를 운영하고, 배출허용량의 할당 방법, 등록·관리방법 및 거래소 설치·운영 등은 별도의 법률로 정하도록 하였다(법 제46조). 마지막으로 정부는 건강하고 쾌적한 환경과 사회·경제개발이 조화를 이루는 녹색국토를 조성하고, 저탄소 교통체계를 구축하며, 녹색성장을 위한 생산·소비 문화를 확산시키고 녹색생활 실천을 위한 교육·홍보 등을 강화함으로써 지속가능발전을 실현할 수 있도록 하였다(법 제51조, 제53조, 제57조 및 제59조).

녹색성장법 제정은 국제사회에 대해 협력하고, 궁극적으로 기후변화 문제를 인식하고 있다는 점, 특히 성장을 포기할 수 없는 우리의 현실을 고려하여 단순히 온실가스를 줄이기 위한 방법이 아닌 성장과 환경을 조화시킬 수 있는 방법을 선택한 접근은 타 선진국의 법률과 비교하여도 손색이 없다. 또한 일면 국제적 조류에 합류하고 본격적인 국내 기후변화대응 논의의 장을 열었다는 점에서 긍정적인 평가를 받았다.[8]

다만, 저탄소 녹색성장이라는 큰 범주하에 속하게 된 기후변화 대응 기본계획, 기후변화 적응대책, 에너지기본계획, 지속가능발전 기본계획 등 각 정책의 방향이나 특성이 법률에서 충분하게 부각되지 못했고, 정책을 통해 달성하고자 하는 목표 또한 명확하게 제시되지 않았다는 평가를 받았다. 또한 법에 따라 현행 녹색성장 추진 체계는 녹색성장위원회가 조정하고 집행은 각 정부 부처에서 해야 하는 이원화된 시스템으로 녹색성장 정책의 지속성을 확보하기 어려운 한계가 존재하였다.[9]

탄소중립 비전과 온실가스 감축 의지가 법제화되다

탄소중립기본법은 정부가 2050년 탄소중립 달성을 국가비전으로 제시하면서 녹색성장법 상의 시책을 탄소중립 사회로의 이행에 맞게 개편·발전시킨 것이다. 이 법을 통해 녹색성장법의 체계와 내용 상의 한계·문제점을 상당 부분 개선하기 위해 노력하여 한국판 뉴딜 2.0[10] 추진을 위한 기반을 마련한 것으로 평가할 수 있다. 또한 기후변화·에너지·지속가능발전 등으로 혼재되어 있었던 녹색성장법의 법체계를 정비하였으며, 기후위기와 정의로운 전환에 관한 정책과 시책을 강화하였다.[11]

탄소중립기본법은 크게 온실가스 감축, 기후위기 적응, 정의로운 전환, 녹색성장이라는 네 가지 분야에 관한 시책으로 구성되어 있다. 탄소중립기본법이 제정됨에 따라 종전에 혼재되어 있던 저탄소, 녹색성장, 저탄소 사회, 녹색생활, 지속가능발전이라는 구성을 변경하여, 국가 탄

지속가능한 금융의 미래

소중립·녹색성장 전략과 중장기 국가 온실가스 감축 목표, 기후위기 적응, 국가 탄소중립 녹색성장 기본계획 사이의 체계가 정비되었고, 정의로운 전환에 관한 내용이 새롭게 등장했다는 것을 특징으로 한다.

탄소중립기본법 제1조에도 본 법의 제정 목적과 특징을 압축적으로 담고 있다. 즉, 탄소중립기본법은 기후위기의 심각한 영향을 예방하기 위하여 ① 온실가스 감축 및 기후위기 적응 대책을 강화하고, ② 탄소중립 사회로의 이행 과정에서 발생할 수 있는 경제적·환경적·사회적 불평등을 해소하며, ③ 녹색기술과 녹색산업의 육성·촉진·활성화를 통하여 경제와 환경의 조화로운 발전을 도모함으로써, 현재 세대와 미래 세대의 삶의 질을 높이고 생태계와 기후체계를 보호하며 국제사회의 지속가능발전에 이바지하는 것을 목적으로 한다.

탄소중립기본법은 전 세계 14번째로 2050 탄소중립 비전과 이행 체계를 법제화한 것으로 2050년 탄소중립을 국가비전으로 명시하고 있다. 이를 달성하기 위한 국가전략, 중장기 온실가스 감축목표, 기본계획 수립 및 이행점검 등 법정 절차를 체계화한 것으로, 총 11개의 장, 83개 조문으로 구성된다. 탄소중립기본법의 체계는 아래와 같다.

먼저, 총칙에서는 환경법과 국제환경법에서 통용되는 원칙을 수용하여 ① 미래 세대의 생존을 보장하기 위하여 현재 세대가 져야 할 책임이라는 세대 간 형평성의 원칙과 지속가능발전의 원칙, ② 기후위기로 인한 책임과 이익이 사회 전체에 균형 있게 분배되도록 하는 기후정의를 추구, ③ 환경오염이나 온실가스 배출로 인한 경제적 비용이 재화 또는 서비스의 시장가격에 합리적으로 반영되도록 조세 체계와 금융 체계 등

저탄소 · 녹색성장기본법 체계

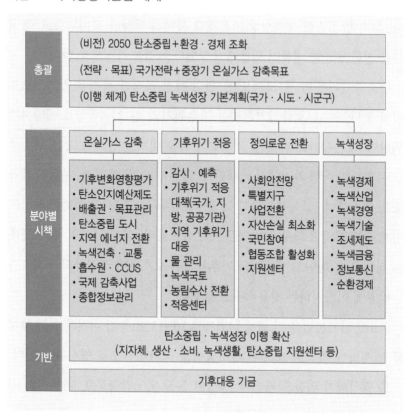

출처: 환경부, "2050 탄소중립을 향한 경제, 사회 전환 법제화 탄소중립기본법 국회통과", 2021. 8. 31.자 보도자료

을 개편, ④ 탄소중립 사회로의 이행과 녹색성장의 추진 과정에서 모든 국민의 민주적 참여를 보장, ⑤ 국제사회의 노력에 적극 동참하고, 개발도상국의 환경과 사회정의를 저해하지 않으며, 기후위기 대응을 지원하기 위한 협력을 강화하는 내용을 포함하고 있다. 이러한 내용들은 지속가능한 발전의 원칙, 기후정의, 오염원인자 부담의 원칙, 참여의 원칙, 협력의 원칙 등 보편적이고 일반적인 환경법의 원칙을 반영하고 있다.

지속가능한 금융의 미래

탄소중립기본법 제2장[12]은 국가비전을 신설하였는데, 선언적인 조문을 포함하는 기본법의 특성과 비전이라는 용어가 갖는 법적 구속력의 불확실성으로 인하여 탄소중립의 목표와 탄소중립사회로의 이행에 대한 실효성에 의문을 품을 수도 있으나, 동법은 이와 더불어 목표를 이루기 위한 구체적인 수단(정책목표, 부문별 전략 및 중점추진과제, 관련 정책과의 연계, 재원조달, 조세 및 금융, 교육과 홍보 등)을 제시하고 있다.

정부는 2050년까지 탄소중립을 목표로 하여 탄소중립 사회로 이행하고 환경과 경제의 조화로운 발전을 도모하는 것을 국가비전으로 하며, 이를 실현하기 위한 국가전략을 수립하여야 함을 명시하였다(제7조). 또한, 정부는 국가비전을 달성하기 위한 중장기 감축목표를 설정하고, 그 이행 현황을 매년 점검하며, 중앙행정기관, 지방자치단체, 공공기관은 부진·개선사항을 해당 기관의 정책 등에 의무적으로 반영하도록 하였다(제8조, 제9조).

제3장에서는 국가비전의 이행을 위하여 국가전략을 수립한다는 점(제7조 제2항)과 국가비전과 중장기 감축목표를 달성하기 위하여 '국가 탄소중립 녹색성장 기본계획(이하 "국가기본계획")'을 5년마다 수립·시행한다는 점을 각각 밝히고 있어, '국가비전 → (국가비전을 달성하기 위한) 국가전략, 중장기 감축목표 → (국가비전과 중장기 감축목표를 달성하기 위한) 국가 기본계획'이 수립·시행되는 체계를 명확히 하였다. 아울러, 국가 탄소중립 녹색성장 기본계획 외의 에너지기본계획 등 다른 기본계획은 삭제하여 국가 기본계획의 지위와 체계를 명료화하였다.

정부는 국가비전 및 중장기 감축목표를 달성하기 위해 20년을 계획기간으로 하는 국가 탄소중립 녹색성장 기본계획을 5년마다 수립·시행하도록 하고, 시·도지사와 시장·군수·구청장은 국가 기본계획과 관할 구역의 지역적 특성 등을 고려하여 10년을 계획기간으로 하는 시·도 탄소중립 녹색성장 기본계획 및 시·군·구 탄소중립 녹색성장 기본계획을 5년마다 수립·시행하도록 하였다(제10조부터 제12조).

정부의 탄소중립 사회로의 이행과 녹색성장의 추진을 위한 주요 정책·계획과 그 시행에 관한 사항을 심의·의결하기 위하여 대통령 소속으로 2050 탄소중립녹색성장위원회[13]를 두도록 하고(제15조), 지방자치단체별로는 2050 지방탄소중립녹색성장위원회를 둘 수 있도록 하였다(제22조).

정부는 기후변화 영향평가,[14] 온실가스 감축 인지 예산제도, 배출권거래제, 목표관리제, 탄소중립 도시, 지역 에너지 전환 지원, 녹색건축물, 녹색교통, 탄소흡수원 확충, 탄소포집·이용·저장기술, 국제 감축사업, 온실가스 종합정보관리체계 구축 등 온실가스 감축을 위한 제도·시책을 시행하도록 하였다(제23조에서 제36조).

기후위기 적응은 기후변화의 파급효과와 영향에 대해 자연적·인위적 시스템의 조절을 통해 피해를 완화시키거나, 더 나아가 유익한 기회로 활용하는 활동을 말한다. 기후변화에 대응하기 위한 방법은 온실가스 감축과 기후변화에 대한 적응으로 구분되는데, 적응은 기후변화로 인한 위험을 최소화하고 기회를 최대화하는 대응 방안이다. 하수도 등 기반시설 정비, 폭염 시 야외활동 자제, 방역 활동 등의 활동이 여기에 속한다.

정부·지방자치단체 및 기후위기 영향에 취약한 시설을 보유·관리하

지속가능한 금융의 미래

는 공공기관은 기후위기적응대책을 5년마다 수립·시행하도록 하고, 이 외에도 기후위기 감시·예측, 지역 기후위기 대응사업, 기후위기 대응을 위한 물 관리, 녹색국토의 관리, 농림수산 전환 촉진, 국가 기후위기 적응센터 지정 등 기후위기 적응을 위한 제도·시책을 시행하도록 하였다 (제37조부터 제46조).

"정의로운 전환"[15]이란 국제 협상 등에서 사용되는 "Just Transition"을 번역한 것이다. 국회는 입법과정에서 환경정책기본법 제2조의 환경 정의로부터 모든 이해관계자의 참여, 책임에 따른 비용과 이익의 분배 등 포괄적 원칙으로서 기후 정의를 도출하고, 이를 정책적으로 구체화하기 위한 개념으로서 "정의로운 전환"이라는 용어를 사용하기로 합의하였다.

정의로운 전환은 온실가스 감축 목표 달성을 위한 산업구조의 전환 과정에서 고탄소 분야 관련 산업·지역 및 노동자, 중·소상공인의 충격이 불가피할 것으로 전망하고, 그 부담을 사회적으로 함께 나누기 위해 생겨난 개념이다. 이에 탄소중립기본법에서는 기후 위기에 취약한 계층 등의 현황과 일자리 감소, 지역 경제의 영향 등 사회적·경제적 불평등이 심화되는 지역 및 산업의 현황을 파악하고 이에 대한 지원 대책과 재난 대비 역량을 강화할 수 있는 방안을 마련하도록 규정하였다.

정부는 기후위기 사회안전망을 마련하고, 정의로운 전환 특별지구를 지정하며, 사업전환 지원, 자산손실 위험 최소화, 국민 참여 보장, 협동조합 활성화, 정의로운 전환 지원센터 설립 등 정의로운 전환을 위한 제도·시책을 시행하도록 하였다(제47조부터 제53조까지).

또한 정부는 녹색경제·녹색산업을 육성·지원하고, 녹색경영, 녹색기술 연구개발·사업화, 기후위기 대응을 위한 조세·금융, 녹색기술·녹색산업에 대한 지원·특례, 표준화·인증, 집적지·단지조성, 일자리창출, 정보통신 기술·서비스 시책, 순환경제 활성화 등 녹색성장을 위한 제도·시책을 시행하도록 하였다.

탄소중립지원센터는 과거 중앙정부 중심의 하향식 정책 방식을 벗어나, 지역사회가 주도하는 상향식 탄소중립 사회로의 전환을 위해 각 지방자치단체를 전문적, 체계적으로 지원하는 기관이다. 2022년 하반기에 1개 광역시, 도에서 운영을 시작하여 2023년 시, 군, 구까지 점차 확대되었다. 지방자치단체의 탄소중립 사회 이행과 녹색성장 추진을 위한 탄소중립 지방정부 실천연대의 구성·운영, 녹색제품 등 생산·소비문화의 확산, 녹색생활 운동 지원 및 교육·홍보, 탄소중립 지원센터 설립 등 탄소중립 사회 이행과 녹색성장이 사회 전반에 확산되도록 하기 위한 제도·시책을 시행하도록 하였다(제65조부터 제68조).

기후대응기금은 탄소중립기본법 제69조에 의거, 2022년 1월 1일부로 신설되었다. 2050 탄소중립 실현을 위해 총 2.4조 원 규모로 ① 온실가스 감축, ② 신 유망, 저탄소 산업 생태계 조성, ③ 공정한 전환, ④ 제도, 기반구축 등 4대 핵심분야에 중점 지원된다. 기획재정부 산하에 기후대응 전략과를 신설하여, 기후대응기금의 관리와 운용 및 관련 정책의 수립과 조정을 담당하고 재원조달 방안을 발굴하고 검토하며 사업의 성과관리 및 결산 업무와 함께 탄소중립 중장기 재정지원 방안을 협의하고 조정하는 일도 담당하고 있다(다만 실제 기금의 운용은 기재부 고시 제2021-

지속가능한 금융의 미래

38호에 의거, 한국환경공단에 위탁하고 있다).

2050 탄소중립 국가목표 달성을 위한 절차와 정책이 법에 담기다

탄소중립기본법 제정의 의의는 다음와 같다. 첫째, 전 세계 14번째로 2050 탄소중립 비전과 이행체계를 법제화한 것이다. 2050년 탄소중립을 국가비전으로 명시하고, 이를 달성하기 위한 국가전략, 중장기 온실가스 감축목표, 기본계획 수립 및 이행점검[16] 등의 법정 절차를 체계화하였다.

둘째, 2050년 탄소중립을 실질적으로 지향하는 중간단계 목표를 설정하였다는 점이다. 2030년 온실가스 감축목표는 기존보다 9%(2018년 대비 26.3%) 상향한 35% 이상 범위에서 사회적 논의를 시작하도록 법률에 명시했고, 2018년부터 2050년까지 선형으로 감축한다는 가정하에 2030년 목표가 37.5%가 된다는 점을 감안할 때, '35% 이상'이라는 범위는 2050 탄소중립을 실질적으로 지향한다는 의미를 지닌다.

셋째, 미래세대, 노동자, 지역주민 등이 참여하는 협치(거버넌스)를 법제화하였다는 것이다. 탄소중립기본법 제정에 따라 지난 5월 발족하여 운영 중인 2050 탄소중립위원회를 법률에 따른 위원회로 재정립하게 되었고, 특히, 기존에는 전문가와 산업계 위주로만 참여해왔던 협치의 범위를 미래세대와 노동자 등으로 확대하였다.

넷째, 탄소중립을 이행하기 위한 실질적인 정책수단을 마련하였다는 점이다. 국가 주요 계획과 개발사업 추진 시 기후변화 영향을 평가하는 기후변화영향평가제도, 국가 예산계획 수립 시 온실가스 감축목표를 설정·점검하는 온실가스 감축 인지 예산 제도를 도입했고, 산업구조 전환과 산업공정 개선 등을 지원하기 위한 기후대응기금을 신설하였다.

다섯째, 탄소중립 과정에 취약지역·계층을 보호하는 정의로운 전환을 구체화하였다는 것이다. 기존 석탄기반 산업, 내연기관 산업 등 탄소중립 사회로의 전환 과정에서 피해를 입을 수 있는 지역과 계층을 보호하기 위하여 특별지구 지정, 지원센터 설립 등 정의로운 전환의 정책적 수단을 마련하였다.

여섯째, 중앙일변도의 대응체계를 중앙과 지역이 협력하는 체계로 전환하였다고 볼 수 있다. 지방 기본계획, 지방 위원회 등 지역 이행체계를 마련하고, 중앙과 공유·환류(피드백)하는 협력체계를 마련했고, 지역 온실가스 통계 지원, 탄소중립지원센터 등 지원 기반을 확충하고, 탄소중립 지방정부 실천연대 등을 통한 지역 상호간 협력체계도 마련하였다.

다른 나라는 탄소중립에 어떻게 대응하고 있을까?

2019년 UN 기후행동정상회의에서 세계 65개 국가가 탄소중립을 선언하였으며, 2019년 12월 유럽이 2050 탄소중립을 목표로 유럽 그린 딜을 발표하면서 중국과 일본, 미국도 잇따라 탄소중립을 선언하였다.

지속가능한 금융의 미래

2021년 3월 기준 세계 약 130개 국가에서 탄소중립을 선언하였고, 스웨덴과 프랑스 등은 법제화를 완료하는 등 국제적으로 탈탄소를 위한 움직임이 본격화되고 있다.[17]

주요국의 탄소중립 및 2030 감축목표 법제화 현황

국 가	탄소중립 목표	2030 감축목표	법제화 여부 비고
EU	○ (2050)	○ (1990 대비 55%)	유럽기후법
독일	○ (2045)	○ (1990 대비 65%)	연방기후보호법
프랑스	○ (2050)	○ (1990 대비 40%)	녹색성장을 위한 에너지전환법
스페인	○ (2050)	○ (1990 대비 23%)	기후변화 및 에너지전환에 관한 법률
덴마크	○ (2050)	○ (1990 대비 70%)	기후법
헝가리	○ (2050)	○ (1990 대비 40%)	기후보호법
스웨덴	○ (2045)	○ (1990 대비 63%)	기후정책프레임워크 (2017.6월)
룩셈부르크	○ (2050)	○ (2005 대비 55%)	국가기후법
아일랜드	○ (2050)	○ (2018 대비 51%)	기후행동 및 저탄소개발법
일본	○ (2050)	× (기후정상회의 선언, 2013 대비 46%)	지구온난화대책의 추진에 관한 법률
영국	○ (2050)	× (NDC, 1990 대비 68%)	기후변화법

캐나다	○ (2050)	× (NDC, 2005 대비 최소 40~45%)	넷제로배출 책임에 관한 법률
뉴질랜드	○ (2050)	× (NDC, 2005 대비 30%)	기후변화대응법
노르웨이	×	○ (1990 대비 50~55%)	기후변화법
네덜란드	×	○ (1990 대비 49%)	기후법
미국	× (2050)	× (2005 대비 50~52%)	2050 탄소중립목표: 국내외 기후 위기 대응에 관한 행정명령(2021.1 월) 2030 감축목표: NDC
중국	× (2060)	× (탄소배출정점)	14차 5개년 계획 (2021.3월)
러시아	× (-)	× (1990 대비 30%)	2050 탄소중립목표:제시하지 않음 2030 감축목표: NDC

출처: 환경부, 『2050 탄소중립을 향한 경제, 사회 전환 법제화 탄소중립기본법 국회통과』
2021.08.31.자 보도 참고자료 붙임2, 8면(법률에 규정 시 ○, 미규정 시 × 표시)

위의 표에서 보듯이 많은 국가들은 감축 대상 온실가스의 종류, 국외
감축량 포함 여부, 수송부문 포함 여부 등을 반영하여 탄소중립 목표 시
점을 설정하고 법제화하였다. 다만 국가별로 탄소중립 달성의 대상으로
간주되는 온실가스의 종류, '국제적으로 이전된 감축 결과'의 활용 부분
에 대한 국외 감축분을 감축목표에 포함시키는지 여부, 수송 부문(항공
및 선박)의 배출에 대한 자국 내 운행 이외에 대한 부분의 포함 여부 등은
국가별로 상이하다.

2021년 10월 기준으로 탄소중립에 대한 입법 절차가 진행되고 있는
국가는 미국, 중국을 포함하여 총 41개 국가이며 탄소중립을 선언한 국

가의 수도 지속적으로 증가하고 있다.[18]

EU의 2050 탄소중립 정책목표 및 주요사업

구분	정책 목표	주요 사업
영국	2050년 온실가스 순배출 제로	− 2035년 내연기관차 완전 퇴출 − 재생에너지 발전 확대 − 가스난방 확대 − 청정 숲지대 확산
덴마크	2050년 기후중립사회 달성(Together for a Greener future(2018))	− 2030년까지 내연기관차 판매 중단 − 모든 시내버스 친환경화 − 내연기관 택시 퇴출
핀란드	2035년까지 탄소배출 중립 달성(Climate Change Act(2015)이 정한 2045년 탄소배출 중립 달성을 10년 앞당김)	− 풍력 및 태양광 확대 − 난방 및 수송부문의 전력화 − 바이오에너지 현행 대비 10% 확대
프랑스	2050년 탄소배출 중립 달성	− 에너지·기후법(Loi-Energe-Climat) − 2022년 모든 광역시 내 석탄발전 중지 − 저탄소 전략 5년 주기 점검 − 2030년 발전믹스(mix)의 40% 탈탄소화
독일	2050년 온실가스 1990년 대비 95% 감축	− 기후보호프로그램 2030 발표(2019) − 에너지 효율 및 재생에너지 확대, R&D 강조 − 생태세제 개혁, 교육 및 정보 공유 확대
아일랜드	2050년 탄소배출 중립(국가기후계획, 2019.06)	− 2030년 내연기관차 판매금지 − 건물 분야 온실가스 감축 계획 마련 및 실천
포르투갈	2050년 탄소배출 중립 달성 로드맵(2018.12)	− 바이오연료 및 전기차 도입으로 수송부문 탈탄소화 − 농업 및 임업, 폐기물 처리 분야 감축
스위스	2050년 Net-Zero emission 달성(2019.08)	− 탄소세 강화(항공료 탄소세 부과, 수입 연료 관세 인상) − 2020년부터 난방 개보수 건물에 대해 면적당 온실가스 최대배출기준(20kgCO e/m²) 적용

출처: 김성균/김민주, "EU의 온실가스 배출 추이(1990-2017)와 2050년 탄소중립 목표설정", 세계에너지시장 인사이트 제19-23호(2019.07.01.), 10~12면.

그중 미국과 중국, EU의 대응 전략의 주요 내용을 보면 우선 미국의 탄소중립 대응 전략은 에너지 효율화, 전력 부분의 탈탄소화, 수송 및 산업부문의 연료전환, 비탄소 배출량 감축, 탄소흡수 기술개발이며, 중국은 중점 정책과 세부 정책 행동방안을 기반으로 탄소중립을 추진하고 있고 제조업의 산업 경쟁력을 고려한 산업 구조조정과 경쟁력 제고를 위한 중장기적 관점이 로드맵화 되어 있다. EU는 제일 먼저 탄소중립 달성 목표를 설정하여 국제사회의 기후위기 대응 논의를 선도하고 있으며, 그린딜 정책을 발표하고 2030년까지 1990년 대비 온실가스 순 배출량을 55% 감축하고 2050년 탄소중립을 실현함을 목표로 하고 있다.

　　우리나라의 상황은 어떠할까? 탄소중립법이 제정되었지만 2050 탄소중립을 위한 정부의 감축목표가 여전히 부족하다는 견해도 상당하다. 먼저, 국가인권위원회(이하 "인권위")는 '기후위기 대응을 위한 탄소중립·녹색성장 기본법'과 시행령이 미래세대의 기본권을 침해한다는 의견을 헌법재판소에 제출하였다. 2023년 8월 인권위는 "(탄소중립기본법이) 기후변화로 침해되는 현재세대와 미래세대의 자유와 권리에 대한 최소한의 보호조치를 이행하지 않았다"는 의견을 헌법재판소(이하 "헌재")에 제출하였다. 인권위는 구체적으로 탄소중립기본법이 헌법에 명시된 ▲국가 기본권 보호의무 ▲포괄위임 금지원칙 ▲의회유보원칙 ▲평등원칙 등을 위반했다고 밝혔다.[19]

　　인권위 위원 다수는 2030년까지 탄소배출을 줄이겠다는 정부의 감축목표가 낮다는 점을 지적하였다. 인권위 사무국은 이번 의결 안건에 대해 "기후변화로 인해 침해되는 미래세대의 자유와 권리를 보호하기 위한 최소한의 보호조치를 이행하지 않은 국가의 기본권 보호의무 위반"
이라고 주장하며 감축 부담을 미래세대에 과도하게 미루는 것은 세대간
형평성에 위배될 수 있다고 주장하였다. 쉽게 말해 미래세대가 사용할
탄소예산을 오늘날 우리가 다 끌어다 씀으로써 '세대간 형평성' 원칙을
위반했다고 판단한 것이다.[20] 만약 헌재가 탄소중립기본법을 위헌으로
판단할 경우, 정부는 감축목표를 대폭 상향하고 세부 정책들도 수정해
야 한다. 이에 반해 정부는 '기본권을 침해하지 않는다'는 입장을 고수하
고 있어 헌재의 판단에 귀추가 주목되었다. 이에 대하여 헌재는 2024년
8월 29일, 정부가 2030년부터 2050년 탄소중립에 이르기까지 어떠한 정
량적인 기준을 제시하지 않아 온실가스 감축의 실효성을 담보할 수 있는
장치가 없다고 지적하였고, 이는 결국 미래세대에 부담을 전가하는 것
으로 국가의 기본권 보호의무를 위반하여 국민의 기본권을 침해하였다
고 결정하였다.[21]

　　독일의 연방기후보호법에 대한 헌법불합치 판결은 여기서 한 걸음 더
나아가 국가의 더욱 적극적인 역할을 요구하고 있다. 독일은 2016년 이
후 꾸준히 탄소배출을 감축해 왔음에도 헌법재판소는 연방기후보호법
의 내용만으로는 미래세대를 위한 탄소배출 감축이 충분히 이루어지지
않는다고 판결하였다. 탄소배출 감축에 대하여 정부가 노력하고 있음이
수치로 증명되고 있는 상황이었음에도 그것으로는 불충분하다는 독일
연방헌법재판소의 결정은 그만큼 기후변화 문제가 중대해서 국가가 알
아서 하도록 내버려 두는 것만으로는 미래세대를 보호하기에 부족하다
는 것을 보여준다.[22]

우리나라의 미래세대를 위해서도, 기후위기로 국가 자체가 수몰되는 등 더 큰 피해를 입게 될 국가를 위해서도, 기후변화 대응을 위한 노력은 더 이상 미룰 수 없는 우선 과제이고 향후 탄소중립기본법이 고려해야 할 중요한 문제라고 판단된다.

기후 재난을 멈추기 위해 남은 시간, '4년 287일 11시간'

지난 2024년 9월, 국회는 지구 평균기온이 산업화 이전보다 1.5도 상승하는 시점까지 남은 시간을 보여주는 '기후위기시계'를 국회의사당 앞으로 옮겼다.

우원식 국회의장은 기후위기 대응을 위해 "비상한 각오로 절박하게 행동해야 한다"고 당부했다. 2024년 7월 22일, 기후위기시계 Climate Clock 의 남은 시간은 5년에서 4년으로 바뀌었다. 이제 기후 재난을 멈추기 위한 시간이 '4년 287일 11시간' 밖에 남지 않은 것이다('24. 10. 8. 오후 1시 기준).

IPCC는 지난 2018년부터 '지구온난화 1.5℃' 보고서에서 지구가 맞닥뜨린 기후변화를 멈추기 위해 우리에게 남은 시간은 고작 12년이라고 일갈하였다. 그리고 2023년 제6차 평가보고서[23]에서는 현재 상황이 더욱 빠르게 악화되고 있어 지속가능한 미래를 확보하기 위해 행동할 수 있는 시간은 더욱 빠르게 줄고 있으며, 기후탄력적 개발경로 Climate Resilient Development 로의 전환을 위한 정부(시민사회 및 민간섹터와 함께)의

지속가능한 금융의 미래

역할을 강조하였다.

탄소중립기본법에서는 기후위기를 "기후변화가 극단적인 날씨뿐만 아니라 물, 식량부족, 해양 산성화, 해수면 상승, 생태계의 붕괴 등 인류 문명의 회복할 수 없는 위험을 초래하여 획기적인 온실가스 감축이 필요한 상태를 말한다"고 정의하고 있다. 기후위기 해결을 위해서 인류는 원하든 원하지 않든 탄소중립이라는 대전환의 시기를 맞게 되었다. 대전환의 시기에 탄소중립기본법이 그 소기의 목적을 효과적으로 달성하고, 부작용은 최소화하여 2050 탄소중립 달성의 탄탄한 기반이 될 수 있기를 기대한다.

우리에게 허락된 시간은 많지 않다. 지금이라도 바른 방향으로 전 세계의 힘이 모아지길 바란다. 그리고 이 책을 읽는 독자들도 지금 계신 그 자리에서 끊임없이 고민하며 기후변화를 멈추는 일에 동참하게 된다면 더할 나위 없이 좋겠다.

2장

ESG 정보 공개의 기준
한국거래소 ESG 정보공개 가이던스

「ESG 정보공개 가이던스」 나침반이 되다

ESG 공시 의무화로 인하여 국내기업의 혼란이 가중되는 상황에서 한국거래소의 「ESG 정보공개 가이던스」는 해당 기업에게 정보공개 방법과 방향을 실질적으로 제시하고, 글로벌 자본시장이 요구하는 표준에도 부합하는 항목으로 구성되어 있다는 점에서 매우 유용하다. 지침서의 이정표를 따라가다 보면 어느새 지속가능한 발전을 담보할 수 있는 ESG 전문가 그룹이 될 것이라 확신한다.

김수현

2015년 바다거북의 코에 플라스틱 빨대가 박힌 영상[1]이 유튜브 1억 뷰를 넘어서며 전 세계인에게 충격을 주는 한편, 환경 문제의 심각성이 널리 알려지게 되었다. 대형 카페 체인점 등이 잇따라 플라스틱 빨대를 친환경 빨대로 교체하기 시작하고, 기업들은 플라스틱을 대체하는 제품개발에 박차를 가하는 사례도 등장했다. 이와 같은 기업영업활동의 친환경 노력은 자연환경과 생태계 보호 전반의 지속가능성에 대한 문제의식을 고객들에게도 환기시키는 것은 물론, 더욱 구체적인 대책을 모색하게 하는 계기가 되었다. 이로 인해 기업의 기술혁신 활동이 가속화되고, 경제활동의 복잡한 공급사슬에도 "지속가능 경영", 즉 비재무적 지표인 ESG(환경, 사회, 지배구조) 관점의 기업경영이 더욱 중요해지며 인류의 공존과 공생을 위한 필수적인 요소가 되었다.

1997년 제9대 UN 사무총장으로 선출된 코피 아난 Kofi Atta Annan은 새로운 밀레니엄을 맞아 UN의 최우선 과제로 세계적인 빈곤과 불평등 문제해결을 선택했다. 이를 위해 2000년 새천년개발목표 Millennium Development Goals, MDGs를 제시하고 이에 민간 기업들의 참여를 독려하고자 같은 해 UN 글로벌콤팩트 UN Global Compact, UNGC를 조직했다. 이어서 2003년부터 TF를 구성하여 금융당국과 은행, 투자 기관들이 책임 있는 투자를 하도록 원칙 제정을 준비했고, 2006년 UN PRI ^{Principles for Responsible Investment} 를 결성하였다.

UN PRI에는 주로 글로벌 공적 펀드, UN 회원국의 연기금 및 국부펀드가 참여하였으며, 우리나라 국민연금도 2009년 회원기관이 되었다. UN PRI는 1970년대부터 이어져 오던 미국과 유럽 민간 투자 기관의 사회책임투자를 글로벌 원칙화함으로써 전 세계적으로 확대한 것에 큰 의의가 있으며, 이때부터 ESG란 용어가 글로벌 공식 석상에 등장했다. UN PRI의 6대 원칙 중 투자 기관이 투자 대상 기업에 ESG 정보공개를 요구할 수 있다는 내용이 포함되어 있다.[2]

같은 맥락으로 2018년 초 세계 최대 자산운용사인 미국 블랙록의 래리 핑크 최고경영자^{CEO}는 "기업 지속가능성을 투자 결정의 기준으로 삼겠다"라고 선언한 데 이어 "ESG는 기업과 주주가 공동으로 번영하기 위한 자본주의 수단"이라고 강조했다. ESG를 내세우며 화석에너지를 많이 쓰는 기업에 투자하지 않겠다고 주장함으로 ESG경영은 세계적인 트렌드가 되었다.

2020년 11월 우리나라 국민연금도 글로벌 투자시장의 ESG 투자 확대 및 UN PRI 회원기관의 역할과 책임을 수행하려는 방안으로 2022년부터 운용자산의 50% 이상을 'ESG를 고려한 투자'로 진행하겠다고 발표하였다. 이러한 추세에 맞춰 2021년 1월 금융위원회는 기업 공시 부담 경감, 투자자 보호 강화, ESG 책임투자 기반 조성 등을 위하여 「기업공시제도 종합 개선 방안」을 추진하겠다고 밝혔고, ESG 정보의 자율 공시를 활성화하고 단계적으로 공시를 의무화하는 내용을 포함한 한국거래소 「ESG

정보공개 가이던스」를 발표하였다. ESG 공시를 앞둔 기업들은 ESG 정보공개 가이던스를 통해 ESG 정보공개 작업에 착수할 수 있게 되었고, 투자자들 역시 기업들의 ESG 정보공개를 통해 다양한 관점에서 기업의 가치를 확인할 수 있는 계기가 되었다.

ESG 정보공개 단계별 의무화에 따른 기업의 필수 지침!

기후변화의 주요 원인은 인위적인 온실가스 배출이며, 기후변화가 초래할 위험에 대한 인식이 확산되면서 세계 정상들은 1992년 UN 환경개발회의에서 기후변화협약에 서명하였다. 기후변화협약은 인간이 기후체계에 위험한 영향을 미치지 않을 수준으로 대기 중의 온실가스[3] 농도를 안정화시키는 것을 그 목표로 한다. 1997년 선진국 중심의 온실가스 목표제를 규정한 교토의정서를 거쳐 2015년 파리기후협약은 모든 국가에서 온실가스 감축 의무를 부여하고 있다. 파리기후협약은 산업화 이전 대비 지구의 평균 온도 상승을 2℃ 이하로 유지하고 더 나아가 1.5℃까지 억제하기 위해 노력할 것을 내용으로 한다. 이에 따라 우리나라는 2030년까지 배출 전망치 대비 37% 감축 목표를 제시하였으며, 저탄소, 친환경 경제로의 전환을 위한 그린 뉴딜 계획을 발표한 바 있다.

금융부문에서도 '책임투자'를 시작으로 한 다양한 움직임이 있어 왔다. 책임투자는 종교적 신념에 기반을 두고 주류 또는 도박 등과 관련한 회사에 대한 투자를 금지하는 윤리적 투자에서 출발하였으며, 이후 사회 및 환경, 인권 등과 관련한 문제까지 그 범위를 확대하고 있다. 연기금 등 기관투자자의 투자 방식은 피투자기업의 재무적 성과뿐만 아니라 비재무적 성과를 고려하여 투자 대상의 잠재적 위험을 관리하는 방식으로 바뀌고 있다.[4]

책임투자원칙PRI은 2006년 UN이 주도하여 설립된 글로벌 투자자 네트워크로, 투자 결정 시 환경E, 사회S, 지배구조G 등 ESG 요소를 통합하여 지속가능한 투자를 촉진하는 것을 목표로 한다. PRI는 다음 여섯 가지 원칙을 제시하고 있다. 첫째, 투자 분석과 의사결정에 ESG 이슈를 통합한다. 둘째, 소유자 활동과 정책에 ESG 이슈를 포함한다. 셋째, 투자 대상 기업들에게 적절한 ESG 정보 공개를 요구한다. 넷째, 투자 산업 전체에서 수용 및 실행을 촉진한다. 다섯째, 이 원칙의 이행 효과를 극대화하기 위해 협력한다. 여섯째, 책임투자 원칙의 활동과 진전을 보고한다. PRI는 이러한 원칙을 통해 장기적인 재무 성과와 지속가능한 발전을 동시에 추구하며, 현재 전 세계 4,000개 이상의 서명 기관이 참여하고 있다.

2013년 기준 45개 국가에서 180개 이상의 지속가능성에 관한 정보 공개 규제가 도입되었으며, 2019년 현재 기준 19개 국가에서 스튜어드십 코드를 도입하고 수탁기관의 책임을 강화하고 있다. 특히, 2014년 EU 집행위원회는 기업의 비재무 정보의 공개에 관한 지침 Directive 2014/95/EU 을 제정하고 2018년부터 근로자 수 500인 이상인 기업에 대해 환경, 사회, 노동, 인권, 반부패 등에 관한 정보의 공개를 의무화하였다. 기업은 해당 문제와 관련한 정책, 결과 및 위험을 설명하고, 기업이 시행하는 준

지속가능한 금융의 미래

수 절차Due Diligence Processes뿐만 아니라 공급업체 및 하도급 업체와 관련한 준수 절차에 관한 정보를 포함해 공개해야 한다. 이 지침은 EU 내 현지 법인이나 공장을 설립한 국내 기업도 이 기준에 해당하는 경우 그 정보공개 대상이 되므로 국내 기업에도 미칠 영향이 크다. 나아가 EU 내의 기업과 거래 관계가 있는 국내 기업의 경우 해당 기업으로부터 ESG 관련 정보의 제공을 요청받을 수 있다.

기업 재무 정보의 중요성은 일반적으로 재무제표를 통해 이해관계자의 의사결정에 영향을 미치지만, ESG 정보공시에 있어서 중요성은 지속가능 관점에서 회계감사 수준의 기준으로 마련할 수 있어야 하는데, 아직 ESG 정보 공시가 의무 사항이 아니었기 때문에 기업마다 업종별 재량하에 다양한 이니셔티브를 채택하여 자율적으로 작성하였고, 기업의 홍보 수단에 그치는 경우도 있었다.

ESG 정보공시의 기준이 확립되고, 규제화 되기 이전에는 정보 투명성과 비교 가능성을 객관적으로 제시하기에 한계가 있었다. 다양한 이해관계자와 각기 다른 이니셔티브, 자율공시 체제 하에서의 기업의 느슨한 재량권과 평가기관의 부재가 그 원인이다. 이에 신뢰할 수 있는 지속가능 경영의 미래를 준비하기 위하여 ESG 정보공시 규제는 매우 합리적인 조치로 판단된다.

이러한 배경에서 한국거래소는 글로벌 자본시장에서 요구하는 지속가능한 발전을 위한 기업의 역할에 주목하고 있다. 기업의 비재무적 요인을 투자의사 결정에 반영하는 ESG 투자 문화가 확산되고 있으나, 국내의 경우 일부 기업을 제외하면 기업의 비재무 정보의 공개 수준은 매우 제한적이며 이에 대한 인식도 낮은 수준이다. 이에 한국거래소는 ESG 정보공개를 위한 실질적 방법 등을 안내함으로써 ESG 정보공개에 익숙하지 않은 상장법인들에 그 방향을 제시하기 위한 목적으로 「ESG 정보공개 가이던스」를 제정하였다.[5] 가이던스에는 상장법인에 실질적인 도움이 될 수 있도록 주요 항목에 대한 모범 사례Best Practice를 제시하고, 공개 대상 정보 선택에 참고할 수 있는 권고 공개 지표도 포함하였다. ESG 정보 또는 기후공시가 의무화됨에 따라 한국거래소의 가이던스는 기업들에게 필수적으로 참고해야 하는 지침이 된다.

효과적인 ESG 정보 공개를 위한 기본 원칙

ESG 이슈로 인한 리스크가 현실화되고 이에 관한 투자자의 관심이 커짐에 따라, 이사회와 경영진은 ESG 이슈가 회사의 전략과 성과에 어떠한 영향을 미치는지 명확히 이해해야 할 필요성이 커지고 있다. 이사들은 선량한 관리자로서의 주의의무를 다하고 책임을 다하기 위해 ESG 요소에 따른 위험을 이해하고 평가하는 능력이 요구된다. 이해관계자들은 이사회와 경영진 차원에서 ESG 이슈들이 어떻게 관리되고 있는지 확인하고 싶어 한다. 따라서 이사회와 경영진은 기업의 ESG 목표를 설정하고, ESG 요소를 기업 전략에 통합해야 하며, 전사적으로 ESG 요소를 관리할 수 있는 지배구조를 확립하여야 한다.

지속가능한 금융의 미래

ESG 위험 파악	• ESG 위험의 영향을 식별 • 기존 위험 식별 프로세스의 ESG 위험 식별 가능 여부를 평가 • ESG 위험 식별을 위한 다양한 정보원(source)을 고려 • 위험 식별 절차의 가정을 확인 • 전사적 위험관리 체계에 ESG 요소를 통합
ESG 위험 평가	• 위험의 우선순위 평가 • 중대성 기준 적용 • 이사회의 ESG 평가 역량 향상 • 중요 ESG 위험 논의
ESG 위험 관련 의사결정	• 전략 수립 시 중요 ESG 위험 고려 • ESG 위험 완화/적응 전략 이해 • ESG 위험에 대한 경영진 책무 설정
ESG 위험 감독	• 이사회 수준의 ESG 위험 감독 공식화 • 위원회 간 ESG 심의 협조
ESG 위험 공시	• 이사회 역할 공개 • 주요 ESG 위험 공개

출처: Ceres, 「Running the Risk」, 2019.

ESG 정보는 목적 적합성과 표현의 충실성을 갖추어야 한다. 정보 취합 및 작성 과정에서 정확성을 확보하고 정보의 보고 범위를 명시하여야 한다. 일반적으로 요구되는 원칙은 다음과 같다.

'정보'는 이해관계자가 기업의 성과를 평가할 수 있도록 정확Accuracy 해야 한다. 정보의 수집 및 분석 등 보고서를 준비하는 과정에서 다양한 오류가 발생할 수 있으며, 정보의 작성자 및 보고서 작성자 등이 정보를 체계적으로 관리함으로써 정보의 오류나 누락을 방지해야 한다.

정보공개는 이해관계자의 요구에 맞는 정보를 전달하기 위한 목적으로 작성되어야 하며, 이해관계자가 쉽게 이해할 방법으로 제공Clarity 되어야 한다. 지나치게 구체적이거나 개략적인 것은 지양하여야 한다. 정성적 정보 및 정량적 정보를 적절히 사용하는 것을 권장한다.

정보는 이해관계자가 기업의 목표와 성과를 비교할 수 있고, 이를 다른 기업의 성과와도 비교 Comparability 할 수 있어야 한다. 이를 위해서는 일관된 방법을 적용하여 정보를 공개해야 하며, 지표의 산출 방법에 중대한 변화가 있는 경우 이전의 정보를 정정하고 변경 내용을 명시하는 것이 필요하다. 다른 기업과의 비교 가능성을 높이기 위해서는 글로벌 표준을 적용하고, 권장된 지표 및 방법론에 따라 보고하는 것이 바람직하다.

많은 기업들이 사고 등 부정적인 이슈는 축소하고 긍정적인 활동은 부각하기도 한다. 그러나 정보의 완전성을 보장하고 이해관계자가 조직 전반의 성과를 합리적으로 평가할 수 있으려면 기업에 유리한 정보뿐만 아니라 불리한 정보도 보고서에 포함 Balance 해야 한다. 이 경우 기업이 부정적인 이슈에 어떻게 대응하고 있는지 적극적으로 소명하는 것을 권장한다.

정보는 검증 Verifiability 할 수 있도록 정의, 수집 및 기록되어야 하며, 정보의 공개는 재무 보고서와 유사한 내부통제 절차를 따라야 한다. 보고서의 품질을 높이기 위해 독립적인 제3자 검증기관의 검증을 거치는 것이 바람직하며, 검증 수준, 범위 및 과정 등을 보고서에 함께 명시하는 것이 필요하다.

이해관계자들이 정보를 효과적으로 활용할 수 있도록 정보를 정기적으로 공개하는 것이 필요하다. 정보의 적시성 Timeliness 을 위해서는 재무

보고서와 ESG 정보의 공개 기간을 동일하게 하는 것이 바람직하며, 재무보고서 발간 이후 최대한 빠른 시기에 ESG 정보를 공개하는 것이 필요하다. 다만 재무적 결과에 중대한 영향을 미칠 수 있는 ESG 이슈가 발생하면 이를 적시에 공개하는 것을 권장한다.

회사의 ESG 정보, 무엇을 어떻게 공개할 것인가?

한국거래소는 ESG 관련 정보공개 표준과 이니셔티브 지표 중 핵심적이고 공통적인 지표들을 선정하여 ESG 권고 공개지표 12개 항목 21개 지표를 마련하였고 기업이 ESG 정보를 공개하는 경우 이러한 지표를 포함할 것을 권고하고 있다.

ESG 권고 공개 지표

구분	항목	지표	비고
조직	ESG 대응	경영진의 역할	ESG 이슈의 파악·관리와 관련한 경영진의 역할
	ESG 평가	ESG 위험 및 기회	ESG 관련 위험 및 기회에 대한 평가
	이해관계자	이해관계자 참여	이해관계자의 ESG 프로세스 참여 방식
환경	온실가스 배출	간접 배출량 (Scope 1)	회사가 소유하고 관리하는 물리적 장치나 공장에서 대기 중으로 방출하는 온실가스 배출량
		간접 배출량 (Scope 2)	회사 소비용으로 매입 또는 획득한 전기, 냉난방 및 증기 배출에 기인한 온실가스 배출량
		배출 집약도	활동, 생산 기타 조직별 미터법의 단위당 배출된 온실가스 배출량

	에너지 사용	직접 에너지 사용량	조직이 소유하거나 관리하는 주체의 에너지 소비량
		간접 에너지 사용량	판매제품의 사용 및 폐기처리 등 조직 밖에서 소비된 에너지 소비량
		에너지 사용 집약도	활동, 생산 기타 조직별 미터법의 단위당 필요한 에너지 소비량
	물 사용	물 사용 총량	조직의 물 사용 총량
	폐기물 배출	폐기물 배출 총량	매립, 재활용 등 처리 방법별로 폐기물의 총 중량
	법규 위반·사고	환경 법규 위반·사고	환경 법규 위반·환경 관련 사고 건수 및 조치 내용
사회	임직원 현황	평등 및 다양성	성별·고용형태별 임직원 현황, 차별 관련 제재 건수 및 조치 내용
		신규 고용 및 이직	신규 고용 근로자 및 이직 근로자 현황
		청년인턴 채용	청년인턴 채용 현황 및 정규직 전환 비율
		육아휴직	육아휴직 사용 임직원 현황
	안전·보건	산업재해	업무상 사망, 부상 및 질병 건수 및 조치 내용
		제품안전	제품 리콜(수거, 파기, 회수, 시정조치 등) 건수 및 조치 내용
		표시·광고	표시·광고 규제 위반 건수 및 조치 내용
	정보보안	개인정보 보호	개인정보 보호 위반 건수 및 조치 내용
	공정경쟁	공정경쟁·시장지배적지위남용	내부거래·하도급거래·가맹사업·대리점거래 관련 법규 위반 건수 및 조치 내용

출처: 법무법인 지평, [ESG] 한국거래소, ESG 정보공개 가이던스 제정, 법률정보 News Alert, 2021.01.20.

기업이 ESG 보고서에서 다룰 주제들은 매우 다양하며, 기업의 경제적, 환경적, 사회적 영향을 반영하거나 이해관계자의 의사결정에 영향을 미칠 수 있는 주제들이 보고서가 다루는 잠재적인 주제가 되는데, 각

지속가능한 금융의 미래

기업의 ESG 이슈 중에서 그 정보의 중요성 Materiality을 고려하여 공개할 정보의 범위와 내용을 결정할 수 있다. 이러한 중요성을 평가하기 위한 기준과 방법은 그 목적에 따라 다양하기에 회사가 중요성을 판단하는 경우 다음의 국제적 기구나 조직이 정의하는 개념을 참고할 수 있다.

국제회계기준위원회 International Accounting Standards Board, IASB는 "중요한 정보"란 만약 누락 또는 오류가 있거나 모호하게 기술되는 경우 재무제표에 기초한 이용자의 의사결정에 영향을 미칠 것으로 합리적으로 예상되는 정보라고 정의한다. 국제통합보고위원회 International Integrated Reporting Council, IIRC에 의하면, "중요한 사항"은 조직의 단기·중기·장기적 관점에서 가치 창출 능력에 상당한 영향을 미칠 수 있는 사항이라고 보며, GRI Global Reporting Initiative는 "중요한 주제"란 조직의 중요한 경제적, 환경적 및 사회적 영향을 반영하는 주제 또는 이해관계자들의 평가와 의사결정에 실질적인 영향을 미치는 주제로 보고 있다. 마지막으로 지속가능회계기준위원회 Sustainability Accounting Standards Board, SASB는 합리적인 투자자의 관점에서 볼 때 누락된 사실이 공개되었다면 정보의 전체적인 맥락이 상당히 변경되었을 실질적인 개연성이 있는 경우 그 정보는 중요하다고 본다.

지속가능경영보고서 담당자가 알아야 할 보고서 작성 및 공개 절차

ESG 보고서는 중요성 평가를 통해 핵심 보고 이슈를 선정하며, ESG 이슈가 기업의 장기적인 가치 창출에 미치는 영향을 파악하여 이해관계자에게 알리는 것을 목적으로 한다. 보고서 작성과 공개 절차는 주제 선정, 보고 기획, 내용 작성 및 검증, 대외 공개 순으로 이루어지며, 세부 내용은 아래와 같다.

첫째, 경영 기초자료 수집 및 검토 단계이다. 경영전략, 이사회 회의록, 부서별 KPI, 내부 감사보고서 등의 기초자료를 수집하고 검토하여 ESG 관련 이슈들에 대한 목록을 작성한다. 이 과정에서 ESG 요소가 실제 경영전략 및 의사결정에 반영되고 있는지 파악하고, 이들이 어떻게 연계되어 관리되는지 확인한다.

둘째, 국내외 ESG 동향 분석 단계이다. 언론 보도 및 국내외 동종 산업 벤치마킹 조사를 통해 보고에 반영할 수 있는 지속가능경영 이슈들과 이해관계자들의 관심을 파악할 수 있다. 특히, 언론 등을 통해 보고 기업에 대한 부정적 이슈 등을 면밀하게 살필 수 있으며, 동종 산업 내 우수 보고 사례를 통해 글로벌 보고 수준을 확인할 수 있다.

셋째, 이해관계자 의견 수렴 단계이다. 기업은 이해관계자의 기대와 관심 사항을 고려하기 위해 기업과 관련한 이해관계자 집단을 파악하고 선정해야 한다. 이해관계자란 회사의 영업활동, 제품 또는 서비스에 의해 상당한 영향을 받거나 기업의 전략 수행 및 목표 달성에 상당한 영향력을 행사할 수 있는 주주, 근로자뿐만 아니라 기업과 관련된 모든 자가 포함된다. 또한, 설문조사를 통해 이해관계자의 관심 사항을 파악하거나 간담회를 개최하여 의견 수집을 하며, 이 과정에서 기업이 자신들의 전략적 파트너인 이해관계자에 대한 이해도를 높이고, 이들과의 관계 강화를 통하여 기업이 제공하는 정보에 대한 신뢰도를 높일 수 있다.

넷째, 중요 주제 선정 단계이다. 일련의 과정을 통해 도출된 주제들에 대해 내외부 중요성을 평가하여 우선순위에 맞는 주제를 선정한다.

중요 주제가 선정되면 보고서를 작성하기 전에 전체적인 보고 방향을 기획하고 그 내용을 구성한다. 이해관계자의 관심 사항, 기업 전략 등이 기본적인 프레임으로 적용될 수 있으며, 기업의 사업모델, 주요 보고 주제 등을 고려하여 가장 적절한 구조를 선택한다. 글로벌 공개 표준을 참고하여 ESG 이슈의 일반적인 분류 및 구성을 적용하는 것이 효과적일 수 있다.

ESG 활동에 대한 단순한 나열을 피하고 ESG 요소를 조직의 전략, 조직 구조, 운영체계, 활동 및 성과 목표와 연계하여 보고하는 것을 권고한다. 이를 통해 조직의 경영활동에 대한 이해관계자의 이해를 높일 수 있고, 경영체계를 효과적으로 보고할 수 있다. 또한, 정보공개원칙에서 제시된 요건을 고려하여 내용을 작성하고, 작성 후에는 보고 담당자, 자료 수집 담당자 등이 함께 검토하고 보완해야 한다.

작성된 내용에 대한 검증을 통해 정보의 품질 요건이 충족되었는지 확인한다. 이를 통해 정보의 신뢰성을 높일 수 있다. 검증 전에는 검증의 방법, 범위 및 검증기관 등을 고려해야 한다. 해당 기업과 이해관계가 없는 제3자를 통해 독립적인 검증을 진행하고, 공인된 검증 표준을 준용하여 객관성을 확보하는 것이 필요하다. 주요 ESG 정보 검증 표준으로는 글로벌 표준기관 AccountAbility의 AA1000AS와 국제감사 인증기준위원회 IAASB 의 ISAE3000이 있으며, 이 외에도 객관적으로 공인된 다양한 기준을 활용할 수 있다. 검증 후에는 검증 범위, 방법론 등을 명시하고, 검증 의견에 따라 보고 내용을 수정 및 보완한다.

ESG 정보를 공개하는 채널은 기업의 커뮤니케이션 전략에 따라 다를 수 있다. 그러나 이해관계자들이 정보를 적시에 취득할 수 있는 적절한 채널을 선택하는 것이 필요하다. 이를 위해 기업은 홈페이지 등 다양한 채널을 활용할 수 있으며, 각 채널의 접근성 등을 고려하여 적절한 공개 채널을 선정하여야 한다.

한국거래소는 투자자 등이 기업에 대한 다양한 정보를 쉽게 취득할 수 있도록 전자공시시스템 KIND 을 운영하고 있다. 전자공시시스템은 기업의 재무현황, 공시내용 등 다양한 정보를 제공하고 있다. 또한, 거래소의 공시규정은 지속가능경영 보고서를 자율공시 사항으로 규정하고 있다. 따라서 기업이 ESG 정보를 공개하는 경우 그 채널의 하나로써 거래소의 전자공시시스템을 포함하는 것을 권고한다.

정보는 연 1회 이상 공개하는 것을 원칙으로 하고, 매년 일정한 시기에 공개하는 것을 권고한다. 투자자들이 ESG 요소와 재무 정보를 연계하여 평가할 수 있도록 이를 공개하는 시기는 사업보고서를 공개하는 시점과 지나치게 차이가 나지 않도록 하는 것이 바람직하다.

ESG Value-Chain 구축을 위한 가이드라인 활용법

기업의 사회적 책임과 이해관계자에 대한 배려, 투명한 지배구조는 우리 사회에 새롭게 나타난 개념이나 문제는 아니다. ESG라는 이름으로 진화되어 제도로 정착되는 과정이다. ESG 항목은 기업의 경영, 지배구조, 투자 활동에 있어서 실질적인 변화를 일으키고 있으며, 인류 공동체의 미래를 위한 필수사항으로 자리매김하고 있다.

이러한 대세 흐름과 무역의존도가 높은 우리 기업 특성을 고려할 때 ESG 국제표준을 준수할 유인이 상당하다. 이제는 선택이 아닌 생존의 필수라는 점을 수용하여야 한다. 그러한 결과 금융위원회에서도 이에 맞춰 ESG 정보에 대한 수요가 증대하고 관련 공시제도의 강화 필요성에 공감하여 적기에 지침서를 발행하였다는 점에서 기업뿐만 아니라 관련 이해관계자들에게 도움이 되는 정책임이 분명하다.

한국거래소에서 발행한 ESG 정보공개 가이던스는 실질적인 면에서 중요한 지침이고, 3개의 평가기관(한국ESG기준원, 한국ESG연구소, 서스틴베스트)을 선정하여 ESG 평가시장의 투명성과 신뢰성을 제고하고 담보하고자 하였다는 점에서 실효성 있는 정책으로 만들고자 하는 의지가 엿보임은 물론, 실질적으로 구현 가능하리라 기대된다.

위와 같은 세계적 추세와 정부의 정책 의지에도 불구하고 우리의 현실은 녹록지 않은 것으로 보인다. 대외경제정책연구원은 ESG 평가기관 중 하나인 무디스 평가를 이용하여 우리나라 기업의 ESG 총점 및 영역별 점수를 다른 국가들과 비교하여 볼 때, 우리나라 기업의 2020~2021년

ESG 총점 및 영역별 점수는 선진국 및 아시아 주요국 17개국에 비해 전 영역에서 뒤처졌다고 평가하고 있다.[6]

ESG 공시 규제는 기업에 부과되는 추가 의무라는 차원에서는 기업에 상당한 부담으로 작용하는 것이 사실이다. 정책이나 지침, 평가기관이 아무리 잘 마련되어 있어도 생소한 분야에 우수한 전문인력을 영입하고, 육성하는 데는 막대한 시간과 비용이 투입되어야 한다. 지속가능경영 보고서 작성에 필요한 일련의 과정을 수립하고 수행하기 위해서는 체계적인 조직이 꾸려지고 운영되어야 한다.

이를 위해 ESG 전문인력 양성기관의 설립과 기업 연계 취업방안, 전문인력의 양성과 유지보수 교육에 필요한 기업 교육훈련비의 정부지원, ESG 부서 설치와 지속가능경영 보고서 발행에 필요한 정부 차원의 운영자금 지원, 보고서 발행기업에 대한 기업 대출 심사기간 단축 및 대출이자 우대, 정부나 해당 감독기관 등 입찰 시 또는 인증 심사 시 신속심사나 서류간소화, 우대 포인트제 활용 등의 행정지원이 이루어질 수 있도록 제도적인 보완도 적극적으로 검토될 필요가 있다.

3장

녹색금융추진계획을 통해 본
한국의 ESG 주요 정책

ESG 정책의 성패는 기후변화 위험을 어떻게 관리하는가에 달려 있다.

유럽중앙은행 크리스틴 라가르드(Christine Lagarde) 총재는 기후변화와 관련하여 금융권이 직면하는 일반적인 위험을 기후변화 영향 무시(Disregard)에 따른 위험, 기후변화 대응 지연(Delay)으로 인한 위험, 금융 제공 부족(Deficiency)에 따른 위험으로 분류한다. 이 세 가지 위험을 파악하며 새로운 기회를 만들기 위해서는 기후변화에 대한 관심도를 제고하고, 적시성 있는 대응과 충분한 지원이 필요하다. 녹색금융추진계획은 기후환경 변화에 대한 선제적 대응의 일환으로 3대 추진 전략과 12대 실천 과제를 제시한다.

이태영

코로나19 팬데믹을 계기로 지속가능한 금융의 중요성이 점차 강조되면서 금융권의 녹색 분야 역할에 대한 논의가 활발해졌다. 한국판 뉴딜의 일환으로 '그린뉴딜'이 포함되면서 녹색산업, 녹색기업, 녹색 사업에 대한 금융 지원의 필요성도 대두되었다. 2020년 12월 정부의 2050 탄소중립 선언 이후 산업구조의 저(低)탄소화와 신산업 육성을 뒷받침하는 금융권의 역할에 대한 기대는 더욱 높아지고 있다. 이러한 시대적 요구를 반영하여 2020년 8월 민관 합동의 '녹색금융 추진 TF'가 출범하였다.[1] 녹색금융 추진 TF는 금융위원회(이하 "금융위")와 환경부 산하 조직으로서 ① 기후리스크 평가 및 관리, ② 녹색투자 활성화, ③ 기업 공시 제도 개선 등의 주요 정책과제를 설정하고 운영되어 왔다.

금융위와 환경부는 환경 정보 공시 및 녹색채권 발행 가이드 제공, 녹색금융 전문 인재 양성을 위한 특성화 대학 지정 등 다양한 정책을 통해 녹색금융 활성화를 추진해 왔다. 2021년 1월에는 기업 공시와 관련된 「ESG 정보공개 가이던스」를 제공해 ESG 책임투자의 기반을 조성했다.[2] 또한 2020년 12월에는 그린워싱 방지를 위해 녹색채권 발행 시 녹색투자의 판단기준을 제공하는 「한국형 녹색채권 가이드라인」을 발간했다.[3] 2020년 10월에는 녹색금융 전문 인재 양성을 위해 녹색금융 특성화 대학을 지정하고, 3년간 연 5억 5천만 원씩 지원하기도 하였다.

2021년 1월 정부는 "녹색금융 추진계획(안)"을 발표했다.[4] 이 계획안은 '2050 탄소중립 추진 전략' 중에서 녹색금융 활성화 부분을 구체화해 12개의 실천 과제를 도출한 것이다. 이 전략의 주요 내용은 ① 정책금융의 선도적 지원 강화, ② 민간 자금 유입 확대 유도, ③ 시장 인프라 정비로 요약된다. 또한, 녹색금융 추진계획은 2050 탄소중립 목표 달성을 지원하기 위해 ① 공공부문의 역할 강화, ② 민간 금융 활성화, ③ 녹색금융 인프라 정비로 세분화된다.

2050 탄소중립 추진 전략 및 녹색금융 활성화 방안

정부는 2050년까지 탄소중립을 달성하기 위한 '2050 탄소중립 추진 전략'을 발표했다.[5] 이 전략은 기후변화 대응과 지속가능한 발전을 목표로 하며, 저탄소 사회로의 전환을 가속화하는 데 중점을 두고 있다. 2020년 12월 문재인 대통령은 2050년까지 탄소중립을 실현하겠다고 선언했으며, 이에 따라 구체적인 추진 전략이 수립되었다.[6] 탄소중립 추진 전략의 주요 목표는 2050년까지 온실가스 배출을 제로로 줄이는 것이다. 이를 통해 기후변화의 영향을 최소화하고, 동시에 새로운 경제 성장 동력을 마련하기 위한 것이다.

탄소중립 추진 전략은 크게 세 가지 축으로 구성된다. 첫째, 정책금융의 선도적 지원을 위해 정부는 녹색산업과 저탄소 기술 개발을 지원하는 정책금융을 적극 활용한다. 이를 통해 초기 단계의 녹색 프로젝트와 혁신적인 기술 개발에 필요한 자금을 지원하고, 민간 자본의 유입을 촉진한다.

둘째, 민간 자금 유입 확대 유도로서 민간 부문의 참여를 확대하기 위해 다양한 인센티브와 지원 프로그램을 도입한다. 특히, 녹색채권 발행 가이드라인을 마련해 그린워싱을 방지하고, 녹색 투자에 대한 신뢰성을 높이고자 한다. 기업들이 ESG(환경, 사회, 지배구조) 정보를 투명하게 공개하도록 유도하여 책임 있는 투자가 이루어지도록 하는 것이다.

셋째, 시장 인프라 정비를 통해 녹색금융의 활성화를 위해 필요한 제도적 기반을 마련한다. 녹색금융 특성화 대학을 지정하고, 전문 인재를 양성하는 프로그램을 운영하여 녹색산업 분야의 인적 자원을 확보하는 것도 중요한 과제다. 또한, 기후리스크 평가 및 관리 체계를 구축해 금융기관들이 기후변화로 인한 리스크를 효과적으로 관리할 수 있도록 한다.

정부는 이 전략의 이행을 위해 총 12개의 실천 과제를 도출하였다. 주요 과제에는 녹색금융 활성화를 위한 법적·제도적 기반 강화, 신재생에너지 및 친환경 기술에 대한 투자 확대, 공공부문의 탄소중립 선도적 역할 수행, 녹색산업의 글로벌 경쟁력 강화 등이 포함되어 있다. 정부는 2050년 탄소중립 목표를 달성하기 위한 전략의 일환으로, 기존 탄소배출과 연계된 제도의 유효성을 종합적으로 점검하고 평가한 후 탄소중립 친화적 제도 설계를 통해 자본시장에 명확한 시그널을 제공하기 위해 노력해 왔다. 이에 대한 제도적 기반을 마련하기 위한 과정에서 '녹색금융

활성화 방안'이 제시되었다.[7]

녹색금융 활성화 방안은 다음과 같은 내용을 담고 있다. 첫째, 녹색 분야에 대한 정책금융 지원을 양적·질적으로 확충하여 저탄소 산업구조로의 전환을 위한 기업을 적극 뒷받침한다. 이는 녹색산업 및 저탄소 기술 개발을 위한 자금 지원을 강화하고, 민간 자본의 유입을 촉진하는 것을 목표로 하고 있다.

둘째, 정부는 녹색분류체계와 금융권 녹색투자 가이드라인을 제정하였다. 이는 녹색 프로젝트와 투자에 대한 명확한 기준을 마련하여 투자자들이 신뢰할 수 있는 정보를 제공하고, 그린워싱을 방지하기 위함이다.

셋째, 저탄소 사회로의 전환 과정에서 발생할 수 있는 리스크를 식별하고, 녹색 인센티브를 고려한 건전성 규제 체계에 반영한다. 이를 통해 금융기관들이 기후변화로 인한 리스크를 효과적으로 관리하고, 지속가능한 금융 시스템을 구축할 수 있도록 지원한다.

또한, 기업의 환경 관련 공시 의무를 단계적으로 확대하고, 책임투자의 기조를 확산하기 위한 시장 자율 규율 체계를 정비할 예정이다. 2021년 1월에 발표된 「ESG 정보공개 가이던스」에 따라 기업들이 환경, 사회, 지배구조 정보를 투명하게 공개하도록 유도하여 책임 있는 투자가 이루어질 수 있도록 할 계획이다.

이와 같은 녹색금융 활성화 방안은 한국 정부의 2050 탄소중립 추진 전략의 핵심 요소로서, 저탄소 경제로의 전환을 촉진하고 녹색산업의 성장을 지원하는 데 중요한 역할을 할 것으로 기대된다.

녹색금융 추진계획과 12대 실천 과제

　정부는 2021년 1월, 정책금융기관의 녹색분야 지원 비중을 6.5%에서 2030년까지 약 13% 수준으로 확충하기 위한 계획을 발표했다.[8] 이를 위해 녹색분류체계를 마련하고, 녹색특화 대출 및 보증 프로그램을 신설하였다. 예를 들어, 녹색특별대출 및 녹색기업 우대보증 등의 제도를 시행하는 것으로, 녹색특별대출은 산업은행, 기업은행, 수협은행에서 취급하며, 우대금리를 최대 1%p 이상 지원한다. 녹색기업 우대보증은 보증료율을 최대 0.4%p 우대하는 것이며, 특별온렌딩은 일반온렌딩 대비 0.1%p 인하하는 것이다.

　금융위는 2024년 3월 '기후위기 대응을 위한 금융지원 확대방안'을 발표하면서 제조업 경쟁력 유지를 위해 저탄소 공정전환 및 기술지원이 필요하다고 강조했다.[9] 또한, 정책금융 패러다임을 전환하여 녹색분야에 대한 정책금융 공급을 확대하겠다는 방침을 밝혔다. 정책금융기관은 그동안 자체 재원과 기후대응기금을 통해 저탄소 공정개선 및 녹색프로젝트 등에 자금을 지원해 왔으나, 2050년으로 갈수록 저탄소 전환에 더 많은 자금이 필요할 것으로 예상된다. 이에 따라 정부는 2030년까지 총 420조 원의 정책금융을 공급하겠다는 계획을 세웠다. 이는 직전 5년간 연평균 녹색자금 공급량(매년 36조 원) 대비 67% 확대된 규모로, 매년 60조 원을 공급하겠다는 구상이다.

　산업은행, 수출입은행, 기업은행 등 주요 정책금융기관은 녹색금융 전담조직을 신설하며 녹색금융과 한국판 뉴딜 관련 업무의 일관성을 높이고 유관 부서 간 협업을 촉진하기 위해 노력하고 있다. 산업은행은 2021년 1월 정책기획부문을 '정책·녹색기획부문'으로 확대 개편하고, 산하에 'ESG·뉴딜기획부'를 신설했다.[10] 이 부서는 한국판 뉴딜, 녹색금융, ESG 관련 실행 전략 도출 및 대외 기관 협력 업무를 총괄하며 컨트롤타워 역할을 수행한다. 수출입은행은 2021년 1월 산업별 조직개편을 통해 그린뉴딜을 포함한 녹색산업 금융지원을 전담하는 조직을 신설했다.[11] 이 조직에는 신재생에너지산업팀, 전기전자산업팀, 미래모빌리티산업팀 등이 포함된다. 기업은행은 2021년 1월 경영전략그룹 전략기획부 내에 'ESG경영팀'을 신설했다.[12] ESG경영팀은 지속가능경영 통합, ESG 기획·통합(그린경영, 탄소경영, 에너지·온실가스 등), ESG 관련 대외 평가 대응 등의 업무를 수행한다. 신용보증기금은 2021년 7월 'ESG 추진위원회'를 신설하여 녹색금융 및 ESG 관련 업무를 체계적으로 추진하고 있다.[13]

정부는 2021년 정책금융지원을 극대화하기 위해 정책금융기관 간 협의체, 이른바 '그린금융협의회'를 구성하고 공동 녹색지원전략 수립 및 정보 공유를 추진했다.[14] 이를 통해 금융위는 정책금융기관의 녹색금융 추진 현황 및 애로사항을 주기적으로 점검하고 제도 개선을 지원한다. 산업은행, 수협은행, 기업은행, 한국무역보험공사, 신용보증기금, 기술보증기금, 한국거래소 등이 참여하여 녹색금융 관련 공통 기준과 협업을 강화하고자 했다. 협회에서는 기후변화 리스크 관리 및 감독체계를 마련하고, 한국형 녹색분류체계K-Taxonomy, K-택소노미 도입·기업의 ESG 정보 활용 방안 등을 논의한다. 또한, 통계 실적 집계 기준을 마련하고

지속가능한 금융의 미래

정책금융기관 간 녹색금융 지원 실적 DB를 구축하여 기관 간 중복지원을 최소화하고 투·융자 연계 지원 등의 협업 방안을 모색하고 있다.

2021년 5월 24일, 제1차 '그린금융협의회'를 개최하여 정책금융기관과 녹색금융 현황 및 향후 계획 등을 논의했다.[15] 이 자리에서 금융위는 13개 금융 유관기관과 '기후변화 관련 재무정보 공개 협의체^{TCFD}' 및 TCFD 권고안에 대한 지지 선언을 했다.[16]

정부는 이를 계기로 ① 한국형 녹색분류체계, ② 금융권 녹색금융 모범 규준, ③ 기후리스크 관리 지침서 등을 마련하고, ④ ESG 통합 정보 플랫폼을 구축하는 등 녹색금융 실천 과제 이행에 박차를 가할 것이라고 밝혔다. 특히, 협의체를 통해 국제사회와의 네트워크를 강화하고 P4G 정상회의 준비 등 다양한 역할을 수행했다. 금융위는 2021년 5월 30일과 31일 개최된 'P4G 정상회의'를 지원하기 위해 '녹색금융 특별세션'(2021년 5월 29일)을 운영하여 '포스트 코로나 시대에 녹색회복을 위한 금융의 역할'을 논의했다.

정부는 수계기금 자산운용사 선정 시 녹색 및 환경 지표를 반영하도록 '수계기금 자산운용지침' 개정을 추진하였다. 수자원공사와 한국환경공단 등 환경부 산하기관의 금고 선정 시에도 녹색금융 지표를 반영하는 것이다. 이에 따라 '금강수계관리기금'은 중소형 기금 중 최초로 자산운용지침 개정을 통해 녹색금융원칙을 명문화했다.[17] 이 원칙은 환경을 개선하는 상품 및 서비스에 자금을 투자하고, 반환경적 투자를 배제 및 제한하는 금융 운용 원칙이다. 금강수계관리기금은 주거래은행 선정에 녹색금융활동을 평가 지표로 반영했다.

'금강수계관리기금 자산운용지침'의 개정으로 녹색금융 원칙이 명문화됨에 따라, 운용기관 선정 시 녹색금융활동을 종합적으로 평가할 수 있게 되었다. 주거래은행 선정 시 평가되는 녹색금융활동에는 은행의 탈석탄 선언, 녹색경영기업 금융지원 시스템 사용, TCFD·CDP·적도원칙 등 국제 녹색금융 이니셔티브 가입 여부 등이 있다.

민간금융 활성화를 위한 한국형 녹색분류체계 (K-택소노미)

정부는 민간금융 활성화를 위한 방안으로 녹색분류체계를 마련하였다. 한국형 녹색분류체계는 녹색경제활동에 대한 명확한 원칙과 기준을 제시해 더 많은 녹색자금이 녹색 프로젝트나 녹색기술에 투자될 수 있도록 지원하기 위해 개발되었다. 환경부는 「환경기술 및 환경산업 지원법」 개정[18]에 따라 2021년 12월 한국형 녹색분류체계를 수립하였고, 의견 수렴 과정 등을 거쳐 2022년 12월에 확정하였다.[19] 현재는 녹색분류체계를 고도화하기 위한 작업이 진행 중이다.[20] 한국형 녹색분류체계는 녹색경제활동을 정의하는 지침서로, 녹색채권을 발행하는 기관들은 이 체계를 활용해 녹색경제활동에 해당하는 프로젝트를 선정함으로써 투자자의 신뢰를 증진할 수 있다.

지속가능한 금융의 미래

금융권 녹색금융 실무 지침서 마련

정부는 금융권의 자생적인 녹색 생태계를 육성하기 위해 2021년 1분기 중 금융권에 공통으로 적용되는 '녹색금융 모범규준'을 마련하겠다고 밝혔다.[21] 이를 위해 전 금융권의 의견을 수렴해 2021년 상반기에 모범규준을 확정하고, 시범 적용 기간을 거쳐 금융회사의 내규화를 추진하였다. 이에 따라 2021년 12월 은행연합회, 금융투자협회, 생명보험협회, 손해보험협회, 여신금융협회 등 5개 금융협회는 모든 금융회사에서 사용할 수 있는 '금융권 녹색금융 핸드북'을 마련했다.[22] 당초 모범규준 방식으로 계획되었으나, '2021년 녹색금융 추진계획'의 일환으로 금융산업의 자생적 녹색 생태계 육성을 위해 핸드북 형태로 확대 개편되었다.

녹색금융 핸드북은 금융회사가 녹색금융 업무를 수행할 때 고려할 사항들을 정리한 실무 지침서다. ▲녹색금융 주요 내용 ▲가이드라인 ▲운영 사례 ▲관련 Q&A 및 실무 해석례 ▲용어 정리 등으로 구성되었다. 여기에는 금융회사들이 자율적으로 녹색금융 업무를 수행할 때 참고할 수 있는 글로벌 이니셔티브 가이드라인, 국내외 금융회사 운영 사례 등을 담고 있다.

5개 협회는 금융회사의 의견 수렴과 보완 과정을 거쳐 2022년 3월 핸드북을 최종 발간했다. 아울러 녹색금융이 안착할 수 있도록 금융회사 현장 적용 후 상세 내용을 보완하고 개정을 지속적으로 추진할 방침이다. 이번 핸드북은 녹색금융 관련 금융회사가 나아가야 할 방향성과 실제 참고할 수 있는 운영 사례를 함께 제시함으로써, 녹색금융 활성화와 저탄소 경제로의 전환에 기여할 것으로 기대된다.

금융권 녹색금융 핸드북 주요 구성

Ⅰ. 녹색금융 주요내용	녹색금융 국제·국내 동향, 국제기준에 따른 추진 방향(기후·환경리스크, 지원기준, 자금지원 관리, 리스크평가, 정보공개 등)
Ⅱ. 녹색금융 가이드라인	녹색금융 추진체계, 실행과 관리, 유의산업 등에 대한 금융지원 관리, 온실가스 배출량 관리, 리스크 관리 및 평가, 정보공개 등
Ⅲ. 녹색금융 운영사례	TCFD* 권고안 이행사항, 친환경 지속가능금융 확대 사례, 사회책임투자 프로세스 수립, ESG 수탁자 책임 이행 등 업권별 국내 금융회사 운영 사례 및 해외 TCFD 공시사례 * FSB 산하 기후관련 재무공개에 관한 협의체(Task Force on Climate-related Financial Disclosures)
Ⅳ. 관련 QA 및 실무 해석례	가이드라인 주요 주제별 관련 QA 및 실무 해석 사례 수록
Ⅴ. 용어의 정리	탄소중립 및 온실가스 배출, 녹색금융 및 기후리스크, ESG 관련 용어
[부록]	해외동향 및 국제 기준(TCFD 권고안, 적도원칙, EU 실행계획, UN 선언문)

출처: 은행연합회 등 보도자료, "금융회사의 녹색금융 활성화와 저탄소 경제로의 전환을 지원하기 위해 「금융권 녹색금융 핸드북」을 마련하였습니다.", 2021.12.8.

녹색채권 가이드라인 시범사업 실시

환경부는 2021년 12월 '한국형 녹색분류체계 가이드라인'을 발표해 녹색경제활동에 대한 명확한 원칙과 기준을 제시했다. 정부는 이에 따라 2021년부터 녹색채권 가이드라인에 기반하여 금융회사 및 기업과의 업무협약을 통해 녹색채권 발행 시범사업을 실시하였다.[23]

지속가능한 금융의 미래

이에 따라 2022년 12월 환경부는 한국형 녹색분류체계의 금융 및 산업 현장 조기 안착을 위해 실시한 '한국형 녹색분류체계 시범사업' 결과를 공개했다.[24]

이번 시범사업은 녹색분류체계의 시장 적용 가능성을 확인하고, 실제 적용 과정에서 예상치 못한 문제점을 찾아내어 보완하며 녹색금융 제도를 조기에 정착시키는 것을 목표로 추진됐다. 환경부는 금융위, 한국환경산업기술원, 참여 기업들과 함께 실무협의체를 구성하여 15차례의 회의를 진행했으며, 녹색분류체계를 적용해 실제 녹색채권을 발행하는 절차를 수행했다. 시범사업은 2022년 4월부터 11월까지 진행되었으며, 은행 및 6개 기업이 재생에너지 생산, 무공해 차량 기반시설 구축 등의 사업에 대해 총 6,400억 원의 녹색채권을 발행했다.[25]

2022년 12월에는 한국형 녹색채권 가이드라인의 시장 적용성을 높이기 위해 개정안을 공개하고 2023년부터 본격적으로 시행하고 있다. 한국형 녹색채권 가이드라인 개정본은 녹색채권 발행 절차를 명확히 하여 발행자의 편의성을 제고하고, '적합성 판단' 절차를 신설해 녹색채권에 대한 투자자 신뢰도를 강화하였다는 평가를 받는다. 또한, 외부검토와 적합성 판단 등의 검토 업무를 수행하는 '외부검토기관'의 등록 요건을 신설해 녹색채권의 투명성과 전문성을 향상시켰다. 나아가 기존 권고 사항이었던 사후 외부검토를 의무화하여 녹색채권에 대한 그린워싱을 제도적으로 방지하는 것을 목표로 한다.

2023년에는 약 3조 원 규모의 한국형 녹색채권 발행을 목표로 채권발행에 따라 발생하는 이자 비용을 기업당 최대 3억 원까지 지원하는 '한국형 녹색채권 발행 이차 보전 지원 시범사업'을 진행했다. 2024년에도 한국형 녹색채권 발행 활성화와 녹색금융 생태계 저변 확대를 위해 한국형 녹색채권 발행 지원 사업이 이어지고 있다.

금융회사 '기후리스크 관리·감독 계획' 수립

정부는 기후변화 및 저탄소 사회로의 이행이 경제 및 금융부문에 미치는 리스크를 관리·감독하기 위한 계획을 수립했다. 이 계획은 기후변화와 탄소배출 산업의 자산가치 하락이 금융기관 건전성에 미치는 영향을 분석하고, 장기적으로 기후리스크를 금융업권별 건전성 규제 및 감독·평가체계에 반영하는 방안을 마련하기 위한 것이다.

정부는 기후변화에 따른 경제적 위험을 진단하기 위해 금융기관을 대상으로 스트레스 테스트를 실시하였다. 이 테스트는 기후변화 및 탄소배출 감소로 인해 특정 산업의 자산가치가 하락할 경우, 금융기관의 건전성에 미치는 영향을 분석하는 데 중점을 둔다. 이를 통해 금융기관이 기후리스크를 보다 체계적으로 관리하고 대비할 수 있도록 지원할 계획이다. 또한, 정부는 이러한 기후리스크 관리 방안을 마련하기 위해 연구용역을 발주하여, 기후리스크를 금융업권별 건전성 규제 및 감독·평가체계에 반영하는 방안을 모색하였다. 이를 통해 금융기관들이 기후변화로 인한 잠재적 위험을 사전에 인지하고 대응할 수 있는 체계를 구축하고자 한다.

지속가능한 금융의 미래

정부가 발표한 '기후리스크 관리 계획'의 주요 내용은 다음과 같다.[26] 먼저, 기후변화 및 탄소배출 산업의 자산가치 하락이 금융기관 건전성에 미치는 영향을 분석하기 위해 스트레스 테스트를 실시한다. 이를 통해 기후리스크의 잠재적 영향을 파악하고 금융기관의 대응 역량을 강화한다. 금융감독원은 2022년 9월 금융권과 금융부문 기후리스크에 대한 스트레스 테스트를 추진하기 위하여 국내 10개 은행·보험사 등이 참여하는 '기후 시나리오 공동작업반'을 구성하고 첫 회의(킥오프)를 개최하였다.[27] 국제협의체에서 제공하는 6가지 표준 기후 시나리오를 기반으로 기후 시나리오를 구체화하였다. 아울러, 2024년 3월 금융감독원과 한국은행은 국내 금융권과 공동으로 기후 스트레스 테스트 실시를 추진하였다.[28] 한국은행이 보유한 기후리스크의 거시경제적 효과 분석 노하우와 금융감독원의 금융회사 기후리스크 관리·감독 경험이 결합되어 시너지를 낼 수 있을 것으로 보인다.

금융감독원은 기후리스크를 금융업권별 건전성 규제 및 감독·평가체계에 반영하는 방안을 마련하기 위해 연구용역을 발주하였다. 이를 통해 금융기관이 기후변화로 인한 위험을 체계적으로 관리할 수 있도록 지원할 예정이다. 또한, 기후변화 및 저탄소 사회로의 이행에 따른 금융 리스크를 장기적으로 관리·감독할 수 있는 계획을 수립한다. 이를 통해 기후리스크가 금융시스템에 미치는 영향을 최소화하고 안정성을 유지할 수 있을 것으로 기대된다.

정부의 이러한 계획은 기후변화에 따른 경제적 위험을 체계적으로 관리하고, 금융기관이 이에 대비할 수 있도록 지원하는 데 중점을 두고 있다. 이를 통해 금융시스템의 안정성을 강화하고, 지속가능한 저탄소 경제로의 전환을 촉진할 중요한 기회가 될 것으로 평가할 수 있다.

기업의 환경정보 공시·공개 단계적 의무화

환경부는 기업의 환경리스크 관리와 대응계획 등 환경정보 공시를 확대하기 위해 거래소 공시 의무를 단계적으로 강화할 계획이다. 이는 ESG 정보 공개 가이던스에 따른 자율 공시 제도를 더욱 활성화하려는 목적을 갖고 있다. 2025년부터는 자산 총액 2조 원 이상인 유가증권시장 상장사들이 ESG 공시를 의무화해야 하며, 2030년까지는 모든 유가증권시장 상장사로 적용 범위가 확대될 예정이다. 다만, 금융위는 기업의 준비 상황을 고려하여 대형 상장사부터 도입하고, 국제 동향과 국내 시장 여건을 감안해 단계적으로 대상 기업을 확대하는 한편, 도입 초기에는 한국거래소 공시 형태를 취하면서 제재 수준도 최소화할 계획이다.

금융위는 2023년 10월 열린 'ESG 금융추진단 제3차 회의'에서 ESG 공시 의무화 도입 시기를 2026년 이후로 1년 이상 연기하기로 결정했다.[29] 정부 관계부처 협의와 기업 및 금융회사 등의 의견 수렴을 거쳐 '민관합동 ESG 정책 협의회'에서 구체적인 도입 시기를 확정할 계획이다. 아울러, ESG 공시를 연례 사업보고서상 재무제표와 통합 공시하는 방안도 충분한 시간을 갖고 검토하기로 했다.[30] 이는 기업들이 ESG 공시 제도에 적용할 수 있도록 하고, 공시의 신뢰성을 높이기 위한 조치로 평가할 수 있다.

ESG 공시가 활성화되면 기업의 환경, 사회, 지배구조 개선에 긍정적인 영향을 미칠 수 있으며, 투자자들이 ESG 정보를 기반으로 보다 신뢰할 수 있는 투자를 할 수 있게 되어, 전체 경제 시스템의 지속가능성을 높이는 데 기여할 것으로 예상된다.

기관투자자 수탁자 책임 강화를 위한 스튜어드십 코드 개정

정부는 녹색금융 인프라 정비를 위해 기관투자자의 수탁자 책임 범위에 환경, 사회, 지배구조 요소를 포함하도록 스튜어드십 코드 개정을 추진하였다. 「국민연금법」은 기금 관리 및 운용 시 장기적이고 안정적인 수익 증대를 위해 ESG 요소를 고려할 수 있도록 규정하고 있다.[31] 이러한 기조에 따라 「국민연금기금운용지침」 제17조는 기금 관리 및 운용 시 ESG 요소를 고려할 수 있음을 명시하고 있으며,[32] 제17조의2에서는 수탁자 책임 활동의 투명성과 독립성 강화를 위해 한국 스튜어드십 코드를 도입하고 있다.[33]

2022년 2월 「국민연금기금의 수탁자 책임 활동에 관한 지침」이 개정되어 기금이 국내외 주식 및 채권 투자 시 비공개 대화 및 비재무적 요소인 ESG를 고려하여 책임투자를 이행할 수 있도록 규정하였다.[34] 이는 기금의 장기적이고 안정적인 수익 증대를 위한 것으로, ESG 요소가 포함된 투자 결정을 통해 예상치 못한 기업가치 훼손이나 주주권익 침해 우려가 발생했을 경우 수탁자 책임 활동을 수행할 수 있는 근거를 마련한 것이다.

2023년 3월에는 「국민연금기금 수탁자 책임 활동에 관한 지침」이 추가 개정되어 '기후변화 관련 위험 관리가 필요한 사안'을 중점 관리 사항에 포함하였다.[35] 이는 기후변화가 기업가치에 미치는 영향이 큰 기업 중 기후변화 관련 위험 관리 수준이 개선되지 않았다고 판단되는 경우 책임투자를 이행할 수 있도록 한 것이다. 이 과정에서 온실가스 배출 관련 ESG 평가지표 등을 고려하여 위험 관리 수준을 판단하게 된다.

국민연금의 이같은 움직임은 기관투자자의 수탁자 책임 범위에 ESG 요소를 포함하도록 하는 스튜어드십 코드 개정의 일환으로 볼 수 있다. 국민연금은 ESG 요소를 투자 의사 결정 과정에 적극 반영하여 장기적이고 안정적인 수익을 추구하고 있으며, 이를 통해 지속가능한 경영과 사회적 책임을 강조하는 투자 기조를 강화하고 있다. ESG 요소를 포함한 스튜어드십 코드 개정은 기관투자자의 역할을 확대하고, 기업들이 ESG 요소를 경영에 반영하도록 유도하는 중요한 계기가 될 것이다. 이는 기후변화 대응, 사회적 책임 강화, 지배구조 개선 등 지속가능한 경제 발전을 위한 필수적인 조치로 평가된다. 정부와 국민연금은 이러한 노력을 통해 녹색금융 인프라를 더욱 견고히 하고, 저탄소 사회로의 전환을 적극 지원할 계획이다.

지속가능한 금융의 미래

기업의 환경 성과 측정 도구, 환경성 표준평가체계

정부는 국내기업의 환경성과를 평가하기 위해 산업별 영향 분석을 통한 평가모형체계를 설계하고, 이를 기반으로 국내 투자평가기관 등의 시범 운용과 의견 수렴을 통해 평가체계를 조정하고 보완하였다. 환경부는 2022년 2월 환경성 평가체계 지침서(가이드라인)을 공개했다.[36] 이 평가체계는 한국표준산업분류를 기반으로 산업별 환경 특성을 고려하여 업종을 재분류하고, 해당 업종에 속한 기업의 온실가스 및 각종 오염물질 배출량과 기업의 감축 성과 등을 종합적으로 고려하여 개발되었다. 즉, 기업의 환경성과를 다각도로 평가하기 위한 표준평가체계를 구축하는 것을 목표로 한다.

환경성 평가체계는 국내 기업의 환경 성과를 측정하고 평가하기 위한 중요한 도구로서, 녹색금융 인프라 정비에 큰 기여를 하게 될 것으로 기대된다. 이를 통해 기업은 자사의 환경 성과를 효과적으로 관리하고 개선함으로써 녹색금융에 더욱 적극적으로 참여할 수 있게 될 것으로 보인다. 또한, 투자자들은 기업의 환경 성과를 신뢰할 수 있는 정보로 활용하여 녹색투자를 더욱 확대할 수 있을 것으로 기대된다. 정부는 앞으로도 환경성 평가체계를 지속적으로 발전시켜 국내 기업의 환경 경영 능력을 높이고, 녹색금융을 지원하는데 적극적으로 활용할 계획이다.[37]

K-택소노미의 여신 적용을 위한 '녹색여신 관리지침' 제정

정부는 2021년 친환경 녹색 경제 활동의 기준을 제시하기 위해 한국형 녹색분류체계를 제정하였으며, 2022년에는 금융권 현장의 녹색분류체계 적용을 보다 용이하게 하고자 '녹색채권 가이드라인'을 발표하였다. 여기에서 한걸음 더 나아가 2024년 12월 12일, 금융위원회와 환경부, 금융감독원은 한국형 녹색분류체계(K-택소노미)를 여신까지 확대하는 '녹색여신 관리지침'을 마련하여 발표하였다.

녹색여신 관리지침은 금융회사가 취급하는 여신이 "녹색 경제활동에 적합한지 여부"를 판단하는 기준으로서, 녹색금융이 활성화될 수 있는 여건을 조성하기 위해 제정되었다. 금융당국은 지침 마련을 위해 해외 사례를 폭넓게 검토하고, 전문가 자문 및 금융권 의견 수렴을 거쳤다. 기존에 취급된 여신에 녹색분류체계를 적용하는 파일럿 테스트도 실시한 것으로 알려졌다. 이 지침에는 친환경 부문에 대한 여신을 제공할 때, 자금의 사용목적이 녹색 경제활동인지를 판단하는 기준, 그린워싱 방지, 금융회사의 내부통제 등에 관한 사항을 담고 있다.

우선, 녹색여신의 기준을 명확하게 제시하였다. "녹색여신"이란 자금의 사용목적이 녹색분류체계에 부합하고, 동 지침에 따른 내부통제 기준 등을 준수하여 취급되는 여신으로 정의하였다. 여기에서 녹색여신 취급관련 '내부통제 기준'에는 금융회사가 취급하는 녹색분류체계에 적합한지 여부를 판단하는 주체, 절차 및 근거 등이 포함되어야 하고, 금융

지속가능한 금융의 미래

회사 내부에 녹색여신 관련 업무를 총괄하는 '녹색여신 책임자'를 지정
할 수 있도록 하였다.

금융당국은 금융회사들이 자발적으로 녹색여신 관리지침을 여신 업
무에 활용할 수 있도록 유도할 방침이며, 녹색부문에 대한 자금공급이
원활히 이뤄질 수 있도록 녹색여신 취급 현황을 주기적으로 집계할 예정
이다. 이와 같은 녹색여신 관리지침을 통해 금융회사의 그린워싱 관련
불확실성을 해소하며, 녹색 부문에 자금 공급이 더욱 확대될 수 있는 여
건이 조성될 것으로 기대된다.

녹색금융 추진계획과 금융의 역할

정부의 녹색금융 추진계획은 기후변화에 대응하기 위한 금융 시스템
의 적극적인 변화를 촉진하는 중요한 역할을 하고 있다. 이 계획은 '2050
탄소중립 추진 전략'과 연계하여, 기후변화로 인한 기회를 창출하고 위
험을 관리하기 위한 선제적인 조치들을 제시하고 있다. 공적 및 민간 금
융기관이 기후변화에 대한 인식을 높이며, 기후리스크 관리와 감독계획
을 수립하는 것은 이러한 의지의 표현으로 볼 수 있다.

녹색금융 추진계획은 스트레스 테스트를 통해 기후변화가 금융 시스
템에 미치는 영향을 분석하고, 이를 중장기적인 건전성 규제 및 감독체
계에 반영하는 등 금융기관에 미칠 구체적인 실행 사항을 포함하고 있
다. 이를 통해 금융기관은 기후리스크를 중대한 리스크로 인식하고, 보

다 적극적으로 관리할 수 있을 것으로 기대된다. 나아가 이러한 추진계획은 기후변화 대응을 위한 금융 시스템의 역할을 강화하고, 지속가능한 발전을 위한 기틀을 마련하는 중요한 초석으로 평가될 수 있다.

특히, 2024년 3월에 발표된 금융위의 "기후위기 대응을 위한 금융지원 확대 방안"은 정책금융기관의 녹색자금 공급 확대, 재생에너지 설비 증설 지원을 위한 '미래에너지펀드' 조성, 그리고 기후기술 분야에 대한 투자 등을 포함하며, 현 정부에서도 기후위기 대응을 위한 금융의 역할에 주목하고 있다는 점을 알 수 있다.

.

4장

한국형 녹색금융 판단 기준, K-택소노미

기후위기 시대를 살아가는 우리 모두의 경제활동 지침서

화석연료를 대체하는 대표적인 친환경 에너지로 꼽히는 전기는 정말 친환경 에너지가 맞을까? 우리가 흔히 말하는 친환경, 녹색경제, 녹색금융 등은 많은 이들에게 아직도 개념적이고 원론적인 무엇일뿐 실체를 떠올리기 어려운 것으로 여겨진다. 그렇기에 녹색경제활동을 구체적으로 정의하고 통일된 기준으로 삼아 기후위기 극복의 초석으로 삼고자 하는 K-택소노미의 도입은 무척 반갑다.

서한나

2020년대의 시작을 코로나19 팬데믹과 함께하며 생산, 판매, 유통, 서비스 등 산업 전 분야에 걸쳐 격변이 일었다. 팬데믹의 결과는 전에 없던 새로운 환경이었지만, 우리는 그 새로운 환경에 빠르게 적응하며 다양한 "뉴노멀"들을 만들어냈다. 자본시장에도 예외는 없었다. 환경보호와 지속가능한 발전에 대한 고민이 전 세계적인 사회 이슈로 대두되었고, 기후변화 대응을 위한 녹색금융[1]을 실천하는 것이 자본시장의 뉴노멀로 자리잡았다. 동시에 녹색금융의 투자대상이 되는 녹색경제활동에 대한 정의 또한 자본시장의 핵심 쟁점으로 부상하였는데, 그 결과로써 도출된 것이 이른바 "그린 택소노미 Green Taxonomy"다.

택소노미는 분류체계를 뜻하는 말로, 순서, 정렬을 뜻하는 그리스어 taxis와 법, 과학을 뜻하는 nomos에서 기원한다. 주로 기후변화에 대응하는 녹색경제활동을 평가하는 기준으로 사용되어 통상 그린 택소노미로 불리며, 우리말로는 "녹색분류체계"로 번역되었다. 이러한 녹색분류체계는 정확한 정보에 입각한 투자 의사결정, 지속가능한 녹색경제활동 또는 자산에 대한 투자 유도, 그린워싱 Green Washing, 녹색위장행위 방지 등을 위해 활용된다.

우리나라는 전 세계에서 8번째로 자체적인 녹색분류체계를 마련한 국가다.[2] 2021년 12월 「한국형 녹색분류체계K-Taxonomy, 이하 "K-택소노미" 가이드라인」 초안을 발표하고 시범사업을 거쳐 2022년 12월 개정안을 발표하였는데, 초안에서는 제외되었던 원자력발전소(이하 "원전")가 개정안에서는 녹색경제활동에 포함되면서 논란이 일었다. 이는 2022년 2월 EU 택소노미가 개정안에서 일정한 조건을 충족한 원전 경제활동을 포함하는 것으로 바뀌면서 우리나라도 이를 반영하기로 결정한 것으로 보이나, K-택소노미가 EU 택소노미에 비해 지나치게 완화된 기준을 적용한 것이 아니냐는 비판이 제기되기도 하였다.

K-택소노미 가이드라인 개발은 2020년에 시작되었다. 2020년은 우리나라가 넷제로Net-zero와 탄소중립[3]을 선언한 해이며, 민관 합동 녹색금융 TF가 발족한 해이기도 하다. 녹색성장[4]에 대한 고민이 깊어짐과 동시에 해결책을 찾아내려는 노력이 가속화되었다는 반증일 것이다. 이러한 노력의 결과 중 하나로 마련된 K-택소노미는 그 자체로 산업 전반에 던지는 메시지가 분명하고 영향력 또한 적지 않다는 점에서 의미를 갖는다.

정의로운 전환을 위한 녹색투자 확대, K-택소노미가 필요한 이유

기후변화에 대응하기 위한 세계인의 노력은 일찍이 1990년대부터 시작되었다. 가장 대표적인 국제 협약 및 조약으로는 1992년 채택된 UN기후변화협약United Nations Framework Convention on Climate Change, 이하 "UNFCCC"과

UNFCCC에서 파리협정까지

출처: 환경부, 파리협정 함께보기, 환경부 기후변화국제협력팀·한국환경공단 기후정책지원부(2022), 6면.

이에 대한 구체적인 의무를 규정한 1997년 교토의정서^{Kyoto Protocol}, 2015년 채택된 파리기후협약^{Paris Agreement, 이하 "파리협정"}을 들 수 있다. 신기후체제인 파리협정은 교토의정서에 이어 UNFCCC의 2020년 이후의 기후변화 대응을 담당하게 된다.

UNFCCC는 교토의정서의 세칙을 통해 선진국의 온실가스 배출량을 제한함으로써 지구온난화를 방지하고자 하였으나 2010년대에 들어서면서 한계에 부딪힌다. 미국, 캐나다, 일본 등 일부 선진국의 의정서 미비준, 탈퇴 및 산업 고도화에 따른 온실가스 배출량 급증, 전체 온실가스 배출량의 30% 이상[5]을 차지하는 중국, 인도 등 개발도상국에 대한 배출량 제한 의무 면제 등이 사유다.

파리협정은 이러한 UNFCCC의 한계를 극복하고자 새롭게 채택된 국제 협약이다. 2024년 4월 현재 UNFCCC의 198개 당사국 중 195개국이 참여하고 있으며, 지구 평균기온 상승을 산업혁명 이전 대비 2℃보다 상당히 낮은 수준으로 유지하되, 1.5℃로 제한하는 것을 목표로 한다. 교토의정서가 공약 기간을 2008년부터 2020년까지로 정한 것과 달리 파리협정은 종료 시점에 정함이 없고, 온실가스 감축 의무 또한 선진국만이 아닌 모든 당사국이 부담하도록 하였다.

K-택소노미는 파리협정 발효와 우리나라의 넷제로 및 탄소중립 선언을 계기로 개발되었다. 「환경기술 및 환경산업 지원법」을 근거로 하며, 녹색경제활동의 세부 사항을 정의하여 녹색금융에 활용할 수 있도록 지원하고 그린워싱으로 인한 피해 발생을 억제하는 것을 목적으로 한다.

K-택소노미는 2020년 환경부의 연구용역 발주를 시작으로 약 2년 여

K-택소노미의 개발 과정

시점	추진 상세
2020.03	환경부, 「녹색분류체계 개발에 관한 연구용역」 발주
2020.09	환경부, 「녹색분류체계 개발에 관한 연구용역」 1차 추가 발주
2021.04	「환경기술 및 환경산업 지원법」 개정, 녹색분류체계 수립에 관한 법적 근거 마련
2021.09	환경부, 「녹색분류체계 개발에 관한 연구용역」 2차 추가 발주
2021.10	「환경기술 및 환경산업 지원법 시행령」 개정, 녹색분류체계 적합 여부 확인 전담기관 지정
2021.12	환경부, 「한국형 녹색분류체계」 가이드라인 발표
2022.04 ~ 2022.11	환경부, 「한국형 녹색분류체계」 시범사업 추진
2022.07	환경부, 녹색분류체계 확산을 위한 금융 및 산업계 실천 협약 체결
2022.09	환경부, 「한국형 녹색분류체계」 원전 포함 초안 공개
2022.12	환경부, 「한국형 녹색분류체계」 적용 시범사업 결과 공개
2022.12	환경부, 「한국형 녹색분류체계」 가이드라인 개정 발표

출처: 오덕교, 국내외 녹색분류체계 비교분석-EU 분류체계를 중심으로, 한국ESG기준원(2023), 보고서 요약, 2~3면. 저자 재구성

지속가능한 금융의 미래

의 개발과정을 거쳐 2021년 12월에 가이드라인으로 발표되었다. 이때 발표된 초안은 EU 택소노미를 참고하면서도 우리나라의 상황에 맞도록 보완하여 작성되었으며, 이후 EU 택소노미의 변화에 발맞춰 2022년 12월에 가이드라인 개정안(이하 "가이드라인")이 발표되었다. 환경부는 개정안 발표 이후에도 "국내 정책 및 국제동향, 기술개발 수준 등에 대한 고려와 이해관계자들의 의견을 수렴하여 K-택소노미를 3년 주기로 지속 보완해 나갈 것"이라고 밝혔다.

환경적으로 지속가능한 경제활동의 판별 기준, K-택소노미의 핵심

K-택소노미는 크게 녹색부문과 전환부문으로 나뉜다. 녹색부문은 탄소중립 달성을 위해 가이드라인에서 정한 6대 환경목표에 직접 기여하는 경제활동을 말하며, 전환부문은 탄소중립 달성을 위해 과도기적으로 필요한 경제활동을 말한다.

6대 환경목표는 온실가스 감축, 기후변화 적응, 물의 지속가능한 보전, 순환경제로의 전환, 오염 방지 및 관리, 생물다양성 보전 등으로 K-택소노미는 각 목표에 따라 녹색경제활동을 분류하고 그 세부 사항을 정의하고 있다. 6대 환경목표는 국제동향을 고려하여 EU 택소노미와 ISO International Organization for Standardization, 국제표준화기구 택소노미의 관련 표준을 준용하였다. 또한, 가이드라인에서는 특정 경제활동이 과학적 근거를 바탕으로 환경 개선에 기여하고, 사전 예방적 환경관리 및 사회적 공감대를 기본으로 이른바 3대 원칙을 모두 준수해야만 녹색경제활동으로 인정된다고 명시하고 있다.

3대 원칙은 6대 환경목표 중 하나 이상의 환경목표 달성에 기여할 것 Substantial Contribution, SC, 환경목표 달성 과정에서 다른 환경목표에 심각한 피해를 주지 않을 것 Do No Significant Harm, DNSH, 인권, 노동, 안전, 반부패, 문화재 파괴 관련 법규를 위반하지 않는 최소한의 보호장치를 준수할 것 Minimum Safeguards, MSG 등 3가지를 말한다. K-택소노미는 프로젝트, 자산, 기업 등의 단위로 적용되며, 활동기준, 인정기준, 배제기준, 보호기준 등 총 4가지 기준에 따라 그 순서대로 적합성판단 절차를 밟는다. 3대 원칙과 마찬가지로 4가지 기준을 모두 충족해야 녹색경제활동으로 인정된다.

K-택소노미 개정안의 경제활동 판단 기준은 2개 부문(녹색부문, 전환부문)과 6대 환경목표(온실가스 감축, 기후변화 적응, 물의 지속가능한 보전, 순환경제로의 전환, 오염 방지 및 관리, 생물다양성 보전), 14개 분야(산업, 연구개발, 발전·에너지, 수송, 도시·건물, 농업, 이산화탄소 포집, 기후변화 적응, 물, 자원순환, 메탄가스 활용, 대기오염 방지 및 처리, 해양오염 방지 및 처리, 생물다양성)와 74개의 경제활동 및 4개의 판단 기준(활동기준, 인정기준, 배제기준, 보호기준)으로 구성되어 있다. 또한 「한국형 녹색경제활동 해설서」에 따르면 각 경제활동을 위한 설비 및 시설을 구축·운영하는 활동 또는 각 경제활동과 관련된 활동도 녹색경제활동 인정 기준으로 삼는다.

개정안에 따른 녹색경제활동 분류

구분	분야	대분류	경제활동
1. 녹색 부문 (67)	1. 공통(3)	가. 산업(2)	1. 혁신품목 제조
			2. 혁신품목 소재·부품·장비 제조
		나. 연구·개발(1)	1. 연구·개발·실증
	2. 온실가스 감축(38)	가. 산업(6)	1. 온실가스 감축 핵심기술 활용을 위한 제조
			2. 온실가스 감축 핵심기술 활용을 위한 소재·부품·장비 제조
			3. 배출원 단위가 상대적으로 낮은 철강 제조
			4. 배출원 단위가 상대적으로 낮은 시멘트 제조
			5. 배출원 단위가 상대적으로 낮은 유기화학물질 제조
			6. 온실가스 감축 설비 구축·운영
		나. 발전·에너지 (19)	1. 재생에너지 생산: 태양광, 태양열, 풍력, 수력, 해양에너지, 지열에너지, 수열에너지
			2. 재생에너지 생산: 바이오매스
			3. 재생에너지 생산: 바이오가스
			4. 재생에너지 생산: 바이오중유
			5. 수소·암모니아 기반 에너지 생산
			6. 혼합가스 기반 에너지 생산
			7. 폐열·냉열·감압(폐압) 기반 에너지 생산
			8. 바이오매스 제조
			9. 바이오가스 제조
			10. 바이오에탄올, 바이오디젤, 바이오중유 제조

		11. 수소 제조
		12. 암모니아 제조
		13. 전기에너지 저장·전환
		14. 열에너지 저장
		15. 수소·암모니아 에너지 저장
		16. 재생에너지 관련 송배전 인프라 구축·운영
		17. 바이오가스·수소·암모니아 이송 인프라 구축, 개조, 운영
		18. 폐열·냉열공급 인프라 구축·개조·운영
		19. ICT 기반 에너지 관리 솔루션 개발 및 시스템 구축·운영
	다. 수송(3)	1. 무공해 차량, 철도차량, 건설기계, 농업기계, 선박, 항공기, 자전거 제조
		2. 무공해 차량, 철도차량, 건설기계, 농업기계, 선박, 항공기, 자전거 도입
		3. 무공해 운송 인프라 구축·운영
	라. 도시·건물(4)	1. 제로에너지 특화 도시 개발·운영
		2. 제로에너지 건축물 또는 녹색건축물 신규 건설 및 리모델링
		3. 건축물 관련 온실가스 감축 설비·인프라 구축·운영
		4. 저탄소 인터넷 데이터센터 구축·운영
	마. 농업(2)	1. 저탄소농업
		2. 저탄소사료 및 대체가공식품 제조
	바. 이산화탄소 포집(4)	1. 배출되는 이산화탄소 포집
		2. 이산화탄소 운송 네트워크 인프라 구축·운영
		3. 포집된 이산화탄소 처리 및 영구 격리

지속가능한 금융의 미래

		4. 바이오차(Biochar, 바이오숯으로 불리기도 함) 제조 및 토양 살포
3. 기후변화 적응(5)	가. 기후변화 적응(5)	1. 기후변화 적응 핵심기술 활용을 위한 소재·부품·장비 제조
		2. 재난 방지 및 기후예측 시설·시스템 구축·운영
		3. 기후변화 적응 관련 조사·연구
		4. 기후변화 적응 관련 교육·문화·예술활동
		5. 공정한 노동 전환 지원
4. 물(7)	가. 물(7)	1. 하·폐수관리
		2. 저영향개발(Low Impact Development, LID)
		3. 물 공급
		4. 대체수자원 활용
		5. 물 수요 관리
		6. 물 재이용
		7. 지하수 정화
5. 순환경제로의 전환(7)	가. 자원순환(5)	1. 폐기물 발생 억제
		2. 폐자원 수거·회수·선별·분리
		3. 폐자원 재활용(재사용·재제조·재생이용), 새활용
		4. 폐자원 열분해
		5. 폐기물 에너지 회수
	나. 메탄가스(2)	1. 혐기성소화의 메탄가스 포집 및 처리·활용
		2. 매립가스 포집 및 처리·활용
6. 오염방지 및 관리(3)	가. 대기오염 방지 및 처리(2)	1. 대기오염 방지 및 처리
		2. 악취 방지 및 저감
	나. 해양오염 방지 및 처리(1)	1. 해양오염 방지 및 처리

	7. 생물다양성(4)	가. 생물다양성(4)	1. 육상 및 해양생태계 보호·복원
			2. 산림생태계 복원
			3. 도시 내 탄소흡수원 조성
			4. 생물종 보호·보전
2. 전환부문(7)	1. 온실가스 감축(7)	가. 산업(1)	1. 중소기업 사업장 온실가스 감축
		나. 발전·에너지(4)	1. 액화천연가스(LNG) 및 혼합 가스 기반 에너지 생산
			2. 원자력 기반 에너지 생산(신규건설)
			3. 원자력 기반 에너지 생산(계속운전)
			4. 액화천연가스(LNG) 기반 수소(블루수소) 제조
		다. 수송(2)	1. 친환경 선박 건조
			2. 친환경 선박 도입

출처: 오덕교, 앞의 글, 9~10면. 초안 대비 변화가 있었던 녹색경제활동에 회색 표시

K-택소노미 초안은 2개 부문(개정안과 동일)에서 6대 환경목표(개정안과 동일)에 따른 69개의 경제활동을 정의하고 있었으나, 개정안은 "「한국형 녹색분류체계」 적용 시범사업" 결과에서 도출한 개선사항을 보완하여 2개 부문에서 6대 환경목표에 따른 74개의 녹색경제활동을 정의하고 있다. 각 분야별 세부 경제활동이 74개에 달하는 만큼, 개정안 발표 시 K-택소노미 경제활동 해설서와 적합성판단 참고서를 함께 발간하여 실사용자의 이해도를 높이고자 하였다.

K-택소노미의 주요 개정 내용을 살펴보면, 먼저 2012년부터 약 10년 간 우리나라의 녹색성장 정책의 축이 되었던 「저탄소 녹색성장 기본법」이 폐지되고 2022년 3월부터 「기후위기 대응을 위한 탄소중립·녹색성

지속가능한 금융의 미래

장 기본법」이 시행되면서 국가 정책 방향이 기후변화 대응에서 기후위기 대응으로 변모함에 따라 K-택소노미에도 5개의 경제활동이 추가되었다.

초안에서 온실가스 감축 목표에만 포함되었던 연구·개발·실증 관련 경제활동과 혁신 품목 관련 경제활동을 6대 환경목표 전반에 적용 가능하도록 공통 분야가 신설됐다.[6] 또한 기후변화 대응 목표에 재난 방지 및 기후 예측시설 등 기후변화 적응에 기여하는 경제활동이 추가됨에 따라 기후변화로 인한 홍수, 대형산불 등 자연재해를 방지하고 기후 예측 관련 시설에 대한 기술혁신과 선제적인 투자가 늘어날 것으로 예상된다.[7]

초안에는 포함되지 않았던 원전 경제활동은 EU 택소노미의 변화에 따라 관계부처 의견수렴 및 공청회 등을 거쳐 개정안의 녹색부문에 최종 포함되어, 총 3개의 경제활동이 추가되었다. 다만 원전 신규 건설 및 계속 운전은 조건부로 전환부문에 포함되었으며, 원전 경제활동과 함께 녹색경제활동인지 판단을 놓고 이견이 많았던 액화천연가스 Liquefied Natural Gas, LNG 발전은 초안 발표시부터 전환부문에 조건부로 포함되었다.

또한 개정안에서는 K-택소노미에 포함된 경제활동을 대상으로 대출, 투자, 구매, 리스, 할부 등 금융서비스를 제공하는 활동도 녹색경제활동임을 명시하여 실무 적용과 해석의 혼란을 방지하고자 했다. 이에 환경부는 2023년부터 한국형 녹색채권 발행에 따라 발생하는 이자 비용을 기업당 최대 3억 원까지 지원하는 "한국형 녹색채권 발행 지원사원"을 추진하였다. 한국형 녹색채권은 K-택소노미에 따라 발행한 녹색채권으로 지원사업 결과 발행금액 기준 4조 6,339억 원 규모의 한국형 녹색채권에 대해 이자 비용을 지원했다.

택소노미에 적합한 녹색경제활동의 판단 프로세스

K-택소노미에 따른 녹색경제활동 인정은 활동기준, 인정기준, 배제기준 및 보호기준 등 4가지의 기준에 따른 적합성판단 절차를 거쳐야 한다. 적합성판단은 4가지 기준 중 한 가지만 미충족 되더라도 부적합으로 판단되므로, 녹색경제활동으로 인정된 경우에도 지속적으로 모니터링하여 적합성판단 기준 충족 여부를 추적, 관리할 필요가 있다.

녹색경제활동 인정 여부를 확인하기 위해서는 먼저 해당 경제활동이 K-택소노미의 활동기준을 충족하는지 확인해야 한다. 해당 경제활동이

적합성판단 절차

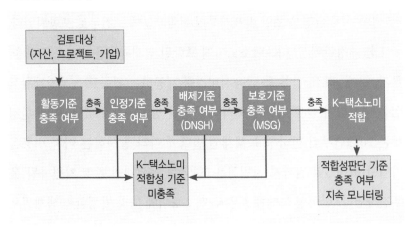

출처: 환경부, 한국형 녹색분류체계 가이드라인, 환경부(2022), 12~13면, 15면 재구성.

지속가능한 금융의 미래

K-택소노미의 경제활동 분류에 속하지 않는다면, 이는 K-택소노미에 적합하지 않은 경제활동, 즉 녹색경제활동이 아닌 것으로 간주된다.

활동기준을 충족했다면 다음으로 확인할 것은 인정기준이다. 인정기준은 해당 경제활동이 6대 환경목표 중 하나 이상의 환경목표를 달성하기 위한 기술적 기준에 부합하는지를 판단하는 기준이다. 다만 전체 74개 경제활동 중 녹색부문의 온실가스 감축분야 12개 경제활동과 순환경제로의 전환 및 생물다양성 분야 전체 경제활동이 별도 인정기준을 두지 않고 있어 환경부 계획에 따른 K-택소노미 추가 개정 시 개선이 필요할 것으로 판단된다.

발전·에너지분야의 6개 경제활동에 대해서는 EU, ISO 등이 고려하고 있는 전과정평가Life Cycle Assessment, LCA를 인정기준으로 적용하고자 하였다. 그러나 LCA 즉시 도입은 업계 전반의 경험 부족과 평가에 필요한 데이터베이스 미비 등의 문제가 있었다. 이에 2024년까지는 온실가스 배출권거래제 운영을 위한 검증 지침에 따라 온실가스 배출량을 산정하고, 2025년부터 환경성적표지 작성 지침에 따라 LCA 인정기준을 도입하는 것을 제안하여 해당 시점에 경제활동별 온실가스 감축 인정기준을 재검토할 수 있다.

다음으로 배제기준은 해당 경제활동이 속한 환경목표 이외에 나머지 5가지 환경목표에 해를 끼치지 않음을 증명하는 것으로 공통 배제기준과 개별 배제기준으로 구분된다. 공통 배제기준은 제시된 산정식에 따라 직접 판단하며, 개별 배제기준은 공통기준 이외에 경제활동별로 제시된 기준으로 개별 배제기준 충족 여부는 자율 방식으로 증명해야 한다.[8] 공통 배제기준 판단 시 환경영향 위험도 평가 결과가 6점 만점에 5점 이상인 경우 환경위험 대응도를 평가하며, 대응도 합계 점수가 4점 이하이면 배제기준을 충족한 것으로 간주하여 녹색경제활동으로 인정받을 수 없다.

마지막으로 보호기준은 최소한의 사회적 안전망을 준수하는 것으로 해당 경제활동이 기획·건설·운영 과정에서 인권, 노동, 반부패, 문화재 파괴 등 관련 법규를 위반하지 않는지를 판단한다. 단, 보호기준은 해당 분야에 대한 관련 법규를 위반하지 않겠다는 사업자의 의지 선언만으로도 적합성이 판단되어 보호기준을 충족한 것으로 간주되는 한계가 있다.

또한 가이드라인은 위의 4가지 기준에 명시되어 있지 않더라도 해당 경제활동과 관련된 국내 법령, 고시, 지침, 기준 등이 있다면 이를 모두 준수할 것을 권고하고 있다.

같은 듯 다른 K-택소노미와 EU 택소노미

K-택소노미가 6대 환경목표 전체에 대하여 경제활동을 정의하고 있는 것과 달리 EU 택소노미는 기후변화와 관련된 2가지 환경목표(기후변화 완화 및 적응)에 대해 유럽표준산업분류 Nomenclature of Economic Activities, NACE에 따른 9가지 산업분야에 대하여 총 72개의 경제활동을 정의하고 있다. 구체적으로 보면 EU 택소노미는 각 환경목표에 공통으로 관련되

는 70개 경제활동, 기후변화 적응에만 관련되는 2개 경제활동이 각각 정의되었다.[9]

K-택소노미와 EU 택소노미 비교

구분	K-택소노미	EU 택소노미
주요 연혁	– 2021.04 환경기술 및 환경산업 지원법 개정 (분류체계 법적 근거 마련) – 2021.12.「한국형 녹색분류체계 가이드라인」 제정 – 2022.12.「한국형 녹색분류체계 가이드라인」 개정	– 2018 지속가능금융 실행계획 발표 – 2019.12 유럽 그린 딜(European Green Deal) – 2020.03 EU TEG[10], 지속가능금융 및 택소노미 최종보고서 발표 – 2020.07 EU 택소노미 규정 제정 – 2021.12 기후위임법, 공시위임법 제정 – 2022.07 택소노미 규정 개정 및 보완기후위임법 제정
대분류	1. 녹색부문 2. 전환부문	1. 녹색활동 2. 전환활동 3. 조성활동
6대 환경목표	1. 온실가스 감축 2. 기후변화 적응 3. 물의 지속가능한 보전 4. 순환경제로의 전환 5. 오염 방지 및 관리 6. 생물다양성 보전	1. 기후변화 완화 2. 기후변화 적응 3. 수자원, 해양자원의 지속가능한 사용과 보호 4. 순환경제로의 전환 5. 오염방지 및 통제 6. 생물다양성과 생태계 보호 및 복원
3대 원칙	1. 6대 환경목표 중 하나 이상에 상당하게 기여할 것 2. 다른 환경 목표에 심각한 피해를 주지 않을 것 3. 최소한의 사회적 보호장치 준수할 것	
경제활동 정의 및 분류	– 정의: 6대 환경목표 전체, 74개 – 업종코드 없음	– 정의: 기후변화 완화 및 기후변화 적응만 해당, 72개 – NACE 업종코드 부여
법적 근거	환경기술 및 환경산업 지원법 제10조의 4(2021.04)	EU 택소노미 규정(2020.07)

형식	가이드라인 형식으로 발표	기후위임법에 내용 포함
강제성	없음. 한국형 녹색채권 발행 시 K-택소노미 적합 프로젝트에 자금 사용을 의무화하였으나 한국형 녹색채권 발행이 의무가 아님	- CSRD[11], SFDR[12], EU 택소노미 규정, 공시위임법에 따라 적격성 및 적합성 공시 의무화 - EU 녹색채권 규정(Green Bond Regulation)에서 분류체계 적합 프로젝트에 자금의 80% 이상 사용 의무 명시
활용	녹색금융 (녹색채권, 기업 여신 등)	- 공시, 채권, 비재무정보 보고, 공급망 실사 등 타 제도와 연계성 높음 • CSRD • SFDR • EU 녹색채권 규정 • CSDDD[13]
확장성	사회 분류체계(Social Taxonomy)를 K-택소노미와 별도의 분류체계로 마련 예정	사회 분류체계 마련 및 추가 예정. 지속가능성에 대한 분류체계가 녹색(Green)과 사회(Social) 분류체계로 구성

출처: 임형석, "한국형 녹색분류체계(K-Taxonomy) 향후과제", 「KIF 정책분석보고서」, 한국금융연구원(2022), 23면. ※ 주요 차이가 있는 항목에 회색 표시

EU 택소노미는 지속가능하고 포용적인 성장으로 자본흐름을 전환하기 위한 10대 과제로 구성된 지속가능금융 실행계획 Sustainable Finance Action Plan에 의거하여 마련된 제도이다. 2019년 5월 EU 집행위원회가 제출하여 같은 해 12월 EU 의회와 이사회가 채택한 EU 택소노미 규정 Taxonomy Regulation을 근거로 한다.[14] K-택소노미는 구조 및 내용 면에서 EU 택소노미의 많은 부분을 차용하고 있는데, 두 택소노미는 실질적으로 동일한 6대 환경목표에 대하여 3대 원칙을 모두 준수하도록 규정하고 있다.

구조적 유사성에도 불구하고 K-택소노미와 EU 택소노미는 법적 구속력의 유무, 성과 공시 규정 유무 및 경제활동 분류 방식에서 큰 차이를 보인다. 먼저 K-택소노미는 권고 수준의 가이드라인으로 발표되어 강제성이 없다. 반면 EU는 「EU 택소노미 규정」으로 제정되어 모든 회원국 내에서 강제성이 있으며 직접적인 효력을 가진다. 다만 K-택소노미에서도 일부 경제활동 세부 내용이나 녹색경제활동 여부를 판단하는 기준에서 환경법 등과 연계되어 관련법을 준수하여야 하는 항목들이 존재한다.

EU 택소노미는 각 경제활동에 NACE 업종 코드를 부여하여 데이터에 기반한 국가간 비교분석이 가능하고, 각 경제활동별로 정해진 기준에 따른 공시를 의무화함으로써 금융기관의 기업단위별 평가나 활용이 가능하다는 장점이 있다. 이에 비해 K-택소노미는 온실가스 감축, 순환경제로의 전환, 오염 방지 및 관리 등 3개 목표에 있어서는 하위 분류를 두어 판단 기준을 자세히 설명하고 있는 반면, 기후변화 적응, 물의 지속가능한 보전, 생물다양성 목표에 하위 분류가 없어 판단 기준이 명확하지 않다. 또한 한국표준산업분류코드와 같은 상세 기준이 없어 사용자가 녹색경제활동 해당 여부를 임의 해석할 여지가 있다.

또한 EU 택소노미는 2022년부터 공시 대상 기업 유형에 따른 공시 항목을 명시한 공시위임법을 시행하고 있다. 공시위임법은 EU 국가 내 기업 및 금융기관들에게 우선 분류체계 적격성에 대한 공시를 하고, 이후에 적합성에 대한 공시를 하도록 요구하고 있다. CSRD, SFDR, EU 녹색채권 규정 등에서도 택소노미를 자금 집행기준으로 삼는 등 지속가능금융 생태계 전체에 택소노미가 일관적이고 통합적으로 연계되어 있다. 이와 달리 K-택소노미는 가이드라인에 별도의 공시 기준을 두고 있지 않으며, 본문에서 향후 K-택소노미가 다양한 녹색금융 활동 및 기업, 금융기관 공시 전반에 적용될 수 있을 것으로 기대한다고 짧게 언급하는 정도에 그치는 수준이다.

K-택소노미의 고도화를 통한 지속가능금융의 확대

K-택소노미는 녹색금융에 활용하는 것을 주된 목적으로 삼고 있으며, 지속적인 체계 개선과 함께 녹색경제활동으로 인정된 특정 경제활동에 대하여 적합성판단 기준을 충족하는지 지속적으로 모니터링 할 것을 권고하고 있다. 이에 은행연합회 등 5개 금융협회는 녹색금융 추진계획에 발맞춰 2021년 「금융권 녹색금융 핸드북」을 발간하면서, K-택소노미의 시행 시기 및 범위 등에 맞춰 금융자원이 녹색산업 및 녹색성장과 관련 분야에 효율적으로 지원될 수 있도록 금융지원 원칙을 수립, 준수할 수 있다고 명시하였다.[15] 또한 녹색채권의 국내 발행에 적용되는 가이드라인 필요성에 따라 환경부 등 4개 기관 주도로 2020년 12월 「녹색채권 가이드라인」 초안이 발표되었다. K-택소노미 가이드라인과 동일하게 법적 구속력은 없으나 자본의 흐름이 녹색경제활동으로 변화해 감에 따라 지속가능한 경제활동, 즉 녹색경제활동에 대한 명확한 정의를 제공하고 지속가능한 경제활동이 무엇인지 사회적 합의를 도출하고 있

다는 점에서 의의가 있다.

환경부는 가이드라인 개정안 발표 후 2023년부터 K-택소노미 활용에 대한 인센티브를 발굴하는 등 제도 확산 및 정착을 위해 노력할 것이라고 밝혔다. K-택소노미를 프로젝트 중심의 녹색채권 발행에 적용하는 것을 시작으로 녹색 프로젝트파이낸싱, 녹색여신, 녹색펀드 등으로 확대 적용하고 K-택소노미와 관련된 자산 비중, 매출액 규모 등 관련 정보를 공개할 수 있는 제도와의 연계를 강화해 나갈 예정이다.

다만, K-택소노미가 녹색금융 산업과 연계하여 통합 발전하기 위해서는 개선이 필요한 점이 남아있다. 우선, 현재 우리나라는 녹색금융 상품 중 녹색채권에 한하여 K-택소노미 활용을 의무화하고 있어 녹색채권 발행자 및 이용자만 K-택소노미를 활용하게 되는 한계가 있다. 따라서 K-택소노미를 녹색금융 서비스 전반으로 확산하기 위해서는 금융권의 현장 편의성을 높여 K-택소노미의 활용이 일상화될 수 있도록 관련 제도 개선과 유사 체계 간 연계를 강화할 필요가 있다. 특히 지속가능금융(이하 "ESG금융") 추진을 위한 지속가능성 판단 기준으로써 환경 측면에서의 "녹색분류체계", 사회적 측면에서의 "사회적 분류체계 Social Taxonomy" 마련이 필수적이다.

우리나라는 K-택소노미를 통해 ESG금융의 환경 요소를 식별하고 판단하는 기준을 제시하며 관련 체계 마련의 첫걸음을 내디뎠다. 환경요소와 비교하여 정량화가 어려운 사회 요소에 대하여서는 지속적인 논의를 통해 별도의 한국형 사회적 분류체계 개발을 추진하고 있다. 사회적 분류체계는 K-택소노미와 연계하여 사용 가능해야 하며, 적용에 있어 사용자의 혼선이 최소화될 수 있도록 세밀하게 비교 검토되어야 한다. 또한 개발 과정에서 K-택소노미가 가진 구조적 한계점에 대한 개선이 함께 이루어져야 진정한 의미의 지속가능성 판단 기준으로써 의미가 있다 할 것이다. 이는 경제활동의 분류 방식 및 기준을 개선하는 것으로 일부 해결이 가능할 것으로 예상된다.

K-택소노미는 EU 택소노미와 달리 경제활동 분류에 있어 산업코드를 특정하지 않고 있다. 이는 제도 시행 초기에 보다 광범위한 적용이 이루어질 수 있도록 자의적인 판단의 여지를 부여한 것으로도 해석할 수 있으나, 의무 적용 분야마저 제한적인 현 상황에서는 오히려 해석의 난해함으로 인해 활용도 저하로 이어지는 결과를 낳았다. 따라서 K-택소노미의 녹색경제활동 분류 방식과 산정 근거에 대한 명확한 기준을 제시하고 한국표준산업분류코드를 유기적으로 결합하여 개선할 필요가 있다. 사회적 분류체계 도입에 있어서도 경제활동 분류 방식과 동일한 기준을 적용하여 두 분류체계 간에 유기적인 참조가 가능하도록 한다면 사용 측면에서의 활용도 또한 크게 향상될 것으로 기대된다.

또한 녹색경제활동의 적합성판단 기준 충족 여부를 확인하는 모니터링 및 검증 기준을 수립해야 한다. 이를 위해 먼저 도입되어야 할 것은 K-택소노미에 따른 기업 공시제도이다. EU는 CSRD에 따른 위임입법으로 2023년 12월 유럽 지속가능성 정보공시 표준안European Sustainability Reporting Standards, ESRS을 채택하고 공통 표준안에 따라 기업의 지속가능성 정보를 정기적으로 공시하도록 의무화했다. 향후 역외 적용 확대가 예정된 점을 감안하면, EU에 제품을 공급하는 국내 기업 또는 EU 지역에 투자하는 금융기관의 경우 관련 정보 공시를 요구받을 가능성이 있으므로 우리나라도 선제적으로 공시제도를 정비하여 대비할 필요가 있다.

K-택소노미 연계 기업공시는 녹색경제활동에 대해 활동의 주체단위별로 비교 가능한 형태로 공시하는 것이다. 기업이 공시 기준에 따라 녹색경제활동 관련 정보를 공시하면 금융기관이 이를 활용하여 자금을 집행하고 실적을 공개하여 모니터링 할 수 있다. 아울러 금융기관의 K-택소노미에 따른 녹색금융 운영 실적을 공개하도록 하여 금융기관별 비교가 가능해진다면 환경성 평가의 편의성과 함께 자금 집행의 투명성을 제고할 수 있을 것이다.

5장

탄소중립 실현을 위한 기후 금융 현주소, 탄소배출권 거래제

테슬라가 흑자 전환에 성공한 이유?

전기차 기업 테슬라가 흑자 전환에 성공한 이유가 자동차 판매가 아닌 탄소배출권 거래 수익 덕분이었다는 분석이 나오면서, 탄소배출권 거래제에 대한 관심이 높아지고 있다. 세계 각국과 글로벌 기업들의 탄소감축 노력과 맞물려 탄소배출권 거래 시장도 빠르게 성장하고 있다. 국내 기후 기술·금융이 부상하면서, 금융 부문에서도 탄소배출권에 대한 적극적인 참여와 협력이 필요한 시점이다.

안재석

테슬라는 전 세계 탄소배출권 시장에서 주목할 만한 성공 사례 중 하나로 꼽힌다. 전기차와 재생에너지 저장 솔루션을 제공하는 테슬라는, 자동차 산업에서의 온실가스 배출량을 감소시키는 데 이바지함으로써 상당한 양의 탄소배출권을 확보했다. 미국 증권거래소 Securities and Exchange Commission, SEC에 제출한 10-K 보고서[1]에 따르면 테슬라는 2023년 한 해 동안 무려 17억 9,000만 달러(약 2조 3,800억 원)의 수익을 올렸고, 2009년 이후부터 계산해 보면 무려 총 90억 달러(약 12조 원)라는 어마어마한 수준에 달한다.[2] 2019년까지만 해도 자동차 판매로 적자를 보던 테슬라가 2020년부터 흑자 전환하는데 있어서, 전기차 사업과 태양광 등 재생에너지 관련 사업으로 온실가스 저감을 인정받음으로써 확보하게 된 대량의 탄소배출권을 일반 자동차를 생산하는 기업에 판매한 것이 결정적인 역할을 하였다.

ESG(환경, 사회, 지배구조)가 기업의 지속가능성과 사회적 책임을 평가하는 중요한 요소로 부상하면서, 탄소배출권 시장도 큰 관심을 받고 있다. 런던증권거래소 그룹London Stock Exchange Group, LSEG[3]의 2023년 연례 탄소배출권 시장 분석 보고서에 따르면 2023년 한해 세계 탄소배출권 거래제Emission Trading System, ETS 시장의 시가총액은 전년 대비 2% 증가한

8,810억 유로(한화로 약 1,260조 원)로, 사상 최고치를 기록했다고 발표했다. 이는 기업들이 소비자와 투자자들로부터 받는 ESG 경영에 대한 압박이 커진 결과다. 그뿐만 아니라 탄소배출권 시장의 활성화는 기업들이 지속가능한 경영과 탄소감축에 더욱 집중하고 있다는 증거다. 미래에는 더 많은 기업이 ESG 관련 데이터를 공개하고, 탄소배출을 줄이기 위해 노력할 것으로 전망된다.

파리기후협약 이후 각 나라들은 경쟁적으로 2050년 탄소중립을 선언하고 있다. 우리나라도 2020년 10월 탄소중립 선언을 천명했지만, 탄소중립에 대한 실효적 성과나 유의미한 성과를 찾기에는 기후위기의 속도가 매우 빠르게 진행되고 있다. 온실가스 감축목표는 국제사회와 정부가 정할 수 있지만 정작 배출량을 감축해야 할 당사자는 기업이기에 기업이 움직여야 탄소중립도 가능하다. 정부와 기업이 탄소중립을 달성하기 위해서는 상호협조적인 게임을 해야 하는 이유이다.

탄소배출권 거래제에 주목하는 이유는 동 제도가 파리협약 이후의 시대적 흐름에 잘 부합하기 때문이다. 배출권거래제는 수량(감축량)이 직접 정책목표이기 때문에 2050 탄소중립을 위한 국가감축 목표 Nationally Determined Contribution, NDC [4]와 직접 연계가 가능하고 EU 탄소 국경 조정 메커니즘에서 배출권거래제가 핵심 조정 수단일 뿐만 아니라 탄소감축이 곧 기업 수익이 되는 배출권거래제 운용 원리가 ESG 경영 패러다임과 맥을 같이 하고 있다.

쉽게 이해하는 탄소배출권 거래제

탄소배출권 거래제[5]란 온실가스 배출 권리인 '탄소배출권'을 시장을 통해 사고파는 행위를 말한다. 탄소배출권은 말 그대로 '탄소를 배출할 수 있는 권리'를 뜻한다. 비유해서 말하면 탄소배출권은 종량제 쓰레기 봉투와 같고, 탄소배출권 거래제도는 쓰레기종량제와 유사하다. 사람들이 길거리에 함부로 쓰레기를 버리려고 하기에, 쓰레기종량제를 통해 쓰레기봉투를 구매해서 버리게 함으로써 길거리를 깨끗하게 할 수 있고, 쓰레기봉투 대금으로는 쓰레기 처리 비용으로 쓸 수 있다. 마찬가지로 탄소배출권을 모든 나라와 사람들이 사서 그 구매한 양만큼의 이산화탄소만 배출하도록 하고 추가 배출 시에는 돈을 더 내도록 한다면 사람들은 이산화탄소 배출량을 줄이게 되는 효과가 있다. 쓰레기봉투를 도입함으로써 길거리가 깨끗해지는 것처럼 탄소배출권 거래제도를 도입하면 이산화탄소 배출량이 줄어들어 기후변화(지구온난화)를 막는 데 이바지할 수 있다.

'탄소배출권' 거래는 지구의 온실가스 위기에 대응하고자 하는 목적으로 1997년 12월 체결되고 2005년 2월 공식적으로 발효된 교토 의정서를 통해 처음 제도화되었다. 교토 의정서는 '공동이행(선진국이 공동으로 투자하여 발생한 온실가스 감축분을 감축 실적으로 인정하는 것)', '청정개발체제(선진국이 개발도상국에 투자하여 감축하게 한 온실가스 감축분을 감축 실적으로 인정하는 것)', '배출권 거래(온실가스 감축 의무가 있는 국가가 할당량보다 덜 배출하면 남는 양을 타국에 거래할 수 있는 것)'라는 세 가지 개념을 중심으로 탄소배출권 제도를 확립하였다.

2050년까지 각 국가는 국제기구에서 권고하는 수준의, 그리고 각 국가가 목표한 수준으로 탄소배출량을 줄여야 한다. 이를 위해서는 기업별로 배출할 수 있는 탄소의 양을 정해놓고, 배출량을 초과하거나 미달했을 경우 어떻게 대응해야 한다는 하나의 통일된 방침이 필요하다. 국제사회는 탄소배출권이라는 개념을 도입함으로써 탄소를 목표치보다 많이 배출한 기업의 경우 이 권리를 살 수 있도록 만들고, 반대로 탄소를 목표치보다 덜 배출한 기업의 경우 해당 배출권을 시장에 팔 수 있도록 하는 메커니즘을 구축했다.

탄소배출권 거래 가격은 어떻게 결정될까?

배출권거래제는 허용배출총량Cap을 설정하는 단계로부터 시작된다. 허용배출총량이 결정되면, 하향식으로 산업별 할당을 거쳐 할당 대상 기업에 최종적으로 할당된다. 허용배출총량 설정(1단계)은 정부가 유엔 기후 변화협약UNFCCC에 제출한 국가의 온실가스 감축 목표NDC를 고려하여 이루어진다. 교토 의정서에서는 NDC와 허용배출총량 간 연계성이 높지 않았으나, 파리협약[6] 이후에는 2050 탄소중립, 2030 중간 목표 이행 등의 중장기 국가 감축목표와 배출권거래제의 허용배출총량 간의 연계성이 점점 강조되고 있다.

2단계는 산업/기업별 허용배출량을 할당하는 단계이다. 이때 핵심적인 고려 사항은 기업의 배출량 감축을 유인할 수 있는 할당 방식, 그리고 할당 대상기업이 부담해야 할 탄소 비용과 해당 기업의 재무적 능력 간 조화이다. 일반적으로 배출권 배분 방식은 무상배분이나 경매(특히 수익 경매)가 가장 일반적이다. 화석연료 산업이나 폐기물 산업 등과 같이 온실가스 규제에 따른 비용 인상분을 소비자에게 전가할 수 있는 업자에게는 배출권을 무상으로 제공해서는 안 되며, 비용 전가가 어려운 산업과 농업에 대해서만 무상으로 지원이 되어야 한다고 판단된다. 그러나 이러한 무상 공급은 한편으로는 불로소득을 유발할 가능성도 있다. 무상 공급에도 불구하고 기업들은 제품가격을 인상하여 배출 비용을 소비자에게 전가한 사례가 있었고, 실제로 EU의 일부 회원국들은 불로소득을 얻은 업체에 세금을 부과하여 초과이윤을 회수한 적도 있었다.[7]

국내에서는 2015년부터 배출권거래제가 시작되어 유·무상할당제도를 통해 각 기업에 배출권을 할당하는 방식으로 운영되고 있다. 2021년은 유상할당 비율을 10%로 확대한 원년으로, 정부가 할당한 탄소 배출량의 10%는 기업에 돈을 받고 판 것이다. 대상업체는 온실가스 연평균 총량이 125,000톤 이상 업체, 25,000톤 이상 사업장을 보유한 업체, 자발적인 할당 대상업체로 신청한 업체 등 세 가지로 분류할 수 있다. 2021년 기준 시행된 거래제 대상 기업은 69개 업종 685개 업체로, 이들 기업에 대한 배출권 할당량은 2020년 말 환경부가 개별 기업별로 통보했다.

유통시장은 할당된 배출권이 기업 간에 자유롭게 거래되는 시장으로 충분한 유동성에 기반한 효율적인 가격 발견이 제일 중요하다. 탄소가격은 기업들의 탄소감축 옵션(가령, 탄소 투자와 배출권 매입)을 선택하는 데 결정적인 요소가 된다. 탄소가격에 따라 기업들은 탄소배출 감축을 위해 저탄소 설비 또는 연구개발 투자를 실행할 것인지, 아니면 시장에 배출권을 구매해서 부족한 배출권을 보충할지를 결정하게 된다. 탄소가격의 절대 수준이 높을수록 상대적으로 단위당 투자비용이 높은 탄소감축 투자도 실행할 수 있을 것이며, 낮게 형성될수록 투자 비용이 낮은 감축 투자만 이루어질 것이다. 그런데 현실에서는 허용배출총량의 아주 작은 일부만 유통시장에서 거래되고 있다. 대부분의 배출권은 무상할당 등으로 인해 거래되지 않고 보유되는 것이 일반적이다.

따라서 실제 배출권 거래량은 배출권거래제 대상 전체 기업들이 감축목표(실체 배출량과 허용배출량 차이)를 달성하는 정도에 의해 결정된다. 유통시장의 이같은 특성으로 인해 배출권 시장은 구조적인 유동성 취약 문제가 있으며, 그로 인해 가격 발견이 어렵고 변동성이 크며 평균 가격으로 회귀하지 않고 코너 가격에 장기간 머무는 경향이 발견되기도 한다. '비공개'로 할당된 배출권은 유통시장에서 자유롭게 오갈 수 있어야 한다. 그래야 적정 가격이 정해지고, 이에 따라 기업들은 온실가스 배출량에 맞춰 예산을 잡거나 배출권 구매 등에 나설 수 있다. 그런데, 유통시장 또한 불공정하다는 게 산업계의 지적이다. 우선 총량(전체 할당량) 자체가 정해져 있어서 기본적으로 '수요-공급 원칙'이 작동하지 않는 시장이다. 시장 참여 기업 자체가 적은 데다 온실가스를 가장 많이 내뿜는 발전사들이 배출권 대부분을 매입하고 있기 때문이다. 발전사들은 한국전력공사로부터 배출권 거래 가격의 80%를 보조받기 때문에 다른 기업에 비해 상대적으로 배출권 구매 부담이 적은 발전사들이 배출권 물량을 대부분 구매한다.

결국 유통시장 설계의 중요 이슈는 시장 유동성을 확대하기 위한 유연한 공급 방안과 시장 안정화 방안을 마련하는 것이다. 기후위기 해결을 위해 도입된 탄소배출권 시장이 실패하는 우를 범하지 않기 위해서는 무엇보다도 탄소 시장의 가격기능이 효율적으로 작동하도록 투명하고 자유로운 시장 거래를 보장해야 한다. 이를 위해서는 전력시장에서의 탄소 가격기능 회복뿐만 아니라 시장의 안정성 확보를 위한 다양한 제도적 기반이 뒷받침되어야 한다.[8] 지속적이고 정기적인 유상할당 경매를 통한 가격발견 기능 보완, 최저가격제 등을 통한 시장 안정화 방안, 선물시장 도입 등 가격변동에 따른 헤징 수단 개발, 시장참여자 확대와 탄소의 금융 자산화를 위한 금융상품개발 등을 통한 거래 촉진 등이 유통시장 효율화를 위한 주요 과제로 볼 수 있다.

글로벌 탄소배출권 시장 연평균 47% 성장세, 대한민국의 현주소는?

글로벌 탄소배출권 시장은 온실가스 감축 강화 등 각국의 정책 효과로 지속적인 성장세를 보이고 있다. 러시아-우크라이나 전쟁 이후 원자재 가격 변동성 증가로 배출권 거래량이 감소했으나, 정부의 탄소배출 규제 강화 등의 영향으로 가격이 상승하면서 2018년 1,860억 유로에서 2022년 8,650억 유로로 연평균 47% 성장한 것으로 나타났다.[9]

한국은 지난 2015년부터 '온실가스 배출권 할당 및 거래에 관한 법'을 시행, 한국형 ETS^{K-ETS}를 활용하고 있으며, 한국거래소가 배출권 시장을 별도로 개설해 운영 중이다.[10] 우리나라의 배출권거래제는 기업과 경제에 미치는 비용을 최소화하면서 국가 온실가스 감축목표를 달성할 목적으로 2015년에 도입되었다. 「온실가스 배출권의 할당 및 거래에 관한 법률(이하 "배출권거래법")」 시행에 따라 2015년~2017년을 배출권 거래 1차 계획기간, 2018년~2020년을 2차 계획기간, 2021년~2025년을 3차 계획기간으로 설정하였다. 참여업체와 배출량 범위는 지속해서 확대되어 제3차 계획기간(2021~2025년)에는 국가 배출량의 73.5%를 커버하고 있다.[11] 참여업체는 크게 유상할당 대상업체와 무상할당 대상업체로 나뉜다.

탄소 배출 가능성과 비용 부담이 높은 기업들에 대해서는 기본적인 기업경쟁력 보장 차원에서 탄소배출권을 전량 무상할당하고, 그 외의 대상업체는 거래 시장이나 경매 등을 통해 일정 비중 이상의 탄소배출권을 유상으로 구매하도록 하고 있다. 현재 K-ETS에서 탄소배출권 관리대상 물질은 이산화탄소^{CO_2}, 메테인^{CH_4}, 아산화질소^{N_2O}, 수소불화탄소^{HFCS}, 과불화탄소^{PFCS}, 육불화황^{SF_6} 등 6가지로 규정하고 있다. 제1차 계획기간(2015~2017년)에 100% 무상할당으로 시작된 이후, 제2차 계획기간(2018~2020년)부터는 유상할당이 시작되었으며, 제3차 계획기간(2021~2025년)에는 유상할당 비중이 10%로 확대되었다. 또한 2019년부터는 배출권 경매가 시행되면서, 매일 운영되는 거래 시장뿐만 아니라 매달 1회 시행되는 경매를 통해 배출권을 구매할 수 있는 창구가 마련되

지속가능한 금융의 미래

었다.

그러나 1차 계획기간 당시 업종별 배출권 할당의 과도한 편차, 정부 정책의 불확실성, 업체의 탄소배출권 거래 시장 대응 전략 부재 등으로 거래 시장 불안정 상태 등 시행착오를 겪었고, 현재 거래권의 가격 급변동을 막고 시장을 안정화하는 것을 최우선으로 하는 방향으로 불안정 상태를 개선해 나가고 있다. 탄소배출권 시장은 2015년 개장 이래 꾸준히 증가해 왔으며, 거래량도 점차 확대되고 있다. 1차 계획기간에 배출권 총거래량은 약 9천만 tCO_{2e}[18]이며, 거래금액은 1조 8천억 원에 이른다. 거래가격도 개장 초 8,400원/tCO_{2e}이던 것이 꾸준히 상승하여 2020년 초에는 4만 원을 웃돌기도 하였으나 코로나19 팬데믹의 영향 등으로 2만 원대에서 가격이 형성되기도 했다.[12]

탄소배출권 거래에 참여하는 기업들은 온실가스 추가 감축 비용과 배출권 가격을 비교하여 비용이 적게 발생하는 방법을 선택하게 되므로, 국가는 탄소배출권 거래 제도를 통해 온실가스 감축 목표를 효과적으로 달성할 수 있다. 즉, 탄소배출권 거래 참여업체의 온실가스 감축 비용이 배출권 가격보다 높은 경우 기업들은 배출권을 구매하게 되고, 감축 비용이 배출권 가격보다 낮은 경우 기업들은 온실가스를 직접 감축하기 위한 유인이 발생한다.

한편, 배출권 판매 수익은 탄소중립 정책을 지원하기 위한 '기후대응기금'의 재원으로 활용된다. 기후대응기금은 온실가스 감축을 위한 기반 마련과 기업들의 감축 활동을 지원하는데 사용되고, 이를 통해 기업들의 온실가스 감축을 유도하고자 한다. 여기에서 기업들이 온실가스 감축을 위해 자발적으로 노력하고, 자신들이 설정한 감축 목표를 효율적으로 달성하기 위해서는 배출권거래제의 가격 기능이 제대로 작동되어야 한다.

국내 탄소배출권 거래제 구조에 대해 평가하면 다음과 같다. 첫째, 2050 탄소중립 선언 등 우리나라의 온실가스 감축 목표는 큰 폭으로 상향되었으나, 배출권 수요나 가격은 오히려 하락세에 있다. 국내 배출권 가격은 온실가스 감축목표 상향에 따라 배출권 수요가 증가하여 상승할 것으로 예상되었으나, 배출권 가격은 하락하는 추세를 보였다(아래 그림 참조). 2019년 말부터 2020년 초반까지는 높은 수준을 유지하다가, 전 세계적으로 온실가스 감축 목표가 상향되면서 주요 배출권 가격은 2~3배 이상 상승하였다. 이에 반해 국내 배출권 가격은 1/3 수준으로 하락하여

국내외 배출권 월별 가격 변화   (단위: 달러/ton)

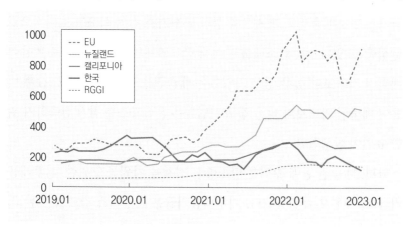

출처: ICAP 홈페이지 (https://icapcarbonaction.com/ets-prices). RGGI는 미국 북동부의 12개 주가 참여하는 발전 부문 대상의 배출권 거래 시장임(윤여창, "배출권거래제의 시장기능 개선방향", 자본시장연구원, 자본시장 KDI FOCUS 통권 123(2023. 7.) 참고).

지속가능한 금융의 미래

주요 국가 중 가장 낮은 수준으로 하락하였다.

둘째, 현행 탄소배출권거래제는 거래 시장 활성화를 위해 미사용 탄소배출권의 이월을 제한[13]함에 따라 가격 변동성이 확대된 결과, 배출권 거래제의 가격기능이 제대로 작동되지 못하고 시장의 효율성이 저해된 측면이 있다. 국내 기업들도 탄소 배출권 거래의 목적이 위험을 회피하기 위해 배출권 거래가 아닌 보유 경향이 두드러지면서 유동성 부족으로 이어졌다. 즉, 탄소배출권이 남는 기업 대부분이 시장에 탄소배출권을 매도하는 대신 이월하는 것을 선호함에 따라 배출권 부족 기업이 배출권을 구하기 어려웠다. 이에 따라, 탄소배출권 이월을 제한하는 제도를 2017년도에 도입하였다. 그러나 배출권이 부족한 기업보다 남는 기업이 많은 상황에서 잉여 배출권 일부를 의무적으로 매도하게 함으로써 배출권 매도 시기에 가격이 급락하는 현상이 발생하고 있다. 2019년 이후에는 거래 시장에서 매도하는 양에 비례하여 배출권을 이월할 수 있도록 기준이 강화되었고, 이러한 이월 제한은 배출권 거래 시장의 가격 기능과 효율성을 저해시키는 결과를 낳았다.

한편, 2026년에는 온실가스 감축목표 상향에 따라 배출권 총 공급량이 줄어들 것으로 예상된다. 현재와 같이 이월이 제한된 상황에서는 시장 변동성이 커지고, 온실가스 감축에 대한 기업의 부담이 더욱 증가할 우려가 있으므로, 공급량 감소에 따른 충격을 분산시킬 필요가 있다. 따라서 온실가스 감축목표 상향에 따라 배출권 시장에 미치는 영향이 최소화될 수 있도록 배출권 이월 제한 제도의 유연한 적용이 요구되고 있다.

셋째, 탄소배출권 거래자 참여자 측면에서도 구조적인 문제를 찾을 수 있다.[14] 현재 배출권 할당 대상 기업 외 제3자의 거래 참여가 제한되어 있다. 다만 2019년에는 시장조성자, 2023년에는 증권사의 거래 참여를 일부 허용하였으나 이들의 거래 비중은 총거래량의 10% 수준에 그치고 있는 실정이다.

넷째, 거래형태나 상품 측면에서도, 배출권 현물의 직접 거래만 허용하고 있어 거래 편의성이 낮기 때문에 할당 대상 기업 대부분은 배출권 거래에 소극적인 태도를 보이고 있다. 또한 탄소배출권 가격변동에 대응하기 위한 수단으로 선물 시장이 개설되어 있지 않고, 배출권을 활용한 금융상품 개발을 제한하여 투자 유도에 한계가 있다. 반면 유럽연합EU는 배출권 거래 초기부터 가격 변동성 위험 회피 수단으로 선물거래가 활발히 이루어져 선물거래 비중이 80% 이상에 달하고 있다.

다섯째, 정부의 시장 안정화 조치 세부 기준이 공개되지 않아 탄소배출권 가격에 대한 예측 가능성이 저해되는 점도 문제이다.[15] 예를 들면 2021년 4월에 가격하한가를 12,900원으로 설정한 이후 다시 그해 6월에 다시 9,450원으로 재설정하였다. 나아가 가격 상하한가 설정 등 외에는 다른 정부의 시장 안정화 조치 수단이 없을 뿐만 아니라 이러한 설정에 대한 세부 기준 역시 공개되지 않고 있다. 이로 인해 시장참여자들이나 기업들이 배출권 가격을 예측하는 것이 거의 불가능하게 되면서 결국 정부의 시장 안정화 조치가 실질적인 효과를 상실하게 되었다.

지속가능한 금융의 미래

금융권 블루오션, 탄소배출권 시장의 활성화를 위한 과제

탄소배출권 거래 시장에 대한 거래 참여자를 늘리고 거래 상품을 다양화하여 할당 대상업체 위주의 폐쇄적 시장에서 합리적 탄소가격 설정을 위한 개방적 시장으로 개선될 필요가 있다. 이를 위해 환경부는 배출권 위탁거래를 도입함과 동시에 시장참여자를 단계적으로 확대하고 위탁거래를 도입하며 개인 등의 참여도 허용하는 단계적 확대안을 발표하였다.[16] 국내 탄소배출권 시장에서는 할당 대상 기업 700여 곳을 제외한 투자자의 거래를 제한하고 있다. 지난 2019년과 2021년에 각각 시장조성자와 증권사의 거래를 일부 허용하긴 했지만, 이들이 총거래량에서 차지하는 비중은 지난해 기준으로도 10% 수준에 불과하다.

할당 대상 기업의 거래 편의성을 높이고 제3자 참여 확대를 위하여 배출권 위탁거래가 도입되었다. 마치 일반 투자자가 국내주식을 살 때 증권사를 통해 위탁 매매를 하는 것처럼, 탄소배출권에 대해서도 증권사나 자산운용사 등의 중개를 허용한다는 뜻이다. 개인투자자에 대해서도 단계적으로 우리나라 탄소배출권을 사고 팔 수 있도록 문호를 개방할 계획이다. 우선 간접투자를 허용하고 향후 직접투자까지 할 수 있도록 유도하는 방식이다. 이처럼 제도를 개정하기로 한 것은 현재 우리나라 탄소배출권 시장이 폐쇄적으로 운영되고 있다는 인식 때문이다.

현재 전체 감축량 대비 배출권거래제가 차지하는 점유율은 약 73.5%에 달하지만, 2030 감축 로드맵에 따르면 2030년까지 동 비율은 약 53%

수준으로 낮아질 것으로 나타나고 있다.[17] 현행 "배출권거래법"에서는 배출허용 총량의 설정에 관하여 '국가 온실가스 감축목표를 고려하여' 설정한다고만 규정하고 있을 뿐, 배출허용 총량 설정의 구체적 기준에 관하여 정하지 않고 있으므로, 배출권거래제의 배출허용 총량 설정을 보다 강화할 수 있도록 관계 법령의 개정을 포함한 방안을 마련할 필요가 있다.[18]

현재 국내 탄소배출권 가격은 배출권 거래제를 도입한 주요 국가 중에서 가장 낮은 수준이다. 탄소배출권 가격이 시장에서 지나치게 낮게 거래되면서 배출권 거래 제도가 기업들의 탄소 감축에 대한 기술 투자를 유인하는 역할을 제대로 하지 못하고 있다는 지적이 잇따랐다. 배출권 가격이 지속적으로 낮게 유지될 경우 기업들이 온실가스 감축 설비나 기술에 투자하기보다는 배출권을 구매하는 편이 더 낫다고 판단할 수밖에 없기 때문이다.

특히, 배출권 가격 회복을 위해서는 이월 제한을 완화하여 공급을 축소하고 수요를 확대해야 한다는 주장도 제기되었다. 이에 따라 환경부는 탄소배출권 가격을 정상화하기 위하여 2024년 10월, 탄소배출권 이월 제한 기준을 완화하겠다고 밝혔다. 현재는 배출권 거래제 참여 기업이 할당받은 배출권이 남을 경우 배출권 순매도량의 3배만 다음 해로 이월할 수 있으나, 이러한 제한이 순매도량의 5배로 완화될 예정이다.

환경부는 2024년 11월 온실가스 배출권 거래 제도의 실효성을 높이기 위하여 '온실가스 배출권의 할당 및 거래에 관한 법률 시행령 개정안(이하 "개정안")'을 (재)입법 예고하였다. 개정안은 배출권거래법에서 위임

지속가능한 금융의 미래

한 배출권 거래 시장 활성화와 관련한 세부 사항을 규정하는 한편, 그간 문제점으로 지적받았던 배출권 할당 취소 규정 등 현행 제도 운영상 나타난 미비점을 개선·보완한 것이다.

개정안이 시행될 경우 온실가스 배출권 시장 참여자가 늘어나고 거래 편의성이 개선되는 한편, 기업 배출권 할당 관리도 강화될 것으로 보인다. 먼저, 자발적 배출권 할당 대상업체 참여 기준을 구체화하고, 할당된 배출권의 취소 기준을 강화하여 감축 노력이 없는 부당이익을 방지할 예정이다. 예를 들어, 배출량이 할당량의 15% 이상 감소하면 정부가 배출권을 취소할 수 있도록 하여, 기업들이 실질적인 감축 노력을 하도록 유도한다.

특히 탄소배출권 시장에서 금융기관의 참여가 확대된다는 점을 주목할 필요가 있다. 이번 시행령 개정을 통해 자산운용사, 은행, 보험사 등 금융기관들이 배출권 거래에 참여할 수 있는 법적 근거를 마련하게 되며, 시장 참여자의 확대로 배출권 수요가 증가하여 배출권 시장의 유동성을 높일 수 있을 것으로 기대된다. 금융기관들은 배출권을 기반으로 한 투자 상품을 개발하거나 거래 중개 서비스를 제공하는 등 새로운 수익 모델을 창출할 수도 있을 것이다.

또한, 개정안은 배출량 검증 절차를 강화하여 배출권 거래의 신뢰성을 높이고, 정확하고 투명한 거래가 이루어지도록 한다. 검증기관의 역할이 확대되고 검증 심사원의 자격이 명확해지므로 배출권 거래 제도에 대한 신뢰가 강화될 것으로 보인다.

전 세계적으로 탄소 배출권 거래 시장이 빠르게 성장하고 이를 뒷받침할 관련 법령이 정비되면서, 탄소배출권 시장은 금융권 블루오션으로 떠올랐다. 배출권 거래 활성화를 위한 정부의 의지는 배출권 거래 시장을 활성화하는 중요한 전환점이 될 것이다. 그러한 의미에서 이번 개정안은 배출권 거래 시장의 변화뿐만 아니라 향후 지속적인 제도 변화가 이루어질 것을 시사한다. 향후 배출권 거래와 관련된 다양한 변화들이 예상되므로, 금융기관들은 이를 면밀히 분석하고 변화에 대비하는 전략적 준비가 필요하다.

지속가능한 금융의 미래

The Future of Sustainable Finance

제5부

ESG와 임팩트 투자
주요 사례

1장

국내 최대 기관투자자, 국민연금의 ESG 투자

ESG, 돈이 먼저 움직인다.

2023년 말 기준 기금 적립액이 1천조 원을 돌파하면서 국민연금은 명실공히 자본시장의 "큰손"으로 등극했다. 특히 2022년 말 기준 1천조 원을 돌파한 국내 ESG 금융의 약 38%를 국민연금이 차지하고 있다. 국민연금이 ESG 투자 활성화에 선봉장 역할을 하고 있는 것이다. ESG의 부상과 함께 자본이 발 빠르게 움직이고 있다. 국민연금의 ESG 투자는 우리 사회와 자본시장에 어떠한 영향을 주고 있을까?

서한나

코로나19라는 유례없던 위기로부터 촉발된 ESG 경영과 투자의 붐 속에서 가히 신드롬이라 해도 과언이 아닐 만큼 화제의 중심에 섰던 기업이 있다. 바로 테슬라이다. 테슬라는 온실가스를 배출하지 않는 전기차에 자율주행 기술을 더하여 전기차에 대한 대중의 인지도 제고에 크게 기여하였으며 대표적인 친환경 기업으로 꼽힌다. 그렇다면 테슬라에 대한 ESG 평가는 어떨까?

예상과 달리, 테슬라는 2022년 5월 환경 Environment, E, 사회 Social, S, 지배구조 Governance, G 요소 모두에서 낮은 평가를 받아 S&P 500 ESG 지수에서 퇴출되었다. 환경분야에서는 탈탄소전략의 부재, 사회분야에서는 공장 내 인종차별 문제, 지배구조 분야에서는 비즈니스 행동 강령 부재[1]가 원인으로 꼽혔다. 테슬라는 지수 퇴출 후 1년 만인 2023년 6월 환경 공시를 추가하며 S&P 500 ESG 지수로 복귀했지만, 여전히 인종차별과 관련된 검토가 진행[2]되고 있다. 또 테슬라는 창업자이자 CEO인 일론 머스크의 돌발 행동으로 여러 차례 주가가 출렁인 전례도 있어 지배구조 이슈에서 자유롭지 못한 것이 사실이다.

국민연금은 2013년 테슬라 주식 106만 3,075주, 당시 테슬라의 시가총액 기준으로 약 0.03%의 지분을 확보한 것을 시작으로 2019년 보유

주식수를 391만 7,335주, 보유지분을 약 0.42%까지 늘려 2021년 2월 기준, 3조원 이상의 평가차익을 거두고 있는 것으로 추정된다.[3] 이후 2021년부터 2022년 사이 일부 주식을 매각하며 차익을 실현하여 2022년 말 현재 지분율은 0.19%, 평가금액은 약 9,340억 원으로 감소하였다.

국민연금의 테슬라 주식 매각은 국민연금의 투자 포트폴리오 조정 목적[4]이었으나, 투자 업계에서는 테슬라의 주가 변동성이 커지자 가격 상승기에 지분을 매각함으로써 최대 차익을 실현하도록 지분을 매각한 것으로 보기도 했다. 테슬라 투자는 국민연금의 투자 사례 중 가장 극적인 성공 사례 중 하나로 꼽히며, 또 다른 장기투자의 대상으로서 제2, 제3의 테슬라를 발굴해 내기 위해 노력을 기울이고 있다.

국민연금 기금 결산 결과, 2023년 말 기준 기금 적립액은 1,035조 8천억 원으로, 2023년 기금 운용 수익률은 13.59%를 기록해 1999년 기금운용본부 설립 이래 가장 높은 수익률을 기록한 것으로 집계되었다. 자산별로는 국내주식 22.12%, 해외주식 23.89%, 국내채권 7.4%, 해외채권 8.84%, 대체투자 5.8%로 국내외 주식의 높은 수익률이 기금 운용 성과를 견인했다[5]고 밝혔다.

국민연금은 2023년 말 기준 국내주식에 약 148조 원을 투자하고 있는데 이는 유가증권 시장과 코스닥 시장 시가 총액(총 약 2,557조 원) 대비 약 5.8%에 달하는 규모다. 이와 같이 국민연금은 국가 경제 및 금융시장에 상당한 파급력을 행사하고 있으며, 2018년 7월 「국민연금기금 수탁자 책임에 관한 원칙(스튜어드십 코드)」 도입으로 ESG투자[6]가 본격화된 이후 적극적인 주주권 행사 등을 통해 자본시장을 선도하고 있다.

지속가능한 금융의 미래

국민연금기금운용본부에 따르면 2022년 말 기준 국민연금의 국내외 주식 및 채권 등 금융투자 부문에서 책임투자 적용 규모는 약 384조 원으로 2021년 대비 약 250조 원 증가하였다. 이는 금융부문 전체 자산 약 890조 원의 43%에 달하는 수준으로 국민연금의 책임투자 확대에 따라 국내 투자 패러다임이 크게 변화할 것으로 예상된다. 추후 위험 분산을 위하여 부동산, 인프라, 사모펀드 등 대체자산에 대한 책임투자까지 추가될 경우 그 규모는 더욱 커질 것으로 보인다.

ESG에 진심? 국민연금 책임투자 3배 늘었다

국민연금이 2022년 말 기준으로 공시한 책임투자 규모는 모두 384조1천억 원이다. 2021년 말 기준 130조2천억 원이었던 책임투자 규모가 무려 3배 가까이 늘었다. 국민연금은 2006년 9월 책임투자형 위탁펀드 운용을 시작으로, 책임투자에 대한 활성화 요구 증대 및 기업의 사회적 책임투자 Socially Responsible Investing, SRI[7]에 대한 중요성을 공감하는 인식 확산에 힘입어 점진적으로 책임투자를 확대해 왔다. 국민연금은 이를 수탁자 책임활동으로 명명하였는데, 주요 연혁은 아래와 같다.

국민연금은 「국민연금기금운용지침」에 더하여 「책임투자 원칙」, 「수탁자 책임에 관한 원칙(스튜어드십 코드)」 및 「수탁자 책임 활동에 관한 지침」 등 두 가지 지침과 두 가지 원칙에 따라 책임투자와 주주권 행사 Active Ownership로 대표되는 수탁자 책임활동을 이행하고 있다. 각 지침과

국민연금 책임투자 연혁

2006년 09월	• 책임투자형 위탁펀드 운용 개시
2009년 06월	• PRI(Principles for Responsible Investment) 가입
2015년 12월	• 국내주식 ESG평가체계 구축
2018년 07월	• 「국민연금기금 수탁자 책임에 관한 원칙」 도입
2019년 09월	• ICGN(International Corporate Governance Network) 가입 • ACGA(Asian Corporate Governance Association) 가입
2019년 11월	• 책임투자활성화 방안 수립 및 「책임투자 원칙」 도입
2020년 11월	• AIGCC(Asia Investor Group on Climate Change, 기후변화에 관한 아시아 투자자 그룹) 가입
2021년 05월	• 국민연금기금 탈석탄 선언
2021년 06월	• 국내채권 직접운용 ESG 통합전략 가이드라인 마련
2022년 02월	• 해외주식 의결권행사 대상 확대
2022년 03월	• 국내주식 의결권행사 전자투표 시행
2022년 06월	• IFRS Sustainability Alliance(구, SASB Alliance) 가입
2023년 03월	• 국내주식 거래증권사 선정평가에 책임투자 항목 관련 배점 확대 • 국민연금기금 수탁자 책임 활동에 관한 지침 개정, 환경 및 사회 관련 중점관리사안 신설
2023년 04월	• 해외주식·채권 직접운용 ESG 통합전략 가이드라인 마련
2023년 12월	• 지배구조 자문위원회 신설

출처: 국민연금기금운용본부 홈페이지를 참고하여 저자 재구성 https://fund.nps.or.kr/jsppage/fund/mcs/mcs_06_03.jsp

원칙의 주요 내용은 아래와 같은데, 공통적으로 기금의 장기적이고 안정적인 수익 증대를 목적으로 신의와 성실로써 투자를 이행해야 한다는 목적성을 명시하고 있다.

지속가능한 금융의 미래

국민연금기금운용지침

제4조(기금운용원칙)

5. 지속가능성의 원칙: 투자자산의 지속가능성 제고를 위하여 환경·사회·지배구조 등의 요소를 고려하여 신의를 지켜 성실하게 운용하여야 한다.

제17조(책임투자)

① 증권의 매매 및 대여의 방법으로 기금을 관리·운용하는 경우에는 장기적이고 안정적인 수익 증대를 위하여 투자대상과 관련한 환경·사회·지배구조 등의 요소를 고려할 수 있으며, 책임투자 원칙은 별표 4와 같이 정한다.

제17조의 2(수탁자 책임에 관한 원칙)

국민연금 수탁자 책임 활동의 투명성 및 독립성 강화, 기금의 장기 수익을 제고하기 위해 한국 스튜어드십 코드인 기관투자자의 수탁자 책임에 관한 원칙을 도입하고 기금운용위원회가 별도로 정한 「국민연금기금 수탁자 책임에 관한 원칙」에 따라 이행한다.

제17조의 3(책임투자 및 주주권 행사)

① 기금의 책임투자 및 주주권 행사는 기금자산의 안정적인 증식을 목적으로 행사한다.

② 기금의 책임투자 및 주주권 행사는 국민연금 가입자 및 수급자에게 이익이 되도록 신의에 따라 성실하게 이루어져야 한다.

③ 기금의 책임투자 및 주주권 행사는 장기적으로 주주가치 증대에 기여하는 방향으로 이루어져야 한다.

④ 책임투자 및 주주권 행사의 기준, 방법, 절차 등에 관한 사항은 기금운용위원회가 별도로 정한 「국민연금기금 수탁자 책임 활동에 관한 지침」에 따른다.

책임투자에 관한 원칙	수탁자 책임에 관한 원칙
원칙1. 장기적·안정적 수익 증대 목적	원칙1. 투자대상회사 주기적 점검
원칙2. 「수탁자 책임활동에 관한 지침」에 따라 이행	원칙2. 수탁자 책임활동 지침 마련 및 주주활동 수행
원칙3. 주식, 채권 자산군에 대해 책임투자 이행	원칙3. 의결권정책 제정·공개, 행사내역·사유 공개
원칙4. 투자 결정 시 ESG 등 비재무적 요소 고려	원칙4. 수탁자 책임활동의 주기적 보고
원칙5. 투자대상기업에 대한 주주활동 이행	원칙5. 기금운용본부 역량·전문성 확보
원칙6. 위탁운용사 선정 및 평가시 책임투자 고려	
원칙7. ESG 등의 공시 개선 유도	
원칙8. 책임투자 역량 및 전문성 제고	
원칙9. 책임투자 활동 주기적 보고	

국민연금기금 수탁자 책임 활동에 관한 지침

제1편 총칙: 목적, 적용범위, 기본원칙, 수탁자 책임 활동의 내용, 의사결정 주체

제2편 책임투자: 책임투자 대상, ESG 등 비재무적 요소, 고려 방식

제3편 주주권행사

 – 의결권 행사(대상, 기본원칙, 세부기준 등)

 – 중점관리사안에 대한 수탁자 책임활동(비공개 대화, 비공개·공개 중점관리기업
   선정, 공개서한, 주주제안 등)

 – 소송제기

제4편 공시 및 제출 등: 통보 및 공개, 공시 및 제출, 수탁자 책임활동 보고서, 내부통
   제, 기록보관, 역량 강화 등

별표: 국내주식, 해외주식, 의결권 행사 세부기준 의결권 행사 내역 공시 양식, 중점관
   리사안 선정 기준

출처: 국민연금공단(기금운용본부), "2022 국민연금기금 연차보고서", 국민연금공단(기금운용본부)
(2023), 84면.

국민연금의 책임투자 정책 중에서도 특히 스튜어드십 코드는 국민연금이 적극적 주주로서 주주활동 범위를 확대하여 자본시장의 감시자 역할을 수행하도록 변화를 이끌어 왔다. 2018년 7월 국민연금이 기관투자자로는 국내 최초로 스튜어드십 코드를 도입한 이래 2022년 8월 말 기준 193개의 기관이 스튜어드십 코드를 도입하여 이행 중으로, 국민연금의 스튜어드십 코드 도입이 국내 재벌 체제의 기업 지배구조 문제와 직결되어 있었다[8]는 점은 매우 특징적이다.

대기업 지배구조의 취약성을 여실히 보여주었던 2015년 삼성물산·제일모직 합병 사건, 2014년 "땅콩 회항" 사건과 2018년 "물컵 갑질"로 드러난 대한항공·한진칼 총수 일가의 일탈행위로 재계가 들썩이던 당시, 국제적으로 기관 소유자의 책임을 묻는 스튜어드십 코드 도입 논의가 활발해졌고 국내에서도 이런 움직임이 강하게 일어났다. 특히 국민연금은

국내 주요 대기업의 대주주로 참여하고 있었음은 물론, 삼성물산·제일모직 합병 당시 삼성물산 지분 11.21%를 보유한 대주주로서 두 기업의 합병에 찬성하며 약 2,450억 원의 누적 손실을 입은 것으로 아직까지도 논란[9]이 되고 있기에, 국민연금이 국내 스튜어드십 코드 도입에 앞장서 자본시장과 기관투자자의 의사결정에 변화를 불러일으킨 것은 자연스러운 일이었다.

국민연금 스튜어드십 코드의 핵심은 주주권 행사를 위한 구체적인 방안을 마련하고 주주활동의 범위를 확대하는 데 있다. 특히 과거 기계적인 찬성표 행사로 "주총 거수기"로까지 불렸던 국민연금이 배당정책 수립 등 경영권을 간섭하지 않는 범위 내에서 적극적으로 주주권을 행사하기 시작하면서 능동적으로 기업활동을 모니터링하고, 지배구조 개선에 기여하고 있다는 평가를 받게 된 점은 고무적이다. 다만, 국민연금 기금운용위원회 본부장이 보건복지부 장관인 점을 비롯해 정부와 정권으로부터 완전한 독립성을 갖지 못하여 "연금 관치"라는 비판[10]이 계속되고 있는 점은 여전히 개선해야 할 과제 중에 하나다.

국민연금은 보건복지부 장관을 위원장으로 하는 기금운용위원회가 정한 정책에 따라 책임투자를 이행하고 있다. 기금운용위원회 산하의 수탁자책임전문위원회(이하 "수책위")는 외부 전문가 6인과 상근전문위원 3인으로 구성되어 기금운용위원회의 의사결정을 지원하며 ESG투자와 주주권 행사에 대한 주요 사항을 검토하고 결정한다.

국민연금의 책임투자 이행 주체는 수탁자책임실로, 산하에 책임투자팀과 주주권 행사팀을 두고 있다. 각각 책임투자와 주주권 행사의 정책 및 지침의 수립을 지원하고 세부 전략 및 실행 계획을 마련하여 국민연금의 책임투자가 바르게 이행될 수 있도록 돕고 있다. 책임투자팀은 운용역이 투자 의사결정 과정에서 ESG를 고려할 수 있도록 기금의 자체 ESG 평가 및 관련 리서치, 주주활동 등을 수행하고 있으며, 주주권행사팀은 기업지배구조 관련 조사를 통해 국내외 보유주식에 대한 의결권 행사 및 중점관리사안에 대한 기업과의 대화 등을 수행하고 있다.

국민연금이 함께하는 ESG의 새로운 길, ESG 투자 전략

국민연금의 책임투자는 ESG투자 ESG Incorporation 와 주주권 행사 Active Ownership 를 통해 이행되고 있다. ESG투자는 투자 의사결정 과정에서 ESG 요소를 고려하는 것을 말하며, 주주권 행사는 투자 대상에 대한 의결권 행사 및 건설적 대화 등을 통해 ESG 관련 위험관리 능력을 개선하고 기업가치를 제고하는 것을 말한다.

ESG투자는 다시 투자 의사결정 과정에 재무적 요소와 더불어 ESG 등 비재무적 요소를 함께 고려하는 ESG 통합 ESG Integration 과 ESG 관점에서 긍정 또는 부정적으로 평가되는 산업군을 투자 대상에 포함 또는 제외하도록 하는 스크리닝 Screening, 위험조정수익과 ESG 성과를 동시에 추구하도록 하는 테마투자 Thematic 의 세 가지 유형으로 세분화된다. 이 중 테마투자는 현재 미이행 중이며, 스크리닝은 이행 예정으로 2021년 5월 기금운용위원회의 이른바 "탈석탄 선언"에 따라 석탄 채굴 및 발전산업에 대한 투자를 제한하는 네거티브 스크리닝 Negative Screening 전략을 도입하여 구체적인 이행 방안 마련을 추진 중이다.

주주권 행사는 주주총회에서의 의결권 행사 Proxy Voting, 기업과의 대화, 주주제안 및 소송제기를 통한 주주활동 Engagement 등 두 가지로 나누어 볼 수 있다. 의결권 행사는 국내주식은 물론 해외주식도 그 대상으로 하나, 주로 국내주식 중 정기 ESG 평가 결과 등급이 하락한 "중점관리사안" 발생 기업 및 기업의 가치에 영향을 미치는 사건 사고, 즉 "예상하지 못한 우려에 대한 사안 ESG Controversy"이 발생한 기업을 대상으로 한다.

이 장에서는 국민연금의 ESG투자 중 이행 예정인 스크리닝과 미이행 중인 테마투자 부분을 제외하고 ESG 통합과 의결권행사, 주주활동 등 주주권 행사에 대한 내용을 중심으로 다룬다.

① ESG 통합전략

국민연금은 2015년 11월 국내주식 ESG 평가체계 구축을 시작으로 국내 주식과 채권의 직접운용 자산 중 액티브 운용[11]에 대해 ESG 통합전략을 적용해 왔으며, 2020년 11월 이를 패시브 운용[12]까지 확대하여 국내주식 직접운용 자산 전체에 대하여 ESG 통합전략을 적용하고 있다. 2021년에는 「국민연금기금 ESG 통합전략 가이드라인」을 개정하여 국내채권 직접운용 자산에도 ESG 통합전략을 적용할 수 있도록 하였다.

직접운용의 경우 ESG 통합전략은 환경·사회·지배구조의 14개 항목에 대한 61개의 세부 평가지표로 구성된 ESG 평가를 바탕으로 구현된다. 국민연금은 국내 상장주식 KOSPI 및 KOSDAQ 150 및 국민연금이 5% 이상

지분율을 보유 중인 KOSDAQ 상장기업, 회사채 및 회사채가 아닌 주권 상장법인의 채권에 대해 매년 2회의 ESG 평가를 실시하고 있다.

위탁운용의 경우, 국민연금이 자체 개발한 "NPS-FnGuide 책임투자 지수"를 추종하는 책임투자형 위탁펀드로 운영하며, 위탁운용사 선정 시 ESG 요소를 고려하도록 하고 있다. 책임투자형 위탁펀드에는 술, 도박, 담배 관련 종목을 제외시키는 네거티브 스크리닝 전략이 활용되고 있고, 위탁운용사 선정 시 위탁운용 매니저의 책임투자 관련 전문성 및 도덕성, 책임투자 전략 및 프로세스, 투자 지침 준수 여부 등을 평가에 반영하고 있다. 2021년 12월부터는 국내외 주식 및 채권의 책임투자 위탁운용사 및 일반 위탁운용사 전체로부터 책임투자보고서를 제출받기 시작해 책임투자 위탁운용의 내실을 다지고 있다.

국민연금이 ESG를 운용에 도입하는 방식은 크게 ESG 유니버스[13] 관리 및 등급 반영, ESG 인게이지먼트 Engagement, 주주활동[14]로 나뉜다. 국민연금은 ESG 점수를 기준으로 투자대상 기업의 등급을 AA부터 D까지 6개 등급으로 산출하며, ESG 평가 결과가 전기 대비 2개 등급 이상 하락하여 하위등급 C, D을 기록한 국내주식 투자대상 기업에 대하여서는 중대성 평가를 실시하여 비공개대화 대상 기업을 선정하고 비공개대화, 주주제안 등 단계별 절차를 거쳐 주주활동을 추진한다. 이러한 주주활동에도 불구하고 개선 대책을 이행하지 않거나 비공개대화를 거부하는 등 개선 여지가 없다고 판단될 경우에는 주주총회 시 이사선임 안건 등에 대한 의결권 행사를 연계하거나 공개서한을 발송하여 개선을 촉구할 수 있다. 국민연금의 ESG 평가 체계와 ESG 통합전략의 이행 절차는 아

지속가능한 금융의 미래

국민연금 ESG 평가 체계와 ESG 통합전략

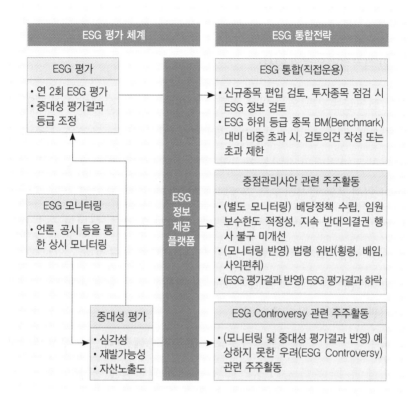

출처: 이정빈, "국내외 연기금과 민간 운용사 ESG 동향", 『신한생각 | ESG Navigator』, 신한투자증권(2023), 5면.

래와 같다.

국민연금은 2022년에 ESG 관련 국가기관의 조사, 환경법규 위반, 사업장 내 인명피해 발생 등 각종 ESG Controversy 이슈에 대하여 기업에 48건의 서신을 발송하고 중대성 평가를 수행하였다. 또한 3개 기업과 서신 및 면담 등 대화를 수행하였으며, 대상 기업과 우호적인 대화채널을 구축하고 주주가치를 제고할 수 있는 개선 대책을 수립할 수 있도록 유도하였다. 그 결과 재발 방지를 위한 방책을 마련하는 등 자발적인 개선이 있었다.

② 적극적인 의결권 행사

국민연금은 기금의 이익을 위하여 신의에 따라 성실하게 의결권을 행사하도록 규정한 「국가재정법」 제64조와 장기적으로 주주가치 증대에 기여하고 안정적인 수익률 제고를 위하여 ESG 등 책임투자 요소를 고려하여 의결권을 행사하도록 규정한 「국민연금기금운용지침」 제4조 등에 따라 보유 상장주식에 대한 의결권을 행사하고 있다. 국민연금의 의결권 행사 기준, 절차 및 방법은 스튜어드십 코드에서 규정하고 있으며, 충실한 의결권 행사와 내부 제약 보완 및 이해상충 방지를 위해 필요시 외부기관의 자문을 참고하고 있다.

국민연금은 기금의 보유지분율과 보유비중에 따라 기금운용본부에 설치한 투자위원회 등의 심의·의결을 거쳐 의결권을 행사하는데, 자체적인 판단이 곤란하여 수책위에 요청하거나, 수책위 재적위원 1/3 이상이 장기적인 주주가치에 미치는 영향이 크다고 판단하여 전문위원회에 회부할 것을 요구하는 사안의 경우에는 수책위에서 의결권 행사방향을 결정한다. 또한 「위탁운용사 의결권 위임 가이드라인」을 마련하여 2020년 3월 정기주주총회부터 국민연금 보유분의 일부에 해당하는 의결권을 위탁운용사에 위임하도록 하고 있다.

국민연금은 2022년에 국내 보유주식에 대해 총 3,439건 상정안에 대하여 찬성 2,625건 76.3%, 반대 803건 23.4%, 중립/기권 11건 0.3%으로 의결권을 행사하였다. 2021년 총 3,378건의 상정안에 대해 549건[16.3%]의 반대 의결권을 행사한 것과 비교하면 반대 의결권 행사가 눈에 띄게 증가한 것을 알 수 있다.

국민연금의 반대 의결권 행사 횟수가 증가하면서 기업의 경영권 간섭을 목적으로 하지 않는다는 국민연금의 취지와는 달리 기업 경영의 자율성을 침해하고 발전을 저해한다는 시선도 있다. 대표적인 사례로 KT 구현모 전 사장 연임 반대가 있는데, 국민연금이 구 전 사장의 연임에 대해 절차의 부적격성을 이유로 반대 입장을 표명하며 KT의 주가가 크게 하락하였다. 이후 구 전 사장이 자진 사퇴하면서 공개경쟁 방식으로 대표이사 선임 절차를 재추진하였으나 정기주총에서 대표이사 선임 안건이 철회되면서 약 5개월 간 경영 공백이 발생하였고, 경영 공백기에 KT 주가가 최저점을 찍는 등 부작용이 일었다.

③ 중점관리사안에 대한 주주활동 수행

국민연금은 배당정책 수립, 임원 보수한도 적정성, 법령상의 위반 우려로 기업가치의 훼손 내지 주주권익을 침해할 수 있는 사안, 지속적으로 반대 의결권을 행사하였으나 개선이 없는 사안, 기후변화 관련 위험관리가 필요한 사안, 산업안전 관련 위험관리가 필요한 사안 등을 중점관리사안으로 선정하여 주주활동을 수행하며, ESG Controversy 이슈가 발생한 경우에도 주주활동을 추진하고 있다.[15]

국민연금은 2019년 12월에 의결된 「적극적 주주활동 가이드라인(안)」에서 국민연금의 주주활동이 경영참여를 목적으로 하는 것이 아니라,

중점관리사안 또는 ESG Controversy의 우려가 있는 기업과의 충분한 대화와 논의를 통해 개선 방안을 만들고 해당 기업과 주주의 가치를 더욱 높이기 위함[16]이라고 밝히고 있다. 국민연금은 주주활동 요건이 발생한 경우 「국내주식 수탁자 책임 활동 가이드라인」에 따라 사실관계 확인 및 기업과의 대화 등을 통해 문제개선을 위한 노력을 기울이며, 드물게 개선이 매우 곤란하다고 판단되는 경우에 한하여 주주제안, 소송제기 등 적극적 주주활동을 수행한다. 국민연금의 사안별 ESG 기반 주주활동 프로세스는 아래와 같다.

국민연금 ESG 기반 주주활동

	대상	주주권 행사	성격
중점 관리 사안	(국내주식) 대비 보유지분율 5%, 보유비중 1% 이상 (해외주식) 대비 보유지분율 10% 이상 1. 배당정책 수립 2. 임원 보수한도 적정성 3. 법령상 위반 우려로 기업가치의 훼손 내지 주주권익을 침해할 수 있는 사안 4. 지속적으로 반대 의결권을 행사하였으나, 개선이 없는 사안 5. 정기 ESG 평가결과가 하락한 사안 6. 그 밖에 기금운용위원회 위원장이 필요하다고 인정하는 사안	• 비공개대화 (미개선 시 의결권 연계 가능) ↓ 1년 • (미개선 시) 비공개중점관리기업 선정 (미개선 시 의결권 연계 가능) ↓ 선정 연도 말 • (미개선 시) 공개중점관리기업 선정 (미개선 시 즉시 공개서한 발송 가능) ↓ 선정 연도 말 • 주주제안 등 행사	• 중장기적, 구조적 대화와 개선이 필요한 사항에 행사 • 전문위원회는 각 단계에서의 선정시기 및 주주권 행사 여부, 시기 조정 가능

지속가능한 금융의 미래

| ESG Contro-versy | (지분율 등 요건 없음) 환경, 사회, 지배구조 등과 관련하여 예상하지 못한 기업가치 훼손 내지 주주권의 침해 우려가 발생한 경우 | • 비공개대화 (미개선 시 의결권 연계 가능) ↓ 1년
• 주주제안 등 행사 | • Fast-track으로 단기적으로 치명적인 사건 발생으로 인하여 시급한 개선이 필요한 사항에 행사
• 전문위원회 행사여부, 시기 조정 가능 |

출처: 이정빈, 앞의 글, 6면.

국민연금은 의결권 행사와 주주활동 이외에도 대표소송, 손해배상소송 등을 제기함으로써 보다 적극적으로 투자 기업의 ESG 경영을 압박할 수 있다. 대표소송이란 회사가 이사에 대하여 책임을 추궁할 소를 제기하여야 하는 데도 제기하지 않을 때 회사를 위하여 주주가 제기하는 소송을 말한다. 국민연금이 대표소송을 하려는 이유는 적극적 주주활동의 일환으로써 승소할 경우 손해배상액이 국민연금이 아닌 해당 기업에 귀속되어 기업 신뢰도와 가치를 제고할 수 있어 기금 자산의 장기적이고 안정적인 수익 증대를 기대할 수 있기 때문이다. 국민연금은 기업이 아닌 이사의 업무상 배임 및 횡령, 자금세탁방지법 위반, 공정거래법 위반, 입찰담합 등 위법행위를 대상으로 대표소송을 예정[17]하고 있다.

국민연금은 회사나 그 임원에 대하여 사실상 영향력을 행사하거나 다른 주주의 요청에 부응하기 위한 목적으로 소송을 제기하지 않으며, 제소요건이 충족되는 경우에도 승소가능성, 소송에 따른 효과대비 비용과 함께 관련 사건의 판결 확정 여부, 손해액 산출가능성, 기업의 손해 보전 조치 여부 등을 종합적으로 고려하여 제소가 장기적으로 주주가치 증대에 기여할 것으로 판단되는 경우 대표소송의 제기를 결정할 수 있다.[18]

한편, 손해배상소송의 경우에는 기금운용본부의 주식, 채권, 부동산 등 각 대상자산별 운용부서와 수책위에서 모니터링하고, 소송 제기 여부는 공단 기금운용본부장이 위원장인 투자위원회에서 결정하거나 수책위에서 결정할 수 있도록 하였다.[19]

공공기관 ESG 1위 '국민연금'의 ESG 투자 성과 및 한계

국민연금은 2024년 6월 공공기관 환경·사회·지배구조 ESG 평가에서 종합 1위를 차지했다. 지배구조 투명화·친환경 경영 성과로 전년 동기(13위) 대비 순위가 12계단이나 상승한 것으로 나타났다. 전자신문과 ESG 진단·평가기업 두이에스지가 국내 335개 공공기관 대상으로 진행한 ESG 경영평가(2023년 1분기~2024년 1분기)에서 국민연금공단이 ESG 통합 평가 최고점을 기록했다.[20]

국민연금은 운용 규모 면에서 1,987조 원 규모의 일본후생연금펀드 Government Pension Investment Fund, GPIF, 1,588조 원 규모의 노르웨이국부펀드 Government Pension Fund Global, GPFP에 이어 세계 3위의 연기금으로 성장[21] 했다. 이러한 국민연금기금의 축적은 자본시장 확대와 성장에 기여[22]해 왔으며, 자본시장의 확대는 금융발전을 통해 경제의 효율성 및 자원의 효율적 배분을 가능하게 함으로써 실물 경제의 생산성을 증가시키는 등 경제성장에 긍정적인 영향을 미쳤다. 또한 국민연금의 ESG투자 확대는 경제의 지속가능성을 촉진하고, 사회적 책임을 강조하는 트렌드를 강화

지속가능한 금융의 미래

하며 국내 투자 생태계에 긍정적인 영향을 미치고 있다.

국민연금의 ESG투자가 확대되면서 2022년 말 기준 국내 ESG금융 규모가 1,000조 원을 돌파했다. 이와 같은 성장은 국민연금의 책임투자 규모가 2021년 말 기준 130조 원 대비 195%(253.9조 원) 성장하여 약 384조 원까지 증가한 것에 힘입은 바 크다. 이는 2022년 말 기준 국내 ESG금융 총 증가액(311.9조 원)의 81%에 해당하며, 국내 ESG금융에서 국민연금의 ESG투자가 차지하는 비중과 역할이 매우 막강하다는 반증이기도 하다. 또한 국민연금을 제외한 ESG투자의 규모도 173.5조 원으로 전년 대비 17.3%(25.6조 원) 증가[23]하여 국민연금의 ESG투자 확대가 타 연기금을 포함한 민간의 ESG투자 확대로 이어지고 있는 것으로 풀이할 수 있다.

연기금 등 기관투자자의 투자 동향 변화는 임팩트투자Impact Investing의 확대에도 영향을 미쳤다. 임팩트투자는 ESG 요소를 가장 많이 인식하는 적극적인 ESG투자 형태로, 구체적인 수익률을 가지고 사회나 환경문제에 긍정적인 영향력을 발휘할 수 있는 사업이나 기업을 적극적으로 찾아 장기적으로 투자한다.[24] 국내에서는 주로 PEVCPrivate Equity and Venture Capital를 통해 임팩트투자가 진행되고 있으나, 해외에서는 일본의 GPIF, 네덜란드의 ABPStichting Pensioenfonds ABP 등 공적 연기금을 필두로 한 임팩트투자 확대 경향이 매우 짙다.

자본시장 전반에 ESG투자 확대 분위기가 고조됨에 따라 기업에서도 ESG 요소를 경영 전략에 포함하여 환경·사회적 가치 창출을 위한 노력을 강화하고 있다. 정부는 이러한 민간의 대응을 지원하기 위해 2021년

8월 「친환경·포용·공정경제로의 대전환을 위한 ESG 인프라 확충 방안」을 발표하였고, 「K-ESG 가이드라인」, 「한국형 녹색분류체계(K-택소노미)」 마련, ESG 정보 플랫폼 구축 등을 통해 ESG 활동을 지원하고 있다.

그러나 국민연금의 ESG투자 확대가 국내 투자 생태계에 미친 긍정적인 영향에도 불구하고 국민연금은 거센 "ESG 워싱" 논란[25]에 휩싸였다. 국민연금은 2022년 국정감사에서 ESG 평가체계에 따른 세부 기준과 평가 결과 비공개,[26] 당해 연도까지 목표한 ESG 투자 비중 미달성 및 탈석탄 전략 미비 등으로 소극적 투자에 대한 지적[27]을 받은 바 있다. 국민연금이 공시한 책임투자 자산 총규모는 2022년 말 기준 384조 원으로, 이 중 국내외 주식과 채권으로 위탁운용하는 자산은 284조 원인데, 이 위탁운용자산 중 무려 98%인 278조 원이 책임투자, 즉 ESG투자 자산이 아니라는 문제도 제기되었다.[28]

국민연금은 위탁운용사 선정 시에 이미 스튜어드십 코드 도입과 책임투자 정책 및 지침 보유 여부 등을 반영했기 때문에 해당 운용사의 위탁운용 자산은 모두 책임투자 자산으로 분류한 결과, 위탁운용 자산 중 국내외 주식 및 채권을 모두 책임투자 자산으로 편입하였다. 국민연금의 책임투자 자산 규모가 큰 폭으로 증가한 것이 실제 투자금의 증가보다는 ESG투자를 집계하는 방식이 달라졌기 때문인 것으로 해석된다. 국민연금은 이에 대해 별다른 입장을 표명하지 않았으나, 추후 같은 논란이 반복되지 않도록 보다 세밀한 평가 기준과 체계 마련이 필요해 보인다.

국민연금이 주로 벤치마크하는 네덜란드 공무원연금 ABP, 미국의 특수직역연금인 CalPERS^{California Public Employees' Retirement System} 등 해외 공적 연기금의 사례[29]와 비교해 보면 ESG투자 방식 중 환경·사회요소에 있어 중요한 차이를 발견할 수 있다.[30]

먼저 ABP는 전통적으로 아동착취와 인권 같은 사회적 문제 기업에 대한 네거티브 스크리닝 전략으로 유명하며, 기후변화 및 천연자원 보존 같은 환경 문제로 ESG투자의 영역을 확대하고 있다. ABP는 이미 최근 몇 년 동안 대형 화석연료 기업의 주식을 매각하고 담배와 무기 생산업체에 대한 투자를 중단하였으며, 2030년까지 저렴하고 지속가능한 주택 및 에너지 프로젝트에 대하여 300억 유로 이상의 임팩트투자 도입을 추진하고 있다.[31]

CalPERS는 2020-2021 주주총회 시즌에 전 세계적으로 15,847건의 주주총회에 참석하고 147,151건의 의결권을 행사할 정도로 지배구조에 대한 적극적인 관여로 유명하며, 최근에는 기후변화에 대한 기관 간 연대에 적극적으로 앞장서고 있다. 2030년까지 기후 솔루션에 1천억 달러를 투자할 계획으로, 이는 CalPERS의 포트폴리오 배출 강도를 2030년까지 50% 감소시키겠다는 목표와 일치한다.[32]

이처럼 해외 공적 연기금들은 ESG투자의 초기 단계를 넘어 방향과 목표를 보다 공고히 하는 단계에 접어든 것으로 보인다. 국민연금 또한 세계 3위 규모의 공적 연기금이라는 명성에 어울리는 ESG투자가 이루어질 수 있도록 그 검토, 집행, 모니터링에 있어 "수급자의 이익"이라는 기본 방향성 이외에 구체적인 목표를 설정하고 이행해 나가야 할 것이다.

국민연금이 ESG를 선도하려면

ESG투자 요소 중 지배구조요소에 있어서는 국민연금을 포함한 거의 모든 공적 연기금이 스튜어드십 코드를 두고 투자대상 기업의 지배구조에 대한 모니터링과 의결권 행사, 주주활동 등을 통해 제재하는 유사성을 보인다. 다만 우리나라는 스튜어드십 코드 도입 시 대기업의 지배구조가 크게 문제되었던 만큼, 지배구조요소는 환경·사회요소 대비 발전을 이룬 것처럼 보인다. 다만 "연금 관치", "경영권 간섭" 논란 등에 대해서는 지속적인 개선 노력이 필요해 보인다.

사회요소에서는 특별히 이목을 끄는 사안이 없었으나, 환경요소의 경우, 국민연금이 2021년 "탈석탄 선언"을 하고도 아직까지 구체적인 이행 방안을 마련하지 못한 것과 비교하면 ABP, CalPERS의 네거티브 스크리닝 전략 실천과 발빠른 신규 임팩트투자 추진은 부러움마저 남긴다.

또한 ABP와 CalPERS는 온실가스 배출량이 많은 기업을 대상으로 하는 기후행동 국제 이니셔티브 Climate Action 100+와 TCFD Task Force on Climate-related Financial Disclosures 의 지지기관, 탄소정보공개 프로젝트인 CDP Carbon Disclosure Project 의 서명기관으로[33] 환경과 기후변화에 대응하기 위한 적극적인 행동을 취하고 있다. 반면, 국민연금은 해당 이니셔티브에 미가입 중이다.

국민연금 기금 운용규모가 커지는 만큼 국민연금의 ESG투자에 대한 기대 또한 커지고 있으나, 한편으로는 규모의 성장에 비례하여 ESG투자의 내실을 다져야 한다는 목소리가 높아지고 있다. 이제 국민연금도 해외 공적 연기금처럼 기금 운용의 방향과 목표를 명확히 하고, 환경·사회 요소를 고려한 적극적인 투자를 단행하는 등 조치가 필요해 보인다. 특히 사회요소의 경우 PEVC에 의한 임팩트투자를 통한 가치 창출이 더 유효한 상황을 고려하여 국민연금의 위탁운용을 통한 임팩트투자를 확대하는 것으로 그 대안을 삼을 수 있으리라 판단된다.

2장

임팩트 투자사 소풍벤처스

차이나는 투자, 소풍벤처스의 임팩트 투자

전 세계적으로 임팩트 투자에 대한 관심이 커지면서 임팩트 투자 시장은 급속도로 성장하고 있다. 소풍벤처스는 2008년 설립된 국내 최초 임팩트 투자사로, 사회문제를 해결할 수 있는 혁신적 기술을 보유한 스타트업 등에 대한 투자를 활발히 진행하여 임팩트를 창출하고 있다. 소풍벤처스는 어떻게 임팩트 투자 시장을 선도할 수 있었을까?

박준성

기후기술^{Climate Tech}에 돈이 몰리고 있다. 기후기술은 기후위기에서 시작된 새로운 성장 기회로 통한다.[1] ESG가 지속가능한 경영을 위한 핵심 요소로 부각되면서 기업들은 기후리스크 관리에 많은 관심을 보이고 있다. 기후기술 분야는 크게 에너지(클린), 탄소포집(카본), 환경(에코), 농식품(푸드), 관측·기후적응(지오) 등 5개 분야로 구분된다. 기후위기를 넘어 기후재앙이라는 표현이 나올 정도로 기후리스크가 커지면서 전세계적으로 기업들이 기후기술 부문에 대한 투자와 연구가 확대되고 있다. 테슬라의 전기차, 비욘드미트의 대체육, 인디고 애그리컬처의 농업기술이 대표적이라고 할 것이다.[2]

마이크로소프트 창업자인 빌게이츠는 2015년 브레이크스루 에너지 벤처스^{BEV}라는 벤처캐피탈^{VC}를 설립하여 기후기술에 투자하였고, 2024년 현재 약 1조 1,558억 원의 기후 기금을 조달하여 업계 최대 규모를 기록했다.[3] 아마존 창업자인 제프 베조스 회장도 2022년 온실가스 배출의 주요 원인인 가축을 대체하기 위해 대체 단백질 개발을 목표로 하는 베조스 어스 펀드를 출범했다.[4]

우리나라에서는 임팩트 투자사들이 기후기술 투자를 선도하고 있다. 대표적으로 인비저닝 파트너스와 소풍벤처스, 에이치지이니셔티브 등이 임팩트 투자를 활발히 진행하고 있는데, 최근 소풍벤처스는 미국의 벤처캐피탈^{VC}로부터 투자를 받아 업계의 주목을 받았다. 미국의 콜라보레이티브 펀드는 아시아 지역의 투자 확대를 위해 소풍벤처스에 전략적 투자를 결정했다.[5] 구체적인 투자액을 공개하지 않았지만 양사는 아시아 지역 기후 기술과 지속가능성에 중점을 둔 기술 기업 투자를 모색할 방침이다. 콜라보레이티브 펀드가 어떤 이유로 소풍벤처스에 투자하게 되었을까?

High Impact, High Return 큰 문제는 큰 시장으로 연결된다

ESG에 대한 관심이 커지면서 임팩트 이코노미 Impact Economy가 빠르게 성장했다. 2019년 맥킨지 보고서에 따르면 임팩트 투자 시장은 2014년 약 62조 원 규모에서 2018년 308조 원 규모로 5배 성장했다. 글로벌임팩트투자네트워크 GIIN에 따르면 2022년 기준 그 규모가 약 2,000조 원에 달하여 8년 만에 30배 성장을 이루었다. 이는 한국에서도 다르지 않았는데 한 연구 결과에 따르면 2010~2017년간 임팩트 투자 총 운용자산 규모가 540억 원에 미치지 못했으나, 2018년 2,000억 원으로 4배 이상 증가하고, 2021년에는 총 5,000억 원 규모로 3년 만에 2.5배가 증가했다.[6]

한국의 임팩트 투자 생태계에서 임팩트 스타트업을 발굴하고 지원하기 위해 현대차정몽구재단의 H-온드림 스타트업 그라운드, SK그룹의

SPC 프로그램 등 대기업과 인비저닝 파트너스, 에이치지이니셔티브, 소풍벤처스 등의 임팩트 투자사들이 투자를 활발히 진행하였다. 이와 같이 임팩트 투자에 대한 관심과 규모가 커지면서 사회적 문제를 근본적이고 지속가능하게 해결한다는 긍정적인 평가를 받고 있다. 이에 반해 임팩트에 대한 이해와 진정성이 부족하고 수요가 급증하는데 비해 전문가가 부족하여 '그린 워싱', 'ESG 워싱' 등이 우려된다는 시선도 함께 나타나고 있다.

소풍벤처스는 2008년에 설립된 국내 최초의 임팩트 투자회사이다. 소풍의 의미는 "Social Power of Networked Group"의 준말로, 사회혁신 조직들이 서로 연결되어야 발휘되는 사회적 파급력을 의미한다. 또, 소풍 Social Breeze 의 의미를 담아 다양한 사회영역에서 불어오는 바람이라는 의미도 담고 있다. 소풍벤처스는 사회문제를 더 빠르고 더 지속가능하며 더 근본적으로 해결하는 것을 목적으로 하고 있다. 임팩트 투자라는 개념이 생소하던 시절부터 이 영역에 투자를 진행하여 쏘카, 텀블벅, 자란다, 하이리움산업, 에이트테크 등 소셜벤처들의 성공을 도왔다. 2020년 펀드 계정 투자를 본격화하면서 소셜벤처 피크닉투자조합, 강원청년창업펀드 결성을 거쳐 2023년 총 운용자산 411억 원, 누적 포트폴리오 143개사, 액셀러레이터 중 선호도 6위 등의 성과를 달성하였다.

소풍벤처스는 큰 문제는 큰 시장으로 연결되며, 곧 높은 수익을 창출할 수 있는 투자 기회로 이어진다고 믿는다 High Impact, High Return .[7] 각 사회의 문제에는 구체적인 상황과 조건에 따라 다양한 방식의 해법이 존재하며, 스타트업의 방식이 가장 효율적인 해결책이 될 수 있을 것이다. 이에 현재와 미래에 해결이 필요한 문제를 혁신적인 기술로 해결하려는 창업가와 벤처에 투자하고 그 결과 더 큰 성과를 얻을 수 있다고 믿는다.

소풍벤처스는 10년 후에도 지속가능한 미래 Sustainable Future를 그리고 만들어 나가려는 스타트업에 투자한다. 현 세대와 미래 세대 모두에게 지속가능한, 환경적, 사회적 미래를 꿈꾸며 공유경제, 환경, 농업, 교육, 장애, 헬스케어, 재난 등의 분야에 투자하여 다양한 사회문제들에 대응하기 위한 창의적이고 기업적인 방식들을 선제적으로 발굴해왔다. 기술과 전문성에 기반하여 빠르게, 규모 있는 비즈니스를 만들어내는 것을 넘어, 스타트업과 함께 미래를 상상하고 주도적으로 만들어 나간다.

소풍벤처스의 투자 대상은 혁신적인 창업가의 발굴과 성장, 확산을 목표로 한다Founder-led. 환경적, 사회적 가치를 추구하면서도 이윤을 창출하는 일은 결코 쉬운 일이 아니다. 소풍벤처스는 생산과 소비의 구조를 바꾸고 왜곡된 시스템을 재건하고 새로운 사회에 대한 상상력을 자극하며 사례를 만들 줄 아는 창업가야말로, 각 사회와 지구가 직면한 문제들을 혁신적으로 해결할 수 있는 가장 현실적인 대안이라고 믿는다.

소풍벤처스의 투자 대상은 스타트업으로 기술력이 있지만 경험이 없는 초기 단계의 기업이므로 진행해야 하는 사업 방향과 그 과정에서 발생할 수 있는 문제점 등에 대한 대처가 부족할 수 있다. 이에 투자자-포트폴리오사 간의 통상적인 관계를 넘어 팀십 Teamship에 기반한 긴밀한 관계 형성을 지향한다. 스타트업이 임팩트 창출에 집중할 수 있도록 필요한 멘토링과 컨설팅을 진행하여 투자가 성공할 수 있도록 이끌어 간다. 스스로를 액셀러레이터라고 정의할 수 있는 포인트를 보여주는 것이다.

Impact Investing for a Better World, '소풍'의 임팩트 투자 전략

소풍벤처스는 임팩트 투자를 위해 ① 지속가능한 미래를 만드는 것에 기여하는가?, ② 자본이 우선적으로 투입되어야 하는 일인가?, ③ 다수의 인류가 영향을 받을 일인가?, ④ 보편적으로 추구해야 하는 일인가?, ⑤ 혁신적인 기술에 의해 현격하게 해결을 앞당길 수 있는가? 등 5가지를 기준으로 두고 있다. 이러한 투자 관점에서 소풍벤처스는 환경 분야에 집중적으로 꾸준히 투자를 이어왔고 2022년부터 기후테크에 주목하고 있다. 화석연료로 인한 탄소배출량 증대가 지구 기온을 상승시키며 기후위기가 가속화될 것으로 예상되기 때문이다. 기후위기라는 문제의 규모와 시급성을 고려했을 때, 우선순위가 높은 해결과제이자 기술 혁신을 기반으로 한 수익성 높은 투자 기회라고 판단하여 기후테크 분야에 대한 투자에 집중하고 있다.

최근 소풍벤처스가 2023년 한 해와 그간 성과를 알리는 인포그래픽을 공개했다. 이 자료에 따르면 2023년 신규 펀드 결성 총액이 약 141억 원, 신규 포트폴리오 수가 29개사이며, 투자 분야에서 기후테크가 45%, IT/SaaS(서비스형 소프트웨어)가 40%를 차지하고 있다. 총 운용자산은 400억 원을 돌파하였으며 누적 포트폴리오 143개사, 리드투자(단독으로 투자하였거나 가장 큰 금액을 투자) 비율 78%, 후속투자 배수(소풍벤처스가 투자한 금액 총계 대비 후속투자 유치 금액 총계) 21배, 누적 TIPS(민간투자 주도형 기술 창업 지원 프로그램) 선정 기업 24개사 등 액셀러레이터로서 피투자사의 양적, 질적 성장을 이루어 냈다.

임팩트 투자와 일반적인 투자의 차이는 투자의 성과를 재무적 수익으로 평가하느냐, 재무적 수익뿐만 아니라 사회적 문제 해결에 따른 사회적 수익을 포함할 것이냐에 있다. 따라서 임팩트 투자는 투자에 따른 사회적 수익 즉, 소셜임팩트를 얼마나 만들어 냈는가가 중요한 포인트가 된다. 그렇다면 소셜임팩트는 어떻게 측정할 수 있을까? GIIN은 사회적·환경적으로 긍정적인 영향을 미치는 기업에 투자할 때, 이 영향이 측정 가능해야 하고 투자 기관은 이것을 측정하는 방법론을 개발해 운영해야 함을 강조한다. 하지만 전 세계 209개의 임팩트 투자기관을 대상으로 설문한 결과, 156개 기관(약 75%)가 특정 분석툴이나 방법론을 활용하지 않고 자체적으로 성과를 측정하고 있다고 답했다. 이처럼 현재까지 일반적인 소셜임팩트 측정 방법론은 존재하지 않는다.

소풍벤처스는 임팩트 투자 결과에 대해 어떻게 소셜임팩트를 측정하고 있을까? 2019년에 발행한 'SOPOONG 임팩트 엑셀러레이팅 리포트'에서 구체적으로 그 내용을 설명하고 있다.[8] 먼저 측정의 대상은 소풍벤처스로부터 투자를 받은 전체 피투자기업이다. 피투자기업의 소셜임팩트 측정을 위해 GIIN의 임팩트 리포트를 벤치마킹하여 자체 임팩트 리포트 템플릿을 개발하여 사용하고 있다. 자체 개발한 리포트 템플릿이 공신력을 갖기 위해서는 평가지표들에 대한 공신력 있는 기준이 필요했

지속가능한 금융의 미래

소풍 임팩트 리포트 템플릿

활용성 고려	AS-IS	• 재무제표가 없는 소셜벤처가 많다. • 임팩트 창출 결과치는 없고, 진행 중이다.
	TO-BE	• 재무정보, 사회성과 결과값이 없는 소셜벤처도 활용할 수 있는 양식 • 계량지표 부분이 삭제되어도 임팩트 리포트가 안전성을 갖추도록 구성

AS-IS는 현재 상황진단, TO-BE는 나아가야할 방향을 의미하는데, 여기서 AS-IS의 내용은 스타트업 '소셜벤처의 특징'이고, TO-BE는 '성과 리포트 작성 고려사항'임

일반화 고려	정성적 측면 정량적 측면	• 소셜벤처의 스토리를 담되 장황하지 않게 만들 수 없을까? • 임팩트 투자자에게 어필할 수 있는 사회성과, 재무성과를 어떻게 표현할까?
	공신력있는 집필 기준 선정 정량적 성과 리포트	• UN의 SDGs 적용 • 사회성과: 개별 소셜벤처의 명확한 KPI 제시(논리모형 적용) • 재무성과: 기업가치 증가율, 매출액 증가(성장잠재력 어필)

초기 소셜 벤처의 특징	FOR ALL	소셜벤처 기본정보 소셜벤처 개요	프로파일링 제시 설립 동시, 사업 내용, 제품/서비스 사진 첨부
	FOR 임팩트 투자자	투자 시점의 성장 단계 사회문제 해결 유형	스케일업 또는 인큐베이팅 새로운 솔루션 또는 사회 내 인식 확산
		구체적 사회문제 해결 방식	타 기업 차별성을 중심으로 대조표를 활용해 명확히 서술

출처: 소풍벤처스, 임팩트 엑셀러레이팅 리포트

다. 그래서 소셜임팩트의 기준으로 UN의 지속가능개발목표^{SDGs}를 기준으로 삼고 있다. 소풍벤처스의 임팩트 리포트는 SDGs 17개 목표를 소셜임팩트의 범주로 선정하고 구체적인 작성 방식은 피투자기업이 목표로 한 SDG가 무엇인지, 어떤 사업을 어떤 방식으로 해서 SDG를 달성하

고 있는지 서술한다.

정량적 성과 리포트는 재무성과와 사회성과로 구분한다. 초기 소셜벤처의 경우 일반적인 기업의 재무성과 지표인 자본금, 매출액, 영업이익 등을 활용하기에는 한계가 존재한다. 그런 점을 고려하여 매출액을 가장 중요한 지표로 결정하였고 절대적인 매출액보다는 매출액 증가율을 지표로 정하고 있다. 또한, 기업의 성장잠재력을 가늠하는 지표로 기업가치 증가율을 포함하고 있다. 사회성과는 일반화된 산식을 제시하기보다 논리모형을 적용해 KPI를 도출하고 있다. 사회적 성과 지표의 측정이 불가능하면 활동결과 지표로 대체하는 방식을 취하고 있다.

소풍은 어떤 문제에 집중하는가?
'소풍'의 임팩트 투자 포트폴리오

식스티헤르츠 60Hertz 는 IT기술과 서비스로 기후위기에 대응하는 소셜벤처이다. 2020년 11월에 설립된 기업으로 가상발전소 기반의 재생에너지 발전소 통합관리 시스템 소프트웨어를 제공함으로써 재생에너지 전력망을 안정적으로 운영할 수 있도록 지원한다. 소풍벤처스는 한국 온실가스 배출량의 87%가 에너지 분야에서 발생한다는 점에서 재생에너지 전환이 필수적이라고 판단했고, 재생에너지는 발전량을 정확하게 예측하지 못하면 대규모 정전, 발전소 출력제한 등의 문제가 발생할 수 있기 때문에 식스티헤르츠의 재생에너지 통합관제시스템이 그 해결책이

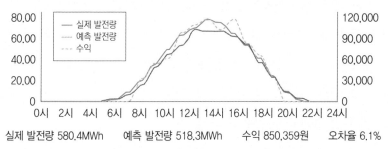

60Hertz(식스티헤르츠) 재생에너지 통합관제시스템 　　　　(단위: 달러/ton)

실제 발전량 580.4MWh　　　예측 발전량 518.3MWh　　　수익 850,359원　　　오차율 6.1%

집합	발전량(MWh)	예측 발전량(MWh)	수익(원)	오차율(%)
Protfolio 1	127.8	116.6	180,548	7.2
Protfolio 2	128.6	113.1	187,556	6.5
Protfolio 3	126.3	112.8	197,480	6.8
Protfolio 4	128.1	113.8	179,842	7.9
Protfolio 5	69.6	62.0	104,932	9.1

출처: 60Hertz, 홈페이지(https://60hz.io/business)

될 수 있다고 판단하여 2021년 6월 투자를 진행하였다. 투자에 따른 임팩트 성과는 18,724톤의 누적 탄소배출량 감축과 7.8억kWh 재생에너지 발전량 예측 등으로 집계[9]되고 있다.

　리하베스트 Re:harvest 는 국내 최초 푸드 업사이클링 기업이다. 2019년 8월에 설립되어 식품의 생산 과정에서 나오는 부산물이나 외관 문제로 상품 가치가 떨어진 식재료를 재가공하여 새로운 제품으로 만들어 내고 있다. 국내에서 하루에 1만 5천 톤이 넘는 음식물 쓰레기와 식품 부산물이 발생되며 이를 처리하기 위해 연간 2조 원 이상이 소요되고 그 과정에서 연간 885만 톤의 이산화탄소가 발생하는 문제점을 해결하고자 소풍벤처스는 리하베스트에 투자를 진행하였다.

리하베스트는 식품제조 공정에서 발생하는 식품 부산물인 맥주박, 식혜박 등을 재활용하여 '리너지 가루'를 개발하였다. 리너지 가루는 밀가루 대체 소재로서 식품 대기업들에게 주목받고 있다. 이러한 식품 부산물 업사이클링을 통해 음식물 쓰레기를 저감하고 탄소 저감에 기여하고 있다. 투자에 따른 임팩트 성과는 1,703톤의 누적 탄소배출량 감축과 464톤의 식품 부산물 저감, 5.7억L의 물 사용 저감 등으로 집계[10]되고 있다.

계란은 전 세계에서 매일 수십억 개, 연간 약 640억kg이 소비되고 있

리하베스트의 푸드업사이클링 이론

출처: 리하베스트 홈페이지(https://www.reharvest.net/FoodUpcycling#renergy-wrap)

다. 계란을 생산하기 위해 산란계 암탉들은 좁은 공간, 열악한 환경 속에서 산란하고 있다. 닭은 해충을 퇴치하기 위해 자연적으로 진흙 목욕을 하는데, 양계장 속의 닭들은 진흙 목욕을 할 수 없다. 해충으로 인해 닭이 폐사하게 되고 이를 막기 위해 결국 살충제가 사용된다. 살충제의 영향으로 닭이 낳은 달걀에서 살충제가 검출되고 사람과 환경에 악영향을 미치게 된다. 메타텍스쳐 Meta Texture 는 대두와 녹두를 주 원료로 하여 실제 계란과 식감이 90% 수준으로 유사한 실물성 대체 계란 '스위트에그'를 생산한다. 소풍벤처스는 스위트에그가 2025년까지 동물성 계란의 2%를 대체하여 탄소배출량을 연간 14,600톤 절감하는 것을 목표로 2022년 7월에 투자를 감행하였다. 임팩트 투자 결과 누적 탄소배출 17.5톤, 실물성 계란 35만 개 판매, 동물성 계란 대비 탄소배출량 51%를 달성하였다.

메타텍스쳐의 스위트에그

출처: 메타텍스쳐

성장하는 임팩트 투자 시장, 임팩트 생태계의 미래는?

2023년 '고금리', '경제불황', '유동성' 등의 이슈로 투자시장은 위축됐다. 국가 정책금융 지원이 크게 줄고 벤처업계 버블이 사라지면서 민간투자 역시 위축되었다.[11] 2024년 정부의 사회적 경제 예산이 0원으로 소셜벤처 육성을 위한 예산이 편성되지 않았다. 이처럼 외부적인 환경은 임팩트 투자가 축소되는 방향으로 이끌었으나 ESG에 대한 관심은 줄지 않고 여전하다. 부산물 업사이클링, 기후테크 등 환경^E 분야에 대한 정부 환경 정책과 함께 펀드들이 투자를 계속하고 있고, 보건복지부에서 사회서비스 분야의 투자펀드를 조성하는 등 사회^S 분야에 대한 관심도 이어지고 있다. 그린워싱, 임팩트 워싱 등의 우려가 있는 반면, 그로 인해 '진짜 임팩트'에 대한 고민이 더 커지고 진짜 임팩트를 일으킬 수 있는 기업을 가려내기 위한 노력이 나타나게 되었다.

소풍벤처스를 이끌고 있는 한상엽 대표는 한 저자와의 대화에서 "최근 가장 관심을 두고 있는 주제가 무엇인지?"에 대해 "간명하고 이해하기 쉬운 임팩트 평가 기준을 정립하는 것"이라고 답변했다.[12] 앞서 살펴본 바와 같이 임팩트 투자의 규모가 빠른 속도로 증가하고 있음에도 임팩트 투자의 결과인 소셜임팩트를 측정할 수 있는 일반적인 방법론이 존재하지 않는다. 소셜임팩트 측정이 필요한 이유는 임팩트의 측정이 임팩트 투자의 핵심요소로 작용할 수 있기 때문이다. GIIN에서 278개 임팩트 투자 기관을 대상으로 조사한 바에 따르면, 임팩트 투자의 목적에 대한 진행 정도를 이해하기 위해 임팩트 측정이 중요하다는 답변의 비중

이 가장 높았다.[13]

특히, 소풍벤처스와 같이 스타트업에 투자하는 경우, 전통적인 기준인 재무적 성과만을 투자의 결과로 판단하게 되면 그 의미가 크게 퇴색될 수 있다. 임팩트 투자의 취지인 소셜임팩트가 얼마나 발생했는지 객관적이고 명확하게 측정될 수 있다면 신규 투자유치에 긍정적인 영향을 끼칠 것이다. 즉, 임팩트의 측정이 투자자와 피투자자의 장기적인 재무 건전성과 생존 가능성에 중요한 요인이 된다.

스타트업을 성장시키는 임팩트 투자사 역시 투자자[LP]를 찾는 일이 중요한 업무이다. 임팩트 투자 생태계가 풍성해지려면 사회적 투자자가 많이 늘어나야 한다. 투자자들이 임팩트 투자사에 투자를 하기 위해서는 임팩트 투자사의 투자 성공 사례를 검토할 수 밖에 없다. 따라서 임팩트 투자사가 성공적인 투자를 이루어 냈음을 공개적으로 알릴 수 있도록 객관적이고 누구나 이해할 수 있는 임팩트 평가 기준이 개발되어야 임팩트 투자 생태계가 건전하게 성장할 수 있을 것이다.

3장

크라우드펀딩을 통한 임팩트 투자
비플러스와 와디즈 사례

누구나 할 수 있는 착한투자?

재무적 이익과 사회적 가치를 동시에 추구하여 이른바 '착한투자'로 불리는 임팩트 투자, 크라우드펀딩(Crowd Funding)을 통해서 누구나 쉽게 투자가 가능해졌다. 이러한 임팩트 투자는 코로나19 팬데믹 등 경제 불황기에도 안정적인 성과를 보여주며 개인투자자들의 관심을 이끌고 있다. 개인투자자들의 소액자본 하나하나가 모여 지속가능한 미래 사회를 위한 변화의 바람을 일으키고 있다.

박두순

미국 미시간 주에 있는 한 도넛 가게의 주인은 경찰관이다. 이 가게는 1986년부터 100년이 넘는 시간동안 작은 마을을 지켜 왔지만 2000년대 초반 대형 프랜차이즈가 동네에 들어오며 주변 가게들이 문을 닫기 시작했고, 이 가게 역시 위기에 처하게 된다. 주민들에겐 추억이 담긴 장소이자 경찰관들의 간식을 담당했던 단골가게이기도 했기에 이를 안타까워한 누군가 가게를 살려보자는 의견을 냈고 경찰관들이 주민들의 마음을 모아 투자를 시작했다. 지역 주민들의 후원으로 위기에서 벗어난 이 가게는 9명의 경찰들이 인수해 'Cops & Doughnuts'이라는 상호로 지금도 운영 중이다.

우리나라에도 유사한 사례가 있었다. 고려대 앞에서 운영 중이던 '영철버거'라는 햄버거 가게다. 2002년 노점상으로 시작해 '고대의 명물'이라는 수식어를 얻은 영철버거는 2007년을 기준으로 80개의 가맹점을 보유할 정도였지만 2009년 프랜차이즈 형태를 취하면서 관리가 힘들어졌었고, 방향을 바꾼 고급화 전략 실패로 2015년 문을 닫게 됐다. 그러나 영철버거가 없어지는 걸 아쉬워하는 사람들 저마다 5천 원, 1만 원씩 마음을 모아 '비긴어게인 영철버거 프로젝트'를 시작했고 이 프로젝트가 대성공을 거뒀다. 프로젝트에 2,600여 명이 참여하며 목표금액 800만 원을 훨씬 넘어서는 2000만 원을 하루 만에 모금하였고, 2주 동안 7,000만 원이 모였다. 대중들의 염원이 모여 영철버거는 새로운 시작을 할 수 있었다.

여기에서 활용된 모금 방식이 바로 '크라우드펀딩'으로, 최근 임팩트 투자에 있어서도 크라우드펀딩이 적극적으로 활용되고 있다.[1]

임팩트 투자의 새 흐름, 크라우드펀딩

크라우드펀딩은 군중을 뜻하는 크라우드 Crowd 와 재원 마련을 뜻하는 펀딩 Funding 을 합한 용어로, 자금이 부족하거나 없는 개인이나 단체들이 투자사로부터 투자받는 것 외에 온라인 플랫폼을 이용해 프로젝트를 공개하고 불특정 다수의 대중으로부터 자금을 조달하는 방식을 말한다.[2] 크라우드펀딩은 투자자들에게는 기존 금융기관에 비해 높은 수익을 얻게 해주고, 자금 수요자들에게 기존 금융기관에 비해 더 용이하고 낮은 이율로 자금을 조달할 수 있다는 장점이 있다.

크라우드펀딩은 종류에 따라 후원형, 기부형, 대출형, 증권형의 4가지로 구분된다.[3] P2P 기반의 대출형 펀딩이 전체의 60% 가량을 차지하지만, 증권형 펀딩이 급성장하면서 시장의 구성이 점차 다변화될 것으로 보인다. 그러나 기부형, 후원형 펀딩은 대출형, 증권형 펀딩에 비해 비중도 성장률도 낮은 상황이다.

크라우드펀딩의 구체적인 유형을 세부적으로 살펴보면 다음과 같다.

　　　　　　　　　　　　　지속가능한 금융의 미래

먼저, 후원형은 금전적 보상을 기대하지 않는 펀딩으로 목표 금액을 달성하면 프로젝트가 성공하는 방식이다. 기본적으로는 투자에 대한 보상 의무는 없지만, 투자 활성화를 위하여 일정 금액 이상 투자 시 금전적 보상 이외 리워드(공연티켓, 시제품, 기념품 등)를 제공하는 경우가 많으며, 주로 공연, 음악, 영화 등의 예술 분야나 교육, 환경 등의 분야에서 활용되고 있다.

둘째, 기부형은 후원형과 유사하게 프로젝트를 위해 다수의 후원자들이 기금을 모으는 방식이지만, 보상을 조건으로 하지 않고 순수한 기부 목적으로 지원하는 방식이다. 사회문제 해결이나 사회적 약자에 대한 지원을 목적으로 한 비영리 프로젝트에 주로 활용된다.

셋째, 대출형은 운영자금이 필요한 개인이 다른 개인들에게 자금을 대출받는 개인과 개인 사이에서 이뤄지는 P2P 금융 방식이다. 소액대출을 통해 자금이 필요한 개인 혹은 개인사업자에 자금을 지원하는 유형으로 까다롭고 복잡한 절차를 거치는 금융권을 통하지 않고 자금을 조달할 수 있으며 만기에 원금과 이자를 상환해 주는 방식이다.

넷째, 증권(투자)형은 이윤 창출을 목적으로 비상장 주식이나 채권에 투자하는 형태로, 투자자는 그 보상으로 투자금액에 비례하는 주식이나 채권 등의 증권을 받아 프로젝트나 기업의 성장에 따라 수익을 얻게 된다.

크라우드펀딩을 활용한 임팩트 투자 플랫폼의 등장

좋은 일을 하면 투자수익이 낮아질 수 있다고 생각할 수 있지만 오히려 투자수익이 높게 나타나고 있다. 코로나 사태 때의 폭락장에서도 ESG 등급이 높은 펀드는 벤치마크 지수 대비 낙폭이 작았으며 임팩트 투자이자 채권형 투자인 비플러스의 수익률도 평균 채권형 펀드 수익률을 크게 웃돌았던 것으로 확인되었다. 그 이유 중 하나는 임팩트를 지향하는 조직들은 애초부터 이런 문제를 해결하려는 목적으로 설립된 경우가 많아 이런 비재무적 리스크와 맞서는데 뛰어나기 때문으로 평가된다.

임팩트 투자란 수익과 가치를 모두 추구하는 투자를 말한다.[4] 소극적으로는 사회적 책임을 수행하지 않는 기업을 배제하고 투자하는 것을 말하며, 적극적으로는 노인, 교육, 청소년, 범죄 등의 사회문제를 비즈니스로 해결하는 사회적경제기업에 직접 투자하는 것을 뜻한다.

임팩트 투자 플랫폼[5]은 사회적, 환경적으로 의미 있는 프로젝트에 일반인들이 온라인투자 연계금융의 방식으로 투자할 수 있게 돕는 핀테크 서비스이다. 소셜임팩트 창출 프로젝트를 그 대상으로 하고 있으며 구체적으로는 장애인을 고용하는 사회적기업, 환경친화적 제품을 생산하는 소셜벤처, 지역을 살려서 지역불균형을 줄여주는 로컬 프로젝트가 그 대상이다. 이는 비영리조직, 협동조합 등 조직 형태와 인증 등의 제한 없이 사회문제를 해결하는 목적을 갖고 있다면 투자 대상이 될 수 있다.

지속가능한 금융의 미래

'비플러스'의 임팩트 플랫폼

이렇듯 사회적 문제를 해결하기 위한 프로젝트에 크라우드펀딩을 통해 투자를 돕는 대표적인 플랫폼은 '비플러스'다. 비플러스는 시민들이 소셜임팩트를 추구하는 기업에 투자할 수 있도록 돕는 대출형 크라우드펀딩 플랫폼이다. 자금이 필요한 사회적기업, 소셜벤처, 협동조합 등 기업은 쉽고 간편하게 투자자금을 모집할 수 있고, 투자자는 참가 기업의 임팩트와 재무를 함께 판단하여 투자를 한다. 비플러스는 2016년 3월에 설립되어, 같은 해 6월 비플러스 플랫폼이 정식 오픈되었다. 2017년 2월에는 서울시 (예비)사회적 기업으로 지정되었고, 2019년 5월에는 한국사회적기업진흥원 사회적경제기업 크라우드펀딩을 운영하였다. 2021년 8월에는 본격적인 크라우드펀딩 사업을 위해 온라인투자연계금융업으로 등록하여 사업을 개시하고 있다.

비플러스의 누적 연계대출 금액 (단위: 백만 원)

구분	2019년	2020년	2021년	2022년	2023년
개인신용	170	225	460	1,398	3,461
법인신용	4,739	7,289	10,002	12,157	15,054
합계	4,910	7,515	10,463	13,555	18,515

출처: 비플러스 홈페이지(공시지표), https://benefitplus.kr/intro

투자가능 금액은 최소 1만 원이고, 최대 투자 금액은 투자 자격별로 상이하여, 개인투자자는 4천만 원이며(동일 차입자 상품 5백만 원, 부동산 담보상품 2천만 원), 소득적격투자자는 1억 원(동일 차입자에 대해서는 2천만 원), 개인 전문투자자와 법인투자자는 무제한이다. 비플러스 전체 투자자들의 1회 투자 중간값은 30~50만 원 정도이다.

비플러스 자체심사툴을 활용하여 종합평가를 진행한다. 재무적 평가로는 단순, 복합 재무지표 및 현금흐름 위주로 재무현황을 진단하고 상환 가능성을 평가하며, 기업의 사회적가치, 사업구조와 소셜임팩트 창출 연관성, 대출 용도, 언론기사, 평판 조회 등 비재무적 평가를 수행하여 비플러스만의 낮은 연체율을 이어간다.

비플러스의 구체적인 투자 방식을 살펴보면 다음과 같다. 먼저, '우리동네대출'은 동네 가게와 지역주민을 연결하는 비플러스의 '온라인투자연계대출' 상품으로 소상공인과 자영업자들에게 대출하는 펀딩이다.[6] 본인이 거주하는 지역의 음식점, 안경점, 마트 등 동네가게에 지역 주민, 직장인, 학생, 주부 등의 소액자금이 모여 운영자금이 된다. 동네 가게는 매달 현금 이자와 함께 메뉴 쿠폰을 제공하여 투자자를 단골손님으로 모객하는 신개념 대출상품으로 일정 금액 이상 투자 시 투자금액에 따라 제품이나 쿠폰 등으로 리워드가 제공된다.

'한살림 펀딩'은 한살림 생활협동조합에 납품하는 가공생산업체인 생산조합원에 소비조합원들이 대출하는 금융서비스로 녹색 프로젝트[7]에 부합하는 한살림 생산지의 수매, 원료자금 등을 위한 투자상품이다. 한살림은 친환경 먹거리를 직거래로 전국 224개의 매장에 공급하고 있으며 절제된 소비, 자연과 조화를 이룬 생활문화를 통해 생명을 살리고 지구를 지키는 실천을 하고 있다.

2024년 4월 기준 비플러스 누적 대출액은 약 197억 원이며, 대출잔액은 약 41억 원, 누적 펀딩 수는 686건, 연체율은 12.7%이다.[8] 비플러스의 거래구조를 살펴보면 ① 사회적 프로젝트가 비플러스에 대출신청, ② 투자자가 비플러스에 투자 신청과 동시에 예치기관에 투자금 입금, ③ 비플러스의 대출금 지급 지시, ④ 사회적 프로젝트에 대출금 지급, ⑤ 사회적 프로젝트의 상환금 지급, ⑥ 비플러스의 상환금 정산 지시, ⑦ 예치기관의 상환금 정산의 절차로 진행된다.

국내 최대 크라우드펀딩 그룹, '와디즈'의 임팩트 투자 사례

2015년 5월 설립한 와디즈는 현재 규모, 프로젝트 건수, 중개금액 면에서 국내 최대의 크라우드펀딩 기업이다. 와디즈Wadiz는 아랍어로 '사막의 강'을 뜻하는 'wadi'에서 온 말로 자금이 창업 기업이나 스타트업 등 꼭 필요한 곳에 흘러갈 수 있도록 돕고 있다. 현재는 투자형 펀딩뿐만 아니라 직접 투자, 컨설팅, 와디즈 스토어까지 사업을 확대해 나가고 있다.

와디즈는 2013년 6월 리워드형 크라우드펀딩의 베타 서비스를 시작으로 이듬해 1월 정식 서비스를 시작했다. 서비스가 정식으로 출시된 지 6개월 만에 누적 프로젝트 오픈 건수가 100건을 돌파했고, 2015년 11월에는 리워드 펀딩 단일 프로젝트로 1억 원이라는 모집 기록을 세우기도 했다. 2018년 12월에는 누적 중개금액이 1,000억 원을 돌파했고, 2019

와디즈의 연혁

2012.05	와디즈(주) 법인 설립
2014.01	리워드형 크라우드펀딩 서비스 오픈
2016.01	국내 1호 증권형 크라우드펀딩 라이센스 취득
2019.01	월 거래액 100억 원 돌파
2019.08	누적 프로젝트 오픈건수 1만 건 돌파
2020.01	펀딩금 반환 론칭
2021.09	와디즈 스토어 론칭

출처: 와디즈 커리어, 와디즈 소개, https://www.job.wadiz.kr/trust-wadiz

년 2월에는 누적회원 100만 명을 넘어섰다. 또한 2022년에는 누적 중개금액 8,000억 원, 누적회원 500만 명을 넘어섰다.

와디즈의 사업 영역은 다양한 분야에 걸쳐 다음의 여섯 가지 영역으로 구분되어 있다.[9]

첫째, 펀딩이다. 1인 창작자부터 중소기업, 대기업까지 다양한 메이커가 새로운 제품 및 서비스 출시를 위한 자금 조달을 목적으로 한다. 이를 통해 시장성 검증 및 초기 브랜드의 팬 확보가 가능하다.

둘째, 프리오더이다. 국내에서 공식적으로 선보이는 '해외 글로벌 프로젝트'와 성공 펀딩을 다시 만나볼 수 있는 '앵콜 프로젝트'를 비롯해, 기존에 출시된 제품, 서비스, 콘텐츠를 특별한 구성, 단독 유통, 한정판, 최저가 등 새로운 혜택으로 만나볼 수 있는 서비스다.

셋째, 와디즈 스토어이다. 와디즈에서 시작한 메이커들이 제품과 서비스를 지속 판매하고 성장할 수 있는 기회를 제공한다. 와디즈 펀딩에

지속가능한 금융의 미래

성공한 프로젝트 중 고객 평점이 우수한 제품 및 서비스는 와디즈 스토어를 통해 상시 판매할 수 있다.

넷째, 공간 와디즈이다. 서울 성수동에 마련한 오프라인 체험샵으로, 물건을 보고 펀딩할 수 없는 리워드형 펀딩의 맹점을 보완하고자 하는 목적이 크다. 경험을 통한 신뢰를 쌓기 위한 공간으로, 펀딩 제품과 서비스를 미리 체험할 수 있도록 만들어졌다. 메이커와 서포터 간 정보 비대칭을 줄임과 동시에 소통하고 연결되는 장으로 자리매김했다.

다섯째, 와디즈 파트너스이다. 메이커의 지속적인 성장을 위해 다양한 인프라 혜택을 제공하고 크라우드펀딩 성공 메이커와 잠재력 있는 스타트업에게 직접 투자한다.

여섯째, 와디즈 엑스이다. 유망한 메이커를 발굴하여 메이커의 잠재력에 선 투자하고, 마케팅 밸류업 지원을 통해 스케일업 목표에 함께 도전한다.

한편, 와디즈는 일부 펀딩 프로젝트에서 과대광고나 표절 및 가품 논란이 있었으나, 와디즈는 이 같은 문제 해결을 위해 펀딩금 반환 정책을 시행하고 모니터링 확대, 신고 제도를 적극 활용하여 자정 능력 강화에 나섰다. 신고 건수나 펀딩금 반환 진행 등 이슈가 된 내용을 담아 매달 '투명성 보고서'를 발행하고 있다.[10]

① 교통 약자의 이동권을 위한 크라우드펀딩

장애인과 보행이 불편한 노인 등 교통약자들은 자가용, 버스, 지하철 등 교통수단을 이용할 때 2~3시간씩 기다려야 한다. 이유 사회적협동조

이유 사회적협동조합의 운영현황

운행차량 181대	탄소배출 감소량 106,320
• 자동차배차시스템 178대 • 중증장애인출퇴근 3대	• 이유셔틀 4,015.532kg-co절감/1회운행시 • 자동배차시스템 82,522
일자리창출 47명	서비스이용자 24,139명
• 이유가족 19명 • 중증장애인출퇴근서비스 23명 • 신중년일자리사업 5명	• 자동배차시스템 23,086명 • 중증장애인출퇴근 23명 • 포용관광 24명 • 이동의자유맵이용자 899명 • 건강한 이유 107명

출처: 이유 사회적협동조합 홈페이지, https://2u.or.kr/2U

합은 모든 사람의 이동권을 보장하여 인권을 지키려는 단체이다. 같은 비용 대비 더 많은 교통약자에게 이동 서비스를 제공할 수 있도록, 빅데이터를 활용하여 현재 존재하는 교통약자 이동수단들의 비효율을 개선하는 비즈니스 솔루션을 제안하고 있다. 현재까지 내놓은 솔루션은 '장애인콜택시 자동배차시스템', '배리어프리 DRT', '무상카풀지원' 등이 있다.

"이유"는 2019년 법인을 설립한 이후 2020년 부산시 예비 사회적기업 지정, 공유기업 지정, 2021년 과학기술일자리진흥원 성장동력 사업 1등 선정, 문화공공테이터 특별상 수상 등을 기록하였으며, 장애인 출퇴근 서비스를 도입하는 등 노인, 장애인 등 신체적 취약계층의 권리를 신장하고 사람과 사람이 연대하여 서로 돕는 환경을 만들어 왔다.

② (주)식판천사의 운영자금 펀딩

어린이집의 경우 직접 식판을 세척해야 하고, 초·중·고교의 경우 학교 일선에서 많은 개선이 이루어졌음에도 여전히 부적합 세제 사용, 잔류세제 검출 등의 문제가 발생하고 있다. "식판천사"는 깨끗한 식판으로 아이들의 건강을 지키고자 한다. 식판천사는 어린이전용 세제를 사용하고 세척을 마친 뒤에는 오염도 측정 기계로 잔류세제 유무를 체크하여 꼼꼼히 검수한다. 이러한 고품질 서비스를 인정받아, 식판천사는 2019년 식판세척서비스 부문 한국고객만족도 1위로 선정되었다. 이 수상 경력은 식판천사가 취약계층을 우선 고용하는 일자리 제공형 인증사회적기업이라는 점에서 보다 특별하다. 2022년 5월 ESG경영 선포식을 통하여 환경문제에도 관심이 있음을 알렸고, 국립공원관리공단과 공동으로 캠핑에 사용되는 일회용기를 줄이기 위한 시범사업을 진행할 예정이다.

식판천사는 2016년 설립되었으며 2018년에 예비 사회적기업으로 지정된 이래, 2019년 소비자 만족도 1위 수상, 2022년 경기도 착한기업 선정되기도 하였다. 식판천사는 ESG 경영 선포식을 계기로 취약계층 일자리 제공을 통한 희망에너지 전달, 탄소중립 실천과 환경개선을 통한 녹색에너지 전파 등에 힘쓰고 있다.

③ 플라스틱, 보물이 되다: 동네형의 운영비용 펀딩

2021년 수원시 향교로에서 주민들 스스로 쓰레기 무단투기 및 재활용 문제를 해결하고 깨끗한 거리를 만들기 위해 부단히 노력하는 모습을 포착한 "동네형"은 지역에서 생겨나는 폐플라스틱을 가치 있는 자원으로 새롭게 탄생시키기 위해 '프레셔스 플라스틱 수원'이라는 프로젝트를 주도하기 시작했다.

동네형은 '프레셔스 플라스틱 수원'의 일환으로 여러 가지 활동을 진행한다. 지역주민들에게 플라스틱 쓰레기 분리수거 환경교육을 하거나, 쓰레기를 제품화하는 체험을 아이들에게 제공하며 인식의 전환을 이끌어낸다. 또한 수원시 전통시장 상인회 및 중고등학교 등의 협조 하에 페트병, 페트병 뚜껑, 각종 페트용기 쓰레기를 모아 굿즈를 제작하고, 이를 수원시 내 제로웨이스트샵에 납품한다. 또한 이미 만들어진 기존 플라스틱 제품을 가공해 재활용 플라스틱으로 대체할 제품을 개발하기도 한다.

경기환경에너지진흥원에서 운영하는 '경기도 업사이클플라자 입주기업'에 선정된 동네형은 줍줍플로깅을 통해 쓰레기 줍기를 실천하면서 일반인들의 인식 개선을 이끌어내고 있다. 폐플라스틱 등 쓰레기의 대량 발생의 심각성을 알리는 동시에 지역 주민들이 폐플라스틱을 버리기만 하지 않고 재활용을 통한 자연보호에 나선다는 자부심을 심어주고 있다.

④ 세계 최초의 공유 도서관

"국민도서관 책꽂이"는 세계 최초의 도서관 형태 도서공유 플랫폼이다. 책이 넘치는 애서가들에게 보관 공간을 합리적인 비용으로 제공하고, 이렇게 모인 책을 택배비만 받고 전국 방방곡곡에 대여해준다. 전자책 도서관처럼 24시간 온라인으로 책을 대여할 수 있지만, 실물 책이 택배로 배송되며, 모든 책에 저마다 주인이 있다는 차이가 있다. 대여권수가 적고 대여기간도 짧은 기존 도서관과 달리, 1회 대여 시 최대 15권을

지속가능한 금융의 미래

60일간 빌릴 수 있다. 공유 도서관 서비스는 장서 수가 15만 권에 이르렀는데, 이는 서울시 공공구립도서관 평균장서수의 3배에 이르는 양이다. 국민도서관 책꽂이가 도서관이 부족한 지역과 경제적 취약계층의 정보 접근성 및 교육 불평등을 해결할 수 있다.

국민도서관 책꽂이는 자녀들을 데리고 도서관에 가기 어려웠던 부모님들이나 이동이 어려웠던 장애인들에게 보다 쉽게 책을 접할 수 있게 하여 책을 읽고 싶은 누구나 제약 없이 마음껏 책을 읽을 수 있도록 돕는 사회적 인프라가 되고 있다. 2011년 시작된 국민도서관 책꽂이서비스는 이러한 공로를 인정받아 2015년 아시아 소셜벤처 경진대회 'SVCA'에서 Excellence Award를 수상하였다.

⑤ 친환경농업 웰팜넷 고사리 수매자금 펀딩

"웰팜넷"은 한살림의 가공생산자이자, 지속가능한 친환경농업을 활성화하여 자연과 인간을 존중하는 건강한 식문화 창조에 뜻을 두고, 2004년부터 오직 경농산물만을 전문으로 취급하는 농업회사법인이다. 그동안 성장 위주의 농업환경으로 우리나라 토양은 이미 피폐해진 상황이다. 웰팜넷은 지렁이가 살아 숨 쉬는 친환경적인 토지로 농업 환경을 조성하고, 다음 세대에게 살기 좋은 토양을 물려주고자 한다. 일반적인 관행에 따라 생산되는 농산물보다는 친환경 농산물을 사용함으로써 친환경 농산물 저변 확대에 기여할 수 있다. 친환경 농산물 제조 가공업은 자연과 인간을 존중하는 건강한 식문화를 창조하는 일이자, 동시에 친환경 농업이 지속가능하도록 생태계를 만드는 일이기도 하다.

⑥ 키자미테이블의 학교 기업 설립 펀딩

아프리카 청년들의 현실은 녹록지 않다. 특히 '실업' 문제가 심각하다. 아프리카 청년들의 교육 수준이 높아지는 데 비해 산업 수준과 고용 시장은 한정적이기 때문이다. 조금 더 풀어 말하면, 교육과 훈련 인프라는 예전보다 늘어났지만 그 이후 취업하지 못하고 오랜 기간 실직자로 남거나, 단기 일자리를 전전하는 일이 잦다. '교육이나 훈련만으로 자립할 수 있는 것은 아니다'. 이 문장이 르완다와 한국을 오가며 비즈니스를 펼치는 "키자미테이블"을 만들었다. 키자미테이블은 '외식업'을 기반으로 아프리카 청년들이 갈고닦은 역량을 펼칠 기회와 자리를 만드는 소셜 벤처이다. 쉐프 출신 대표가 있는 키자미테이블이 기술과 식당 운영 노하우를 전수하여 청년들의 사회적·경제적 자립을 돕고, 최종적으로는 새로운 사회적 기업가를 길러내는 것이다. 키자미테이블이 운영하는 아프리카 현지식 레스토랑의 수익은 청년들의 훈련과 고용에 우선적으로 투자된다.

⑦ 청년 주거문제를 해결하기 위한 커뮤니티 기반 셰어하우스

대학생부터 사회 초년생까지 청년의 주거는 불안하고 위태롭다. 수도권 소재 세입자 대학생 중 68.7%가 원룸(다가구)에 거주하고 있는데, 이 중 70.3%는 최저주거기준14㎡ 미만인 원룸에서 생활한다. 대통령직속 청년위원회에 따르면, 사회초년생 평균 월세 보증금은 1,215만 원에 이르고, 사회초년생 83.3%가 이 금액에 부담을 느낀다. 또한 취업 준비, 스펙 쌓기 등에 밀려 각종 사회적 관계망에서 고립된 청년들은 점점 외로

워진다. 2013년 한 해 동안 서울에서만 20, 30대의 고독사 사건이 328건
이나 발생했다. "셰어하우스 우주"는 청년들의 주거 관련 보증금 부담을
덜어주고 커뮤니티 기반의 셰어하우스 구성으로 청년들이 좀 더 좋은 환
경에서 합리적인 주거비용으로 지낼 수 있도록 돕고 있다.

⑧ 미세먼지 문제 해결을 위한 나눔발전소 재무구조 개선 펀딩

"(사)에너지나눔과평화"는 화석연료 고갈, 온난화문제와 같은 전 지
구적인 환경 위기에 문제의식을 가진 환경전문가들이 모여 2006년에 설
립했다. 지속가능한 발전을 위한 신재생에너지 확대사업(기후변화 대응
사업)과 복지사업(기후변화 적응사업)을 진행하고 있다. 2000년부터 에너
지운동에 몸을 담아왔던 (전)에너지시민연대 사무처장 김태호 사무총장
을 비롯한 각계 전문가들로 구성된 이사진과 사무조직으로 구성되어 활
동하고 있으며, 비영리단체인 에너지나눔과평화가 투자한 4개의 영리
법인SPC를 통해서 16기의 나눔발전소를 설치하고 운영해오고 있다.

(사)에너지나눔과평화는 태양광발전소인 '나눔발전소'를 설치하여
환경과 복지 문제를 해결하고 있다. 나눔발전소에서 생산된 전기를 판
매하여 기본적인 에너지 사용마저 제한되는 빈곤층을 지원함으로써 소
득계층 간의 에너지 불균형을 해소하고 있으며, 국내뿐만 아니라 제3세
계에서도 자립 가능한 에너지체계를 만들기 위한 노력을 하고 있다. 그
리고 지속가능한 에너지법, 제도 구축을 위한 정책 제언과 법 개정운동
을 하고 있다.

⑨ Bee Happy!! 도시의 꿀벌을 함께 키워주세요 프로젝트

꿀벌이 2006년부터 전 세계적으로 30~40% 감소하고 있고, 국내 토종벌은 90%나 감소했다. 또한 국내 도시화로 인해 생물 서식지는 파편화되었고, 동물이 살 수 없는 심각한 상태에 이르렀다. 어반비즈서울은 이러한 문제의식을 바탕으로 사라지는 꿀벌, 도시화로 인한 생태계 위기를 해결하는데 앞장서고 있다. 도시에 꿀벌이 많아지면 꽃 발화량이 늘어나고, 꽃을 찾는 곤충과 소형새 유입을 통해 건강한 도시를 만들 수 있다. 어반비즈서울은 현재 서울, 경기 지역을 중심으로 25곳에서 도시양봉장을 운영 중에 있다. 총 200개의 벌통으로 약 400만 마리의 꿀벌을 키운다. 뿐만 아니라 수익의 일부를 꿀벌이 살기 좋은 도시숲을 조성하는데 사용하고 있다.

"어반비즈서울"은 '도시를 푸르게 바꿀 10만 도시양봉가 양성과 도심 내 꿀벌정원 조성'이라는 비전으로 2013년부터 사업을 시작했다. 서울, 수원, 인천 등 전국 6개 도시에서 옥상, 유휴공간을 활용하여 꿀벌을 키우며 도시생태계 복원을 위한 활동을 진행하고 있다. 2016년 5월 산림형 예비 사회적기업으로 선정되었으며 양봉 교육, 체험, 제품(꿀) 유통, 허니뱅크 위탁 운영관리 등을 운영한다.

⑩ 나무를 지키기 위한 헬씨티슈의 원재료 매입비용 펀딩

"헬씨티슈"는 지구 환경 지킴이인 나무를 보존하는 노력의 일환으로 나무를 벌목하는 대신 초본류의 밀짚과 다년생 볏짚과인 대나무와 같은 '풀'에서 필수생활 소비재인 화장지 및 제지류를 만들고 유통하는 예비

지속가능한 금융의 미래

사회적기업이다. 환경보존과 자원 재활용의 효율성을 제고함으로써 기업의 경제적 가치를 창출하며, 소비자의 가치 소비를 통한 사회적 공익 가치를 공유하고 사회 저변에 지속적으로 확산시킴으로써 현 세대와 다음 세대에까지 건강한 삶의 터전을 지키는데 있어 일익을 담당하는 사회적 가치를 동시에 수행하고자 한다.

크라우드펀딩을 통한 임팩트 투자가 더욱 활성화 되려면

임팩트 투자는 투자를 통해 수익을 얻을 뿐만 아니라 긍정적인 사회적, 환경적 변화를 이끌어내는 착한 투자로 주목받고 있다. 그러나 대부분의 임팩트 투자는 투자 규모가 크고 투자 위험성이 높아 정부와 벤처 캐피털VC 등에 의해서 이루어지고 소액 투자 중심의 개인들이 접근하기 쉽지 않은 구조였다. 하지만 크라우드펀딩을 통한 임팩트 투자로 소액으로 손쉽게 투자가 가능해지며 개인들의 투자 규모가 증가하고 있다. 개인투자자들은 평소 관심을 가졌던 사회나 환경 문제에 투자하여 수익을 얻을 수 있고 자금수요자는 기존 금융권에 비해 용이하게 자금을 조달할 수 있다는 점에서 긍정적인 평가를 받고 있다.

그러나 사회적, 환경적 영향을 정확히 측정하고 평가하는 것이 어려워 임팩트 투자라는 이름을 내걸고 수익만을 지상 목표로 삼는 사회적기업이 있는 등 부작용도 발생하고 있다. 뿐만 아니라 투자 원금과 수익이 보장되지 않으므로 투자 시 유의해야 한다. 사기, 횡령 등의 범죄행위가 발생하거나 재무상황 악화로 상환능력이 부족해진 경우 투자자에게 손실이 발생할 수 있다. 그러므로 평소 관심을 두었던 사회문제나 환경문제에 부담 없는 금액으로 투자를 시작하고 성공한 프로젝트에 재투자하는 방법도 고려해 볼만하다.

투자자 보호를 위해 미흡한 투자 정보를 보완하고 투자자 간의 정보 격차를 완화해야 한다. 중개업자는 투자자에 비해 정보접근성이 높기 때문에 사실확인 의무만을 부담할 것이 아니라 적극적인 확인의무를 부담하도록 하는 것이 타당하며,[11] 성실 정보를 제공한 기업 등에게 인센티브를 주는 방안도 고려해 볼 필요가 있다.

또한, 현행 자본시장법은 법령이 허용하는 방법 외의 광고를 허용하지 않고 있는데, 지나친 광고규제로 인해 투자가 활성화되지 못하여 필요한 자금의 공급에 문제점을 야기할 우려가 있다. 따라서, 특정한 펀딩이 진행되고 있다는 취지의 단순광고 정도는 허용되도록 법을 개정하여 투자를 활성화할 필요가 있다. 또한 크라우드펀딩 투자 주력계층인 20~30대를 겨냥하여 'SNS 홍보'를 활성화하고 투자자의 참여가 좀 더 편리하고 효율적으로 이루어질 수 있도록 플랫폼의 기능적 가치를 제고할 필요가 있다.[12]

마지막으로 임팩트 투자에 대한 성과를 객관적으로 비교할 수 있도록 비재무적 지표에 대한 영향력을 가늠할 수 있는 보다 표준화된 평가 체계를 구축할 필요가 있다. 이에 따라 부정적인 임팩트를 유발한 기업에 과태료를 부과하며, 긍정적인 임팩트를 창출한 기업에 대해 세금을 감면하거나 보조금을 지급하는 등의 지원이 필요하다. 세제 혜택은 특정

지속가능한 금융의 미래

분야의 활성화를 위한 목적 달성에 유효한 정책 수단으로써 사회적기업이 창출해 내는 사회적 영향에 대하여 인센티브를 부여할 수 있도록 투자 수익에 대해서도 감면 혜택을 확대 부여하는 것이 바람직하다.

4장

협동조합으로 실현하는 포용금융, 캐나다 밴시티 신협과 한국 신협

지역사회와 함께하는 협동조합금융, 지속가능한 사회를 꿈꾼다.
신용협동조합은 금융기관이지만 협동조합으로서 공동의 이익과 지역사회 발전을 위해 다양한 노력을 하고 있다. 캐나다 밴시티 신협의 착한 금융 캠페인과 한국 신협의 8대 포용금융 프로젝트가 대표적인 사례다. ESG와 임팩트 투자에 대한 관심이 커지면서 신협은 더 많은 사회 문제에 주목하며, 금융 본연의 가치가 무엇인지 묻는다.

박준성

"사회 곳곳의 소외되고 어려운 이웃들을 외면하지 않고 평생 어부바해 줄 수 있는 신협, 그것이 신협의 본질과 철학이자 우리 신협이 지향해야 할 길이라고 생각한다"

신협중앙회 김윤식 회장은 "협동조합은 개인의 이익이 아닌 공동의 이익을 추구하며 다양한 삶의 문제를 해결하는 창의적인 경제모델"이며, 지속가능한 사회 발전을 위해 협동조합의 정체성을 새기고 사회적 가치를 확산하는데 힘써야 한다고 강조한다. 이를 위해 신협중앙회는 금융소외 계층의 눈높이에 맞춘 사회공헌사업인 '8대 포용금융 프로젝트'를 통해 서민금융을 견인하는 한편 금융협동조합으로서 신협의 사회적 역할을 다하고 있다.

금융기관인 신용협동조합이 이와 같은 사회적 역할에 주목하는 이유는 무엇일까? 이는 신협의 모델이 민주적 의사결정에 기반한 조합원 중심의 '협동조합'이라는 점에서 찾아볼 수 있다. 국제협동조합연맹ICA은 협동조합을 "공동으로 소유하고 민주적으로 통제하는 사업체를 통하여 공통의 경제적·사회적·문화적 필요와 염원을 충족시키고자 하는 사람들이 자발적으로 결성한 자율 조직"으로 정의한다.[1] 신협과 같은 금융협동조합은 "협동조합 중 자금을 공동으로 조성하고 이용함으로써 '조합원의 경제적·사회적 지위 향상'과 '지역 주민에 대한 금융 편의 제공'이라는 공통의 경제적·사회적·문화적 필요와 욕구를 충족시키기 위하여 결성된 조직"이라고 볼 수 있다.[2]

신협은 세계신협협의회 WOCCU 정회원을 기준으로 전 세계 120개국에 8만 2,758개 조합을 두고 있다. 조합원 수는 4억 389만 명, 총자산은 4,884조 원에 달한다. 한국 신협은 2024년 6월 말 기준 자산 규모 151조 3,000억 원으로 미국, 캐나다에 이은 세계 3위의 신협국이며, 아시아에서는 가장 큰 규모다. 미국 백악관, 하버드대학교, 매사추세츠공과대 MIT 등에서도 신협이 운영되고 있다. 특히, 1946년 설립된 밴시티 신협은 캐나다 최대 신용협동조합으로 협동조합 원칙을 지키면서 다양한 금융 비즈니스 모델로 지역사회에서 공동체의 가치를 실현하는 선진 사례로 평가받고 있다.[3]

밴시티 신협은 조합원들의 재정적 복지를 개선하면서 지속가능한 공동체를 유지하는데 노력하고 있다. 사회적금융을 적극적으로 실천해 온 밴시티 신협은 캐나다 최초로 사회책임 투자펀드를 판매했고, 주택 에너지 효율화 대출, 무공해 자동차 대출 등 조합원들의 탄소 절감 실천을 위한 녹색상품을 운용하였다. 나아가, 민간 차원에서 소셜벤처, 협동조합 등을 위한 지원 정책을 시행하고, 이들을 위한 '인내 자본'을 조성하는 등 실험적이고 혁신적인 금융상품과 서비스를 제공하고 있다.[4] 또한 밴시티 신협은 '부(富)의 재정의'라는 비전으로 '개인의 번영은 오직 건강하고 지속가능한 커뮤니티를 통해서만 달성가능하다'고 금융을 재정

의하고, 지속가능한 지역사회를 위해 밴시티 전체자금을 사회적 효과를 기준으로 운용하고 있다.[5]

착한 금융의 시작, 캐나다 밴시티 신협

신용협동조합이란, 1800년대 나폴레옹 전쟁 직후로 유럽 전역에 퍼진 대기근으로 인해 식량난, 고리대금업의 성행으로 농민들의 생활이 어려운 상황에서 경제적으로 소외받은 이들을 구제하고자 만들어진 자발적 협동조직이다. 1849년 독일에서 시작되어 이탈리아, 캐나다 미국 등으로 퍼져 나가 전세계 120개국의 신협이 있으며,[6] 미국, 캐나다, 호주 등에서는 은행과 동등한 수준의 금융기관으로 운영되고 있다.

밴시티 신협은 1946년 10월 14명의 밴쿠버 시민들이 5달러씩 출자하여 자본금 70달러로 설립한 캐나다 서부의 신협이다. 당시 신협들이 직장, 종교단체 등을 중심으로 조직되었으나 밴시티 신협은 밴쿠버 시민이면 누구나 조합원이 될 수 있는 광역 지역조합으로 설립되었다.

밴시티 신협은 1955년 은행 출신의 '돈 벤틀리'를 CEO로 영입하면서 크게 성장하였으나 이후 운영방식이 은행과 같아진다는 우려가 생겨났다. 1983년 '밥 윌리엄스'가 이사로 선출되면서 신용협동조합의 역할인 조합원과 지역사회의 발전을 위한 활동을 본격적으로 시작하였다. 2000년대 자회사들을 통해 취약계층을 지원하기 위한 다양한 사업들을 진행하였고 2011년 착한금융 Good Money 캠페인을 시작하면서 밴시티 신협 스

경제적 부와 더 나은 세상을 함께 이루겠다는 밴시티 신협의 문구

Our goal is to make it so you don't have to choose between your wallet and the world.

출처: 밴시티 신협 홈페이지(https://www.vancity.com/about/who-we-are/)

스로가 착한 투자를 통한 착한 금융 형성을 위해 노력하고 있다.

밴시티 신협은 2023년말 기준 총 자산 288억 캐나다 달러, 50개 이상의 지점과 570,000명의 조합원을 보유하고 있다. 1994년 이래로 순이익의 30%를 성공 공유 프로그램을 통해 조합원과 커뮤니티에 공유하여 2023년까지 4억 4천만 캐나다 달러 이상을 지역사회에 제공하였다.

밴시티 신협은 2021년, 공정한 기후 전환을 향한 조치를 실현하기 위해 2040년까지 모든 주택담보대출과 대출에 대한 탄소중립 달성을 포함하겠다는 계획을 발표하였다. 탄소중립 달성을 위한 기후행동은 2025년까지 주거용 건물의 절대 탄소 배출량을 17% 감소시키고, 2025년까지 상업용 부동산 건물의 절대 배출량을 27% 감소시킨다는 계획이다. 이를 위해 배출량이 적은 자산과 사업에 대한 대출을 늘리고, 회원들과 협력하여 회원들이 진행하는 사업의 배출량 감소를 지원한다.

지속가능한 금융의 미래

지속가능금융 비율 전 세계 1위, 밴시티 신협의 임팩트 투자

2008년 세계금융위기 때 밴시티 신협의 차주였던 지역사업가가 자금난을 겪으면서 밴시티 신협은 해당 대지에 담보권을 행사하게 되었다. 지역사업가는 어려운 시장환경 속에서도 무리하게 사업을 확장하였고 1백만 달러의 대출을 위해 2백만 달러 가치의 1만 제곱피트 대지를 담보로 제공하여 대출을 실행하였으나 유동성 위기로 인해 대출 상환이 불가능하게 되었다. 밴시티 신협 내부에서는 담보권 실행에 대해 찬성과 반대로 입장이 나뉘었다. 기업대출 담당부서는 세계금융위기에 캐나다의 또 다른 대형 신용협동조합인 데잘댕신협도 자산담보부 기업어음의 심각한 타격 속에 약 30~35%의 손실률을 보고 있던 상황이었으므로 밴시티 신협에서도 담보권 실행 찬성 의견이 지지를 받고 있었다.

그러나 당시 밴시티 신협의 부사장 크리스 도브잔스키는 담보권 실행을 반대하였고 주도적으로 임팩트 투자를 해야한다고 주장하였다. 크리스 도브잔스키와 리스크관리팀은 역사적인 근거, 경제지표, 컴퓨터 시뮬레이션 등을 통해 객관적인 자료를 이사진에게 제공하였고 장기적인 안목과 지역사회 경제를 포괄하는 접근법으로 설득을 했다. 그 결과, 밴시티 신협은 최악의 금융위기 속에서 임팩트 투자를 감행하게 되었다.[7]

이에 따라 밴시티 신협의 지속가능 규모는 계속 확대되어 왔으며, 매출액 대비 지속가능금융 수익의 비율이 전세계 1위 규모로 성장했다. 캐나다 경제전문지 코퍼레이트 나이츠와 영국 금융전문지 뱅커는 2022년 총 수익(매출액) 대비 지속가능한 대출, 채권 인수, 투자를 통해 얻은 수익이 가장 많았던 상위 60개 은행을 조사해 발표했는데, 조사 결과 1위를 차지한 은행은 '밴시티 Vancity 신협'으로 나타난 것이다. 매출액 대비 지속가능한 금융 수익의 비율은 34.13%에 달했다. 밴시티 신협의 최고경영자 CEO 크리스틴 버거론은 뱅커와의 인터뷰에서 "환경적 지속가능성, 사회적 형평성, 협력적 가치를 중심으로 금융 활동을 주도하고 있으며, 앞으로도 꾸준히 지속가능한 가치에 투자를 높여갈 것"이라고 강조했다.[8]

① 코르도바 프로젝트

밴시티 신협은 담보로 설정한 대지의 거리 이름을 딴 〈60W Cordova 적정주택[9] 프로젝트〉를 진행하였다. 이 프로젝트는 자회사인 밴시티신협캐피털을 통해 자금을 조달하고, 또 다른 자회사인 밴시티신협엔터프라이즈가 시행을, 고급 주거 및 상업용 건물 건설을 주사업으로 하는 웨스트뱅크가 시공을 담당하여 진행하였다.

웨스트뱅크는 밴쿠버 지역에서 가장 높은 수익률을 내는 건설사로 기존에 건설했던 포트폴리오와 맞지 않아 밴시티 신협의 제안에 고민하였으나, 경제위기 속에서 수익을 내기 위해 진행하게 되었다. 밴시티 신협은 웨스트 뱅크가 이 프로젝트를 완벽하게 이해하고 수행할 수 있도록 관리·감독하고 웨스트 뱅크가 새로운 시장을 발견할 수 있도록 충분한 대출을 제공하였다.

그 결과, 총 108세대의 코르도바 적정주택이 완성되었고, 연 소득 4만

지속가능한 금융의 미래

달러 이하, 밴쿠버에 일자리를 가지고 밴쿠버에 거주하고 있는 다양한 인구구성을 반영하여 입주자를 선정하게 되었다. 1개 세대의 가격이 약 22만~29만 달러[10]로 전체 세대의 3/4이 29만 달러 미만에 판매되었다. 2012년 당시 밴쿠버 도심지의 방 1개짜리 아파트가 한화 4억 원을 훌쩍 넘었던 것을 고려하면 유의미하게 낮은 가격으로 공급된 것이다.

밴시티 신협은 코르도바 프로젝트의 임팩트투자를 진행하면서 단순히 싼 가격으로 주택을 공급한 것에 그치는 것이 아니라, 실입주자들이 주택담보대출을 얻는 과정까지 함께 하면서, 모든 단계에서 지원을 아끼지 않았다. 입주 예정자들에게 선납금을 5%로 낮춰주고, 이마저도 부담스러운 입주 예정자들에게 선납금 2%에 대출 3% 조건으로 지원하였다. 또한 대출 상환기간을 25~30년으로 설정하면서 상환 부담을 낮춰주었다.

이러한 코르도바 프로젝트는 밴쿠버시가 밴쿠버 적정주택공사를 설치하고 BC 주택공사 및 BC 주택협동조합연합회와 주거문제 해결을 정책 최우선 과제로 설정하는 등 밴쿠버시를 넘어 BC주 전체로 적정주택 운동을 확대하는 역할을 했다. 코르도바 프로젝트는 지역사회 금융기관으로서 신협이 담보권을 실행하여 청산하는 것만이 능사가 아님을 보여주었으며 지역사회 임팩트 투자를 통해 주정부의 정책 변화까지 이루어낸 사례로 평가받고 있다.

② 마이크로론

마이크로론은 밴시티 신협의 대표적인 사회적 금융 프로그램이다.

지역 주민 누구에게나 소액 융자의 균등한 기회가 주어지도록 하며, 특히 저소득층에게 자체적인 소액 융자 프로그램을 개발하여 활용하고 있다. 기술이나 경력이 있음에도 신용도 평가 자료가 없어 대출에 어려움을 겪는 신규 이민자들과, 좋은 사업 아이템과 높은 자활 의지를 가진 사람들에게 담보가 없더라도 초기 투자 자금을 지원해 주는 프로그램이다.

이 프로그램 중 하나인 '직업 되찾기 대출'은 전직 약사나 의사와 같은 전문 영역의 신규 이민자들이 캐나다에서 동일한 자격증이나 학위를 취득하는 데 필요한 비용을 대출받는 상품이다. 또 다른 대출의 경우 예체능 분야 등 졸업생들이 전공을 살린 창업이나 일자리를 위해 필요한 기자재를 구입하는 비용을 대출해 주는 상품이다. 즉, 음대 졸업생이 음악학원을 차리는데 필요한 피아노를 구매하는 자금을 대출해 주는 것이다.

이러한 대출 프로그램의 운영은 지역의 비영리 단체들과 협약을 통해 실행되고 있다. 이민자를 지원하는 비영리단체인 '모자익'이나 '다이버시티' 등의 추천을 받아 심사해 대출하는 방식이다. 대다수의 대출 신청인이 밴시티 신협과 협약을 한 파트너 기관이며, 이러한 삼자 간의 관계는 상환율 관리에도 안전장치로 작용한다. 마이크로론 이용자는 대출 상환 방법에도 특별한 혜택이 있다. 1년의 상환 기일 중 매년 2개월은 상환을 유예할 수 있도록 한다. 미리 협의하여 별도의 연체 기록 없이 대출 원금 및 이자 상환의 유예가 될 수 있도록 한다. 이는 이용자의 대부분이 자영업자라는 특성을 반영한 밴시티 신협만의 대출 정책이다.

지속가능한 금융의 미래

③ 커뮤니티 임팩트론

커뮤니티 임팩트론[11]이란 지역사회 발전에 기여하는 밴시티 신협의 일반 대출이다. 친환경 사업, 원주민들의 복지 정책, 적정 주거 제공, 비영리단체와 사회적경제 기업 등 여러 공익기관의 육성을 비롯한 착한 부동산 개발 등에 집행되는 대출을 말한다. 2013년의 경우, 신규 법인 대출의 50% 이상이 커뮤니티 임팩트론으로 집행되었으며 매년 연차보고서의 첫 번째 목표로 보고된다. 지역 공동체에 착한 금융을 제공하는 밴시티 신협의 가치를 가장 잘 보여 주는 프로그램이다. 밴시티 신협은 금전적 수익만을 추구하는 것이 아니라 사회적 가치와 임팩트를 고려해 사회적 금융 서비스를 확장하고 있다.

④ 사회공헌재단과 자회사를 통한 임팩트 투자

지역사회와 연계한 밴시티 신협의 사업은 밴시티 지역사회공동체재단과 지역사회투자은행을 중심으로 이루어지고 있다.[12] 먼저, 밴시티 지역사회공동체재단VCF는 1989년 '함께 정의롭고 지속가능한 통합 사회를 위한 기여'를 위해 설립되었다. 사회적 기업, 사회적 목적 부동산, 지역사회 복지증진 활동을 지원 사업 대상으로 한다. 대표적인 사례로 '성 앤드류 연합교회'가 주도한 지역사회 기여 사업을 진행하였고, 밴시티 신협과 사회서비스를 제공하는 개발프로젝트에 2만 5천 달러를 기부하였다. 2017년 BC 주택청에서 500만 달러를 투자하는 등 민간이 이니셔티브를 취하고 공공부문이 호응한 매우 성공적인 사례로 평가하고 있다.

밴시티 지역사회 투자은행VCI은 밴시티 신협이 운영하던 캐나다 시민 은행의 이름을 바꿔 2017년 새롭게 출범한 자회사다. 캐나다연방 전역에 사업이 가능하도록 허가받은 온라인 은행으로 캐나다의 가장 큰 도시인 토론토에서 주로 사업을 하고 있다. 사업에서 발생한 수익을 임팩트 투자 사업체들, 사회적 기업, 비영리단체들에게 대출을 확대하는 것을 목적으로 하고 있다. 또한 지속가능한 지역사회를 만드는 기업에 재원을 연결해 주고, 예금주와 투자자들이 자금 운용의 패러다임을 바꿀 수 있도록 도움을 주고 있다.

고령화·저출산 등 해결 위한 한국 신협의 8대 포용금융 프로젝트

한국 신협은 1960년 전쟁 이후 자립 기반이 마련되지 않아 경제적으로 허덕이던 시기에 탄생했다. 서민들이 고리채로 고통받는 상황을 해소하고 경제적 자립을 이룰 수 있도록 십시일반의 정신으로 시작되어, 지역사회 발전을 위해 기여하고 있는 금융기관이다. 2023년말 기준 869개 조합, 총자산 150조 원을 달성했으며 거래자 수는 1,700만 명을 돌파했다.[13] 한국 신협은 당기순이익을 조합원에게 배당하여 지역사회와 지역구성원의 경제적 성장에 기여하고 있으며 신협사회공헌재단을 통해 다양한 활동을 펼치고 있다. 또 8대 포용금융 프로젝트를 통해 단기적인 성과보다 장기적으로 금융취약 계층의 지원과 지역경제 지원을 지속적으로 하고 있다.

'8대 포용금융 프로젝트'는 김윤식 회장이 2018년 신협중앙회 회장으로 취임하면서 한국 사회가 당면한 사회문제를 해결하고 금융취약계층과 서민을 위해 추진하고 있는 8가지 사업을 의미한다. 신협 815 해방대출, 고용·산업 위기지역 특별지원 사업, 소상공인지원, 어부바 위치알리미 기기 무료보급사업, 어부바 효 예탁금, 다자녀 주거안정지원대출, 지역특화사업, 다문화가정 금융지원의 8가지 사업을 그 내용으로 한다.

① 지역 밀착 관계형 금융, 지역특화 사업

지역특화사업은 대한민국 내 특정 지역의 특화사업을 발굴하고 이를 지원하여 전통의 보전과 지역 경제 활성화를 도모하기 위한 사업이다. 신협중앙회는 2018년 지역특화사업 지원을 전담할 수 있는 지역특화협동조합지원반을 설치하여 사업을 시작하였다. 첫 번째 지역특화사업으로 전주의 한지 사업을 지원하기 위해 2018년 12월 전주시, 전주한지협동조합과 MOU(전통한지 활성화 및 지역특화산업 육성을 위한 상호협력 협약)를 체결하고 전주한지문화축제 후원 및 홍보, 신협 쇼핑몰을 통한 한지 판로 지원, 전주한지장 후계자 양성사업 지원 등을 추진하였다.

전주 한지사업에 이어 제주특별자치도와 2022년부터 세계문화유산보전 및 가치 확산을 위한 상호 업무협약을 체결하고 자연유산 및 문화유산 활성화 사업 지원, 제주천년돌담길 조성 등을 지원하였다. 그 외에도 문화재청, 서울시, 서천군 등과 업무협약을 통해 문화재 보전, 지역상생, 지역 축제 활성화 등에 기여하고 있다.

② 고용·산업 위기지역 특별지원 사업

신협은 공동유대 특히, 지역을 기반으로 하는 금융기관이다. 신협의 공동유대에 있는 조합원의 경제적 지위 향상을 통해 지역을 일으키고, 지역을 일으켜 나라를 부강하게 하는 것이 신협의 철학이다. 신협중앙회는 일부 지역에서 발생한 천재지변의 영향으로 어려움을 겪고 있는 지역 경제를 살리기 위해 특별지원 사업을 시작하였다.

'신협 더불어사회나눔지원대출'을 통해 경제위기 지역의 자영업자, 소상공인에게 무담보, 무(저)이자로 최대 2천만 원까지 대출을 지원하였다. 2019년 경기 불황으로 지역경제를 지탱하던 공장들이 가동을 중단한 군산, 거제지역에 총 2,529건 약 249억 원의 대출을 실행하여 32억 5천만 원의 보조금을 지원하였고 지역 내 위기가정에 3억 2천만 원의 장학금을 지원하였다.

2020년에는 전 세계를 강타한 코로나19 피해로 지역경제가 장기 침체된 강원도 고한, 사북지역과 집중호우 및 화재 피해를 입은 대구 등의 지역에도 금융지원을 실시하였다. 2020년 코로나19 피해 자영업자 지원을 위해 총 391건, 약 59억 원의 대출을 실행하고 2억 9천만 원의 이자를 지원하였으며, 2022년 대구 매천시장 화재피해 지원을 위해 총 14건, 약 28억 원 대출을 실행하여 4천만 원의 이자지원을 하는 등 사회재난 피해지역에 대한 금융지원을 제공하였다.

③ 사회문제 해결을 위한 금융상품, 어부바 '효' 예탁금

대한민국은 전체 인구 중 65세 이상 고령인구의 비율이 20%를 넘는 초고령화 시대로 접어들었다. 사회가 빠르게 발전하고 있지만 고령 인구에 대한 사회 안전망 발전 속도가 이를 따라가지 못해 고령 인구의 복지문제가 심각한 사회문제로 대두되고 있다. 수익의 측면보다 고령 인구에 대한 복지 제공의 차원에서 출시한 신협 특화 상품인 '어부바 효 예탁금'은 고령 조합원의 안부 확인을 위해 전화 또는 방문 서비스를 제공한다. 그리고 대학병원 진료예약 서비스 제공, 상해사망 공제료 전액 지원 등 고령 조합원에게 필요한 부가 서비스를 제공하고 있다. 2019년 출시 이후 2023년까지 11,000건 이상(약 590억 원) 가입이 이루어졌다. 2019년 출시 당시 그 가치를 인정받아 머니투데이 상호금융 부문 금융상품·서비스 혁신상을 수상하였다.

④ 다자녀 주거안정 지원 대출 상품

한국은 2023년 합계출산율 0.7명[14]대로 국가소멸 단계에 접어들었다. 인구 감소가 심각한 사회적 문제로 대두되면서 신협은 출산을 장려하고 다자녀 가구의 주거 문제를 해결하는데 도움을 줄 수 있는 '다자녀 주거안정지원대출'을 시행하고 있다. 무주택자이면서 자녀가 2명 이상인 사람을 대상으로 최고 한도 3억까지 최대 30년 대출을 지원하고 있다. 2018년 9월에 다자녀 주거안정 지원대출을 시행한 이후로 2023년말까지 180억 원 이상을 지원하였다.

⑤ 모두를 위한 포용금융, 다문화 가정 금융 지원

법무부 출입국·외국인 정책본부가 발표한 '2023년 12월 통계 월보'

에 따르면 국내 체류하는 외국인은 250만 7,584명으로 전체 인구의 약 4.9% 비중을 나타내고 있다. OECD는 다문화 사회를 외국인 비율이 5%를 넘는 경우로 정의하고 있는데 우리나라도 다문화 사회 진입을 목전에 두고 있는 것이다. 신협은 다문화가정이 한국 사회에 정착하여 문화적 차이, 경제적 어려움을 이겨내고 자립할 수 있도록 지원하기 위해 금융 상품을 제공하고 있다. 1가구당 최대 1천만 원까지 연 2%의 금리(신협 사회공헌재단에서 3% 이자 지원)로 대출해주는 '다문화 가정 지원대출'과 월 30만 원 한도에서 연 7%의 이자율을 적용하는 적금 상품인 '신협 다드림 적금'을 시행하고 있다.

금융을 통한 사회적 가치 창출, 사회적 금융을 선도하는 한국 신협

신협중앙회는 금융협동조합으로서 신협의 정체성을 구현하고 조합원과 지역사회에 긍정적인 영향을 지속적으로 발현하여 신협의 존재 가치를 인정받을 수 있도록 사업을 추진하고 있다. 가치창출 금융, 사회 나눔경영, 지역경제 활성화를 중점사항으로 설정하고 신협사회적경제지원기금 운용, 사회적금융 상품개발 및 보급, 협동조합 창업 및 성장 지원 등 다양한 활동을 펼치고 있다. 이 중 한국 신협의 사회적금융 상품인 상생협력대출과 사회적예탁금을 자세히 살펴보겠다.

상생협력대출금은 협동조합, 사회적기업, 마을기업, 자활기업 등 업

지속가능한 금융의 미래

력이 짧고 영세한 사회적경제조직을 대상으로 심사기준을 완화한 전용 대출상품이다. 사회적경제기업이 안정적으로 성장하고 자립할 수 있도록 장기, 저리의 인내자본을 제공하는 상품이다. 신용대출은 최대 10년, 담보대출은 최대 15년 만기로 취급할 수 있고, 거치기간도 전체 기간의 1/2까지 설정할 수 있다. 2023년 11월 기준 신용대출 5.6%, 담보대출 5.2%의 가이드라인 금리를 정하고 신협중앙회의 사회적경제지원기금에서 대출 이자의 일부를 이차보전 하고 있다. 2021년 6월 대출 취급액이 1천억 원을 넘어섰고 2023년 11월 기준으로 누적 1,796억 원 대출을 취급하였다. 통계상으로 전체 신협의 상생협력대출 잔액은 시중은행 중 기업은행, 신한은행, 농협은행, 우리은행 다음으로 큰 규모이며 지방은행 보다 해당 지역 신협이 더 큰 규모의 대출을 지원하고 있다. 특히, 신협은 사회적경제기업에 대한 신용대출을 전체 금융기관 중 가장 많이 취급하고 있다.

신협 사회적예탁금은 예금 이자의 일부를 사회적경제 지원에 활용하는 상품으로 금리를 0.5%p 낮게 정하고 이자차액 0.5%p에 대해 신협이 0.5%p 금액을 매칭하여 총 1%의 사회적경제 지원 자금을 마련하는 상품이다. 이렇게 조성된 자금은 판매지원 및 후원, 지역 기금 조성 지원 등에 사용된다. 신협 사회적예탁금은 2023년까지 누적 250억 원 취급되어 약 2억 5천만 원을 지원하였다.

"협동조합"과 "금융"의 두 바퀴 조직, 지속가능금융을 이끌다

밴시티 신협은 사회와 환경, 이윤이라는 가치에 기반한 가치 지향 금융으로서 사회적 금융을 선도하고 있다. 밴시티 신협은 지속가능한 금융을 위하여 "당신의 예금을 이로운 자본이 되게 하고, 이로운 곳에 쓰여지도록 하겠다"고 약속하며 '착한 금융'을 표방한다. 또한, 밴시티 신협은 조합원 중심의 조합에서 지역사회를 포괄하는 '공동체 금융'을 지향하고 있다. 나아가 2040 넷제로를 선언하고 탄소중립을 실현하기 위한 구체적인 목표를 설정하고 실행하고 있다.

한국 신협도 발 빠르게 움직이고 있다. 한국 신협은 앞서 살펴본 8대 포용금융 프로젝트와 지역사회와 연계한 다양한 사회적 금융 사업을 진행하고 있다. 신협은 현재 사회적금융 거점신협 85개를 지정해 운영하고 있으며, 2024년 1월 현재 1,024개 기업에 1천 796억 원의 사회적경제조직 전용상품 '상생협력대출'을 공급했다.[15] 또한, 예금액의 1%를 사회적경제조직에 후원하는 착한 예금상품인 '사회적예탁금' 운영으로 253억 원을 조성하여 3천 800만 원을 후원하였다. 이외에도 협동조합 판로지원 누적 16억 8천만 원, 협동조합 창업·육성 지원 24곳, 협동조합 운영 행사 후원 64곳, 마을관리협동조합 운영 지원 32곳, 협동조합 세무회계 프로그램 지원 624개 기업 등 지역 협동조합 살리기에도 매진하고 있다.

금융협동조합은 역사적으로 서민금융 및 지역금융기관으로서 중요한

지속가능한 금융의 미래

기능을 수행해 왔다. 신용협동조합은 법적으로도 "구성원의 경제·사회적 지위 향상과 지역경제 발전"이라는 특별한 목적을 달성하기 위해 설립된 조직이다(신용협동조합법 제1조). 이와 같이 금융협동조합의 설립 목적과 정체성을 고려할 때, 신협의 사회적금융 활성화나 임팩트 투자 확대와 같은 역할은 더욱 핵심적인 기능으로 부각될 것으로 전망된다. 특히 신협은 조합원의 참여와 공동유대를 기반으로 설립된 금융협동조합이므로 지역사회와의 관계형 금융을 가장 잘 실현할 수 있는 조직적 기반도 마련되어 있다.

신협은 조합원 중심의 "협동조합"과 지역의 자금 공급자로서 "금융"이라는 두 바퀴 조직을 지향한다. 금융을 통한 사회문제의 해결이라는 관점에서 지속가능한 금융을 위한 생태계 조성 및 사회 자본 형성을 위하여 신협은 더욱 적극적인 금융 공급자로서의 역할을 수행할 필요가 있으며, 이를 더 잘 실현할 수 있는 제도의 개선도 병행하여 이루어질 필요가 있다.

5장

SIB 발행을 통한 임팩트 투자, 사회성과보상사업

사회문제 해결에 주목하는 투자, 소셜 임팩트 본드(SIB).

100세 시대, 새로운 투자상품이 나타났다. 청년실업 해소, 범죄율 감소 등 다양한 사회문제 해결에 도움을 주면서도 투자수익을 챙길 수 있는 사회성과보상사업(SIB)이 그것이다. 정부예산이 아닌 투자자의 돈으로 먼저 사업을 수행하고 사회사업이 성공하면 정부가 보상하는 구조다. SIB가 확산될수록 사회문제 해결의 "과정"이 아닌 "결과"에 집중하여 더 많은 사회적 가치를 창출할 수 있다.

민주영

영국의 스릴러 작가 할런코벤의 동명 소설을 바탕으로 스페인에서 제작한 넷플릭스 드라마 「The Innocent」에서는 우발적으로 범죄를 저지르고 교도소에 갔다가 사회에 다시 나온 남자 주인공, 마테오 비달의 이야기가 펼쳐진다. 범죄자라는 사회의 편견 속에서 그는 각종 사건에 휘말리게 되지만 끝내 범죄가 아닌 방식으로 극복해 나가고, 결국은 많은 부를 쌓아 자신과 같은 처지에 있는 다른 재소자들의 사회 적응과 재범 방지를 돕는 사업을 하며 드라마는 끝이 난다.

그렇다면 현실은 어떨까? 어려운 가정환경에서 자라나 14살부터 물건들을 훔치면서 교도소를 들락날락했던 영국 청년 존은 18살 때는 마약에 손을 대면서 곧 중독이 되었고, 다시 경찰차를 훔치다가 적발되어 약 20주의 형을 선고받고 피터버러 교도소에 재수감되었다.[1] 실제로 영국에서는 이처럼 1년 미만의 형을 선고받은 뒤 사회에 나와 다시 범죄를 저질러 재수감되는 비율이 무려 63%에 이른다. 이러한 경범죄자를 1년간 교도소에 수감하는 비용으로만 1인당 약 7천 700만 원이 소요된다.

영국의 사회적금융기관 Social Finance[2](이하 "SF")의 설립자인 토비 에클즈 Toby Eccles 는 이러한 문제에 주목했다. 토비 에클즈는 출소자의 재범 비율을 낮추는 방법으로 금융을 활용했다. 민간투자자금을 활용해 영국 피터버러 교도소 출소자들의 재범률을 줄이는 세계 최초의 사회성과보상사업 Social Impact Bond, 이하 "SIB" 는 여기에서 탄생했다. SIB는 정부가 사회사업에 있어 운영기관과의 계약을 통해 사업과 자금관리를 위임하고, 운영기관이 민간투자자들로부터 사업자금을 모집하는 사업을 의미한다. 사업 목표를 달성하면 정부는 투자원금과 인센티브를 운영기관에 지급하고, 운영기관은 이를 다시 민간투자자들에게 지급하는 구조이다. 이때 사업 목표를 달성하지 못하면 정부는 투자 원금과 인센티브를 지급하지 않는다.

이러한 SIB는 우리나라를 비롯한 전 세계로 확산되어 다양한 프로젝트에 활용되고 있다. 미국의 경우 2013년 미국 뉴욕시가 투자은행인 골드만삭스와 함께 라이커스교도소에 수감 중인 16-18세 청소년을 대상으로 재범을 방지하는 SIB 사업이 최초로 시행되었고, 2013년 네덜란드, 호주, 독일에서 SIB를 처음 시작하였고, 2014년에는 벨기에, 캐나다에서도 시행되는 등 세계적으로 확산되기 시작하였다.

사회성과보상사업(SIB)이란?

SIB는 어떠한 배경에서 등장하게 되었을까? 먼저, 영국 등 선진국을 중심으로 재정적자가 심화되면서 공공재원이 부족해지자 사회적금융시장을 활성화시켜 민간재원을 통해 다양한 사회사업을 실시하고자 하는 논의가 그 시작이었다. 이미 많은 민간기업이 사회공헌 사업을 해오고

지속가능한 금융의 미래

있었으나, 사업의 성과와 영향Impact 그리고 규모 면에서는 늘어나는 사회금융 수요를 대응하기에는 부족한 상황이었다. 그리고 정부 재정투입의 효율성·효과성 측면에서도 기존의 정부 사업들은 예산의 집행에만 초점을 두고 진행되다 보니 그 사업의 성과를 담보하기 어려웠던 측면이 있었다.

이에 반해 SIB는 사회적금융 시장에서 민간재원을 조달하여 사업을 추진하고, 그 성과에 기반하여 사후적으로 정부가 비용을 보상하는 구조로 설계함으로써 사업목표를 달성한 사회사업에만 정부 예산 투입이 가능하다는 점에서 기존의 문제를 해결할 수 있는 방안으로 제시되었다.

SIB는 최초로 영국 정부로부터 시작되었다. 1988년 경제학자 로니 호레시Ronie Horesh가 "Social Policy Bonds"를 통해 사회정책채권을 도입하여 정부 예산을 효율적으로 사용하자는 제안[3]을 하였다. 2010년 영국 정부는 사회적투자특별위원회Social Investment Task Force를 발족하였고, 사회적투자에 대한 다양한 논의와 함께 약 10년간의 위원회 운영을 통해 사회적 금융시장 조성에 많은 공을 들였다. 그 결과, 2007년에 영국 정부는 SIB의 운영기관으로서 SF를 설립하였고, 2009년에는 영국 Brown 총리가 'Smarter Government' 정책을 발표하면서 여기에 SIB 시범운영안을 포함하였다.[4]

2010년 "One Service"라는 최초의 SIB 시범사업이 영국 법무부와 SF 간의 계약으로 피터버러 민영교도소에서 시작되었다. 피터버러 SIB는 약 7년간의 운영을 거쳐 2017년 최종적으로 성공을 발표하였다. 첫 사례

Social Finance 홈페이지

출처: Social Finance 홈페이지, http://www.socialfinance.org

의 성공으로 SIB 프로그램은 세계 각국으로 확산되었고, 국제기구 역시 이러한 SIB의 효과성에 주목했다. World Bank의 경우 팔레스타인의 청년실업률 문제를 해결하기 위한 국제개발협력 모델로 SIB를 벤치마킹하여 DIB Development Impact Bond 라는 사업모델을 직접 추진하기도 하였다.

　SIB는 기존의 정부예산 사업과는 달리 사회문제 해결을 위해 아래의 그림과 같이 다수의 이해관계자를 포섭한다. 운영기관은 사회적금융 운영기관으로서 사업을 발굴하고 관련해서 정부와 협상하고 SIB 발행조건을 설계한다. 민간투자자들과의 네트워크는 물론, 공정한 입찰 관리를 통해 적절한 사업수행기관을 선정하여 사업의 성공 가능성을 높여야 하는 책무를 맡게 된다.

　사업의 성공 여부에 따라 정부가 원금 및 인센티브를 지불하도록 운영기관과 계약을 체결하기 때문에 사업의 성공 여부를 평가할 수 있는 외부의 독립평가기관 참여도 필수이다. 평가기관은 운영기관과 정부의 입

SIB 구조

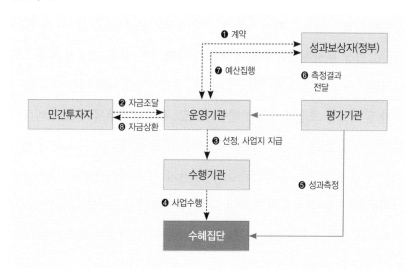

출처: 팬임팩트코리아 홈페이지, http://panimpact.kr/study_sib/

김에서 자유롭게 객관적으로 사전에 설정한 사업목표를 달성하였는지
여부를 판별해 보고서를 작성해야 한다. 민간투자자는 사업의 성공이
곧 재무적 수익으로 연결되므로, 사업의 성공에 누구보다 관여하게 되
고 이는 사업에 대한 관심 증가로 연결된다.

만약 민간투자자가 영리기업이고, SIB에 투자했다면 이를 어떤 방식
으로든 재무제표에 기록해야 한다. 회계기준 상으로 SIB는 수익기회와
손실위험을 동시에 가지고 있는 복합금융상품으로 사업성과에 따라 회
수금액이 결정되는 파생금융상품으로 볼 수 있다. 참고로 K-IFRS에 따
르면 파생금융상품은 매 결산시점에 공정가치 평가를 수행하고 공정가
치로 재무제표에 표시해야 하며, SIB와 같이 공정가치평가에 필요한 투
입변수가 시장에서 쉽게 얻어질 수 없는 경우 공정가치 수준으로 분류해

감사보고서에 주석 공시해야 한다.

　SIB의 법적 성격은 법률전문가 다수의 의견으로는 우리나라 현행 자본시장법상 투자계약증권의 성격으로 해석되며, 유통 가능한 채권으로 인정받기는 어려운 실정이다. 그 이유는 SIB는 목표 달성 여부에 따라 성과가 달라지는 조건부권리에 해당하므로, 확정금리부 증권을 의미하는 자본시장법 제4조 제3항의 채무증권과는 다르기 때문이다. 오히려 성과보상의 기준이 되는 사회성과를 "투자자가 그 투자자와 타인간의 공동사업에 금전 등을 투자하고, 주로 타인이 수행한 공동사업의 결과"로 보고 SIB를 자본시장법 제4조 제6조의 투자계약증권으로 해석하는 것이 보다 타당한 견해로 보인다.[5]

　미국의 Brookings 연구소에서는 SIB에 대한 전 세계 통계를 제공하고 있는데 이에 따르면 2024년 4월 1일까지 전 세계적으로 총 40개국에서 누적 257개의 Impact Bond 계약이 체결되었으며, 이 중 국제개발협력에 사용된 DIB Development Impact Bond 18개를 제외하면 SIB는 총 239개 계약이 체결되었다.

　미국, 영국을 제외한 나머지 38개국에서는 SIB 체결 개수가 15개 이하로서 2010년 SIB 최초 시행 이후 14년이 흘렀음에도 불구하고 SIB 도입 건수가 많지 않은 상황이다. 분야별로는 사회복지 79개, 고용 70개, 보건 45개, 교육 45개, 형사정책 14개 등 순으로 사회복지와 고용 분야에 대부분 설정이 되었다.

전 세계 SIB 누적 통계

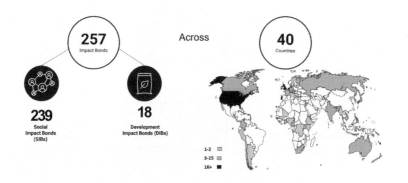

출처: Brookings 연구소 홈페이지 참조

세계 최초의 SIB, 영국 피터버러시 재범률 감소 프로젝트

전과자 재범으로 발생하는 막대한 비용을 정부 예산으로 사용하는 이슈는 어느 국가나 가지고 있는 문제이다. 영국의 경우 2007년에서 2008년까지 전과자 재범으로 발생한 재수감비용, 의료비용, 교육비용 등이 약 9억 5천조 파운드에서 13조 파운드사이로 추정되었다. 영국 정부는 어떻게 하던지 재범률만 줄일 수 있다면 이러한 비용들이 감소할 거라는 것은 잘 알고 있지만 기존의 정부예산 투입 방식을 통해서는 이러한 재범률 감소를 효과적으로 담보하기 어렵다는 것 또한 잘 알고 있었다. 이러한 배경 하에 영국은 형사정책 분야를 첫 SIB 사업으로 선택하여 혁신적인 방법으로 성과 달성을 시도한 것이다.

피터버러 SIB 구조

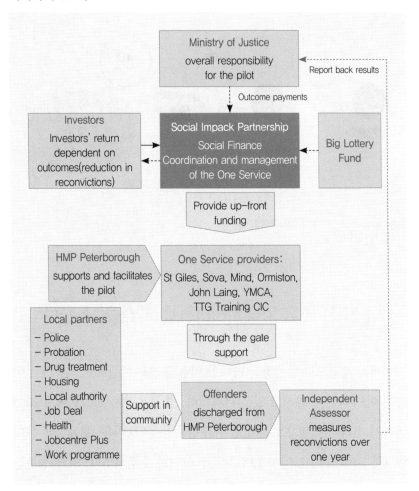

출처: Emma Disley, Chris Giacomantonio, Kristy Kruithof and Megan Sim, "The payment by results Social Impact Bond pilot at HMP Peterborough: final process evaluation report", Ministry of Justice Analytical Series(2015), p.17.

HMP^{Her Majesty Prison} 피터버러^{Peterborough}는 민영 교도소로, 영국 법무부의 위탁을 받아 수감 업무를 수행하는 기관이다. SF는 운영기관으로

지속가능한 금융의 미래

서 재범률 감소 목표 설정과 금융구조를 설계하고 주도적으로 영국 법무부 앞으로 SIB 사업을 제안한 주체이다.

법무부는 동 제안을 수락하면서 SF와 6년간의 운영계약을 체결하였고 성과목표 달성 시 법무부가 성과보상자로서 원금 및 인센티브를 SF에 지불하기로 약정하였다. 또한, SIB 사업이 원활히 이루어지도록 법무부와 피터버러 민영교도소 사이의 기존 위탁계약도 일부 수정함으로써 피터버러 교도소가 SF 및 사업수행기관에 협조할 수 있는 법적 근거를 마련하였다. 성과보수는 국영펀드인 복권기금^{Big Lottery Fund}의 지원을 받아 재원을 마련하기로 하였다.

SF는 이러한 운영계약을 근거로 민간투자자와 투자계약을 체결하였고, 전체 사업을 One Service라고 명명하고 기능별로 총 7개 사업수행기관[6]이 선정되었다. SF는 사업수행기관들을 감독하면서 1년마다 재계약하는 방식으로 이들을 통제하였고, 사업수행기관들은 대상자들과 교도소에서부터 접촉하기 시작하여 출소 후 아래 표와 같은 다양한 서비스를 제공하였다.

주요 사업수행기관 역할

사업수행기관	교도소 내 서비스	출소 후 서비스
St Giles Trust 전임 사례관리자 (상근 6명)	• 교도소 입소 1주일내 면담, 사전평가 실시 • 교도소 내 및 출소 후 서비스 배치	• 출소 당일, 교도소 정문에서 만나서 숙소 등의 문제 해결 지원 • 출소 후에는 직접적인 멘토링 서비스 제공 • 재판 시 판사에게 적절한 정보 및 지원을 약속하기 위해 대상자와 함께 법원 출석

St Giles Trust (자원봉사자들)		• 전임 사례 관리자와 협업하여 대상자를 직접 접촉
Sova 관리자	• 사전평가 결과에 따라 자원봉사자를 연결하기 위해 St Giles Trust 전임 사례관리자와 면담	• Sova 자원봉사자와 주거 관련 사례관리자 관리
Sova 자원봉사자 (약 50명)	• 교도소 내에서 대상자 만남	• 대상자에게 개별적이고 직접적인 지원 제공 • 위험성이 낮은 대상자 할당 • 대상자와 긍정적 활동 참여
Sova 주거 관련 사례관리자	• 재소 중에 사전 주택임대 등 설명, 연계	• 주택임대 유지 등 지원대상자를 대신해서 주택업자와 접촉 • 새로운 주거 탐색
Mind 심리상담 (비상근 1명)	• 재소 중 대상자 면담	• 주1회, 1대1 방문 서비스 제공 • 스트레스, 분노 등 집단 상담
Ormiston 가족상담 (비상근 2명)	• 재소 중 가족관련 강좌 제공 • 대상자 가족에게 1대1 서비스 제공 • 가족만남 행사 주관	• 1대 1 서비스 제공 • 지역사회 가족문제기관과 협력
John Laing Training (비상근 1명)	• 선별된 대상자에게 재소 중 다양한 건축기술 교육 출소 후에도 계속 지원	
YMCA 헬스전문가 (비상근 1명)	• 재소 중 건강 교육	• 피터버러 체육관 이용안내(보조금)

출처: 한영선, "영국 피터버러 SIB의 성공과 시사점", 제26회 아시아교정포럼 추계공동학술대회 (2017), 55-56페이지.

평가기관으로는 Leicester 대학교가 선정되었고, 민간투자자는 Rockefeller Foundation을 필두로 Panahpur and Barrow Cadbury Trust 등 17개 기관이 참여하여 총 500만 파운드를 투자하게 되었다.

성과측정을 위한 대상자는 1년 미만 형을 받은 남성으로 동 프로그램

지속가능한 금융의 미래

참여 여부는 제소자의 선택으로 이루어졌다. 총 2개의 그룹으로 구성하였고, 1그룹은 936명, 2그룹은 866명이었다. 당초에는 3개의 그룹을 설정하였으나, 그룹1과 그룹2가 성공함에 따라 그룹3의 사업은 SIB 사업이 아닌 정부의 직접 예산사업으로 변경하면서 최종적으로는 성과평가 대상 그룹이 2개로만 선정되었다.

목표 및 보상수준은 다음과 같이 설정되었다. 먼저, 비교대상인 통제그룹은 1년 미만의 형을 받고 다른 교도소에서 피터버러 대상자와 같은 기간에 출소한 사람으로 설정하였다. 피터버러 교도소 사업대상자들의 재범률이 통제그룹 재범률 대비 각 그룹별로 10% 이상 감소하거나 2개 그룹의 평균 재범률이 7.5% 이상 감소하면 전체 사업이 성공한 것으로 판단하고, 감소된 재범률에 따라 최소 7.5%에서 최고 13%의 보상을 지급하기로 하였다. 이때 재범률의 정의는 상기 대상자 중 출소 후 12개월 이내에 다시 범죄를 행하여 법원으로부터 유죄 확정판결을 받은 비율로 정의하였다. 이러한 기준을 가지고 최종적으로 성과평가를 실시한 결과, 피터버러 SIB는 그룹 평균 총 9.02% 재범률 감소를 이루어내면서 성공하게 되었다.

성과평가 결과

구분		그룹1	그룹2
대상자 인원수	피터버러	936	866
	통제그룹	9,360	34,041
통제그룹 대비 재범률 감소		8.4%	9.7%
평균 재범률 감소		9.02%	

출처: 한영선, 앞의 글(표 1), 57페이지

피터버러 SIB의 성공 요인을 사업 발굴·기획 측면에서 보면 이 사업은 성과측정 기준을 명확하게 설정하여 사업수행의 목표를 뚜렷하게 제시하였다는 점에서 찾을 수 있다. 또한, 사업 성공 시 향후 영국 정부가 부담하는 교도소 운영비용도 크게 감소할 수 있다는 점에서 정부로 하여금 사업추진 동기를 강하게 부여했다고 평가를 받는다. 거시적인 측면에서는 앞서 살펴본 바와 같이 2000년부터 영국 정부가 사회적투자특별위원회Social Investment Task Force를 통해 사회적금융시장 조성에 많은 노력을 기울여왔다는 점이다. 미시적인 사업수행 측면에서는 아래와 같은 성공 요인을 찾을 수 있다.

첫째, 출소 대상자 관리를 철저히 하였다. 사업수행기관은 출소한 대상자들에 대해 예약 없이 언제나 담당자를 만날 수 있도록 배려하였다. 특히, 대상자들의 생활습관을 고치려 하지 않았고, 출소 이후 연락이 끊긴 대상자들은 편지·대면접촉·가정방문 등을 통해 접촉하고자 노력하고, 지역 경찰 도움을 받아 위치정보를 확보하였다. 동 사업은 원래 대상자들이 출소 후 1년 동안만 서비스를 제공(민영화된 보호관찰)하는 것이었지만 실제로는 교도소 입소 시부터 대상자와 면담을 시작하는 등 관리를 통해 이들과 긴밀한 유대관계를 형성할 수 있었다.

둘째, 수혜자에게 실질적인 도움을 제공하였다. 출소를 앞둔 대상자에게 출소를 하게 되면 필요한 서비스가 무엇인지를 조사[7]하였고, 그 결과 직업훈련 프로그램과 같이 원래 없던 프로그램들이 추가되어 대상자들에게 많은 호평을 받았다. 또한, 대상자 인터뷰에 따르면 출소 후 휴대폰 제공과 같은 사례도 금액이 크지는 않지만 실질적인 도움이 된 경우

지속가능한 금융의 미래

라고 답하였다.

셋째, 자원봉사자를 적극적으로 활용하였다. 대상자 위험분류를 실시하고, 저위험대상자에 대해서는 대학생, 은퇴자, 전직 판사, 경찰관 등의 자원봉사자를 적극적으로 활용하였다. 대상자들은 다양한 계층의 자원봉사자로 인해 심리적 안정과 실질적인 조언과 도움을 받을 수 있다고 답하였다.

마지막으로 사업수행기관들이 유기적으로 협력하였다. SF는 One Service 사무실을 마련하고, 모든 사업수행기관 7개가 함께 모여 일하면서 상호 의사소통 및 조정 작업을 활발하게 수행하였다. 특히, 계약 기간을 1년으로 하여 재계약 시점을 마련함으로써 효과적인 통제와 함께 정기적인 사업 진행 결과를 보고할 수 있는 체계가 세워질 수 있었다.

사회문제 해결의 새로운 방법, 팬임팩트코리아에서 첫 발을 떼다

우리나라는 복지 수준이 낮은 저복지 국가로서 2020년 기준으로 GDP 대비 공공사회복지비용 지출 수준은 10%대 중반에 머물러 OECD 38개국 중 34위를 기록하고 있다. 재정건전성을 유지하면서 동시에 고복지 국가로 나아가기 위해서는 증세를 통해 재정을 확보하거나 정부 정책의 효율성을 높여야 한다. 이때 SIB는 정책의 효율성을 높이는 하나의 대안으로 우리나라에 소개되었다.

민간운영기관인 "팬임팩트코리아"가 선구적으로 서울시 및 서울시의회를 설득하여 2014년 서울시 조례를 최초로 제정하였고, 이를 바탕으로 2015년 서울특별시 제1호 SIB 사업을 시작하였다. 현재까지 19개의 지방자치단체가 SIB 도입을 위한 조례를 제정하였고, 중앙정부 차원에서는 행정안전부가 2017년 SIB 제1차 경진대회, 2018년, 2019년까지 2차, 3차 대회를 개최하고, 사회성과보상사업 가이드라인 마련, 표준조례안 마련 등 SIB를 확산시키기 위한 노력을 진행하였다.

지방자치단체의 조례 제정만으로는 SIB 사업의 활성화가 뒷받침되지 않는다는 인식 아래 국회에서는 2019년부터 2021년까지의 기간동안 여러 국회의원을 통해 SIB 사업 관련 법률안 총 5건의 제정법,[8] 2건의 개정법[9]이 발의되었으나, 여전히 제정되지 못하였다. 특히, SIB 기금조성의 근거를 마련하기 위한 2015년 사회성과보상기금법 제정을 추진하기도 하였고, SIB 투자자를 지원하기 위해 행정안전부가 2017년 관련 세법 개정을 추진하였으나, 역시 처리되지 못하였다.

우리나라의 SIB 사업은 2024년 4월 현재 서울시 제1호 경계선지능 아동 사회성 증진(2019년 완료, 성공), 제2호 청년실업 해소 사업(2024년 완료, 성공), 경기도 제1호 기초생활수급자 탈수급 사업이 완료(2020년 완료, 성공)되었으며, 충청남도 부여군 제1호 치매노인 치매이환률 감소 사업(2024년 완료 예정), 경기도 화성시 제1호 요식업 관련 취업·창업 일자리 창출 사업(2026년 완료 예정) 등이 진행 중에 있다. 또한, 특이하게 정부 대신 민간사단법인이 성과보상자로 나서는 세계 최초의 자살예방 SIB 사업(운영기관: 팬임팩트코리아)이 2023년 9월 사회성과보상계약을 체결한 바 있다.

참고로, SIB와 유사한 사회적금융의 하나로 우리나라 SK그룹이 2013년 제안하여 2015년 4월 시작된 사회성과인센티브^{Social Progress Credit, SPC} 제도가 있다.[10] 이는 사회적 기업들이 창출한 사회성과를 화폐가치로 측정하여 이 중 일부를 현금 인센티브로 직접 해당 기업 앞으로 지급하는 제도로, 2022년말 기준으로 일자리 창출, 사회 서비스 제공, 환경 문제 해결, 생태계 문제 해결 등 4개 분야에서 총 3천 275억 원의 사회성과를 창출하였고, SK그룹은 인센티브로 총 527억 원을 이들 사회적 기업들에 지급한 것으로 나타났다. SK그룹은 추가적으로 서울시, 전라남도 등 지방자치단체와의 SPC 협약을 통해 지역 내 사회적 기업 지원을 활발히 진행 중에 있다.

아시아 최초의 SIB 사례, 서울시 아동청소년 그룹홈 SIB 사업

우리나라 최초의 SIB는 민간운영기관인 팬임팩트코리아가 서울시 의회와 서울시청을 설득하면서 시작되었다. 그 결과, 서울시는 SIB 운영 조례를 2014년 3월 의결하였고, 2015년 4월 서울시 제1호 아동청소년 그룹홈 SIB 사업의 시행(사업기간 총 3년, 총 사업비 11억 1천만 원)을 의결하였다. 2015년 7월 팬임팩트코리아가 운영기관으로 선정되고, 2016년 3~4월 동안 투자자모집, 수행기관을 선정하고, 2016년 6월에는 성균관

대학교 산학협력단을 평가기관으로 선정하였다.

사업의 내용은 서울시 아동복지시설(그룹홈 및 보육원)에 거주하는 경계선 지능아동[11]을 대상으로 학습능력과 사회성을 향상시키기 위해 각종 학습·돌봄 프로그램을 제공하는 사업이었다. 이들을 장애가 없는 사회인으로 성장시킴으로써 기초생활수급자가 되는 경로를 차단시켜 향후 발생할 사회적 비용을 감소시킬 수 있다. 성과평가 시 학습능력은 '웩슬러아동지능지수'를 이용하여 경계선급 지적장애아동은 IQ 85 이상, 경증 지적장애아동은 IQ 71 이상으로 상승 시 학습 능력의 향상으로 본다. 사회성 향상은 연 2회 총 6회의 대상자 담임선생님의 진단평가로 측정한다.

서울시가 성과보상자가 되고, 투자금액은 11억 1천만 원을 모집하였는데 사단법인 피피엘, 임팩트 투자사 엠와이소셜컴퍼니, 유비에스증권 서울지점 등이 참여하였다. 투자자는 3년간 향상된 아동의 수가 전체의 33% 이상이면 원금 11억 1천만 원을 상환받고, 42% 이상을 달성하면 원금 11억 1천만 원과 최대 25%의 인센티브을 지급받도록 되어 있었는데, 실제 사업에서는 52.7%의 비율을 달성하여 성공적으로 인센티브를 보상받게 되었다. 사업수행기관은 (주)대교와 대교문화재단의 컨소시엄이 선정되었고, 대교그룹의 교육 컨텐츠를 활용하여 사업수행을 주관하였다.

이 과정에서 서울시는 SIB 사업비와는 별개로 사무관리비와 쟁점토론회, 사업설명회 등 행정관리비 예산을 총 13억 7천5백만 원을 사용하였고, 이는 SIB 전체 사업비 11억 1천만 원보다 큰 금액이다.

지속가능한 금융의 미래

사업의 성공 이후 서울시는 「서울특별시 경계선지능인 평생 교육 조례」를 제정하고, 아동권리보장원을 통해 전국의 지역아동센터에서 동일한 사업내용을 진행하였으며, 대교문화재단과 업무협약을 체결하여 서울시 소재 학교 아동에게 1호 사업의 사업방식으로 수업을 진행하는 등 제1호 SIB 사업은 실질적인 영향력[12]이 있었다.

청년실업 문제 해소를 위한 SIB 사업

제2호 SIB 사업은 가구 월평균소득이 중위소득 이하이거나 6개월 이상 장기실업자, 1년 이상의 장기취업준비생 등의 취업 취약계층 중 만 19세 이상 만 34세 이하의 청년 500명 이상을 사업대상으로 하며, 대상자에게 직무교육, 실습교육, 취업컨설팅, 입사지원 포트폴리오 제작 등을 지원하여 취업, 창업을 지원하는 것을 목표로 2020년 11월부터 2023년 11월까지 3년간 1대 1 매칭 프로그램을 지원하는 사업[13]이다.

성과보상자는 서울시가 맡았고, 운영기관으로는 2019년 4월 팬임팩트코리아가 선정되었다. 사업수행기관은 한국생산성본부, 소셜벤처 퍼센트 컨소시엄이 선정되었고, 평가기관은 한국산업관계연구원이 참여하였다. 총 사업비는 30억 원인데 민간투자금은 총 29억 원으로, 한국사회가치연대기금 11억 원, 사회복지공동모금회 7억 5천만 원, 대교문화재단 3억 5천만 원, KB손해보험 3억 원, 더그레잇 2억 원, 개인투자자 2억 원 참여하였다.

성과보상은 취업·창업 인원이 47명 미만이면 원금 100% 손실, 145명 이상이면 원금 100% 상환 및 30% 인센티브를 지급하는 구조이다. 2023년 11월 사업수행이 종료되었고, 이후 평가기관의 성과 확인 결과 총 332명이 일자리를 찾았고 투자자들에게 성과보상금을 지급하면서 성공으로 기록되었다.

제2호 사업은 제1호 사업과는 달리 기존에 고용노동부에서 지원하고 있는 취업훈련 프로그램 등과 비교했을 때 어떤 차별성이 있는지에 대해 내부적으로 많은 고민이 있었고, 사업종료 이후에도 정부정책과의 연계성 측면에서 어떻게 이를 확산시킬 수 있을지에 대한 숙제를 남겼다.

탈수급을 통한 사회적 비용 절감, 경기도 해봄 SIB 프로젝트

경기도 제1호 해봄 프로젝트 SIB는 민간이 아닌 경기도 즉, 지방자치단체에서 주도적으로 시작한 사업으로 '해봄'이란 '탈수급 해보자'라는 의미이다.[14] 사업의 대상은 경기도 9개 기초자치단체의 기초생활수급자 중 최소한의 근로가 가능한 19세 이상 64세 이하 연령대의 800명이며, 이들이 1:1 밀착형 관리(취업능력 향상, 창업지원 등 교육·서비스)를 통해 대상자의 20% 이상이 취업 등을 통해 탈수급하는 것을 사업의 목표로 하였다. 탈수급을 하게 되면 지방자치단체로서는 그만큼 사회적 비용이 줄어들게 되는 효과가 있다.

지속가능한 금융의 미래

2015년 7월 경기도 SIB 운영 조례를 제정하고, 2015년 6~11월까지 경기도 SIB 시범사업 정책을 공모·설계하면서 사업준비를 위해 SIB 전문가, 서울시 관계자, 탈수급 관련 민간전문가와 함께 자문회의를 개최하였다. 2016년 5월에는 (주)한국사회혁신금융이 운영기관으로 선정되었고, 사업수행기관으로 사회적협동조합 내일로가 선정되었다. SIB 사업의 평가기관은 한국산업관계연구원으로 선정하였고, 경기도가 성과보상자를 맡았다.

본 사업의 총 사업비는 17억 7천만 원(사업운영비 2억 1천만 원, 사업수행비 12억 4천만 원, 평가비 1억 2천만 원, 성과보상금 2억 원)이며, 사업기간은 2017년 2월부터 2020년 6월까지 총 40개월이었다. 민간투자금은 총 62개 기관 및 개인[15]을 통해 15억 5천 2백만 원을 조달하였고, 성과보상기준은 성공인원 비율이 12% 달성 시 원금 100% 지급, 13%부터 원금 100% 및 인센티브를 지급하는 것으로 설계되었다. 사업의 결과 전체의 22.3%로 총 178명이 탈수급에 성공하면서 9.85%의 인센티브를 지급하였다.

당시 사업에 참여했던 관계자의 인터뷰[16]에 따르면 당시 경기도지사의 높은 관심으로 인해 SIB 사업이 빠르게 진행되었고, 경기도에서는 이미 보건복지부와 「희망리본프로젝트」라는 탈수급 사업을 수행한 적이 있었는데 동 사업의 내용이 해봄프로젝트와 거의 유사한 구조였다고 한다. 즉, 촉진적 리더쉽과 더불어 기존의 유사한 사업경험으로 이미 사업에 대한 이해가 높아 빠르게 시작할 수 있었다는 분석이다. 또한, 서울시 SIB 사업과는 다르게 크라우드 펀딩을 활용하여 개인투자자의 저변을 확대하려는 시도를 했다는 점에서 차별성을 가진다고 볼 수 있다.

문제 해결에 집중하는 혁신 금융, SIB 활성화를 위한 과제

우리나라 정부 일자리위원회의 「사회적경제 활성화 방안(2017년)」에 따르면 사회적경제를 '구성원 간 협력·자조를 바탕으로 재화·용역 생산 및 판매를 통해 사회적 가치를 창출하는 민간의 모든 경제적 활동'으로 정의하였고, 사회적금융에 대해서는 서울시 조례에 따르면 '사회문제를 개선하고 사회적 가치를 증진시키기 위한 금융'이라고 정의하고 있다. 전통적 금융이 재무적 수익과 위험만 고려하는 금융이라면, 사회적금융은 재무적 수익과 사회적 가치, 위험도 3가지를 고려하는 금융이라고 할 수 있다.

우리나라의 사회적금융은 크게 직접 금융시장과 간접 금융시장으로 나눌 수 있다. 직접 금융시장에서는 소셜벤쳐기업, 사회적기업이 직접 크라우드펀딩, 사회적 채권발행 등을 통해 돈을 조달한다. 간접 금융시장은 금융기관·기금을 중간에 거치는 방식인데 대출을 중심으로 하는 유형과 투자를 중심으로 하는 유형으로 나뉜다. 먼저 대출을 중심으로 하는 간접금융의 유형에는 소액 서민대출을 다루는 미소금융재단, 신나는조합, 사회연대은행 등이 있고, 지역에 기반을 둔 대출기관인 신용협동조합 등이 있다. 투자를 중심으로 하는 간접 금융에는 소셜벤쳐기업

지분에 투자하는 임팩트투자기관, 소셜벤처캐피탈 등이 있으며, 사회적 기업에 지분을 투자하는 사회적기업투자조합 등이 있다. 일반적으로 사회적금융기관인 운영기관을 통해 SIB에 투자하는 유형도 투자를 중심으로 하는 간접금융시장의 유형에 해당한다고 볼 수 있다.

사회적금융시장이 발달되어 다양한 사회문제 해결을 위해 SIB를 활용하고 있는 영국, 미국과는 달리 우리나라의 경우 상대적으로 사회적금융시장이 발달하지 못해 2014년 서울시 조례가 제정된 이후 10년이 흘렀음에도 SIB의 활용도는 낮은 실정이다. 이에 SIB가 나아가야 할 방향 그리고 영국 사례 등이 우리에게 주는 시사점 등에 대해 논의해보고자 한다.

SIB는 왜 우리나라에서 활성화되지 못하고 있을까? 여러 가지 원인이 있겠지만 우선 기본적으로 우리나라의 경우 지방자치단체에서 SIB 사업을 위한 조례는 제정했지만 중앙정부 차원에서 SIB 법적 안정성을 위한 법률제정과 자본시장법, 세법 등 관련 법 개정이 되지 못한 부분이 가장 크다. 외국의 사례를 법 제정 이전에 먼저 도입하다 보니 기존 법률체계로는 SIB를 원활하게 추진하기가 어려운 실정인 것이다. 구체적으로 SIB 참여 주체별로 시사점을 찾는다면 다음과 같다.

먼저 성과보상자인 정부로서는 기존에 추진하고 있지 않은 사업을 SIB로 채택하는 경우가 많기 때문에 SIB를 추진한다고 해서 당장 정부의 재정 부담이 감소하지는 않는다. SIB가 정부 재정투입의 효율성을 높이는 수단이라고 하지만 사업이 성공할 경우 여전히 정부가 원금뿐 아니라 추가 인센티브를 보상해야 한다. 심지어 서울시 제1호 사업에서는 SIB

사업비 외에 이를 관리하기 위한 서울시 자체 운영비 예산을 별도로 배정함으로써 추가적인 재정 부담을 지게 되었다. 물론 SIB 사업의 사회적 가치로 인해 추후 정부가 부담해야할 비용이 장기적으로 줄어든다고는 하지만 정부입장에서 이러한 효과는 단기간에 피부로 느끼기 어렵다.

둘째, 정부 예산이 국가재정법, 지방재정법에 따라 단년도 방식을 따르고 있어 중장기로 다년간의 SIB를 추진하기가 어려운 측면이 있다는 점이 지적된다. 사회성과보상사업은 초반에는 정부 예산이 들어가지 않다가 마지막 연도에 사업이 성공하면 자금이 한꺼번에 집행되는 구조이기 때문에 큰 규모의 예산을 한 해에 전부 투입해야 하는 어려움이 있다. 얼마를 집행하게 될지 모른다는 점도 문제다. 특히 재정자립도가 낮은 지방자치단체에서는 특정 연도에 SIB 원금과 인센티브를 한 번에 지급하려면 다른 부문 예산은 그만큼 감소시켜야 할 우려가 있어 사회성과보상사업을 원활하게 추진하기 어려운 측면이 있다.

셋째, 정부 재정부담과 연결된 주제로 반대편에 있는 SIB 투자자 입장에서는 이 투자상품은 원금에 전액 손실이 발생할 수 있는 매우 위험한 상품으로 다가올 수 있다. 우리나라의 SIB 투자자는 주로 사회적기업, 비영리법인, 임팩트투자자, 사회복지공동모금회 등으로 아직까지 영리기업의 투자 참여는 많지 않은 상황이다. 궁극적으로 SIB 시장을 확대하기 위해서는 영리기업의 투자자 참여가 필수적이다. 우리나라 영리기업은 사회공헌활동의 일환으로 주로 기부를 활용하고 있는 것으로 나타났으며, 영리기업의 투자활동은 사회적가치보다는 주로 재무적가치를 우선하여 의사결정을 하고 있다. 즉, SIB 사업실패 시 원금을 전부 잃을 수 있다는 위험은 영리기업이 투자자로서의 참여를 어렵게 만드는 것으로 보인다.

이 3가지 제약을 동시에 극복하기 위한 아이디어로 기금 활용이 있다. 즉, 우리나라가 SIB 법률을 추후 제정할 때 그 재원으로 공적기금·민간 기금을 활용할 수 있도록 하고, 기금이 성과보상자, 원금보장기관, 보조 금 지급자, SIB 투자자 역할을 수행할 수 있도록 하는 것이다. 영국 피터 버러 SIB 사례에서는 공적 복권기금이 성과보상자의 역할을 수행한 바 있고, 미국 메사추세츠 청소년 SIB의 경우 골드만삭스가 조성한 민간 사 회투자기금이 SIB 투자자 역할을 담당하였다. 예를 들면, 민간 영리기업 이 사회공헌 목적으로 특정 기금에 기부하여 재원을 조성하고, 이를 SIB 성과보상으로 사용하거나, SIB 사업에 보조금 지급, 원금 보장 또는 투 자자로서 SIB 투자에 활용할 수 있게 하는 것이다. 우리나라에서는 서 울시 제2호 SIB 사업에서 사회복지공동모금회 지정기탁 제도를 통해 이 와 유사한 구조로 민간투자를 유치한 바 있으며, 화성시 SIB 사업에서는 KB손해보험이 사회복지공동모금회에 25억 원을 지정기탁하여 투자자 로 참여하였다.

게다가 기금은 단년도 정부 예산과는 달리 다년간의 SIB 사업도 무리 없이 지원할 수 있으며, 위에서 언급한 원금 보증기관의 역할을 수행한 다면 원금손실을 꺼리는 민간 영리기업의 SIB 투자를 크게 확대시킬 수 있을 것으로 보인다.

다음으로는 사업수행기관의 도덕적 해이에 대한 지적이 있다. SIB 구 조에서 위험부담이 가장 적지만 사업 성공에 지대한 영향을 미칠 수 있는 참가유형이 바로 사업수행기관이다. 그럼에도 불구하고 사업 성공에 대한 모든 리스크는 투자자가 지게 되어 있다. 사실상 사업수행기관은 투자자의 대리인으로 도덕적 해이가 발생할 수 있는 것이다.

이에 대해 SIB 사업에 참여했던 관계자들의 의견에 따르면 사업의 성과와 연계된 인센티브를 사업수행기관에 제공하는 방법, 그리고 사업수행기관이 SIB에 투자자로 참여하는 방법 등으로 이를 해결할 수 있을 것으로 보았다. 이같은 배경 하에 서울시 제2호 사업의 경우 인센티브 형식으로 사업성과에 연계한 금액을 사업수행기관에 지급한 바 있다. 참고로, 자본시장법상 집합투자기구에 투자하는 투자자들은 업무집행사원운용사의 도덕적 해이를 방지하고, 책임운용을 촉진하기 위해 운용사에게 일정 금액 이상 출자를 하도록 요구하고, 운용사 보수를 투자성과와 연동하여 지급하고 있다. 다른 대안으로는 사업수행기관에 대한 관리를 강화하는 방법이 있다. 영국 피터버러 SIB 사례가 시사하듯이 1년 단위로 사업수행계약을 갱신하는 형태로 운영하며 사업수행기관을 통제하는 방법이다.

우리나라 SIB 시장을 활성화시키기 위해서는 원금보장, 세금 혜택, 재무적 수익률 제고 등 제도적 뒷받침을 통해 투자자 저변 확대가 필요하다는 관점이다. 영국의 경우 사회투자세금감면 Social Investment Tax Relief, SITR 제도를 실시하고 있고, 이에 따르면 개인이 투자를 3년 이상 유지하는 경우 투자원금의 30%를 소득세 납부세액에서 공제하는 등 적극적 세금감면 혜택이 이루어지고 있다. 우리나라도 SIB 법률을 제정하면서 관련 세법 개정을 통해 인센티브에 대한 분리과세, 원금 불입액의 일정 비율에 대한 세액공제 등과 같은 혜택을 적극적으로 부여할 필요가 있다. 또한 SIB 관련 기금 앞으로 기부를 했을 때는 그 기부금도 세액공제를 해 줌으로써 SIB 투자와 SIB 기부가 동일한 세제 혜택을 받도록 법제화할 필요가 있다. 비슷한 맥락으로 사회적 금융기관의 하나인 신용협동조합 등 금융협동조합의 경우 현재는 타 법인 출자가 허용되지 않지만 향후 SIB 투자 또는 SIB 보증이 가능하도록 법 개정을 통해 투자자 저변을 확대할 필요가 있다.[17]

또한 SIB 기초사업을 다변화하여 다양한 투자수요를 충족시키는 것도 필요할 것으로 보인다. 예를 들어 전통적인 SIB의 사업범위에 해당하지 않는 어린이집 건물, 협동조합 콤플렉스 건립, 지역주민을 위한 스포츠 시설 건립 등 인프라 사업들의 경우도 환경·사회적 가치를 창출하는 경우 이를 SIB 사업으로 추진하는 방안도 있다. 이 경우 정부는 건설비용을 당장 직접 투입하지 않고 민간자본을 통해 사회적 시설을 지을 수 있으며, 사업목표 달성 시 SIB 투자자들은 해당 건물에서 나오는 임대료와 정부가 매월 지급하는 인센티브 등을 통해 장기에 걸쳐 투자금을 회수하는 구조이다. 이 경우 투자금융상품으로서 SIB의 장점은 투자기간이 장기라는 점과 기금 등을 활용하여 원금보장 구조로도 설계가 가능한 점, 정부 인센티브 제공으로 수익률이 높다는 점, 성과보상을 정부가 한다는 점 등을 들 수 있다.

이와 함께 다수의 투자자를 대상으로 하는 홍보 등을 위해 자본시장법상의 규제 완화에 대한 목소리도 있다. 현행 자본시장법에 따르면 50인 이상에게 10억 원 이상의 투자계약증권을 모집, 매출하기 위해서는 금융위원회에 증권신고서를 제출해야 한다. 이러한 규제를 피하기 위해 우리나라에서 SIB는 49인 이하의 사모 방식으로 대부분 투자자를 모집하였다. 서울시 제2호 사업의 경우도 현행법상 증권회사만 투자계약증권을 크라우드펀딩으로 모집할 수 있다는 법무법인 의견서를 받아 이를 일반투자계약으로 계약서를 바꾸어 진행하였다고 한다. 다만, 원금의 전액 손실 가능성을 고려해보았을 때 투자자 보호 차원에서 어느 수준까지 자본시장법 규제를 완화할 것인가에 대해서는 신중한 접근이 필요하다.

이와 같은 제도 정비를 통해 SIB 투자자 저변이 확대된다면 향후 사회적금융 시장의 규모는 커지고, 이로 인해 수익을 얻는 운영기관 생태계도 활성화되면서 동시에 다양한 SIB 사업이 발굴되는 선순환 구조가 마련될 것으로 보인다.

6장

한국형 BSC(임팩트 투자 도매기금), 한국사회가치연대기금

사회적금융 생태계 조성의 마중물, 사회가치연대기금

무한경쟁을 표방하는 자유주의 시장경제질서 속에서 발생한 사회적 문제들은 우리 모두의 숙제로 남아있다. 자본의 논리가 해결하지 못하는 수많은 사회적 문제들을 해결해 나가는 동시에 수익모델 다각화를 통한 '지속가능한 경영'을 추구하는 기업집단이 있다. 사회가치연대기금은 영국의 BSC를 벤치마킹하여 사회적금융 중개기관을 통해 다양한 방식으로 사회적경제기업에 자금을 지원한다.

민세욱

2018년 사회적금융 활성화 방안이 논의되기 전까지, 우리나라에서 소위 '사회적경제'라는 용어는 일반인들에게는 다소 생소한 개념이었다. 심지어 '사회적경제'를 특정 경제체제와 혼동하여 이해하는 이들도 적지 않았으며, '사회적기업'은 자선·구호 단체로 인식하기 일쑤였다. 한편, 이즈음 선진국에서는 이미 사회적금융 생태계가 정립되어 사회적경제기업이 운전자금을 용이하게 조달할 수 있는 체계가 구축되고, 민간 중심의 사회적금융 지원체계가 자생적으로 자리매김하기에 이르렀다.[1]

이 중에서도 특히 영국 임팩트 투자 도매기금인 "베러 소사이어티 캐피털"(이하 'BSC')의 역할을 주목할 필요가 있다.[2] 기업이 투자를 받으려면 현재와 미래에 창출할 가치를 증명할 수 있어야 한다. 경제적 이익을 추구하는 일반 기업과는 달리, 사회적기업은 경제적 사회적 가치를 모두 증명해야 하기에 쉽지 않은 일이다. 이 때문에 주류 금융시장에서 임팩트 투자가 쉽게 자리 잡지 못하고 있는데, BSC는 1만 8천여 곳의 소셜벤처, 사회적기업을 평가해 임팩트 시장 데이터를 구축하고, 이를 토대로 항목만 1천개가 넘는 임팩트 평가지표를 개발했다. BSC가 투자하는 중개기관은 사회문제 사전예방, 낙후지역의 사회문제 해결, 취약계층의 주거문제를 다루는 사회적기업에 투자한다. 그 결과 2012년 BSC 창설

당시 1조 2천억 원 수준이었던 영국 임팩트 투자시장 규모는 3년 만에 약 6조 원대 규모로 성장했다.[3]

BSC의 눈에 띄는 성과 중에서도 대표적인 사례 중의 하나는 사회 취약계층의 주거 문제를 해결하는 '좋은 집 프로젝트'다. 런던에서 24평 아파트를 구입하려면 평균 33억 원이 필요한데 급격하게 치솟는 런던 집값을 감당하지 못한 3만여 명이 리젠트 운하에 주거용 보트를 띄워놓고 물 위의 삶을 선택하기에 이르렀다. 이에 영국 정부는 BSC를 통해 주거 불평등 해소를 위해 활동해 온 사회적기업, 자선단체를 발굴해 이들의 프로젝트에 대규모 자금을 투자하는 금융기관과 투자자들을 모아 저소득층이 안전하게 살 수 있는 주택 425곳을 마련했다. 그 결과 청년 노숙인 900명이 집을 찾게 되었다.

이렇게 재무적 이익뿐만 아니라 사회문제를 해결하는 투자를 '사회투자'라 한다. 영국 정부는 부족한 예산을 사회투자로 보완하고, 사회적기업, 자선단체, 기업, 금융기관 등 민간과 함께 문제를 해결하는 '큰 사회 Big Society' 모델을 적극 확대했던 것이다.[4] 그리고 이 '사회투자'의 숨은 조력자로서, BSC는 빅소사이어티 모델 구현의 마중물 역할을 충실히 해 냈다고 평가할 수 있다.

이러한 상황에서 우리 정부도 사회적금융시장을 조성하기 위해 ① 절대적 자금공급 부족 해소, ② 사회적금융시장 활성화를 위한 생태계 조성이라는 목표 하에 자금의 도매공급기관인 "사회가치기금(가칭)"을 설립하여 사회적금융의 촉매제로 활용하고자 하는 계획을 구상하게 된다.

위와 같은 배경 아래에서 한국사회가치연대기금(이하 '사회가치연대기

지속가능한 금융의 미래

금')이 2018년 12월에 설립되었다. 사회적경제기업에 투융자 및 보증지원을 함으로써 '사회적금융 생태계 구축'을 목표로 한 국내 최초의 '임팩트 투자 도매기금'이 출범한 것이다. 사회가치연대기금은 도매기금이라는 명칭에서 알 수 있듯이 사회적경제기업을 직접적으로 투융자 지원하기보다는 주로 '사회적금융 중개기관'에 자금을 공급하면, 중개기관에서 사회적경제기업을 선별하여 투융자 지원을 실시하는 방법으로 사회적금융의 간접 투융자 지원을 수행해왔다.

대한민국 최초의 사회적금융 도매기관, 한국사회가치연대기금

사회적금융이란, 사회적 가치 실현을 재무적 이익과 함께 추구하는 금융으로 정의된다. 협의의 개념으로는 사회적 가치 창출을 목적으로 사회적경제기업[5] 등에 투자·융자·보증을 통해 자금을 지원하는 금융활동을 의미하고 광의로는 추후 회수를 전제로 하는 투자·융자·보증뿐만 아니라 보조금과 자선행위도 포함하고 나아가 환경·사회·지배구조ESG 우수기업에 투자하는 사회책임투자Social Responsible Investment, SRI까지 포함한다고 볼 수 있다.[6]

사회적금융은 자금의 '수요주체'와 '공급주체' 그리고 양자를 매개하는 '중개주체'인 사회적기업에 대하여 세 주체가 효율적인 금융지원을 형성하면서 활성화되고 있는 양상으로, 선진국에서는 이들 세 영역

사회적금융 개념 도식화

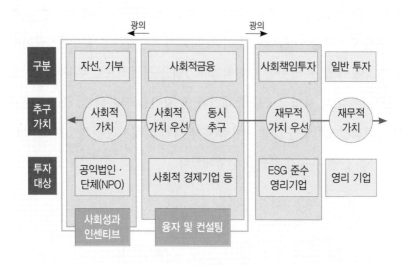

출처: 한국사회혁신금융, "사회적금융의 이해/자금수요자로서 사회적경제 이해 (사회적금융 전문가 양성과정), 2020. 10. 15. 4면.

이 보조금Grant, 부채Debt, 인내자본Patient Capital, 준지분Quasi Equity, 지분 Equity 등 다양한 혁신 금융수단을 매개로 긴밀한 상호작용 과정 속에서 사회적금융의 발전을 촉진하고 있다. 이러한 과정에서 '중개주체'가 어떠한 방식으로 수요와 공급을 중개하고, 어떠한 권한을 부여하고 행사하는지, 또 어떤 자본 원천에 의해 사회적금융을 조성할 것인지가 해당 사회의 사회적 투자 토양을 결정짓는다. 즉 얼마만큼 주민과 공동체가 권한을 행사하고, 또 어느 정도 민간 자본이 참여하는지, 어떻게 이들을 매개할 것인지가 관건인 것이다.[7]

이러한 관점에서 2012년 설립된 영국의 빅소사이어티캐피탈BSC을 주목할 필요가 있다. 빅소사이어티캐피탈은 사회적경제의 발전을 지원하기 위해 만든 기금으로, 사회적기업과 협동조합 등 개별 사회적경제조직에 직접 자금지원을 하지 않고, 사회투자전문기관을 통해 지원하는 방식으로 운영하는 제도다.[8]

즉, 빅소사이어티캐피탈은 사회적금융계에서 일종의 도매상 구실을 하고 있으며, 사회투자전문기관에게도 무상제공이 아니라 오직 투자와 융자만 제공한다. 사회적기업의 수를 늘리는 게 중요한 것이 아니라 이들이 성장할 수 있는 환경과 시장을 만드는 것이 중요하다는 판단에서 단기 수익을 좇는 것이 아니라, 긴 시간에 걸쳐 사회적투자 시장을 조성하는 '인내자본'임을 분명히 하고 있다.[9]

위와 같이 빅소사이어티캐피탈은 사회적금융의 중개자로서 금융수단을 다양화하여 균형 있는 사회적투자가 가능하도록 자금을 공급하고, 투융자 대상 선정은 전문기관에 위임함으로써 자금 공급의 효율성 제고와 동시에 임팩트와 재무적 수익도 달성하고 있다.

우리 정부도 영국의 모델을 참고하여 사회적금융의 개념을 직접적인 자금지원을 실시하는 것에서 한걸음 더 나아가 자선, 기부뿐만 아니라 차익실현을 전제로 자금을 공급하는 투자에 이르기까지 광범위하게 설정함으로써 사회적금융시장 및 사회적금융 생태계를 조기에 성숙하여 활성화하려는 의지를 천명했다.

2018년 2월 정부는 사회적금융 활성화 방안을 발표하면서, 민간 주도의 사회적금융 도매기금 설립 지원 계획을 구체적으로 밝힌 바 있다. 즉 지속가능한 사회적금융시장 조성을 위한 촉매제로서 자금 도매 공급기관인 사회가치연대기금 설립을 지원하여 기금을 조성하고, 사회적금융 중개기관을 육성하여 이들을 통해 자금을 간접 지원하는 역할을 수행하면서 나아가 민간투자자, 금융기관의 참여 확대를 유도하겠다는 구상이다.

이 계획에 따르면 우선 사회적경제기본법을 제정하여 사회가치연대기금의 법적 설립근거를 두고, 민간의 자발적인 출연 등으로 재원을 확보하여 정부로부터 독립된 기금운용 원칙을 마련한다. 이렇게 설립한 사회가치연대기금은 사회적금융 중개기관 등을 통해 자금을 간접 지원하는 등 도매기금으로서 역할을 수행하고, 사회적금융 중개기관은 사회적경제 기업에 주로 투융자하되 일정 한도 내에서 사회적가치 창출이 큰 일반 중소기업, 낙후지역 개발사업 등을 투융자 대상에 포함시킨다. 또한, 사회가치연대기금의 자율적 설립·성장을 위해 정부·지자체에서 사회가치연대기금에 출연하고 사회적금융 관련 정부·지자체 사업의 이양을 추진한다.

이와 같이 정부는 한국형 BSC인 사회가치연대기금을 사회적금융 활성화의 촉매제로 활용하려는 것으로 판단된다. 정부는 사회가치연대기금 설립을 지원하되, 민간 주도로 운영되도록 하고 사회적금융시장이 조성될 때까지 공공부문 자금 공급 등 선도적 역할을 수행함으로써 민간투자자, 금융기관의 참여를 유도, 원활한 사회적금융 생태계 구축의 마중물 역할을 하겠다는 구상이다.[10]

위와 같은 배경을 토대로 설립된 사회가치연대기금은 '지속가능한 사회적금융 생태계' 조성을 비전으로, 사회적금융 사각지대 해소와 역량 강화, 다양한 민간 재원의 개발과 활용 등 사회적금융시장 조성의 마중

지속가능한 금융의 미래

사회적금융 활성화 방안

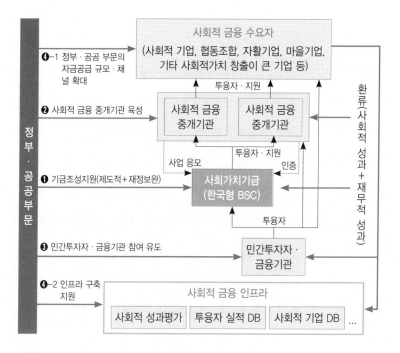

출처: 금융위원회 보도자료, 「사회적금융 활성화 방안」, 2018. 2. 8.

물 역할을 수행하고 있다. 구체적으로 사회적경제기업의 성장을 위해 인내자본을 공급하고, 낙후된 지역경제를 살리고 사회문제 예방과 해결을 위한 프로젝트에 투융자 지원, 이윤보다 사회적 가치를 추구하는 사회적금융 중개기관의 활동을 지원하고 있다.[11]

지속가능한 사회적금융 생태계 조성을 위한 쉼 없는 노력

사회가치연대기금의 2023년 사회적금융 중개기관을 통한 간접 투·융자액은 1억 6천 623백만 원[92.8%]으로 2022년 대비 1.3% 증가한 것으로 나타났다. 투·융자 형태에서 보면 기금운용 회수에 장기(약 7년 이상) 소요되는 소셜임팩트펀드 출자 위주의 투자 비율은 61.5%이며 투·융자 포트폴리오 중 대출분할 상환 및 불안정고용 노동자 공제조직 대출 회수 등 대출잔액 감소의 영향으로 전년 대비 0.3% 상승하였다. 기금 투·융자 평균회수기간은 6.4년으로 전년 말 대비 0.09% 소폭 증가하였다. 소셜임팩트펀드 등에 집중된 투자의 평균회수기간은 7.5년, 사회적금융 중개기관을 통한 사회적경제기업 대출지원 평균회수기간은 4.5년이다.

사회가치연대기금 투·융자 세부 유형별 현황

출처: 재단법인 한국사회가치연대기금 연차보고서(2024. 4.), 32면.

2022년 말 기준 사회가치연대기금은 8개의 임팩트 영역을 선정하여 투융자 지원을 실시했다. 이 중에서도 특히 사회주택·지역자산화, 교육·보육, 도시재생·문화예술, 건강·고령화케어·장애인복지, 환경·에너지·농어업, 사회혁신기술, 양질의 일자리·고용, 금융접근성에 중점적으로 집행이 이루어진 것으로 확인되었다.[12]

구체적으로, 투융자 금액별로는 환경·에너지·농어업 분야 37.7%, 건강·고령화케어·장애인복지 19.1%, 도시재생·문화예술 14.8%, 양질의 일자리·고용 10.6%, 사회혁신기술 6.7%, 금융접근성 4.8%, 교육·보육 3.7%, 사회주택·지역자산화 2.6% 순으로 나타났다. 투융자 기업 수별로는 환경·에너지·농어업 29.6%, 양질의 일자리·고용 21.8%, 교육·보육 13.2%, 건강·고령화케어·장애인복지 12.1%, 도시재생·문화예술 8.2%, 사회혁신기술 8.2%, 사회주택·지역자산화 4.3%, 금융접근성 2.7% 순이었다. 한편, 2023년 말 기준으로는 2022년 대비 도시재생·문화예술 영역이 5.5%p 증가하였으며, 투·융자 기업 수 기준으로는 양질의 일자리·고용 영역이 7.1%p 증가하여 전년대비 뚜렷한 증가 추세를 보였다.

또한, 투융자 자금지원 포트폴리오를 살펴보면 사회적경제기업에 대한 투융자 지원이 77.3%, 사회목적 프로젝트 투융자 지원이 18.1%로 구성되어, 사회적경제기업 차원의 투융자에 더욱 집중되어 있다는 사실을 알 수 있다. 이를 토대로 판단컨대, 사회가치연대기금이 지역 사회의 목적성 프로젝트를 통한 사회적가치 실현에도 어느 정도 기여하는 바가 있지만, 사회적금융 생태계 조성이라는 차원에서 사회적금융 중개기관을 통한 사회적경제기업의 성장을 지원하는데 더 중점을 두는 것으로 생각된다.

사회적경제기업이 사회적금융을 통해 경제활동을 하여 사회적가치를 구현하면 그 이익을 투자이익, 대출상환금으로 회수하면서 건전한 투융자 시장으로 자리매김할 수 있다. 이런 과정을 통해 종국적으로는 사회적금융시장도 자본시장과 같이 민간투자자들이 투자 목적이라는 경제적 이익을 실현하기 위해 적극 참여하기에 이를 것이고 그렇게 되면 사회적금융 생태계 조성이라는 최초의 목적을 조기에 실현하게 될 것이라는 의도라고 생각된다.

UN SDGs에 기반한 사회가치연대기금의 임팩트 투자

사회가치연대기금은 사회적경제조직, 임팩트 프로젝트 및 사회적금융기관 등을 대상으로 투융자 업무를 수행한다. 사회적경제조직에 대한 투융자는 사회적경제조직의 운영과 성장을 통한 사회적 가치 창출을 위해 사회적경제조직 및 이들 조직의 설립을 추진하는 자에 대한 투융자를 뜻한다. 임팩트 프로젝트에 대한 투융자는 사회적가치 실현을 위해 사회적경제 방식으로 프로젝트를 입안하여 추진하는 조직 및 이런 조직의 설립을 추진하는 자에 대한 투융자를 말한다. 사회적금융기관에 대한 투융자는 사회적금융기관의 역량강화 및 지속가능성 제고를 위해 공급하는 투융자를 가리킨다.[13]

투융자 집행방식은 직접투융자와 간접투융자로 구분한다. 직접투융자란 사회적경제조직이 발행한 주식, 지분, 채권을 재단이 직접 취득하거나 채무를 보증하는 등의 방식으로 진행하는 직접투자, 직접대출, 직접보증을 뜻한다. 한편, 간접투융자는 사회가치연대기금이 사회적금융기관 등을 통해 사회적경제조직 또는 사회적가치 실현을 위한 프로젝트에 공급할 수 있는 자금을 제공하는 간접투자, 간접대출, 간접보증 등을 말한다.[14] 이를 차례로 살펴보면 다음과 같다.

첫째, 사회가치연대기금은 인프라 투자를 위한 자금의 도매 공급기관이므로 사회적금융 중개기관에 자금을 공급하면, 사회적금융 중개기관에서 사회적가치 실현과 재무 건전성, 투자성과 등을 고려하여 사회적경제기업을 선별해 투융자하는 간접적 지원 형태에 더 많은 비중을 둔다. 정부가 발표한 '사회적금융 활성화 방안'에서도 알 수 있듯이 사회가치연대기금의 설립목적은 '사회적금융 생태계 조성'과 이를 토대로 한 사회적금융시장의 발전에 기여하는 것이므로, 기금을 통한 민간투자자 참여 확대라는 취지에 방점을 둔 것이다.

둘째, 사회가치연대기금은 사회적 목적 프로젝트와 사회적금융 중개기관의 육성 목적의 직접 투융자 지원도 실시한다. 경제논리가 전제된 투자 측면에서 다소 소외되었더라도 중요한 사회적 가치 실현을 위해 투자가 필요한 영역에는 직접적으로 투융자를 실시하여 임팩트 투자 영역별로 사회적 이익이 균등하게 귀속될 수 있도록 선도하는 역할을 하는 것으로 생각된다.

사회가치연대기금은 투융자 업무 취급 시에는 자금 용도, 사업타당성, 사회적가치 창출력, 수익성, 조직 역량 등을 종합 검토하여 사회적금융으로서의 정체성을 견지하면서 건전한 자산운용이 되도록 해야 한다는 기본원칙을 준수해야 한다. 사회가치연대기금은 사회적금융 도매기관으로서 생태계 조성을 위해 사회적경제조직 및 임팩트 프로젝트에 대한 투융자에 있어 간접투융자 방식을 원칙으로 하고, 사업수행의 전 과정에서 사회적금융기관 및 사회적경제조직의 역량 향상을 도모한다.

또한, 투융자 대상을 선별하고 지원하는 과정에서 실물경제에 기반하여 사업을 진단하고 사회적가치를 중심으로 평가하는 체계를 갖추어야 하며, 재단 스스로 지속가능한 사회적경제조직이 되기 위해 노력해야 한다. 그리고 투융자 사업의 설계 및 집행 과정에서 사회적가치를 이해하고 사회적경제 성장을 뒷받침할 수 있는 새로운 참여자를 개발하고 금융 기반을 확장하며, 지속가능한 제도기반을 구축하는 일에 주의를 기울여야 한다.[15] 위와 같은 투자원칙을 통해 사회가치연대기금의 투융자 사례에 대해서는 항을 바꾸어 살펴보고자 한다.

사회적경제조직에 대한 대표적 투자 사례로 "강원피크닉투자조합"을 주목해 볼 만하다. 한국모태펀드(한국벤처투자 운용), 강원도(강원테크노파크) 등의 다양한 기관과 강원지역 출신 비즈니스 및 각 분야 전문가가 투자자로 참여한 강원피크닉투자조합은 강원 지역 내 사회문제를 해결하는 소셜벤처와 규제자유특구 산업에 집중적으로 투자하는 펀드로, (주)소풍벤처스와 강원창조경제혁신센터가 공동으로 운용한다.[16] 총 2천 200백만 원의 기금이 결성되었으며, 강원도 소재 초기기업과 강원도가 규제자유특구로 선정한 분야인 디지털 헬스케어, 액화 수소 분야기

지속가능한 금융의 미래

업에 특화된 투자를 통해 지역 기반의 대표 기업을 육성하고, 지역 경제 활성화 및 일자리 창출에 기여함이 목적이다. 로컬 경제 활성화, 친환경 농식품, 촉매 기술 기반 수소·유해가스 안전시스템, IT기술 융합 수소 충전소 패키지 등 소셜임팩트를 추구하는 기업에 펀드 결성 총액의 73% 가 집행되었다.

사회목적 프로젝트 관련 투자 사례[17]로는 '서울시 청년실업 해소 사회 성과 보상사업SIB'을 들 수 있다. 이 사업은 서울시 사회성과보상사업 운 영조례에 근거하여 만19세~34세 청년 500명의 3년간 취·창업 성과목 표 달성 정도에 따라 투자수익이 변동하는 사회성과보상사업Social Impact Bond, SIB 이다.

사회복지공동모금회, 비플러스, KB손해보험 등이 민간투자자로 참여 하였으며, 운영기관인 (유)팬임팩트코리아는 청년들에게 SIB프로그램 을 제공할 수행기관으로 한국생산성본부와 소셜벤처인 (주)퍼센트를 선 정하였다. 총 2천 900백만 원의 기금이 결성되었고, 2022년 12월 기준, 취·창업 청년은 총 167명으로 최대 성과목표 145명 대비 115%의 성과 를 달성하여 OECD 국가 대비 고학력 청년 실업문제가 심각한 국내 상 황을 해소하는 데 기여하였다.

사회가치연대기금은 신생 또는 초기 단계에 있는 지역 사회적금융 중 개기관 육성을 위해 경남사회가치금융대부에 출자한 바 있다. 경남사회 가치금융대부는 경상남도 내 사회적경제조직 당사자들과 각종 주체가 주주로 참여한 사회적금융기관으로, 지역 사회적경제기업들의 비즈니 스 활성화와 지속가능성에 기여하고자 2019년 12월 설립되었다. 이 사례는 사회가치연대기금이 지역 기반 사회적금융 중개기관 설립을 지원한 첫 번째 사례로, 자금지원 외에도 사회적금융 교육 및 중개기관용 대출관리 시스템 구축을 지원하는 등 중개기관의 안정적 정착을 위한 기반을 제공하였다. 총 5천 1백만 원의 기금이 결성되었고, 2022년 12월 기준, 총 6개(8건)의 경남소재 사회적경제기업들에게 2억 8천만 원의 자금이 공급되었다.

한국사회가치연대기금은 사회적금융 도매기금으로서 사회적금융 중개기관을 통한 간접 투·융자를 지향하고 있으며, 2023년말 기준 사회적경제 현장에 대한 이해도가 높고 사회적 가치를 추구하는 투·융자 중개기관 20개(대출형 중개기관 10개, 투자형 중개기관 10개)를 통해 사회적경제기업의 성장을 지원하는 금융을 공급하고 있다.

한국형 BSC의 성장과 도약을 위한 과제

사회가치연대기금은 주로 사회적금융 중개기관을 통한 간접투융자 방식을 통해 사회적금융 생태계를 구축하고, 공공자금뿐만 아니라 민간영역에서의 투융자도 유도하여 투융자 의사결정에서 민간에서의 자율성과 효율성을 제고하면서도, 임팩트 프로젝트 분야를 세분화하여 사각지대 없는 건전한 사회적금융시장 조성을 위해 노력하고 있었다. 그러나 정부가 사회적금융 생태계를 조성하면서 설립한 사회가치연대기금이 당초 목표했던 영국의 BSC 수준으로 성장하기에는 한계를 보이고 있

지속가능한 금융의 미래

는데, 이 수준으로 나아가려면 사회적금융 전체 생태계 활성화를 안정적으로 달성하기 위한 제도적 보완이 절실하다. 이하에서는 사회가치연대기금이 발전하여 더욱 방대한 임팩트 투자영역에 자금을 지원하기 위해서 어떠한 제도적 개선이 필요한지 생각해 보고자 한다.

첫째, 사회적금융 생태계 조성이라는 궁극적인 목적을 실현하기 위해서는 사회가치연대기금의 투용자 규모가 지금보다 더욱 확대될 필요가 있다. 이를 위해서는 무엇보다도 기금 조성에 민간 금융기관과 보증기관의 참여가 증대되어야 한다. 특히 민간 금융기관은 코로나19 팬데믹에 따른 유동성 증가와 그에 따른 예대마진 수익을 비롯하여 최근 전 세계적인 금리 인상의 여파를 이용한 예금 확보로 엄청난 유동성을 보유하고 있다. 지역사회의 사회적 가치 실현이라는 금융기관 본연의 사회적 책임을 다하고, 임팩트 투자를 통한 투자성과를 함께 실현할 수 있는 기회를 제공하기 위해서 사회가치연대기금의 조성에 적극 동참할 필요가 있다고 생각된다.

둘째, 사회가치연대기금은 2018년 12월에 설립되었음에도 불구하고 아직까지 그 설립의 근거 법률이 없기 때문에 기금의 법적 성격과 목적이 명확하지 못하다는 단점을 안고 있다. 이는 당초 국회에서 입법 예정이었던 '사회적경제기본법'이 아직까지 법제화되지 못한 데 그 원인이 있다. '사회적경제기본법'이 갖는 진정한 의미와 필요성, 전 세계적으로 사회적금융시장이 대두되고 있는 국제적인 흐름을 고려하여 신속하게 입법이 추진되어야 할 것이다.

마지막으로 투자 영역별 수익성 개선 방안을 구상하여 민간투자자의 적극적이고 자발적인 투자를 유도해야 한다고 생각된다. 아직 우리나라의 사회적금융 생태계는 태동단계에 불과하므로, 다양한 임팩트 투자영역을 균등하게 지원하는 전략보다는 우선, 사회적금융시장의 규모를 확대하는데 집중할 필요가 있다고 본다.

따라서 임팩트 투자 영역별로 포트폴리오를 세분화하여 투자 수익률을 개선해야 하고, 비교적 단기에 투자성과가 발현되어 높은 수익률을 안겨줄 수 있는 임팩트 사업에 초점을 두고 펀드를 조성하면 더 많은 민간투자자의 자본이 투입되어 자본시장 내에서도 사회적금융시장의 비중이 증대될 것이고, 궁극적으로는 자본시장의 거대 자본의 투입까지 기대할 수 있을 것이다.

지속가능한 금융의 미래

7장

로펌이 ESG 하는 법,
법무법인(유) 지평과 사단법인 두루 사례

ESG 시대의 법률가의 역할

로펌은 변호사법에 따라 기본적 인권을 옹호하고 사회정의 실현을 사명으로 하는 변호사 조직이므로 일반 영리 기업보다 사회적 가치 실현에 더욱 앞장서야 한다. 변호사업의 주요 이해관계자인 고객(의뢰인), 공급망, 지역사회도 변호사에게 환경, 사회, 지배구조(ESG)의 실행을 적극적으로 요구하고 있다. ESG가 본격적으로 제도화되고 법제화됨에 따라 기업의 파트너이자 협력자인 법률가와 로펌의 역할도 더욱 중요하게 부각될 것으로 예상된다.

이태영

"ESG가 기업의 화두가 되고 있고, 법무법인도 그 예외는 아닙니다. 법무법인도 기업인 이상 지속가능한 발전을 위해 ESG 경영이 필요합니다. 법무법인은 인권을 옹호하고 사회정의를 실현하는 특수법인이므로(변호사법 제1조) 더욱 그러합니다."

　법무법인(유) 지평(이하 '법무법인 지평' 또는 '지평')의 임성택 대표 변호사는 일찍부터 로펌의 사회적 역할에 대해 고민하고 적극적으로 실천해왔다. 로펌은 변호사법에 따라 기본적 인권을 옹호하고 사회정의 실현을 사명으로 하는 변호사 조직이므로 일반 영리 기업보다 사회적 가치 실현에 더욱 앞장서야 한다고 강조한다.[1] 과거 시민단체 활동가로 근무하였다가 로펌의 대표로 활동하고 있는 그는 법률 전문가 단체인 '로펌'이야말로 우리 사회에 체계적으로 선(善)한 변화를 일으킬 수 있는 조직이 될 수 있다고 믿는다.[2] 그러한 믿음에 따라 장애인·사회복지·사회적 기업 분야 등에서 그 누구보다 활발하게 활동을 이어나가고 있다.
　최근에는 로펌 스스로의 공익활동이나 사회적 가치 실현도 강조되지만 변호사업의 주요 이해관계자인 고객(의뢰인), 공급망, 지역사회도 변호사에게 환경, 사회, 지배구조ESG의 실행을 적극적으로 요구하고 나섰다.[3] 주요 다국적 기업들은 고문 로펌들에게 경제(반부패·하도급), 환경, 사회(노동·보건·안전·인권) 등 ESG 사항을 준수하고 있는지, 이를 보장할 수 있는 시스템을 갖추고 있는지 확인을 요구하고 있다. 2019년경 미국의 170개 대기업과 유럽의 65개 대기업 법무팀장들은 로펌의 다양성 Diversity 증진을 촉구하는 성명서를 발표하였다. 당해 기업들이 선임하는 로펌도 다양성 정책을 반영하기를 기대한다는 내용이다.

국제사회에서는 법률가들의 ESG 실천이 활발해지고 있다. 탄소중립을 위한 변호사 연합 Net-Zero Lawyers Alliance, 지속가능성을 위한 로펌 네트워크 Law Firm Sustainability Network, 소셜 임팩트를 위한 법률 네트워크 ESELA 등도 꾸려지고 있다. 국내에서는 법무법인 지평이 ESG를 적극적으로 실천하고 기업들의 ESG 정책을 적극적으로 지원하는데 앞장서는 것으로 알려져 있다. 지평 스스로도 지속가능성을 끊임없이 고민하고, ESG를 내재화하려고 노력해왔던 것으로 보인다.

지평은 우리가 하는 업무가 어떤 의미를 가지는지, 세상과 사람들에게 어떤 도움을 주는지, 의뢰인을 비롯한 우리의 이해관계자에게 이익이 되는지 고민하고 있다. 지평의 임팩트 Impact는 무엇인지 측정할 필요성도 느끼고 있다. 지평은 일을 가장 잘하는 로펌, 고객에게 탁월함을 제공하는 로펌을 지향한다. 지평은 구성원이 행복하고 존중받으며 주인이 되는 로펌을 지향한다. 물론 지평도 돈을 버는 기업이고 매출과 수익성의 중요성을 부인하지 않는다. 오히려 이를 위해서도 지속가능성과 ESG는 중요하다고 믿고 있다.

지평의 ESG와 공익활동을 활성화하는데 늘 함께하는 조직이 있다. 바로 지평이 설립한 공익변호사단체, 사단법인 두루(이하 '사단법인 두루' 또는 '두루')다. 지평은 지난 2014년, '세상을 두루 살피고 널리 사람을 이롭게 하는 것'을 목표로 사단법인 '두루'를 설립하였다.[4] 2014년 1명의 공익변호사로 출발한 두루는 2024년 8월 현재 13명의 변호사와 프로젝트 매니저 등 직원이 근무하는 국내 대표적인 공익변호사단체로 성장하였다. 두루는 장애인, 아동·청소년, 사회적 경제, 이주·난민 및 국제인권을 중점분야로 선정하고 공익소송, 법률자문과 상담, 입법지원 등 다양한 활동을 펼치고 있다. 이처럼 공익변호사단체는 NGO, 인권단체와 더욱 밀접하게 연결되어 우리 사회 곳곳의 문제를 현장에서 들여다보고 법적 사각지대에 있는 개인이나 조직을 법적으로 지원한다.

인권 옹호와 사회 정의 실현에 앞장서는 지평의 ESG 경영

법무법인 지평은 2000년 4월 3일 창립하여, 2024년 8월 1일 기준 한국변호사 252명, 외국변호사, 회계사, 컨설턴트 등을 합하여 348명의 전문가가 활동하고 있다. 지평은 '구성원의 행복, 고객 만족, 사회 공헌'이라는 비전을 가지고 '사람 중심, 진정성, 진취성'을 가치로 여기며 지난 24년의 역사를 형성해 왔다. 지평은 최고의 실력과 정성으로 고객에게 헌신하며 사회에 공헌하는 글로벌 명문 로펌을 지향하고 있다.[5]

지평은 2019년 한국 로펌으로는 처음으로 사회적가치 경영을 선포하고 경제적가치뿐 아니라 사회정의를 실현하고 사회 문제를 해결하는 것을 동시에 추구하며 함께 성장할 것임을 선언하였다.[6] 지평은 사회적 가치 경영 선언문을 통해 로펌의 핵심 과제로 '사회적 가치 실현'을 설정하고, 구체적인 실행 방안을 제시했다. 우선, 로펌 내에 '사회적가치위원회'를 구성하고 사회적 가치 경영을 위한 조직 체계와 담당자를 지정하는 등 시스템을 구축하였다. 또한, 구성원 채용, 법률 업무 수행, 고객 관계 등에서 사회적 가치를 고려하고 이를 실천하기로 하였다. 실질적인 사회 문제 해결을 위해 매년 1개 이상의 사회적 문제를 전사적 과제로 설정하고, 기업, 공공기관, 시민사회 등을 지원하고 있다.

사회적 약자의 인권을 옹호하고 사회 문제를 해결하기 위해 설립된 사단법인 두루는 소속 공익변호사 규모를 장기적으로 20여 명으로 확대할 예정이다. 아울러 공익변호사 생태계 조성 사업도 별도로 추진한다. 지평은 기업이 경제적 가치뿐만 아니라 사회적 가치를 창출해야 한다는 '사회적 가치 경영'이 전 세계적인 추세임을 강조하며, 인권을 옹호하고 사회 정의 실현을 사명으로 하는 로펌이 일반 기업보다 사회적 가치 실현에 더 적극적으로 나서야 한다고 밝혔다.

지평은 사회적 가치 경영선언의 후속 조치로 2019년 임성택 대표변호사를 위원장으로 하는 사회적가치위원회 Social Value Committee를 구성하였다. 지평의 사회적가치위원회는 사회적가치 경영을 전사적 과제로 내재화하고 실현, 추동하기 위한 역할을 하며, 지배구조·인사·교육·업무·조달·환경 등 전사적 영역과 함께 법조·지역사회와의 관계에서 국제적 수준에 부합하는 사회적 가치를 반영하고, 유엔 지속가능발전목표SDGs를 포함한 국제적 기준을 준수하고 이에 따른 평가를 하기 위하여 설립되었다. 이와 같이 지평은 로펌에서의 공익, 사회정의, 사회적 가치의 의미에 대해 지속적으로 고민하고 있으며, 공공의 이익을 위한 활동을 주요한 과제로 삼고 있다.

지평은 2015년 공익활동 보고서에 처음으로 사회적 책임 이행 항목을 포함하였고, 2016년에는 국내 로펌으로는 처음으로 사회책임 보고서를 발간하였다.[7] 2020년부터는 국제적 공시표준인 GRI Global Reporting Initiative 기준에 따라 '지평 지속가능성보고서'를 국문 및 영문으로 발간하고 있다.[8] 지평은 ESG 경영 현황과 활동내용을 지속가능성 보고서로 공유하며, 이해관계자와 소통하기 위해 노력한다.

지평은 다양한 이해관계자들과 협력하고 있다. 지평은 구성원, 고객, 지역사회, 법조사회, 협력사, 언론 및 공공기관을 주요 이해관계자로 정의하고 있다. 지평은 이해관계자와 다양한 방법으로 소통할 수 있는 채널을 마련하고, 이해관계자의 의견을 적극 청취하며, 이를 경영 활동에 반영하고자 노력하고 있다. 지평은 보고서를 통해 이해관계자의 범위와 관심 이슈를 아래 표와 같이 정리하고 있다.[9]

지평 이해관계자의 범위와 관심 이슈

이해 관계자	범위	관심 이슈
구성원	국내외 모든 사무소의 임직원(한국변호사, 외국변호사, 회계사, 전문가, 직원 등)	- 합리적인 지배구조 및 민주적인 의사결정 - 구성원들이 행복한 로펌 - 법조윤리의 준수

고객	지평의 법률서비스를 제공받은 법인 또는 자연인	– 최고의 실력과 정성으로 고객에게 헌신하는 로펌 – 고객의 정보보호 및 비밀준수
지역 사회	지평의 사무소가 있는 지역(서울, 순천, 부산, 상하이, 호치민시티, 하노이, 자카르타, 프놈펜, 비엔티안, 양곤, 모스크바)과 그 주민, 단체, NGO	– 고객의 정보보호 및 비밀준수 – 그린오피스 정책
법조 사회	대한변호사협회, 서울지방변호사회 등 변호사 단체 법원, 검찰 등 실무가 법학 교수, 연구자 등 학계 법학전문대학원 재학생 및 졸업생 실무수습 참여자	– 고객의 정보보호 및 비밀준수 – 최고의 실력과 정성으로 고객에게 헌신하는 로펌 – 법조윤리의 준수 – ESG, 신기술, 신산업 등 신규 업무 영역의 개척 – 협력적 노사관계 구축 – 구성원 역량 개발 및 교육
협력사	지평이 서비스나 제품을 구매하거나 중개 받는 회사	– 법조윤리의 준수
언론	지평의 보도자료를 참고하여 보도하거나 지평의 활동에 관심을 갖고 기사를 작성하는 기자	– ESG, 신기술, 신산업 등 신규 업무 영역의 개척

지평은 2019년 한국 로펌 최초로 유엔글로벌콤팩트 UNGC에 회원사로 가입하였다.[10] 지평은 UNGC의 인권, 노동, 환경, 반부패에 대한 10대 원칙과 지속가능발전목표를 실천하기 위해 노력하고 있다. 또한, 지평은 2022년 3월 UNGC 한국협회와 한국사회책임투자포럼이 공동 주최하는 '2022 BIS 서밋 Business Integrity Society Summit'의 '반부패 서약식'에 참여해 반부패 환경 조성에 동참할 것도 다짐했다.[11] 이처럼 지평은 시대적 흐름인 ESG 경영을 내재화하고자 한다.

지평은 아시아 로펌 최초로 기업인권벤치마크 CHRB의 운영기관인 '세계 벤치마킹 얼라이언스^{WBA}'에 회원사로 가입하여 인권경영 확산을 위한 공동 프로젝트를 준비하고 있는 것으로 알려졌다.[12] WBA는 유엔 기업과 인권 이행원칙^{UNGPs}, OECD 다국적기업 가이드라인 등의 국제인권 규범에 근거한 지속가능성과 환경·인권경영에 관한 국제 기준을 개발하고 평가하는 글로벌 비영리기관이다. 지평은 인권경영 전문 협의체인 WBA와의 긴밀한 협력을 통해 글로벌 기준에 부합하는 인권경영을 체계적으로 자문할 예정이다.

지평의 인권경영팀은 두루와 함께 서울시 인권영향평가제도 운영 용역을 수행하면서, 서울시의 지침·편람 중 297개를 대상으로 인권영향평가를 실시하였다. 이번 인권영향평가를 통해 기존의 서울시 지침·편람의 인권침해 요소를 점검하고 개선사항을 제시하는 한편, 향후 서울시의 지침·편람 제개정시 유의해야 할 기준도 마련하였다. 이와 같이 지평은 지자체나 공공단체, 기업의 인권영향평가를 통해 인권경영에 대한 체계적이고 전문적인 자문을 제공하고 있다.

지평은 다른 기업이나 단체의 인권영향 평가를 하는데 그치지 않고, 지평의 내부 인권영향 평가도 실시하였다. 지평은 2020년 하반기 사단법인 두루를 통해 지평 내부 '인권영향 평가'를 수행하였다.[13] 전문가, 직원 중 대표자를 대상으로 서면조사, 인터뷰 등을 실시해 인권 위험 요인을 파악하고 예방책을 권고하였다. 이에 따라 구성원의 고충사항 등에 대한 익명신고 절차를 마련하여 시행하고 있다. 이와 같이 지평은 지평의 지속가능성을 고민하고, ESG를 내재화하기 위해 노력해왔고, 이러한 결과는 「지평 지속가능 보고서」에 고스란히 담겨 있다.

기업과 금융기관의 ESG 법률 파트너, 지평

지평은 2019년 처음으로 '인권경영팀'을 조직하고, 2020년에는 'ESG 센터'를 설립하였다. 지평은 ESG 전담 지원조직을 통해 다각적이고 깊이 있는 경영컨설팅을 제공하기 시작했고, 이를 위해 글로벌 회계법인, 민간경제연구소 등의 전문가들을 영입하였다. 나아가 기업의 데이터 분석과 리스크 관리, 시장 진출을 위한 전략과 조사, 개발협력 연계 비즈니스 모델 구축 등 경영 전반의 컨설팅 서비스를 강화하기 위하여 2023년에는 '경영컨설팅센터'를 설립하였다. 유럽을 필두로 한 ESG 新 통상 규제 연구와 분석 모니터링 서비스를 전문적으로 강화하기 위한 '통상자문센터'도 설립하였고, 컴플라이언스와 리스크 관리에 관한 'RMC센터' Risk Management and Compliance Center 도 구성하여, ESG경영 통합자문의 독보적인 지위를 구축해 나가고 있다고 평가할 수 있다.

① ESG 경영 컨설팅

지평은 국내 최초의 ESG 통합자문기관으로 변호사, 컨설턴트 및 전문위원이 함께 환경, 사회, 지배구조에 대한 통합자문 및 컨설팅을 제공하고 있다. 지평은 국내 로펌 최초로 ESG와 지속가능경영 서비스를 제공하고 국내 정책 및 시장에서 선도적인 입지를 구축하여 왔다고 볼 수 있다.

지평 컨설팅그룹은 글로벌 기준에 따라 인권경영 Business and Human Rights 컨설팅을 제공하고 있다. 지평은 국가인권위원회 비상임위원을 역임한 임성택 대표변호사의 총괄 하에 지금까지 다수의 대기업과 공공기관을 상대로 인권영향평가, 인권실사, 고충처리절차 구축 등 컨설팅을 제공하였다.[14] 특히, 2022년에는 국가인권위원회의 '2022 민간기업 인권경영 시범사업'에 민창욱 변호사와 정현찬 전문위원이 풀무원과 SM엔터테인먼트를 대상으로 한 인권실사에 책임 연구원으로 참여하였고, 다수의 산업군을 대상으로 한 인권영향평가 컨설팅을 실시하였다.

또한, 지평은 2021년 말, 인권경영 컨설팅 업체인 BSR과 업무협약을 체결하여 인권실사 노하우를 공유하고 있고, 2022년에는 BSR 전문가들과 함께 공급망 인권실사 등을 주제로 웨비나를 개최하기도 하였다.

② ESG 법률 자문

법무자문 부문은 RMC센터를 중심으로 환경그룹, 사회그룹, 지배구조그룹, 금융그룹으로 구성되어 있다. 환경그룹에는 환경팀, 에너지팀, 그린뉴딜TF, 녹색금융TF 등이, 사회그룹에는 노동그룹, 공정거래그룹, 형사(반부패)그룹, 중대재해대응센터, 인권경영팀, 소비자팀, 바이오·헬스케어팀, 정보보호팀, 제조물책임팀 등이, 지배구조그룹에는 M&A·Corp그룹, 컴플라이언스팀, 자본시장 / 공시팀 등이 포진해 있다. 금융그룹은 금융자문그룹, 자본시장·PE그룹, 기업·금융소송그룹, 스튜어드십 코드 TF 등이 ESG 법률 자문 업무에 함께하고 있다. 주요 자문 영역은 다음 표와 같다.

지평의 ESG 자문 영역 및 세부 업무

자문 영역	세부 업무
지속가능경영 전략 및 투자	지속가능경영 수준 진단과 비즈니스 전략 수립 ESG 경영 관점의 비즈니스 포트폴리오 전환 전략 친환경 기술 투자 전략 및 기준 수립 ESG 관점의 임팩트 투자 방안과 중장기 성장 전략
ESG 경영 진단 및 체계 구축	ESG 경영 진단 및 이행 체계 구축 지속가능경영 이슈에 대한 심층 분석과 벤치마킹 산업 및 규제 정책에 따른 글로벌 전략 및 관리 자문 친환경 제품, 친환경 사업 기획 자문
ESG 리스크 진단 및 컴플라이언스 고도화	환경, 사회, 지배구조 관련 컴플라이언스 현황 및 이슈 분석 ESG 리스크 요소 식별 및 대응 방안 도출 그린워싱 리스크 평가 및 가이드라인/교육 제공 ESG 리스크 관리 및 점검 체계 구축 ESG 상시 모니터링 체계 및 IT 활용 시스템 구축
ESG 공시와 커뮤니케이션	지속가능경영 보고서 자문 및 검증 환경, 인권 관련 세부 공시 기획 및 자문 ESG 경영 데이터 관리 체계 구축 및 IT 시스템 연계 이중 중요성(영향 중요성, 재무 중요성) 평가 및 방법론 수립 자문 유럽 CSRD, 미국 SEC 등의 공시 대응 자문 ESG 평가기관 대응 및 고객사 COC 평가 대응 자문 ESG 성과 공시 및 커뮤니케이션 이행 자문(워크숍, 동영상 등) 지속가능경영 보고서 그린워싱 리스크 검토 자문
지속가능한 공급망 관리	지속가능한 공급망 수립 전략 및 과제 도출 사업장 및 공급망 인권 · 환경 실사(HREDD) 공급망 대응 연계 공급망 관리 체계 및 이행 전략 공급망 역량 제고, 동반성장 프로그램 기획 및 운영 가치사슬 협력사의 공급망 대응 관리
글로벌 ESG 규제 연계 통상 및 대응 이슈 자문	유럽의 각종 규제(CSRD, CSDDD, EUDR 등) 및 미국 규제 동향 분석 비즈니스 통상 리스크 관리 및 대응 방안 컨설팅 산업 및 비즈니스 구조 분석 기반 글로벌 공급망 분석 및 전략 자문

출처: 지평 홈페이지 참조 (https://www.jipyong.com)

지속가능한 금융의 미래

③ ESG 교육 및 연구

2023년 2월 지평은 한국경제신문과 공동으로 '인권경영 해설서'를 발간했다.[15] 이 책은 인권경영의 기본 개념부터 인권실사와 관련된 국제규범까지 다룬다. 특히, 인권경영의 정의, 인권실사와 인권영향평가의 차이, 그리고 ESG와의 연관성에 대해 설명한다. 인권존중책임의 프레임워크와 인권실사 과정을 단계별로 실무적으로 안내하며, 국내외 흥미로운 모범 사례들을 이해관계자별로 다양하게 소개한다. 또한, 프랑스에서 시작되어 전 세계로 확산되고 있는 인권실사 의무화법에 대해서도 자세히 다룬다. 이 책은 인권경영을 쉽게 이해하고 적용할 수 있도록 설계되었다. 지평의 임성택 대표변호사는 머리말에서 "인권실사는 기업에 기회가 될 수 있다"며 "많은 기업이 인권 문제를 진지하게 고민하고 접근하기를 바라는 마음에서 이 책을 출간했다"고 밝혔다.

지평 기업경영연구소는 2022년부터 매년 '한국 기업의 TCFD[16] 이행 현황을 분석한 자료를 발간하고 있다. 2023년에는 총 123개 한국 기업의 TCFD 권고안 연계 보고 현황(2022년 7월 말 기준)을 분석한 '한국 TCFD Status Report 2022' 보고서를 발간하였다. 지평의 분석 결과, 총 123개 한국 기업의 평균 공시율은 28%로 나타났다. 섹터별로 보면, 금융 섹터(총 23개 기업) 평균 공시율은 25%이고, 비금융 섹터(총 100개 기업) 평균은 29%로 확인되었다.[17]

지평은 TCFD 현황 분석 및 평가 결과에 대해 한국 기업들이 충분히 공개하지 못하는 정보들은 TCFD 권고안의 핵심인 기존 경영체계와 기후관련 위험과 기회의 통합 관리와 연계되는 것들이므로, 한국 기업들은 기후관련 이슈 관리와 기존 경영과의 연계 수준을 지속적으로 제고하려는 노력이 필요하다고 강조한다. 이를 통해 한국 기업의 TCFD 이행 현황에 대한 객관적인 평가를 가능하게 하고, 아울러 한국 기업의 ESG 경영의 수준을 향상시키는데 도움이 될 것으로 기대된다.

지평은 ESG 관련 정책연구 용역보고서도 다수 발간하고 있다. 최근 국회 산업통상자원중소벤처기업위원회는 2024년 3월 지평 통상자문센터가 작성한 "유럽연합의 새로운 통상규제에 대한 대응방안 연구" 보고서를 발간했다.[18] 이 정책연구용역보고서는 유럽연합이 최근 발표한 'ESG와 통상' 관련 주요 규제 법안 6가지를 심층적으로 소개하고 있다. 기업 지속가능성 실사지침CSDDD 최종안, 탄소국경조정제도CBAM, 산림벌채 규정EUDR, 배터리 규정, 핵심원자재법CRMA 최종안, 강제노동 금지 규정안의 입법 배경과 주요 내용, 대응 현황 및 대응 방안도 담겨 있다.

세상을 두루 살피고 사람을 널리 이롭게, 두루 공익변호사들의 헌신

두루는 사회정의와 공익을 위한 법률활동을 통해 인권을 옹호하고, 민주적이고 투명한 사회, 사회적 약자를 배려하는 공정한 사회에 이바지하고자 설립되었다.[19] 2014년 1명의 공익변호사로 시작한 두루는 2024년 8월 현재 13명의 공익변호사가 상근으로 근무하는 국내 최대 공익변호사단체다. 현재 두루는 공익소송, 법률자문과 상담, 입법지원 등 다양한 활동을 통해 소수자 및 사회적 약자를 두루 살피고, 보다 따뜻하고 정의롭고 공평한 세상을 만드는데 기여하는데 온 힘을 쏟고 있다.

두루의 공익활동은 자체적으로 마련한 판단 기준에 기반하여 운영된다. 해당 공익활동이 두루의 비전과 미션에 부합하는지, 두루의 활동

두루의 임팩트 프레임워크

항목	세부항목	질문
중요성	주관적 중요성	두루의 비전과 미션에 부합하는지? 두루의 구성원과 이해관계자가 중요한 이슈로 인식하는지?
	객관적 중요성	글로벌 기준(SDGs 등) 또는 국내 상황에서 객관적으로 중요하고 우선적 문제인지?
확산성	임팩트의 질	근본적으로 문제를 해결하고, 문제 해결의 효과가 지속가능한지?
	임팩트의 연결성	후속 임팩트나 다른 사업의 임팩트와 연결성이 있는지?
집합성	집합적 임팩트	파트너쉽과 연대를 통해서 문제해결을 해야 하는지?
난이도	난이도	중·장기적으로 목표 달성이 가능한지? 단기적으로 목표 달성이 어렵더라도 가치가 있는 것인지?
	제도적 해결	법, 제도, 정책을 통해서 문제를 해결할 수 있는지?
측정 가능성	측정 가능성	정량적, 정성적 측정이 가능한 것인지? 단기 및 장기 지표를 설정할 수 있는지?
주관적 여건	주도성	두루가 주도해서 문제를 해결하여야 하는지?
	관심과 역량	두루의 구성원이 관심이 있는지? 해당 문제에 관한 역량을 갖추고 있는지?

출처: 사단법인 두루(내부자료), "두루 10년, 앞으로 10년" (2024. 2. 20.)

과 개입으로 인해 근본적인 문제를 해결할 수 있는지, 이것이 지속가능한지를 종합적으로 살핀다. 또한, 이 문제가 두루의 구성원들이 주도해서 해결할 문제인지, 변호사들의 관심 및 역량과 맞닿아 있는지도 검토한다.

소송이 세상을 바꿀 수 있을까? 임팩트 소송 이야기

임팩트 소송이란 사회의 변화를 꾀하기 위해 제기되는 소송을 말한다. 임팩트 소송은 특정 피해자의 개별적 피해구제보다는 피해자 집단의 특정한 사회 문제를 해결하기 위한 소송을 말한다. 공익을 실현하기 위해 소송 당사자, 소송형태와 청구취지 등을 전략적으로 기획한 소송이라는 점에서 '공익기획 소송'이라고도 불린다. 두루는 임팩트 소송을 통해 사회적 약자의 권리보장을 위한 실질적 조치가 이뤄지도록 하는 의미 있는 성과를 만들어 내고 있다. 임팩트 소송은 일회적인 소송의 결과를 지속가능한 변화로 만들기 위해 입법과 같은 제도 개선 활동과 병행하여 이루어지는 경우가 많다. 두루의 임팩트 소송 및 입법 운동의 일부를 소개하면 아래와 같다.

① 모두의 영화관 소송

'모두의 영화관 소송'은 청각 또는 시각장애인들이 영화관람을 할 수 있도록 극장 사업자에게 자막 및 음성 해설과 이를 제공하기 위한 장치

지속가능한 금융의 미래

를 청구하는 대표적인 임팩트 소송이다. 두루는 지평 등과 함께 2016년 시·청각장애인 4명을 대리하여 국내 주요 극장 사업자를 상대로 시각장애인에게는 화면해설을, 청각장애인에게는 한글자막과 FM시스템(난청인들이 활용하는 청각보조기기)을 제공해 영화가 상영되는 동안 원하는 상영시간에 영화를 관람할 수 있도록 해달라고 소송을 제기했다.[20]

두루는 장애인차별금지 및 권리구제 등에 관한 법률에 따라 2015년 4월 11일부터 '스크린 기준 300석 이상 규모의 영화상영관'은 장애가 있는 관객에게 영화를 감상하는 데 필요한 편의를 제공할 의무가 있다고 주장했고, 법원은 이러한 편의를 제공하지 않는 영화관의 행위가 장애인차별금지법이 금지하는 간접차별에 해당한다고 판단했다.[21] 현재 이 사건은 대법원에 계류 중이어서 확정된 것은 아니지만, 모두의 영화관 소송은 시·청각장애인의 영화 관람권을 포함한 문화 향유권을 보장하는 중요한 계기가 될 것으로 예상된다.

② 공무원 당연퇴직 제도, 위헌 결정을 이끌다

두루는 국가공무원법 제69조 제1호가 피성년후견인이 된 공무원을 당연퇴직시키도록 규정한 것은 위헌이라는 결정을 이끌어냈다. 사건의 발단은 검찰공무원 A씨가 근무 중 저산소성 뇌손상을 입고 2년간 질병휴직을 한 후, A씨의 아내가 병원비와 생활비 마련을 위해 A씨에 대한 성년후견개시심판을 청구하면서 시작되었다. A씨의 배우자는 A씨가 뇌손상을 입기 전 명예퇴직을 준비하던 A씨의 의사에 따라 검찰에 A씨의 명예퇴직을 대신 신청했으나, 검찰은 A씨의 성년후견개시 사실을 이유로 '명예퇴직 부적격' 및 국가공무원법 제69조에 따른 당연퇴직을 통보받았다. 이에 따라 A씨는 국가공무원법 제69조에 따라 성년후견 개시일로부터 당연 퇴직되었다는 통지를 받았다. 두루는 지평과 함께 피성년후견인에 대한 당연퇴직 규정이 공무담임권을 침해하고 평등원칙에 반한다며 국가공무원법 제69조 제1호에 대해 위헌법률심판제청을 신청하였고, 법원이 이를 받아들여 헌법재판소에 위헌법률심판제청을 하였다.

헌법재판소는 "당연퇴직은 공무원의 법적 지위가 가장 심각하게 침해받는 경우"라며 "공익과 사익 간의 비례성 판단에 있어서 더 엄격한 기준이 요구된다"고 밝혔다. 또한, "국가공무원의 당연퇴직 사유를 임용결격사유와 동일하게 규정하려면, 국가공무원이 재직 중 쌓아온 지위를 박탈할 만큼 충분한 공익이 인정되어야 한다"며 "이 조항은 침해되는 사익에 비해 공익을 지나치게 우선시한 입법으로, 법익의 균형성을 위배한다"고 지적했다. 이번 결정은 발달장애인, 노인, 정신장애인 등 성년후견 제도를 이용하는 사람들의 기본권을 보호하고, 이들이 사회에서 배제되지 않도록 한 점에서 큰 의의를 가진다.

지속가능한 금융의 미래

사회 문제의 법·제도적 솔루션을 제공한다

① '사랑의 매'는 더 이상 없다

과거 민법 제915조는 "친권자는 그 자를 보호 또는 교양하기 위하여 필요한 징계를 할 수 있고, 법원의 허가를 얻어 감화 또는 교정기관에 위탁할 수 있다"고 규정하고 있었다. 이는 1958년 민법 제정 당시 그대로 유지되어 왔으며, 약 50년 동안 아동에게 가하는 체벌을 정당화하는 근거로 제시되어 왔다.

아동과 청소년의 인권을 옹호하는 현장 단체들은 모든 장소에서 모든 종류의 체벌을 금지하기 위해 다양한 운동을 전개해왔다. 두루는 이러한 노력의 일환으로, 아동에게 가하는 폭력을 정당화하는 모든 사유를 철폐하기 위해 연대 단체들과 함께 민법 징계권 삭제를 위한 입법운동을 펼쳤다. 특히, 관련 법률과 판례, 국제인권규범을 중심으로 징계권 삭제의 필요성을 논리적으로 정리하고 홍보하는 활동에 집중했다.

정부도 시민사회의 지속적인 요구와 국제사회의 권고를 무시할 수 없었다. 2019년 포용국가 아동정책의 일환으로 법무부는 내부 법제개선위원회의 권고를 토대로 정부법안을 준비하기 시작했다. 두루는 '필요한 훈육은 가능하다'는 대안이 고려되지 않도록 긴밀히 대응했으며, 이는 현장에서 훈육과 징계, 체벌과 학대의 경계가 불분명하기 때문이다. 결국 정부는 징계권을 완전히 삭제하는 방식의 입법안을 발의하게 되었다.

결국 2021년 1월 민법의 징계권 조항은 삭제되었다. 이는 정부와 시민 단체가 긴밀하게 협력한 의미 있는 입법 운동의 사례로 평가된다. 이러한 법 개정은 부모와 자녀 관계에 대한 관점의 변화를 촉진하며, 아동도 헌법이 보장하는 기본권의 주체임을 인식하게 하였다는데 큰 의의가 있다. 나아가 부모는 폭력으로부터 아동을 보호할 책무를 지닌 존재라는 점을 확립하는 데에도 기여하였다고 볼 수 있다.

② 비즈니스로 사회문제를 해결하는 소셜벤처에 대한 법률 지원

소셜벤처는 자신이 설정한 사회적 미션Mission을 성취하기 위해 남들이 시도하지 않았던 새로운 유형의 사업을 영위하는 경우가 많아 법률 리스크도 비슷한 규모의 다른 기업에 비하여 훨씬 크다. 또한 소셜벤처는 영리성보다는 사회적 미션을 의사결정의 중심에 두는 기업이므로, 수익을 창출하기도 무척 어렵다. 법률서비스를 받을 만한 재정적 여력조차 없는 경우가 많다.

두루는 이러한 점에 착안하여 스스로의 책무를 찾았다. 소셜벤처와 두루의 사회적경제 영역 네트워크에 지평의 법률 전문성을 접목시켰다. 본 사업을 위해 지평의 변호사 40명이 자발적으로 참여하였고, 이들에게 20여개의 소셜벤처가 매칭되었다. 본 매칭사업은 소셜벤처 등이 법률적으로 안정적인 토대 위에서 성장하고 발전할 수 있도록 지평이 소셜벤처의 국내외 사업 수행과 관련하여 발생하는 일반적 법률문제에 대한 자문을 제공하기 위해 기획되었다.[22]

변호사와 매칭될 소셜벤처를 선정하기 위해 두루 · 지평과 공고한 협

지속가능한 금융의 미래

력관계에 있는 소셜벤처 지원그룹인 루트임팩트, 크레비스파트너스, 소풍벤처스^{SOPOONG}의 추천을 받는 과정을 거쳤다. 두루와 지평은 2015년부터 2018년에 걸쳐 루트임팩트, 크레비스파트너스, 소풍벤처스 등 소셜벤처 지원그룹들과 업무협약을 체결하였다. 그리고 이들과의 협약을 바탕으로 성수동 기반의 소셜벤처들에게 법률자문과 법률교육을 지속적으로 제공하였다.

③ 기후위기에 취약한 계층에 대한 보호 방안 모색

두루는 2021년 "기후위기와 인권에 관한 인식과 국내·외 정책 동향 실태조사"를 수행하였다.[23] 갈수록 심화되고 있는 기후위기로 인한 인권침해 상황을 파악하고 이에 대한 해결책을 제시하기 위한 프로젝트였다. 두루를 포함한 기후위기 인권그룹은 2020년 12월경 농업인, 가스 검침원, 해수면 상승지역거주민, 기후우울증 피해자 등 41명의 진정인을 대리하여 기후위기로 인한 생명권과 건강권 등의 인권 침해를 주장하는 진정을 제기한 바 있다. 위 연구용역은 이러한 진정 제기의 후속 조치로서 기후위기로 인해 어떠한 인권이 침해되고 있는지, 그 침해의 정도는 어떠한지를 보다 정확히 알아보는 것에 그 목표를 두고 수행되었다. 두루는 이번 실태조사를 기반으로 기후위기로 인한 인권침해에 취약한 계층을 지원하고 이들이 적절한 구제와 보호를 받을 수 있는 방향을 모색하고 있다.

④ 한 아이를 키우려면 온 마을이 필요하다. '온 마을 Law 사업'

아동·청소년은 가정폭력과 아동학대, 성착취 등 심각한 취약상황에 노출되고 있고, 당사자의 특성을 고려한 사법 지원 자원이 충분하지 않기 때문에 아동·청소년의 권리를 보장하기 위한 법률가들이 확대될 필요가 있다. 두루는 '온 마을 Law' 사업을 통해 아동·청소년의 권리 옹호에 힘쓰는 동료 법률가들을 늘리고, 제도개선을 위해 협력하며, 아동·청소년의 사법접근권이 충분히 보장되도록 노력하고 있다. '온 마을 Law'는 "한 아이를 키우려면 온 마을이 필요하다"는 아프리카 속담에서 유래한 명칭으로 아이들의 권리 보호를 위해 우리 사회의 다양한 구성원들이 서로 협력해야 한다는 뜻을 담고 있다.

두루 온 마을 Law 사업

이 사업은 2022년부터 시작되어, 아동·청소년 권리 옹호 활동을 하는 변호사에게 활동비를 지급한다.[24] 1차 연도 사업(2022년 5월~2023년 5월)에 47명의 변호사가 참여하였고, 2차 사업 연도(2023년 5월~2024년 5월)에 35명의 변호사가 참여하였다.[25] 주목할만한 점은 비서울 지역의 변호사도 매년 10명 이상 참여하고 있다는 점이다. 삼성생명과 사회복지공동모금회의 후원을 받아 진행되고 있는 이 프로젝트는 각종 폭력 및 방임 위기에 놓인 아동·청소년이 법적 보호를 받으며 성장할 수 있는 환경을 조성하는 것을 목표로 한다. 두루는 앞으로도 비서울 지역에 대한 지원·관계기관과의 연계 활동을 늘리고 국제연대 활동도 이어갈 예정이다.

지역사회의 이해관계자와 '함께' 사회적 약자의 권리를 변호하다

① 모두의 1층 프로젝트

두루는 편의점을 상대로 제기한 차별 구제 청구에서 승소하였다.[26] 법원은 장애인등편의법 시행령이 편의시설 설치 의무를 과도하게 면제하는 것이 위헌·위법하여 무효임을 확인하며, 이러한 위헌적인 시행령은 차별 행위에 대한 면책 사유가 될 수 없음을 명확히 했다. 이 판결로 편의점은 해가 성립한 카페 전문점 및 호텔과 함께 장애인의 편의를 위한 시설을 적극적으로 개선해야 할 의무를 부담하게 되었다.

이와 같은 임팩트 소송 이후, 지역사회와 연계하여 실질적인 변화를 도모하고 있다. 두루는 성수동 상점에 경사로를 설치하는 '모두의 1층' 프로젝트를 진행하고 있으며, 이는 장애인 이동권 개선을 위한 협동조합 무의Muui, 지역 건축사무소 관계자 약 10명과의 협력으로 이루어지고 있다.[27] 경사로 제작 및 설치에 드는 비용은 아산나눔재단의 지원을 받았다. 성수동의 일본식 라면 가게 '멘야코노하'에는 2023년 7월 휠체어 등을 사용하는 이동 약자를 위한 15cm 높이의 철제 경사로가 설치되었다. 두루의 변호사들은 "설치비를 직접 부담할테니 이동 약자들을 위한 경사로 설치를 허용해달라"며 가게 주인을 설득해 이같은 결과물을 이끌어냈다. 이 프로젝트를 통해 성수동 일대 4곳의 가게에 경사로가 설치되었다.

성동구는 '모두의 1층' 팀의 의견을 반영해 2024년 1월 전국 최초로 '서울특별시 성동구 장애인 등을 위한 경사로 설치 지원 조례'를 제정하여, 이동 약자의 접근성 향상 및 경사로 설치 지원 근거를 마련했다. 이 조례는 경사로 설치 비용 지원 등을 구청장의 책무로 규정하며, 지자체 예산으로 경사로 설치를 지원할 수 있는 근거를 명시했다. 성동구는 장애인, 노인, 임산부 등 이동 약자의 접근성 인식 개선을 위한 캠페인을 실시하고 있다. 이 사업은 '장애인·노인·임산부 등의 편의증진 보장에 관한 법률'에 따라 편의시설 설치 의무가 적용되지 않는 소규모 시설에 맞춤형 경사로를 설치하여 휠체어 외에도 유아차 이용 부모 등이 편리하게 이용할 수 있도록 지원한다. 성동구는 이러한 사회적 동참을 이끌기

위해 접근성 인식 개선 캠페인을 지속적으로 진행하고 있다.[28]

② 지역에서 사회 문제 해결에 집중한다. 두루 '부산 사무소' 설치

두루는 수도권에 집중된 공익법 생태계를 지역으로 확산하기 위하여 이주언 변호사가 부산에서 활동하고 있다.[29] 2019년 공익변호사 실태조사에 따르면 공익변호사는 전체 변호사의 0.4%이고, 공익변호사의 99%는 수도권에서 활동하고 있는 것으로 알려져 있다. 일반 변호사들은 공익사건을 발굴하기 어렵고, 여건과 여력의 제한을 받는다. 시민단체들은 필요한 때 적절한 지원을 해줄 변호사를 찾는 것이 어렵다고 말한다. 수도권 외 지역에서 공익변호사의 활동이 더 필요하다고 생각하여, 두루의 이주언 변호사는 2022년 활동지역을 부산으로 옮겼다.

부산에서 이주언 변호사는 "공익법 생태계 조성을 위한, 부산의 인권 현황과 법률지원 실태조사"를 수행하였다.[30] 이 실태조사는 부산의 시민단체들을 직접 찾아가 활동가들이 어떤 인권 현안에 어떻게 대응하고 있는지를 파악하는 연구였다. 이 과정에서 이주민, 빈곤, 시설 수용인의 인권 침해 문제를 발굴하고 법률지원을 하였다. 위 실태조사와 별개로 발달장애인의 선거권 보장을 위한 소송을 제기하였고, 지적장애인 여성 노동자에 대한 학대, 하반신 마비 장애를 가지게 된 노동자에 대한 부당한 직무 전환에 대한 대응 등 지역에서 발생하는 인권 침해 문제에도 적극적으로 결합하였다. 두루는 부산 지역에서의 활동 시작을 계기로 앞으로 지역에서 공익변호사들을 더 양성하고, 수도권 외 지역에서 사회 문제 해결 기반을 조성하는 일에 매진할 계획이다.

③ 모든 사람이 '시설'이 아닌 '지역사회'에서 살 권리

두루는 노인, 아동·청소년, 장애인, 홈리스 모두의 '탈시설' 즉, 모든 사람이 시설이 아닌 지역사회에서 살 권리가 보장되는 사회를 만들기 위해 노력하고 있다.[31] 개별화된 지원, 자유로운 선택과 삶, 평화롭고 건강한 나이 듦, 가정 환경에서의 양육, 지역사회 참여와 자립 등 탈시설의 필요성을 찾는 시작점은 다를 수 있지만, 노인, 아동·청소년, 장애인, 홈리스 탈시설이 연결되는 이유는 타인을 이웃으로 받아들이고 곁에서 함께 살아가겠다는 결론으로 이어지기 때문이다.

두루는 장애인, 외국인, 아동, 노인 등 다양한 그룹의 문제를 '함께' 해결하는 네트워크를 구축하고자 한다. 아동탈시설연구모임을 통해 서로 다른 영역을 연결하고, 법률가, 인권운동 활동가, 지원 현장 활동가, 연구자, 당사자 등 다양한 역할을 할 수 있는 사람들을 모아 제도 개선 방안을 연구하고 있다. 두루는 탈시설에 대한 인식을 개선할 뿐만 아니라 시설 내 인권 침해 문제에도 적극 대응하고 있다.

두루는 2021년 아동탈시설연구모임을 발족한 이후, 2022년에는 이 모임의 구성원들과 함께 토론회에 참여하여 제도 개선 방향을 제시하고, 국회의 국정 감사에 대응하며, 언론을 통해 아동·청소년의 탈시설에 대한 목소리를 내고 있다. 두루는 아동탈시설연구모임과 함께 2022년 1월 국회에서 "아동의 시설보호를 넘어 변화를 위한 모색"이라는 주제로 토론회를 개최하였다. 또한, 같은 해 9월 국회 간담회에서 시설 중심의 아동 보호 제도의 대안으로 주거 중심의 서비스 지원을 제안했다.

사회적 가치 실현을 위해 법률가가 ESG 하는 법

ESG 시대가 도래함에 따라, 기업의 지속가능성과 윤리적 경영이 중요한 화두로 떠오르고 있다. ESG는 기업이 단순한 이윤 추구를 넘어 환경보호, 사회적 책임, 투명한 지배구조를 실현해야 한다는 패러다임을 제시한다. 이러한 변화 속에서 법률가는 기업의 ESG 목표 달성을 위한 핵심적인 역할을 맡고 있다.

ESG 시대에 법률가가 필요한 이유는 복잡한 규제 환경과 사회적 기대 때문이다. 각국의 정부는 ESG 관련 규제를 강화하고 있으며, 유럽연합의 비재무정보 공시 의무화는 기업의 투명성을 요구하고 있다. 법률가는 이러한 규제를 파악하고, 기업이 이에 맞춰 운영할 수 있도록 자문을 제공한다. 또한 소비자, 투자자, 그리고 기타 이해관계자들은 기업이 ESG 기준을 준수할 것을 기대한다. 법률가는 기업이 사회적 기대에 부응할 수 있도록 지원하는데, 이는 기업의 평판 관리와도 직결된다.

법률가는 ESG와 관련된 다양한 법률 및 규제에 대한 자문을 제공하며, 이는 환경 보호 규정, 노동법, 공정 거래 규정 등을 포함한다. 기업이 법적 요구사항을 충족하면서도 효율적으로 운영될 수 있도록 돕는 것이다. 또한 기업의 ESG 전략을 개발하고 실행하는 데 중요한 역할을 한다. 법률가는 기업의 지속가능성 목표를 설정하고, 이를 달성하기 위한 구체적인 계획을 수립하며, 실행 과정에서 발생할 수 있는 법적 문제를 해결한다. ESG와 관련된 리스크를 식별하고 관리하는 데도 기여한다. 이는 기후 변화, 인권 침해, 부패 및 비윤리적 관행 등의 리스크를 포함하며, 법률가는 이러한 리스크를 예방하고 대응할 수 있는 방안을 제시한다.

투자자, 고객, 직원 등 다양한 이해관계자와의 소통을 지원하는 역할도 수행한다. ESG 성과에 대한 투명한 보고서 작성 및 커뮤니케이션을 통해 기업의 신뢰성을 높인다. 또한 ESG와 관련된 법적 분쟁 및 소송에서 기업을 대변하는 역할도 맡는다. 이는 환경 오염, 노동 조건, 경영 투명성 등과 관련된 소송을 포함하며, 법률가는 기업의 법적 권리를 보호하고 분쟁을 해결하는 데 중요한 역할을 한다.

ESG 시대의 도래는 법률가에게 새로운 도전과 기회를 제시한다. 법률가는 기업이 지속가능하고 윤리적인 경영을 실현할 수 있도록 다각적인 지원을 제공하며, 이는 기업의 장기적인 성공과 사회적 책임 이행에 기여한다. 따라서 ESG 시대에 법률가의 역할은 더욱 중요해지고 있으며, 그들의 전문성과 조언은 기업이 변화하는 환경 속에서 지속가능성을 확보하는 데 필수적이다.

공시제도의 의무화와 같이 ESG가 본격적으로 제도화되고 법제화됨에 따라 기업의 파트너이자 협력자인 법률가와 로펌의 역할도 더욱 중요하게 부각될 것으로 예상된다. 실제로 ESG 관련 규제는 가이드라인이나 모범규준과 같이 구속력이 없는 연성법에서 강행규범으로 확대되는 경우도 있으며, 탄소국경조정제도나 ISSB의 지속가능성 공시기준과 같이 글로벌 흐름도 빨라지고 있으므로 각종 ESG 법제에 대한 이해와 리스크 예방을 위한 철저한 준비가 요구된다.

두루와 같은 공익변호사 단체의 역할도 여전히 중요하다. 아동·청소년, 장애, 난민, 이주민 등 사회적 약자의 권리 옹호 활동을 전업으로 하는 공익변호사는 우리나라에 약 100명 정도로 추산된다. 국내 변호사 35,000여 명의 1%도 채 되지 않은 숫자다. 사회적 관심과 법적 조력이 필요한 사건은 많지만 적은 수의 공익변호사들이 모든 사건을 수임하기도 어렵다. 폭염, 한파, 태풍 등 기후위기로 인한 자연재해는 취약계층에 더 심각하고 직접적인 피해를 입히므로, 기후위기 취약계층을 위한 법률적인 조력과 제도적인 뒷받침도 필요하다.

이 장에서는 위와 같은 법률가의 역할을 실무 현장에서 구체적으로 실현하고 있는 법무법인 지평과 공익변호사단체 두루의 사례를 상세히 살펴보았다. 특히 두루는 올해 설립 10주년을 맞아 "끊임없이, 끈질기게" 세상을 바꾸기 위한 걸음을 계속하고 있다. 두루는 공익법단체이지만 동시에 사회적 약자의 권리를 옹호하는 임팩트 지향 조직으로서, 오늘도 다양한 전문가와 함께 솔루션을 찾고 사회 문제를 함께 해결하기 위해 힘쓰고 있다.

The Future of Sustainable Finance

제**6**부

지속가능한
금융의 미래

ESG & Impact Invest

1장

탄소국경조정제도(CBAM) 시행이 금융기관에 미칠 영향

탄소국경조정제도는 모든 국가들의 탄소감축 동참을 유도한다.

전 지구상의 환경 체인(Chain) 안에는 탄소감축에 대한 노력에 미온적이거나, 탄소집약 상품들을 생산하며 경제적인 이익에 치중하는 국가들이 존재해왔다. 최근 EU가 도입한 탄소국경조정제도(Carbon Border Adjustment Mechanism, CBAM)의 목적은 기후변화 대응에 노력을 기울이는 국가들과 그렇지 않은 국가들에게 공동의 노력 의무를 부과함으로써 탄소감축의 효과를 국제적으로 이끌어내고자 하는 것이다. 이를 위해 금융기관들은 범지구적인 협력체계를 구축하여 기후리스크에 대한 인식 및 대응을 강화할 필요가 있다.

박재린

우리는 한없이 짧아지는 봄과 가을을 온몸으로 느끼고 있다. 20세기 말 처음 등장한 기후변화라는 용어는 이제 기후위기로 바뀌어 가고 있고, 기후위기가 현실화되면서 국제사회는 이에 대응하기 위해 온실가스 감축정책을 적극적으로 시행하고 있다.[1] 오랜 논의의 끝에 2023년 10월 탄소국경조정제도 Carbon Border Adjustment Mechanism, CBAM가 시범 운영 기간에 돌입하면서 관련 논의가 활발해졌다. 탄소국경조정제도는 수입되는 상품에 탄소가격을 부과한다는 새로운 탄소가격정책의 패러다임으로 평가받으면서 미국을 비롯한 국제사회의 주목을 받고 있고, 국내 수출기업들에 미치는 영향도 상당할 것으로 예상된다. '탄소국경조정제도'는 유럽연합EU 역내로 수입되는 상품 Imported Goods에 대하여 EU 온실가스 배출권거래제 EU Emission Trading System, 이하 "EU-ETS" 대상 시설 Installation에서 생산되는 동일 상품이 부담하는 탄소 가격 Carbon Cost과 동일한 비용을 부과하는 정책 도구이다.[2] EU-ETS가 역내 사업장에서 온실가스가 할당량 이상으로 배출되었을 때 배출권을 구매하게 하는 제도라면, EU가 다른 국가의 사업장 배출구에 대해서는 관여할 수 없기 때문에 등장한 개념이 CBAM이다.

　이에 CBAM은 탄소집약적인 상품을 수입 또는 수출할 때 탄소감축 노력의 정도를 평가하여 기준치보다 초과하는 탄소량에 대해서는 추가적인 부담금을 부과하고, 기준치보다 감축된 노력에 대해서는 보조금 개념으로 환급하거나 부담을 면제 또는 감경해주는 조절 메커니즘으로 작동한다. 이러한 메커니즘에 따라 EU 역내로 수입되는 상품 중에서 자국 상품보다 탄소배출이 많은 품목에는 비용을 부과하고, 탄소배출이 적은 품목에는 그만큼 비용 부담을 면제해주는 것이다.

따라서 EU 역외에서 생산하고 EU 역내로 수입되는 상품이 생산과정에서 발생한 온실가스 제거를 위한 적절한 사회적 비용을 반영하지 않고 있는 경우, 상품의 생산과정에서 발생한 탄소량, 즉 '내재배출량 Embedded Emissions'을 측정하여 국경을 통과할 때 EU 역내에서 생산되는 동종 상품에 상응하는 사회적 비용을 부과하도록 한다.

탄소누출 방지와 공정한 무역환경 조성을 위한 CBAM의 도입

2019년 영국의 탄소중립선언을 필두로 선진국들의 탄소중립계획 수립 및 법제화 움직임에 따라 범세계적으로 보편화되고 있다. 그러나 각 국별로 기후변화 대응 정책에서 요구하는 감축의 정도에는 차이가 발생하고 있어, 오히려 전 지구적인 온실가스 배출량은 줄어들지 않을 수 있다. EU는 CBAM 도입의 가장 기본적인 이유로 자국 산업의 경쟁력 보호와 탄소누출 문제 방지를 통한 국제적인 탄소배출 감축 노력을 촉진하는

지속가능한 금융의 미래

것이라고 제시했다. CBAM의 도입 배경은 크게 2가지로 나눠볼 수 있는데, 탄소누출 방지와 배출권거래제도의 무상할당 대체이다.

전 세계 각국에서 기후 변화를 막기 위해 탄소 규제를 강화하고 있는 추세다. 하지만 각국별로 규제 강화 속도의 차이가 발생하고 있는데, EU는 탄소 규제 정도가 다른 국가들에 비해서 상당히 강한 편이라서 EU 내에 있는 탄소배출 공정이 EU 외의 다른 국가들로 이동하는 경향이 있다.

이에 EU 내 배출량은 줄어드는 반면 EU 외 배출량이 증가해서 전 지구적으로는 오히려 탄소배출이 증가하는 '탄소누출 Carbon Leakage' 현상이 발생하고 있다. 즉 탄소누출이란, 국가별 상이한 온실가스 배출 규제로 인해 생산원가의 차이가 발생, 높은 수준의 규제가 시행되는 국가의 온실가스 배출시설이 낮은 수준의 규제를 시행하는 국가로 이전되어 결과적으로 전 지구적으로 온실가스 배출이 감축되지 않거나 오히려 증가하게 되는 상황을 의미한다.[3]

ZhongXiang Zhang은 탄소누출이 두 가지 경로를 통해 발생할 수 있다고 언급했다.[4] 첫 번째 경로는 탄소배출 규제로 인한 생산비용 증가로 인해서 생산자가 단기적으로 생산 활동을 감소하고 장기적으로 탄소배출 규제가 덜한 지역으로 생산 활동을 이전함으로써 규제가 덜한 지역에서 탄소배출량이 증가할 수 있다. 두 번째 경로는 규제가 심한 지역에서 탄소배출량이 높은 화석 연료에 대한 수요가 줄어들면서 화석 연료의 국제 가격이 낮아지고 이로 인해 다른 지역에서의 화석 연료 소비가 증가함으로써 탄소배출량이 높아질 수 있다.

문제는 탄소배출을 줄이기 위한 노력을 하지 않으면서 경제적 이익을 누리는 국가 또는 기업에 대하여 누가 어떻게 이를 효과적으로 통제하고 공정하게 돌아갈 수 있게끔 하는가에 있다. 탄소배출 감축 노력을 하는 국가들은 많은 사회적 비용을 지불하게 되는 것에 반하여, 탄소집약 상품을 생산하면서 탄소배출을 상대적으로 많이 하는 국가들은 이에 대한 제재를 제대로 받지 않고 경제 발전을 이룰 수 있는 것이다. 이처럼 탄소누출로 인해 공동의 탄소감축 노력이 상쇄 또는 반감되고 있다. 따라서 탄소배출량 감축 규제가 강한 국가에서 상대적으로 규제가 덜한 국가로 탄소배출이 이전하는 탄소누출 문제를 근본적으로 막고 함께 탄소감축 노력을 하는 방향으로 게임의 방향을 전환시키기 위한 게임체인저로서 CBAM 도입이 추진되었다.[5]

한편 탄소누출은 탄소배출 규제가 상대적으로 강한 나라에서 생산된 상품이 규제가 상대적으로 약한 나라에서 생산된 수입품보다 가격 경쟁력이 낮아지면서 불공정 경쟁 문제를 야기하는 측면이 있다. 이에 따라 CBAM 도입을 통해서 해외 기업에도 동일한 수준의 탄소비용을 부과하게 함으로써 공정한 경쟁의 장을 만들겠다는 취지도 내포되어 있다고 할 수 있겠다.

CBAM 도입의 또 다른 이유로는 배출권거래제도Emission Trading System, 이하 "ETS" 무상할당 규정의 대체를 들 수 있다. EU에서는 ETS가 시행되고 있지만, 탄소누출 위험이 큰 업종의 경쟁력 보호 목적으로 해당 기업에게는 배출권의 100% 무상할당Free Allocation 규정을 시행하고 있다. 무상할당 규정은 기업 경쟁력을 제고할 수 있지만, 탄소가격체계의 가격신호 왜곡으로 시장 메커니즘 기능과 ETS의 근본 취지인 기후대응을 저해

지속가능한 금융의 미래

한다. 즉, 배출권이 무상할당으로 지급되면 기업은 탄소가격을 지불할 필요가 없기 때문에 저탄소 기술 개발 유인이 사라지는 것이다. 따라서 효율적인 탄소배출 감축과 저탄소 기술 개발을 위해서 유상할당으로 대체될 필요가 있다.

EU는 CBAM 도입 이후 ETS의 무상할당을 점진적으로 폐지하여 2035년에는 모두 유상할당으로 전환할 예정이라고 밝혔다. 기업 경쟁력은 그대로 보호하면서 역내 탈탄소 전환 유인을 증가시킨다는 계획이다.[6] 유상할당으로 전환되면 배출권 수요가 증가하여 EU-ETS의 배출권 거래가격이 크게 상승할 수 있고, CBAM 부담금액은 EU-ETS의 배출권 거래가격을 기반으로 하기 때문에 EU로 수출하는 기업에게 더 큰 부담이 될 수 있다. 그러나 배출권의 유상할당은 기업들로 하여금 저탄소 기술을 적극적으로 개발하여 경쟁력을 확보하려고 노력하게 할 것이고, 장기적으로는 배출권 거래가격이 감소할 수 있다. 이와 같이 CBAM은 EU-ETS의 무상할당을 대체하기 위한 수단으로, 제도 설계에 있어서 밀접하게 연관되어 있다고 할 수 있다.

2026년부터 본격적으로 시행되는 CBAM의 제정 이야기

2019년 12월 11일 EU 집행위원회는 유럽 그린딜 European Green Deal을 통해서 2050년 탄소중립 달성을 선언했다. 2030년 온실가스 감축 목표를 1990년 대비 40% 감축에서 55% 감축으로 상향하였고, CBAM의 도입도 포함되어 있다. EU 집행위원회는 유럽 그린딜을 통해 CBAM 도입을 제안한 이후 빠른 속도로 관련 절차를 준비하였다.

2021년 7월 14일 EU 집행위원회(이하 'EU집행위')는 기후변화 대응 입법안 패키지인 "Fit for 55"를 발표하면서 CBAM 도입을 공식적으로 예고하였다. 2021년 9월 EU집행위의 CBAM(안)은 유럽의회 환경위원회 ENVI에 회부되었고, 2021년 12월 21일에 EU집행위 CBAM(안)에 관한 보고서 초안, 2022년 1월 5일에 수정안을 발표하였으며, 환경위원회는 2022년 5월 17일 표결을 통해 해당 수정안을 승인하였다. 이후 2022년 12월 12일 입법 절차의 최종 단계인 EU집행위, EU 이사회, 유럽의회 세 기구의 3자 합의에 도달했다.

2023년 5월 17일 CBAM 법안이 최종 발효되었고, CBAM의 부과 형태에 대해서는 다양한 논의가 있어왔으나 최종적으로 EU-ETS와의 연계방안이 채택되었다.[7] EU집행위는 2023년 8월 17일 CBAM 전환기간에 대한 이행규칙을 채택하였다. 동 이행규칙은 2023년 6월 13일 공개된 초안에 대한 이해관계자들의 의견 수렴을 반영하여 채택된 것으로, 보고 정보, 보고 방식, 탄소배출량 계산법, 절차 등 전환기간 보고의무 이행에 필요한 사항이 담겨있다. 특히 2024년 말까지는 EU 자체 산정방식만을 고집하지 않고 한국 등 제3국의 보고 방식을 인정하여 한시적으로 유연성을 부여하겠다는 내용이 포함되었다.

CBAM 주요 항목에 대한 EU 집행위원회, 유럽의회, EU 이사회의 입장

구분	EU 집행위원회	유럽의회	EU 이사회
대상품목	철강, 알루미늄, 시멘트, 비료, 전기	EU 집행위 초안에 유기화학품, 수소, 암모니아, 플라스틱 대폭 추가, 시멘트 소폭 추가	EU 집행위 초안에 철강, 알루미늄, 시멘트 종목 소폭 추가
대상범위	직접배출	직접(냉난방 사용 포함)+간접배출(전기 사용)	직접배출(냉난방 사용, 경계 내 전기 생산 포함)
기타 면제조건	없음	없음	150유로 이하의 소액 수입품 적용 면제
과도기간	3년('23~'25)	4년('23~'26)	EU 집행위와 동일
이행기관	회원국별 관할당국 및 국가등록부 중심	EU 차원 CBAM 기관 및 등록부 설치해 중앙집중식 운영	집행위와 동일하나, 중앙등록부 설치·운영
기 지불된 탄소가격	원산지에서 지불한 탄소가격은 삭감 신청 가능	EU 집행위와 동일하나, 명시적으로 지불한 탄소가격만 인정 (EU 탄소가격 이상인 경우, CBAM 100% 면제)	EU 집행위와 동일하나, 실제 지불한 탄소가격만 고려
CBAM 업종의 ETS 무상할당과의 조정	• ETS 무상할당 정도를 반영해 CBAM 인증서 의무제출량 조정 • ETS 개정안에는 26년부터 무상할당 매년 10%p씩 축소해 35년에 0%로 폐지	• EU-ETS 무상할당을 고려한 CBAM 계수를 가속화 방식으로 축소(23~26년 100%, 27년 97%, 28년 84%, 29년 69%, 30년 50%, 31년 25%, 32년 0%) • 수출품은 무상할당 지속	• EU-ETS 무상할당을 고려한 CBAM 계수를 가속화 방식으로 축소 (26~28년 5%p씩 축소, 29~32년 10%p씩 축소, 33~35년 15%p씩 축소)
과징금 부과	ETS 초과배출과징금과 동일	전년도 인증서 평균가격 3배	EU 집행위와 동일
수익금 사용	명시적 규정 부재하지만, 회원국 재원에 편입된 후 EU 예산으로 이동될 것으로 언급	EU 재원에 편입되어 저개발국의 기후완화 및 적응 지원에 활용	명시적 규정 부재

출처: 김동구, "EU 탄소국경조정제도(CBAM) 추진의 핵심 쟁점과 산업경제적 의의에 대한 연구", 『산업연구』, 제46권 3호(2022), 17면, 저자 재정리.

입법 과정에서 EU집행위, EU 이사회, 유럽의회 세 기구의 입장 차이가 존재했는데, 세 기구의 입장을 비교한 결과, 유럽의회는 EU집행위보다 CBAM의 대상을 보다 강화했지만 일부 안의 경우에는 실제 이행에 있어 논란을 야기할 여지가 있다고 판단된다.[8] 반면 EU 이사회는 장기적으로 유럽의회와 동일한 방향으로 CBAM을 강화해 나가려고 하지만, 현재는 EU집행위와 거의 유사하며 오히려 행정편의성을 고려한 법률안을 추진하고자 한다는 점을 확인할 수 있다.[9]

CBAM 적용 품목을 EU로 수입하려면 '인증서'를 구매해야 한다

CBAM 규정안에 따르면 CBAM 적용 대상은 철강, 알루미늄, 비료, 시멘트, 전력, 수소 등 6개 부문의 상품이다.[10] 논의 초기에는 화학, 제지, 유리 등의 부문도 언급되었으나 최종 규정에는 포함되지 않았다. 다만 EU집행위는 적용 품목을 단계적으로 확대할 계획이다. CBAM 도입 배경이 탄소누출 방지라는 점에서 2019년 EU집행위가 발표한 탄소누출 피해산업 부문에 확대 적용될 것으로 예상되며, 정유, 제지, 유리, 화학, 플라스틱 등이 주 대상이다.

CBAM이 적용되는 국가는 비EU 회원국이다. 다만 노르웨이, 아이슬란드, 리히텐슈타인, 스위스는 비EU 회원국임에도 제외된다. 제외 사유는 EU-ETS 연계 또는 참여다. 노르웨이, 아이슬란드, 리히텐슈타인은

European Economic Area^{EEA} 국가로서 EU-ETS에 참여하고 있고, 스위스는 EEA 국가는 아니지만 자체 ETS를 EU-ETS와 연계하고 있다. 전기부문의 경우에는 EU 전력시장에 통합되어 EU 전력시장 규정의 주요 조항들을 도입하고 2050년까지 기후중립 관련 로드맵을 제시하는 등 일정 요건을 갖추면 CBAM 적용 예외국으로 지정될 수 있지만, 현재까지 예외국으로 지정된 국가는 없다.

2023년 10월 1일부터 2025년 12월 31일까지 전환기간$^{Transitional\ Period}$이고 2026년 1월 1일부터 확정기간$^{Definitive\ Phase}$이다. 전환기간에는 수입업자의 CBAM 인증서 구매 의무 대신에 연 4회 분기별로 수입품목의 탄소 내재배출량 보고 의무만을 부담한다. 보고 대상 정보는 ① 생산시설에서 생산되는 상품의 총량, ② 각 상품의 실제 탄소 내재배출량, ③ 각 상품의 간접적인 탄소 내재배출량, ④ 수입 상품의 원산지에서 부과되는 탄소가격 등이다. 수입업자는 매 분기 종료일로부터 1개월 이내에 해당 정보가 기재된 CBAM 보고서를 관할 당국에 제출하고, 제출받은 관할 당국은 해당 정보를 각 분기 후 2개월 이내에 EU CBAM 총괄 집행위원회에 제공해야 한다. 2026년부터는 CBAM 인증서 구매 및 납부 의무가 발생한다.

2026년 본격시행 이후에는 CBAM 인증서 미제출 시 CO2환산 톤당 40유로 이상 과징금 부과 및 과징금과 별도로 인증서도 제출해야 한다. 전환기간인 2025년 말까지는 CBAM 보고서 기한이나 규정을 지키지 않으면 톤당 10~50유로의 벌금이 부과될 예정이다.

① CBAM 신고

EU 역내로 적용대상 상품을 수입하려는 자는 규정안 제5조에 따라 승인수입업자Authorised Declarant로 등록한 후에 매년 5월 31일까지 CBAM 신고서를 관할 당국에 제출하여야 한다. CBAM 신고서에는 ① 제출 직전년도 수입상품 총량, ② 제출 직전년도 수입상품의 총 탄소 내재배출량, ③ 수입상품의 총 탄소 내재배출량에 상응하는 CBAM 인증서 개수 등의 정보가 기재되어야 한다. CBAM 인증서는 수입 상품 1톤당 탄소 내재배출량 또는 이산화탄소 환산량(단위 CO_{2e})이 표기된 것으로 전자적 형태의 인증서이다. CBAM 신고를 위해서는 수입 상품의 총 탄소 내재배출량에 상응하는 숫자의 CBAM 인증서를 구매해야 한다.

② 내재배출량 측정 및 검증

'내재배출량'은 CBAM의 핵심 키워드 중 하나라고 볼 수 있는데, 내재배출량은 상품 생산 시 배출된 탄소량으로 그 산정 범위를 살펴봐야 한다. 일반적인 온실가스 배출 범위는 Scope 1. 사업장에서 배출되는 직접배출, Scope 2. 사업장 내외부에서 공급받는 에너지 및 유틸리티 생산 시 배출되는 간접배출, Scope 3. 기타 간접배출로 구분할 수 있는데, CBAM에서는 Scope 1 전체와 Scope 2, 3의 일부를 고려하여 내재배출량을 산정한다. 이로써 배출되는 7대 온실가스 중 CBAM에서는 ETS 적용 물질에 해당되는 CO2, N2O, PFCS 3개를 대상으로 한다.

탄소 내재배출량의 측정은 부속서 3에 규정된 바와 같이 상품을 2가지로 구분하여 ① 생산 과정에서 내재배출량 0인 원자재와 연료만 투입하여 생산된 단순상품^{Simple Goods}, ② 단순상품을 투입하여 생산된 복합상품^{Complex Goods} 여부에 따라 별도 계산하도록 하고 있다.

단순상품의 탄소 내재배출량은 보고기간 내에 해당 상품의 생산 시설 내 생산 과정에서 발생한 직접배출량, 즉 생산자가 직접 통제하는 상품 생산 과정에서 발생하는 배출량을 상품 생산량으로 나눈 것으로 상품 톤당 탄소배출량(CO_{2e}/톤)이다. 이와 달리 복합상품의 탄소 내재배출량은 보고기간 내에 해당 상품의 생산 시설 내 생산 과정에서 발생한 직접배출량과 투입된 단순상품의 탄소배출량을 합한 배출량을 상품 생산량으로 나눈 것이다.

예를 들어, 시멘트 클링커는 단순상품이고, 시멘트 클링커를 투입하여 생산된 시멘트는 복합상품이다. 따라서 내재배출량 계산 시에 시멘트 클링커는 단순상품에 해당되므로 시멘트 클링커의 배출량만 상품 생산량으로 나누면 되고, 시멘트는 복합상품에 해당되므로 시멘트 배출량에 투입 원료인 시멘트 클링커의 배출량까지 더한 값을 상품 생산량으로 나누게 된다.

이처럼 탄소 내재배출량은 기본적으로 실제 배출량을 기준으로 산정하지만, 실제 배출량을 산정하기 어려운 경우에는 기본값^{Default Value}으로 산정할 수 있다. 기본값은 상품의 내재배출량을 반영하는 2차 자료를 통해서 계산 또는 추출된 가격으로, 부속서 3에 따르면 전기 외 상품의 기본 탄소배출량은 수출국별 평균 배출 집약정도를 고려하여 산정되며 평균 배출량을 산정할 수 없는 경우 EU 내 탄소배출량이 가장 많은 상위

10% 생산시설에서 배출한 평균값을 적용할 예정이다. 기본값 산정의 구체적인 내용은 추후 이행 입법을 통해 정해질 것으로 보인다.

승인수입업자는 CBAM 신고서에 기재한 총 탄소 내재배출량을 신고서 제출 전에 독립된 검증기관으로부터 검증을 받아야 한다. 독립된 검증 기관은 기존 EU-ETS의 검증 기관이나 부속서 5의 검증 원칙을 수행할 수 있다고 인정된 기관으로, 구체적인 인정 요건과 절차 등도 EU집행위의 추후 이행 입법에 따라 정해질 예정이다.

③ CBAM 인증서 구매 및 제출

승인수입업자는 수입상품의 탄소 내재배출량 1 CO_{2e}/톤 당 CBAM 인증서 1개를 회원국의 관할 당국으로부터 구매 및 제출해야 한다. CBAM 인증서 가격은 EU-ETS 배출권의 주간 거래종가 평균 가격으로, 매주 첫 번째 영업일에 EU집행위 웹사이트에 발표된다.

CBAM 인증서에는 고유번호가 부여되며, 판매 일자 및 가격과 함께 CBAM 등록국에서 관리하는 승인수입업자의 CBAM 계정에 등록된다. 이는 신고 직전년도 수입량 기준으로 산정된 것이라서 실제 수입량에 상응하는 인증서 수와 차이가 발생할 수 있고, 매년도 초부터 분기 말 당해년도 수입량에 상응할 수 있게 배출량의 80% 이상의 인증서를 확보해야 한다. 구매 제출한 CBAM 인증서보다 많은 양을 수입하는 경우 인증서를 추가 구매해야 하고, 적은 양을 수입하는 경우 CBAM 관할 당국 계정에 남은 인증서 재구매를 요청할 수 있다. 그리고 매년 6월 30일까지 CBAM 관할 당국은 전년도 구매 이후 각 계정에 남은 인증서를 취소할 수 있다.

CBAM 인증서 가격은 EU-ETS 배출권의 주간 거래종가 평균 가격에 연계되어 있기 때문에 CBAM은 EU-ETS와 밀접하게 연동되어 있다고 볼 수 있다. 특히 EU-ETS 제도 하의 배출권 무상할당을 고려해서 CBAM 인증서 수가 계산되어야 하고, EU 역외 수입품의 원산지국에서 이미 탄소세나 배출권거래제도를 통해 탄소가격이 납부된 경우에도 가격이 차감되어야 할 것이다. 이와 관련하여 EU집행위는 EU-ETS 무상할당이 제공되는 상품을 EU로 수출하는 경우에 대한 인증서 계산 방법을 추후 입법을 통해 구체화할 예정이며, 원산지국에서의 탄소가격제도를 고려하기 위해서 해당국과의 협정 체결 등 향후 조정 절차를 진행할 것으로 예상된다.

연간 10억 6,100만 달러(약 1조 2,200억 원)의 탄소국경세가 발생한다

대외경제정책연구원KIEP이 발표한 보고서에 따르면, EU가 이산화탄소 1t당 30유로를 전 분야에 과세하면, 우리나라는 연간 10억 6,100만 달러(약 1조 2,200억 원) 규모의 추가 비용이 발생할 것으로 추산했다. 관세율로 따지면 1.9%의 추가 관세가 부과되는 것이다.[11] CBAM이 탄소누출을 방지하고 전 지구적인 온실가스 배출 감축에 이바지함으로써 2050 탄소중립 달성에 공헌할 수 있다는 순기능에도 불구하고, 국제사회에서 가장 논란이 되는 것은 자유무역의 저해 요소로 작동할 수 있다는 것에 있다.

미국, 러시아 등 9개국이 WTO에서 CBAM에 대한 우려를 표명하고, 존 케리 기후특사가 CBAM이 최후의 방안이어야 한다고 언급하였으며, 파스칼 라미 전 WTO 사무총장도 CBAM 도입 시 교역 상대국의 WTO 제소로 CBAM의 적법성이 WTO 분쟁해결기구에서 다뤄질 가능성이 높다고 지적한 바 있다.[12]

CBAM 도입의 법적 장애 요인은 WTO협정 합치 여부이다. 다수의 통상전문가는 CBAM이 GATT General Agreement on Tariffs and Trade, 관세 및 무역에 관한 일반협정 제1조 최혜국대우 원칙과 제3조 내국민대우 원칙에 위배되고, 자국의 규제 수준 도입을 다른 당사국에 강요하는 일방적 조치가 될 경우 제20조 일반 예외로도 정당화되기 어려울 것으로 보고 있다.[13]

첫째, GATT 제1조 제1항은 최혜국대우 원칙으로, 원산지에 관계없이 상품을 동등하게 대우해야 한다고 규정하고 있다. CBAM은 비EU 회원국에서 수입되는 상품에 대한 적용을 원칙으로 하되 EU-ETS에 참여하고 있거나 연계된 일부 국가는 면제하는데, 이는 GATT 제1조 제2항 및 부속서 A, E, F 등에서 허용하는 예외에 해당하지 않는다. CBAM 규정 부속서 2 section B의 전기 수입 적용 예외 또한 추후 지정될 경우 최혜국대우 원칙에 위배될 수 있다. CBAM의 법적인 성격이 재정 조치가 아닌 환경 조치라고 할지라도 GATT 제1조는 수출입 관련 모든 규칙과 절차에 적용되기 때문에, WTO협정의 최혜국대우 원칙과 충돌을 피할 수 없어 보인다.

지속가능한 금융의 미래

둘째, GATT 제3조는 내국민대우 원칙으로, 수입품에 대하여 적용되는 내국세 및 국내 규제 등이 동종의 국내 제품에 부여하는 대우와 차별해서는 안 된다고 규정하고 있다. 얼핏 보기에는 EU 역내에서 생산된 CBAM 대상 상품은 EU-ETS 배출권 구매 시 일정 금액을 납부하고, EU 역외에서 생산되어 수입된 상품은 EU-ETS 배출권 가격에 준하는 CBAM 인증서 구매를 통해 일정 금액을 납부하므로 동일 대우를 받는 것으로 보인다.

그러나 EU-ETS 배출권을 무상할당하는 부문의 경우, 동일한 경쟁 조건이 마련되지 못하는 문제가 있다. 예를 들어, EU-ETS에서는 탄소누출 취약업종 63개에 대해 배출권을 100% 무상할당하고 있어 철강 부문은 실질적으로 할당받은 배출권 이상을 추가 구매하는 경우에만 비용을 지출하게 된다. 그런데 EU 역외에서 수입되는 철강 상품에 1톤당 EU-ETS 배출권 가격에 준하는 CBAM 인증서를 구입하게 하는 것은 동일 대우가 아닐 수 있다.

CBAM의 시행을 일종의 무역장벽으로 간주할 수 있어 보호무역주의 논란을 피하기 어려울 것으로 보인다. 이에 미국과 EU 등 관계국간 무역·통상 갈등이 심화되는 가운데 선진국보다는 CBAM 품목의 주요 수출국인 러시아, 터키 등 신흥국에 피해가 집중될 것으로 예상된다.[14] 이러한 문제를 해결하기 위해서 EU는 CBAM 도입과 함께 현재 무상할당의 유상할당 전환에 속도를 가할 것이라고 밝혔다. 그러나 배출권 무상할당제의 완전폐지 전까지는 EU 역내 생산 상품이 EU-ETS로 부담하는 비용과 EU 역외 생산 상품이 CBAM 인증서 구매에 소요되는 비용이 동일하도록 조치하지 않는 이상 GATT 제3조의 내국민대우 원칙과 충돌될 소지가 있다.

제도적인 측면에서는 수입 상품의 생산 과정에서 배출된 탄소량을 기술적으로 정밀하게 측정 및 검증할 방법이 부족하다는 점이 장애요인이다.

일반적으로 국가별 온실가스 배출 통계는 IPCC^{ntergovernmental Panel on Climate Change} 가이드라인에 따라 개별 분야별로 측정된 수치를 취합 및 집계하는데 산업 분야는 개별 '사업장'별로 측정하는 반면, CBAM은 일정 기준 이상의 온실가스 배출 업체를 대상으로 업체별 배출 목표치에 따라 배출권을 할당한다. 이에 따라 업체 또는 사업장 단위로 측정한 배출량을 해당 시설에서 생산된 '상품'의 탄소배출량으로 환산해야 하고, 원자재-중간재-최종재의 복잡한 공급망을 거쳐 하나의 상품이 생산되는 경우 최종 상품의 탄소배출량을 산출·검증하는 작업에는 상당한 비용과 인력이 소요된다. 국내 상품의 탄소배출량 측정도 어려운 실정에서 수입 상품에 대한 정밀한 탄소배출량 산출은 쉽지 않다. 자체 집계한 탄소배출량을 제시하더라도 수치의 타당성 검증도 어려운 일이다.

탄소국경조정제도 시행이 금융에 미칠 영향은?

최근 UN 사무총장은 "지구 온난화 시대가 끝나고 지구 열대화 시대가 시작됐다"고 발언하며 현재 기후변화의 심각성을 경고하였다.[15] 한편 많은 연구에서 기후변화는 세계 경제성장률 하락, 인플레이션 상승 등 글

지속가능한 금융의 미래

로벌 실물경제에 부정적 영향을 초래하고, 금융 불안을 야기할 수 있는 것으로 분석되고 있다.[16] 이에 기후변화는 글로벌 경제·금융 시스템에 대한 리스크 요인으로 평가되고 있으며, 기후변화 문제에 따른 대내외 경제 환경 및 금융시스템 변화에 직면한 상황에서 CBAM의 시행이 금융기관이 미칠 영향을 분석하여 대응할 필요가 있다.

기후변화가 심각해짐에 따라 금융기관에 대한 기후 관련 정보 공시 요구가 강화되고 있다. 초기에는 민간 이니셔티브[17]를 중심으로 한 기후 관련 정보의 자율적인 공시였지만, 점차 기후 관련 정보의 중요성이 강화되면서 공시기준의 표준화와 국가별 의무화 논의가 확산되고 있다.[18]

현재 글로벌 금융기관들은 국제적으로 공신력 있는 이니셔티브 규정을 준수하며 금융배출량을 감축하기 위해 노력하고 있다.[19] 대표적인 3개의 이니셔티브로는 기후 관련 재무 공시에 대한 태스크포스[20] Task Force on Climate-related Financials Disclosure, TCFD, 금융회사의 자산 운용으로 인한 금융 배출량 산정·공개 글로벌 이니셔티브[21] Partnership for Carbon Accounting Financials, PCAF, 과학기반 감축 목표 이니셔티브[22] Science Based Targets Initiative, SBTi가 있다.

공시 방법으로는 TCFD, 금융배출량 측정에는 PCAF, 금융배출량 감축 목표 설정에는 SBTi 등의 이니셔티브가 제시하는 기준안을 활용하여 탄소중립을 이행하고자 노력하고 있으며, 각 이니셔티브가 제시하는 기준안은 다음 표와 같다.

TCFD는 기후변화가 기업의 재무구조에 미치는 리스크를 공시하는 표준화된 정보공개방식을 제공하고 있으며, 공시 방법으로는 중대성 평

대표 이니셔티브별 기준안

이니셔티브	기준안
TCFD	기후변화에 따른 재무위험을 핵심 영역(거버넌스, 전략, 리스크 관리, 지표·목표)별로 구분하여 공시하도록 권고
PCAF	금융기관 자산을 6개 그룹(상장주식·회사채, 기업대출·비상장주식, 프로젝트 금융, 상업용 부동산, 모기지, 자동차 대출)으로 구분하고, 그룹별 금융배출량 산정 방정식을 제공하는 등 회계 및 보고를 바탕으로 표준화된 금융배출량 측정 기준을 제시
SBTi	과학적 방법론에 기반하여 금융기관이 자산별로 금융배출량 감축목표를 설정할 수 있는 가이드라인을 제시

가를 통해 도출한 주요 리스크 요인을 '물리적 리스크^{Physical Risk}'와 '전환 리스크^{Transition Risk}'로 구분하여 제시한다. '물리적 리스크'는 기후변화로 인한 물리적 요소의 변화로 기업의 자산이나 공급망 등에 미치는 부정적 영향이고, '전환 리스크'는 전 세계가 저탄소 경제로 전환하는 과정에서 나타나는 정책·사회·경제적 요소의 변화로 인한 발생하는 리스크를 말한다.

PCAF는 '금융배출량', 즉 금융기관으로부터 자금을 공급받은 기업들의 탄소배출량의 측정을 위한 표준화된 기준을 제공하고 있다. 모든 차입기업의 Scope 1, 2 배출량을 보고토록 규정하고, Scope 3 보고가 필요한 부문은 공개하도록 조치함으로써 차입기업의 온실가스 배출량에 금융기관이 기여한 대출 및 투자 비중을 고려하여 금융배출량을 산정한다. CBAM의 시행은 차입기업의 경영환경과 수익성에 변수로 작용할 것이고, 금융기관도 탄소국경세로 인한 차입기업의 수출 감소 등 관련 영향에 노출이 불가피하기 때문에 금융기관에도 직·간접적으로 영향을 줄

소지가 많다. 이에 금융기관 내부에서 발생되는 탄소배출량뿐만 아니라 차입기업의 탄소배출량을 감안한 금융배출량을 파악하여 감축하는 것이 중요하다. 특히 제조 활동을 하지 않는 금융기관은 Scope 1, 2 배출량이 적고 금융배출량이 큰 부분을 차지하기 때문에, 거래기업 고객의 탄소중립을 달성하는 것이 금융기관의 탄소중립의 달성에 가장 중요한 부분이 될 수 있다.

SBTi는 기업이 과학적 방법론을 토대로 감축목표를 설정할 수 있는 기준 및 지침을 제공한다. 이 때 감축목표 설정방식은 '절대량 감축방식 Absolute Contraction Approach, ACA'과 '섹터별 감축방식 Sectoral Decarbonization Approach, SDA'의 2가지를 제시한다. '절대량 감축방식'은 배출권거래제처럼 기업 내 모든 배출원별 인벤토리를 구축한 후에 총량에 대한 감축목표를 설정하는 방식인 반면, '섹터별 감축방식'은 매출, 제품생산량 또는 직원 수 대비 탄소배출량의 집약도를 활용하는 방식이다. 이에 금융기관의 Scope 1, 2 배출량에 대해서는 대체로 절대량 감축방식 방안, Scope 3 배출량에 대해서는 섹터별 감축방식 방안을 권고하며, 금융기관은 자산군별로 최소 5년, 최대 15년까지 과학기반 감축 계획을 수립·이행할 의무를 부담하도록 하고 있다.

현재 국내 금융기관들도 PCAF 등 이니셔티브 가입, 금융배출량 측정 시스템을 도입하고 있다. 특히 대형 금융지주 회사들은 Scope 1, 2에 해당하는 내부 탄소배출량과 자산 포트폴리오의 탄소배출량 Scope 3 측정 방법을 고안하여 모니터링하고, SBTi 방법론을 적용하여 탄소배출량 감축 목표를 구체화하는 등 탄소중립 달성을 위한 기반을 마련하고 있다.

증권사들도 탄소배출권 거래 등을 촉진하고자 PCAF에 가입을 확대하고 있다.

기후 관련 정보 공시와 더불어 기후리스크 관리 대응 강화 또한 중요한 사안이다. 그 중에서도 금융기관의 기후리스크 관리가 강조되는데, 금융기관이 탈탄소화 과정에서 자본 배분의 핵심적인 역할을 수행함에 있어 투자 수익률 및 대출금 회수 등 주요 활동에 기후리스크가 중대한 영향을 미칠 수 있기 때문이다.

NGFS Network for Greening the Financial System [23]는 기후 및 환경 관련 금융리스크 감독방안, 기후변화가 거시경제 및 금융에 미치는 영향, 기후 및 환경리스크 관련 데이터 구축 등의 논의를 기반으로 보고서를 발표하여 기후금융의 글로벌 제도화에 중요한 역할을 수행하고 있다.

BCBS Basel Committee on Banking Supervision, 바젤은행감독위원회는 2021년 4월 기후리스크가 은행시스템에 영향을 미치는 경로, 기후 관련 재무리스크를 측정하는 방법론, 2022년 6월 기후 관련 금융리스크 관리 및 감독 원칙 등을 발표하였으며, 이는 글로벌 은행 규제 및 감독기구가 채택한 최신 방식이기 때문에 기후 관리 및 감독에 널리 활용될 것으로 예상된다.

한국은 파리기후협약의 목표를 실현하기 위하여 2020년 10월 '2050 탄소중립'을 선언하고, 2020년 12월에 '2050 탄소중립 추진전략'을 수립했다. 녹색금융은 '탄소중립 제도적 기반강화'의 일부로 '2050 탄소중립 추진전략'에 포함됐다. 이에 대한 노력의 일환으로 2021년 1월 금융위원회는 녹색금융 추진의 기반인 '2021년 녹색금융 추진계획'을 공개하였다. 이 계획은 녹색분야 자금지원 확충, 녹색분류체계 마련, 기후리스크 관리 및 감독계획 수립, 기업 환경정보 공시 등을 주된 내용으로 다루고 있다. 금융감독원은 2021년 12월에 「기후리스크 관리 지침서」를 발간했으며, 해외 금융당국의 기후리스크 안내서 사례와 금융감독원 내 유관 부서 및 금융회사 의견 조회를 기반으로 국내 여건을 고려하여 작성됐다. 2022년 12월에는 국내 금융사들의 기후리스크 관련 글로벌 규제환경 대응 수준을 향상시키기 위해 BCBS 원칙을 반영하고 시나리오 분석을 포함하여 관리 필요성을 강화한 「기후리스크 관리 지침서」 개정본이 발표되었다. 금융감독원은 이 지침서의 활용을 유도하여 기후리스크 관리를 현장에 안착시킬 계획이다.

탄소중립 시대의 경제 대전환, CBAM에 대비하라

감독기구 및 금융회사의 기후리스크 대응과 관련한 최종 목표는 회사의 기후리스크 노출을 경감시키고, 기후 관련 기회에 대한 투자를 늘림으로써 친환경 경제 시스템을 만드는 데에 이바지하는 것에 있을 것이다. 이를 위해서는 1차적으로 기후리스크 대응을 위한 최적의 지배구조를 구축해야 한다. 즉, 기후리스크와 관련한 이사회 및 경영진의 책임과 역할을 명확하게 규정하는 것이다.

지배구조 구축 후에는 기후리스크 대응이 조직에 내재화될 수 있도록 해야 한다. 이를 위해서는 탄소배출 저감을 위한 연구개발R&D을 적극적으로 지원할 필요가 있다.[24] 기후 변화가 금융안정, 통화정책 파급경로에 미치는 영향 등 기후변화의 경제적 영향 평가를 본격화[25]하고, 기후변화 이슈 관련 다양한 정보 수집 채널을 구축함으로써 조사·연구 역량을 강화하는 것이다. 기술 개발에 대한 중장기적인 지원을 통해 탄소중립과 산업경쟁력 강화를 동시에 달성할 수 있도록 해야 한다.

신뢰성 있는 배출량 측정을 위해 Scope 3 관련 데이터 인프라 수준을 개선하고 자체적인 배출량 산정 방법을 검토할 필요가 있다. 이에 금융기관은 자산 클래스별 최고 품질의 데이터를 사용해야 하고, 기업은 데이터 품질을 지속적으로 개선하여 데이터 가용성을 증진해야 할 것이다. 특히, 동일한 가치사슬에 있는 여러 기업 및 프로젝트에 대출하는 경우 배출량 중복계산 문제가 발생하지 않도록 측정에 유의할 필요가 있다. 또한, 금융기관은 표준화된 측정 기준을 보완하는 차원에서 차입기업과 여신의 특성에 맞게 자체적으로 금융배출량을 측정하기 위한 시스템을 개발할 필요가 있다. 예를 들어, PCAF의 산정 방정식을 따를 경우, 기업의 절대적인 배출량 변화가 없더라도 차입기업의 재무건전성이나 주가에 따라 금융배출량의 산정량이 달라질 소지가 있기 때문이다.

기후리스크는 새롭게 식별된 리스크 유형이기는 하지만, 신용리스크, 시장리스크, 유동성리스크, 운영리스크, 평판리스크 등과 같은 전통적인 리스크 유형으로 전이가 가능하기 때문에 기존 리스크 관리 체계에 통합하여 관리하는 것이 바람직해 보인다. 일례로, EIB European Investment Bank는 그룹 전체의 리스크 관리 체계에 기후 관련 위험을 통합하여 관리하고 있으며, 기후리스크 스크리닝 도구를 활용하여 개별 프로젝트, 거래 상대방, 포트폴리오 단위로 맞춤형 평가를 실시하고 있다.[26]

다만, 기후리스크는 이행 리스크와 물리적 리스크로 구분되기 때문에 통합 관리 하에 별도 관리할 필요성은 있다. 예를 들어, 이행 리스크와 물리적 리스크가 큰 초고위험 자산 및 고위험 자산에 대해서는 관리의 효율성을 고려하여 포트폴리오 운영 방안을 수립함으로써 초고위험 자산은 포트폴리오에의 유입을 금지시키거나, 고위험 자산의 기후리스크가 금융기관에 전이되지 않도록 한도를 관리하거나 고위험 자산 차주의 기후리스크 경감을 지원하는 등의 조치를 취할 수 있다.

금융업의 특성상 사업장 운영으로 발생하는 직접적인 환경 부하보다 금융기관이 공급하는 자금으로 인한 간접적인 영향이 더 중요할 수 있다. 그러므로 금융기관은 포트폴리오 내 기업들의 기후리스크를 사전적으로 선별하여 기후리스크가 큰 기업에 대한 지원을 줄이고, 기후변화를 완화 및 적응시키는 것에 기여하는 기업들에 대해 투자를 확대함으로써 저탄소 친환경 경제시스템을 발전시키는 중요한 책임이 있다.

따라서 지표 공시에 있어서도 Scope 3 중 금융배출량, 지속가능금융 등 회사의 상품 및 운용 자산의 기후 관련 위험, 기회를 측정할 수 있는 부분을 비중 있게 다루어야 한다. 일례로, 지속가능경영을 실천 중인 BNP Paribas는 Scope 3를 포함한 자체 온실가스 배출량을 측정 및 보고하고 있으며, 측정 결과는 탄소정보공개프로젝트 Carbon Disclosure Project, CDP 보고서를 통해 공개하고 있다.

금융기관은 자산별로 측정한 금융배출량을 토대로 포트폴리오를 조정하는 등의 경영전략을 수립할 필요가 있다. 포트폴리오를 조정하는 방법으로는 녹색금융의 활성화를 위해 지속가능 채권 및 대출, 저탄소

펀드 등의 '녹색금융상품'을 적극적으로 개발하는 것이 있다. 예를 들면, 탄소 연료를 사용하는 발전소가 탄소포집 기술 개발을 위한 자금 조달을 목적으로 지속가능채권을 발행할 경우 금리 조건을 포집 결과의 실효성과 연계하도록 설계하여 기업의 도덕적 해이에 대처할 수 있게 하는 방법이다.[27] 향후 글로벌 공급망에서 녹색금융상품의 가치가 점점 높아질 것이므로 CBAM 대응 역량과 함께 실질적인 탄소중립경영을 강화할 필요가 있다.

금융기관이 차입기업에 탄소배출량 관련 보고서 제출과 배출량 감축을 요구하고, 감축하지 못하는 경우 차후 심사에서 불리해지도록 하는 '고탄소기업 배제 전략'도 포트폴리오 조정 방법이 될 수 있다. 다만, 금융기관이 투자를 철회하더라도 다른 금융기관이 해당 기업에 새롭게 자금을 공여할 수 있으면 포트폴리오 이동에 불과해지기 때문에, 모든 금융기관이 해당 고탄소기업에 대한 투자를 배제하는 선택을 하지 않는 한 기업의 행동변화 유도가 쉽지 않다는 취약점이 상존할 수 있다.

노르웨이 국부펀드 Government Pension Fund Global, GPFG 가 2014년 정책 보고서[28]를 통해 밝힌 것과 같이, 주주가 긴 호흡을 갖고 화석연료를 생산하거나 이용하는 기업들과 주주참여를 통해 질서 있는 탈탄소 이행을 유도하는 것이 주주가치 증대에 부합한다. 즉 주주들이 주축이 되어 질서 있는 탈탄소 이행을 유도하는 것이 장기적으로는 주주가치 증대를 견인할 것이므로, 한국의 국민연금도 책임투자 원칙과 수탁자 책임 활동에 관한 지침에 따라 주주참여 관점에서 기후 문제에 접근하는 것을 고려할 필요가 있다.

지속가능한 금융의 미래

2장

ISSB 기준을 통해 본
ESG 공시제도의 미래

글로벌 ESG 공시 기준이 정립된다.

최근 ISSB의 지속가능성 공시 기준이 발표됨으로써 혼란스러웠던 글로벌 ESG 공시 체계 표준화 작업이 새로운 전환점을 맞고 있다. ISSB 공시 기준은 단순한 규제 강화를 넘어 금융기관을 포함한 많은 기업들의 ESG에 대한 전략적 접근 방식을 변화시키고 있다. 이제 금융기관은 ESG를 경영의 핵심부분으로 삼아 환경보호와 사회적 책임을 다하는 동시에, 투자자와 이해관계자들에게 신뢰를 줄 수 있도록 ESG성과를 정량적으로 측정하여 투명하고 체계적인 지속가능한 성장 가능성을 제시해야 할 것이다.

이범준

유럽연합^{EU}은 2023년 10월 '지속가능성 보고 지침^{Corporate Sustainability} ^{Reporting Directive, CSRD}'을 2024년부터 도입하기로 결의했다. 이에 따라 EU에서 영업하는 일정 규모 이상의 기업들은 ESG 관련 정보를 더욱 상세하게 공시하여야 한다. EU의 기존 '비재무 정보 공개 지침^{Non-Financial} ^{Reporting Directive, NFRD}'은 임직원 500명 이상의 상장사 등을 대상으로 했지만, CSRD는 적용 대상을 확대하여 임직원 250명 이상의 EU 및 비EU 기업까지 포함하게 되었다. 이에 따라 우리나라 기업 중 EU 내 현지법인과 역외 모기업의 경우에도 CSRD 적용되어 공시의무가 부과된다.

CSRD에 따른 공시 기준은 '유럽 지속가능성 보고기준^{European} ^{Sustainability Reporting Standards, ESRS}'을 따르게 된다. ESRS는 환경^E, 사회^S, 지배구조^G 등 공통 기준인 set 1이 발표되었고, 산업별 세부 기준인 set 2는 2026년 이후 공개될 예정이다. 기존 NFRD 공시 기업은 2024 회계연도부터, 일정 규모 이상의 기업은 2025 회계연도부터, 상장 중소기업과 금융기관 등은 2026 회계연도부터 CSRD를 적용받게 된다.

한편 미국 증권거래위원회^{SEC}는 2022년 3월 미국 상장기업의 기후 관련 정보 공시 의무화 규정 초안을 발표했다. 상장기업은 기후 위험이 사업에 미치는 영향, 기후 위험 관리 체계, 온실가스 배출량^{Scope 1, 2 /}

Scope 3 는 제외 등을 공시해야 한다. 이와 별도로 미국 캘리포니아주에서는 2026년부터 일정 규모 이상의 기업에 Scope 1, 2, 3 온실가스 배출량 공시와 기후 관련 재무 리스크 공시를 의무화하는 법안을 마련했다. 영국, 호주, 일본, 싱가포르, 중국 등 주요국에서도 ESG 정보 공시 의무화 정책을 추진하고 있다. 영국은 2026년부터, 호주는 2024년 하반기부터 순차적으로 ESG 공시를 의무화할 예정이며, 중국은 Scope 3 배출량을 포함한 ESG 공시를 2026년부터 의무화하기로 했다. 일본과 싱가포르는 2025년부터 ISSB 기준에 따른 ESG 공시를 시행할 것으로 예상된다.

이와 같이 주요국의 ESG 공시는 점차 의무화되고 있으며, 대다수 국가가 ESG 공시를 법정 공시 사항으로 도입하고 있다. 지속가능한 경제성장과 발전을 촉진하고 자본시장에 비교 가능한 정보의 제공을 위하여 EU, 미국, 일본 등을 포함한 주요 나라들은 지속가능성 공시 기준을 제정하고 있으며, 관련한 공시제도 수립도 적극 추진하고 있다.[1]

또한, ESG 정보를 재무제표와 동시에 연차보고서 또는 사업보고서에 포함하여 공시하도록 요구하고 있다. 나아가 재무제표 공시와 동일한 연결기준으로 ESG 공시를 요구하고 있어, 연결기준으로 재무제표 공시를 하는 기업은 같은 기준으로 모든 해당 기업에 대한 ESG 정보를 공시하게 된다.

이러한 ESG 공시의 주요 기준으로 자리잡고 있는 것이 국제지속가능성기준위원회 ISSB 의 지속가능성 공시기준이다. 우리나라도 ISSB의 기준을 참고하여 KSSB 기준 마련에 속도를 내고 있다. 이에 ISSB의 지속가능성 공시 기준을 통해 ESG 공시제도가 금융기관에 미칠 영향 및 그 대응 방안을 살펴보는 것은 매우 중요한 의미를 가진다.

기후변화 영향 공시를 위한 최초의 '공통언어', ISSB 지속가능성 공시 기준

전 세계적으로 기업경영에서 ESG의 중요성이 점차 강조됨에 따라 기업들의 ESG 활동을 평가하고 공시하는 것이 필요해졌지만 재무제표 공시와 달리 비재무지표인 ESG 공시와 관련된 국제적인 표준이 부재했다. 이에 따라 주로 GRI Global Reporting Initiative, 지속가능성 회계기준위원회 Sustainability Accounting Standards Board, SASB, 기후변화 관련 재무정보공개 협의체 Task Force on Climate-related Financial Disclosures, TCFD 등의 기준에 따라 ESG 공시가 이루어져 왔다. 이러한 상황에서 IFRS International Financial Reporting Standards 재단은 2021년 11월 영국 글래스고에서 개최된 COP26에서 ISSB International Sustainability Standards Board 를 공식화했다. ISSB는 2022년 3월 지속가능성 공시기준에 대한 공개초안을 발표했으며, 2023년 6월 첫 번째 지속가능성 공시기준인 IFRS S1(지속가능성 관련 재무정보 공시를 위한 일반 요구사항)과 S2(기후 관련 공시)를 최종 발표했다.[2]

ISSB는 지속가능 공시 기준이 기업의 지속가능성 관련 공시 정보의 신뢰성을 제공하여 투자자의 의사결정에 기여할 것으로 기대하고 있다. 특히 기후변화와 같은 글로벌 어젠다가 기업에 미치는 영향을 공시하기 위한 글로벌 기준을 제시했다는 점에서 의의가 크다고 볼 수 있다.[3] ISSB

는 국제증권관리위원회기구International Organization of Securities Commission, IOSCO, 금융안정위원회Financial Stability Board, FSB 등 주요 국제기구와 국가, 기업, 투자자 등 다양한 이해관계자의 의견을 수렴하며 기준을 개발했기 때문에, 기준 도입의 당위성과 합리성이 일정 수준 확보되었다고 볼 수 있다. 최근 우리나라를 포함하여 미국, EU 등 여러 국가에서 지속가능성 관련 정보에 대한 의무공시 제도화 논의가 본격화되고 있고, 다수의 국가들이 ISSB 기준을 참조하거나 활용할 것으로 예상된다.

ISSB 기준은 전 세계 140개국에서 사용하는 IFRS 회계기준의 핵심 개념을 기반으로 설계되었다. 이는 재무제표와 함께 지속가능성 관련 정보를 투자자에게 제공하는 것을 목적으로 한다. ISSB 최종 기준은 지난해 3월 공개 초안 발표 이후 전 세계 다양한 이해관계자들로부터 1,400건 이상의 의견을 수렴하고, 10여 차례의 공식 회의를 거쳐 완성되었다. 공개 초안 대비 문구의 명확성이 높아졌고, 많은 지침과 사례가 추가되어 적용 가능성이 향상되었다. 또한 기업의 수용 가능성을 높이기 위해 일부 요구사항이 완화되었다.

공급망을 포함한 일반 지속가능성 관련 리스크와 기회 공시 요구

IFRS S1 일반 요구사항은 투자자 등 주요 정보이용자가 기업 가치 평가나 투자 결정 시 참고할 수 있도록, 지속가능성 관련 정보를 기업에 공시하도록 요구한다. 이에 따라 기업은 직면하는 지속가능성 관련 위험 및 기회와 관련된 '지배구조, 전략, 위험 관리, 지표 및 목표'의 네 가지 핵심요소를 공시하여야 한다.

IFRS S1 기준서는 기업이 단기, 중기, 장기적으로 직면하는 지속가능성 관련 주요 위험과 기회에 대한 정보를 투자자에게 제공하도록 하는 일련의 공시 요구사항을 제시하고 있다. 이를 통해 일반 목적 재무보고 이용자의 투자 의사결정에 유용한 지속가능성 정보가 공개되도록 하는 것이 S1의 주된 목적이다. 기업은 중요성 평가에 따라 기업의 재무성과와 전망에 중대한 영향을 미칠 것으로 합리적으로 예상되는 지속가능성 관련 정보를 공시해야 한다.

IFRS S1 기준서는 IFRS 회계기준에서 사용되는 개념을 활용하며, IFRS의 지속가능성 공시 요구사항에 대한 일반적인 지침을 제공한다. 예를 들어 연결 재무제표 공시 기업의 경우 연결기준으로 지속가능성 정보를 공시해야 하며, 지속가능성 관련 위험과 기회는 재무제표 내 관련 정보와 연계하여 보고되어야 한다.

지속가능성 정보 공시는 재무제표와 동시에 보고되어야 하며, 모든 지표에 대해 비교 정보가 제공되어야 한다. 또한 기업의 전망에 영향을 미칠 것으로 예상되는 지속가능성 관련 위험과 기회, 그리고 관련 지표 식별 시 SASB 산업 기준, CDSB 발표 내용, 동종 기업 보고 정보 등을 참고할 수 있다.

TCFD 기반의 기후 관련 리스크 정보 공시의 요구

IFRS S2 기후 관련 공시는 이용자가 일반 목적의 재무보고에 활용할 수 있도록, 기업의 기후 관련 위기 Risks 및 기회 Opportunities 에 대한 정보 (지배구조, 전략, 위험 관리, 지표 및 목표)를 공시하도록 요구한다. 여기서 지배구조는 기후 관련 위험 및 기회를 관리하는 의사결정기구 및 절차 등에 대한 사항을 의미하고, 전략은 기후 관련 목표 달성을 위해 계획한 방법 등을 포함한다. 위험 관리는 위험을 식별 및 평가하고 모니터링하는 절차를 의미하며, 지표 및 목표는 ① 산업전반 지표, ② 산업기반 지표 및 ③ 기후 관련 목표를 의미한다.

S2 기준은 일반 목적 재무 보고 이용자에게 유용한 기후 관련 위험 및 기회 정보를 기업이 공시하도록 요구한다. S1과 마찬가지로 TCFD 기반의 4가지 핵심 요소인 지배구조, 전략, 위험관리, 지표 및 목표에 대한 공시가 필요하다. 특히 기업이 공시해야 할 기후 관련 지표는 산업 전반 지표와 산업기반 지표로 구분된다. 산업 전반 지표는 산업 및 사업 모형과 무관하게 반드시 공시해야 하며, 온실가스 배출량의 경우 GHG Greehouse Gas Protocol 프로토콜에 따른 Scope 1, 2, 3 배출량 공시가 포함된다. 특히, 자산관리, 상업은행, 보험업에 속한 기업은 금융 배출량에 대해서도 공시해야 한다.

한편 산업기반 지표는 산업의 사업 모형과 활동에 따라 가변적인 기후 관련 위험 및 기회에 대한 정보를 제공하기 위해 공시가 요구된다. 이를 위해 기업은 산업기반 지침을 고려해야 하며, 이 지침은 SASB 기준과 유사한 회계 지표와 활동 지표로 구성된다. 또한 기업은 기업 전략과 사업 모형의 회복력을 분석하기 위해 사용한 시나리오 분석 정보와 GHG 배출량 목표를 포함한 기후 관련 목표에 대해 공시해야 한다. 주목할 점은 공개 초안에 비해 최종 기준에서 기업의 역량 차이를 해소하기 위한 다수의 완화 규정과 기준 적용을 돕기 위한 다양한 사례 및 지침이 추가되었다는 것이다. 이는 기업이 ISSB 기준을 적용하는 데 발생하는 공시 비용과 투자자의 효익 간 균형을 찾도록 돕는다고 볼 수 있다.

다만, 기업들이 기준을 완벽하게 적용하기 어려운 상황을 고려하여, 이번 기준은 공시 부담을 완화하는 방향으로 구성되었다. 특히 '과도한 원가와 노력 없이 보고일에 이용할 수 있는 합리적이고 뒷받침될 수 있는 정보'라는 개념을 도입하여, 시나리오 분석이나 Scope 3 배출량 정보와 같이 불확실성이 높은 영역에서 기업의 과도한 노력을 경감시켰다. 또한 기업의 기술, 역량, 자원이 부족할 경우 양적 정보 대신 질적 정보를 공시할 수 있도록 하였다.

기준 적용 초기의 기업 부담을 낮추기 위해, 첫해에는 보고 범위, 보고 시기, 비교 정보, Scope 3 배출량, GHG 프로토콜 적용 등 5가지 부분에서 한시적 완화 규정을 제공했다. 또한 적용 지침과 예시적 지침을 제공하여 기업의 기준 적용을 지원한다. 적용 지침은 기준서 내에 포함되며, 예시적 지침은 부속 지침으로 발표되었다. 기업의 역량 차이 해소를 위한 구조적 변경, 완화를 위한 경과 규정, 이행 가능성 제고를 위한 추가 지침 등이 포함되었다.

영국, 일본, 싱가포르 등 기존의 IFRS 적용국들은 이미 ISSB 공시기준의 도입을 고려 중이고, IFRS 적용국인 한국 역시 ESG 공시제도에 위 기준을 상당 부분 수용할 예정이다. 우리나라에서도 ISSB 기준의 내용을

관할권별 공시제도 및 기준제정 요약

국가 및 관할당국		기준개발			공시 채널	적용대상	보고 시기	인증
		제정 기구	개발현황	향후일정				
EU	EC	EFRAG	ESRS 1ˢᵗ세트 채택('23. 7.31일)	SME 기준· 산업별 기준· 비EU 기준 (~'24, '26년)	법정 공시	EU 대기업· 상장 SME· 비EU 기업	'25년 (FY24)	제한적 인증 부터
일본	FSA	SSBJ	ED 의견 수렴 (~'24.7월)	기준 발표 ('25.3월)		모든 프라임 상장기업	'27년 (FYB26)	인증
미국	SEC	SEC	최종안 승인('24. 3.6일)	연방관보 게재 60일 후 발효		모든 공개기업	'26년 (FYB25)	제한적 인증 부터
캐나다	CSA	CSSB	ED 의견수렴 (~'24.6월)	기준 발표 ('24.4Q)		증권 발행자	'26년 (FY25)	–
호주	재무부	AASB	ED 의견 수렴 종료	기준 발표 ('24.6월)		기업법 2M 연차보고서 제출 기업	'26년 (FYB25)	제한적 인증 부터
영국	DBT	DBT	ISSB 기준 도입 의견 수렴 종료	기준 발표 ('24.7월)		–	'26년 (FY25)	–
중국	증권감독 관리위원회	본토 거래소	ED 의견 수렴 종료	기준 발표 (미정)	거래소 공시	주요 거래소 상장기업	'26년 (FYE25)	선택
싱가 포르	회계기업 관리청	SGX	ED 의견 수렴 종료	기준 발표 (미정)		상장기업· 大비상장사	'26년 (FY25)	제한적 인증

출처: 한국회계기준원 홈페이지

지속가능한 금융의 미래

받아들여 공시 의무가 도입될 예정이고, 많은 국가들이 ISSB 기준을 각국 제도로 수용함에 따라 해외 시장에 진출하는 한국 기업들은 높은 확률로 ISSB 기준의 영향을 받을 것으로 예상된다. 따라서 ISSB 기준의 내용을 파악하여 ESG 공시 항목들을 식별하고 회사 내에 ESG 공시 체계를 구축하여, 추후 불성실공시 등의 리스크 발생을 방지할 필요가 있다.

한국의 지속가능성 공시기준(KSSB)이 마련된다

금융위원회는 2022년 12월 국내 지속가능성 공시 체계 구축을 위해 한국회계기준원에 지속가능성기준위원회 Korea Sustainability Standard Board, KSSB를 설립하였다. KSSB는 국내 기업들의 지속가능성 정보 공개를 체계화하고, 글로벌 기준인 ISSB 기준을 국내 실정에 맞게 적용하는 것을 목표로 하고 있다.[4]

KSSB 설립의 배경에는 ISSB 기준의 국내 적용을 위한 별도 기준 마련의 필요성이 자리잡고 있다. ISSB 기준을 그대로 적용하기에는 이해관계자의 요구사항을 반영하는데 한계가 있었기 때문이다. KSSB는 이러한 과제를 해결하기 위해, ISSB 기준을 기반으로 한 국내 지속가능성 공시기준을 제정하고 동시에 국내 기업의 규모, 업종 등을 고려하여 기준을 차별화하고 있다. 또한 국내 이해관계자들의 의견을 수렴하는 한편, ISSB와의 협력 체계를 구축하고 있다.

KSSB가 제정한 기준의 주요 내용을 살펴보면, ISSB 기준과의 연계성을 유지하면서도 중요성 평가, 검증, 이행 지원 등 국내 특화 요소를 포함하고 있어 국내 기업들의 특성을 반영하고자 하였다.

KSSB는 2024년 4월 30일 국내 지속가능성 공시기준 공개 초안을 발표했다. KSSB의 공시기준 초안은 세 가지로 구성되어 있다. 첫째, '지속가능성 관련 재무정보 공시를 위한 일반사항'(제1호), 둘째, '기후관련 공시사항'(제2호), 셋째, '정책 목적을 고려한 추가 공시사항'(제101호)이다. 제1호와 제2호는 의무공시 기준으로, 지속가능성 일반과 기후 관련 위험과 기회에 대한 요구사항을 포함하고 있다. 제101호는 선택공시 기준으로, 정부 부처가 정책 목적을 고려하여 제시한 사안에 대해 기업이 기준의 적용 여부나 세부 공시 요구사항별 공시 여부를 결정할 수 있다.

기업은 기후관련 위험과 기회를 지배구조, 전략, 위험관리, 지표 및 목표의 4개 영역에서 공시해야 한다. 지배구조 공시에는 기업의 기후관련 위험 및 기회를 모니터링, 관리 및 감독하기 위한 지배구조 프로세스, 통제 및 절차가 포함된다. 전략 공시에는 기업의 전략 및 의사결정과 현재 및 미래 재무적 영향에 대한 정보가 포함된다. 위험 관리 공시에는 기후관련 위험과 기회를 식별하고 평가하며, 우선순위 설정 및 모니터링 프로세스가 기업의 전반적인 위험 관리 프로세스에 통합되고 작동하는지에 대한 정보가 요구된다. 지표 및 목표 공시에는 온실가스 배출량, 전환 및 물리적 위험, 기후관련 기회, 자본 배치, 내부 탄소 가격, 경영진 보상 등 7가지 지표 범주가 제시되었다.

이번 초안은 ISSB 지속가능성 공시 기준을 기반으로 개발되었으며, 기업의 공시 부담을 완화하기 위해 일부 선택 및 경과 규정을 두었다. 기후 외 다른 지속가능성 관련 사안, 산업기반 지표 공시, 내부 탄소 가격 공시 등은 기업의 선택 사항이다. Scope 3 온실가스 배출량 공시 의무화 여부와 시기는 추후 결정될 예정이다. 그 외에도 KSSB는 기업이 공시 기준을 이행하도록 돕기 위해 다양한 지침, 교육 자료, 보고서 작성 사례를 개발할 계획이다. 지속가능성정보 공시 시점은 재무제표와 같은 시기(3월) 동시에 공시하도록 명시되었으며, 공시 정보의 위치는 일반목적 재무보고서에 두도록 하였다.

KSSB는 지난 3개월간 약 200여 개 상장사를 포함한 이해관계자들과 사전 협의를 거쳤으며, 2024년 5월 1일부터 8월 31일까지 4개월간의 의견조회 기간을 가졌다. 이후 최종 기준 제정 과정에서도 이해관계자들의 의견을 지속적으로 청취할 예정이다. 기업들은 기업 규모별 공시 적용 시점에 대한 금융위원회의 발표를 기다리고 있는 상황이다.

국내 ESG공시 기준안, ISSB 기준과의 차이점은?

ISSB 기준과 KSSB 기준의 주요 차이점은 기업의 부담을 경감시키기 위한 노력으로, 일부 공시 항목에 대해 완화된 요구사항을 적용한 것이다. 구체적으로 보면, 연결 공시, 시나리오 분석, 경영진 보상, 탄소크레딧, 가치사슬, 예상 재무적 영향 등의 공시 항목은 ISSB 기준과 큰 차이가 없다. 다만 제1호 일반사항과 제2호 기후 관련 사항에서 일부 요구 조건이 추가되었다. KSSB 기준은 ISSB 기준을 기반으로 하되, 국내 기업들의 현실을 고려하여 일부 요구사항을 완화하거나 추가하는 등 차별화된 접근을 취하고 있는 것으로 평가된다.

제1호 일반사항 중 ISSB 기준에서 변경된 사항은 다음과 같다. 첫째, 적용 범위에 있어 ISSB 기준은 첫해에는 기후 관련 사항을 우선적으로 공시하고 이후 모든 지속가능성 관련 정보를 공시하도록 하였으나, KSSB 기준은 기후 관련 정보만 의무 공시하고 다른 지속가능성 정보는 기업의 선택에 맡기고 있다.

둘째, SASB(지속가능성 회계기준위원회) 기준의 활용 여부에서 ISSB 기준은 지속가능성 관련 위험과 기회 식별 시 SASB 기준의 적용 가능성을 반드시 고려하도록 하고 있으나, KSSB 기준은 SASB 기준을 참고할 수 있는 기준 중 하나로 규정하고 있다.

셋째, ISSB 기준은 지속가능성 관련 재무공시 발행 승인일과 승인자에 대한 정보공시를 요구하지 않았으나, KSSB 기준은 이를 의무적으로 공시하도록 하고 있다. 마지막으로 ISSB 기준은 단기, 중기, 장기에 대한 정의를 제시하지 않았지만, KSSB 기준은 단기를 1년, 중기를 1~5년, 장기를 5년 이후로 정의하고 있다. 다만 이는 참고사항이며 다른 정의를 적용할 수 있다.

제2호 기후 관련 사항 중 ISSB 기준에서 변경된 사항은 다음과 같다. 첫째, KSSB는 기업이 기후 관련 정보 공시를 생략할 경우 그 사실과 근거를 명시하도록 하고 있지만, ISSB는 이를 요구하지 않는다.

둘째, ISSB는 기준 적용 첫해에 Scope 3 배출량 공시를 의무화했지만, KSSB는 아직 의무화 여부를 결정하지 않았다.

　　　　　　　　　　　　　　　　지속가능한 금융의 미래

셋째, 온실가스 배출량 측정 및 공시 방식에 있어 ISSB는 GHG 프로토콜을 적용하되 관할당국 요구사항을 허용하는 반면, KSSB는 측정방법별로 세분화해 공시하도록 규정하고 있다. KSSB는 이에 대한 지침과 교육자료를 개발할 예정이다.

넷째, ISSB는 내부 탄소가격 적용 여부와 톤당 가격을 공시하도록 요구하지만, KSSB는 톤당 가격 공시 여부를 기업이 선택할 수 있도록 하였다. 마지막으로 ISSB는 산업기반 지표 공시를 의무화하고 있지만, KSSB는 이를 선택 사항으로 두고 있다.

KSSB 공개 초안과 ISSB 기준 주요내용 비교

구분	KSSB 공개초안	ISSB 기준
기후 우선 공시	기후는 의무 공시. 기후 외 다른 지속가능성 관련 사안 공시여부는 기업이 선택	적용 첫해에 한해 기후 우선 공시. 그 후 모든 지속가능성 관련 사안 공시
지침의 원천: SASB 기준	지속가능성 관련 위험 및 기회와 적용가능한 공시 사항을 식별할 때, SASB 기준도 참고할 수 있는 기준 중 하나에 해당	지속가능성 관련 위험 및 기회와 적용가능한 공시 사항을 식별할 때, SASB 기준의 적용가능성을 반드시 고려
미공시 사실 기재	기후 관련 위험 및 기회에 대한 모든 정보가 중요하지 않아 공시를 생략한 경우, 그 사실 및 근거를 기술	해당 없음
스코프 3 배출량	스코프 3 배출량을 공시. 단, 의무화 여부 및 시기 등은 공개초안에 대한 의견수렴 후 결정 • 추정치 사용 가능 • 관련 지침이나 교육자료 개발 예정	적용 첫해 스코프 3 배출량 공시. 면제 시기 등은 공개초안에 대한 의견수렴 후 결정 • 추정치 사용 가능 • 관련 지침 교육자료 개발 예정

온실가스 배출량 측정방법 및 공시 세분화	GHG 프로토콜을 적용하되, 관할 당국이 요구하는 경우 그 측정방식의 사용도 허용. 단, 측정 방법별 배출량 정보 세분화 공시 • 보고기업(연결실체) 배출량 측정을 위한 관련 지침이나 교육자료 개발 예정	GHG 프로토콜을 적용하되, 관할 당국이 요구하는 경우, 그 측정방식 사용 허용
내부 탄소 가격	내부탄소가격 관련 정보 중 탄소 가격의 적용 여부와 적용하는 방법에 대한 정보는 공시. 톤당 가격 공시 여부는 기업이 선택	내부탄소가격 적용 여부와 방법, 톤당 가격 가격 공시
산업기반 지표	산업기반 지표 공시여부를 기업이 선택. 제2호에서 이를 공시하기로 선택한 경우, IFRS S2 이행에 관한 산업기반지침을 참고할 수 있음	산업기반 지표 공시를 요구
단·중·장기	단기 1년, 중기 1~5년, 장기 5년 이후로 정의. 단, 다른 정의 사용 가능	단·중·장기를 정의하지 않음

출처: 한국회계기준원 홈페이지

한국회계기준원의 지속가능성 공시기준 초안이 발표되면서, 국내에도 기후위기를 포함한 기업의 지속가능성 관련 위험과 기회 정보에 대한 투자자의 요구에 부응하는 비교가능성과 일관성 있는 공시 기준이 마련되었다고 평가할 수 있다. KSSB 기준에 따른 지속가능성 공시가 투자대상기업에 대한 세밀한 분석을 가능하게 해 국민연금을 포함한 투자자의 책임투자가 활성화될 수 있고, ESG투자를 위한 국내 주식이나 채권의 개별 종목 선택에도 직접적인 도움이 될 것으로 평가된다.[5]

KSSB는 특히, 기업의 공시 부담을 최소화하기 위하여 여러 완화 방안을 도입했다. 기후 관련 위험 또는 기회가 기업의 재무상태, 재무성과,

현금흐름에 미치는 영향을 공시할 때 정량적 정보 제공이 어려운 경우 정성적 정보를 제공할 수 있도록 했다. 또한 산업 특성을 고려한 산업기반 지표와 내부 탄소 가격 중 톤당 가격은 공시 여부를 선택할 수 있도록 완화했다. 이는 한국회계기준원이 기업들의 '수용성'을 고려하여 국내 실정에 맞게 기준을 마련한 것으로 평가된다.

KSSB의 초안이 확정된 이후에는 이를 바탕으로 국회를 거쳐 공시제도를 의무화하는 내용의 법제화가 진행될 것으로 전망된다. 다만 KSSB의 초안에는 의무화 일정과 보고 대상에 대한 구체적인 내용은 제외되어 있어 구체적인 일정과 대상을 조속히 확정하여야 한다는 주장도 제기되고 있다. 또한, KSSB 공시기준 초안은 법정공시가 아닌 거래소 공시를 예정하고 있는데 법정공시와 거래소 공시 중 어떻게 규범화하는 것이 바람직한지에 대한 논의도 필요하다.[6] 한편, 유럽, 중국 등에서 채택하고 있는 이중중요성 기준을 채택하지 않고 재무중요성만을 반영하여 영향중요성을 배제한 것은 타당한지에 대한 비판도 제기되고 있다.[7] 또한, 환경 영역 중 생물다양성 이슈, 사회 영역 중 인권 이슈를 포함한 중요 지표를 의무 공시에서 제외하였다는 점, 인증 기준과 의무화 여부에 대하여 입장을 명확하게 제시되지 않은 점 등에 대한 문제도 제기된다.

KSSB의 초안에 대해서는 각계의 의견 수렴 과정을 거쳐 2026년 이후로 예정된 국내 지속가능성 공시기준으로 확립될 예정이다. 국내산업의 특성, 국내기업의 공시 역량 및 준비상황 등을 감안하더라도 미국·유럽 등 주요국 공시기준과의 상호운용성, 투자자들에게 비교 가능하고 신뢰할 수 있는 기준이 될 수 있도록 보완할 필요가 있다.

ISSB 기준을 통해 본 공시제도의 미래

지속가능성 정보의 중요성이 증가함에 따라 금융기관은 ESG 정보와 재무정보를 통합하려는 노력을 강화하고 있다. 앞서 살펴본 바와 같이 ISSB는 이러한 공시 체계를 표준화하기 위해 노력하고 있으며, SASB도 산업별 ESG 공시와 기후 관련 시나리오 분석을 권고하고 있다. 이러한 변화는 금융기관에 중대한 영향을 미치므로, 이에 대한 적절한 대응 방안이 요구된다.

우선, 금융기관은 ESG 정보를 재무정보로 통합하여 투자자에게 더 신뢰할 수 있는 정보를 제공해야 한다. ISSB 기준은 이러한 통합을 촉진하며, 특히 중대성 판단을 투자자 중심의 금융중대성으로 전환하도록 요구한다. 이는 금융기관이 기존의 이중중대성에서 단일중대성으로 전환하고, ESG 공시를 사업보고서와 통합하여 공시 시기를 일치시키는 방향으로 나아가도록 한다.

ESG 정보의 재무적 영향 분석은 금융기관이 대응해야 할 중요한 과제 중 하나이다. 이를 위해 금융기관은 계열사별 보유 익스포져 분석, 자산별 금융배출량과 탄소집약도 측정, 시나리오 분석 단계를 거쳐야 한다. 금융배출량은 상업은행, 보험, 자산운용 등 금융사 유형별로 분류하여 산출되고, 탄소회계금융Partnership for Carbon Accounting Financials, PCAF 기준에 따라 다양한 자산유형별 배출량도 공시될 예정이다.

시나리오 분석을 통한 리스크 관리도 필요하다. 시나리오 분석은 전환 위험과 물리적 위험으로 구분할 수 있다. 전환 위험은 탄소비용 정책

지속가능한 금융의 미래

이 기업 신인도와 금융상품 리스크에 미치는 영향을 분석하며, 물리적 위험은 재해가 자산가치 변화에 미치는 영향을 분석한다. 이러한 분석 결과를 바탕으로 금융기관은 물리적 위험이나 전환 위험이 연결재무제표에 미치는 수준을 추정할 수 있다.

결국 ISSB 지속가능성 공시기준 등 ESG 공시제도의 변화는 금융기관에 중대한 영향을 미칠 것으로 예상되므로, 이러한 변화에 대응하기 위해 ESG 정보를 재무정보와 통합하고, 중대성 판단을 단일중대성으로 전환하며, 시나리오 분석과 산업기반 공시를 준비할 필요가 있다. 이러한 노력은 금융기관이 지속가능성 공시 체계를 발전시키고, 투자자에게 신뢰할 수 있는 정보를 제공하는 데 기여할 수 있을 것이다.

정부와 금융당국의 ESG 공시 의무화 정책에 힘입어 금융회사들의 ESG 경영 도입이 가속화되고 있다. 우리나라 대형 금융그룹들은 비교적 선도적으로 ESG 경영에 나서고 있다. 먼저, 2021년 KB국민은행은 국내 최초로 TCFD 권고안을 반영한 보고서를 발간했다.[8] 이를 통해 기후변화 리스크와 기회 요인을 파악하고, 관리 방안을 제시했다. 또한 KB금융그룹은 2050 탄소중립 달성을 목표로 하고 있다. 이를 위해 2030년까지 자체 온실가스 배출량을 2020년 대비 30% 감축하고, 2050년까지 100% 감축할 계획이다. 아울러 금융그룹 차원의 녹색금융 확대, 사회공헌 활동 강화 등 다양한 ESG 경영 활동을 펼치고 있다. 특히 KB국민은행은 2021년 발행한 국내 최초의 에너지효율화 프로젝트 채권을 통해 약 600억 원을 조달했다. 이 자금은 에너지효율이 높은 건물 신축 및 리모델링 지원에 사용될 예정이다.

2021년 말 기준 신한금융그룹의 ESG 투자 규모는 약 29조 원에 달한다. 이는 국내 금융기관 중 가장 큰 규모다. 신한금융그룹은 "공존, 공감, 공생"의 3대 중점 분야를 중심으로 다양한 ESG 활동을 펼치고 있다.[9] 먼저 '공존'을 위해 금융소외계층 지원, 사회적 금융 확대 등의 활동을 하고 있다. '공감' 분야에서는 문화예술 지원, 청년 일자리 창출 등 사회공헌 활동을 펼치고 있다. 대표적으로 신한금융그룹은 2021년 '신한 아트 프라이즈'를 통해 총 4억 원의 상금을 지급했다. '공생' 분야에서는 기후 변화 대응, 친환경 금융상품 개발 등의 활동을 하고 있다. 신한은행은 국내 최초로 RE100 $^{Renewable\ Energy\ 100\%}$ 가입을 선언하고, 2050년까지 전력 사용의 100%를 재생에너지로 전환할 계획이다.

하나금융그룹은 '행복한 금융'을 추구하며 사회공헌 활동에 주력하고 있다.[10] 2021년 '하나 사랑의 집' 프로젝트를 통해 총 3,000가구의 주거 환경을 개선했다. 또한 '하나 금융교육 봉사단'을 운영하며 취약계층 대상 금융교육을 실시하고 있다. 이외에도 '하나 그린 프로젝트'를 통해 환경보호 활동을 펼치고 있다. 2021년에는 전국 6개 지역에서 탄소중립 숲 조성 사업을 진행했다. 또한 하나은행은 2021년 말 기준 약 5조 원 규모의 ESG 금융상품을 판매했다. 이는 국내 시중은행 중 가장 큰 규모다. 최근에는 금융감독원과 함께 중소기업들에게 ESG 컨설팅을 지원하기도 했다.

우리은행은 2021년 국내 최초로 TCFD 보고서를 발간했다. 이를 통해 기후변화 리스크와 기회 요인을 분석하고, 관리 전략을 수립했다. 또한 2021년 말 기준 약 6조 5천억 원 규모의 ESG 금융상품을 판매했다. 이는

지속가능한 금융의 미래

국내 시중은행 중 두 번째로 큰 규모다. 우리금융그룹은 사회공헌 활동에도 힘쓰고 있다. 대표적으로 '우리 사랑의 집' 프로젝트를 통해 취약계층의 주거환경을 개선하고 있다. 또한 '우리 금융 교육 봉사단'을 운영하며 금융 교육을 실시하고 있다.[11]

NH농협금융은 농업·농촌 지원, 지역사회 공헌 등 사회적 가치 창출에 힘쓰고 있다. NH농협은행은 2021년 말 기준 약 3조 5천억 원 규모의 ESG 금융상품을 판매했다. 이 중 약 2조 원은 신재생에너지 분야에 투자된 것으로 나타났다. 또한 NH농협금융은 '농업·농촌 상생 프로젝트'를 통해 농업인 지원, 농촌마을 개선 등 다양한 활동을 펼치고 있다. 대표적으로 '청년 농부 육성 프로그램'을 운영하며 청년 농업인을 지원하고 있다. 이외에도 '사회공헌 활동 기금'을 운영하며, 지역사회 복지 증진, 문화예술 지원 등 다양한 사회 지원활동을 하고 있다.[12]

한편, 외국 금융회사들의 ESG 대응은 한발 앞서 있다. 특히 유럽 금융회사들의 ESG 경영이 두드러진다고 볼 수 있다. 스웨덴의 Nordea Bank는 2019년부터 ESG 통합 포트폴리오 관리 서비스를 제공하고 있으며, 네덜란드의 ING Bank는 2018년부터 기업대출 심사 시 ESG 요소를 반영하고 있다. 미국의 글로벌 금융기관들도 ESG 경영에 적극적이다. JP모건체이스는 2020년 파리기후협약Paris Agreement 이행을 위한 로드맵을 발표했고, 시티그룹은 2025년까지 ESG 금융 1조 달러 공급을 목표로 하고 있다.

전문가들은 한국 금융회사들의 ESG 경영 도입이 아직 초기 단계라고 평가한다. 하지만 금융당국의 ESG 공시 의무화와 투자자들의 관심 증대 등으로 인해 향후 ESG 경영이 더욱 확산될 것으로 전망하고 있다. 특히 중소 금융회사들의 경우 ESG 경영 도입에 어려움을 겪고 있어, 정부와 금융당국의 지원이 필요할 것으로 보인다. 대기업 수준의 ESG 경영을 구축하기 어려운 중소 금융회사들을 위해 ESG 컨설팅, 교육 프로그램, 정보 공유 등 다양한 지원책이 마련되어야 할 것이다. 외국 금융회사들의 선도적인 ESG 경영 사례를 참고하여, 한국 금융회사들도 기후변화 대응, 사회책임투자 확대, 지배구조 개선 등 ESG 각 영역에서 선구적인 활동을 펼칠 필요가 있다.

지속가능한 성장을 위한 필수조건, 금융회사의 ESG 대응 전략

① 장기적 ESG 비전 및 목표 수립

국내 주요 금융회사들은 2050 탄소중립 선언과 더불어 탈탄소화, 금융 포용성 제고 등 다양한 ESG 목표를 수립하고 전사적 대응 체계를 마련하고 있다. 그러나 ESG 경영이 단순히 규제 대응이나 기업 이미지 개선에 그치지 않고, 장기적인 관점에서 기업의 지속가능성과 경쟁력 제고로 이어져야 한다는 점이 매우 중요하다. 이를 위해서는 경영진의 확고한 의지와 함께 기업의 핵심 역량 및 비즈니스 전략과 연계된 ESG 경영 비전과 목표를 수립해야 한다.

지속가능한 금융의 미래

글로벌 금융회사들의 사례를 살펴보면, 각 기업의 고유한 강점과 약점, 그리고 변화하는 시장 환경을 고려하여 ESG 경영 전략을 수립하고 있다. 블랙록은 장기 투자 수익률 제고를, 다이이치생명은 인구 구조 변화에 따른 보험 사업 혁신을, BBVA은행은 기후변화 대응과 더불어 중남미 지역의 금융 포용성 제고를 ESG 전략의 핵심으로 삼고 있다.

국내 금융회사들도 이와 같은 사례를 참고하여, 자사의 비즈니스 모델과 핵심 경쟁력을 바탕으로 장기적인 ESG 비전과 목표를 수립해야 한다. 이를 통해 ESG 경영이 단순한 선언이 아닌 기업의 지속가능한 성장을 위한 실질적인 전략으로 자리 잡을 수 있을 것이다. 특히 자본력과 인적 자원이 상대적으로 부족한 중소형 금융회사의 경우, ESG 경영에 즉각적으로 대응하기 어려울 수 있다. 그러나 이들 기업 또한 ESG 경영을 단순한 규제 대응이 아닌, 변화하는 환경 속에서 장기적으로 생존하고 성장하기 위한 필수 요소로 인식하고 사전적인 준비를 해나가야 한다.

금융산업 전반에서 ESG 경영이 확산되는 가운데, 국내 금융회사들은 자사의 특성과 강점을 고려하여 장기적인 관점에서 ESG 비전과 목표를 수립하고, 이를 기업의 핵심 전략으로 연계시켜 나가야 할 것이다. 이를 통해 금융회사는 지속가능한 비즈니스 모델을 구축하고, 장기적인 기업 가치 제고를 달성할 수 있을 것으로 기대된다.

② ESG 거버넌스 구축

금융산업은 날로 복잡해지고 상호연결성이 높아지고 있어, 금융회사의 건전한 지배구조가 매우 중요해지고 있다. 국내 금융회사의 경우 지배구조 관련 규제와 공시 의무로 인해 외형적으로는 양호한 수준이지만, 일부 기관의 내부통제 미흡이나 최대주주의 지배구조 문제 등이 발생하고 있다. 이에 ESG 요소를 고려한 이사회 구성과 전문성·독립성 확보, 의사결정 과정의 합리성, 운영의 내실화 등 국내 금융회사 지배구조의 질적 성숙이 필요한 시점이다. 특히 이사회는 경영목표, 정관 변경, 예산·결산, 조직 변경, 내부통제 및 리스크 관리 기준 제·개정 등 중요한 의사결정 권한을 가지고 있어, ESG 이슈에 대한 이사회의 권한과 책임을 명확히 하고 전사적인 ESG 경영 정책을 이끌어가는 것이 필요하다. 이를 위해 금융회사는 ESG 위원회 신설과 기능 강화 등을 통해 ESG 가치가 전사적으로 구현될 수 있는 지배구조를 정립해야 한다.[13] 그룹 차원의 ESG 위원회를 설립하여 ESG 전략 실행을 위한 운영 체계를 구축하고, ESG 요소가 감사, 리스크 관리, 보수체계 등에 반영될 수 있도록 다른 주요 위원회와의 협력 관계를 이루어야 한다.

글로벌 주요 금융회사의 ESG 위원회는 ① ESG 관련 일반적 전략 수립, ② 이니셔티브 및 정책 개발·구현·모니터링, ③ 이해관계자와의 커뮤니케이션과 감독, ④ ESG 이슈에 대한 리서치·모니터링·평가, ⑤ ESG 공시와 보고 등을 주로 담당하고 있다. 국내 금융회사도 이를 참고하여 ESG 위원회의 실질적인 역할을 정립해 나가야 할 것이다. 특히, 알리안츠의 경우, 최고지속가능성책임자Chief Sustainability Officer, CSO 선임, 지속가능위원회 설치, 경영진 보수정책에 지속가능성 목표 반영 등 ESG 경영을 위한 다양한 노력을 기울이고 있다. 국내 금융회사들도 이러한 글로벌 선도 기업의 사례를 벤치마킹하여, ESG 경영을 위한 실질적인 거버넌스 체계를 구축해 나가야 할 것이다.

③ ESG 요소를 고려한 통합적 리스크 관리와 IT 프로세스 구축

금융회사들은 ESG 가치와 원칙을 기업 전반에 내재화하고, ESG 요소를 체계적으로 관리하는 비즈니스 프로세스를 구축해야 한다. 이를 위해서는 먼저 ESG 정보와 데이터를 확보하고, 이를 과학적으로 측정·분석·평가할 수 있는 프로세스와 툴을 개발하여 전문성을 확보해야 한다. 특히 금융회사의 경우, 다양한 금융활동이 복잡하게 연계되어 ESG 익스포저가 발생하고 이는 신용, 시장, 유동성 리스크 등 다양한 영역에 재무적·비재무적 영향을 미치므로, 전사 차원에서 통합적으로 관리하는 프로세스가 필요하다. 이를 위해 ① ESG 리스크 식별, ② 측정 및 평가, ③ 사업운영, ④ 모니터링, ⑤ 내부보고, ⑥ 공시 및 외부보고 등의 일관된 프로세스를 마련하고, ESG 리스크를 세분화하여 투명하게 관리해야 한다.

이러한 과학적이고 통합적인 ESG 관리 프로세스를 구축하기 위해 금융회사는 자체 개발과 더불어 외부 인프라 활용을 적극적으로 고려해야 한다. 예를 들어 블랙록의 Aladdin Climate, 슈로더의 impactIQ 등과 같은 ESG 분석 및 투자 툴을 활용하는 방안을 검토할 수 있다.

또한 국내 금융회사는 ESG 리서치, 투자 등을 전담하는 부서나 팀을 운영하여 전문성과 일관성을 강화할 필요가 있다. 알리안츠의 글로벌 지속가능성 그룹 센터, 블랙록의 투자 스튜어드십팀, 다이이치 생명보험의 ESG 애널리스트 등이 좋은 사례다. 이를 통해 ESG 이슈에 대한 지속적인 연구와 투자를 수행하고, 실무적으로 ESG를 전담·책임지는 체계를 마련해야 한다.

결국 금융회사는 ESG 거버넌스를 기반으로 임직원에게 ESG 가치를 전파하고, 밸류체인 전반에 ESG 요소를 유기적으로 내재화할 수 있는 과학적이고 통합적인 비즈니스 프로세스를 구축해야 한다. 이를 통해 금융회사는 ESG 리스크를 효과적으로 관리하고, 지속가능한 성장을 이뤄나갈 수 있을 것이다.

④ ESG 금융상품의 개발

우리나라의 ESG 금융상품 시장이 글로벌 수준에 비해 아직 작은 편이지만, 관련 정책과 규제의 빠른 도입으로 인해 이를 내재화하는 속도가 매우 빠른 편이다. 현재 일부 ESG 펀드의 경우 일반 펀드와 유사한 포트폴리오를 가지고 있어 '그린워싱'에 대한 우려가 제기되고 있지만 정부와 금융당국은 이를 해결하기 위해 K-택소노미, 녹색금융 모범규준, ESG 연계 지속가능성 지수 개발 등 다양한 정책과 제도를 마련하고 있다. 이를 통해 ESG 금융상품의 진정성과 신뢰성을 높이는 한편, 더욱 다양하고 고도화된 상품 개발이 이루어질 것으로 기대된다.

금융회사 입장에서도 지속가능금융의 조성자이자 새로운 사업 기회모색 차원에서 선제적인 움직임이 필요하다. 청정·재생 에너지, 수자원 및 에너지 효율, 탄소배출권 거래 등의 부문에서 프로젝트 및 투자상품을 개발하고, 하이브리드 및 전기차 구매, 신재생에너지 설치, 건물 내 에너지 효율개선과 연계된 소매금융상품이나 지속가능연계대출 등

ESG 요소를 반영한 금융상품을 자사의 비즈니스 전략과 연계하여 지속적으로 고도화해 나가야 할 것이다.

⑤ 금융회사의 ESG 정보 및 금융상품 공시 강화

우리나라의 경우 금융그룹 차원에서 지배구조 관련 정보 공개가 활발히 이루어지고 있지만, 환경 및 사회적 요소에 대한 공시는 상대적으로 미흡한 편이다. 이에 금융회사들은 ESG 정보공개에 보다 적극적으로 나설 필요가 있다. 우선, TCFD 등 글로벌 공시 표준을 참고하여 자발적으로 ESG 관련 정보를 공개해야 한다. 이를 통해 자사의 ESG 경영 전략을 점검하고, 이해관계자의 요구사항을 충족시킬 수 있을 것이다. 특히 금융회사의 온실가스 배출량이나 신재생에너지 투자 등 환경 관련 지표는 직접적인 경제적 성과와 연계되지 않더라도 공시할 필요가 있다. 이는 기업의 사회적 책임 이행 및 지속가능성 제고를 위한 중요한 정보이기 때문이다.

더불어 금융회사는 ESG 금융상품 관련 정보 공개 수준을 높여야 한다. 상품 설명서와 포트폴리오 내역 등을 통해 투자자가 올바른 의사결정을 내릴 수 있도록 지원해야 한다. 이는 단순히 규제 준수 차원을 넘어 금융소비자 보호 관점에서도 중요한 사안이라고 볼 수 있다. 이처럼 금융회사의 자발적이고 적극적인 ESG 정보 공개는 기업의 지속가능성 제고와 투자자 보호를 위해 필수적이며 금융당국과 업계 차원에서 이를 적극 독려하고 지원하는 노력이 필요할 것으로 보인다.

⑥ 금융회사의 사회적 책임 강화와 인식 제고

금융회사의 역할은 단순한 기부나 자선활동을 넘어 금융 본연의 공공성과 사회적 책무를 확보하여 다양한 이해관계자들 간의 원활한 자금 공급을 지원하는 것이다. 이를 위해 글로벌 금융회사들은 사회적 책임 차원에서 다양한 노력을 기울이고 있다.

먼저 임팩트 투자, 서민금융 및 금융 취약계층에 대한 금융 포용성 증진, 직원 역량 개발, 협력사와의 공정경쟁 및 부패 방지, 새로운 수요에 부합하는 상품 개발, 핀테크 및 디지털 기술을 활용한 혁신적인 금융상품 보급, 개인정보 보호 및 금융 소비자 보호, 금융 교육 강화 등 다양한 영역에서 사회적 책임을 이행하고 있다. 특히, 취약계층의 금융 소외와 중저신용자 및 중소기업의 금융 접근성 제고를 위한 노력이 중요한 과제로 부각되고 있다. 이를 위해 신용평가 고도화, 리스크 관리 역량 강화, 해외 진출 및 핀테크 기업과의 협업 등 다각도의 노력이 필요하다.

더불어 금융회사의 ESG 활동은 기업의 지속가능한 성장을 위한 기반이 되며, 자금조달, 상품 개발, 해외 진출 등 핵심 비즈니스 모델과도 직간접적으로 연계되어 있다. 따라서 금융회사는 사회적 책임을 일회적인 활동이 아닌 수익성 제고, 리스크 관리, 안정적인 고객 기반 확보 등 핵심 비즈니스 전략과 연계하여 적극적으로 이행해야 할 것이다.

금융기관은 투자자이자 출자자, 대출 등 기업들의 자금 지원 기관으로서 기업들의 ESG 경영 촉진을 위해 적극적인 역할을 수행할 수 있다. 지속가능성 공시기준은 자금의 공급자인 금융회사가 기업들을 평가하

거나 투자할 때 고려할 수 있는 중요한 기준이 될 것으로 예상된다. 이를
위해서는 지속가능성 공시기준에 대한 명확한 이해는 물론 이를 구체적
으로 활용할 수 있는 평가시스템을 갖출 필요가 있다.[14]

3장

지속가능금융의 새로운 방향, 기후리스크 확대와 금융감독의 변화

기후리스크가 금융의 모든 것을 바꾼다.

유럽을 중심으로 기후리스크를 금융기관에 맡겨둬서는 안된다는 인식이 공유되고 있다. 각국의 중앙은행이나 금융감독기관은 기후금융, 녹색금융 등의 리스크를 관리하기 위한 새로운 기준과 체계 마련을 위해 서두르고 있다. 주요국 금융당국으로 결성된 녹색금융협의체(NGFS)는 기후금융, 지속가능금융을 고려한 새로운 감독기준을 제시한다. 기후리스크가 금융부문에 미치는 영향은 점차 확대되고 있으며, 기후리스크를 체계적으로 관리하고 대응하는 것은 금융감독기구와 금융기관 모두에게 중대한 의미를 가진다.

이태영

기후변화에 따른 금융리스크 관리와 금융감독의 변화는 전 세계적
으로 중요한 이슈로 부각되고 있다. 2017년에 설립된 녹색금융을 위한
중앙은행 및 감독기구 간 글로벌 협의체인 NGFS Network for Greening the
Financial System 는 기후를 포함한 환경 관련 금융리스크의 관리와 지속가
능한 경제로의 전환을 위한 노력을 지속적으로 전개하고 있다.[1] NGFS
는 기후 및 환경 관련 금융리스크 감독 방안, 기후변화가 거시경제 및 금
융에 미치는 영향, 기후 및 환경리스크 관련 데이터 구축 등의 논의를 기
반으로 보고서를 발표하며 기후금융의 글로벌 제도화에 중요한 역할을
하고 있다.[2]

　국제결제은행 Bank for International Settlements, BIS 은 2020년에 '그린스완
Green Swan'이라는 용어를 도입하여 기후변화 관련 금융리스크가 금융 안
정성에 미치는 영향을 경고했다.[3] 이는 기후변화가 금융시스템에 새로
운 위험을 제공하고 있음을 시사하며, 금융기관과 감독기구에 대한 신
중한 대응을 촉구하고 있다. 이에 따라 바젤은행감독위원회는 2021년과
2022년에 각각 '기후리스크가 은행시스템에 영향을 미치는 경로'와 '기
후 관련 재무리스크를 측정하는 방법론'을 발표하였다.[4]

　기후정보 공시 측면에서도 변화가 이어지고 있다. 기후정보 공시

는 CDP Carbon Disclosure Project를 시작으로 TCFD Task Force on Climate-related Financial Disclosures의 결성과 IFRS 재단의 ISSB International Sustainability Standards Board 발족으로 이어졌다. 영국을 시작으로 미국, EU 등 주요 국가들이 의무적인 기후 정보 공시를 도입하고 있으며, 이러한 움직임은 전 세계로 확산되고 있다.[5]

한국 역시 이러한 국제적 흐름에 동참하고 있다. 한국은 「저탄소 녹색성장 기본법」과 「온실가스 배출권의 할당 및 거래에 관한 법률」을 제정하였다. 다만, 녹색산업의 정의와 녹색투자의 유인 부족 등으로 인해 기후변화 대응이 원활하지 않았다는 비판이 제기되었다. 이에 2015년 '파리기후협약'의 체결을 계기로 2050 탄소중립 선언과 탄소중립 관련 법률 제정을 통해 기후변화 대응을 강화하고 있다.[6] 금융권에서도 2050 탄소중립 추진전략의 일환으로 기후변화 대응이 활발히 논의되고 있다.

기후변화에 대한 인식과 대응 노력이 확대되는 가운데, 글로벌 기후금융 정책의 발전은 이러한 노력을 지원하고 있다. 특히 NGFS를 비롯한 국제 기구들의 노력은 기후금융의 글로벌 제도화에 중요한 역할을 하고 있다. 이러한 배경 속에서, 기후리스크 관리를 강화하고 지속가능한 경제로의 전환을 위해 금융감독기구와 금융기관들의 적극적인 대응이 요구되고 있다. 기후변화 관련 금융리스크는 이제 단순한 환경 문제가 아니라 금융 안정성에 중대한 영향을 미치는 핵심 이슈로 자리잡고 있으며, 금융시장의 안정성과 지속가능성을 위해 기후변화에 대한 체계적이고 지속적인 대응이 필요하다.

지속가능한 금융의 미래

기후리스크가 금융부문에 미치는 영향

기후변화가 금융 시스템에 미치는 영향을 이해하려면 TCFD와 NGFS와 같은 기관들이 제시한 기후리스크와 기회의 관점을 고려할 필요가 있다. 기후리스크는 물리적 리스크와 이행 리스크로 구분되며, 각각의 리스크는 경제 전반에 다양한 영향을 미친다.

먼저, 물리적 리스크는 기후변화로 인한 자연재해 등으로 발생하는 직접적 및 간접적 손실을 의미하며, 급성 리스크와 만성 리스크로 나뉜다. 급성 리스크는 태풍, 홍수 등 단기적이고 갑작스러운 사건으로 인한 손실을 포함하며, 만성 리스크는 해수면 상승, 장기적인 기온 상승 등 지속적인 변화로 인한 손실을 포함한다. 이행 리스크는 저탄소 경제로의 전환이나 정책 변화로 인한 리스크를 나타내며, 정책, 기술, 시장, 평판 등 다양한 측면에서 발생할 수 있다.[7]

이러한 기후관련 리스크와 기회는 수요와 공급 측면에서 거시경제에 영향을 미친다. 수요 측면에서는 자산 가치의 하락이나 가격 상승 등의 충격이 발생할 수 있으며, 공급 측면에서는 노동 생산성의 감소나 농작물 생산량의 감소 등의 영향이 나타날 수 있다. NGFS는 이행 리스크가 기업과 가계의 재정에 직접적인 영향을 미치며, 좌초 자산의 발생으로 금융기관과 투자자에게 재정적 위험을 초래할 수 있음을 강조하고 있다.

기후변화로 인한 기업의 재무적 영향은 매출, 비용, 자산과 부채 등의 범주로 나뉘며, 이러한 영향은 재무제표를 통해 확인할 수 있다. 예를 들

NGFS 6가지 기후 시나리오

시나리오		물리적 리스크		이행 리스크				
		기온 상승		기후변화 대책	기술 혁신	이산화탄소 제거 (CDR)	기후변화 대책의 지역차
①	질서 있는 '50년 탈탄소 이행 (1.5℃)	저	1.5℃	중	조기, 원활	급속	일정 정도	중
②	무질서한 '50년 탈탄소 이행(1.5℃)	저	1.5℃	고	조기, 산업 간의 영향차	급속	저수준	중
③	질서 있는 이행 (계획에 따른 대응, 2℃)	중	1.7℃	중	조기, 원활	완만	일정 정도	소
④	무질서한 이행 (대응 지연, 2℃)	중	1.8℃	고	'30년 이후 급속	'30년 이후 급속	저수준	대
⑤	각국의 배출 감축 목표	고	~2.5℃	저	불충분한 대책	지연	저수준	소
⑥	대책 無	고	3℃ 초과	저	대책 無	지연	저수준	소

출처: NGFS, "NGFS Climate Scenarios for central banks and supervisors", 2021. 6., 홍천택, "NGFS의 새로운 기후 시나리오 대응 방안", 산업기술 동향워치 2021-15호, 한국산업기술진흥원, 2021. 8.

어, 기후변화로 인해 농작물 생산량이 감소하면 관련 기업의 매출이 줄어들고, 이는 비용 상승으로 이어질 수 있다. 이러한 영향은 각 산업과 조직의 특성에 따라 다양한 형태로 나타날 수 있다. 반면, 기후변화는 위험뿐만 아니라 기회도 제공한다. NGFS는 저탄소 산업의 성장으로 신재생 에너지 등 친환경 투자가 확대될 수 있다는 가능성을 언급하고 있어 새로운 시장의 창출과 기술 혁신을 통해 경제 전반에 긍정적인 영향을 미칠 수 있다.

따라서 기후변화의 금융적 영향을 이해하고 대응하기 위해서는 기후 리스크와 기회를 종합적으로 고려해야 한다. 이러한 영향은 수요와 공급 측면에서 거시경제에 영향을 미치며, 이는 다시 미시경제 및 금융시스템에도 영향을 미친다. 특히 기업의 재무적 영향은 다양한 형태로 나타날 수 있으며, 기후변화로 인한 영향은 기회로 이어질 수도 있다. 기후변화에 대한 적절한 대응과 기회를 포착하는 것이 중요하다.

기후변화가 금융 시스템에 미치는 위협은 금융시스템에 큰 위협을 가할 수 있다.[8] 구체적으로 물리적 리스크에 따른 물적 피해는 보험금 지급액의 증가로 보험회사의 부실화 및 도산으로 이어질 수 있으며, 보험서비스 공급 축소와 자산가격의 급락으로 결국 다른 금융부문에도 영향을 미칠 수 있다. 이행 리스크는 고탄소 산업의 자산가치 하락으로 금융회사의 담보가치 감소로 이어져 신용 리스크의 증가로 이어질 수 있다. 이러한 영향은 금융시장의 불안정성을 증가시키고, 시장 리스크와 유동성 리스크 등의 금융리스크로 확산될 수 있다.

기후변화는 자연재해로 인한 손실, 기후 정책에 따른 산업 변화, 그리고 기후변화로 인한 금융부문의 리스크가 상호작용하여 금융시스템 안정에 영향을 줄 수 있다. 예를 들어, UN PRI와 Grantham Research Institute의 연구는 기후변화가 금융 시스템 안정에 미치는 영향을 보여준다. 기후변화로 인해 발생하는 리스크가 금융 시스템의 여러 부문에 걸쳐 상호작용하며, 이로 인해 시스템 전반에 걸쳐 복합적인 영향을 미칠 수 있다는 것이다.

기후리스크가 실물경제와 금융리스크에 미치는 영향 파급 경로

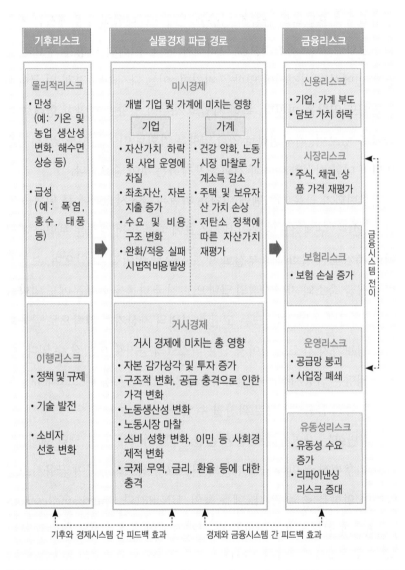

출처: NGFS, "NGFS Scenarios for central banks and supervisors", 2022., 은행연합회, "금융
회사를 위한 기후리스크 관리 안내서", 2023. 11. 10면.

지속가능한 금융의 미래

따라서 기후변화로 인한 물리적 및 이행 리스크의 관리는 금융시스템의 안정성을 유지하기 위해 중요한 과제로 부각되고 있다. 이를 위해서는 적절한 기후리스크 평가 및 관리 체계의 확립이 요구되고 있으며,[9] 금융시스템이 더욱 견고하고 지속가능한 발전을 이룰 수 있다. 이와 같이 기후변화는 더 이상 단순한 환경 문제가 아니라, 금융시스템 전반에 걸쳐 중대한 영향을 미치는 요소로 자리잡고 있다. 금융기관들은 기후리스크를 체계적으로 평가하고 관리해야 하며, 이를 통해 기후변화에 따른 금융리스크를 최소화하고 지속가능한 경제로의 전환을 지원해야 한다.

2050 탄소중립 추진전략과 기후리스크 관리

　기후변화에 대응하여 탄소중립 경제로의 전환이 글로벌 목표로 떠오르고 있는 가운데, 한국도 이에 발맞추어 2050 탄소중립을 선언하고 이를 실현하기 위한 2050 탄소중립 추진전략을 수립하였다.[10] 이러한 정책적 노력은 금융시스템의 기후리스크 관리를 강화하고 녹색금융을 촉진하여 탄소중립 경제로의 전환을 가속화할 수 있다.

　금융감독원은 2050 탄소중립 추진전략을 지원하기 위해 2021년 기후리스크 관리 지침서를 제정했다. 이 지침서는 해외의 기후리스크 관리 사례를 분석하고 국내 환경에 맞게 적용하여 금융기관이 기후변화로 인한 리스크를 효과적으로 관리할 수 있는 방안을 제시한다. 2022년에는 기후리스크 관리 지침서의 개정판을 발표하여 국내 금융기관들의 기후리스크 관리 역량을 더욱 높이고자 하였다.[11] 이를 통해 금융기관들은 기후리스크를 효과적으로 관리하고 녹색금융을 확대하여 지속가능한 발전을 위한 기반을 마련할 수 있을 것으로 기대된다.

　기후변화에 따른 금융 리스크 관리의 중요성이 커지면서, 금융기관들은 기후리스크에 대한 평가와 관리 체계도 강화해야 한다. 금융기관들은 기후변화로 인한 물리적 리스크와 이행 리스크를 체계적으로 평가하고 관리함으로써, 금융 시스템의 안정성을 유지하고 지속가능한 경제로의 전환을 지원할 수 있다. 이러한 변화는 금융기관들이 보다 적극적으로 녹색금융을 추진하고, 기후변화 대응 전략을 수립하는 데 중요한 역할을 할 것이다.

기후리스크와 금융감독 제도

　기후변화로 인한 기후리스크에 대응하기 위해 금융감독제도는 현재 여러 가지 변화를 겪고 있다. 먼저, 기후 관련 리스크 평가 및 모니터링이 강화되고 있다. 각국의 정부는 기후 관련 리스크를 정확히 파악하고 적절한 대응책을 마련하기 위해 관련 프레임워크를 구축하고 있다. 이를 통해 기후 관련 리스크를 고려한 자산 관리가 강화되고, 금융 시스템의 안정성이 향상시킬 수 있다. 예를 들어, 영국의 영국은행은 TCFD 권고안을 도입하여 기후 관련 리스크를 평가하는 방법을 제시하고 있다.[12]

또한, 기후 관련 금융규제가 강화되고 있다. 각 정부는 기후변화로 인한 위험에 대응하기 위해 적절한 제도적 지원을 제공하기 위해 규제를 강화하고 있다. 예를 들어, 유럽 은행 감독기관European Banking Authority, EBA은 기후 관련 금융규제를 강화하기 위한 가이드라인을 제공하여 은행이 기후 관련 리스크를 적절히 평가하는 방법을 안내하고 있다.[13]

마지막으로, 기후 관련 보고가 의무화되고 있다. 금융정책 당국은 기후 관련 보고를 의무화하여 기후 관련 리스크를 투명하게 공개하고 이를 공유할 수 있도록 돕고 있다. 이를 통해 투자자와 시장 참여자들이 기후 관련 리스크를 신중하게 고려할 수 있으며, 기업들이 기후변화에 대응할 수 있는 능력을 향상시킬 수 있다. 예를 들어, 호주 증권거래위원회ASIC는 기업들에게 기후 관련 금융 리스크에 대한 보고 의무를 부여하여 기업들이 기후변화에 대응할 수 있는 능력을 강화하고 있다.[14]

이러한 금융감독제도의 변화는 각국의 금융감독기관들이 기후변화로 인한 금융 시스템의 취약성을 식별하고 이를 관리하기 위해 적극적으로 노력하고 있음을 보여준다. 이를 통해 금융 시스템의 안정성을 향상시키고 지속가능한 금융 시스템을 구축하는 데 중요한 역할을 할 것으로 기대된다.

바젤은행감독위원회 기후 관련 관리감독 원칙

2022년 6월, 국제결제은행 소속인 바젤은행감독위원회Basel Committee

on Banking Supervision, BCBS가 발표한 「기후 관련 금융 리스크의 효과적인 관리 및 감독을 위한 원칙 Principles for the Effective Management and Supervision of Climate-related Financial Risks」이 최종 확정되었다.[15] BCBS는 중심 규제 방법론 Principles-based Approach 에 입각하여 은행 및 감독기관의 기후 관련 금융 리스크 관리 및 감독 실무를 향상시키기 위한 공통 기준을 제시했다.[16] BCBS 원칙은 총 18개로 구성되어 있으며, 12개는 은행을, 6개는 감독당국을 대상으로 한다. 은행을 위한 원칙은 기업 지배구조부터 시나리오 분석까지 다양한 영역을 다루며, 감독당국을 위한 원칙은 이들의 역할과 책임을 명확히 하고 있다.

은행을 대상으로 하는 원칙들은 은행의 이사회와 고위 경영진의 명확한 책임과 감독 역할 수행, 기후 관련 리스크를 통합한 정책과 절차 개발 및 준수, 포괄적인 위험 관리 과정 마련, 적절한 도구와 방법론 개발, 내부 보고 및 외부 공시, 기후변화 시나리오를 사용한 스트레스 테스트 실시, 리스크 완화 전략 수립 및 실행, 자본 및 유동성 관리, 데이터 수집 및 분석 인프라 구축, 금융 제품 및 서비스 관리, 대출 포트폴리오 평가 및 관리, 운영 리스크 관리 등으로 구성되어 있다.

감독당국을 위한 원칙들은 감독 프레임워크 수립, 평가 및 감독 절차와 방법론 마련, 자원 및 전문 지식 확보, 금융기관의 보고 요구, 정보 공개 및 투명성 유지, 다른 감독기관 및 관련 기관과의 협력 및 조정 등이 제시되어 있다.

이 원칙들은 기후 관련 금융 리스크를 평가 및 측정하고, 이를 완화하는 종합적인 솔루션을 제공한다.[17] BCBS 원칙을 통해 금융기관들은 기후변화로 인한 리스크를 효과적으로 관리하고, 이를 통해 금융 시스템의 안정성을 높이는 데 핵심적인 역할을 할 수 있다. 이와 같이 BCBS의 기후 관련 금융 리스크 관리 및 감독 원칙은 국제 금융 시스템의 지속가능성을 높이는 중요한 전환점이 될 것이다.

녹색금융협의체(NGFS)의 기후리스크 관리 감독 방안

녹색금융협의체NGFS는 중앙은행과 금융감독기구들이 모여 기후변화가 금융 안정성과 경제에 미치는 리스크를 평가하고 관리하기 위해 설립된 국제 네트워크이다. NGFS는 기후리스크를 효과적으로 관리하기 위한 권고 사항과 모범 사례를 공유하는 것을 목표로 한다. NGFS는 기후리스크 관리·감독 방안을 크게 다섯 가지로 제시하고 있다.[18]

첫째, 기후리스크를 식별하고 평가하는 것이다. NGFS는 물리적 리스크와 전환 리스크를 분석하여 기후변화가 금융 시스템에 미치는 잠재적 영향을 평가한다. 물리적 리스크는 자연재해와 기온 상승 등의 영향을 다루며, 전환 리스크는 저탄소 경제로의 전환 과정에서 발생할 수 있는 정책 변화와 기술 발전 등을 포함한다.

둘째, 시나리오 분석과 스트레스 테스트를 통해 다양한 기후 시나리오를 바탕으로 금융 시스템의 잠재적 영향을 분석하고, 금융기관의 대응 능력을 평가한다. 이를 통해 기후변화로 인한 재무적 충격에 대비할 수 있는 방안을 마련한다.

셋째, 기후리스크 관리 프레임워크 구축을 통해 기후리스크를 기존의 리스크 관리 시스템에 통합한다. 이 과정에서 이사회와 고위 경영진의 역할을 강화하고, 기후리스크 관련 데이터를 수집 및 공시하여 이해관계자들에게 리스크를 평가할 수 있는 정보를 제공한다.

넷째, 금융정책과 규제 강화를 통해 기후리스크 관리에 대한 명확한 가이드라인을 제시하고, 금융기관이 이를 준수하도록 규제 프레임워크를 강화한다. 여기에는 기후리스크 관련 공시 의무 강화와 자본 요건 조정 등이 포함된다.

마지막으로, 국제 협력과 모범 사례 공유를 통해 국제적인 협력 네트워크를 구축하고, 각국의 중앙은행과 금융감독기구가 기후리스크 관리 방안을 개선할 수 있도록 지원한다. 이 과정에서 기후리스크 관리에 대한 연구와 교육 프로그램을 제공하여 금융기관의 역량을 강화한다.

NGFS의 기후리스크 관리·감독 방안은 금융 시스템의 안정성을 유지하고, 지속가능한 금융 환경을 조성하는 데 중요한 역할을 할 것으로 기대된다. 이를 통해 금융기관이 기후변화에 효과적으로 대응하고, 장기적인 금융 안정성을 확보할 수 있도록 지원하고자 한다.[19]

한국의 기후리스크 관리·감독은 어떻게 이뤄질까

금융위원회는 2021년 1월 3차 '녹색금융 추진 TF' 전체회의를 열고 '녹색금융 추진계획'을 발표한 바 있다.[20] 같은 해 12월에는 4차 전체회의를 열고 기후리스크 관리 및 감독 추진현황과 향후 계획을 발표했다.[21] 금융당국은 이 자리에서 기후리스크의 체계적인 관리·감독을 위해 금융회사의 사업환경·전략, 지배구조, 리스크 관리, 공시 등에 관한 내용을 포함한 기후리스크 관리 지침서를 마련하고, 금융권 기후리스크 포럼 운영, 기후리스크 인식·저변 확대 등 3개 주요 과제를 추진 중이라고 밝혔다.

금융감독원은 기후리스크 관리가 현장에 안착될 수 있도록 금융권의 '기후리스크 관리 지침서' 활용을 적극 유도할 계획이다. 이를 통해 민간 금융회사의 우수사례를 발굴하고 업계와 공유할 예정이다. 또한 금융회사와 협력해 기후경제 시나리오를 개발하고, 이를 금융권에 시범 적용할 방침이다. 금융당국의 이러한 조치는 기후변화와 관련된 리스크가 금융시장에 미치는 영향을 최소화하고, 지속가능한 금융 생태계를 구축하는 데 중점을 두고 있다. 이를 통해 금융권의 기후리스크 관리 역량을 강화하고, 기후변화에 대한 금융업계의 대응력을 높이는 것을 목표로 한다.

금융감독원은 한국은행과 금융안정을 위한 기후리스크 관리 정책 마련에 나서고 있다. 한국은행과 금융감독원은 2024년 3월, 15개 국내 금융회사와 함께 기후 스트레스 테스트를 실시하고, 이를 바탕으로 기후리스크 관리 정책을 마련할 계획이라고 밝혔다.[22] 기후 스트레스 테스트에는 7개 은행, 4개 생명보험사, 4개 손해보험사가 참여한다. 이 테스트는 기후변화로 인한 충격을 시나리오로 설정하고, 금융산업에 미치는 영향을 분석하는 방식으로 진행된다.

한국은행과 금융감독원은 2024년 12월까지 기후 시나리오 개발, 금융회사별 영향 측정, 결과 분석 등을 수행할 예정이다. 한국은행은 이번 테스트가 국내 최초로 금융감독원, 금융기관과 협력하여 기후리스크가 금융안정에 미치는 영향을 조기에 파악하고 금융권의 기후리스크 관리 역량을 강화하기 위한 중요한 사례라고 설명하고 있다. 양 기관은 앞으로 TF 결과를 공개하고, 기후리스크 관리 관련 협력을 지속적으로 강화할 계획이다. 한국은행은 "금융회사의 녹색 전환을 유도하고 탄소중립 달성을 위한 저탄소 전환자금 공급을 확대 지원하며, '기후리스크 관리 지침서'를 통한 관리 감독을 강화하겠다"는 구상이다.[23]

우리나라 최초의 기후리스크 관리 지침이 마련되다

기후변화는 집중호우, 산사태, 미세먼지 등으로 인해 보험회사와 금융기관의 리스크를 높이며 금융시장에 중대한 영향을 미치고 있다. 이러한 배경에서 금융감독원은 2021년 12월 기후변화로 인한 금융 리스크를 체계적으로 관리하기 위해 '기후리스크 관리지침'을 제정했다.[24] 금융감독원은 기후리스크를 체계적으로 식별하고 관리·감독하기 위해 이번 지침을 마련하게 되었다고 밝혔다.[25] 이 지침은 금융기관이 기후변화에 효과적으로 대응하고, 금융 시스템의 안정성을 유지하기 위한 기반을 제공한다. 또한, 금융사의 기후리스크 대응 역량을 강화하고, 지속가능한 금융 환경을 조성하기 위한 중요한 발걸음으로 평가된다.

기후리스크 관리지침은, 금융회사가 기후리스크를 고려한 사업 전략을 수립하도록 요구하며,[26] 이사회와 경영진의 기후리스크 인식과 관리 역할을 강화하고,[27] 체계적인 리스크 관리 절차를 수립하도록 하고 있다.[28] 또한 금융회사가 기후리스크 관련 정보를 투명하게 공시하도록 유도하여 투자자와 이해관계자가 금융회사의 기후리스크 관리 현황을 파악할 수 있게 한다.[29]

이번 지침의 제정을 통해 지속가능한 금융 생태계를 조성하고, 금융기관의 기후리스크 관리 역량을 강화하며, 금융시장의 투명성을 증대시키는 중요한 시사점을 제공할 것으로 보인다. 또한 국제적으로 논의되고 있는 기후리스크 관리 기준을 반영하여 한국 금융시장이 국제적 기준에 부합하는 방향으로 나아가는 데 기여할 것이다.

기후리스크 감독 강화에 따른 금융기관의 대응 전략

기후리스크는 금융회사의 주요 리스크로 부각되고 있으며, 글로벌 금융감독기구와 중앙은행은 이를 새로운 금융리스크 유형으로 정의하고 있다. 이에 따라 금융회사는 기후리스크를 효과적으로 관리하기 위해 적절한 지배구조를 구축하고 이를 공시할 필요가 있다. 이러한 지배구조는 이사회와 경영진의 역할과 책임을 명확히 정립하고, 조직 내 기후리스크 관리 체계를 체계적으로 구성하는 것을 목표로 한다.

먼저, 금융회사는 이사회와 경영진의 기후리스크 관리 책임을 명확히 규정해야 한다. 기후리스크가 정기적으로 이사회에 보고되고, 정식 안건으로 다뤄질 수 있도록 하는 프로세스를 마련하는 것도 필요하다. 이를 통해 기후리스크 관리가 조직의 전반적인 의사결정 과정에 통합될 수 있도록 해야 한다. 기존 리스크 관리 조직과 협력하면서 기후리스크에 특화된 전담 인력을 배치하거나, 임시 태스크포스를 구성하여 초기 대응을 강화하는 것도 중요한 일이다.

기후리스크는 전문성을 요구하는 분야이므로, 필요시 외부 인력을 영입하거나 기존 인력을 재배치할 필요가 있다. 경우에 따라서는 이사회 내 기후리스크 위원회를 신설하거나, 기후리스크 전담 부서를 구축하는 것도 고려될 수 있다. 중요한 것은 기후리스크가 조직의 전반적인 리스크 관리 체계와 원활히 연계되도록 하는 것이다.[30]

기후리스크 대응을 위한 지배구조의 효과성을 높이기 위해 보상체계를 마련하는 것이 중요하다. 기후리스크 관리가 장기적인 관점에서 이루어져야 한다는 점을 고려하여, 이를 고려한 성과 평가와 보상체계를 정립하는 것도 검토해 볼 수 있다. 또한 지속적인 교육을 통해 관련 인력의 전문성을 강화하고, 기후리스크 대응 업무를 통합하여 금융회사의 리스크 통제 역량을 강화할 수 있다. 이러한 방안들은 금융회사의 장기적인 안정성과 지속가능한 발전에 기여할 것이다.

기후리스크 대응을 위한 최적의 지배구조가 마련된 이후에는, 이를 기반으로 한 구체적이고 명확한 전략을 수립하여야 한다. 이러한 전략은 기후리스크 관리에서 발생할 수 있는 기회와 위험을 평가하는 데 중점을 둔다. 특히 기회 측면에서는 탄소중립 및 기후 관련 목표를 달성함

금융회사의 기후 관련 위험 및 기회 정의 및 대응 전략 예시

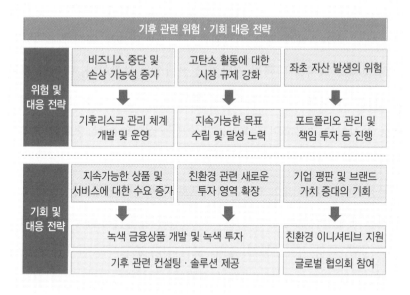

출처: 은행연합회, "금융회사를 위한 기후리스크 관리 안내서", 2023. 11., 56면.

으로써 지속가능성과 경쟁력을 향상시킬 수 있으며, 위험 측면에서는 시나리오 분석과 스트레스 테스트를 통해 잠재적 취약성을 정량화하고 회복력을 확보하는 데 주력할 필요가 있다.

　금융회사는 단기, 중기, 장기적 관점에서 기후리스크를 분석하고 이에 따라 전략을 수립할 필요가 있다. 이 과정에서 시나리오 분석과 재무적 영향 분석이 핵심적인 역할을 한다. 특히, 신용리스크를 포함한 이행리스크와 물리적 리스크에 대한 시나리오 분석은 금융회사의 회복력을 평가하는 중요한 지표로 작용한다. 이를 통해 자산 포트폴리오의 이행리스크를 줄이고, 재무적 안정성과 회복력을 강화할 수 있을 것이다.

금융회사의 비전과 목표를 고려한 맞춤형 탄소중립 전략과 로드맵의 수립도 매우 중요하다.[31] 이러한 로드맵과 달성 현황을 공개하는 것은 금융회사의 탄소중립 활동을 이해관계자들에게 알리는 역할을 하며, 회사의 넷제로 의지를 명확히 전달하고 신뢰성을 보장한다. 이러한 전략적 접근은 금융회사가 기후변화에 대한 대응력을 강화하고, 장기적인 금융 안정성을 유지하며 지속가능한 경영을 실현하는 데 중요한 역할을 한다.

금융회사가 기후리스크에 효과적으로 대응하기 위해서는 전략 수립 외에도 체계적인 위험관리가 필요하다. 이를 위해 금융회사는 기후리스크를 식별, 측정, 평가, 통제, 경감, 모니터링, 보고하는 전사적 관리 프레임워크를 구축해야 한다. 특히, 기후리스크는 새로운 리스크 유형으로 보일 수 있지만, 전통적인 리스크로 전이될 가능성이 있음을 고려해야 한다. 따라서 새로운 체계를 도입하기보다는 기존 리스크 관리 체계에 기후리스크를 유기적으로 통합하는 것이 중요하다.[32]

이러한 기후리스크 관리 체계를 통해 금융회사는 리스크를 측정하고 경감할 수 있으며, 적절한 지표를 개발하여 기후리스크를 정확하게 반영하고 관리할 수 있다. 이러한 지표는 기후리스크 모니터링 결과를 금융회사의 의사결정에 반영하는 한편, 기후리스크에 노출된 고객의 위험을 줄일 수 있는 방안을 제공할 수 있다. 또한 금융회사는 데이터 관리 체계를 구축하여, 기후변화로 인한 위험을 적극적으로 관리하고, 지속가능한 경제로의 전환에 기여할 수 있다.

특히, 핵심위험지표Key Risk Indicators, KRI를 선정하고 관리하는 것은 기

지속가능한 금융의 미래

후리스크 대응의 중요한 요소이다. 특별 관리가 필요한 지표를 KRI로 선정함으로써 금융회사는 기후변화로 인한 위험을 조기에 감지하고, 적절한 대응을 취할 수 있다. 이러한 KRI는 기후 관련 위험을 최소화하고, 금융회사의 안정성을 강화하는 데 중요한 역할을 할 수 있다. ECB가 제시하는 핵심위험지표의 예시는 아래와 같다.

기후리스크 핵심위험지표 선정 예시

핵심위험지표	주요 내용
포트폴리오 이행 계획과의 부합 정도	금융회사가 설정한 이행계획에 부합하기 위한 임계치를 설정하여 특정 업종 또는 지역 포트폴리오의 탄소집약도 등 정량적 수치가 임계치를 초과하지 않도록 관리
금융배출량	투자 및 대출 포트폴리오의 금융배출량을 측정해 관리
운영리스크 지표	물리적 리스크가 평가 대상의 운영에 미치는 영향을 정량적으로 측정하여 관리
저탄소 대출비중	기업 대출 포트폴리오 내 저탄소 기업에 대한 대출 비중이 설정한 한도 미만으로 하락하지 않도록 관리

출처: ECB, "Good practices for climate related and environmental risk management", 2022.

기후리스크 관리는 기후지표의 설정과 측정에서 시작된다

기업이 경영전략을 수립하고 리스크를 관리하기 위해 다양한 지표를 활용하듯이, 기후변화와 관련된 리스크와 기회를 측정하고 관리하기 위해서는 기후 관련 지표Climate-related Metrics를 설정하는 것이 중요하다. 이러한 지표들은 기후리스크에 대한 지배구조, 전략, 그리고 위험 관리 프로세스를 운영하는 데 필요한 핵심 정보를 제공한다.

금융회사는 단기 및 중장기적 시점에서 구체적이고 명확한 기후 관련 목표를 설정하고, 이를 이해관계자에게 공개함으로써 온실가스 감축을 위한 의지를 표명할 수 있다. 이는 목표 달성을 위한 전사적인 동력을 강화하는 데 도움이 된다. 특히, 기업의 재무 성과에 영향을 미칠 수 있는 실제 및 잠재적인 기후리스크를 정확히 파악하기 위해 관련 지표들을 설정하는 것이 필요하다. 예를 들어, 기업의 온실가스 배출량 및 배출 집약도 지표 등이 해당된다. 금융회사의 경우, 포트폴리오 내 자산군에 의해 간접적으로 발생하는 기후 관련 지표가 활용될 수 있다.[33]

금융회사는 대출 및 금융 중개 활동에 따라 자산의 업종, 지역, 신용도, 채권 만기 등을 기준으로 기후리스크 익스포져를 측정할 수 있다. 또한 이러한 리스크를 질적 및 양적으로 평가하여 기후변화에 따른 영향을 측정한다. 기후 관련 기회 지표를 설정하고 이를 공개함으로써, 이사회 및 경영진의 보상 정책에 연동시키는 방안도 마련할 수 있다. 온실가스는 기후변화의 주요 원인으로, 기업은 탄소중립 등의 국제적 목표를 달성하기 위한 기후 관련 목표를 설정해야 한다.

마지막으로, 금융기관은 온실가스 배출 현황을 정확히 파악하고 산정하는 것도 필수적이다. 이를 위해 금융기관은 온실가스가 발생하는 위치와 양을 포함한 온실가스 인벤토리를 구축해야 한다. 인벤토리 구축은 국내 온실가스 법령, GHG Greenhouse Gas Protocol,[34] PCAF 표준[35] 등을 참고하여 진행될 수 있다. 온실가스 인벤토리는 배출량을 산정할 범위를 명확히 설정하고, 각 범위에 맞는 방법론을 사용하여 배출량을 산정하여야 한다. 이와 같은 기후 관련 지표와 목표 설정은 금융회사가 기후변화에 대응하고, 지속가능한 경제로의 전환에 기여하는데 중요한 역할을 할 수 있다.

참고로, 바젤은행감독위원회 BCBS 는 2023년 11월, 기후 관련 금융리스크 공시 의무화를 위한 Pillar 3 공시체계 초안을 발표했다. 이 초안의 주요 목표는 금융기관들이 기후 리스크를 기존 리스크 관리 체계에 통합하고, 이를 투명하게 공시하도록 유도하는 것이다. 초안에 대한 의견 수렴은 2024년 3월 14일까지 진행되었으며, 2026년 1월 1일 시행을 목표로 최종안을 발표할 예정이다.

공시 항목에는 정성적 항목과 정량적 항목으로 구분되며, 기후 리스크 관련 거버넌스, 전략, 리스크 관리 프로세스, 금융 배출량, 지정학적 리스크 등의 데이터를 공시하도록 요구한다. 특히 금융 배출량 공시는 은행이 대출과 투자 등을 통해 발생시키는 기후 리스크 관련 배출량을 공개하게 하여, 기후 리스크 관리의 투명성을 높이려는 목적이 있다.

4장

그린워싱에 대한 제재강화와
금융기관의 대응 방안

금융기관에게도 더 이상 남의 일이 아닌 그린워싱

'친환경'은 더 이상 환경보호만을 위한 슬로건이 아닌, 기업의 제품과 서비스 경쟁력이 되어가고 있다. 아이러니하게도, 기업활동에서 친환경의 영향력이 증대될수록 그린워싱은 증가하고, 정교해지고 있다. 제품이 없는 금융기관에게 있어서 그린워싱은 '에너지 절약', '환경정화활동'만 하면 되는 사실상 '관계없는 다른 업권의 이야기'였다. 그러나 ESG 공시 의무화가 논의되고 있는 시점에서 금융기관들은 금융 본연의 업무가 그린워싱은 아닐지 고민하게 되었다.

이서윤

'극한폭염', '극한호우'와 같은 기후와 관련된 새로운 용어들이 일상
화되고 있다. 이러한 기후의 변화는 사람의 건강은 물론 생명까지도 위
협하는 수준으로 그 변화의 정도가 심각해지고 있다. 과거 온실가스
배출이 지구의 기후를 변화시킬 것이라는 막연한 추상에서 '기후위기
Climate Crisis' 혹은 '기후 비상사태 Climate Emergency'라는 위험으로 우리 일
상생활에서의 현실이 되어가고 있다.

　세계적으로 기후위기로 인해 발생하는 피해가 소송으로까지 제기되
고 있다. 대표적 사례로 인도네시아 파리 Pari 섬 주민들은 세계 1위 시멘
트 회사 라파르주 홀심 Lafarge-Holcim 을 상대로 2022년 7월 스위스 법원
에 손해배상 청구소송을 냈다. 홀심은 지난 100년간 세계 이산화탄소의
0.4% 70억톤 을 배출하였으며, 이로 인한 기후변화가 파리섬의 해수면상
승과 홍수 피해 증가를 야기했다는 것이 그 이유다.[1]

　기후소송은 비단 외국의 이야기만은 아니다. 우리나라에서도 정부의
부족한 기후위기 대응에 대한 책임을 묻는 소송이 진행되고 있다. 2020
년 3월 청소년환경단체 '청소년기후행동'이 제기한 헌법소원과 더불어
2021년 시민기후소송, 2022년 아기기후소송, 2023년 1차 탄소중립기본
계획 헌법소원을 병합한 '기후위기 대응을 위한 국가 온실가스 감축 목

표 사건'은 정부의 기후위기 대응이 부실해 헌법상 보장된 국민의 기본권이 침해되는지 여부를 다루고 있다.

사례에서 보듯 기후변화를 유발하는 환경 관련 소송은 기업뿐만 아니라 정부의 행정, 의무이행까지를 대상으로도 폭넓게 제기되고 있다. 기업, 정부의 환경보호에 대한 노력 그리고 진정성에 대한 사회적 관심과 감시가 앞으로도 더욱 증가할 것으로 보인다. 특히, ESG 경영 바람과 함께 이를 이용해 이득을 취하고자 하는 금융기관의 그린워싱 사례에 대한 문제도 지속적으로 제기되고 있다. '탈석탄 금융', '기후금융'을 내세운 금융회사들이 석탄화력발전소의 자금조달에 중추적인 역할을 하고 있다는 비판도 제기되고 있다.

지난 2019년 미국의 대형 은행인 웰스파고는 그린워싱으로 인해 금융소비자들로부터 소송을 제기당했다.[2] 웰스파고는 자사의 금융상품이 친환경적인 것처럼 광고하였으나, 실제로는 환경에 부정적인 영향을 미치는 것으로 드러났다. 이에 금융소비자들은 웰스파고의 광고가 거짓이며, 이로 인해 자신들이 피해를 입었다며 소송을 제기했다. 이러한 그린워싱 문제가 금융상품 및 서비스에 있어서도 증가하면서 세계 주요 당국과 금융감독기관들도 그린워싱 규제를 본격적으로 추진하고 있다.

"친환경 활동"은 어찌 보면 '자발'이 아닌 '의무'로 자리 잡아가고 있으며, 기업들에게는 '친환경' 이미지가 필수적으로 갖추어야 할 '경쟁력'이 되었다. 기업들은 '그린', '저탄소'와 같은 키워드와 테마로 대중과 고객들에게 자사(自社)의 상품·서비스·브랜드 그리고 기업활동 전반에 '친환경' 이미지를 입히고자 노력하고 있다.

지속가능한 금융의 미래

이러한 노력은 기업의 사회적 책임 Corporate Social Responsibility, CSR 개념이 도입된 시점부터 시작되었다. 기업들은 자사의 영위 사업과 무관한 '자선활동', '임직원의 환경정화 봉사활동'과 같이 본업 외의 사회공헌 활동으로 접근하였다.

이후 공유가치창출 Creating Shared Value, CSV 개념이 등장하면서 기업의 사업활동 그 자체로 사회적 이익까지 동시에 달성하려는 시도가 있다. CJ대한통운의 '실버택배' 모델이 한 예로, 택배차량이 아파트 단지까지 물량을 싣고 오면 지역 거주 노인들이 온실가스를 배출하지 않는 친환경 전동카트로 각 가정까지 배송하는 모델이다. 노인일자리 창출과 환경보호에 기여하는 사업모델로서 CJ대한통운은 CSV를 처음 주창한 마이클 포터 하버드대 교수로부터 'CSV포터상'을 수상한 바 있다.[3]

기업의 '자유의지'로 행해졌던 CSR, CSV 등 지속가능경영 활동들은 'ESG를 투자결정과 자산운용에 고려한다'는 UN PRI(책임투자원칙) 선포로 인해 기업생존을 위한 '의무'로 바뀌었다. 기업들은 자사의 상품과 서비스 등 모든 활동이 ESG 기준에 '부합 혹은 선도함'을 고객과 투자자들을 대상으로도 적극적으로 홍보하기 시작하였다. 그러나 '환경친화'를 홍보하였던 기업들의 상품, 서비스가 '사실은 친환경적이지 않았다'는 사례들이 밝혀지면서 사회적 공분(公憤)을 일으킴은 물론 '그린워싱'이라는 용어도 알려지게 되었다.

'그린'+'워싱'의 유래와 정의

그린워싱은 1986년 미국의 환경운동가 제이 웨스터벨드 Jay Westerveld
가 어느 호텔업체가 객실 고객에게 '환경을 위해 수건을 재사용해 달라'
고 요청하는 것을 보고 만든 용어로 알려져 있다. 그는 호텔이 환경보호
책임을 고객에게 전가하고 자신들은 에너지 낭비를 줄이기 위한 노력은
거의 하지 않았던 점을 지적하며 환경보호보다는 비용절감이 목적이라
결론 내렸다. 즉, 환경보호를 표방하지만 그 목적이 자신들의 이익증대
이며 실제 환경보호에는 도움이 되지 않거나 미미한 행위를 '그린워싱'
이라는 용어로 그 개념을 대중에게 소개하였다.[4]

그린워싱은 '친환경' 또는 '자연'의 뜻으로 통용되는 Green에 '위장(僞
裝)' 혹은 '속임'을 뜻하는 Whitewashing을 합성하여 만든 단어로서 사
전에서는 '위장환경주의'로 번역되고 있다.

국제 환경보호단체 그린피스 Greenpeace 는 캐나다의 친환경 컨설팅
회사 테라초이스 Terra Choice 가 『그린워싱의 7가지 죄악 The Seven Sins of
Greenwashing 』에서 기술한 '환경과 관련된 기업의 실천, 또는 제품이나 서
비스의 환경적 이점에 관하여 소비자를 오도하는 행위'를 그린워싱으로
소개하고 있다.[5] 그 외 여러 언론기사, 기고문 등에서 그린워싱을 다양하
게 정의 내리고 있으며 그린워싱 행위 주체와 대상이 기업과 소비자 간
의 관계 외에도 비영리단체, 정부, 지역사회 등 이해관계자로 그 범위가
점차 넓게 확대되는 것을 확인할 수 있다.

종합해보면, "기업 또는 단체가 그들의 상품, 서비스 또는 경영활동이

실제로는 환경에 악영향을 끼치거나 그들이 주장하는 만큼 친환경적이지 않음에도 경제적 이익 등을 얻기 위해 대외적으로는 친환경적 이미지로 표방함으로써 소비자 혹은 그 외 이해관계자들을 기만하는 행위"로 폭넓게 정의 내려야 할 필요가 있다.

친환경의 아이러니 그린워싱의 유혹

그린워싱이 발생하는 이유는 다양한 해석이 있으나 사회적으로 환경보호에 대한 관심과 요구가 높아진 점을 가장 큰 원인으로 꼽을 수 있다. 한국소비자원의 연구에 따르면 "녹색상품에 대한 소비자의 관심이 높아질수록 친환경 이미지를 구축하기 위해 그린마케팅 전략을 쓰는 기업이 늘어나며, 이와 함께 그린워싱도 증가하는 경향을 보인다"고 밝힌 바 있다.[6]

소비자들의 친환경제품에 대한 인식과 수요가 증대되면서 기업들은 녹색·친환경 상품·서비스로 수요에 부응하려는 활동 또한 증가하게 된다. 기업들은 소비자들을 대상으로 자신들의 상품·서비스가 친환경적이라고 표방하는 마케팅을 전개하는데, 이 과정에서 '브랜드가치 증대 및 경쟁우위 확보' 또는 '상품·서비스의 실제 개발 시 소요되는 비용 절감' 등을 이유로 과장 또는 허위로 홍보하는 경우가 발생한다. 즉, 아이러니하게도 친환경 상품·서비스 수요가 증가할수록 그린워싱의 유혹과 동기 또한 증가하는 매커니즘이 시장에서 작동하고 있다.

그린워싱 매커니즘

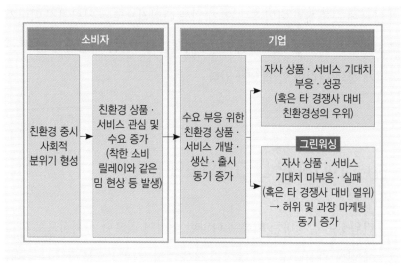

출처: 저자 구성

    기업들은 그린워싱의 유혹에서 자유로울 수 없다. 소비자들도 이 사실을 알고 기업의 환경보호, ESG 경영활동의 진정성을 항상 주시하고 있으나 결국 상품·서비스가 시장에 출시된 이후에야 파악할 수 있다는 한계가 있다. 이러한 문제를 해결하기 위해 연구기관들은 경영활동의 기획 단계부터 의지와 진정성이 있었는지를 판단하는 기준을 마련하려 시도하고 있으며, 한 연구기관은 이를 'ESG 활동 및 성과 간의 디커플링 수준'으로 설명하고 있다.[7]

ESG 워싱 판단 기준: 활동-성과 간 디커플링

구분	ESG 활동의 진정성 여부 판단 기준				
	기업 및 단체의 ESG 활동과 실제 성과 간의 차이 '디커플링' 수준				
ESG전략-성과 간 디커플링 (Strategy-Doing)	디커플링 없음 또는 미미 ESG 활동 진실되게 수행 및 실제로 성과 창출		디커플링 명확 혹은 큼 ESG 활동 미수행 혹은 홍보목적 수행으로 실제 성과 미미 혹은 없음		
ESG성과-소통 간 디커플링 (Doing-Saying)	성과 그대로 공표 워싱 미해당	성과 축소 워싱 해당 (※ 브라운워싱)	이실직고 워싱 미해당	부정성과 축소 워싱 해당	과대·위장 워싱 해당

출처: 김동수, "디커플링, 새해 ESG 성과기준", 전자신문, 2022. 1. 2.자 기사 저자 재구성.
※ 브라운 워싱: ESG 성과의 지속 혹은 경신 압박을 피하고자 실제 실적보다 성과를 축소하여 공표하는 행위

경영활동에서의 ESG 진정성은 '전략수립', '실제 실행', '성과 창출' 세 가지 단계에서의 디커플링 여부로 판단할 수 있다. 김앤장 ESG경영연구소는 ESG 전략 수립-실행-성과창출 단계에서 발생하는 디커플링을 다음 네 가지 상황으로 제시하였다.[8]

1) Approach: ESG를 주장하나, 주요 경영전략에 ESG가 포함되어 있지 않음
2) Business Model: ESG가 경영전략에 포함되어 있으나, 사업 모델이 없어 ESG와 수익 간 연결고리 부재
3) Compensation: ESG를 평가·보상 체계에 반영한다고 하나, 임원 보상 체계에는 미반영
4) Disclose: ESG 정보를 공개하나, 의도적 누락이 있거나 투명성이 부족함

김앤장 ESG 경영연구소는 경영활동의 진정성에 대한 사회적 요구가 더욱 증대될 것으로 전망하였다. 이러한 동향에 발맞추어 기업과 단체들은 ESG 경영활동 구성요소 ABCD(접근, 사업모델, 보상체계, 정보공시)

개념을 숙지하고 디커플링을 사전에 예방할 것을 김앤장 ESG 경영연구소는 권고하고 있다.

결론적으로 상품과 서비스에 대한 솔직한 광고는 기본이다. 여기서 나아가 상품·서비스가 시장에 나오기까지의 경영활동 전 과정에서 친환경, ESG 진정성이 요구되는 시대다. 기업·단체의 ESG 경영활동 전반의 측정·평가 기준과 가이드라인 수립 요구를 넘어 그린 혹은 ESG 워싱 발생 시 제재까지도 수반하는 법규적 장치까지 등장하고 있다. 즉, '친환경·ESG'는 더 이상 '자율'이 아닌 지키지 않을 경우 처벌·제재까지 감수해야 하는 '의무'로 바뀌어 가고 있다.

전략적으로 정교해지는 그린워싱, 유형과 사례

그린워싱을 분류하는 통일된 기준이 수립되어 있지는 않다. 환경단체, 연구기관, 컨설팅 등 다양한 주체들이 각자의 조사와 연구기준으로 그린워싱과 그 유형을 소개하고 있다. 다만, 앞서 언급된 테라초이스와 영국의 비영리 금융 싱크탱크 플래닛트래커가 분석·유형화한 그린워싱의 행태 분류가 대표적으로 알려져 있다.

그린워싱 유형의 분류 사례

테라초이스 분류[9] The Sin of Greenwashing(2010)	구분	플래닛트래커 분류[10] The Greenwashing Hydra(2023)
숨겨진 상충효과(Hidden Trade-Offs) 일부 환경문제가 해결된 것처럼 보이지만 또 다른 환경문제가 야기 되는 경우 **불충분한 증거(No Proof)** 주장을 뒷받침 하는 정보나 제3자의 인증이 없는 경우 **애매모호한 주장(Vagueness)** 구체적 설명 없이 친환경과 관련된 용어를 남용하여 소비자의 이해를 저해하는 행위 **관련성 없음(Irrelevance)** 중요하지 않은 환경적 특징을 광고하는 행위 **두 가지 해로운 요소 중 덜한 것 (Lesser of Two Birds)** 친환경적인 특징은 있지만 비교대상보다 덜 해로울 뿐 환경을 해치는 요소가 있음에도 친환경적인 것처럼 광고하는 행위 **거짓말(Fibbing)** 친환경적인 요소가 없음에도 친환경 상품인 것처럼 광고하는 행위 **허위라벨(Worshiping False Labels)** 어떤 기관에서도 인증되지 않은 라벨을 부착하는 행위	소비자 대상 친환경 이미지 포장	**그린 라이팅(Green-lighting)** 기업활동의 일부 친환경적 요소를 과대 강조함으로써 주력사업에서 발생하는 환경위해성을 가리는 행위 **그린 라벨링(Green-labeling)** '친환경', '탄소상쇄', '에코' 등 용어로 자사의 제품·서비스를 광고하지만, 실제로 근거가 없거나 오히려 환경에 해악을 끼치는 경우

		그린 크라우딩(Green-Crowding)
		기업이 이니셔티브, 연합 등 친환경 그룹에 숨어서 지속가능성 정책을 느리게 실천하는 것을 정당화 하는 행위
		그린 린싱(Green-Rinsing)
(정의되었다고 보기 어려움)	친환경 경영 및 규제 준수	ESG 목표를 발표후 달성하기 전에 목표를 정기적으로 변경(연기)하는 행위
		그린 허싱(Green-Hushing)
		기업이 투자자의 감시 혹은 관계당국 조사 회피를 위해 의도적으로 친환경, ESG 목표와 성과를 과소보고하거나 숨기는 행위
		그린 시프팅(Green-Shifting) 기업이 기후변화, 환경파괴의 책임을 소비자의 잘못으로 전가하는 행위

출처: 테라초이스, 플래닛트래커 그린워싱 분류 기반, 저자 재구성

테라초이스와 플래닛트래커가 분류한 그린워싱 유형은 각각 7개, 6개로 테라초이스가 더욱 넓은 다양한 유형을 분류한 것으로 생각될 수 있으나, 테라초이스의 7가지 유형 모두 플래닛트래커의 그린라이팅 혹은 그린라벨링의 범주에 해당되는 것으로 보인다. 테라초이스는 기업의 상품·서비스를 친환경으로 포장하는 행위들을 상세히 구분한 것이다.

한편, 플래닛트래커의 '그린크라우딩', '그린린싱', '그린허싱', '그린시프팅'은 ESG, 탄소중립 등 기업의 친환경 경영 트렌드가 대두되면서 새롭게 등장한 그린워싱을 유형화한 것이다. 기업들이 친환경 경영을 선언하였지만, 실제 이행 및 목표 달성의 어려움으로 인해 저지르는 더욱 정교한 전략적 그린워싱 행태를 새로이 정의한 것이라고 볼 수 있다.

지속가능한 금융의 미래

세계적 유수기업들도 그린워싱의 유혹에서 자유롭지 않은 것으로 보인다. 유명 기업들이 그린워싱으로 적발 및 언론에 오르내리는 사례는 심심치 않게 들려오고 있다. 유명 기업들이 저지른 그린워싱은 앞선 The Greenwashing Hydra 보고서 등에서 소개된 바와 같이 소비자를 대상으로 하는 과장·허위적 친환경 광고를 넘어 '전략적 책임전가', '정당화' 등 더욱 정교한 양상으로 전개되고 있는 것을 확인할 수 있다.

① 그린라이팅(Green-lighting) 사례

英 HSBC은행 광고에 대한 그린워싱 판정 및 광고금지 처분 사례

'21년 영국 HSBC은행은 고객의 탄소중립 전환지원 계획 및 200만 그루의 나무심기 정책을 홍보하는 내용을 광고

영국 광고표준위원회 ASA 는 HSBC가 화석연료 기업에 투자하고 있는 상황에서 해당 광고로 인해 HSBC가 친환경적 기업으로 오해할 수 있는 소지가 있다고 지적, '22년 10월 英 HSBC에 그린워싱 판정 및 해당 광고 금지 처분

② 그린라벨링(Green-labeling) 사례[11]

美 패션 스타트업 볼트스레즈의 '비건가죽' 생산중단 사례

'20년 미국 실리콘밸리 친환경 패션 스타트업 볼트스레즈 Bolt Threads 는 버섯 뿌리를 배양해 만든 마일로 Mylo 라는 식물성 비건가죽을 개발, 착한 친환경 소비 트렌드를 타고 유행 및 투자유치 성공

'친환경', '비건' 키워드로 마케팅했으나, 내구성을 높이기 위해 폴리우레탄, 폴리염화비닐을 혼합하여 제조하는 것이 밝혀지며 소비자들의 환경 유해성 비판, 볼트스레즈는 결국 마일로의 생산을 중단함

③ 그린크라우딩(Green-Crowding) 사례

美 플라스틱폐기물종식연합AEPW 회원사 사례

AEPW Alliance to End Plastic Waste 는 플라스틱 폐기물을 감축하기 위해 50여 개의 기업들이 설립한 연합체로 P&G, 쉘, 엑손모빌, 한국 SKC 등 유수 대기업들이 회원으로 참여

그러나 참여 회원사 상당수가 글로벌 플라스틱 오염조약에 반대 입장을 표명하는 美 화학위원회 ACC, American Chemistry Council 에 동시에 소속되어 있었으며, 플래닛트래커의 AEPW 65개 회원사 분석 결과, 5개년 재활용 목표 계획 대비 초반 3년간 0.04%를 달성한 것이 밝혀졌음

④ 그린린싱(Green-Rinsing) 사례

코카콜라 및 펩시코의 ESG 목표 정기적 변경 사례

2009년과 2010년 코카콜라 Coca Cola 및 펩시코 Pepsico 는 페트병 PET, Polyethylene terephthalate 재활용 목표를 수립 및 발표함

그러나 코카콜라 3차례, 펩시코는 2차례 달성시기 도래 전 목표수준을 높이며 시기를 늦추었음이 플래닛트래커의 조사에서 밝혀짐

⑤ 그린허싱(Green-Hushing) 사례

세계적 자산운용사들의 지속가능펀드 상품 카테고리 하향 조정 사례

HSBC, 아문디, 블랙록 등 운용사들은 지속가능투자가 목표인 Article 9 펀드에서, 지속가능성을 촉진하나 목표는 아닌 Article 8 펀드로 변경함

유럽, 미국에서의 금융상품 그린워싱 규제 강화 및 그린워싱 적발시의 소비자 비난을 회피하기 위한 목적이라는 분석도 있음

지속가능한 금융의 미래

⑥ 그린시프팅(Green-Shifting) 사례

세계적 석유기업의 환경오염 책임 소비자 전가 사례

2004년 英 석유기업 BP the British Petroleum Company 의 '탄소발자국 계산기' 사이트는 여행, 출퇴근, 식습관 등 개인 일상 활동에서의 탄소배출량을 계산, 개인의 탄소배출을 강조하며 소비자에게 탄소배출의 책임을 전가한다는 비판

2021년 美 하버드대 연구원 제프리 수프란과 나오미 오레스케스는 학술 논문에서 엑손모빌 Exxon Mobil 의 대외 커뮤니케이션을 분석, '소비자', '수요', '에너지효율성' 등 소비자의 책임과 관련된 키워드로 광고하고 있다는 점을 지적하였음

그린워싱에 대한 단죄의 시작

앞선 사례들 외에도 상품·서비스와 경영활동에 '친환경' 이미지를 덧씌워 소비자 또는 투자자들로부터 긍정적 이미지와 경제적 이익을 챙기려 했던 기업들의 행태들은 언론, 소셜미디어 등을 통해 심심치 않게 알려지고 있다. 언론 및 환경단체는 물론 일반 소비자들의 노력으로 그린워싱은 '기만' 혹은 '범죄'로서 인식이 자리잡아 가고 있다.

그러나 그린워싱의 궁극적 문제점은 '사회적 가치의 감소와 비용의 증가'를 유발, 재생산한다는 데 있다.[12] 그린워싱 성공사례는 더 많은 그린워싱을 유발할 수 있다. 합당하지 않은 주체들이 공공과 사회의 지원, 소비자의 선택을 받아 사업을 확장하는 사례들이 많아질수록 다른 기업들도 그린워싱을 감행할 동기, 충동이 증가한다. 그린워싱을 저지르는

기업에 대한 사회적 지원과 투자는 기회비용을 발생시킨다. 공공과 민간의 자원이 한정적인 상황에서 다른 '정당한' 혹은 '진실로 노력하는' 주체들에게 돌아갈 수 있었던 자원이 타당하지 않은 주체들에게 쓰이게 된다.

올바르게 사회, 환경적 가치를 창출하는 주체들은 도태되고, 오히려 그린워싱을 저지르는 기업들의 생존성은 높아지는 결과가 발생하게 된다. 즉, 일어나지 말아야 할 사회적 역선택이 유발된다. 그린워싱으로 지원 혹은 투자받은 기업 그리고 관련 이해관계자들이 자신들의 의사결정을 정당화해야만 하는 상황이 벌어지게 된다. 의도적으로 저지른 그린워싱 혹은 사후적으로 발견한 역선택의 책임회피를 위해 정보의 왜곡, 여론 호도 및 미화 등의 행위들이 발생하고 누적될 수 있다.

그린워싱을 방치할 경우 한 번의 워싱행위가 성공사례가 되어 또 다른 다수의 그린워싱으로 확산되는 악순환 구조가 사회·시장에 형성된다. 이러한 행태들은 기업경영의 관행으로 고착화될 위험성이 있다. 이로 인해, 그린워싱은 '환경·사회적 가치의 분식회계'로 봐야한다는 견해까지 대두되고 있으며, 세계적으로도 각국 정부들은 그린워싱의 근절을 위해 법·제도적 장치를 강화(혹은 마련)하고 있다.

그린워싱을 저지른 사실이 밝혀졌을 경우 지금까지는 평판 및 브랜드 이미지 훼손이라는 간접 혹은 정성적 영역으로 그 피해·대가가 제한적이었다. 그러나 SNS의 일상화 및 착한소비 트렌드로 인해 그린워싱을 저지른 기업은 매출의 직접적 타격까지 감수해야만 한다. 이에 더하여, 그린워싱에 대한 단죄는 법적 책임까지도 물어야 하는 '제도적 처벌'로

지속가능한 금융의 미래

그 강도가 높아지고 있다. 유럽, 미국 그리고 우리나라에서도 그린워싱을 이유로 하는 법정 소송사례가 등장하고 있다.

① 유럽 최대 양돈·식품가공업체 데니쉬크라운의 그린워싱 패소[13]

데니쉬크라운Danish Crown은 자사 고기를 '기후조절식'으로 광고한 사실로 인해 덴마크 채식주의자협회Danish Vegetarian Association, DVA 등 환경단체들로부터 그린워싱 소송을 제기당했다. 그 소송의 결과로 덴마크 고등법원은 2024년 3월 데니쉬크라운에게 4만 4천 달러의 배상금 지불과 더불어 마케팅법 위반을 인정하라는 패소판결을 내렸다.

환경단체들은 데니쉬크라운에게 "2020년 광고부터 돼지고기를 먹는 것이 기후에 좋다는 잘못된 인상을 소비자들에게 심어줬다"고 주장하였다. 그러나 데니쉬크라운 측은 '돼지고기 생산 과정에서 탄소배출을 줄이는 업계의 노력을 강조하기 위한 것'이라며 자사 광고에 문제가 없다고 대응하였다. 이에 덴마크 소비자위원회Danish Consumer Council, DCC도 가세하며 데니쉬크라운의 광고를 그린워싱으로 지목, 소송을 제기한 것이다. 덴마크 고등법원은 "데니쉬크라운의 돼지고기 제품을 먹으면 기후가 더 나은 방향으로 바뀔 수 있다"는 광고 표현을 그린워싱으로 판단하여 데니쉬크라운의 패소로 판결한 것이다.

이 판결은 북유럽 최초의 그린워싱 소송이며 또한 최초의 기후소송에서 원고가 승소한 점에서 관심과 주목을 받고 있다. 이 판결이 선례가 되어 세계 각국에서 친환경 단체들이 기후중립 관련 광고에 대해 그린워싱 소송을 제기할 것으로 전망되고 있다.

② 미국 거대 유통업체 콜스와 월마트의 그린마케팅 혐의 피소[14]

미국 대형 유통업체 월마트^{Walmart}와 콜스^{Kohl's}가 허위광고 혐의로 연방거래위원회^{Federal Trade Commission, FTC}에 제소당한 사례가 있다. 두 업체는 대나무를 원료로 한 레이온섬유로 만든 침대 시트, 베개, 목욕용 깔개 등 24종의 제품을 '지속가능', '재생가능', '친환경적'과 같은 표현으로 광고했다. 생산공정이 친환경적이며 유해 화학물질 없이 깨끗하고 무독성 재료를 사용하였으므로 환경적인 이점이 있다고 마케팅을 한 것으로 알려졌다. 이에 환경단체는 대나무를 레이온으로 전환하려면 독성 화학물질을 사용해야 하며 위험한 오염물질이 발생한다고 주장하며 월마트와 콜스를 연방거래위원회에 제소한 것이다.

연방거래위원회는 월마트와 콜스에 기만적 친환경 주장 및 기타 오해를 유발하는 광고를 중단하고 월마트에 300만, 콜스에게 250만 달러의 벌금을 부과하는 명령을 내려줄 것을 법원에 요청했다. 벌금 외에도, 연방거래위원회는 '섬유제품이 대나무 또는 대나무 섬유로 만들어졌다는 주장을 입증할 수 없을 경우 가짜 대나무 마케팅을 중단할 것', '동 제품에 대해 유해한 화학 물질이 없거나, 무독성 재료를 사용했거나, 환경에 안전하거나, 오염되지 않는 방식으로 생산됐다는 등의 주장을 입증할 수 없는 한 근거 없는 그린마케팅을 중단할 것', '섬유의 성분에 대해 기만적으로 광고해 연방거래위원회의 섬유법 및 규칙을 위반하는 행위를 중단할 것'을 조치하도록 요청했다. 연방거래위원회 소비자보호국 국장은 '두 업체에게 벌금은 부과될 것이며, 그린워싱 기업은 대가를 치르게 될 것'이라고 언급했다.

③ 포스코, SK 대상 표시광고법 및 환경기술산업법 위반 신고[15]

기후위기 대응 비영리법인 기후솔루션은 2024년 3월 SK(주) 및 계열 5개 사, 포스코, 포스코홀딩스를 표시광고법 및 환경기술산업법 위반을 이유로 공정거래위원회와 환경산업기술원에 신고했다. 녹색프리미엄을 납부함으로 온실가스를 배출을 감축하였다고 표시, 광고하는 것은 그린워싱이라는 이유에서다.

기후솔루션은 온실가스 배출량은 우리나라의 10%를 차지하는 포스코가 탄소배출 1위 기업인데 녹색프리미엄을 납부했다는 것을 이유로 '탄소저감 강재를 제조했다'고 광고했다는 점을 지적한다. 또한, SK 계열사들은 탄소감축 관련 그린워싱 광고로 인해 몇 차례 행정지도를 받은 전례가 있음에도, 여전히 '녹색프리미엄 구매를 이유로 온실가스를 저감했다'고 광고했다며 이는 부당광고, 그린워싱이라고 기후솔루션은 지적했다.

녹색프리미엄은 세계적 재생에너지 사용 및 탄소배출 감축 요구에 대응하기 위해 수립된 한국형 RE100 제도의 일환으로, 기업들이 전기요금 외에 추가로 비용을 납부하고 재생에너지 전기 사용을 확인받는 제도이다. 녹색프리미엄에서 재생에너지 발전에 따른 온실가스 감축량은 납부자가 아닌 발전사업자의 감축분으로 산입된다. 따라서, 녹색프리미엄을 구매했다는 이유로 포스코, SK가 자사의 온실가스를 감축했다고 광고하거나 주장하는 것은 그린워싱이라고 지적하는 것이다.

본 사건은 탄소중립과 탈탄소 전환을 위한 재생에너지 조달 방법으로 녹색프리미엄을 구매·활용해 온 대기업의 행태를 시민단체가 그린워싱으로 고발한 첫 공식 사례이다. 또한, 정부가 공식적으로 인정하고 있는 기업의 재생에너지 조달 방법을 시민단체가 그린워싱으로 문제 삼은 점에서 상당한 주목을 받고 있다. 공정거래위원회와 환경기술원의 결정, 법적 조치에 따라 정부의 재생에너지 정책 수정이 필요할 수도 있기 때문이다.

그린워싱, 금융기관은 어떻게 대응할 것인가?

보거나 만질 수 있는 실체가 있는 제품을 생산하지 않는 금융기관들에게 그린워싱은 사실 자신들과 관계가 없는 일이라고 생각되어 온 것이 사실이다. 그러나 스위스 ESG 데이터 분석기업 렙리스크 RepRisk AG는 전 세계적으로 은행과 금융기관의 그린워싱 사례가 급증했다는 조사 결과를 발표했다.[16] 2023년 8월 말까지 최근 1년간 글로벌 은행과 금융업계에서 발생한 그린워싱은 148건으로 지난 1년간의 86건보다 약 70% 정도 급증했다고 한다. 렙리스크는 평판 혹은 수익성 향상을 위해 투자자 또는 금융소비자에게 지속가능성과 관련된 오해를 불러일으키는 주장을 그린워싱으로 규정, 조사했다고 밝혔으며 대부분 화석연료 사용 감축 등에 대한 과장된 주장과 관련이 있었다고 전했다. 이렇듯 그동안 제조, 에너지, 서비스 등 실물경제 중심으로 이슈가 되었던 그린워싱은 금융기관들에게도 의무와 규제로 다가오고 있다.

지속가능한 금융의 미래

금융기관의 그린워싱은 그 대상과 피해자를 정의하기가 타 산업 대비 난해한 측면이 있다. 금융기관들에게 그린워싱은 환경보호를 위한 자사의 노력 여부 즉, 에너지절감, Paperless 등 운영 활동에서 발생한다기보다는, 조달한 자금의 운용과 투자에서 발생한다. 다시 말하면 금융기관이 자금을 공급한 기업, 피투자사의 경영활동 및 상품·서비스가 '친환경적인가' 혹은 '그린워싱을 저질렀는가'에 따라 자금을 공급한 금융기관에게 비난 혹은 처벌이 이루어지고 있다.

금융기관의 그린워싱은 누구에게 그리고 어떻게 피해를 주는가를 알아볼 필요가 있다. 한국ESG기준원은 '그린워싱 유형별 사례 분석' 보고서에서 그린워싱 주체별 피해자와 그 행위 유형을 구분하며 일반회사와 다른 금융회사의 그린워싱에 대한 시사점을 제시하고 있다.

그린워싱 이해관계자[17]

주체	대상	피해자	행위유형
일반기업	상품 또는 서비스	고객	제품, 서비스와 관련 수준에 국한된 협의의 그린워싱
금융회사	펀드	투자자	투자자를 속이는 선택적 정보공개
공통	채권(또는 대출)	투자자	투자자를 속이는 선택적 정보공개
공통	기업 또는 조직	주주 등 이해관계자	기업가치 향상을 위한 정보공개 조작

출처: 임선영, "그린워싱 유형별 사례 분석", 『KCGS Report』, 제13권 3호, 통권 제159호, 한국ESG기준원, 11면.

일반기업의 그린워싱은 해당 '상품·서비스를 구매한 고객'에게, 금융기관은 'ESG 관련 펀드 투자자'에게 그 피해가 발생한다. 그린워싱은 원래 두 주체의 목적인 '친환경 소비 혹은 투자'를 달성치 못하게 하는 결과를 일으킨다. 다시 말하면, 금융기관의 그린워싱은 친환경 기업 혹은 산업에 투자하고자 하는 '금융서비스 소비자'의 의도에 반하는 투자집행 그리고 사후적으로 정당화 혹은 은폐하는 행위라고 할 수 있다.

또한, 금융기관의 그린워싱은 더욱 복잡한 양상으로 발생될 수 있다. 기업들은 자사의 기업가치 증대를 위해 '그린워싱' 행위 자체를 숨기려 한다. 이 과정에서 친환경 기업에 투자 또는 대출을 집행하는 운용역 혹은 심사역들이 대상기업의 그린워싱을 간파하지 못할 수 있다. 금융기관은 의도하지 않게 투자자를 속이게 되어버리는 '본의 아닌 그린워싱' 리스크에 노출되어 있는 것이다.

해외 주요 금융 선진국 그리고 우리나라에서도 '친환경 표방 펀드의 탄소 산업·기업 투자' 혹은 '이러한 행위의 정당화 및 은폐'에 대한 규제, 처벌 기준을 마련하고 있다. 또한, 금융감독당국의 모니터링 활동 강화로 금융기관의 '의도적 그린워싱' 행위는 점차 감소 혹은 예방될 것으로 보인다.

이제부터 금융기관들은 의도하지 않은 그린워싱 리스크에 대한 더욱 적극적인 대비가 필요하다. 모르고 저지른 그린워싱이라고 해도 금융기관에게는 일반기업과 달리 면죄부가 주어지지 않는다. 금융기관^{정책금융}은 주주를 위한 영리추구와 더불어 금융시장에서의 자금배분을 통한 산업과 경제의 보호·육성이라는 공익적이고 중추적인 역할도 수행하기 때문이다. '전문성과 신뢰'의 대명사인 금융기관에게 '몰랐다'는 이유는 받아들여지지 않는다.

지속가능한 금융의 미래

지속가능금융은 부외적 활동이 아닌 업의 본질이 되어가고 있다. 자금의 공급과정에서 금융기관은 대상 기업의 재무성과와 더불어 사업활동의 친환경성도 함께 고려할 수 있는 역량과 체계를 갖추어야 한다. 그러면 이를 위해 금융기관은 무엇을 해야 할 것인가?

첫째, '친환경=시장성' 영역을 발굴하는 것이다. 금융기관은 생산성이 높은 기업·프로젝트를 발굴하고 자금을 공급하는 역할을 수행해 왔다. 지금까지 이루어져 온 녹색 혹은 친환경 금융에서도 '심사·스크리닝'을 통해 '성공 가능성이 높은 산업·기업'을 발굴하기 위해 노력해왔다. 이제부터는 성공사례로 자신 있게 말할 수 있는 케이스를 찾아야 한다. 어떠한 산업 혹은 상품·서비스가 친환경 목표와 더불어 시장에서의 성공을 달성할 수 있었는지에 대한 분석이 이루어져야 한다. 이러한 연구를 통해 지속가능금융의 '실제 승률을 높일 수 있는 영역' 즉, 산업, 업종을 발굴하고 이러한 영역들부터 성공사례를 점진적으로 늘려나가야 한다. 그 외 현재까지 시장에서 성공하지 못하였으나 친환경으로 구조를 전환해야 할 산업, 업종에 대해서는 당분간은 국가 혹은 정책금융의 역할로 접근해야 할 것이다.

둘째, '친환경 진정성 및 경쟁력'을 심사하는 모델을 수립하는 것이다. 친환경 투자 혹은 대출 대상기업 중 '시장 경쟁력'을 확보한 기업과 그렇지 못한 기업의 '차이점'을 발굴하고 이를 '지속가능금융의 심사 기준'으로 고도화해야 할 것이다. 금융기관들은 투자 혹은 대출 실행의 과정에서 대상 기업들의 재무활동과 비재무적 경영활동 데이터를 수집, 분석하고 있다. 대상 기업들의 친환경 상품·서비스 개발, 마케팅을 위한

'전문성 및 인력 확보', '경영활동 전반의 친환경 진정성'을 측정, 심사할 수 있는 모델과 업무기준을 수립하고 이를 실제 영업에 적용해야 할 것이다. 지금까지와 같이 외부기관의 인증에만 의존하여 '친환경 금융'을 공급하는 관행에서 이제는 벗어나야만 한다.

셋째, 지속가능금융 '참여자'에서 '시장 조성자'로 역할을 확대해야 한다. 금융기관은 고객의 자금을 고객의 요구에 따라 운용해야 할 의무가 있다. 투자 혹은 대출을 받은 기업들이 투자자를 기망하는 '그린워싱'을 저지르지는 않는지 금융기관은 이를 모니터링해야 한다. 감독당국이 시장에서의 모든 투자·대출을 모니터링하는 것은 현실적으로 불가능하다. 이를 보완하기 위해 각 금융기관들의 참여가 필요한 것이다. 거래처의 '그린워싱' 행위를 감시하고 적발된 거래처에 대해서는 자금의 회수라는 단호한 조치까지도 실행할 수 있어야 한다. 고도화된 모니터링 및 적발 시의 조치를 규정해 놓아야 한다. 금융기관 스스로 지속가능금융 시장의 감시자이자 조성자라는 역할의 인식 확립이 요구된다.

그린워싱 적발기업에 대한 법적, 행정적 처벌 그리고 시장과 소비자로부터의 비난, 불매운동은 사후적 단죄이다. 이러한 "채찍"만으로 모든 그린워싱을 일일이 적발하고 근절하기에는 한계가 있다. 결국 누군가는 피해를 보고 난 다음이다. 그린워싱이 애초에 발생하지 않도록 시장참여자들의 인식을 바꾸고 올바른 기업들을 키워내는 선제적 조치가 요구된다. 지속가능금융이라는 "당근"은 진실되고 역량 있는 친환경 기업·산업을 키워내는 선제적 그리고 근본적 해결책이 될 수 있다. 금융기관들의 더욱 많은 고민과 노력이 요구되는 이유다.

　　　　　　　　　　　　　지속가능한 금융의 미래

5장

소셜 택소노미의 부상과 한국의 과제

소셜 택소노미가 ESG의 새로운 표준이 된다.

지속가능한 사회를 위한 ESG 투자가 증가하고 있음에도 'S'를 어떻게 정의할지에 대한 합의는 불분명하다. 이를 명확히 정의하고 분류하기 위한 기준으로써 필요한 것이 바로 '소셜 택소노미'다. 소셜 택소노미는 기업 입장에서 사회문제와 관련된 활동의 기준이 되며, 소비자에게는 어떤 상품과 서비스가 사회적 지속가능성을 높이는지에 대한 기준을 제공한다. 투자자 및 금융기관 입장에서도 지속가능금융 지원의 기준이 된다.

이태영

기후변화는 이미 전 세계 저소득 지역사회 및 취약계층에 더 심각한 영향을 미치고 있다. 여기에서 기후변화로 인한 지역사회의 문제는 E(환경)의 문제인가, S(사회)의 문제인가? 세계 최대 자산운용사 블랙록의 래리 핑크 회장은 CEO들에게 보내는 연례서한에서 E와 S의 상호 연계성에 대해 역설했다. 환경 문제와 사회문제는 깊은 상호 의존성을 가지기 때문에 탄소중립과 포용적 자본주의는 함께 풀어가야 할 공동의 과제라는 것이다. 이와 같이 ESG는 상호 밀접하게 연결되어 있으며 기업과 투자자들의 주요 관심도 기업의 지속가능성 관점에서 'E'와 'S'를 어떻게 정의하고 관리할 것인지의 문제로 이어지고 있다.

　특히, 지구 온난화와 기후 재난, 생태계 파괴와 코로나 팬데믹 등의 환경 문제와 양극화, 인종 갈등, 그리고 사회적 약자에 대한 차별과 소외 같은 사회문제는 우리 사회의 지속가능성이라는 관점에서 매우 중요한 의미를 지니고 있다. 이러한 문제들은 단순히 단기적인 해결책을 필요로 하는 것이 아니라 지속가능한 사회를 구축하기 위한 체계적이고 장기적인 접근이 요구된다. 이러한 맥락에서 유럽연합은 2018년 '지속가능 금융 실행계획'을 발표하였다. 지속가능금융이란 금융 부문에서 투자에 대한 의사결정을 할 때 환경, 사회, 지배구조를 고려하여 지속가능한 경

제활동 및 프로젝트에 보다 장기적인 투자를 유도하는 프로세스를 의미한다.[1]

EU의 지속가능금융 실행계획은 환경과 사회문제를 해결하기 위해 경제활동을 촉진하고 자본을 유입시키기 위한 다양한 전략을 포함하고 있다. 이 중에서도 '택소노미 Taxonomy'와 '공시규정'이 핵심적인 요소로 자리 잡고 있다. 택소노미는 'Tassein(분류하다)'과 'Nomos(법, 과학)'의 합성어로, 분류체계를 의미한다. 이 체계는 환경적으로 지속가능한 경제활동을 정의하는 '그린 택소노미 Green Taxonomy'와 사회적으로 지속가능한 경제활동을 정의하는 '소셜 택소노미 Social Taxonomy'로 나뉜다. 그린 택소노미는 환경적 지속가능성을 기준으로 경제활동을 분류하며, 소셜 택소노미는 사회적 목표를 달성하기 위한 경제활동을 정의하고 이에 대한 투자를 촉진하는 것을 목표로 한다.

EU는 2020년 6월 택소노미 규정을 채택한 후 같은 해 11월 그린 택소노미를 발표하였다. 이어 2022년 2월에는 소셜 택소노미 최종보고서를 발표하였다.[2] 소셜 택소노미는 환경 중심의 분류체계를 인권과 사회적 영역으로 확장한 것으로, EU 지속가능금융 플랫폼 Platform on Sustainable Finance은 2021년 7월 소셜 택소노미 초안을 발표하고, 이해관계자의 의견을 반영하여 최종 보고서를 완성하였다.

한편, 우리나라 환경부는 2020년 12월, 한국형 녹색분류체계 K-Taxonomy 가이드라인을 발표하였다.[3] 기획재정부는 2021년에 사회적 채권 가이드라인 제정 작업을 시작했으나, 소셜 택소노미에 대한 본격적인 논의는 아직 제대로 이루어지지 못하고 있다.[4] 소셜 택소노미는 환경 문제뿐만

지속가능한 금융의 미래

아니라 인권, 노동, 평등 등 사회적 목표를 달성하는 경제활동을 촉진하기 위해 필수적으로 요구되는 기준이다. 이를 통해 사회적 투자를 활성화하고, 사회적 약자의 소외와 차별을 줄이며, 포용적이고 지속가능한 사회를 구축할 수 있기 때문이다.[5]

지속가능한 사회를 위한 소셜 택소노미는 환경과 사회문제를 포괄적으로 해결하기 위해 필요하며, 우리나라도 EU의 사례를 참고하여 소셜 택소노미 도입 논의를 신속하게 검토할 필요가 있다. 이를 위해서는 정책적, 제도적 기반 마련과 더불어 사회적 투자에 대한 인식 제고가 필요하며, 지속가능한 미래를 위한 전방위적인 노력도 요구된다.

지속가능한 사회경제적 활동은 무엇인가? 소셜 택소노미의 등장

지속가능한 사회를 위해서는 교육, 보건의료, 주거, 고용, 안전 등 다양한 사회적 영역에 대한 대규모 지원 및 투자가 필수적이다. 그러나 이러한 투자는 정부 지출만으로 충당하기에는 턱없이 부족하며, 민간 부문의 역할이 매우 중요하다. UNCTAD^{UN Trade & Development}에 따르면, 2030 지속가능발전 목표를 달성하기 위해 매년 3조 3천억에서 4조 5천억 달러 정도의 자금이 필요하다.[6] 특히, 개발도상국은 SDGs 관련 산업에서 평균 2조 5천억 달러의 자금 부족을 겪고 있다고 알려져 있다. 한편, 기후위기 대응을 위해 필수적인 에너지 전환 과정에서도 일자리 상실이나 특정 산업의 소멸 등 다양한 문제가 발생할 수 있다. 이러한 문제를 해결하기 위해서는 개발도상국이나 취약계층에 대한 직접적인 자금 지원도 필요하나, 우리 사회가 직면한 여러 사회문제를 근본적으로 개선하고, 지속가능한 사회를 위해 노력하는 기업이나 단체, 중간지원조직 등에 대한 투자도 병행되어야 한다.

지속가능 분야에 대한 투자는 단순한 당위성을 넘어서 투자자 및 기업들에게 새로운 기회를 제공하기도 한다. 예를 들어, 2018년부터 2021년까지 총 1,229건의 SRI 채권이 발행되었고, 2019년 이후 SRI 채권 발행 건수는 매년 지속적인 증가세를 보이고 있다.[7] 사회적 채권은 사회문제 해결, 완화 또는 긍정적인 사회적 성과 달성을 목적으로 발행되는 채권 상품이다. 블룸버그에 따르면, 사회적 채권의 판매 수익은 2019년 약 2백억 달러에서 2020년 1천 477억 달러로 급증했다. 사회적 채권 발행액은 2022년 12월 88억 달러(11조 6천억 원)에서 2023년 1월 224억 달러(28조 원)로 2배 이상 증가하였다. 사회문제와 환경문제를 동시에 추구하는 지속가능채권Sustainability Bond도 증가하고 있다. 지속가능채권과 지속가능연계채권 발행액 역시 같은 기간 약 34억 달러(4조 3천억 원)에서 약 319억 달러(40조 원)로 9배 넘게 급증했다.[8]

지속가능한 사회를 위한 사회적 투자가 증가하고 있지만, 지속가능성 측면에서 여전히 'S'를 어떻게 정의할지에 대한 합의가 필요하다. 이를 명확히 정의하고 분류하기 위한 기준이 '소셜 택소노미'라 할 수 있다.[9] 소셜 택소노미는 기업 입장에서 사회문제와 관련된 활동의 기준이 되며, 어떤 상품과 서비스가 사회적 지속가능성을 높이는지에 대한 기준

지속가능한 금융의 미래

을 제공한다. 투자자 및 금융기관 입장에서는 지속가능금융(대출, 신용, 보증 등), 특히 사회적 채권과 임팩트 투자 발행, 공시, 평가의 기준이 된다. 또한, 외형적으로 사회적 지향을 가지는 경제활동으로 보이지만 실제로는 그렇지 않은 이른바 ESG 워싱Washing을 방지하고 식별하는 기준도 제공한다.

이해관계자들이 소셜 택소노미를 활용하는 방법

소셜 택소노미는 사회적 지속가능성을 증진하기 위한 경제활동을 분류하고 정의하는 체계로, 다양한 이해관계자들이 이를 효과적으로 활용할 수 있다.[10] 먼저, 금융기관은 소셜 택소노미를 통해 지속가능한 금융상품을 발굴하고 구성할 수 있다. 이를 통해 대출, 신용, 보증 등 다양한 금융상품을 제공하여 사회적 가치를 창출할 수 있다. 또한 소셜 택소노미는 사회적 가치에 부합하는 자산을 신속하게 확인하고 검증하는데 도움을 주어 거래비용을 낮출 수 있다. 금융기관은 감독기관이 요구하는 지속가능 투자에 대한 이해를 높이고, 이를 공시함으로써 투명성을 확보하고 신뢰를 증진시킬 수 있다.

투자자 입장에서는 소셜 택소노미를 활용하여 임팩트 투자를 위한 지속가능성 기준에 부합하는 투자 기회를 식별할 수 있다. 이는 책임 있는 투자자로서의 이미지를 구축하는 데 도움을 줄 수 있으며, 지속가능한 경제활동을 지원할 수 있다. 또한 투자자는 사회적 투자 포트폴리오를 공개하고, 투자정책을 설계함으로써 투자 전략의 일관성을 유지하고 지속가능한 경제활동을 촉진할 수 있다.

금융감독기관은 소셜 택소노미를 기반으로 녹색기업에 대한 대출을 장려하기 위한 제도를 지원할 수 있다. 또한 기후 또는 지속가능성 관련 보고 및 공시를 위한 가이드라인을 수립하여 시장의 투명성을 높이고 신뢰를 증진시킬 수 있다. 지속가능발전을 위한 금융 흐름을 측정하고, 그린워싱을 방지하여 평판 리스크를 관리하는 데도 활용될 수 있다. 채권 발행자는 소셜 택소노미를 활용하여 금융조달을 보다 쉽게 받을 수 있으며, 지속적인 자금조달을 통해 사회적 가치를 창출할 수 있게 된다.

정책입안자는 소셜 택소노미를 활용하여 투자가 부족한 분야의 자금을 지원하는 정책을 시행할 수 있다. 또한 환경적으로 지속가능한 발전을 위한 녹색 프로젝트 개발을 증진하고, 국가 지속가능발전 목표 달성을 위한 전략 개발 시 참고자료로 활용할 수 있다.

소셜 택소노미는 다양한 이해관계자들이 사회적 지속가능성을 증진하기 위한 경제활동을 체계적으로 분류하고 정의하는 데 중요한 역할을 한다. 이를 통해 각 주체들은 지속가능한 사회를 위한 경제활동을 효과적으로 추진할 수 있으며, 지속가능한 발전 목표를 달성하는 데 기여할 수 있다. 금융기관, 투자자, 금융감독기관, 채권 발행자, 정책입안자 등 모든 주체들은 소셜 택소노미를 통해 지속가능한 사회를 위해 협력하고 ESG 워싱을 방지하며, 사회적 가치를 창출할 수 있을 것이다.

EU 소셜 택소노미는 어떻게 작동하는가

EU 소셜 택소노미는 2018년 '지속가능금융 행동계획'을 기초로 하는 지속가능금융 프레임워크의 맥락 속에 있다. 특히 EU 택소노미 규정, 기업지속가능성 보고지침 CSRD, 지속가능금융 공시규정 SFDR과 밀접하게 관련되어 있다. EU 택소노미는 환경적으로 지속가능한 경제활동을 명확히 정의하고, 이를 통해 기업과 금융기관이 지속가능성 목표를 달성하도록 유도하는 일련의 규정과 절차를 포함한다.[11] 이 체계는 EU의 지속가능성 목표를 실현하는 데 중요한 역할을 하며, 택소노미, CSRD, SFDR 간의 상호 연계를 통해 운영된다.

먼저 EU 택소노미는 지속가능한 경제활동의 기준을 설정하며, 이는 기후변화 완화, 기후변화 적응, 수자원 및 해양자원의 지속가능한 이용 및 보호, 순환경제로의 전환, 오염 방지 및 통제, 생물다양성 및 생태계 보호 등 여섯 가지 환경 목표에 기여하는 활동을 포함한다.[12] 각 경제활동은 상당한 기여, 심각한 피해 없음, 사회적 최소 기준 준수라는 세 가지 기준을 모두 충족해야 한다.

CSRD는 기업들이 EU 택소노미 기준에 따라 지속가능한 경제활동에 대한 정보를 투명하게 보고하도록 요구한다.[13] 이 지침은 대기업뿐만 아니라 중견기업도 포함하여 더 많은 기업이 지속가능성 정보를 보고하도록 확대된 보고 의무를 포함한다. 또한 기업의 지속가능성 목표, 성과, 위험 관리, 기회 등을 상세히 보고하도록 요구하며, 유럽지속가능성보고기준 ESRS을 기반으로 일관된 방식으로 보고하게 한다.[14]

CSRD와 ESRS의 관계

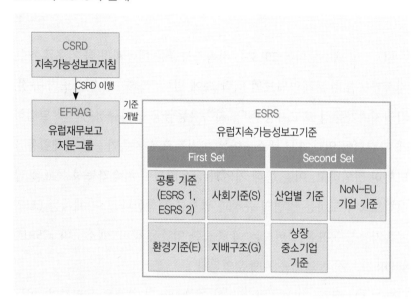

출처: 삼일PwC ESG Platform, "EU CSRD·ESRS 이해 및 대응방안", 2023. 9., 5면.

SFDR은 금융시장 참가자와 금융상품 제공자가 지속가능성 관련 정보를 공시하도록 한다.[15] 이 규정은 금융상품과 투자전략에 포함된 지속가능성 리스크를 공개하고, 금융상품의 지속가능성 성과를 평가하고 공시하도록 요구한다. 또한 금융기관의 지속가능성 관련 정책과 목표를 명확히 공개하여 투자자들이 신뢰할 수 있는 정보를 제공받도록 한다.

금융감독기관은 EU 택소노미에 기반한 규제를 지원하고, 금융시장 참가자들이 지속가능성 목표를 달성하도록 유도한다. 이를 위해 녹색기업에 대한 대출을 장려하기 위한 규제 지원, 기후 또는 지속가능성 관련 보고 및 공시를 위한 가이드라인 수립, 지속가능발전을 위한 금융 흐름 측정 및 그린워싱 방지 등의 활동을 수행한다.

지속가능한 금융의 미래

이와 같이, EU 택소노미의 작동 체계는 지속가능한 경제활동의 명확한 기준을 설정하고, 기업과 금융기관이 이를 보고하고 공시하도록 의무화하여, 지속가능성 목표를 달성하기 위한 투명성과 신뢰성을 증대시킨다. 이 체계를 통해 EU는 지속가능한 투자와 경제활동을 촉진하고, 기후변화 대응 및 지속가능발전 목표를 향한 전환을 가속화할 수 있게 된다.

소셜 택소노미는 그린 택소노미의 발전 과정에서 파생된 개념으로, 주로 환경적인 측면뿐만 아니라 사회적 측면에서의 지속가능성을 고려한다. 그린 택소노미는 기업이 환경에 미치는 부정적인 영향을 최소화하거나 보상하는 데 초점을 두지만, 소셜 택소노미는 경제활동이 사회적 가치를 창출하는 데 어떤 역할을 하는지에 대해서도 고려한다. 예를 들어, 제약회사의 의약품 생산은 환경적으로는 부정적인 영향을 줄일 수 있지만, 동시에 사회적으로도 의미 있는 가치를 제공할 수 있다. 이러한 가치는 소셜 택소노미에서는 주로 추가적인 사회적 편익으로 고려된다.[16]

그린 택소노미가 주로 과학적인 기준에 의해 환경 문제를 평가하는 반면, 소셜 택소노미는 보다 권위 있는 국제 기준과 인권규범을 바탕으로 사회적 문제를 평가한다. 이는 환경문제가 상대적으로 보다 일반화하기 쉽고, 국가 간의 차이가 적기 때문이다. 하지만 사회적 문제는 각 나라의 법과 제도에 크게 영향을 받기 때문에 국가별로 다양한 형태로 나타날 수 있다. 또한, 소셜 택소노미는 그린 택소노미보다 정량적인 기준을 개발하기 어려우며, 주로 정성적인 측면을 고려한다. 이는 사회적 문제가 보다 복잡하고 주관적이며, 측정하기 어려운 성격을 가지고 있기 때문이다.

EU 소셜 택소노미의 판단 기준

EU 소셜 택소노미는 근로자, 소비자, 지역사회와 같은 다양한 이해관계자들의 의견을 수렴하여 사회적 목표를 설정하며, 이를 바탕으로 기업들의 사회적 책임을 강조하고 있다. 특히, 기업의 사회적 책임을 강화하는 데 있어서 이러한 다양한 이해관계자들의 역할과 중요성은 더욱 강조되고 있다. 소셜 택소노미는 사회목표의 설정, 사회목표에의 실질적인 기여, 중대한 피해를 주지 않을 것, 최소한의 안전장치를 갖출 것이라는 네 가지 판단기준으로 작동된다.[17]

① 사회목표의 설정

소셜택소노미는 그린택소노미의 판단기준을 토대로 하면서도 양질의 일자리, 최종 사용자를 위한 적절한 생활 수준 및 복지, 포용적이고 지속가능한 지역사회 및 사회라는 3가지 사회목표를 수립하고, 각각의 사회목표를 실현하기 위한 세부목표를 제시하고 있다.[18]

소셜 택소노미의 판단기준 중 하나인 "사회목표의 수립"은 기업의 사회적 책임과 지속가능한 발전을 평가하는 중요한 요소이다. 첫 번째 '사회목표'는 양질의 일자리 보장으로, 이는 근로자의 삶의 질 향상을 목표

사회목표	이해관계자 그룹	세부 목표(일부 예시)
양질의 일자리	근로자 (가치사슬 포함)	1. 양질의 일자리 촉진 2. 직장에서의 평등 및 차별금지 3. 가치사슬 전반에 걸친 근로자의 인권 및 노동권 보장
최종 사용자에게 적절한 생활수준 및 후생	소비자 (최종 사용자)	1. 건강하고 안전한 제품 및 서비스 보장 2. 내구성 있고 수리가 가능한 제품 설계 3. 개인정보 및 사생활 보호, 사이버 보안 4. 책임 있는 마케팅 관행(이해하기 쉬운 정보 제공과 과잉 판매금지 등) 5. 양질의 의료, 보건, 식품, 식수, 주거, 교육 접근성 향상
포용적이고 지속 가능한 지역사회	지역사회	6. 평등하고 포용적인 성장 증진 7. 지속가능한 생계 및 토지권에 대한 지원 8. 위험 기반의 실사를 통해 영향받는 지역사회의 인권 존중 보장

로 한다. 구체적으로, 양질의 일자리 창출, 직장 내 평등과 차별 금지, 가치사슬 내 근로자 인권 보장 및 권리 존중 등을 포함하며, 이는 UN 2030년 지속가능발전목표SDGs 중 8번 목표인 "모두를 위한 지속적·포용적·지속가능한 경제 성장, 생산적인 완전고용과 양질의 일자리 증진"과 밀접하게 관련된다. 더 나아가, SDGs 1번(빈곤 퇴치), 4번(양질의 교육 보장과 평생 학습), 5번(성평등과 여성 역량 강화), 10번(불평등 해소), 17번(이행수단과 글로벌 파트너십) 등과도 연관이 있다.

두 번째 사회목표는 '소비자의 역할'에 초점을 맞추고 있다. 이는 적절한 생활수준과 복지 제공을 통해 건강과 안전을 보호하며, 인간의 기본적인 요구를 충족시키는 것을 목표로 한다. 구체적으로 ① 건강하고 안전한 제품 및 서비스 보장, ② 내구성 있고 수리가 가능한 제품 설계, ③ 개인정보 및 사생활 보호, 사이버 보안, ④ 책임 있는 마케팅 관행(이해하기 쉬운 정보 제공과 과잉 판매금지 등), ⑤ 양질의 의료, 보건, 식품, 식수, 주거, 교육 접근성 향상 등을 세부목표로 하고 있다.

세 번째 목표는 '지역사회'와 더 넓은 사회에 미치는 영향을 강조하며, 인권 존중과 보장에 중점을 둔다. 이는 지역사회 구성원으로서의 기업의 역할을 중요시하며, 토지권, 토착민의 권리 보호, 취약계층을 위한 기본적인 인프라와 서비스(전기, 물 등)의 접근성 및 유용성 향상과 유지를 포함한다.

② 사회목표에의 실질적 기여

소셜 택소노미의 최종보고서에서는 사회목표에 대한 실질적인 기여를 세 가지 유형으로 설명하고 있다. 이러한 세 가지 유형은 기업이 사회적 책임을 다하고, 긍정적인 사회적 영향을 확대하며, 지속가능한 발전을 추구하는 데 있어 중요한 기준을 제공한다.

첫째, 근로자, 소비자 및 지역사회에 대한 부정적 영향을 해소하고 방지하는 활동이다. 이는 기업 활동이 발생시킬 수 있는 부정적 영향을 최소화하고, 이러한 영향을 사전에 방지하는 조치를 포함한다. 예를 들어, 가치사슬 내 근로자에 대한 부정적 영향을 줄이기 위한 사회 감사Social Audit 실시가 이에 해당된다.

둘째, 경제활동에 내재된 긍정적 영향을 강화하는 활동이다. 이는 기업이 본연의 경제활동을 통해 긍정적인 사회적 영향을 증대시키는 것을

지속가능한 금융의 미래

실질적 기여의 유형과 적용 대상

실질적인 기여의 유형	설명
부정적인 영향 방지 및 해결	(i) 인권 및 노동권 침해가 보고되는 고위험 섹터, 또는 (ii) 유럽사회적기둥(European social pillar)의 목표에 기여할 가능성이 낮은 섹터를 대상으로 함.
(i) 상품 및 서비스, (ii) 기본적 경제 인프라에 내재된 긍정적 영향의 강화	(i) 인간의 기본적 필요를 위한 상품과 서비스, (ii) 적절한 생활수준에 대한 권리와 직접적 관련이 있는 기본적 경제 인프라를 제공하는 상품과 서비스 섹터를 대상으로 함.
활성화 활동 (Enabling activities)	경제활동이 다른 섹터에서 상당한 위험 감소를 가능하게 할 경우

목표로 한다. 예를 들어, 제품 및 서비스 제공 과정에서 소비자의 안전과 건강을 보호하거나, 근로자의 노동 조건을 개선하는 활동이 이에 포함된다.

셋째, 다른 활동의 환경적, 사회적 목표를 개선하는 데 기여하는 활동이다. 이는 타 기업이나 활동이 환경적 또는 사회적 목표를 달성하는 데 도움을 주는 활동을 의미한다. 예를 들어, 이해관계자와의 의미 있는 대화와 조정 절차, 즉 이해관계자의 불만을 처리하기 위한 매커니즘을 마련하는 것 등이 이에 해당한다. 이러한 활동은 기업이 직접적인 책임을 지지 않더라도, 긍정적인 사회적 변화를 촉진하는 데 중요한 역할을 한다.

경제활동의 긍정적 영향을 강화하기 위해 소셜 택소노미는 AAAQ라는 네 가지 구성요소를 제시한다. AAAQ는 가용성Availability, 접근성Accessibility, 수용성Acceptability, 품질Quality을 의미하며, 기업이 제공하는 상품과 서비스가 사회에 긍정적 영향을 미치는지 평가하는 기준을 제공한다. 첫째, '가용성'은 특정 상품이나 서비스가 충분한 양으로 제공될 수 있어야 한다는 것을 의미한다. 둘째, '접근성'은 상품 및 서비스가 경제적, 물리적, 그리고 정보 접근 측면에서 차별 없이 이용 가능해야 함을 뜻하며, 모든 사람이 동등하게 접근할 수 있는지 여부를 평가한다. 셋째, '수용성'은 제공되는 상품과 서비스가 윤리적이고 문화적으로 적절해야 한다는 것으로, 특히 소수자와 취약계층을 고려하여 성별과 연령의 다양성을 존중하는 것을 포함한다. 마지막으로, '품질'은 상품과 서비스가 안전하고, 과학적으로 승인된 기준을 충족하며, 국제적으로 인정된 품질 표준을 따르는지를 의미한다. 이러한 프레임워크는 기업의 실질적 기여를 평가하는 데 중요한 역할을 하며, 단순히 상품과 서비스를 통한 기여뿐만 아니라 운영과 행위를 통한 기여를 포함한다.

③ 중대한 피해가 없을 것

소셜 택소노미에서는 '중대한 피해를 주지 않는 것 Do No Significant Harm, DNSH'을 중요한 기준으로 삼고 있다. 이는 기업이 특정 사회목표에 기여할 때, 다른 사회목표를 침해해서는 안 된다는 원칙을 의미한다. 예를 들어, 통신 서비스가 부족한 지역으로 서비스를 확장하는 것은 포용적 지역사회를 형성하는 데 기여할 수 있으나, 이 과정에서 근로자의 권리를 침해해서는 안 된다는 것이다. 또한, 은행 거래가 어려운 집단에 대출 서비스를 제공하는 활동은 포용적 사회를 실현하는 데 기여할 수 있지만, 이 과정에서 불투명하거나 불공정한 대출 관행을 통해 최종 사용자의 생활 수준과 복지에 해를 끼쳐서는 아니 된다는 것을 의미한다.

④ 최소한의 안전 장치

소셜 택소노미에서는 '최소한의 안전 장치 Minimum Safeguards'가 요구된다. 여기에서 '안전 장치'란 사회 및 지배구조 관련 안전 장치를 의미하며, 예를 들어 UN 기업과 인권 이행 원칙 UNGPs 및 OECD 다국적 기업 가이드라인을 준수하는 것을 말한다. 그린 택소노미에서 환경적 최소 안전 장치를 요구하는 것처럼, 소셜 택소노미에서도 사회목표 달성을 위해 환경을 침해해서는 아니 된다는 원칙이 제시되고 있다.

한국형 소셜 택소노미에 주목해야 하는 이유

2022년 2월 EU는 「기업의 지속가능성 평가를 위한 지침」을 채택하였으며, 공급망을 포함한 다양한 사회적 및 환경적 요소를 평가하는 것을 의무화하고 있다. 여기에 소셜 택소노미의 개념과 원칙이 반영되었는데, 이는 소셜 택소노미가 글로벌 자본시장에서도 점차 중요하게 작동한다는 것을 의미한다. 따라서, 소셜 택소노미의 제도화는 한국의 투자 환경과 채권 시장에도 영향을 미칠 가능성이 높다. 특히 사회적 채권 발행과 같은 새로운 투자 기회도 생길 것으로 기대된다.[19]

한국의 경우, EU의 소셜 택소노미가 직접적인 규범력을 행사할 가능성은 낮지만, 이에 대비한 논의와 준비는 필수적이다. 한국의 자본시장과 기업 활동에 이 원칙과 지침을 적용하기 위해서는 제도화가 필요하며, EU의 표준과 지침이 중요한 참고 자료로 활용될 수 있다. 한국의 소셜 택소노미를 제도화하는 것은 투명하고 책임 있는 경제 활동을 촉진하고, 국제적 자본의 유입을 증가시킬 수 있는 중요한 단계가 될 것이다. 이러한 변화에 대응하기 위해서는 한국에서도 소셜 택소노미의 구체화와 적용에 관한 심도 있는 논의가 시급히 이루어져야 할 것이다.

한국형 소셜 택소노미를 도입하기 위해서는 여러 법적 및 제도적 기반이 마련되어야 한다. 이를 위해 다음과 같은 방안을 고려할 수 있다.[20] 첫째, 「자본시장 및 금융투자에 관한 법률」의 개정을 통해 소셜 택소노미의 원칙을 반영할 수 있다. 이와 같이 법을 개정하는 방식은 사회적 및 환경적 가치를 고려한 투자를 촉진하고, 관련 금융상품의 투명성을 확보하는 데 기여할 것이다. 개정 내용에는 ESG 요소의 공시 의무화뿐만 아니라, 지속가능한 투자 및 사회적 금융상품의 발행과 거래를 지원하는 규정이 포함될 수 있다.

둘째, 「지속가능발전 기본법」의 개정을 통해 소셜 택소노미의 법적 근거를 명확히 할 수 있다. 이는 국가와 지방자치단체의 지속가능한 발전 책임을 강화하고, 사회적 및 환경적 영향을 고려한 투자와 정책 추진을 촉진하는 데 기여할 수 있다. 이에 따라 지속가능한 금융과 경영에 관한 규정을 추가하고, 소셜 택소노미의 기준을 정의하여 제도적 근거를 마련할 필요가 있다.

셋째, 「지속가능금융 촉진법」 제정을 통해 소셜 택소노미의 구체적인 제도를 정립할 수 있다. 이 법은 지속가능한 금융시스템을 구축하고, 사회적 및 환경적 가치를 고려한 금융기관의 역할과 책임을 명확히 규정하는 데 중점을 둘 것이다. 이를 통해 지속가능한 금융시스템의 토대를 마련하고, 사회적 가치를 중시하는 금융기관들의 발전을 촉진할 수 있다.

한국은 EU의 소셜 택소노미 최종안을 참고하여 이러한 법적 근거를 바탕으로 관련 법률을 체계적으로 구축하고, 이를 적절히 시행하는 것을 적극적으로 검토할 필요가 있다. 이를 통해 한국은 지속가능한 금융시스템의 정착과 사회적 및 환경적 가치를 고려한 금융 및 투자 활성화를 달성할 수 있을 것이다.

EU의 택소노미는 지속가능금융을 촉진하기 위한 액션 플랜의 일환으로, 공시 규정과의 조화를 통해 규범력을 발휘하고 있다. 기업들은 CSRD에 따라 지속가능한 경제활동으로 분류된 활동의 매출 비중을 공시해야 하며, 금융기관들은 SFDR에 따라 지속가능한 금융상품이 차지하는 비중을 공개해야 한다. 이러한 공시 규정은 택소노미를 기반으로 지속가능성을 판단하므로, 택소노미는 중요한 규범적 역할을 수행하고 있다.[21]

반면, 한국은 아직 ESG 정보의 공시 의무화가 완료되지 않았으며, 향후 점진적으로 추진될 예정이다. 현재 계획에 따르면, 2026년부터는 자산 2조 원 이상의 코스피 상장사부터 환경 및 사회 정보의 공시가 의무화되고, 2030년부터는 모든 주권상장법인으로 확대될 예정이다.

한국의 K-택소노미는 2021년 개정된 「환경기술 및 환경산업 지원법」에 근거를 두고 있으며, 이는 환경책임투자와 분류체계에 대한 법적 근거를 마련하였다. 그러나 현재 환경 공시 또는 지속가능금융 공시가 의무화되어 있지 않아, 택소노미의 실효성에는 한계가 있다고 지적된다.

따라서, 한국의 소셜 택소노미가 제 기능을 발휘하고 효과적으로 작동하기 위해서는 무엇보다도 ESG 또는 지속가능성 관련 공시 규정의 정비가 선행되어야 한다. 이를 통해 기업과 금융기관이 공정하고 일관된 방식으로 지속가능성을 평가하고 보고할 수 있도록 하는 제도적 기반을 구축해야 한다. 이러한 공시 의무화는 기업의 사회적 책임을 강화하고, 국내외 투자자들에게 신뢰할 수 있는 정보를 제공함으로써 한국의 자본 시장 경쟁력을 높일 수 있을 것으로 기대된다.

지속가능한 금융의 미래

에필로그

금융의 정의로운 전환을 위한 제언

우리는 기후변화, 생물다양성 감소, 오염 등으로 인해 전례 없는 환경적 위기에 직면해 있다. 이러한 전 지구적 위기는 생태계와 모든 생명체의 삶을 심각하게 위협하며, 인류의 지속가능한 미래를 위해 전 세계적으로 긴급한 대응이 요구된다. 특히 2030년 지속가능개발목표를 향한 국제적 합의에도 불구하고, 환경 파괴와 기후변화의 영향은 더욱 가속화되고 있는 실정이다. 기후변화는 전 세계인의 일상에 심각한 영향을 미칠 수 있으며, 이를 방지하기 위해서는 평균 지구 온도 상승을 1.5℃ 이하로 제한해야 하고, 모든 부문과 지역, 사회에 걸쳐 중대한 변화가 필요한 시점이다. 따라서 기후 행동은 이제까지의 수준을 넘어서는 전방위적인 노력을 요구하고 있으며, 인류가 맞이할 수 있는 재앙적 결과를 피하거나 지연하기 위한 필수 과제가 되고 있다.

저탄소 및 지속가능한 경제로의 전환은 필연적인 선택이며, 이는 환경 파괴를 완화하는 것뿐만 아니라, 일자리 창출, 기술 혁신, 그리고 회복력 있는 사회의 발전으로 이어질 수 있다. 그러나 이러한 변화가 모든 이들에게 공정하게 적용되지 않으면, 취약한 계층은 기후변화의 부정적 영향뿐만 아니라 경제적, 사회적 이익에서도 더욱 소외될 위험이 있다. 이러한 맥락에서 "금융의 정의로운 전환"이 요구되고 있다.

정의로운 전환이란?

지속가능한 경제와 사회적 변화는 전 세계적으로 대규모 변혁을 수반하며, 모든 국가와 산업, 도시와 농촌 지역에 걸쳐 광범위한 영향을 미친다. 녹색경제의 핵심은 자연 자원의 지속가능한 관리, 에너지 효율성 제고, 폐기물 감소에 있다. 이를 통해 청정에너지로의 전환과 경제 활동의 녹색화를 이루며 새로운 일자리를 창출할 것으로 기대된다.

국제노동기구[ILO]의 연구에 따르면, 정의로운 전환을 시행할 경우 지속가능한 기업이 더 높은 가치를 창출하며, 기술 발전을 통해 경제적으로 안정된 성장을 도모하고, 삶의 질을 향상시킬 수 있다.[1] 그러나 이 과정에서 전환의 혜택이 공평하게 배분되지 않을 경우, 특정 지역이나 계층이 불이익을 받을 위험이 존재하며, 이는 사회적 불안을 야기할 수 있다. 따라서 정의로운 전환은 변화의 과정에서 누구도 소외되지 않도록 보장하는 것을 핵심 가치로 삼는다.[2]

정의로운 전환은 모든 노동자와 지역사회가 환경적으로 책임감 있고 지속가능한 미래로 이동할 수 있도록 돕는 것을 목표로 한다. 특히 취약

기후변화 완화와 적응을 위한 기후행동과 공정한 전환 접근법

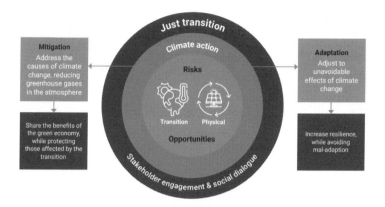

출처: ILO·UNEP FI, "Just Transition Finance: Pathways for Banking and Insurance", 2023. 12., p.4.

계층을 포함해 누구도 뒤처지지 않도록 지원해야 한다. 이를 위해 일관성 있는 공공 정책과 다양한 이해관계자의 적극적인 참여가 필수적이다. 정의로운 전환은 결과와 과정 모두를 중요하게 다루며, 공정한 결과를 달성하기 위해 포괄적이고 체계적인 절차가 필요하다. 이를 위해 정부와 노동자, 고용주 단체를 비롯한 다양한 이해관계자들이 사회적 대화를 통해 협력하며, 기후 위기 대응에 대한 폭넓은 지지를 확보해야 한다.[3]

정의로운 전환의 궁극적인 목표는 모든 지역과 계층이 변화하는 기후 조건에 적응하면서 생계를 유지하고, 적절한 일자리를 확보하도록 지원하는데 있다. 이를 실현하기 위해 지역사회의 참여를 기반으로 인프라 투자 확대와 의료 및 사회 서비스 접근성 개선이 요구된다. 이러한 전환

은 환경적, 사회적, 경제적 지속가능성을 동시에 충족하는 공정한 미래를 위한 핵심 전략으로 평가받는다. 결국, 정의로운 전환은 단순히 환경적 목표를 달성하는 데 그치지 않고 사회적 정의와 경제적 포용성을 함께 추구하는 종합적 접근 방식이라고 요약할 수 있다.[4]

금융의 정의로운 전환이 필요한 이유

기후변화는 전 세계 경제와, 환경 그리고 사회 전반에 심대한 영향을 미치고 있으며, 금융부문의 역할이 그 어느 때보다 중요해지고 있다. 저탄소 경제로의 전환을 촉진하기 위해 금융권이 정의로운 전환에 참여하는 것은 필수적이다. 금융기관은 자금 조달과 리스크관리의 중심에 서서 이러한 전환을 주도할 수 있는 중요한 위치에 있다.[5]

정의로운 전환의 본질은 경제와 사회가 전환의 과정을 거치는 동안 사회적 불평등을 완화하고, 모든 계층이 경제적 혜택을 공정하게 누리도록 보장하는 데 있다. 은행과 보험 회사는 투자 포트폴리오를 활용해 기후변화와 관련된 리스크를 식별하고 관리하며,[6] 지속가능한 프로젝트와 기업에 자금을 제공하여 온실가스 배출 감소 및 기후변화 완화에 기여할 수 있다. 이러한 역할은 저탄소 경제로의 전환 속도를 가속화하고 지구 생태계를 보호하기 위한 토대를 마련한다. 금융부문의 참여가 없다면 전환의 규모와 속도는 제한될 수밖에 없다.

정의로운 전환은 금융 시스템의 안정성에도 기여 한다. 기후변화와

지속가능한 금융의 미래

환경 파괴가 초래하는 경제적 위협은 금융 시스템 전체에 걸쳐 큰 위협이 될 수 있으며, 이를 효과적으로 관리하지 못하면 금융 시스템의 안정성에 부정적인 영향을 미칠 가능성이 높다. 지속가능한 금융 모델은 이러한 위험을 줄이고, 장기적으로 금융기관의 안정적 성장을 촉진한다.

또한, 정의로운 전환을 통해 금융은 새로운 경제적 기회를 창출할 가능성도 크다. 지속가능한 경제로의 전환은 친환경 기술과 산업의 성장을 이끌며, 금융기관은 이 과정에서 새로운 투자 기회를 발굴하고 이를 지원할 수 있다. 신흥 시장과 지속가능한 비즈니스 모델에 대한 투자는 포트폴리오의 다각화와 수익성 증대에 기여할 것이다.

기후변화의 영향을 크게 받는 저소득층과 소외된 지역에 대한 지원도 중요하다. 이들을 지원함으로써 금융기관은 사회적 책임을 다할 수 있으며, 사회적 응집력과 포용성을 증진시킬 수 있다. 이러한 노력을 통해 금융기관은 단순한 자금 공급자를 넘어 지속가능한 사회적 가치를 창출하는 핵심 역할을 맡게 된다.

정의로운 전환은 환경적 책임을 넘어 경제적 안정과 사회적 포용성을 강화하고, 지속가능한 발전을 실현하는데 필수적인 요소다. 저탄소 경제로의 전환은 에너지, 석유, 가스, 석탄, 자동차 산업 등 전통적인 분야의 노동자들에게 일자리 상실이라는 도전을 안길 수 있다. 또한, 저소득층은 에너지와 상품 가격 상승으로 인한 경제적 부담을 겪을 가능성이 높고, 청정 인프라 개발은 일부 원주민 지역사회의 자연 자원 접근을 제한할 우려도 있다.[7]

기후 전환의 영향은 지역, 국가, 산업별로 다양하게 나타난다. 금융부문은 획일적인 접근권을 지양하고, 각 지역과 산업의 특성에 맞춘 전략을 마련해야 한다.[8] 예를 들어, 화석 연료의 의존도를 줄이고 청정 에너지를 도입하는 에너지 부분, 건설 및 교통 등 다양한 산업의 구조 개편을 지원해야 한다. 이르 위해 각 산업의 전환 동향과 사회적 영향을 철저히 이해하는 노력이 필요하다.

또한 각 지역의 사회경제적 특성과 취약성을 고려한 맞춤형 지원 전략이 중요하다. 지역마다 사회서비스의 가용성과 자연환경에 대한 취약성에서 차이가 나므로, 금융부문은 전환 과정에서 이러한 특성을 신중히 분석하고 반영해야 한다. 이는 전환 과정에서 소외되는 이들이 없도록 보장하는 데 핵심적인 역할을 한다.[9]

금융기관은 정의로운 전환을 통해 기후변화와 관련된 경제적 기회를 발굴하고, 이를 사회적 책임과 연계함으로써 더욱 광범위한 사회적 가치를 창출할 수 있다. 지속 가능한 금융 모델을 채택하는 것은 환경적, 경제적, 사회적 도전에 대한 통합적 해법을 제시하며, 금융부문의 장기적 성과를 보장할 수 있다.

금융의 정의로운 전환을 위한 제언

금융기관의 정의로운 전환을 효과적으로 촉진하기 위해 채택해야 할 주요 전략은 기후변화가 금융부문에 미치는 영향을 정확히 이해하고, 이를 기반으로 지속가능한 발전을 지원하는 데 있다.[10] 이러한 전략은 구체적인 사례를 통해 보다 명확하게 파악할 수 있다.

첫째, 금융기관은 자사의 상품과 서비스가 정의로운 전환을 지원하면서 장기적인 비즈니스 목표를 달성하는 방식을 명확히 제시해야 한다. 예를 들어, BNP파리바는 재생에너지 프로젝트를 위한 대출 상품을 개발하고 석탄 산업에 대한 금융 지원을 중단하는 방식으로 지속가능한 금융을 적극적으로 추진하고 있다.[11] 이러한 접근은 고객, 투자자, 감독기관, 지역사회 등 다양한 이해관계자들에게 조직이 지속가능한 미래를 위해 노력하고 있음을 효과적으로 전달하는 사례다.

둘째, 금융기관은 활동 중인 지역의 사회적 위험과 고용 변화에 대한 영향을 평가할 필요가 있다. 이를 통해 각 지역 및 국가의 전환 계획을 이해하고, 지역사회가 필요로 하는 정의로운 전환 요구에 부합하는 비즈니스 기회를 모색할 수 있다. 예를 들어, 스페인의 BBVA은행은 탄광 지역 노동자들을 대상으로 재교육 프로그램을 제공하며, 새로운 녹색 일자리를 창출에 기여하고 있다.[12]

셋째, 정의로운 전환과 관련된 경영 방침을 공적으로 표명하고, 이를 조직 내부와 외부에 강력한 메시지로 전달해야 한다. HSBC는 2050년까지 넷제로 배출 목표를 달성하겠다는 비전을 선포하고, 이를 위한 구체적인 미션과 측정 가능한 목표를 설정했다.[13] 이러한 노력은 모든 이해관계자가 기후 전환과 적응 과정에 적극적으로 참하도록 유도하는 데 효과적이다.

넷째, 금융기관은 정의로운 전환 원칙을 조직의 정책과 프로세스 전반에 통합해야 하며, 이를 통해 조직 내 다양한 부성 간의 일관성을 유지해야 한다. 독일의 Allianz는 ESG 기준을 투자 정책에 포함시키고, 전 부서에 걸쳐 탄소집약적 산업에 대한 투자를 제한하는 정책을 도입했다.[14] 이는 민간부문의 전환 계획에 사회적, 노동적, 인권적 기준을 반영하는 사례로 정의로운 전환의 명확한 실천 방안으로 평가받는다.

다섯째, 관련 이해관계자와의 지속적인 소통은 조직의 정의로운 전환 접근 방식을 지속적으로 발전시키고, 잠재적인 부정적 사회적 영향을 최소화하며, 새로운 비즈니스 아이디어를 창출하는데 기여할 수 있다. 네덜란드의 ING은행은 고객과의 협력을 통해 지속가능한 투자 상품을 개발하며, 이해관계자의 요구를 충족시키고 있다.[15] 한국의 신용협동조합은 지역사회의 조합원들과 문화복지센터를 적극적으로 활용하여 긴밀하게 소통하고 있다.

마지막으로, 유엔이 주도하는 여러 이니셔티브에 참여하는 것은 금융기관이 기후 행동을 강화하고, 자신의 약속과 성과를 투명하게 공개하는데 중요한 역할을 한다. 예를 들어, 일본의 미쓰비시 UFJ 파이낸셜 그룹은 넷제로 연합, UNEP FI United Nations Environment Program Finance Initiative, CDP, Climate Action 100+, TCFD Task Force on Climate-Related Financial Disclosures 등에 가입하여 기후 목표와 진행 상황을 공개적으로 공유하고 있다.[16]

결론적으로 금융기관은 최고 경영진의 확고한 약속, 조직 목표 설정, 전환 동향의 이해, 효과적인 커뮤니케이션, 사람 중심의 전략 개발, 실행 가능한 방안 마련, 금융 상품 혁신, 금융 포용성과 보호 격차 해소, 사회적 영향과 리스크 관리, 다양한 이해관계자와의 파트너십 구축 등 다양한 전략적 요소를 종합적으로 고려해야 한다. 이러한 접근을 통해 은행과 보험 회사는 정의로운 전환을 효과적으로 추진할 수 있을 것이다.

금융부문은 이러한 전략을 실행하며 지속가능한 발전과 정의로운 전환을 가속화하는 데 핵심적인 역할을 맡고 있다. 이를 위해 조직 특성을 반영한 다양한 방식을 채택하고 실행함으로써, 금융기관은 정의로운 전환을 이끄는 데 기여할 수 있다. 궁극적으로 환경적, 사회적 책임을 다하며, 지속가능한 미래를 위한 토대를 마련할 것으로 기대된다.[17]

참고문헌

프롤로그

1 노컷뉴스, "미래 세대의 반격…헌법재판소의 섬뜩한 기후 경고장", 2024년 9월
   7일자 기사

2 경향신문, "지구 아프지 않게…아이들의 '소원' 이뤄졌다.", 2024년 8월 29일자
   기사

3 2024. 8. 29. 헌법재판소 2020헌마389, 2021헌마1264(병합), 2022헌마854(병
   합), 2023헌마846(병합) 결정 등 참조

4 더나은미래, "ESG 규제, 점점 더 빠져나가기 어려워진다", 2024년 11월 12일자
   기사

1부

1 World Meteorological Organization(WMO), "State of the Global Climate
   2023" WMO-No. 1347(2024. 3.)

2 여성신문, "7월 지구 온도, 175년 관측 역사상 가장 더웠다", 2024년 8월 17일자
   기사

3 넷제로뉴스, "WMO, 전세계 기후 "적색경보" 발령", 2024년 3월 22일자 기사

4 McKinsey & Company, "The net-zero transition: What it would cost, what it
   could bring"(2022. 1.)

5 G20 Sustainable Finance Working Group(https://g20sfwg.org/)

6 Sustainable finance refers to the process of taking environmental, social and
   governance(ESG) considerations into account when making investment
   decisions in the financial sector, leading to more long-term investments in
   sustainable economic activities and projects(Overview of sustainable finance,
   European Commission).

7 UNEP FI, "INQUIRY WORKING PAPER 16/13: DEFINITIONS AND
   CONCEPTS Background Note(2016. 9.)

8   https://www.unepfi.org/banking/bankingprinciples/

9   IMF, Global Financial Stability Report: Lower for Longer(2019)

10 International Monetary Fund, "Financial and Climate Policies for a High-Interest-Rate Era", Global financial stability report(2023. 10.)

11 뉴스퀘스트, "신한은행, 3년 연속 '한국형 녹색채권' 발행 성공…ESG경영 강화", 2024년 7월 18일자 기사

12 NGFS 홈페이지(https://www.ngfs.net/en)

13 UNEP FI 홈페이지(https://www.unepfi.org/)

14 Financial Institutions, UNEP Statement by Financial Institutions on the Environment & Sustainable Development.

15 Patrick Bolton 외, The green swan: Central banking and financial stability in the age of climate change, BIS(2020. 1.)

16 관계부처 합동, "2050 탄소중립 추진전략", 2020년 12월 7일자 보도자료

17 금융위원회·환경부, "2021년 녹색금융 추진계획(안)", 2021년 1월 25일자 보도자료

18 스카이데일리, "금융당국, TCFD 지지선언… 그린금융 협의회 출범", 2021년 5월 24일자 기사

19 이상현, "지속가능금융의 의의와 통계현황", National Accounts Review, 한국은행(2022), 105-106면.

20 UN Global Compact Network Korea, "지속가능금융 동향 및 회원사 사례"(2023. 12.), 66-133면.

21 홍정민, "ESG 투자에서 지속가능한 금융으로의 과제", 예탁결제 제118호 2021-여름호, 한국예탁결제원(2021), 40-41면.

22 윤용희·이상호, "ESG로 인한 지속가능금융 법제의 변화와 대응", BFL 제110호, 서울대학교 금융법센터(2021. 11.), 6-9면.

23 황현정, "금융기관의 지속가능경영 환경 변화와 경영 사례", 산은조사월보 제813호, 산업은행(2023. 8.), 4-5면.

24 장명화, "EU의 지속가능금융 정책 추진동향과 시사점", 산은조사월보 제798호, 산업은행(2022. 5.), 9-16면.

25 이은선·최유경, "ESG 관련 개념의 정리와 이해", 이슈페이퍼 21-19-④, 한국법

제연구원, 30면.

26　Swiss Federal Department of Foreign Affairs·United Nations, "Who Cares Wins: Connecting Financial Markets to a Changing World", The Global Compact(2004)

27　책임투자원칙(Principles for responsible investment, PRI)은 주요 투자 이니셔티브로서 유엔글로벌콤팩트와 UNEP FI(UN Environment Programme Finance Initiative)의 협력을 통해 2006년 제정되었다(https://www.unpri.org/).

28　1987년 유엔 브룬트란트 보고서 '우리 공동의 미래(Our Common Future)'에서 지속가능발전이란 "미래 세대가 스스로의 필요를 충당할 수 있는 능력을 저해하지 않으면서 현세대의 필요를 충족시키는 발전"이라 정의하였다.

29　"A company's ability to manage environmental, social, and governance matters demonstrates the leadership and good governance that is so essential to sustainable growth, which is why we are increasingly integrating these issues into our investment process"(Larry Fink's 2018 letter to CEOs)

30　"The world is moving to net zero, and BlackRock believes that our clients are best served by being at the forefront of that transition. We are carbon neutral today in our own operations and are committed to supporting the goal of net zero greenhouse gas emissions by 2050 or sooner."(Larry Fink's 2021 letter to CEOs)

31　임팩트온, "뱅가드, 선진국과 신흥국 ESG 성과 추적하는 신규펀드 출시", 2020년 8월 28일자 기사

32　Vanguard 홈페이지 참조, "VESG Developed World All Cap Equity Index Fund – USD Acc(VGSGIUS)"(https://www.vanguard.co.uk/professional)

33　"Each of our stakeholders is essential. We commit to deliver value to all of them, for the future success of our companies, our communities and our country."(Business Roundtable Redefines the Purpose of a Corporation to Promote 'An Economy That Serves All Americans')

34　매일경제, "주주이익, 기업 최우선 목표 아니다…美CEO 181명 성명", 2019년 8월 20일자 기사

35　한경ESG, "ESG는 비용 아닌 기회…미래가치 투자 중요", 2024년 8월 6일자 기사

36 EU 공급망실사법에 대한 상세한 내용에 대해서는 제3부 제2장 참고.

37 임팩트온, "CA100+, 기업 기후 행동 촉구 2단계 시작…오염기업에 기후 압력 강화", 2023년 6월 14일자 기사

38 European Commission 홈페이지 참고(https://commission.europa.eu/index)

39 관계부처 합동, "K-ESG 가이드라인 v1.0"(2021. 12.)

40 머니투데이, "全 코스피상장사, 2030년부터 ESG 의무공시", 2021년 1월 14일자 기사

41 이다연 외, "2022 한국 ESG금융 백서", 한국사회투자책임포럼·국회의원 이용우(2023. 11.), 10-23면.

42 한국거래소 ESG 포털(https://esg.krx.co.kr/)

43 글로벌 임팩트 투자 네트워크(GIIN) 홈페이지(https://thegiin.org/impact-investing)

44 박창균, "임팩트투자와 금융시장", 경제발전연구 제22권 제3호, 한국경제발전학회(2016), 33면.

45 이용탁, "임팩트 투자에 있어서 임팩트 측정에 관한 탐색적 고찰", 기업경영리뷰 제11권 제2호, KNU기업경영연구소(2020. 5.), 98면.

46 Mark Segal, "Guest Post: ESG and Impact – Why We Need Both for Meaningful Change", ESG Today(2022. 4. 14.)

47 Scott Arnell, "SRI, ESG and Impact Investing Explained", SRI 360°(2022. 11. 29.)

48 CFA Institute, Global Sustainable Investment Alliance, and Principles for Responsible Investment, "Definitions for Responsible Investment Approaches"(2023. 10)

49 GIIN, "2023 GIINSIGHT, Impact investing allocations, activity & performance"(2024. 1.)

50 사회적가치연구원·대한상공회의소, "임팩트 시장의 과거, 현재 그리고 미래 세미나" 자료집(2022. 7. 19.)

51 금융위원회, "ESG 국제 동향 및 국내 시사점"(2021)

52 뉴스핌, "지난해 소셜벤처기업 12.1% 증가한 2448개사…평균 매출액 28억 원", 2023년 12월 20일자 기사

53 김민주·조예신, "굿바이 2023! 시장 위축 매서웠지만, '임팩트'는 건재하다", 임팩트스퀘어(2023. 12. 3.)

54 Global Impact Investing Network(GIIN), GIINInsight: Impact Investment Allocation, Activity & Performance(2023)

55 트리플라잇 홈페이지, "임팩트 투자로 사회문제 해결 나선 해외 연기금"(2024. 4. 29). https://www.triplelight.co/insight/impact-investment-cases-by-national-pension-funds53bg03(2024. 10. 8. 최종 확인)

56 impactInvestor, "APG moves into SDG-focused private credit as interest in development finance grows", 2022년 2월 1일자 기사

https://impact-investor.com/apg-moves-into-sdg-focused-em-private-credit-as-interest-in-development-finance-grows/(2024. 10. 8. 최종 확인)

57 트리플라잇 홈페이지, "착한 자본, 지난 5년의 흐름 읽기"(2024. 9. 24.)

https://www.triplelight.co/insight/5-year-trends-of-good-capital-57ig02(2024. 10. 8. 최종 확인)

제2부 1장

1 ESG 경제, "유엔 SDGs에 초점 맞춘 글로벌 금융 이니셔티브 발족", 2023년 12월 8일자 기사

2 2010년 1월 저탄소 녹색성장 기본법 제정 과정에서 지속가능발전법으로 개정되었으나, 2022년 지속가능발전 기본법이 다시 제정되었다.

3 1972년 6월 5일부터 16일까지 스톡홀름에서 개최된 회의로 113개국 대표가 참석하여 총 26항의 원칙으로 구성된 UN 인간환경선언(일명 스톡홀름선언)을 채택하였다.

4 WCED의 의장을 맡은 노르웨이 총리인 할렘 브룬트란드(Harlem Brundtland)의 이름을 따서 이 위원회는 '브룬트란트 위원회', 보고서는 '브룬트란트 보고서'라고 별칭하기도 한다.

5 원문 표현: development that meets the needs of the present without compromising the ability of generations to meet their own needs

6 United Nations Millennium Declaration(A/RES/55/2)

7 새천년선언 채택 후 UN 총회의 요청에 따라 UN 사무총장은 2001년 새천

년선언 이행을 위한 장기 로드맵(Road map towards the implementation of the United Nations Millennium Declaration: Report of the Secretary-General(A/56/326))을 보고하는데, 이 보고서에 MDGs(안)이 제시되고 있다. 즉, MDGs는 UN 총회에서 공식 채택된 새천년선언과 달리 2001년 UN 사무총장이 제출한 보고서에 의해 합의된 국제사회의 개발목표이다. 이러한 입장은 UN 홈페이지(https://research.un.org/en/docs/dev/2000-2015, 조회일: 2023.12.14) 상 설명("No resolution of the General Assembly in 2000 includes the text of the goals")과도 일맥상통한다.

8 UN은 2005년 이후 매년 MDGs 보고서를 발간하여 목표의 이행 성과를 점검하고 개선 필요 과제를 지적하여 국제사회의 개선 노력을 이끌어내기 위해 노력하였다. 그리고 MDGs 이행 기간이 종료된 2017년 'The Millennium Development Goals Report 2015'를 발간하여 MDGs 이행 성과에 대한 UN 차원의 평가를 제시하였다. 이에 이 부분은 'The Millennium Development Goals Report 2015'에 수록된 내용을 중심으로 작성하였다.

9 일례로, 2010년 MDGs 정상급회의는 UN 사무총장에게 2015년 이후 개발 의제에 대한 검토 개시를 요청하였다.

10 Transforming our world: the 2030 Agenda for Sustainable Development(A/RES/70/1)

11 개발목표 및 세부목표 내용은 지속가능발전포털(https://www.ncsd.go.kr/) 및 임소진, "21세기 국제개발협력 패러다임의 변화: 2030 지속가능한 개발의제와 개발목표(SDGs)", 『EDCF 이슈페이퍼』, Vol.4 No. 8(2015), 9-15면 참고

12 Work of the Statistical Commission pertaining to the 2030 Agenda for Sustainable Development(A/RES/71/313)

13 https://unstats.un.org/sdgs/indicators/indicators-list

14 송지선, "SDG 정상회의 결과 및 의의", 『IFANS FOCUS IF』 2023-27K(2023) 2-6면.

15 2007년 지속가능발전 기본법이 제정되었으나, 저탄소 녹색성장 기본법 제정 (2010년 1월) 과정에서 녹색성장이 지속가능발전의 상위 개념으로 다루어짐에 따라 지속가능발전법으로 개정되었다. 그러나 경제·사회·환경을 포괄하는 지속가능발전이 경제·환경만을 포함하는 녹색성장에 비해 포괄적인 상위 개념이라는 측면에서 지속가능발전 관련 정부 정책을 체계적으로 추진할 수 있는

기틀을 마련한다는 목적으로 2022년 지속가능발전 기본법이 다시 제정되면서 기존 지속가능발전법은 폐기되었다.

16 ① 지속가능발전목표 등 지속가능발전에 관한 국제적 규범 또는 합의사항을 준수ㆍ이행하고 지속가능발전목표를 실현하기 위하여 노력한다. ② 각종 정책과 계획은 경제ㆍ사회ㆍ환경의 조화로운 발전에 미치는 영향을 종합적으로 고려하여 수립한다. ③ 혁신적 성장을 통하여 새로운 기술지식을 생산하고 양질의 일자리를 창출할 수 있도록 경제체제를 구축하며 지속가능한 경제성장을 촉진한다. ④ 경제발전과 환경보전 과정에서 발생할 수 있는 사회적 불평등을 해소하고 세대 간 형평성을 추구하는 포용적 사회제도를 구축하여 지속가능발전 과정에서 누구도 뒤처지거나 소외되지 아니하도록 하여야 한다. ⑤ 생태학적 기반을 보호할 수 있도록 토지이용과 생산시스템을 개발ㆍ정비하고 에너지와 자원이용의 효율성을 높여 자원순환과 환경보전을 촉진한다. ⑥ 각종 지속가능발전 정책의 수립ㆍ시행 과정에 이해당사자와 전문가 그리고 국민의 참여를 보장한다. ⑦ 국내의 경제발전을 위하여 타 국가의 환경과 사회정의를 저해하지 아니하며, 전 지구적 차원의 지속가능발전목표를 실현하기 위하여 국제적 협력을 강화한다.

17 환경부(지속가능발전위원회), '2022 국가지속가능성 보고서', 2022. 7., 15-25면.

18 통계청(통계개발원), 한국의 SDG 이행보고서 2023, 8-15면.

19 삼정KPMG 경제연구원은 "금융과 ESG의 공존: 지속가능한 금융회사의 경영 전략"(삼정 인사이트 Vol 77-2021)을 통해 글로벌 자산운용사(Blackrock, Schroders), 은행(BBVA, HSBC), 보험사(Allianz, Dai-Ichi)의 ESG 경영활동과 특징 등을 상세하게 제시하고 있다.

20 UN Global Impact · KPMG, SDG Industry Matrix – Financial Services(2016), 8-9면.

21 PRI 외, Private Sector Investment and Sustainable Development(2015) 14-18면.

22 이상준 외, "사회적경제의 임팩트 투자 모델 탐구", 한국노동연구원(2021. 12.) 75-77면.

23 이상현(2022)에 따르면 국내 4대 금융지주사의 2020년 지속가능금융 실적은 채권, 대출, 투자, 자산운용 부분 모두 전년 대비 증가하였으며, 한국사회책임투자

포럼이 발간한 2022 한국 ESG 금융백서에 따르면 한국의 ESG 금융 규모는 787조 원으로 전년 대비 29% 성장하였다.

제2부 2장

1   1969년 미국 캘리포니아에서 발생한 원유 유출 사고를 계기로 1970년 4월 22일에 열린 기념행사에서 환경오염에 대한 경각심을 갖기 위해 '지구의 날'을 선언한 것에서 유래한다. 우리나라는 1995년부터 민간 환경단체를 중심으로 행사를 추진하다 2009년부터 정부 차원에서 매년 지구의 날 전후 일주일을 '기후변화주간'으로 정하여 기후변화의 심각성을 인식하고 온실가스 감축을 위한 저탄소 생활 실천의 필요성을 알리기 위해 '소등행사' 등을 펼치고 있다. 이투데이, "[기후변화주간] 우리의 '탄생'…지구를 구하는 기쁨", 2024년 4월 21일자 기사

2   중앙일보, "오늘은 '지구의 날'…'어스데이, 버스데이' 4월 22일의 비밀", 2023년 4월 22일자 기사

3   1972년 스웨덴 스톡홀름에서 113개국 대표가 모여 세계적으로 환경위기에 처한 지구를 보전하는데 전 지구인이 다함께 협력하고 노력하자는 선언적 규정이다. 환경에 관한 인권선언으로 비유되며 이를 바탕으로 이듬해인 1973년에 환경 관계 국제기구인 '유엔환경계획기구(UNEP)'가 창설되었으며, '스톡홀름선언'이라고도 한다.

4   동아일보, "[글로벌 포커스]기후변화, 貧國-빈곤층에 직격탄… "貧者에 대한 비양심적 공격"", 2019년 7월 13일자 기사

5   파이낸셜뉴스, "[fn스트리트] 파리기후변화협정", 2017년 6월 1일자 기사

6   이병윤, "탄소 중립 현황과 금융의 역할 및 과제", 『금융브리프』 32권 3호, 한국금융연구원(2023), 3면.

7   박시원, "파리협정과 Post-2020 신기후체제의 서막 – 유엔기후변화협약 파리총회의 주요 쟁점과 합의 결과를 중심으로 -", 『환경법과 정책』 제16권, 강원대교 비교법학연구소(2016), 290면.

8   최재철, "2050 탄소 중립을 위한 파리협정 이행과 우리의 과제", 『외교』 제141호, 한국외교협회(2022), 87면.

9   오대균, "기후변화협약, 파리협정의 의의와 준비", 『전기저널』, 대한전기협회(2019), 31면./ 환경부, 『파리협정 함께 보기』(2022), 6면.

10   외교부 홈페이지(https://www.mofa.go.kr/) 외교정책, 2024년 4월 20일 확인

11 UN, 「유엔기후변화협약」(1992) 7조.

12 UN, 「유엔기후변화협약」(1992) 17조 제1항.

13 온실가스 감축의무가 있는 선진국이 개발도상국에 투자하여 시행한 사업에서 발생한 온실가스 감축분을 선진국의 감축실적으로 인정하는 제도. UN, 「교토의정서」(1997) 제12조.

14 국가별로 경제 규모 및 상황을 고려하여 온실가스 배출 허용량을 할당받고 온실가스를 허용량보다 적게 배출할 경우 남은 배출권을 팔아 이익을 누릴 수 있게 하는 제도. UN, 「교토의정서」(1997) 제17조.

15 온실가스 감축의무를 지닌 국가들이 온실가스 감축사업을 공동으로 수행하는 것을 인정하는 제도. UN, 「교토의정서」(1997) 제6조.

16 외교부 홈페이지(https://www.mofa.go.kr/) 외교정책, 2024년 4월 20일 확인. 유연성 메커니즘은 온실가스 감축의무를 지닌 국가들이 자국 내에서만 의무를 모두 이행하기에 한계가 있는 점을 감안하여 의무 이행에 유연성을 부여한 것이다.

17 유엔기후협약 홈페이지(https://unfccc.int/kyoto_protocol)

18 김상만, "신기후체제 파리협정(Paris Agreement)의 역사적 의의와 한계에 대한 고찰", 『아주법학』 9권 4호, 아주대학교 법학연구소(2016), 228면.

19 외교부 홈페이지(https://www.mofa.go.kr/)

20 유엔기후협약 홈페이지(https://unfccc.int/kyoto_protocol)

21 2023년 탄소배출권 거래 시장 규모는 9,488억 달러(1,264억 원) 수준인 것으로 확인된다. 한국경제, "전세계 탄소 배출권 거래시장 작년 1,264억 원 규모", 2024년 2월 12일자 기사

22 박덕영, "파리협정의 주요 내용과 우리의 대응", 『국제법평론』 2020-Ⅲ(통권 제57호), 국제법평론회(2020), 30면.

23 UN, 「파리기후변화협약」(2015) 제14조.

24 김홍균, "신기후변화체제(파리협정)의 평가와 그 대응", 『환경법연구』 39권 2호, 한국환경법학회(2017), 205면.

25 기후변화협약이나 파리협정에서는 구체적으로 '산업화 이전(pre-industrial)'의 시점을 명시하고 있지 않은데 IPCC는 체계적인 지구평균온도 상승을 분석하기 위해 '1850~1990년 기간 동안의 지구평균온도를 기준값으로 사용하고 있다.

26 대한민국 정부,『지속가능한 녹색사회 실현을 위한 대한민국 2050 탄소중립 전략』(2020), 6면.

27 한스경제, "[1.5˚C HOW 칼럼] 탄소중립 불확실성 줄여야", 2023년 7월 13일자 기사

28 임팩트온, "【2024년 ESG트렌드 Top 10 ③】 탄소중립 선언 그 이후", 2024년 1월 15일자 기사

29 서울신문, "세계 최대 탄소 배출국 중국, 탄소배출권 거래 본격 시작", 2021년 7월 16일자 기사

30 환경부 등 관계부처 합동, "2030 국가 온실가스 감축목표(NDC) 상향안" 보도자료(2021. 10. 18.), 6~23면.

31 박시원, "기후위기 적응 정책과 기후정의의 문제 – 최근 발의된 기후위기대응법 안들을 중심으로 - ",『환경법연구』43권 1호, 한국환경법학회(2021), 42면.

32 「탈탄소사회로의 정의로운 전환을 위한 그린뉴딜정책 특별법안」(심상정 의원 대표발의안), 「기후위기 대응을 위한 탈탄소사회 이행 기본법안」(이소영 의원 대표발의안), 「지속가능한 사회를 위한 녹색전환 기본법안」(한정애 의원 대표발의안), 「기후변화와 기후위기에 초점을 맞춘 '기후위기대응 기본법안」(유의동 의원 대표발의안) 및 「기후위기대응법안」(안호영 의원 대표발의안)

33 강병준·김태윤·강문정, "파리협정상 기후기술 개발 및 이전 규범의 국내적 이행에 관한 연구",『환경법연구』45권 3호, 한국환경법학회(2023), 87면.

34 환경부, "탄소중립 비전과 온실가스 감축 의지 법제화, 2050 탄소중립 사회로 나아갑니다" 보도자료(2022. 3. 22.), 2면.

35 국무조정실, "기후위기 당사자가 직접 참여한 첫 탄소중립·녹색성장 이행점검 결과 발표" 보도자료(2024. 1. 4.), 1-2면.

36 금융위원회, "기후위기 대응을 위한 금융지원 확대방안" 보도자료(2024. 3. 19.), 3면.

37 뉴시스, "기후위기 대응에...정책금융 420조 쏜다", 2024년 3월 19일자 기사

38 은행연합회,『금융회사를 위한 기후리스크 관리 안내서』(2023. 11.)

39 구지선·박철호, "신기후체제 대응을 위한 기후기금 조성의 법·정책적 과제",『기후변화학회지』9권 2호, 한국기후변화학회(2018), 194면.

40 내일신문, "기후위기 대응을 위한 세계인의 연대", 2024년 4월 22일자 기사

41 중앙일보, "'미래세대 기본권, 돌이킬 수 없게 침해'… 해외 기후소송 판단 보니", 2024년 4월 21일자 기사

제2부 3장 ─

1 은행연합회·금융투자협회·생명보험협회·손해보험협회·여신협회, 『금융권 녹색금융 핸드북』(2021. 12.), 1-2면.

2 대출기관이 하나의 프로젝트에서 발생한 수익을 주된 상환재원 및 담보로 하는 금융기법으로, 이와 같은 방식의 금융은 발전소, 화학 처리 공장, 광업, 교통 인프라, 환경, 통신 인프라와 같이 대체로 규모가 크고 복잡하며 막대한 비용을 필요로 하는 설비를 위해 사용된다. 한마디로, 프로젝트금융은 은행 등 금융기관이 장기적인 대규모 개발 프로젝트에 그 사업성과 장래의 현금흐름을 보고 자금을 지원하는 금융기법을 의미한다. 적도원칙협회, 『적도원칙』 EP4 한국어판(2020. 7.), 28면.

3 지속가능한 성장을 도모하기 위해, IFC나 협력금융기관으로부터 자본투자를 받아 개발도상국에서 프로젝트를 진행하는 기업들이 지켜야 할 환경·사회적 기준으로 ① 위험관리(Risk Management), ② 노동(Labor), ③ 자원효율(Resource Efficiency), ④ 공동체(Community), ⑤ 토지 재정착(Land Resettlement), ⑥ 생물다양성(Biodiversity), ⑦ 원주민(Indigenous People), ⑧ 문화유산(Cultural Heritage)의 8개 항목으로 구성되어 있다. 국제금융공사(IFC) 홈페이지(https://www.ifc.org/)

4 연합인포맥스, "신한銀, 사회적책임 이행하는 '적도원칙' 도입", 2019년 5월 20일자 기사

5 박재홍, "국제 프로젝트 파이낸스 규제로서의 적도원칙(the Equator Principle)", 『경성법학』 제21권 제2호, 경성대학교 법학연구소(2012), 제84면.

6 엔지니어링데일리, "[인프라 설명해주는 남자들-26] 적도원칙(Equator Principles, EP)", 2019년 10월 14일자 기사

7 '콜레베키오 선언'은 금융 운용에 반영해야 하는 6가지 원칙을 열거하였는데, 그 6가지 원칙은 ① 지속가능성(sustainability), ② 무해성(do no harm), ③ 책임성(responsibility), ④ 책무성(accountability), ⑤ 투명성(transparency), ⑥ 지속가능한 시장과 거버넌스(sustainable markets and governance)이다.

8 UNEP, "THE EQUATOR PRINCIPLES; Do They Make Banks More Sustainable?",

『Inquiry: Design of a Sustainable Financial System』(2016), p.10.

9   박훤일, "해외투자와 지속가능발전 원칙", 『무역상무학회지』제31권, 한국무역
    상무학회(2006), 30면.

10 박재홍, 앞의 논문, 85-86면.

11 The Equator Principles Association, 『The Equator Principles』EP3, June 2013,
    p.6.

12 적도원칙협회, 『적도원칙』EP4 한국어판(2020. 7.), 2면.

13 보다 장기의 자금이 조달될 수 있을 때까지 사업에 제공되는 중간대출을 의미한
    다. 적도원칙협회, 『적도원칙』EP4 한국어판(2020. 7.), 22면.

14 기존 대출을 신규 대출로 대환하는 프로세스로, 신규 대출은 기존 대출을 상환
    (폐기)하는 데 사용되어야 하며, 기존 대출은 채무불이행 상태에 있거나 그러
    한 상태에 근접해 있지 않아야 한다. 적도원칙협회, 『적도원칙』EP4 한국어판
    (2020. 7.), 29면.

15 프로젝트를 인수 또는 프로젝트를 독점적으로 소유하거나 프로젝트에 대한 과
    반수 지분을 보유하고 있는 프로젝트 회사를 인수하기 위해 제공되는 금융으로,
    프로젝트 회사 인수의 경우 고객은 이 회사에 대한 실질적인 지배권을 갖고 있
    어야 한다. 적도원칙협회, 『적도원칙』EP4 한국어판(2020. 7.), 22면.

16 환경, 보건 및 안전을 종합적으로 관리하여 리스크에 선제적으로 대응하기 위한
    기술적 참고문을 의미한다. 적도원칙협회, 『적도원칙』EP4 한국어판(2020. 7.),
    32면.

17 The Equator Principles 홈페이지(https://equator-principles.com/), 2024년 4월
    13일 확인

18 지디넷코리아, "산업은행, 적도원칙 개정본 사전준비 완료", 2020년 9월 23일자
    기사

19 이코노믹 리뷰, "[응답하라 ESG] "환경파괴 기업 대출 NO"…은행권, 적도원칙
    가입 본격 시동", 2021년 2월 7일자 기사

20 비즈니스포스트, "시중은행 ESG 타고 적도원칙 가입 바람, 국책은행은 산업은
    행이 주도", 2021년 8월 23일자 기사

21 그린포스트코리아, "신한은행, 시중은행 최초 '적도원칙 스크리닝 프로세스' 구
    축", 2020년 9월 17일자 기사

22 이데일리 "신한銀, 시중은행 최초 적도원칙 연간 보고서 발간", 2021년 10월 7
일자 기사

23 신한은행, 『2021 적도원칙 이행보고서』/신한은행 홈페이지(https://www.
shinhan.com/)

24 KB국민은행 홈페이지(https://img2.kbstar.com/)

25 우리금융그룹 ESG 금융원칙 제4조(운용원칙) 4. 투자 및 프로젝트 파이낸싱: 적
도원칙(The Equator Principles) 등을 준용한 환경·사회적 리스크 검토 대상 투
자 및 프로젝트 파이낸싱인 경우 가. 투자 및 프로젝트 파이낸싱 시 프로젝트
에 대해 적도원칙 등을 준용한 환경·사회적 리스크 검토 프로세스를 수립하고
적용한다. 나. 환경·사회적 리스크를 검토한 투자 및 프로젝트 파이낸싱에 대
한 현황 및 검토 결과를 투명하게 공개한다. 우리은행 홈페이지(https://spot.
wooribank.com/)

26 농협은행 홈페이지(https://www.nhbank.com/)

27 하나은행 홈페이지(http://pr.kebhana.com/)

28 삼성생명 홈페이지(https://www.samsunglife.com/)

29 KDB산업은행, 『적도원칙 이행보고서』 및 KB국민은행, 『적도원칙 이행보고서』
참고

30 KB국민은행, 『2020 적도원칙 이행보고서』·우리금융 홈페이지(www.worifg.
com) 및 하나은행, 『2021 적도원칙 이행보고서』 참고

31 한철, "금융규제를 통한 환경규제", 『경영법률』 20권 2호, 한국경영법률학회
(2010), 498면.

32 매일경제, "'적도원칙' 가입 세계 67개 금융사", 2009년 7월 19일자 기사

33 ESG경제, "'적도원칙'이 뭐길래...국내은행들 ESG 경영 강화 명목 가입 러시",
2021년 8월 23일자 기사

34 데일리임팩트, "ESG 강화 나선 시중은행, 저탄소 경영 속도전", 2021년 8월 25
일자 기사

35 Banktrack(NGO), "Disaster in the pipeline: Baku-tbilisi-Ceyhan", May 2004,
p.3-4.

36 경기신문, "KB국민은행 '적도원칙' 가입, 행보는 정반대?", 2021년 3월 26일자
기사

37 신동찬·이주희, "사회적으로 책임 있는 프로젝트 파이낸스 – Equator Principle 에 관한 小考", 『CG 리뷰』 Vol.47, 한국ESG기준원(2009), 19면.

38 기업이나 단체가 실제로는 환경보호 효과가 없거나 오히려 환경에 악영향을 끼 치면서도 허위로 친환경적인 광고를 내세우는 행위를 의미한다.

39 사회적 가치가 없거나 심지어 사회에 부정적인 영향을 초래하지만 긍정적인 가 치가 창출되는 것처럼 포장하는 행위를 의미한다.

40 KJtimes, "[탄소중립+] 한국산업은행, 화석연료 산업 투자 '그린워싱' 논란...허 울뿐인 '적도원칙' 가입", 2023년 4월 20일자 기사

41 조선일보, "ESG경영 피로감... "우리만 과속하다 글로벌 모르모트 되나"", 2024년 3월 8일자 기사, ESG경제, ""더 많은 기후정보 공개, 행동은 알아서"... NZBA, 탈퇴 막기 위해 '안간힘'", 2024년 3월 7일자 기사

42 Devex, "Opinion: The Equator Principles just turned 15, we should celebrate their impact(By Philippe Le Houérou, CEO of IFC)", 2018년 9월 18일자 기사

제2부 4장

1 우리나라 금융기관들이 가입한 지속가능금융 관련 글로벌 이니셔티브/협의체 별 내용 및 기관별 가입 현황, 세부 이행상황 등에 대해서는 Global Compact Network Korea가 발간한 '지속가능금융 동향 및 회원사 사례' 참고

2 일례로, 신한금융그룹의 경우, 책임은행원칙('신한금융그룹, UN 책임은행원 칙(UN PRB) 참여 공식 선언'(2019. 9. 23.)) 및 탄소중립은행연합('신한금융그 룹, 탄소중립 은행 연합(Net-Zero Banking Alliance) 참여'(2021. 4. 21.)) 참여 시, 하나금융그룹은 적도원칙('하나은행, ESG 경영 확산 위한 『적도원칙』 가 입'(2021. 8. 23.)), 넷제로은행연합('하나금융그룹, 유엔 여성역량강화원칙 (WEPs) 지지 선언 및 넷제로은행연합(NZBA) 가입'(2022. 5. 24.)) 가입시 각각 관련 보도자료를 배포하였음.

3 UNEP FI 홈페이지 '책임은행원칙 개요'(https://www.unepfi.org/wordpress/ wp-content/uploads/2019/07/PrinciplesOverview_Infographic.pdf) 참고

4 1972년 6월 5일부터 16일까지 스톡홀름에서 개최된 회의로 113개국 대표가 참 석하여 총 26항의 원칙으로 구성된 유엔인간환경선언(일명 스톡홀름선언)을 채 택하였다.

5 UNEP FI 홈페이지에서는 Bank Initiative가 출범한 시점인 1992년을 UNEP FI

의 설립연도로 보고 있다.

6   글로벌 대형은행 외에도 유럽, 북미·중남미, 아시아, 호주, 중동, 아프리카 등 다양한 지역의 은행이 참여하였는데, 우리나라에서는 신한금융그룹과 하나금융그룹이 참여하였음. 이들 은행의 명단은 https://www.unepfi.org/prb-people-behind-the-principles 참고

7   UNEP FI 홈페이지(https://www.unepfi.org/about/about-us/history/)

8   UNEP FI는 책임은행원칙 가입은행의 동 원칙 이행을 지원하기 위해 지침서인 "Principles for Responsible Banking Guidance Document"를 발간(2019. 9월 최초 발간, 2021. 11월 보완)하여, 6대 원칙별 이행 방안에 대한 구속성 없는 지침(non-binging guidance) 및 이행 사례를 제공하고 있다.

9   UNEP FI, "Principles for Responsible Banking Guidance Document", 2019. 9월(2021. 11월 보완), 5-6면.

10 목표는 구체적이고(Specific), 측정가능하며(Measurable), 달성 가능하고 (Achievable) 관련성이 있으며(Relevant), 시간 제약이 있어야(Time-bound) 한다는 원칙

11 제3원칙에서의 책임성은 고객간 공평한 대우, 고객의 수요 이해, 그 수요에 맞는 제품과 서비스 제공, 상품에 대한 충분한 정보 제공, 투명한 금융비용 산정, 고객 불만 및 분쟁 해결 절차 마련을 의미함.

12 UNEP FI는 산업별 포트폴리오 현황, 특정 포트폴리오/부문과 관련된 온실가스 배출량, 관련 정책이나 목표가 적용되는 포트폴리오의 비중 등을 예로 제시하고 있음.

13 책임은행원칙에 관한 관리 기구(governance body)로, UNEP FI의 글로벌 운영위원회(Global Steering Committee)의 지도 하에서 책임은행원칙의 효과적인 이행을 감독함.

14 UNEP FI는 2021년에 203개 가입은행이 제출한 보고서를 바탕으로 'Responsible Banking: Building Foundations'를 발간하였음. 2023년에는 2차 보고서에 해당하는 'Responsible Banking: Towards Real-world Impact'(2023. 9월 발간)를 발간하였는데, 이 보고서는 2019년에서 2022년 사이에 책임은행원칙에 가입하여 개별적인 보고서를 발간한 245개 은행('23년 6월말 기준 가입은행의 약 75%)의 자료를 바탕으로 작성되었음. 각 은행들이 공개한 보고서는 https://www.unepfi.org/banking/prbsignatories/에서 확인할 수 있음.

15 https://www.unepfi.org/banking/governance/(2024년 6월 30일 확인) 참고

16 https://www.unepfi.org/prb-year-one-update/

17 Responsible Banking: Towards Real-world Impact'(2023. 9월 발간)

18 책임은행원칙에 가입한 국내 금융기관 중 최근에 가입한 SK증권을 제외한 11개 금융기관은 모두 최초 보고 의무를 이행하였으며, 2019년 및 2020년에 가입한 5개 금융기관은 3회차 보고 의무까지 이행하였음.

19 이 부분에서 언급되는 비율은 2023년 6월 당시 책임은행원칙에 가입한 은행 전체(325개)가 아니라 개별 보고서를 제출한 245개 은행을 기준으로 산출되었음.

제3부 1장

1 European Commission, Action Plan: Financing Sustainable Growth(2018)

2 European Commission, European Green Deal(2020) https://commission.europa.eu/strategy-and-policy/priorities-2019-2024/european-green-deal_en

3 REGULATION OF THE EUROPEAN PARLIAMENT AND OF THE COUNCIL establishing the framework for achieving climate neutrality and amending Regulations(EC) No 401/2009 and(EU) 2018/1999('European Climate Law')

4 The European climate law makes reaching the EU's climate goal of reducing EU emissions by at least 55% by 2030 a legal obligation. EU countries are working on new legislation to achieve this goal and make the EU climate-neutral by 2050.

5 European Commission, Sustainable Finance Strategy(2021. 7.)

6 European Securities and Markets Authority, Sustainable Finance Roadmap(2022. 2.)

7 EBA, THE EBA ROADMAP ON SUSTAINABLE FINANCE(2022. 10.)

8 EBA, 앞의 보고서, p.3.

9 오태현, EU 지속가능금융 입법안의 주요 내용과 전망, 세계경제포커스 제4권 제27호, 대외경제정책연구원(2021. 5.), 3-4면.

10 European Commission, "Consolidated Versions of the Treaty on European Union and the Treaty on the Functioning of the European Union(2008/C

지속가능한 금융의 미래

115/01)," Official Journal of the European Union, Vol. 51.(2008).

11 Jean-Claude Juncker, "A New Start for Europe: My Agenda for Jobs, Growth, Fairness and Democratic Change - Political Guidelines for the next European Commission,"(2014)

12 European Commission, "Communication from the Commission to the European Parliament, the Council, the European Economic and Social Committee and the Committee of the Regions. Next steps for a sustainable European future European action for sustainability."(2016)

13 EU High-Level Expert Group on Sustainable Finance, Financing a Sustainable European Economy, Final Report 2018 by the High-Level Expert Group on Sustainable Finance(2018)

14 European Commission, "Communication from the Commission to the European Parliament, the European Council, the Council, the European Central Bank, the European Economic and Social Committee and the Committee of the Regions Action Plan: Financing Sustainable Growth."(2018)

15 European Commission, Taxonomy: Final report of the Technical Expert Group on Sustainable Finance(2022. 3.)

16 Credibl, Understanding the EU Taxonomy: Differences between NFRD, CSRD, and SFDR(2023. 8.)

17 Regulation(EU) 2020/852 of the European Parliament and of the Council of 18 June 2020 on the establishment of a framework to facilitate sustainable investment, and amending Regulation(EU) 2019/2088(Text with EEA relevance)

18 EU TEG, Taxonomy: Final report of the Technical Expert Group on Sustainable Finance(2020).

19 The EU Taxonomy Regulation(Reg(EU) 2020/852)

20 Regulation(EU) 2019/2088 of the European Parliament and of the Council of 27 November 2019 on sustainability-related disclosures in the financial services sector(Text with EEA relevance)

21 Directive(EU) 2022/2464 of the European Parliament and of the Council of 14 December 2022 amending Regulation(EU) No 537/2014, Directive 2004/109/

EC, Directive 2006/43/EC and Directive 2013/34/EU, as regards corporate sustainability reporting(Text with EEA relevance)

22 The Standard, which is voluntary, relies on the detailed criteria of the EU taxonomy to define green economic activities, ensures levels of transparency in line with market best practice and establishes supervision of companies carrying out pre- and post-issuance reviews at European level(European Commission).   https://finance.ec.europa.eu/sustainable-finance/tools-and-standards/european-green-bond-standard-supporting-transition_en

23 Regulation(EU) 2023/2631 of the European Parliament and of the Council of 22 November 2023 on European Green Bonds and optional disclosures for bonds marketed as environmentally sustainable and for sustainability-linked bonds(Text with EEA relevance)

24 임팩트온, "미국 IEEFA, EU 녹색채권표준은 투자자와 발행자 모두에게 이익", 2024년 2월 21일자 기사

25 Implementing and Delegated Acts on Regulation(EU) 2016/1011 of the European Parliament and of the Council of 8 June 2016 on indices used as benchmarks in financial instruments and financial contracts or to measure the performance of investment funds and amending Directives 2008/48/EC and 2014/17/EU and Regulation(EU) No 596/2014(Text with EEA relevance)

26 EU Technical expert group on sustainable finance, TEG FINAL REPORT ON CLIMATE BENCHMARKS AND BENCHMARKS' ESG DISCLOSURES(2019. 9.)

27 European Commission, Sustainable Finance Strategy(2021. 7.)

28 에너지데일리, "ESG 시대… 한국판 '지속가능금융 행동 계획' 수립 가능성 높다", 2024. 3. 29.자 기사

제3부 2장 ─────────────

1 이데일리, "EU 공급망실사법 본회의 통과…국내 기업 여파는?", 2024년 4월 26일자 기사

2 KOTRA, "EU 공급망실사법 주요내용 및 사례", Global Market Report 22-013, 2022, 5면.

3 연합뉴스, "EU 공급망실사법 승인 무산…2주내 진전 없으면 폐기될 수도", 2024년 2월 29일자 기사

4 그리니엄, "EU '공급망실사법' CSDDD, 수정 끝에 이사회 통과 '적용 기준 대폭 완화'", 2024년 3월 18일자 기사

5 ESG경제, "유럽의회, 금융업에도 공급망실사법 적용 추진", 2023년 4월 10일자 기사

6 ESG경제, "EU, 공급망실사법에서 금융업 제외하기로", 2023년 12월 18일자 기사

7 문진영 외, "유럽 그린딜 관련 국제사회의 주요 이슈 및 시사점" 「오늘의 세계경제」, vol. 20, no. 8, 대외경제정책연구원, 2020.

8 DIRECTIVE(EU) 2024/1760 OF THE EUROPEAN PARLIAMENT AND OF THE COUNCIL of 13 June 2024 on corporate sustainability due diligence and amending Directive(EU) 2019/1937 and Regulation(EU) 2023/2859

9 규정은 각국의 변형을 허용하지 않으며, 유럽의회·이사회가 제정 즉시 별도 국내 입법 없이 각국에서 효력을 가진다. 지침은 EU의 목표치로서 유럽의회·이사회가 정한 최소한의 외연에 해당하며, 각국은 국내법화 절차를 거쳐 법률로서 효력을 보유하게 된다.

10 국가별로 관련법 내용이 상이해 향후 혼선이 발생할 수 있으나, 민사상 손해배상 및 위반 시 제재 EU가 아닌 회원국이 규제하는 부분으로 역내 일괄적용되는 '규정'이 아닌 '지침' 형태 입법으로 추정된다.

11 김혜성, "해외 공급망 규제 동향과 기업의 대응 방안", 김앤장 뉴스레터, 2024. 3. 29.

12 Proposal for a DIRECTIVE OF THE EUROPEAN PARLIAMENT AND OF THE COUNCIL on Corporate Sustainability Due Diligence and amending Directive(EU) 2019/1937

13 European Parliament legislative resolution of 24 April 2024 on the proposal for a directive of the European Parliament and of the Council on Corporate Sustainability Due Diligence and amending Directive(EU) 2019/1937(COM(2022)0071 – C9-0050/2022 – 2022/0051(COD))

14 ESG경제, EU 공급망 실사법, 적용기준 대폭 완화해 이사회 승인, 2024년 3월 18일자 기사

15 연합뉴스, "EU 27개국, 공급망실사법 가까스로 승인…적용기준은 대폭 완화", 2024년 3월 17일자 기사

16 European Economic and Social Committee, "Corporate sustainability and Due Diligence Directive: the good, the bad, and the ugly", 2024. 3. 15.

17 CSDDD Article 37(Transposition)

18 Article 5(Due diligence) 4.

19 Article 23(Authorised representative) 2.

20 Article 7(Integrating due diligence into company policies and risk management systems) 1.

21 Article 7(Integrating due diligence into company policies and risk management systems) 2.

22 Article 7(Integrating due diligence into company policies and risk management systems) 3.

23 Article 8(Identifying and assessing actual and potential adverse impacts) 2.

24 Article 8(Identifying and assessing actual and potential adverse impacts) 4.

25 Article 9(Prioritisation of identified actual and potential adverse impacts)

26 Article 14(Notification mechanism and complaints procedure) 1.

27 Article 13(Meaningful engagement with stakeholders) 1.

28 Article 13(Meaningful engagement with stakeholders) 2.

29 Article 15(Monitoring)

30 Article 15(Monitoring)

31 Article 20(Accompanying measures) 3.

32 Article 20(Accompanying measures) 1.

33 Article 22(Combating climate change) 1.

34 Article 25(Powers of supervisory authorities) 5.

35 Law No. 2017-399 of 27 March 2017 on the duty of vigilance(the Duty of Vigilance Law)

36 장윤제, "공급망 실사에 관련된 해외 분쟁사례", 2023 ESG 핵심 이슈와 전망 온라인 세미나 자료집, 법무법인 세종(2023. 2. 15.)

37 그리니엄, "EU ESG 규제 중 가장 큰 부담 꼽힌 '공급망 실사법(CSDDD)', A to

지속가능한 금융의 미래

Z로 살펴봄!", 2023년 3월 20일자 기사

38 대한상공회의소, "국내 수출기업의 ESG 규제 대응현황과 정책과제 조사", 2024
년 3월 26일자 보도자료

39 ESG경제, "유럽의회, 금융업에도 공급망실사법 적용 추진", 2023년 5월 10일자
기사

40 한경 ESG, "공급망 실사 의무 없어도 실사 체계 갖춰야", 2024년 4월 5일자 기사

제3부 3장

1 TCFD, "기후변화 관련 재무공시에 관한 태스크포스의 권고안 이행"(2021), 3
면.

2 TCFD, "Recommendations of the Task Force on Climate-related Financial
Disclosures"(2017), 1-3면.

3 김용섭, ESG 2.0 자본주의가 선택한 미래 생존 전략, 퍼블리온(2022), 158-160
면.

4 TCFD 공식 홈페이지, https://www.fsb-tcfd.org/(최종검색일: 2024. 5. 20.)

5 TCFD, "TCFD WORKSHOP Session 1 – Fundamentals and overview of
TCFD"(2022), 11, 13면.

6 TCFD는 은행, 보험회사, 자산운용사, 에너지섹터, 운송섹터 등 기후변화 영향
을 가장 크게 받을 것으로 예상되는 금융 및 비금융산업 특정 부문을 위한 보충
지침을 별도 마련함.

7 한국사회책임투자포럼, "TCFD권고안 주요내용", 2022. 7. 20., https://kosif.
org/tcfd/?uid=99&mod=document&pageid=1

8 TCFD, 앞의 권고안(주 2), v, 13, 14, 17, 18면.

9 TCFD 홈페이지에 따르면 TCFD 종료 시 전세계 지지자 수는 103개 지역 약
4,900여개로 확인됨(※TCFD 해산 이후 가입자 상세내역이 더 이상 제공되지
않음).

10 금융위원회, "「기후변화 관련 재무정보공개 협의체(TCFD)」에 대한 지지선언
과 정책금융기관 간 「그린금융 협의회」 출범으로 녹색금융 추진에 더욱 박차를
가하겠습니다.", 2021년 5월 24일자 보도자료

11 한국사회투자책임포럼, "기후관련 공시대응 위한 민간 연합체 '한국TCFD

얼라이언스' 발족", 2022. 6. 28., https://kosif.org/esg-2/news2/?board_page=2&vid=5

12 한국사회투자책임포럼, "한국TCFD얼라이언스 참여 기업 및 금융기관 추가 모집 안내", 2023. 9. 26., https://kosif.org/tcfd/?uid=274&mod=document&pageid=1

13 한국사회투자책임포럼, "기후금융의 미래를 열다: TCFD 그리고 한국TCFD얼라이언스", 2023. 11. 24., https://kosif.org/tcfd/?uid=285&mod=document&pageid=1

14 법무법인(유) 지평 기업경영연구소, "한국 TCFD Status Report_2022"(2023), 2, 14-36면

15 한국사회투자책임포럼, "ISSB, ESG 공시 국제 표준안 발표 - feat. 해외 주요국과 국내 ESG 정보 공시 동향", 2023. 7. 25., https://kosif.org/esg-2/?vid=91

16 법률신문, "ISSB 공시기준의 내용과 그 시사점", 2023년 10월 11일자 기사

17 TCFD 공식 홈페이지, https://www.fsb-tcfd.org/(최종검색일: 2024. 5. 20.)

18 TCFD, "2023 Status Report"(2023), iv, vii면.

19 한경비지니스, "기후 리스크 공개 압박하는 금융회사…'TCFD'가 주류화 이끈다", 2021년 5월 6일자 기사

20 한국회계기준원, "주요국 지속가능성 공시제도 및 기준제정 동향", 2024. 4. 12., https://www.kasb.or.kr/fe/bbs/NR_view.do?bbsCd=1005&bbsSeq=41440

21 한국회계기준원, "국내 지속가능성 공시기준 공개초안 발표", 2024. 4. 30., https://www.kasb.or.kr/fe/bbs/NR_view.do?bbsCd=1005&bbsSeq=41534&ctgCd=&startDt=

제3부 4장

1 탄소포함 온실가스 순배출량이 0인 상태

2 임동순·박광수, "EU와 한국의 녹색분류체계(Green Taxonomy)에 관한 비교 연구", 동의대학교(2023. 4. 1.), 2면.

3 2019년 12월 폴란드를 제외한 유럽연합 회원국 정상은 2050년까지 탄소를 포함한 모든 온실가스의 배출량을 줄여 기후 중립(climate neutrality)을 달성하려는 유럽의 패키지 정책

4   2050년까지 탄소중립을 이루는 목표에 법적 구속력을 부여하는 법안으로, EU 의 온실가스 순 배출량을 2030년까지 1990년 대비 최소 55% 감축하고 2050년 까지는 탄소중립을 이룬다는 목표

5   금융감독원, "EU의 기후환경변화 대응 위한 Taxonomy 관련 규정 제정 및 주 요 내용", 2022. 3. 2면 - '18.5월 EU 집행위는 지속가능한 경제발전을 목적으 로 금융 분야로부터 친환경 실물 부문으로 자금흐름을 유도하는 'Taxonomy Regulation' 채택(20.6월 의회 승인 완료)

6   김동수, "세계 최대 자산운용사 이끄는 래리 핑크 블랙록 CEO", Insight Korea, 2022. 1. 13자 기사

7   지속가능한 금융전문가 그룹(Technical Expert Group, TEG): 유럽연합(EU) 집 행위원회의 기술전문가 그룹

8   녹색 자산 비율(Green Asset Ratios, GAR). 은행이 보유한 자산 중 '녹색 자 산'의 비율을 의미하며, 녹색 자산의 기준은 EU의 녹색 산업 분류체계(EU Taxonomy)에 따른다(이수영, "EU의 녹색 자산 비율(GAR) 도입과 시사점", 하 나금융연구소, 2021. 12. 24., 4면).

9   비즈니스 포스트, "탄소만큼이나 강한 메탄 규제온다", 2024. 2. 8.자 기사

10   임형우 외 4인, "순환경제 이행을 위한 녹색경제활동 및 녹색분류체계 연구", 한 국환경연구원, 2022. 2. 23., 21-22면.

11   지속가능금융 공시 규정(Sustainable Fiance Disclosure Regulation, SFDR). 2018년 3월 EU가 발표한 지속가능금융 행동계획의 일환으로 SFDR은 금융기 관에 투자 자산의 지속가능성 위험 및 해당 투자가 사회와 지구에 미치는 영향 에 대한 정보를 공시하도록 의무화하였다(심수연, "EU 지속가능금융공시규제 (SFDR) 시행 및 관련 펀드 현황", 자본시장연구원, 2022-12호, 1면).

12   Nomenclature statistique des Activités économiques dans la Communauté Européenne(NACE), 유럽표준산업분류

13   Technical Screening Criteria(TSC), 기술선별기준

14   임팩트온, "EU 택소노미, 기업 자본 투자의 약 20% 연관...자본시장 내 활용도 높아져", 2024. 6. 20.자 기사

15   임동순·박광순, 앞의 논문(주 2), 2면.

16   EU Platform on Sustainable Finance, Final Report on Minimum

Safeguards(2022).

17 임수빈, "EU 분류체계의 은행 산업 적용과 시사점", KDB산업은행(2024. 2. 21.), 18-19면.

18 김진혁, "금융회사의 기후 리스크 관리 녹색금융 추진 전략", 신한은행(2024. 2. 21.), 26-27면.

제4부 1장

1 IPCC: IPCC는 기후변화에 관한 정부간 협의체로, 1988년 세계기상기구 (WMO)와 UN환경계획(UNEP)이 설립하였으며 세계 130여개국의 2500명의 과학자로 구성되어 있음. 국제사회가 기후변화로 인한 위험을 객관적으로 평가 하기 위해 설립되었고 독자적 연구를 수행하거나 기상관측을 하는 조직은 아니 며 발간된 연구들을 분석, 평가함으로써 기후변화의 리스크와 영향 그리고 기 후변화 완화, 적응방안 등에 대한 과학적 정보를 제공한다(http://www.climate. go.kr/home/cooperation/lpcc.php).

2 Intergovernmental Panel on Climate Change, "Summary for Policymakers", in Global Warming of 1.5°C: An IPCC Special Report(World Meteorological Organization, 2018), p.4.: 이 보고서에는 산업화 이후 인간의 활동으로 약 1℃ 정도(0.8℃~1.2℃)의 기온을 상승시킨 것이 그동안 자연적으로 발생한 기후변 화의 상승 폭보다 더 급격하다는 것을 확인하면서, 현재와 같은 속도라면 2030 년에서 2052년 사이에는 지구의 기온이 1.5℃ 이상 상승할 것이라고 예측하였 다. 1.5℃가 넘는 2℃ 정도의 기후변화는 지구에 생존하는 약 105,000종의 생물 가운데 곤충의 18%, 식물의 16%, 척추동물의 8%의 지리적 분포범위가 소실되 고, 육지 면적의 약 13%가 다른 유형의 생태계로 전환될 것을 의미한다.

3 윌리엄 노드하우스(황성원 옮김), 「기후카지노」, 한길사(2017), 14면.

4 UN 당사국: 제21차 유엔기후변화협약 당사국총회에 참여한 국가. 2015년 11월 30일부터 12월 12일까지 프랑스 파리에서 개최됐다.

5 법제처 홈페이지 https://www.law.go.kr/lsInfoP.do?lsiSeq=98467&lsId=&efYd =20100414&chrClsCd=010202&urlMode=lsEfInfoR&viewCls=lsRvsDocInfoR &ancYnChk=#(최종검색일: 2024. 4. 25.)

6 법제처 홈페이지 https://www.law.go.kr/LSW/lsSc.do?section=&menuId=1& subMenuId=15&tabMenuId=81&eventGubun=060101&query=%EA%B8%B

0%ED%9B%84%EC%9C%84%EA%B8%B0#undefined(최종검색일: 2024. 4. 25.)

7   2010년 1월 13일 제정, 4월 14일 시행

8   김병기, "저탄소녹색성장기본법의 문제점과 개선 방안", 『녹생성장 연구 13-23-20』, 한국법제연구원(2013), 111면.

9   김병기, 앞의 논문, 8면.

10 대한민국 정책브리핑, "한국판 뉴딜", 2021. 9. 30. 정책자료 https://www.korea.kr/special/policyCurationView.do?newsId=148874860#L3

11 이준서, "탄소중립 이행과 정의로운 전환을 위한 법적 과제", 『환경법연구 제43권 3호』, 한국환경법학회(2021), 92면.

12 탄소중립 학습자료집, 2050 탄소중립위원회(2021), 160면.

13 월간인물, "김상협 2050 탄소중립녹색성장위원회 위원장-지속가능한 대한민국 녹색성장 기반 마련 및 탄소중립, First Korea로의 도약 위한 범국가적인 노력이 함께해야", 2023년 7월 30일자 기사

14 환경부, "탄소중립의 길잡이, 기후변화영향평가 제도 시행(국가계획 및 개발사업을 기후변화 대응과 적응 관점에서 사전 평가)", 2022년 9월 22일자 보도자료.

15 2050 탄소중립녹색성장위원회, "[탄소중립 기본법] 정의로운 전환", 2022년 3월 31일자 기고/칼럼, 대한민국 정책브리핑

16 2050 탄소중립녹색성장위원회, 앞의 자료집, 160면.

17 김혜진 외, "2050탄소중립 실현을 위한 국제적 동향 분석", 『한국에너지기후변화학회 춘계학술대회』(2021. 5.), 97면.

18 에너지 신문, "탄소중립 실현 위한 주요국의 대응 전략", 2022년 1월 7일자 기사

19 그리니엄, "인권위, 헌재에 '탄소중립기본법' 위헌 의견 제출…온실가스 감축목표 ↓, 기후위기 막기 부족", 2023년 8월 25일자 기사

20 그리니엄, "인권위 "온실가스 감축목표치 낮아"…헌재에 탄소중립기본법 위헌 의견 제출", 2023년 6월 13일자 기사

21 헌법재판소 2024. 8. 29, 2020헌마389 저탄소 녹색성장 기본법 제42조 제1항 제1호 위헌확인 등

22 임현희, "기후위기와 헌법소송 -외국의 주요 기후소송사례와의 비교를 중심으로-", 『환경법연구』45권 3호(2023. 11), 161면.

23 Working Group I, Climate Change 2021: The Physical Science Basis(Summary for Policymakers)– Working Group I Contribution to the Sixth Assessment Report, Intergovernmental Panel on C-imate Change 2021, p.14.

제4부 2장

1 Sea Turtle with Straw up its Nostril - "NO" TO SINGLE-USE PLASTIC(Youtube, 2015년 8월 11일) https://www.youtube.com/watch?v=4wH878t78bw

2 사회적가치연구원, ESG 정보공개(2023. 12.), 15면.

3 온실가스란 이산화탄소 메탄, 이산화질소, 수소불화탄소, 과불화탄소, 육불화황 등을 말한다.

4 한국거래소, 「ESG 정보공개 가이던스」(2021. 1.), 5면

5 한국거래소, "「ESG 정보공개 가이던스」 제정 및 교육 동영상 제작", 2021. 1. 18.자 보도자료

6 대외경제정책연구원, "국제사회의 ESG 대응과 한국의 과제"(2023. 6.), 7면.

제4부 3장

1 금융위원회, "녹색금융 추진 전담팀(TF) 첫 회의(Kick-off) 개최", 2020년 8월 13일자 보도자료

2 ESG 정보공개 가이던스의 주요 내용에 대해서는 제4부 제2장 참고

3 환경부·금융위원회, "한국형 녹색채권 가이드라인", 한국환경산업기술원·한국거래소(2020. 12.)

4 금융위원회·환경부, "2021년 녹색금융 추진계획(안)", 2021년 1월 25일자 보도자료

5 관계부처 합동, "2050 탄소중립 추진전략", 2020년 12월 7자자 보도자료

6 투데이에너지, "문재인 대통령, 2050 탄소 중립 선언", 2020년 10월 28일자 기사

7 관계부처 합동, "「2050 탄소중립」 추진전략", 2020년 12월 7일자 보도자료, 17면.

8 금융위원회·환경부, "2021년 녹색금융 추진계획(안)", 2021년 1월 25일자 보도자료, 5면.

9 금융위원회, "기후위기 대응을 위한 금융지원 확대방안", 2024년 3월 19일자 보도자료

10 뉴데일리경제, "산업은행, '녹색금융·한국판 뉴딜' 위해 조직 신설·확대", 2020년 12월 31일자 기사

11 이투뉴스, "녹색·非녹색 구분해 녹색산업에 금융투자 집중", 2021년 1월 26일자 기사

12 한국금융, "기업은행, 내부통제총괄부·ESG경영팀 신설…부행장 3명 신규 선임, 2021년 1월 14일자 기사

13 한국금융, "신용보증기금, 'ESG 추진 위원회' 신설", 2021년 7월 27일자 기사

14 디지털투데이, "금융위 '그린금융협의회' 상반기 신설", 2021년 1월 25일자 기사

15 서울파이낸스, "금융위, 그린금융협의회 개최···도규상 "내달 K-택소노미 마련"", 2021년 5월 24일자 기사

16 스카이데일리, "금융당국, TCFD 지지선언… 그린금융 협의회 출범", 2021년 5월 24일자 기사

17 금강일보, "금강수계관리기금, 중소기금 최초 녹색금융원칙 도입", 2021년 9월 30일자 기사

18 환경기술 및 환경산업 지원법 제10조의4(환경책임투자 지원 및 활성화) ① 금융기관은 환경적 요소를 투자의사결정에 반영하는 투자(이하 "환경책임투자"라 한다)를 하기 위하여 노력하여야 한다.
② 환경부장관은 환경책임투자의 지원 및 활성화를 위하여 다음 각 호의 사업을 할 수 있다.
1. 환경적으로 지속가능한 경제활동 여부를 판단하기 위한 녹색분류체계의 수립. 이 경우 환경부장관은 미리 산업통상자원부장관 및 금융위원회 위원장과 협의하여야 한다.
2. 기업의 환경적 성과를 평가하기 위한 표준 평가체계의 구축
3. 그 밖에 대통령령으로 정하는 사업
[본조신설 2021. 4. 13.]

19 환경부, "한국형 녹색분류체계 가이드라인"(2022. 12.)

20 에너지 데일리, "한국형 녹색분류체계 고도화, 민관 머리 맞댄다", 2024년 6월 26일자 기사

21 아주경제, "올해 전 금융사 녹색금융 전담조직 마련해야...모범규준 신설", 2021년 1월 25일자 기사

22 임팩트온, "5개 금융협회, '금융권 녹색금융 핸드북' 발간", 2021년 12월 13일자 기사

23 금융위원회·환경부, "2021년 녹색금융 추진계획(안)", 2021년 1월 25일자 보도자료

24 환경부, "한국형 녹색분류체계 적용 시범사업, 성공리에 안착", 2022년 12월 8일자 보도자료

25 녹색채권 발행에 참여하는 기업은 한국산업은행(3,000억 원), 한국수력원자력(1,200억 원), 신한은행(1,000억 원), 중소기업은행(600억 원), 한국중부발전(400억 원), 한국남동발전(200억 원)이다.

26 금융감독원, 「기후리스크 관리·감독 추진현황 및 향후계획」, 2021년 12월 8일자 보도자료

27 한국금융, "금감원, 금융권과 기후 스트레스테스트 추진 킥오프 회의 개최", 2022년 9월 19일자 기사

28 금융감독원·한국은행, "금융감독원·한국은행, 국내 금융권과 공동 기후 스트레스 테스트 실시 추진", 2024년 3월 27일자 보도자료

29 ESG 경제, "금융위, "ESG 공시 2026년 이후로 연기"…재계 요청 수용", 2023년 10월 16일자 기사

30 ESG 공시제도에 상세한 내용에 관해서는 제6부 제2장 참고

31 국민연금법 제102조(기금의 관리 및 운용) ④ 제2항제3호에 따라 기금을 관리·운용하는 경우에는 장기적이고 안정적인 수익 증대를 위하여 투자대상과 관련한 환경·사회·지배구조 등의 요소를 고려할 수 있다.

32 국민연금기금운용지침 제17조(책임투자) ① 증권의 매매 및 대여의 방법으로 기금을 관리·운용하는 경우에는 장기적이고 안정적인 수익 증대를 위하여 투자대상과 관련한 환경·사회·지배구조 등의 요소를 고려할 수 있으며, 책임투자 원칙은 별표 4와 같이 정한다.

33 국민연금기금운용지침 제17조의2(수탁자 책임에 관한 원칙) 국민연금 수탁자 책임 활동의 투명성 및 독립성 강화, 기금의 장기 수익을 제고하기 위해 한국 스튜어드십 코드인 '기관투자자의 수탁자 책임에 관한 원칙'을 도입하고 기금운용

위원회가 별도로 정한 국민연금기금 수탁자 책임에 관한 지침에 따라 이행한다.

34 국민연금기금의 수탁자 책임 활동에 관한 지침 제4조(수탁자 책임 활동의 내용) ① 기금은 기금의 투자대상 국내외 주식 및 채권에 대해 비공개대화 및 다음 각 호의 책임투자를 이행할 수 있다.

1. 투자대상 관련 환경·사회·지배구조 등 비재무적 요소 고려

2. 환경·사회·지배구조 등과 관련한 중점관리사안 등

② 기금이 보유하고 있는 상장주식에 대해 비공개대화 및 다음 각 호의 주주권 행사를 이행할 수 있다.

1. 의결권 행사

2. 중점관리사안에 대한 비공개 대화, 비공개 중점관리기업 선정, 공개 중점관리기업 선정, 공개서한 발송, 주주제안 등

3. 예상하지 못한 우려에 대한 비공개 대화, 공개서한 발송, 주주제안 등

4. 소송 제기

③ 제1항제2호에 따른 주주활동은 제2항 각호를 통해 이행할 수 있다.

④ 그 밖에 국민연금기금운용위원회(이하 "기금운용위원회"라 한다) 위원장이 필요하다고 인정하는 사안 또는 기금운용위원회가 의결한 사안에 대해 수탁자 책임 활동을 이행할 수 있다.

35 국민연금기금의 수탁자 책임 활동에 관한 지침 제13조(중점관리사안) 중점관리사안은 기금의 장기적이고 안정적인 수익 증대를 위하여 정한 다음 각호에 해당하는 사안으로 별표 4와 같이 정한다.

6. 기후변화 관련 위험 관리가 필요한 사안 〈신설 2023. 3. 7.〉

7. 산업안전 관련 위험 관리가 필요한 사안 〈신설 2023. 3. 7.〉

36 환경부, "환경성 평가체계 가이드라인", 한국환경산업기술원, 2022. 2. 18.

37 뉴스1, "25개 산업분류기준 담은 '환경성 평가체계' 공개···책임투자 활성화 기대", 2022년 2월 18일자 기사

제4부 4장

1 자원 및 에너지 효율을 높이고 환경을 개선하는 상품 및 서비스의 생산에 자금을 제공하여 국가 전체의 성장을 이룰 수 있도록 유도하고, 환경을 파괴하는 활동에 자금이 공급되는 것을 효과적으로 차단하기 위한 자율적인 심사 및 감시 체계를 만드는 금융시책을 의미한다. https://www.moef.go.kr/sisa/dictionary/

detail?idx=814(최종검색일: 2024. 6. 15)

2   2022년 기준, EU, ASEAN 등 권역 공통의 택소노미가 제정된 경우를 포함하였다.

3   넷제로(Net-zero)는 탄소포함 온실가스 순배출량이 0인 상태를 말하며, 탄소중립은 탄소를 배출한 만큼 흡수해 순배출량을 0으로 만드는 것을 말한다.

4   「기후위기 대응을 위한 탄소중립 · 녹색성장 기본법」 제4조 14호는 녹색성장을 에너지와 자원을 절약하고 효율적으로 사용하여 기후변화와 환경훼손을 줄이고 청정에너지와 녹색기술의 연구개발을 통하여 새로운 성장동력을 확보하며 새로운 일자리를 창출해 나가는 등 경제와 환경이 조화를 이루는 성장으로 정의하고 있다.

5   연합뉴스, "중국, 작년 온실가스 배출 1위⋯한국은 13번째로 많이 배출", 2023년 12월 2일자 기사

6   환경부, 녹색분류체계 지침서 개정, 녹색기준으로 본격 적용, 2022년 12월 22일자 보도자료

7   법무법인(유)화우 ESG센터, K-Taxonomy 가이드라인 최종 개정안 발표, 법무법인(유)화우(2023), 2면.

8   환경부, 한국형 녹색분류체계(K-TAXONOMY) 적합성판단 참고서, 환경부(2022), 114면.

9   임형석, "한국형 녹색 분류체계(K-Taxonomy) 향후과제", 『KIF 정책분석보고서』, 한국금융연구원(2022), 23면.

10 TEG(Technical Working Group)은 EU 택소노미와 녹색채권 규정, 기후 벤치마크와 벤치마크 공시기준의 방법론, 기업 지속가능성정보 공시 가이던스 등을 연구해 관련 제도의 입법을 자문하는 전문가 그룹으로 2018년 6월부터 2020년 9월까지 활동하였다. 이선경·이진영, "한국 VS. EU 택소노미 비교와 향후 과제", 『ESG Issue In-depth Report』, 한국ESG연구소(2022), 12면.

11 CSRD은 Corporate Sustainability Reporting Directive의 약어로 기업지속가능성 보고 지침을 뜻한다.

12 SFDR은 Sustainable Finance Disclosure Regulation의 약어로 지속가능금융 공시 규정을 뜻한다.

13 CSDDD는 Corporate Sustainability Due Diligence Directive의 약어로 기업지

속가능성 실사 지침을 뜻한다.

14 임동순·박광수, "EU와 한국의 녹색분류체계(Green Taxonomy)에 관한 비교 연구", 『유럽연구』 제41권 4호(2023), 3면.

15 은행연합회 외, 「금융권 녹색금융 핸드북」, 은행연합회 외(2021), 33면.

제4부 5장

1 미국 상장기업이 SEC(미국증권거래소)에 매년 제출해야 하는 기업실적 보고서

2 조선 Biz, '앞서서 돈 버는 테슬라… 경쟁사에 탄소배출권 판 돈만 12조 원', 2024년 2월15일자 기사

3 영국을 기반으로 한 주식 거래소 및 금융 정보 회사로, 런던 시티에 본사를 두고 있다.

4 기후변화 파리협정에 따라 당사국이 스스로 발표하는 국가 온실가스 감축목표를 의미한다.

5 탄소배출권 거래제는 Dales(1970)에 의해 처음으로 제안되었다. Dales가 주장할 당시에는 환경주의자들이 윤리적인 입장에서 이 제도를 해석하여 일종의 사회악인 환경오염행위를 제도적으로 허용하게 해준다는 것으로 인식하여 거부하였다. 그러나 Montgomery(1972)가 이를 수학적으로 엄밀하게 증명하였고, 마침내 1997년 교토 의정서에서 배출권 거래에 대한 원칙이 규정되었다.(유영성, '경기도에서의 배출권거래제도 적용에 관한 연구', 경기개발연구원, 2004, 8면.)

6 2016년에 체결된 협약으로 국제사회가 함께 공동으로 노력하는 최초의 기후 합의를 말한다.

7 장근호, "기후변화에 대비한 온실가스 배출권거래제도 도입 동향과 정책적 시사점", 조세 연구 제9-2집(2009), 94면.

8 김용건, "ESG 제대로 이해하기" 자유기업원(2021. 6. 30.), 129면.

9 그리니엄, "기후규제에 급성장하는 탄소시장…해외 금융사 "종합관리부터 합작투자까지 발빠르게 대처", 2023년 5월 17일자 기사

10 김은표, "저탄소 녹색성장의 영향과 탄소배출권 시장의 미래".코딧리서치 봄호(2009. 3.), 25면.

11 환경부, "탄소배출권 시장 배출권 거래 시장 활성화 방안"(2023. 8.), 2면.

12 부기적·이원희. 김희락 공저. "배출권 거래와 탄소 금융", 한국금융연수원 도서출판부(2013. 5.), 109면.

13 윤여창, "배출권거래제의 시장기능 개선 방향". 자본시장연구원, 자본시장 KDI FOCUS 통권 123(2023. 7.).

14 한국경제, "탄소배출권 시장 4가지 관전포인트", 2023년 8월 8일자 기사

15 환경부, "탄소배출권 시장 배출권 거래 시장 활성화 방안"(2023. 8.), 4면.

16 환경부, "배출권 거래 시장 활성화 방안"(2023. 9.), 4면.

17 환경부 "감축 기술 혁신에 따른 배출권거래제 발전 방안 연구"(2022)

18 배출권거래법 제5조(국가 배출권 할당 계획의 수립 등) 할당 계획의 수립 또는 변경은 대통령령으로 정하는 바에 따라 탄소중립녹색성장위원회나 국무회의의 심의를 거쳐 확정한다. 다만, 대통령령으로 정하는 경미한 사항을 변경하는 경우에는 그러하지 아니하다.

제5부 1장

1 ESG경제, "테슬라 S&P ESG 지수 퇴출로 드러난 ESG의 다양성", 2022년 5월 24일자 기사

2 ESG경제, "테슬라, S&P 500 'ESG 지수' 복귀…환경 개선 인정받아", 2023년 6월 23일자 기사

3 한국경제, "국민연금 '테슬라 수익률' 실화냐?", 2021년 2월 14일자 기사

4 조선일보, "2억 6000만 달러 더 벌 수 있었는데, 테슬라 180만주 판 국민연금…왜?", 2022년 1월 29일자 기사

5 보건복지부·국민연금, 2023년 기금운용 수익 126조 원, 수익률 13.59%, 2024년 2월 28일자 보도자료

6 국민연금은 ESG투자와 더불어 "책임투자"라는 표현을 사용하고 있는데, 책임투자란 투자 의사 결정 과정에 있어 재무적 요소와 함께 환경(Environment, E), 사회(Social, E), 지배구조(Governance, G)(이하 「ESG」) 등 투자대상에 영향을 미칠 수 있는 비재무적 요소를 종합적으로 고려하는 투자를 의미하여 광의의 ESG투자로 해석할 수 있다. 이하에서 책임투자는 ESG투자와 동의 또는 상위의 개념으로 사용되었다.

7 투자가 미치는 사회적, 환경적인 결과를 고려하고 관련 투자에 대한 철저한 재

무 분석을 실시하여 투자함으로써 공공선과 경제적인 수익을 함께 성취하고자 하는 투자과정을 의미한다. 나우승, "사회적 책임투자와 보험산업에의 적용과 시사점",『주간보험이슈』, 제69호, 보험개발원 보험연구소 동향분석팀(2005)

8   전창환, "국민연금의 ESG투자와 수탁자 책임 활동",『동향과전망』, 117호 (2023), 108면.

9   연합뉴스, "삼성물산과 제일모직 합병 후 국민연금 2천451억 원 손실", 2023년 8월 30일자 기사

10   동아일보, "국민연금 '경영참여' 관치 논란… 기금운용 독립성 강화를", 2023년 2월 14일자 기사

11   국민연금의 국내 주식투자 방법으로, 액티브 운용은 벤치마크(Benchmark, BM) 대비 초과수익률을 목적으로 투자유형 다변화 등을 통해 패시브 운용에 비해 보다 적극적으로 운용하는 방식을 말한다.

12   패시브 운용이란 시장수익률을 그대로 따르는 것을 목적으로 하는 투자 방식을 말한다.

13   투자가능 종목군을 의미하며, Investment Universe(IU)로 표기하기도 한다.

14   ESG 이슈 발생에 따른 대응책으로써의 주주활동을 의미하며, 배당정책 수립, 임원 보수한도, ESG 개선이 없는 경우 등을 대상으로 한다.

15   국민연금기금운용본부 홈페이지 https://www.nps.or.kr/jsppage/fund/mcs/mcs_06_04.jsp(최종검색일: 2024. 9. 23)

16   국민연금기금운용위원회, "국민연금기금 적극적 주주활동 가이드라인(안)", 국민연금기금운용위원회(2019), 56면.

17   보건복지부, "국민연금기금 대표소송 관련 안내", 2022년 1월 18자 보도 참고자료.

18   「국민연금기금 수탁자 책임 활동에 관한 지침」 제22조의 제1항

19   문성, "국민연금공단의 주주권 행사에 관한 연구", 연세대학교 대학원(2022), 171면.

20   전자신문, "공공기관 ESG 1위 '국민연금공단'… "투명한 지배구조·친환경 경영", 2024년 6월 2일자 기사

21   조선일보, "[사설] 국민연금 1000조 돌파, 덩치 세계 3위인데 수익률은 꼴찌권", 2024년 4월 22일자 기사

22 보건복지부 국민연금연구원, "국민연금기금 장기운용전략 기획단 최종보고 요약", 보건복지부(2008), 89면.

23 이용우, "2022 한국 ESG금융 백서", 한국사회책임투자포럼(2023), 10-12면.

24 노정희 외, "대체투자 ESG 활성화 방안에 대한 연구 – 실물자산편", 국민연금공단 국민연금연구원(2022), 133면.

25 임팩트온, "1000조 원 넘은 한국 ESG금융… ESG채권 줄고 투자와 대출 늘어", 2023년 12월 12일자 기사

26 환경일보, "국민연금 개혁 가시밭길… ESG 평가 투명성 '입장 차'", 2022년 11월 11일자 기사

27 데일리임팩트, "국감에서 빗발친 국민연금 책임 투자 확대 요구", 2022년 10월 12일자 기사

28 임팩트온, "(이종오의 ESG Watch) 국민연금의 두 가지 'ESG 워싱 범죄'", 2023년 12월 18일자 기사

29 남재우, "공적연기금 ESG투자의 현황과 과제", 『자본시장연구원 이슈보고서』 21-20(2021), 8면.

30 일본의 GPIF는 시장 영향력을 최소화하기 위하여 국내주식은 모두 위탁운용으로만 투자하고 있어 국민연금과 직접적인 비교가 어려운 점을 감안, 별도 사례를 기재하지 않았다.

31 한국경제, "네덜란드 연기금 ABP, 2030년까지 'impact'투자 325억 달러 목표", 2024년 3월 4일자 기사

32 Mark Segal, ESG Today, "CalPERS Commits to Invest \$100 Billion in Climate Solutions by 2030", 2023년 11월 15일자 기사

33 김정석·이종오, "국민연금 해외주식 의결권 보고서: 기후에 투표하라", 한국사회책임투자포럼(2023), 13면.

제5부 2장

1 한경MONEY, "기후 유니콘 시대 온다…글로벌 큰손 과감한 베팅", 2024년 5월 20일자 기사

2 플래닛타임즈, "기후 테크(CTECH)란? 해외 기업들의 사례", 2023년 5월 2일자 기사

3   IMPACT ON, "빌게이츠의 브레이크스루에너지벤처스, 업계 최대 규모 자금 조달", 2024년 8월 7일자 기사

4   디지털투데이, "베조스 후원 '베조스 어스 펀드' 대체 단백질 기금 1억달러 늘려", 2024년 6월 3일자 기사

5   머니투데이, "이젠 K-VC시대? 美VC가 투자한 소풍벤처스, 해외 투자 힘 준다", 2023년 6월 10일자 기사

6   매거진 Root Impact, "투자자 3인의 임팩트 생태계", 2022년 1월 19일자 기사

7   소풍벤처스 "임팩트 리포트 2023-기후테크"(2024. 4.)

8   소풍, "임팩트 엑셀러레이팅 리포트"(2019)

9   2023. 12. 11.까지 자체 집계자료

10 서비스 개시 이후 2023. 10. 30.까지 자체 집계자료

11 임팩트스퀘어, "굿바이 2023! 시장 위축 매서웠지만, '임팩트'는 건재하다", 2023년 12월 3일자 기고

12 문진수, 「우리가 몰랐던 진짜 금융 이야기」, 북돋움(2022), 206면.

13 이용탁, "임팩트 투자에 있어서 임팩트 측정에 관한 탐색적 고찰", 『기업경영리뷰』(2020. 5.), 105면.

제5부 3장

1   더나은미래, "수익 올리고 사회문제 해결하고…임팩트투자, 누구나 하는 시대", 2019년 9월 24일자 기사

2   유영글·장익훈·최영찬, "국내 창업분야 크라우드펀딩(Crowdfunding) 현황과 성공전략", 벤처창업연구 제9권 제4호, 한국벤처창업학회(2014. 8.), 2면.

3   이선희·이상윤, "사회적경제조직의 크라우드 펀딩에 관한 연구: 참여목적과 특징을 중심으로", 중소기업금융연구 제43권 제2호, 신용보증기금(2023), 47-49면.

4   글로벌 임팩트 투자 네트워크(GIIN) 홈페이지 참조(https://thegiin.org/impact-investing)

5   비플러스 홈페이지 참조(https://benefitplus.kr/faqs)

6   비플러스 홈페이지 참조(https://intro.benefitplus.kr/)

7   기후변화 완화, 기후변화 적응, 천연자원 보전, 생물다양성 보전, 오염방지관

리, 순환자원으로의 전환 등

8   비플러스 홈페이지 참조(https://benefitplus.kr/intro)

9   와디즈 커리어 홈페이지 참조(https://www.job.wadiz.kr/trust-wadiz)

10 와디즈가 투자를?… 창업자가 말하는 존재 이유, 잡플래닛 홈페이지 참조
    (https://www.jobplanet.co.kr/contents/news-1766)

11 이재영, "중소벤처기업의 자금조달 활성화를 위한 크라우드펀딩 규제 완화에
    관한 연구", 법학박사 학위논문, 국민대학교 일반대학원(2022), 151면.

12 김지영·정재희, "MZ세대를 위한 크라우드펀딩 플랫폼 투자자 참여 방식 및 참
    여 가치에 관한 연구", 한국디자인문화학회(2023), 92면.

제5부 4장

1   ICA, "Statement on the Co-operative Identity"(1995).

2   이태영, "금융협동조합 규제체계 개편과 법제도 개선방안 연구", 연세대학교 박
    사학위논문(2021. 8.), 9면.

3   이현배, "지역사회와 관계금융을 구현하는 밴시티 신용협동조합", 협동조합네
    트워크 제74호, 한국협동조합연구소(2017), 150면.

4   이로운넷, "한국 신협, '착한 금융'의 상징 캐나다 밴시티처럼", 2019년 3월 27
    일자 기사

5   라이프인, "[인터뷰] '밴시티'가 제안하는 '부(富)의 재정의'", 2018년 11월 6일
    자 기사

6   세계신협협의회(WOCCU) 홈페이지 참조(www.woccu.org)

7   이현옥, "포스트 코로나 시기 지역사회금융기관의 경영전략 변화와 시사점",
    『특별기획 연구보고서』, 2022-01호, 신협연구소, 91-102면.

8   ESG경제, "매출액 대비 지속가능 수익 많은 은행 60곳", 2022년 9월 30일자 기
    사

9   캐나다 정부는 적정주택을 거주 비용이 개인의 세전 가구 소득의 30% 미만인 경
    우로 정의함

10 환율 1,068원 환산시 약 2억 3,500만 원 ~ 3억 1,000만 원 추산

11 이현배, 앞의 글, 157-159면.

12 김창진, "캐나다 신협 밴시티의 지역사회 기여", 신협연구 제71호, 신협중앙회

(2018), 24-25면.

13   신협중앙회, 「2023년 통계」(2024).

14   한겨레, "출산율 더 낮아졌다…사상 처음 1분기 0.7명대", 2024년 5월 29일자 기사

15   SEN 사회적경제뉴스, "신협, '2023 사회적금융 성과공유회' 개최", 2024년 1월 26일자 기사

제5부 5장

1   "Reducing Reoffending Among Short Sentenced Male offenders from Peterborough Prison, The One Service, One year on", 『Social Finance』(2011), 26페이지

2   SF와 같은 운영기관을 SIBIO(Social Impact Bond Issuing Organization)라고도 한다.

3   윤택수, "한국의 사회성과보상사업(SIB) 사례연구 – 서울시 사례를 중심으로 –", 연세대학교 행정대학원(2022), 10면.

4   로널드코헨 홈페이지(https://ronaldcohen.org/initiatives/social-investment-task-force)

5   최슬기, "사회성과연계채권(SIB) 활성화를 위한 법제 개선 방안 – 재원조달 활성화 방안을 중심으로", 『중소기업과 법』, 제10권 제2호, 아주대학교 법학연구소(2019)

6   St. Giles Trust(수감자 재활 영국 자선단체), Ormiston Children and Families Trust(아동 및 청소년에 대한 재활자선단체로 범죄자 가족에 대한 지원), Sova(출소 이후 자활 지원 자선단체), Mind(정신상담 단체), YMCA(자선사회단체), John Laing TTG training CIC(주택 및 도로 건설 직업훈련기관) 등

7   대상자들의 우선순위를 조사한 결과 1순위 주거, 2순위 금융, 3순위 교육/취업, 4순위 중독문제해결, 5순위 건강/행복, 6순위 자녀/가족 등으로 확인되었다.

8   채이배 의원(1건), 김정호 의원(2건), 민형배 의원(1건), 유동수 의견(1건)

9   제윤경 의원(2건, 지방재정법 일부개정 법률안/자본시장법 일부개정 법률안)

10   오유림·라준영, "사회성과보상제도 간 비교연구", 『하계융합학술대회』, 사회적기업학회(2021), 87페이지

11 대부분 장애로 판명되지 않아 복지혜택의 사각지대에 놓인 아이들을 의미하며, 경계선급 지적장애(IQ 71-84)와 경증 지적장애(IQ 64-70)으로 분류하며, 동 사업에서는 대부분 IQ 71-84인 경계선지능 아동을 대상으로 하고, 경계선지능에 가까운 경증지적장애 아동들을 일부 포함하였음

12 윤택수, 앞의 글, 38면.

13 서울특별시, "청년실업 민간과 함께 해결, 디지털 인재양성 사회성과보상사업 추진", 2021년 2월 16일자 보도자료

14 김정욱외 2인, "지방자치단체의 사회성과보상사업(SIB) 활성화를 위한 정책적 함의: 국내·외 SIB 사례를 중심으로", 『사회적가치와 기업연구』, 제12권 제2호, 사회적기업학회(2019), 56면.

15 사회적기업 16개, 비영리재단 2개(한국예탁결제원이 KSD나눔재단을 통해 참여한 건 포함), 자산운용사 1개, 개인 23명, 크라우드펀딩 23명, 기부금 1명

16 김서인, "사회성과보상사업(SIB)의 도입과정 연구: 서울특별시와 경기도의 사례 비교를 중심으로", 숙명여대(2021), 109면.

17 이태영, "협동조합형 금융기관의 사회적금융 활성화를 위한 개선방안 고찰", 『법학연구』, 제32권 제2호, 연세대학교 법학연구원(2022), 645면.

제5부 6장

1 금융위원회, 「사회적금융 활성화 방안」, 2018년 2월 8일자 보도자료

2 Better Society Capital은 2012년 4월 설립된 Big Society Capital의 미션을 명확하게 표현하기 위하여 2024년 4월 현재의 사명으로 변경하였다. 국내에는 '빅소사이어티캐피털'로 널리 알려져 있다.

3 한겨레, "임팩트 투자 시장을 키우는 '숨은 조력자'", 2018년 7월 19일자 기사

4 더나은미래, "사회투자, 영국이 만든 가장 자랑스러운 창조물", 2016년 6월 28일자 기사

5 사회적경제기업(사회적기업, 협동조합, 자활기업, 마을기업 등) 및 사회적 가치를 우선으로 추구하는 사회적경제활동(공공성이 큰 재화서비스의 생산판매 활동)

6 금융위원회, "제4차 「녹색금융 추진 협의체(TF)」 전체회의 개최", 2021년 12월 9일자 보도자료

7   이기송, 『사회적금융의 나아갈 길』, 은행연합회 웹진 『금융』 716호(2013)

8   김희연, "복지와 기술의 만남: 복지혁신의 신전략", 『이슈 & 진단』, 93호(2013), 11면.

9   한겨레, "영국 사회투자기금 '빅 소사이어티 캐피털'", 2013년 3월 26일자 기사

10 국무조정실 국무총리비서실, "사회적금융 생태계를 만들어 사회적경제를 활성화하겠습니다.", 2018년 12월 8일자 보도자료 중 첨부자료, "사회적금융 활성화 방안"

11 재단법인 한국사회가치연대기금 연차보고서 – SVS IMPACT 2023(2024. 4)

12 재단법인 한국사회가치연대기금 연차보고서 – SVS IMPACT 2022(2023. 4.)

13 사회가치연대기금 「투융자업무운용규정」 제6조(투융자 대상)

14 사회가치연대기금 「투융자업무운용규정」 제7조(투융자 방식)

15 사회가치연대기금 「투융자업무운용규정」 제8조(기본원칙)

16 재단법인 한국사회가치연대기금 연차보고서(2023. 4.)

17 재단법인 한국사회가치연대기금, 앞의 보고서

제5부 7장 ─────

1   조세일보, "법무법인 지평, 로펌 최초 '사회적 가치 경영' 선언", 2019년 9월 24일자 기사

2   법률신문, "법조계 '체인지 메이커' 임성택 지평 대표변호사", 2019년 12월 9일자 기사

3   법률신문, "정부, ESG 평가 기준·모범 규준 설정 개입에 신중해야", 2022년 3월 24일자 기사

4   뉴스토마토, "세상을 '두루' 살핀다..법무법인 지평, 공익 사단법인 설립", 2014년 9월 12일자 기사

5   법무법인 지평 홈페이지 참조. https://www.jipyong.com/kr/main/main.php(최종검색일: 2024. 8. 1.)

6   조선미디어 더나은미래, "공익변호사 20명으로 확대한다…법무법인 지평, 국내 로펌 첫 '사회적가치경영' 선언", 2019년 9월 25일자 기사

7   법무법인 지평·사단법인 두루, '2015 지평·두루 공익활동보고서'(2016. 3.)

8   법무법인 지평, '2019 지평 지속가능보고서'(2020. 7.)

9   법무법인 지평, '2021 지평 지속가능보고서'(2022. 9.), 17면.

10 한국경제, "법무법인 지평, 업계 첫 유엔글로벌콤팩트 가입", 2019년 11월 17일
    자 기사

11 한국경제, "지평, BIS 서밋 반부패 서약식" 2022년 4월 4일자 기사

12 법률신문, "법무법인 지평, 아시아 로펌 최초 '세계 벤치마킹 얼라이언스' 가
    입", 2022년 8월 23일자 기사

13 법률신문, "기업 화두 'ESG 경영 실천' 로펌업계 확산", 2021년 7월 5일자 기사

14 이투데이, "임성택 법무법인(유) 지평 대표변호사, 세계 최대 산업연합체 'RBA'
    와 협력", 2024년 5월 3일자 기사

15 한경, "인권경영의 모든 것…한경 MOOK에 담았다", 2023년 2월 26일자 기사

16 TCFD(Task Force on Climate-Related Financial Disclosures, 이하 'TCFD')는
    기후변화 관련 재무정보공개 협의체로, 현재 G20 국가를 중심으로 기후정보 공
    시 의무화의 기반이 되고 있고, IFRS의 지속가능성 기준 제정과 EU의 유럽 지속
    가능성 보고기준 제정 과정에서도 지속가능성 정보 공개 표준화에 큰 영향을 미
    치고 있다.

17 한경비지니스, "한국 기업, 기후 공시(TCFD) 준수율 전년 대비 5% 개선", 2023
    년 3월 28일자 기사

18 임성택 외 3인, "유럽연합의 새로운 통상규제에 대한 대응방안 연구", 법무법인
    (유) 지평, 국회 산업통상자원중소벤처기업위원회 연구용역 보고서(2024. 3.)

19 사단법인 두루 정관 제1조 참고

20 비마이너, "2심 법원도 "영화관, 시·청각장애인 관람 편의제공 의무 있다" 판
    결", 2021년 11월 25일자 기사

21 머니투데이, "法 "영화사업자, 시·청각장애인에 자막·화면해설 편의 제공하
    라"", 2017년 12월 7일자 기사

22 세계일보, "법무법인 지평, 소셜벤처와 '1변호사 1벤처' 매칭사업 추진", 2019
    년 1월 5일자 기사

23 배기완 외 6명, "기후위기와 인권에 관한 인식과 국내·외 정책 동향 실태조사",
    사단법인 두루·법무법인(유한) 지평, 국가인권위원회(2021. 10.)

24 동아일보, "위기 아동 법률 조력 '온마을로(LAW)' 2주년 반상회", 2024년 5월
    27일자 기사

25 사단법인 두루, "2023 두루 활동보고서"(2024. 7.), 26-30면.

26 서울신문, ""장애인이 편의점 못 들어가게 막는 법"…법원, 차별 인정했다", 2022년 2월 10일자 기사

27 동아일보, "두루·무의 "모두의 1층 이니셔티브로 장애 인식·접근성 개선"", 2024년 5월 29일자 기사

28 컨슈머타임즈, "성동구, '모두의 1층' 이동약자 접근성 인식개선 캠페인", 2024년 6월 18일자 기사

29 부산일보, "공익변호사도 수도권 쏠림… 부산에 달랑 2명", 2024년 7월 24일자 기사

30 이주언, "공익법 생태계 조성을 위한, 부산의 인권 현황과 법률지원 실태조사", 활력향연 시즌2, 사단법인 시민(2023. 2.)

31 사단법인 두루, [5주년 보고서] 르포_시설 인권침해와 탈시설(2019. 9. 24.)

제6부 1장

1 기후위기 대응을 위한 탄소중립·녹색성장 기본법 제1조

2 산업통상자원부, "EU 탄소국경조정제도 전환기간 이행 가이드라인"(2023), 3면.

3 소병천, "EU 탄소국경조정제도와 우리나라에의 시사점", 『아주법학』, 제15권 3호(2021), 294면.

4 ZhongXiang Zhang, "Competitiveness and leakage concerns and border carbon adjustments.", Climate Change and Sustainable Development(2012)

5 성봉근, "탄소국경조정제도의 국제적 비교 현황과 국내 도입에 관한 제어국가의 법정책적 과제", 『유럽헌법연구』, 제37호(2021), 385면.

6 조하현·김승환, "EU와 미국의 탄소국경조정제도: 한국에 대한 영향을 중심으로", 『동서연구』, 제34권 4호(2022), 114면.

7 박혜리·박지현, "탄소국경조정제도(CBAM)에 대한 중소기업 대응방안 연구", 대외경제정책연구원(2021), 14면.

8 손인성·강동구, "탄소국경조정 대응을 위한 기후·통상 제도 개선 가능성 연구", 에너지경제연구원(2022), 26면.

9 김동구, "EU 탄소국경조정제도(CBAM) 추진의 핵심 쟁점과 산업경제적 의의

에 대한 연구", 『산업연구』, 제46권 3호(2022), 18면.

10 Official Journal of the European Union, REGULATION(EU) 2023/956 OF
THE EUROPEAN PARLIAMENT AND OF THE COUNCIL of 10 May 2023,
https://eur-lex.europa.eu/eli/reg/2023/956/oj(최종검색일: 2024. 6. 17.)

11 조선일보, "EU 탄소 국경세 도입 임박… 수출 기업에 악재 되나", 2021년 7월 11
일자 기사

12 KITA(한국무역협회), "EU 탄소국경조정메커니즘, 규제 수준 후퇴 가능성 제
기", 한국무역연합회 브뤼셀지부·KBA Europe, https://www.kita.net/board/
tradeNews/euTradeNewsDetail.do;JSESSIONID_KITA=2BCE2E15B476CCE
D893A63B04D043851.Hyper?no=1812363(최종검색일: 2024. 6. 17.)

13 김호철, "탄소국경조정 도입의 WTO 합치성 쟁점: GATT 제2조, 제3조, 제20
조", 『통상법률』, 제151호(2021), 10면.

14 정예지·김성택, "EU 탄소국경조정제도(CBAM) 주요 내용 및 평가", 국제금융
센터(2022), 3면.

15 UN News, "Hottest July ever signals 'era of global boiling has arrived' says UN
chief", https://news.un.org/en/story/2023/07/1139162(최종검색일: 2024. 6.
17.)

16 김선진 외, "주요국 기후변화 대응정책이 우리 수출에 미치는 영향-탄소국경세
를 중심으로", 『조사통계월보』, 제75권 7호(2021), 19면.

17 기업들에게 행동강령이나 가이드 형태의 자율규범을 제시하는 기구를 이니셔
티브라 한다.

18 은행연합회, "금융회사를 위한 기후리스크 관리 안내서"(2023), 13면.

19 이승은, "탄소국경세 시행이 금융기관에 미칠 영향", 국제금융센터(2023), 3면.

20 2015년 G20 국가 재무장관 및 중앙은행 총재들의 협의체인 금융안정위원회
(FSB)가 기업들의 기후관련 정보 공개를 목적으로 만든 협의체이다.

21 탄소회계를 통해 금융배출량을 측정하는 방식을 표준화하기 위해 2015년 네덜
란드 금융기관들이 설립한 협의체로, 2018년에는 북미, 2019년부터는 전 세계
적으로 확장되었다.

22 기업의 온실가스 감축목표 설정을 돕고, 이를 검증 및 공식 승인하기 위해 2015
년 탄소정보공개프로젝트(CDP), UN 글로벌 콤팩트(UNGC), 세계자원연구소

(WRI), 세계자연기금(WWF) 등이 공동으로 발족한 사업이다.

23 전 세계 중앙은행과 감독기구들이 기후를 포함한 환경 관련 금융리스크 관리와 지속가능한 경제로의 이행 지원 목적으로 2017년 설립한 녹색금융을 위한 중앙은행 및 감독기구 간 글로벌 협의체이다.

24 박성준, "탄소국경조정제도의 영향과 중장기 대응전략", 국회미래연구원 (2023), 4면.

25 한국은행, "기후변화와 한국은행의 대응방향"(2021), 62면.

26 황현정, "금융기관의 지속가능경영 환경 변화와 경영 사례", 『산은조사월보』, 제813호(2023), 22면.

27 이인형, "탄소중립 이행을 위한 전환금융의 역할", 자본시장포커스(2023), 4면.

28 Skancke, M., Dimson, E., Hoel, M., Kettis, M., Nystuen, G., Starks, L., "Fossil-fuel investments in the Norwegian Government Pension Fund Global: Addressing climate issues through exclusion and active ownership"(2014)

제6부 2장

1 그린포스트코리아, "주요국, 지속가능성 공시 법제화 중…국내기업 선제적 대응 필요", 2024년 4월 17일자 기사

2 금융위원회, "글로벌 ESG 공시규제 강화에 대비하여 ISSB 기준 국문 번역본을 공개합니다." 2023년 12월 22일자 보도자료

3 한경ESG, 'ESG 공시 혁명'…ISSB S1·S2 기준서 상세 해설', 2023년 7월 7일자 기사

4 한국회계기준원, "국내 지속가능성 공시기준 공개초안 발표", 2024년 4월 30일자 보도자료

5 내일신문, "투자자들이 원하는 정보에 초점 두고 공시해야", 2024년 5월 17일자 기사

6 브릿지경제, "한국법제연구원, 한국 지속가능한 ESG 제도화 포럼 개최", 2024년 7월 2일자 기사

7 내외통신, "대한변호사협회,"한국 지속가능성 공시기준(KSSB) 공개초안"에 대한 ESG 제도화 포럼 개최", 2024년 7월 29일자 기사

8 KB금융그룹 홈페이지(https://www.kbfg.com/kor/index.jsp)

9   신한금융그룹 홈페이지(https://www.shinhangroup.com/kr/main)

10 하나금융그룹 홈페이지(https://www.hanafn.com:8002/main/index.do)

11 우리금융그룹 홈페이지(https://www.woorifg.com/kor/main/index.do)

12 NH농협금융지주 홈페이지(https://www.nhfngroup.com/user/indexMain.
    do?siteId=nhfngroup)

13 한경ESG, "금융과 ESG 공존 위해 필요한 국내 금융사 경영전략 [삼정KPMG
    CFO Lounge]", 2021년 7월 29일자 기사

14 박영석, 이효섭. "자본시장연구원. 기업의 ESG 경영 촉진을 위한 금융의 역
    할"(2021), 9-16면.

제6부 3장

1   Network for Greening the Financial System 홈페이지 참조(https://www.ngfs.
    net)

2   박혜진, "기후리스크 대응을 위한 시나리오 분석의 중요성", 자본시장포커스
    2023-02호, 자본시장연구원(2023. 1.), 4-5면.

3   Patrick Bolton, "The green swan: Central banking and financial stability in the
    age of climate change", BIS(2020. 1.), 3면.

4   Basel Committee on Banking Supervision, Principles for the effective
    management and supervision of climate-related financial risks(2021. 6.) 등 참
    조

5   공시제도의 상세한 내용에 대해서는 제3부 제3장, 제6부 제2장 참조.

6   파리협약의 주요 내용에 대해서는 제2장 제2절 참조, 탄소중립 관련 법률 중 기
    후위기 대응을 위한 탄소중립녹색성장기본법에 대해서는 제4부 제1장 참조.

7   TCFD, "Final Report – Recommendations ot the Task Force on Climate related
    Financial Disclosures"(2017).

8   은행연합회, "금융회사를 위한 기후리스크 관리 안내서"(2023. 11.), 8면.

9   최용근, "기후변화 리스크가 금융산업에 미치는 영향", 지급결제학회지 제14권
    제2호, 한국지급결제학회(2022), 469-475면.

10 관계부처 합동, "「2050 탄소중립」 추진전략", 2020년 12월 7일자 보도자료

11 금융감독원, "기후리스크 관리·감독 추진현황 및 향후계획", 2021년 12월 8일

자 보도자료

12 공경신, "영국의 기후관련 정보 공시 규정 강화 및 이슈", 자본시장포커스 ZOOM-IN 2020-13호, 자본시장연구원(2020. 5.), 1-3면.

13 EBA, "On The role of environmental risks in the prudential framework"(2023. 10.)

14 James Shipton, "Corporate Governance Taskforce - Director and officer oversight of non-financial risk report"(2019. 10.)

15 BCBS, "Principles for the effective management and supervision of climate-related financial risks"(2022. 6.)

16 법률신문, "바젤은행감독위원회, 「기후 관련 금융 리스크 관리·감독 원칙」 발표", 2022년 7월 12일자 기사

17 Simon Lovegrove, "Basel Committee newsletter on the implementation of the principles for the effective management and supervision of climate-related financial risks", Global Regulation Tomorrow(2023. 11. 22.)

18 NGFS, "NGFS Scenarios for central banks and supervisors"(2022.)

19 日本総合研究所, "NGFSの気候シナリオが示す「2050年脱炭素」の世界"(2021. 7. 16.)

20 금융위원회·환경부, "2021년 녹색금융 추진계획(안)", 2021년 1월 25일자 보도자료

21 금융감독원, "기후리스크 관리·감독 추진현황 및 향후계획", 2021년 12월 8일자 보도자료

22 금융감독원·한국은행, "금융감독원·한국은행, 국내 금융권과 공동 기후 스트레스 테스트 실시 추진", 2024년 3월 27일자 보도자료

23 머니투데이, "금융당국, 국내 금융사와 '기후 스트레스 테스트' 공동 실시", 2023년 3월 27일자 기사

24 임팩트온, "금감원, 금융회사 위한 '기후리스크 관리 지침서' 발간", 2021년 12월 10일자 기사

25 기후리스크 관리 지침 제1조(목적) 동 지침서는 금융회사가 건전한 기후리스크 관리체계를 마련하여 금융 부문의 기후리스크에 대한 회복능력과 관리를 강화하는 것을 목표로 한다.

26 기후리스크 관리 지침 제8조(기후리스크와 전략) 금융회사는 사업전략 수립 및 실행에 있어 기후리스크의 영향을 고려할 수 있다.

27 기후리스크 관리 지침 제11조(이사회의 역할) 이사회는 다음의 역할을 담당할 수 있다.

① 기후리스크에 대한 익스포져를 지속적으로 평가·관리하기 위한 기후리스크 관리체계 및 정책 승인

② 금융회사의 리스크 관리체계에서 질적·양적 관리를 통해 기후리스크를 고려하도록 보장

③ 금융회사의 기후리스크 관리자를 포함하여, 이사, 이사회 및 업무집행책임자의 명확한 역할과 책임을 설정

④ 이사들이 기후리스크에 대해 지속적으로 이해하고, 업무집행책임자가 기후리스크 관리에 필요한 전문성을 갖추도록 교육 및 확인

28 기후리스크 관리지침 제13조(기후리스크 관리체계 구축) 금융회사는 체계적이고 일관된 방법으로 기후리스크를 관리하기 위해 다음 사항을 포함하여 기후리스크 관리체계를 구축할 수 있다.

① 기후리스크 관리에 대해 사업부문 및 기능별 역할과 책임을 명확하게 문서화

② 고객별·포트폴리오별 기후리스크 식별 및 평가

③ 기후리스크가 큰 특정 부문에 대한 별도 정책 포함

④ 기후리스크 관리를 위한 내부통제 정책 마련

⑤ 기후리스크에 대해 정기적으로 모니터링하고 주요 모니터링 결과를 이사회 및 경영진에 대해 적시 보고

29 기후리스크 관리지침 제26조(공시원칙) ① 금융회사는 결산일로부터 적정한 시간 내에 기후리스크 관리전반에관한 정보를 공시할 수 있다.

30 이방실, "ESG 리스크 관리의 핵심은 거버넌스 기후변화 문제, 사외이사들이 관심 가져야", 동아비지니스리뷰 제308호(2020. 11.)

31 KDI, "해외동향-탄소중립편", 경제정보센터(2022. 2.)

32 은행연합회, "금융회사를 위한 기후리스크 관리 안내서"(2023. 11.), 96면.

33 Anna Celner 외 10인, "신용 리스크 관리에 기후리스크를 반영하기 위한 고려사항", 한국 딜로이트 그룹 금융산업 특집호, 딜로이트 인사이트(2022).

34 GHG는 국제적으로 인정된 온실가스 배출량 산정과 보고에 관한 파트너십으로 온실가스 회계처리 및 보고 기준을 제공한다(GHG 홈페이지 참조 https://

ghgprotocol.org/).

35 PCAF는 금융기관의 자산운용을 통해 온실가스의 산정과 공개를 위한 글로벌 금융 이니셔티브를 의미한다(PCAF 홈페이지 참조 https://carbonaccountingfinancials.com/).

제6부 4장

1 법률신문, "세계는 기후소송 중", 2024년 8월 14일자 기사

2 웰스매니지먼트, "친환경 가면 쓴 '그린워싱'에 금융소비자 피해 [WM 기획리포트]", 2024년 4월 3일자 기사

3 CJ대한통운 "CSV 창시자 마이클 포터가 인정한 CJ대한통운 '실버택배'" 2017년 9월 18일자 보도자료 참조

4 Wikipedia, "Greenwashing, History" 참조, https://en.wikipedia.org/wiki/Greenwashing(최종검색일 ; 2024. 5. 25.)

5 그린피스 코리아, "그린워싱이 무엇일까요? 그린워싱에 대한 4가지 궁금증", 2023년 8월 23일자 보도자료 참조

6 배순영·곽윤영, "녹색표시 그린워싱 모니터링 및 개선", 『정책연구보고서』, 12-02, 한국소비자원(2012), 17면.

7 전자신문, "ESG칼럼, 디커플링, 새해 ESG 성과 기준", 2022년 1월 2일자 기사

8 유현주, "2023년 ESG 10대 트렌드 전망", 『POSRI 이슈리포트』, 2023. 1. 25. 포스코경영연구원(2023), 9-10면.

9 홍지영, "글로벌 그린워싱 사례 및 규제 강화", 『자본시장포커스』, 2022-03호, 자본시장연구원(2022), 3면.

10 그리니엄, "그린워싱에도 종류가 있다? 기업과 소비자가 주의해야 할 그린워싱 유형 6가지", 2023년 2월 3일자 뉴스레터 참조, https://greenium.kr/greenbiz-industry-planettracker-greenwashinghydra/(최종검색일; 2024. 5. 25.)

11 조선일보 Weekly Biz, "친환경 가면 쓴 '그린워싱' 기업들, 응징이 시작됐다", 2023년 8월 27일자 기사

12 곽제훈, "그린워싱과 임팩트 워싱의 문제", 개인 블로그 'Projustice', 2023년 5월 20일자 게시글 참조, https://blog.naver.com/projustice/223107085143(최종검색일; 2024. 5. 26.)

13 뉴스트리, "기업 '그린워싱' 제동 걸리나...데니쉬크라운, 유럽 첫 소송에서 패소", 2024년 3월 4일자 기사

14 KOTRA, "우리 기업들이 주목해야 할 美 그린 마케팅에 숨겨진 위험", 2024. 2. 6.자 보도자료 참조

15 임팩트온, "녹색프리미엄은 그린워싱?... 기후솔루션 SK, 포스코 8개 계열사 표시광고법 위반으로 신고", 2024년 3월 11일자 기사

16 임팩트온, "렙리스크 보고서, 은행 및 금융기관의 그린워싱 1년간 70% 증가해", 2023년 10월 5일자 기사

17 임선영, "그린워싱 유형별 사례 분석", 『KCGS Report』, 제13권 3호 통권 제159호, 한국ESG기준원(2023), 11면.

제6부 5장

1 Sustainable finance refers to the process of taking environmental, social and governance(ESG) considerations into account when making investment decisions in the financial sector, leading to more long-term investments in sustainable economic activities and projects(European Commission, Overview of sustainable finance, 2018) https://finance.ec.europa.eu/sustainable-finance/overview-sustainable-finance_en

2 Platform on Sustainable Finance, "Final Report on Social Taxonomy"(2022. 2.)

3 환경부·금융위원회, "한국형 녹색채권 가이드라인", 한국환경산업기술원·한국거래소(2020. 12.)

4 임팩트온, "기재부, ESG 산발적 정책 교통정리한다," 2021년 8월 27일자 기사

5 송영선, "E.S.G. 법제 기초연구(II) - 소셜택소노미 동향분석", 사회적가치법제연구 22-19-②(2022. 10.), 32면.

6 유엔무역개발회의 홈페이지(https://unctad.org/)

7 한국거래소·한국기업지배구조원, "2021년 사회책임투자(SRI) 채권 시장 현황"(2022. 4.), 4면.

8 ESG 경제, "글로벌 ESG채권 발행 12개월 래 최고점", 2023년 2월 8일자 기사

9 사회적가치연구원, "ESG 경영 실무를 위한 Social_S in ESG"(2022. 2.), 54면.

10 임성택, "EU 소셜택소노미와 한국의 과제", 소셜택소노미 동향 분석 제2차 워크숍 자료집(2022. 10. 5.)

11 김현국, "EU 택소노미 동향과 국내 시사점", 이슈와 시선③, 에너지경제연구원 (2022. 10.), 42면.

12 European Commission, Taxonomy: Final report of the Technical Expert Group on Sustainable Finance(2022. 3.)

13 김수연, "EU의 ESG 규제 주요 내용 – Taxonomy, NFRD, CSRD를 중심으로", BFL 제109호, 서울대학교 금융법센터(2021. 9.), 77면.

14 삼일PwC ESG Platform, "EU CSRD·ESRS 이해 및 대응방안"(2023. 9.), 5-8면.

15 최유경·조아영, "유럽연합의 ESG 법제화 현황 및 쟁점: NFRD와 SFDR 도입과 EU 회원국의 국내법적 수용을 중심으로", 법학연구 제30권 제1호(2022. 1.), 182-183면.

16 송영선, "E.S.G. 법제 기초연구(II) – 소셜택소노미 동향분석", 사회적가치 법제연구 22-19-②(2022. 10.), 39면.

17 송영선, 위 자료(2022. 10.), 54-61면.

18 Platform on Sustainable Finance, "Final Report on Social Taxonomy"(2022. 2.)

19 김혜리, "소셜 택소노미와 ESG 경영", 청렴윤리경영 브리프스 Vol. 113., 국민권익위원회(2022. 5.), 5면.

20 임성택, "EU 소셜 택소노미(사회적 분류체계), 사회적으로 지속가능한 경제활동은 무엇인가?", 월간통상 제120호(2022. 5.)

21 이재희, "소셜 택소노미 소개 및 사회적경제 향후 과제", 사회적경제 정책리포트, 한국사회적기업진흥원(2022. 10.), 16-17면.

에필로그

1 ILO, "Finance for a Just Transition and the Role of Transition Finance", G20 Sustainable Finance Working Group(2022. 6.)

2 이경희, "한국의 탄소중립 이행을 위한 정의로운 전환의 법적 개념 정립에 관한 연구", 기후변화법제연구21-16-①, 한국법제연구원(2021. 9.)

3 이경희, "정의로운 전환의 기금 관련 법제 연구", 기후변화법제연구23-16-①, 한국법제연구원(2023).

4 ILO, "Guidelines for a just transition towards environmentally sustainable economies and societies for all"(2016. 2.)

5 ILO, "Investing in a Just Transition"(2022. 10.)

6 ILO, "Enhancing the social dimension in transition finance: towards a just transition"(2024. 6.)

7 Robins N, Tickell S, Irwin W, Sudmant A, "Financing climate action with positive social impact"(2020).

8 이시은, "공정전환 지원을 위한 금융의 역할", 이슈브리프, KDB 산업은행 미래전략연구소(2021. 5.), 2면.

9 이현영, "ESG 지역금융의 현황과 과제에 관한 고찰", 지급결제학회지 제15권 제2호, 한국지급결제학회(2023), 84-85면.

10 Mitigating risks and harnessing the opportunities of a just transition requires articulating what impacts the climate transition has on financial institutions and how the organisation can support just transition processes and outcomes through its core activities.

11 BNP 파리바 홈페이지(https://cib.bnpparibas/unjointsdgfund/)

12 BBVA, "BBVA's sustainable business sets a new record in the second quarter of 2024"(2024).

13 HSBC, "Net Zero Transition Plan"(2024. 1.), 4-6면.

14 Allianz, "Sustainability Integration Framework"(2023. 7.), 2-3면.

15 ING, "ING ESG Overview"(2023. 12.), 11면.

16 MUFG 홈페이지(https://www.mufg.jp/english/csr/initiatives/index.html)

17 Brendan Curran, "Making transition plans just: how to embed the just transition into financial sector net zero plans:, The LSE Grantham Research Institute(2022. 10.).

지속가능한 금융의 미래 -ESG와 임팩트 투자 이야기-

2024년 12월 30일 초판 인쇄
2025년 1월 10일 초판 1쇄 발행

저 자 이 태 영 외 14인

발행인 배 효 선

발행처　도서
　　　　출판　　法　文　社

주 소 10881 경기도 파주시 회동길 37-29
등 록 1957년 12월 12일/제2-76호(윤)
전 화 (031)955-6500~6 FAX (031)955-6525
E-mail (영업)bms@bobmunsa.co.kr
　　　　(편집)edit66@bobmunsa.co.kr
홈페이지 http://www.bobmunsa.co.kr

조 판 (주)성 지 이 디 피

정가 39,000원　　　　　　　ISBN 978-89-18-91577-7